Andreas Christoph Weidner

Kommentar zu Vergils Aeneis

Verlag
der
Wissenschaften

Andreas Christoph Weidner

Kommentar zu Vergils Aeneis

ISBN/EAN: 9783957007612

Auflage: 1

Erscheinungsjahr: 2016

Erscheinungsort: Norderstedt, Deutschland

Hergestellt in Europa, USA, Kanada, Australien, Japan
Verlag der Wissenschaften in Hansebooks GmbH, Norderstedt

COMMENTAR

ZU

VERGIL'S AENEIS

BUCH I UND II

VON

DR. A. WEIDNER,

CONRECTOR AM DOMGYMNASIUM ZU MERSEBURG.

LEIPZIG,

DRUCK UND VERLAG VON B. G. TEUBNER.

1869.

DEM HERRN

PROFESSOR Dr. W. HERBST,

PROBST UND DIRECTOR DES PAEDAGOGIUMS ZU MAGDEBURG,

ALS ZEICHEN DER LIEBE UND ACHTUNG

GEWIDMET

VOM VERFASSER.

VORWORT.

Neben der litterar-historischen Gelehrsamkeit, welche
ohne alle Rücksicht auf Nützlichkeit alle Seiten des Alterthums um seiner selbst willen zu erforschen bestrebt ist,
erschien es mir immer als eine edle und wichtige Aufgabe
der Philologie, durch lebendige Darstellung der Geschichte,
Kunst, Religion und Philosophie, vorzüglich aber auch durch
zeitgemässe Interpretation der schönsten Denkmäler der
Litteratur die. Vergangenheit mit der Gegenwart in geistiger
Verbindung und Wechselwirkung zu erhalten. Die Philologie
ist ja nicht nur eine rein philosophische, sondern eben so
sehr eine durch äussere Lebensverhältnisse gewordene, d. h.
positive Wissenschaft, so gut wie die Theologie, Jurisprudenz
und Medicin. Wenn sie also von den Universitäten nicht
durch eine besondere Facultät vertreten wird, so ist dieses
Verhältniss in der Geschichte unserer Kultur nicht begründet
und jedenfalls bringt dieser Mangel der Entwicklung unserer
Gymnasien keinen Segen. Aber mag man dies bedauern oder
nicht, sicher hat die Philologie die Pflicht, die Bedürfnisse
der Schule nicht zu übersehen oder zu verachten, vielmehr
den Grund immer wieder zu bebauen, dem sie selbst Entstehung und Wachsthum verdankt. In diesem Geiste hatte
Heyne seinen Vergil gearbeitet und er hat damit mächtig auf
deutsche Bildung eingewirkt. Einen ähnlichen Zweck verfolgt, wenn auch mit bescheideneren Ansprüchen, der vorliegende Commentar. Er bezweckt die Hebung der Vergil-
lektüre am Gymnasium, welche vielfach eben nicht sehr zu
rühmen ist. Mit Homer kann Vergil ja doch nicht verglichen
werden; wozu also sollte man viel Mühe auf ihn verwenden?
Und doch hängt von der richtigen Behandlung Vergils sehr
viel für das Gedeihen der lateinischen Sprachstudien ab. Es

ist hier nicht der Ort, mich über diesen Gegenstand zu verbreiten, ich hoffe darüber mich bei einer anderen Gelegenheit aussprechen zu können; nur so viel sei bemerkt, dass ich es für eine Pflicht der Gymnasien halte, in zwei Jahren die zwölf Bücher der Aeneis durchzulesen. Dass es möglich ist, weiss ich aus Erfahrung.

Die Darstellung ist bald kurz und bündig, bald breit und ausführlich, je nachdem es der Gegenstand zu erfordern schien. Meine Absicht war, zum eigenen Denken anzuregen, ohne den Autor selbst aus dem Auge zu verlieren. Interessant kann die Erklärung werden, wenn der Lehrer streng bei der Aufgabe bleibt und dabei die künstlerische Arbeit des Dichters verfolgt, gewissermassen den Geist des Autors reproduzirt. Das ist die Eigenthümlichkeit dieses Commentars, dass er zur ästhetischen Behandlung der Gedichte Vergils eine feste Methode begründen will. Anfangs tritt dieser Versuch noch schüchtern auf, bald aber immer kecker und kühner. Dass ich dabei meinen Autor mit Liebe, vielleicht mit Vorliebe behandelte, wer will es mir verargen? So viel bin ich mir bewusst, dass ich gegen seine Mängel nicht blind gewesen bin und sie überall, wo es nöthig schien, aufgedeckt habe. Aber über den Mängeln konnte ich seine Vorzüge nie vergessen.

Die erste Anregung zu der von mir durchgeführten Methode verdanke ich einem Beispiel des M. Valerius Probus bei Gellius. Zur Klarheit aber über diese und ähnliche Fragen gelangte ich erst durch die wichtige Recension der ersten Forbiger'schen Ausgabe von C. F. v. Nägelsbach. Alle Recensionen Nägelsbachs waren epochemachend. Und warum? Weil er nicht Gefallen fand an einem inhumanen Absprechen, sondern es vorzog, feste Principien aufzustellen, welche den Massstab für das Geleistete an die Hand geben sollten. Was er so über Fabri's Livius aussprach, hat er selbst später in der Stilistik verwirklicht, und die Ideen, welche er bei Gelegenheit einer Recension des Lübker'schen Horaz-Commentars veröffentlichte, haben wenigstens vereinzelte Früchte getragen, wenn sie auch noch nicht zur consequenten Durchführung gelangt sind. Was aber Männer wie Döderlein und Lübker mächtig anregte, sollte das nicht der Beachtung werth sein?

Es ist eigenthümlich, dass Nägelsbach in der Ferne am lebendigsten fortwirkte, nachdem sein persönlicher Einfluss längst aufgehört hatte: erst in der Schule und im Amte lernte man seinen Geist und seine Bestrebungen schätzen. So wird er hoffentlich noch lange nachwirken, wenn auch sein Bild längst verschwunden ist.

Die beiden ersten Bücher der Aeneis enthalten viele ungelöste Streitfragen. An ihrer Lösung habe ich mich redlich versucht. Wie viel mir davon gelungen ist, das werden spätere Arbeiten anderer Erklärer darthun. Denn die Erklärung kann ja nicht still stehen, weil neue Zeiten auch neue Bedürfnisse bringen. So sehr ich nun in der Polemik alle persönlichen Angriffe zu vermeiden bemüht war, so fürchte ich doch, dass mich meine Lebendigkeit des Fühlens und Urtheilens oft über das Ziel hinausschiessen liess. Wenn dies etwa der Fall sein sollte, so erkläre ich hier bestimmt, dass ich weder die Absicht noch Grund hatte, persönlich anzugreifen oder gar zu verletzen. Denn von den Herausgebern oder Erklärern, deren Arbeiten ich vorzüglich berücksichtigte: Wagner, Thiel, Ladewig, Henry, Ribbeck, ist mir keiner weder in Liebe noch in Hass bekannt. Und ihre Verdienste sind allgemein anerkannt. An dieser Achtung zu rütteln, dazu hatte ich keinen Grund. Eine selbständige Ansicht von Forbiger zu bekämpfen, erinnere ich mich nicht je Gelegenheit gehabt zu haben.

Den Text wollte ich nicht wieder abdrucken lassen. Denn was hätte dies für einen Zweck? Wir besitzen ja doch jetzt in der Ausgabe von O. Ribbeck einen meisterhaften Text, welcher allen Ansprüchen genügt. Ihn legte ich deshalb zu Grunde. Die Abweichungen, welche ich für nöthig erachte, sind im Commentar besprochen. Einen neuen Text würden sie sicher nicht rechtfertigen. Bei der Behandlung grammatischer Fragen begnügte ich mich mit Andeutungen oder mit kurzen Erörterungen; denn erschöpfende Ausführungen führen meines Erachtens vom Hauptziel ab und gehören deshalb in eine Grammatik der Vergilischen Sprache oder in ein Lexicon Vergilianum.

Es war meine Absicht, dazu Beiträge in zusammenhängenden Excursen zu geben. Da aber der Umfang des Buches zu sehr anschwoll, so behielt ich diese für jetzt noch zurück.

Die Einleitung will, was überhaupt eine Einleitung leisten soll, controverse Fragen mehr anregen als erschöpfen. Da ich Manches absichtlich überging, was allgemein bekannt ist, so konnte sie nur aus Fragmenten bestehen. Am meisten Gewicht lege ich auf die Andeutungen, welche bestimmt sind, die Abhängigkeit und Stellung des Dichters zu der Bildungsgeschichte seiner Zeit zu begreifen. Sapienti sat!

So sehr ich auch bemüht war, die einschlagende Litteratur mir zu verschaffen, so ist mir doch gar vieles nicht zugänglich geworden. Am meisten bedauere ich, die Theologumena von R. Dietsch nicht erhalten zu haben, da ich Fragen, wie sie hier behandelt sind, mit Vorliebe in die Erklärung hereinzog. Aber ich lebe nun einmal in einer Stadt, die keineswegs eine urbs litterata ist. Darum muss ich mir fast alle Hülfsmittel auf eigene Kosten verschaffen, und ich bin mir bewusst, hierin nicht sparsam zu sein. Aber freilich ausser Vergil gibt es noch viele andere litterarische Bedürfnisse.

Endlich bitte ich, die Berichtigungen, welche nothwendig waren, vor Benützung des Commentars einzutragen.

So übergebe ich denn dieses Buch der Oeffentlichkeit in der Hoffnung, dass es sein Scherflein beitragen möge zu einer lebendigeren Behandlung des Vergil, zugleich aber auch mit der Bitte, über dem Mangelhaften, was es enthalten mag, das Gute nicht zu verkennen. Non omnia possumus omnes! Wer hätte auch in jeder Stunde, wo er lehrt oder schreibt, dieselbe Spannkraft des Geistes?

Merseburg, den 10. Februar.

A. Weidner.

Einleitung.

I.

Werfen wir einen Blick auf die poetische Nationallitteratur
der Deutschen, so müssen wir bekennen, dass dieselbe zwar auf
dem Boden einer fremden Kultur, der englisch-französischen und
griechisch-römischen erwuchs, dass ihr während ihrer Blüthezeit
die Begeisterung für ein nationales Leben fehlte, und die Dichter,
weil sie keine grossartige Entwicklung des Staatslebens um sich
herum sahen, gezwungen waren, sich in die Innerlichkeit ihres
Selbst zu versenken, dass aber dennoch diese Abhängigkeit nur eine
vorübergehende war, weil Religion und Philosophie, in Deutschland mit Vorliebe gepflegt, der Dichtkunst reichen Stoff für ihre
Productionen lieferten[1]). Und weil diese Abhängigkeit keine einseitige war, so konnten auch nie einseitig fremde Formen zur
allgemeinen Geltung gelangen, im Gegentheil, die deutsche Litteratur vereinigte allmählich alle poetischen Formen aller gebildeten Völker, selbst der Orientalen[2]), auf ihrem Boden.

Ganz anders waren die äusseren Verhältnisse, unter welchen
die römische Litteratur sich entwickelte. Die politische Macht
Roms war so ausserordentlich, dass kein Volk in der Welt je
eine zu vergleichende Grösse erlangt hat. An Stolz, Bewunderung,
Begeisterung für Roms Grösse und für seine Geschichte konnte
es nicht fehlen; das grossartige Geschichtswerk des Livius[3]) und

---

1) Vgl. *Löbell*, Vorlesungen über Klopstock, Einl.

2) Besonders Goethe, die beiden Schlegel, Platen und F. Rückert.

3) Vgl. *Liv. praef.* § 9: ad illa mihi pro se quisque acriter intendat
animum, quae vita, qui mores fuerint, per quos viros quibusque artibus
domi militiaeque et partum et auctum imperium sit. *Ibid.* § 11: ceterum aut me amor negotii suscepti fallit aut nulla umquam respublica
nec maior nec sanctior nec bonis exemplis ditior fuit. Vgl. auch *Fr.
Schlegel, Werke* I, 72 sq.

die Aeneide des Vergil[1]) geben dieser Stimmung begeisterten
Ausdruck. Aber der römische Staat verschlang alle geistigen
Kräfte seines Volkes. War es ja doch fast ein Vergehen, wofür
man den Vorwurf des Volkes fürchten musste, wenn ein geistig
hochbegabter Mann seine Kräfte dem Dienste der Litteratur weihen wollte[2]). Cicero muss sich gegen den Vorwurf der Tändelei
und Zeitverschwendung wiederholt in den Vorreden seiner Schriften entschuldigen[3]). Und was gilt ihm als wichtigster Entschul-
digungsgrund? Dass er über seinen litterarischen Arbeiten nie die
politische Arbeit für das Vaterland versäumt habe![4]) Aber dies
war nicht das einzige Hinderniss für die Entwickelung einer Lit-

---

1) Die Begeisterung und die Absicht Vergils, die römische Geschichte in sein Epos zu verflechten, zeigt z. B. *Aen.* VI, 679 sqq.:

> At pater Anchises penitus convalle virenti
> inclusas animas superumque ad lumen ituras
> lustrabat studio recolens omnemque suorum
> forte recensebat numerum carosque nepotes
> fataque fortunasque virum moresque manusque.

2) Selbst *Cicero de off.* I § 19 urtheilt so: Quae omnes artes (astro-
logia et geometria) in veri investigatione versantur, cuius studio a rebus
gerendis abduci contra officium est. Es ist bezeichnend, dass actio in
der lateinischen Sprache nur politische oder überhaupt praktische,
nie gelehrte Thätigkeit bezeichnet. Einen Versuch der Rechtfer-
tigung dieser Ansicht macht *Cic. de Off.* I § 153: Placet igitur aptiora
esse naturae ea officia, quae ex communitate, quam ea, quae ex cognitione ducantur, idque hoc argumento conprobari potest, quod, si contigerit ea vita sapienti, ut omnium rerum affluentibus copiis omnia,
quae cognitione digna sunt, summo otio secum ipse consideret et con-
templetur, tamen si solitudo tanta sit, ut hominem videre non possit,
excedat e vita. Vgl. *de am.* § 87, *de Fin.* III § 65, V § 57. Dieser Ansicht stehen die Griechen, z. B. *Aristot. Eth. Nic.* X, 8 m schroff gegenüber.

3) Vgl. *Cic. Acad.* I lib. II § 6: Quodsi, cum fungi munere debe-
bamus, non modo operam nostram numquam a populari coetu removi-
mus, sed ne litteram quidem ullam fecimus nisi forensem, quis reprendet
otium nostrum, qui in eo non modo nosmet ipsos hebescere et languere
nolumus, sed etiam ut plurimis prosimus enitimur? Vgl. *de Finib.* I
c. 1 sqq., besonders *Tus.* I, 1.

4) Interessant ist *Cic. Phil.* II § 20: Nec vero tibi de versibus plura
respondebo: tantum dicam breviter, te neque illos neque ullas omnino
litteras nosse, me nec reipublicae nec amicis umquam defuisse et tamen
omni genere monimentorum meorum perfecisse, ut meae vigiliae meae-
que litterae et inventuti utilitatis et nomini Romano laudis aliquid ad-
ferrent.

teratur in Rom. Der wichtigste Grund war vielmehr, dass die Entwicklung aller individuellen Kräfte zu sehr beschränkt war. Es gab für das einzelne Individuum keine Religion, keine Philosophie, lange Zeit keine Geschichte[1]), — Alles, was in dieser Richtung geschah, hatte nur das Interesse des Staates im Auge! Die nothwendige Folge davon war, dass in diesem Leben der politische oder praktische Verstand einseitig ausgebildet, Gemüth, Phantasie und Herz gänzlich vernachlässigt wurden[2]). Daher die unersättliche Begier nach Einfluss und Reichthum, daher die sittliche Verkommenheit in den höchsten Ständen[3]); daher aber auch wieder die Erscheinung, dass die wenigen Dichter, welche die lateinische Litteratur aufzuweisen hat, nicht in Rom geboren waren[4]). Und fand sich auch endlich in den höheren Kreisen Roms ein Publikum, welches Geschmack fand an Kunst und Litteratur, so war das Interesse doch vorwiegend nach Griechenland gerichtet[5]). Wollte ein römischer Dichter diese Klasse der

1) Es ist wahrlich nicht blos Schmeichelei, wenn Cicero (*Acad.* II lib. I § 9) an M. Terentius Varro schreibt: Nam nos in nostra urbe peregrinantis errantisque tamquam hospites tui libri quasi domum reduxerunt, ut possemus aliquando qui et ubi essemus agnoscere. Tu aetatem patriae, tu descriptiones temporum, tu sacrorum iura, tu sacerdotum, tu domesticam, tu bellicam disciplinam, tu sedem regionum locorum, tu omnium divinarum humanarumque rerum nomina, genera, officia, causas aperuisti plurimumque idem poetis nostris omninoque Latinis et litteris luminis et verbis attulisti.

2) Diesen Punkt berührt *Hor. ars* 323—26: Grais ingenium, Grais dedit ore rotundo Musa loqui, praeter laudem nullius avaris. Romani pueri longis rationibus assem discunt in partis centum diducere. Dazu die Charakteristik der altrömischen Thätigkeit *Ep.* II, 1, 103—107:

    Romae dulce diu fuit et sollemne reclusa
    mane domo vigilare, clienti promere iura,
    cautos nominibus rectis expendere nummos,
    maiores audire, minori dicere, per quae
    crescere res posset, minui damnosa libido.

3) Ausser den Prooemien Sallust's vgl. die Rede des Marius (*Jug.* 85): atque scio, Quirites, qui, postquam consules facti sunt, et acta maiorum et Graecorum militaria praecepta legere coeperint: praeposteri homines! — Ne illi falsi sunt, qui divorsissimas res pariter exspectant, ignaviae voluptatem et praemia virtutis.

4) Merkwürdig ist es, dass besonders die provincia Gallia cisalpina, nachdem das Land latinisirt worden war, sehr reich war an litterarischen Talenten. Vgl. *Mommsen, R. G.* I, 674 sq. Ueber die künstlerische Begabung der Italier überhaupt vgl. *Mommsen, R. G.* I, 223 sq.

5) Daher heisst doctus der Kenner der griechischen Lit-

Gesellschaft befriedigen, so musste er sich die fertige Form der griechischen Poesie zum Muster nehmen [1]).

Nun aber bestand Rom bald nur aus Reichen und Armen. Die ärmere Klasse, welche von der Ausnutzung ihres souveränen Stimmrechtes lebte, hatte weder für Kunst noch für Litteratur Sinn oder Verständniss. Auf die Theilnahme und den Beifall der grossen Masse des Volkes konnte daher ein Dichter in Rom nicht rechnen [2]). Auch dieser Uebelstand, welcher nicht minder der deutschen Litteratur gefährlich wurde, hatte zur nothwendigen Folge, dass die römische Poesie vorwiegend gelehrt werden musste [3]).

Endlich hatte das römische Volk keine nationalen Mythen. Das Wenige, was in der Tradition fortlebte, war längst von griechischen Sagen durchflochten, ehe noch die römische Litteratur sich geltend machen und von der nationalen Sage Nutzen ziehen konnte [4]). Dieser Mangel muss als der wichtigste Grund angesehen werden, weshalb die römische Poesie nie volksthümlich werden konnte [5]). Der einzige Stoff, welcher den späteren Dich-

teratur, z. B. *Cic. Off.* I, 1: Quam quidem ad rem nos, ut videmur, magnum attulimus adiumentum hominibus nostris, ut non modo Graecarum litterarum rudes, sed etiam docti aliquantum se arbitrentur adeptos et ad dicendum et ad iudicandum. Vgl. *Naeg. Stil.* p. 19 sq.

1) Vgl. *Hor. ars* 73 sqq. Dazu *Ep.* II, 1, 187: verum equiti quoque iam migravit ab aure voluptas omnis ad incertos oculos et gaudia vana. quattuor aut pluris aulaea premuntur in horas, dum fugiunt equitum turmae peditumque catervae. Vgl. *ibid.* 50—62.

2) *Hor. Ep.* II, 1, 185: media inter carmina poscunt aut ursum aut pugiles: his nam plebecula gaudet.

3) Daher der Ausdruck bei *Hor. Ep.* II, 1, 107: scribimus indocti doctique poëmata passim; daher die Aufforderung (*ars* 268): vos exemplaria Graeca nocturna versate manu, versate diurna: daher die Wendung (*Carm.* I, 1, 29): me doctarum ederae praemia frontium dis miscent superis, me gelidum nemus Nympharumque leves cum Satyris chori secernunt populo.

4) Eine seltsame Verknüpfung griechischer und altitalischer Sagen findet man z. B. in dem Mythus von Virbius bei *Verg. Aen.* VII, 761—782. Aber auch die Aeneassage selbst besteht aus einer wunderlichen Mischung griechischer und latinischer Sagen. Vgl. *Schwegler, Röm. Gesch.* I, 212 sqq. Und hierin hatte Vergil bereits den Naevius und Ennius zum Vorgänger, vgl. *Schwegler* I, 84—87.

5) Es soll natürlich damit nicht gesagt werden, dass es an altlatinischen und sabinischen Mythen überhaupt fehlte, aber nur Weniges war poetisch ausgeprägt und gestaltet. Was wissen wir z. B. von dem

tern der Republik verblieb, waren die grossen Thaten der in der Geschichte gefeierten Helden Roms, denen Rom selbst seine Grösse verdankte. Dieser Stoff war freilich überreich und unerschöpflich[1]), aber es fehlte zur Ausnützung desselben die Form. Griechische Rhetoren und Dichter mussten erst den Inhalt der römischen Geschichte flüssig machen, dann erst konnte von ihnen angeregt eine römische Litteratur entstehen.

II.

Aber der Einfluss und die Macht des griechischen Geistes war zu gewaltig, zu umfassend und durchdringend[2]), als dass er sich nur auf eine Anregung hätte beschränken können, vielmehr schlug er die römische Litteratur für immer in seine Fesseln, die Abhängigkeit wurde eine dauernde. Es ist darum gewiss nicht übertrieben, wenn Horaz von der griechischen Litteratur rühmt:

> Graecia capta ferum victorem cepit et artis
> intulit agresti Latio. sic horridus ille

altsabinischen Gotte Semo Sancus (*Preller, Myth. d. Röm.* p. 633 sq.)? Nichts, als dass er ein Gott der Fruchtbarkeit war. Und warum hatten die Römer keine lebendige Vorstellung durch die Sage? Weil ihnen ein Homer fehlte und schon frühzeitig der griechische Herkules den Sancus verdrängt hatte, *Varro de l. lat.* V § 66. Man sieht hieraus, was es zu bedeuten hat, wenn Herodot von Homer und Hesiod rühmt (II, 53): οὗτοι δέ εἰcι οἱ ποιήcαντεc θεογονίαν Ἕλληcι καὶ τοῖcι θεοῖcι τὰc ἐπωνυμίαc δόντεc καὶ τιμάc τε καὶ τέχναc διελόντεc καὶ εἴδεα αὐτῶν cημήναντεc. Die Darstellung der Götter, οἷοί τέ τινέc εἰcι τὰ εἴδεα, ist gewiss das Wichtigste. Die römische Litteratur musste deshalb aus Mangel an nationalen Sagen immer aus der unversieglichen Quelle der griechischen Mythen schöpfen. Vgl. *Fr. Schlegel, Werke* I, 70: „Die römische Litteratur trifft der Vorwurf, die eigene alte vaterländische Nationalsage vernachlässigt zu haben." Aber fanden denn die Dichter wirklich eine ausgebildete Sage vor?

1) Es benützten diesen Stoff Naevius, Ennius, zum Theil Vergilius, Horatius und Propertius, besonders aber Ovidius in den unvollendeten Fasti.

2) Vgl. *Hor. ars* 52: et nova fictaque nuper habebant verba fidem, si Graeco fonte cadent, parce detorta. Also selbst der Sprachschatz und die syntaktische Entwicklung der Sprache wird vom Griechischen abhängig. Vgl. *Fr. Schlegel, Werke* I, 74.

> defluxit numerus Saturnius et grave virus
> munditiae pepulere.

Die einzige Form der poetischen Darstellungsweise, welche Latium hatte, der Saturnische Rhythmus[1]) wurde verdrängt und an seine Stelle trat der dactylische Hexameter, der Iambus und Trochäus, doch so, dass der Hexameter in der römischen Poesie auf die Dauer das Uebergewicht erhielt[2]). Es wird erzählt, dass M. Porcius Cato Censorius die griechischen Philosophen, Rhetoren und Dichter aus Rom verbannt wissen wollte und immer als Feind aller griechischen Bildung auftrat. Dass er dieser selbst nicht fremd war und nicht erst im hohen Alter die griechische Sprache zu erlernen nöthig hatte[3]), ist jetzt allgemein anerkannt, seine vielseitige Thätigkeit auf allen Gebieten der prosaischen Litteratur gibt dafür den besten Beweis[4]). Aber fast scheint es, als ob dieser grosse Mann mit seinem praktischen Scharfblick die Gefahr erkannte, welche Rom drohte von der einseitigen und zugleich überwältigenden Macht griechischer Bildung und Litteratur. Er verschmähte gewiss nicht Alles, was von Griechenland nach Rom kam, aber er wünschte dem römischen Geiste eine eigene, selbständige Entwicklung[5]). Und wie war diese möglich, wenn sie sofort nach ihrem ersten Eintritt ins Leben von der griechischen

[1] Vgl. das lichte und klare Büchlein von *K. Bartsch*, der Saturnische Vers und die altdeutsche Langzeile. Lpz. bei Teubner 1867.

[2] Vgl. über Ennius und Klopstock *L. Müller, de re metrica poet. Lat.* p. 69. Die Kunstrichtung der röm. Daktyliker cf. *ibid.* p. 135 sq. *Fr. Schlegel, Werke* 1, 77.

[3] *Cicero Acad.* II, 2, 5 sagt nur: Catonem Graecas litteras in senectute didicisse accepi. Vgl. *de sen.* § 26.

[4] *Cic. de Or.* III § 135: Quid ei praeter hanc politissimam doctrinam transmarinam atque adventiciam defuit? Am schärfsten *Liv.* 39, 40, vgl. *Quellenb. der Röm. Gesch.* III, 22.

[5] Dies sieht man daraus, dass er in seinen Origines das Vorhandensein altrömischer Nationallieder, wie es scheint, wiederholt betonte, dagegen die poëtae d. h. die griechisch gebildeten Dichter im Gegensatz zu den bereits verächtlich gewordenen altrömischen vates, cf. *L. Müller* p. 65 geringschätzig behandelte. Vgl. *Cic. Tusc.* I, 2, 3: Sero igitur nostri poëtae vel cogniti vel recepti. quamquam est in Origin. solitos esse in epulis canere convivas ad tibicinem de clarorum hominum virtutibus. honorem tamen huic generi (i. e. der reinen, modernen Dichter) non fuisse. declarat oratio Catonis, in qua obiecit ut probrum M. Fulvio Nobiliori, quod is in provinciam poëtas duxisset; duxerat autem consul ille in Aetoliam (189 ut scimus, Ennium.

Amme ernährt und gepflegt wurde? Es war fast dasselbe Verhältniss, wie wenn ein Kind bald nach seiner Geburt in ein fremd-
redendes Land kommt: es lernt die fremde Sprache vielleicht
sehr fertig, aber den seelenvollen Klang der Muttersprache vernimmt es nie[1]).

So kam es, dass mit der alten nationalen Form bald auch
die römische Litteratur den einheimischen Gehalt verlor. Die
wunderbare Geburt und Schicksale des Romulus, der Raub der
Sabinischen Frauen, der sagenhafte Kampf der Horatier und Cu-
riatier, dann wieder der Uebermuth der Tarquinier, das Unglück
und der Tod der Lucretia, die Rache und Befreiung durch Brutus, Porsina's wunderbarer Krieg nebst der Standhaftigkeit des
Scaevola, späterhin noch die Verbannung des Coriolan, sein Kampf
gegen die Vaterstadt, und wie endlich in dem inneren Zwiespalt
seiner Heldenseele die Gegenwart der Mutter und der Gedanke
an Rom gesiegt, ja die ganze Geschichte bis herab auf Camillus[2]),
das Alles war ein passender Sagenstoff für eine nationale Poesie
und war auch in alten Liedern vielfach benützt worden[3]), aber
sobald als die Griechen sich in Rom eindrängen, wird das Band,
welches Alterthum und Neuzeit verknüpfte, zerrissen, man vergisst die römische Heldensage oder überlässt sie der Geschicht-
schreibung und wendet sich dem Homerischen und Kyklischen
Sagenkreise zu[4]). Da nun dieselben mythologischen Namen, Beziehungen und Andeutungen von den Dichtern immer und immer
wiederholt wurden, so suchte man den Reiz der Neuheit bald
darin, dass man gewöhnliche Begriffe nach ganz besonderen und
vereinzelten mythologischen Beziehungen ausdrückte[5]). Dieses

---

1) Man vergegenwärtige sich die Schriftsteller der Deutschen,
welche in der Abhängigkeit der französischen Manier waren. Lessing,
Hamb. Dramaturgie.

2) Vgl. *Niebuhr, Röm. Gesch.* I, 283 sq.

3) *Niebuhr, R. G.* I, 284. *Cic. Tusc.* I, 2, 3. IV, 2, 3. *Brut.* § 75.
de Or. III § 197. *de legg.* II § 62. *Hor.* IV, 15, 29:

> virtute functos more patrum duces
> Lydis remixto carmine tibiis
> Troiamque et Anchisen et almae
> progeniem Veneris canemus (i. e. Aenean × Augustum).

4) Erst als Vergil wieder den Versuch mit der griechisch-römischen
Nationalsage gemacht, beginnt Ovid in den Fastis wieder auf die alten
römischen Lieder zurückzugehen.

5) Hierher gehören schon bei Vergil Wendungen wie *Aen.* IV, 345:
Gryneus Apollo.

Streben machte allmählig die Epiker der Kaiserzeit, besonders Papinius Statius uud Valerius Flaccus, selbst den Römern so dunkel, dass sie ohne gelehrte Commentare bald nicht mehr gelesen und verstanden werden konnten[1]). Um nun die Kunst Vergils verstehen und würdigen zu können, was er als Dichter seinen Landsleuten gewesen und geworden ist, müssen wir einen Blick auf .die Geschichte der römischen Dichtung und der Dichterschulen werfen, von denen die Dichter der Augusteischen Periode abhängig geworden sind.

III.

Die Römer selbst beginnen ihre poetische Litteratur mit Livius Andronicus[2]) (c. 500 a. u. = 254 v. Chr.), der bei der Eroberung Tarents (272 v. Chr.) als Gefangener nach Rom in das Haus des M. Livius Salinator, des Siegers von Sena, gekommen sein soll[3]). Sein Hauptwerk war die Uebersetzung von Homers Odyssee in lateinischen Saturniern[4]), ein Werk, das bald allgemein als Schulbuch diente und dessen Bekanntschaft auch noch Horatius unter der Leitung des strengen Orbilius machte[5]). Die grosse Masse des Volkes aber gewann er als Schauspieler[6]) und Schauspieldichter, indem er fleissig griechische Dramen übersetzte[7]).

---

1) Z. B. *Val. Fl.* II, 7: templa Tisacae Dianae, nach einem Vorgebirge von Magnesia. Vgl. die Erkl. zu II, 14: Eurymenae.

2) Z. B. *Hor. Ep.* II, 1, 61 habet (Roma) hos numeratque poëtas ad nostrum tempus Livi scriptoris ab aevo.

3) *Hieronym. Chron. ad a.* 1829: T. Livius tragoediarum scriptor clarus habetur, qui ob ingenii meritum a Livio Salinatore, cuius liberos erudiebat, libertate donatus est.

4) Vgl. die Fragmente bei *Bartsch, Anh.* Der Anfang lautet: Virum mihi Camena ‖ insece versutum.

5) *Hor. Ep.* II, 1, 69:

  Non equidem insector delendaque carmina Livi
  esse reor, memini quae plagosum mihi‿ parvo
  Orbilium dictare, sed emendata videri
  pulchraque et exactis minimum distantia miror.

6) *Liv.* VII, 2, 8: Livius, qui ab saturis ausus est primus argumento fabulam serere, idem scilicet, id quod omnes tum erant, suorum carminum actor etc.

7) *Suet. de gramm.* 1: antiquissimi doctorum, qui iidem et poetae et semigraeci erant — Livium et Ennium dico, quos utraque lingua domi forisque docuisse adnotatum est — nihil amplius quam Graecos interpretabantur aut si quid ipsi latine conposuissent praelegebant.

Ihm zu Ehren erhielten in Rom die poetae Corporationsrechte[1]) und die Benützung des Minervatempels auf dem Aventin zu ihren collegialen sacra.

Ihm folgte Cn. Naevius, ein genialer und wie es scheint wirklich volksthümlicher Dichter[2]). Er bearbeitete nicht allein, wie Andronicus, griechische Dramen, sondern wurde auch der Schöpfer der praetexta[3]) und suchte das Drama mit dem politischen Leben seiner Zeit zu verbinden[4]). Seine nationale Begeisterung stimmte ihn endlich zu dem Epos, in welchem er den selbsterlebten ersten Punischen Krieg poetisch behandelte[5]). Die beiden ersten Bücher enthielten die Urgeschichte Rom's und Karthago's (Aeneas und Dido)[6]), das dritte Buch begann mit dem Punischen Kriege selbst.

Sein jüngerer Zeitgenosse T. Maccius Plautus[7]) (geb. 254

---

1) *Fest.* p. 333 *Müll.:* cum Livius Andronicus bello Punico II scripsisset carmen quod a virginibus est cantatum (Danklied für den Sieg bei Sena), quia prosperius resp. p. R. geri coepta est, publice adtributa est ei in Aventino aedis Minervae, in qua liceret scribis histrionibusque (= poetis) consistere ac dona ponere, in honorem Livi, quia is et scribebat fabulas et agebat.

2) Vgl. *Mommsen, R. G.* I, 914.

3) D. h. er versuchte ein ernstes Nationalschauspiel dadurch zu begründen, dass er Stoff aus der römischen Sage und aus der gleichzeitigen Landesgeschichte auf die Bühne brachte. Z. B. 'Romulus sive Alimonium Romuli et Remi.' Vgl. *Mommsen* 1, 931.

4) Z. B. im Ludus (*Ribb. Com.* p. 14): Cedo quí vestram rem públicam tantam ámisistis tám cito? Oder: Provénicbant orátores novi, stulti adulescéntuli. Aus Tarentilla (*Ribb.* p. 19):

Prímum ad virtutem út redeatis, ábeatis ab ignávia,
Dómo patres patriam út colatis pótius quam peregrí probra.

Ja er machte sogar einen Angriff auf Scipio (*Ribb.* p. 21):

Etiám qui res magnás manu saepe géssit glorióse,
Cuius fácta viva núnc vigent, qui aput géntes solus prácstat,
Eum suús pater cum pállio uno ab amíca abduxit.

5) Vgl. *Cic. de sen.* §. 49. *Suet. gram.* 2: C. Octavius Lampadio Naevii Punicum bellum uno volumine et continenti scriptura expositum divisit in VII libros. Vgl. *Cic. Brut.* §. 75.

6) Vgl. Bemerk. zu *Verg. Aen.* I, 180 sqq. *Schwegler R. G.* I. 85. *Mommsen* I, 933: Die epische Poesie der Griechen bewegt sich wie die tragische völlig und wesentlich in der heroischen Zeit; es war ein durchaus neuer und der Anlage nach ein beneidenswerth grossartiger Gedanke, mit dem Glanze der Poesie die Gegenwart zu durchleuchten.

7) Ueber den Namen des Dichters, über Grammatik, Prosodie und Metrik desselben handelt eingehend *Fr. Ritschl, Prolegomena* zur Ausg. des Trinummus.

v. Chr., gest. 184) beschäftigte sich wieder nur mit Bearbeitung griechischer Lustspiele (palliatae), von denen uns 20 Stücke erhalten sind [1]). Er hat bereits den altnationalen Saturnius verlassen und dafür ausser den bacchischen [2]) und kretischen [3]) metra den griechischen Trimeter und Tetrameter iambicus und trochaicus eingeführt, doch mit Vorliebe für die alte Alliteration [4]) und prosodische Freiheit, besonders die Positionsgesetze [5]) und die Empfindlichkeit gegen den Hiatus [6]) scheint er noch nicht zu kennen.

Der Schöpfer der Daktylischen Poesie wurde Q. Ennius (geb. 239, gest. 169, ein Jahr vor der Schlacht bei Pydna) aus Rudiae in Unteritalien. Zwar fertigte er ebenfalls griechische Stücke für die römische Bühne [7]), aber den grössten Ruhm gewann er als Epiker durch seine Annales, worin er die römische Geschichte von Aeneas' Ankunft in Italien bis auf seine Zeit darstellte [8]). Auch die wenigen Fragmente, welche wir noch von diesem Werke besitzen, zeigen zur Genüge, dass Ennius eine ausserordentliche Dichterkraft gewesen sein muss [9]). Ueber die dichterische Anlage des Werkes freilich lässt sich nicht mehr mit Sicherheit urtheilen, aber schon an dem Reichthum der Sprache, der Neu-

---

1) Die Titel sind: Amphitruo, Asinaria, Aulularia, Captivi, Curculio (Gurgelmensch, Parasit), Casina, Cistellaria, Epidicus, Bacchides, Mostel laria, Menaechmi, Miles gloriosus, Mercator, Pseudŏlus, Poenulus, Persa, Rudens, Stichus, Trinummus, Truculentus.

2) Ueber Plautinische Metrik vgl. *Studemund, de canticis Plautinis*, Halle 1864.

3) Vgl. *A. Spengel de creticis Plautinis*, Berlin 1861.

4) Z. B. *Trin.* 243. Ilico rés foras lábitur líquitur, 254: raptores panis et peni. etc.

5) Vgl. *A. Spengel, Eos* I, 606 sq.

6) Vgl. *A. Spengel, T. Maccius Plautus*, Göttingen 1863.

7) Vgl. *Cic. Brut.* §. 78: Sulpicio Gallo praetore ludos Apollini faciente, cum Thyesten fabulam docuisset, Q. Marcio Cn. Servilio coss. (= 169) mortem obiit Ennius.

8) Vgl. die Grabschrift bei *Cic. Tusc.* I §. 34: aspicite, o cives, senis Enni imaginis formam. hic vestrum panxit maxima facta patrum. Vgl. *Vahlen, Ennii fragm. Prolegg.* p. XX sqq.

9) Vgl. *Nieb. Vorl. R. G.* II, 196. *L. Müller de re metr.* 70: tantum abest, ut Ennium diversae a posterioribus licentiae vias pangendis vorsibus optinuisse credamus, ut potius eius artis, quam varie mox perpolitam ad finem adduxere Vergilius et Ovidius, illum ipsum fuisse primum auctorem satis certo constet pignore. Anders urtheilt *Mommsen R. G.* I. 934 sq.

bildungen im Ausdruck, der Fülle von Bildern merkt man, dass wir es mit einem grossen productiven Geiste zu thun haben. Dieses Verdienst des Ennius, dass er die poetische Sprache ausserordentlich bereichert habe, erkannten denn auch die Dichter der Augusteischen Periode offen an [1]) und benutzten mit Vorliebe seinen Sprachschatz. Vergils Sprache verdankt dem Ennius mehr als wir auch nur ahnen können, da die Vergleichung jetzt nur eine sehr unvollständige und mangelhafte sein kann [2]). Mit dem Einfluss des Ennius auf den Sprachschatz lassen sich nur noch die Verdienste eines Attius und Lucretius vergleichen.

So verdienstvoll aber die Leistung des Ennius von dieser Seite war, epochemachend für die römische Dichtkunst wurden die Annales, weil darin zum erstenmal der heroische Vers der Griechen in lateinischer Sprache Anwendung fand [3]), Ennius hat den Römern den Hexameter und das Distichon [4]) geschaffen und damit eine Form begründet, der sich die meisten der späteren Dichter anschliessen mussten [5]). Neben den Annales hat er auch in seinen Saturae den Hexameter eingeführt, freilich noch in Verbindung mit Iamben, Trochäen und Sotadeen [6]). Endlich scheint Ennius auch eine grammatisch-metrische Schule

---

1) *Hor. ars* 56: cum lingua Catonis et Enni sermonem patrium ditaverit et nova rerum nomina protulerit.

2) Vgl. *Verg. Aen.* I, 255 mit *Enn. Ann.* 445. I, 530 m. *A.* 23. II, 101 m. *A.* 210, II, 241 m. *Enn. Androm.* 81, II, 250 m. *A.* 218, II, 265 m. *A.* 291, II, 274 m. *A.* 7, II, 281 m. *Enn. Alex.* 57, II, 416 m. *A.* 423, II, 782 m. *A.* 177 etc. Schon *Macrob Sat.* VI, 9, 9 klagt: quia saeculum nostrum ab Ennio et omni bibliotheca vetere descivit, multa ignoramus quae non laterent, si veterum lectio nobis esset familiaris.

3) *L. Müller de re metrica* p. 65: Versum longum dactylicum catalecticum sex arsibus totidemque thesibus constantem, in quo neque arsis posset dissolvi et pro pyrrhichio posito in thesi ubique posset substitui syllaba longa, servata etiam incisionum firmitate et finiti ordinis licentia — hunc igitur versum, quem incertae originis a Graecis tamen inventum princeps nobilitavit Homerus, Romanorum poeticae Latinaeque linguae Q. Ennius Calaber addidit.

4) Vgl. *ibid.* 65: idem et disticha primus composuit. Vgl. *ibid.* p. 68.

5) Für die spätere Zeit wurden die Hauptvertreter Vergil und Ovid. Jenem folgten: Persius, Valerius Flaccus, Statius, Silius Italicus, Ausonius, Prudentius, dem Ovid schlossen sich an: Lucanus, Calpurnius, Seneca, Palladius, Nemesianus, Claudianus und Boëtius. Vgl. *L. Müller* p. 136.

6) *L. Müller* p. 68.

begründet zu haben[1]); denn sein Einfluss verdrängte nicht nur den versus Saturnius, sondern wurde auch vielfach massgebend für die Schreibweise, welche natürlich dem Dichter nicht gleichgültig sein konnte, da es galt, durch strenge Unterscheidung der Quantität, auch der Positionslängen, dem Hexameter eine feste Basis zu verleihen. Sein berühmtester Schüler wurde M. Pacuvius, zugleich Schwestersohn des Ennius (gest. 132 in einem Alter von etwa 88 Jahren) aus Brundisium. Wir kennen von ihm nur 12 Tragödien und eine praetexta (Paulus)[2]).

Um dieselbe Zeit kam als Kriegsgefangener nach Rom Statius Caecilius, eine merkwürdige Erscheinung in der römischen Litteratur, weil er durch Geburt dem Keltischen Stamme der Insubrer angehörte[3]). Er wurde ebenfalls ein Schüler des Ennius und bemühte sich deshalb, in seinen Komödien nach neuattischen Originalen abgefasst eine glättere Sprache und regelrechte Metrik zu zeigen. Er hatte schon weniger Alterthümliches als Pacuvius.

P. Terentius Afer war geboren nach dem Ende des II punischen Krieges (201) und starb bei Beginn des III Punischen Krieges (149). Um welche Zeit er als Sklave nach Rom kam, ist nicht zu bestimmen, jedenfalls konnte er nicht mehr die Schule des Ennius benützen. Aber der Einfluss des Ennius ist

---

1) Vgl. *O. Ribbeck in Fleckeisen's Jahrb.* 75. Bd. p. 312. Ennius führte in der Schrift zuerst die Consonantenverdoppelung ein, im Ablat. verbannte er das schliessende d (mensā für mensad), ihm gehören die einsilbigen Pronominalformen: sis, sos, sam, tis, mis, er veränderte zuerst poscivei posivi posi in posui, um anapästische Wortfüsse zu gewinnen, ferner: pută, ită, vidĕn, fieré, fícret, potĭtur, potĭti etc.

2) *Hieronym. R.* p. 36: Pacuvius Brundisinus tragoediarum scriptor clarus habetur, Ennii poetae ex filia (*Plin.* ex sorore) nepos, vixitque Romae quoad picturam exercuit ac fabulas venditavit. Deinde Tarentum transgressus prope nonagenarius diem obiit. Vgl. *Cic. Brut.* §. 229. Der Paulus hatte den Aemilius Paulus Macedonicus zum Gegenstande, vgl. *Röm. Quellenb.* II. 185 sqq.

3) *Hieronym. bei Reiff.* p. 25: Statius Caecilius comoediarum scriptor clarus habetur, natione Insuber Gallus et Ennii primum (?) contubernalis. Quidam Mediolanensem ferunt. Mortuus est anno post mortem Ennii III et iuxta eum in Ianiculo sepultus. Vgl. *Cic. ad Att.* VII, 3, 10: secutusque sum, non dico Caecilium:

Mane ut ex portu in Piraeeum

— malus enim auctor Latinitatis est —, sed Terentium, cuius fabellae propter elegantiam sermonis putabantur a. C. Laelio scribi.

offenbar nicht zu verkennen. Seine Sprache ist nicht nur cor-
rect, sondern fast elegant zu nennen[1]), seine Verse sind nicht
mannigfaltig, aber geordnet und streng[2]). Wir besitzen von ihm
noch 6 Lustspiele[3]).

An der Spitze einer neuen grammatischen Schule[4]) steht
L. Attius[5]) (geb. 170, gest. etwa 104 v. Chr.). Seine gelehrte
Thätigkeit, welche sich ebenfalls wie die des Ennius auch auf
die Orthographie erstreckte, tritt hervor in den Didascalica[6]),
einer Geschichte der griechischen und römischen Poesie, mit
besonderer Berücksichtigung der Dramatik, entweder in trochäi-
schen Tetrametern oder in Sotadeen abgefasst. Seinen Ruhm
aber verdankte er den Tragödien, welche er nach griechischen
Mustern abfasste. Er zeigte Vorliebe für den Troischen Sagenkreis[7]). Seine Sprache galt als sorgfältig und gefeilt. Es scheint
als ob Attius nach Ennius der einflussreichste und bedeutendste
Dichter war.

L. Afranius (geb. um 154) bearbeitete national-römische Stoffe,
im Geiste des Menander und nicht ohne Benutzung desselben.
Er gilt für den wichtigsten Dichter der fabula togata[8]), aber
sein Einfluss wurde nicht durchgreifend, weil, wie es scheint, er

1) *Cic. ad Att.* VII, 3, 10. Dazu *vita Terent. Reiff.* p. 27: hic
cum multis nobilibus familiariter vixit, sed maxime cum Scipione Africano et C. Laelio.

2) Bezeichnend ist es, dass Terentius sich fasst ausschliesslich an
Menandros hält, den zierlichsten, feinsten und züchtigsten unter allen
Poëten der neueren Komödie. Vgl. *Mommsen* II, 433 sq.

3) Sie heissen: Andria, Eunuchus, Hautontimorumenos, Phormio,
Hecyra, Adelphi.

4) *O. Ribbeck in Fleck. Jahrb.* 75. Bd. p. 314. Er adoptirte die
griechische Schreibung gg, gc, gch für ng, nc, nch (aggulus, agcora,
agchises, iggerunt), er strich z und y aus dem Alphabet, verdoppelte den
Vocal einer langen Silbe ausser i, wofür er ei schrieb, vielleicht führte
er auch die regelmässige Schreibung des Schluss-m ein.

5) Ebenso bestätigt ist die Form Accius, griech. nur Ἄττιος.
Teuffel, Lat. Litteraturgesch. p. 160.

6) Vgl. *Madvig Opusc.* I, 87 sqq. de L. Attii didascalicis commentatio.

7) Dies zeigen schon die Titel: Atreus, Philocteta, Telephus,
Epigoni etc. In Praetexten behandelte er den Opfertod des jüngeren
P. Decius Mus, Brutus, den Sturz des Tarquinius Superbus.

8) *Quint.* X, 1, 10: togatis excellit Afranius. *Cic. de fin.* I §. 7:
locos quosdam, si videbitur, transferam, cum inciderit ut id apte fieri
possit, ut ab Homero Ennius, Afranius a Menandro solet.

der von Ennius begründeten Richtung nicht unbedingt folgen wollte[1]).

C. Lucilius (geb. um 148) aus Suessa Aurunca, stammte aus einem wohlhabenden Rittergeschlecht und kam noch jung in den Kreis des Africanus Numantinus[2]). Er zog sich aus dem Treiben der römischen Welt zurück und betrachtete dasselbe ruhig und lächelnd von seinem Standpunkte aus. So schrieb er die Saturae über Politik, Sitte und Litteratur. Sein Witz war so treffend, dass er für immer der Liebling des Publikums blieb und auch von Horatius nicht verdrängt werden konnte. In der Behandlung der Sprache freilich und des Versbaues, in der Mischung griechischer und lateinischer Wörter, war er sehr nachlässig[3]). Aber dieser Mangel wurde ersetzt durch Originalität[4]).

Unter den übrigen Dichtern dieser Zeit steht T. Lucretius Carus (99—55), Freund des Q. Cicero, mit seinem Lehrgedichte de rerum natura libri VI, worin er die Philosophie Epicurs behandelt, oben an. Der Stoff kann als spröde erscheinen, gleichwol ist er glänzend behandelt: die Begeisterung für Epicur und seine Lehre machte den Lucretius zum wahrhaften Dichter[5]). Die späteren Römer, wie z. B. Vergil und Horatius, wussten ihn wohl

---

1) Die Dichter dieser Periode charakterisirt *Hor. Ep.* II, 1, 50:
Ennius et sapiens et fortis et alter Homerus,
ut critici dicunt
Naevius in manibus non est et mentibus haeret
paene recens? adeo sanctum est vetus omne poema.
ambigitur quotiens, uter utro sit prior, aufert
Pacuvius docti famam senis, Attius alti,
dicitur Afrani toga convenisse Menandro,
Plautus ad exemplar Siculi properare Epicharmi,
vincere Caecilius gravitate, Terentius arte.
hos ediscit et hos arto stipata theatro
spectat Roma potens, habet hos numeratque poetas
ad nostrum tempus Livi scriptoris ab aevo.

2) *Hor Sat.* II, 1, 71—74.

3) Vgl. *Hor. Sat.* I, 4, 9 sqq. I, 10.

4) *Quint.* X, 1, 93: satura quidem tota nostra est, in qua primus insignem laudem adeptus Lucilius quosdam ita deditos sibi adhuc habet amatores, ut eum non eiusdem modo operis auctoribus sed omnibus poetis praeferre non dubitent. Ebenso dachte, wie es scheint, Juvenalis, cf. I, 20. 165.

5) Man lese z. B. I, 62 sqq. Er ist sich der Schwierigkeit wohl bewusst I, 136 sq., aber Liebe und Begeisterung, glaubt er, überwindet Alles

zu schätzen und seinen sprachlichen Reichthum auszubeuten[1]), wenn sie auch von ihm schwiegen wie M. Cicero in seinen philosophischen Schriften[2]). Wie sehr er für Reinheit der Form begeistert war, ersieht man aus seinem Lobe des Ennius[3]). Fr. Schlegel[4]) urtheilt über Lucretius nicht mit Unrecht so: Er ist an Begeisterung und Erhabenheit der erste unter den römischen, als Sänger und Darsteller der Natur der erste unter allen noch vorhandenen Dichtern des Alterthums. Das Leben des Dichters war kurz, der Tod überraschte ihn, noch ehe er sein Werk vollendet hatte. Die Herausgabe besorgte für den verstorbenen Freund Q. Cicero[5]).

Schliesslich erwähnen wir noch des C. Valerius Catullus (geb. 87) aus Verona, der Vaterstadt des Cornelius Nepos. Er bildete in Rom einen litterarischen Bund mit Licinius Calvus, dem Redner Hortensius, Cinna, Manlius und Cornelius Nepos, ohne je bestimmte künstlerische Grundsätze auszusprechen. Seine Erotik hat hauptsächlich die Clodia, Schwester des P. Clodius, zum Gegenstand, welche er Lesbia nennt, und sie ist voll von Feuer und Energie, weil ihr Wahrheit zu Grunde liegt[6]).

Catull war ein grosses Talent, ein originaler und kraftvoller

---

1) Vgl. *Verg. Aen.* I, 44 u. *Lucr.* VI, 391, *Verg.* I, 55 u. *L.* VI, 195; *V* I, 58 u. *L.* I, 277, *V* I, 354 u. *L.* I, 123, *V* I, 608 u. *L.* I, 231, *V* I, 618 u. *L.* I, 2, *V* I, 691 u. *L.* IV, 907 etc.

2) Es ist für Cicero nicht ehrenvoll, dass er in den Prooemien seiner philosophischen Schriften des Lucretius nie Erwähnung gethan, nur um sich unablässig als den Schöpfer der philosophischen Litteratur in Rom rühmen zu können.

3) *Lucr.* I, 117 sq.

4) *Schlegels Werke* I, 80 sq.

5) Darüber *Lachmann* zu *Lucr.* I, 922 und *Suet. ed. Reiff.* p. 38: T. Lucretius postea amatoris poculo in furorem versus cum aliquot libros per intervalla insaniae conscribsisset, quos postea (Q.) Cicero emendavit, propria se manu interfecit anno aetatis XLIV *Cic. ad Q. fr.* II, 11: Lucretii poemata ut scribis ita sunt, non multis luminibus ingenii, multae tamen artis, d. h. es ist richtig dass, wie du schreibst, diese Gedichte noch nicht vollendet sind; zwar zeigen sie viel Kunst in der Beherrschung des schwierigen Stoffes, aber die Episoden, in denen der Dichter sich hätte freier ergehen können, fehlen noch.

6) Vgl. jetzt *R. Westphal*, Catull's Gedichte in ihrem geschichtlichen Zusammenhang, Breslau 1867, eine populäre Darstellung der Forschungen von L. Schwabe, wodurch indessen das erste Studium des Dichters sehr erleichtert wird. Die beste Ausgabe ist von M. Haupt, Berlin 1861.

Dichter. Seine Sprache vermeidet alle alterthümliche Schroffheit,
sie ist glatt und ebenmässig, ohne kraftlos und saftlos zu werden,
dazu behandelt er mannigfaltige Formen der Metrik mit Geschick.
'Mit glücklichem Instinkt hat er die seiner Persönlichkeit oder
Stimmung zusagenden Metra gewählt und seine Rhythmen stehen
mit dem Stoff im besten Einklang.' Er hat zum erstenmal die
Glykoneen und den Hendekasyllabus behandelt. Sein Wesen
taugte indessen am besten zur naiven Poesie, zu kleinen Arbeiten,
die ein günstiger Moment gelingen macht, die weder ausgedehnten Plan noch strenge Berechnung im Ganzen und in der Sym-
metrie der Glieder verlangen. Darum hatte er zum epischen
Erzähler keinen Beruf.

IV.

Wichtige und gewaltige Epochen des Völkerlebens wirken
immer entscheidend auf die Gestaltung der Litteratur. Um diesen
Satz zu verstehen, vergegenwärtige man sich nur die lebendige,
anregende, lange andauernde Wirkung der Befreiungskriege auf
das ganze geistige und religiöse Leben des norddeutschen Volkes.
Die Zeit der römischen Bürgerkriege verfehlte ihre Wirkung
auf die Litteratur nicht. Die Erregung aller Leidenschaften, die
ungezügelte Freiheit, das parteiische Prozesswesen förderten offenbar die politische und gerichtliche Beredtsamkeit, die durch die
geordnete Regierung eines Caesar Octavianus und Tiberius Nero
wieder in ihre natürlichen Schranken zurückverwiesen wurde[1]).
Aber eben diese Zeit der heftigsten Parteikämpfe und der errreg-
testen Parteileidenschaften konnte der interesselosen, nur auf das
Schöne gerichteten Poesie unmöglich günstig sein. Und in diese

---

1) Vgl. den *Dialogus de orat.* c. 40: Iam vero contiones assiduae
et datum ius potentissimum quemque vexandi atque ipsa inimicitiarum
gloria, quantum ardorem ingeniis, quas oratoribus faces admovebant!
non de otiosa et quieta re (wie die Poesie) loquimur et quae probitate
et modestia gaudeat, sed est magna illa et notabilis eloquentia alumna
licentiae, quam stulti libertatem vocabant, comes seditionum, effrenati
populi incitamentum, quae in bene constitutis civitatibus non oritur.
Ibid. c. 41: Quid nunc opus est longis in senatu sententiis, cum optimi
cito consentiant? quid multis apud populum contionibus, cum de rep.
non inperiti et multi deliberent, sed sapientissimus et unus? quid volun-
tarii accusationibus, cum tam raro et tam parce peccetur?

Zeit fällt die Jugend des Vergilius (geb. 70)[1]), glücklicherweise
nicht sein reifes Mannesalter! Denn ganz anders gestalteten sich
die Verhältnisse nach der Schlacht bei Actium. Hier wurde der
gefährlichste Feind der römischen Freiheit, Selbstsucht und Egoismus, überwunden, hier wurde persönliche Sicherheit und Ordnung neu begründet, hier wurde die Achtung des Staates nach
Innen und Aussen wieder erobert[2]). Ein Mann schuf hier plötzlich eine grosse und denkwürdige Zeit, welche der dichterischen
Begeisterung bedeutende Stoffe, der liebevollen Hingabe an den
Stoff Ruhe, Friede und Gemüthlichkeit in Fülle bot[3]). Dazu war
die poëtische Technik geschaffen[4]), Dank dem Streben des Ennius,
Attius und Lucretius, die Sprache blieb zwar immer arm und un-
biegsam gegenüber der griechischen Mannigfaltigkeit[5]), aber sie
war durch jene Dichter ausgebildet und erweitert und es war
nur zu fürchten, dass das Publikum einer neuen Productivität in
der Behandlung des Sprachschatzes widerstreben möchte[6]). Jeden-

---

1) Alle Notizen über das Leben des Vergil findet man jetzt sorgfältig zusammengestellt von *O. Ribbeck* in der Narratio de vita et
scriptis P. Vergili Maronis, als Einl. der Teubn. Textausgabe 1867.

2) Vgl. *Merivale*, Gesch. der Römer unter dem Kaiserthum, Leipzig
1868. II Bd. p. 269. *Buchholz*, Philos. Unters. über die Römer I, 197.
Mit Bitterkeit ruft *Verg. Aen.* VIII, 648 im Gegensatz zu den Bürger-
kriegen seiner Zeit: Aeneadae in ferrum pro libertate ruebant.

3) *Reumont*, Gesch. der Stadt Rom I, 243 sqq.

4) Man kann bedauern, dass Form und Inhalt der lateinischen
Litteratur durch Ennius vorwiegend griechisch wurde, aber man muss
zugestehen, dass er der Schöpfer einer poetischen Technik wurde, welche
in der Augusteischen Zeit eine ansehnliche Fruchtbarkeit entwickelte.
Was aus der römischen Poësie geworden wäre, wenn sie an dem alten
Saturnius festhielt, ist schwer zu sagen, zumal da eine fertige Litteratur,
wie die griechische, immer einen bestimmenden Einfluss ausüben musste.
Es ist also auch hier nöthig, die factischen Zustände lieber anzuerkennen, als von der Möglichkeit einer rein nationalen Litteratur zu träumen.
Rom hat eben keinen Lessing hervorgebracht, natürlich, denn auch
dessen Kampf gegen das Französische war nicht möglich, hätte er nicht
das Griechische auf seiner Seite gehabt. Neue Bahnen hat auch er
nicht eröffnet, wohl aber Shakspeare, der Schöpfer der modernen Poësie.

5) So war es z. B, ein grosser Mangel für die Litteratur, dass ihr
nicht ausgebildete Dialekte zu Gebote standen. Wie ganz anders würden uns die Vergilischen Hirten anmuthen, wenn sie einen besondern
Dialekt und nicht die Sprache Cicero's sprächen. Man denke an die
Idyllen von *Fr. Reuter!*

6) Vgl. *Hor. ars* 53: quid autem Caecilio Plautoque dabit Roma-

falls waren alle diese Verhältnisse sehr günstig. Und nun kam dazu noch ein gebildeter Monarch und ein Mäcenas und Asinius Pollio, Männer, welche in der Poësie Erholung für sich und moralischen Nutzen für das Volk suchten[1]. Kein Wunder, wenn die römische Poësie grade unter Augustus ihr goldenes Zeitalter feiert. Aber etwas fehlte der Augusteischen Zeit, was sich durch Kunst schwer ersetzen liess. Politik und Zeitgeschichte können Herz und Gemüth des wahrhaften Dichters auf die Dauer nicht ausfüllen, nicht befriedigen, wenn nicht zugleich grosse Ideale ihn beleben[2].

Das aber war gerade die Schwäche der Zeit. Zwar trat eine ästhetische Begeisterung hinzu, welche den Dichtern des Augusteischen Zeitalters einen höheren Schwung verlieh, die Hingabe an die grossen Meister Griechenlands und der Wetteifer mit diesem Volke[3], aber eine solche ästhetische Begeisterung ist auf die Dauer nie ausreichend, wenn nicht eine höhere Macht, welche zu Grunde liegt, den Kern der Sympathie erschliesst, wenn nicht die Ideale der fremden Nation zugleich die Ideale des eigenen Volkes sind. Nun aber bewegen sich die Ideale der Dichter des Alterthums in Religion, Geschichte und Philosophie. Und während nun die Philosophie überhaupt in Rom eine fremde Pflanze war[4], hatte man Sage, Religion und zum Theil die älteste Geschichte mit der der Griechen verknüpft und durchwoben[5], so dass sich oft kaum das Volksthümliche mehr erkennen liess. Was blieb also einem Dichter damals anderes übrig als auf diesem zum Theil griechischen Boden auch seine Ideale zu suchen?[6]

---

nus ademptum Vergilio Varioque? — licuit semperque licebit signatum praesente nota producere nomen.

1) Vgl. *Reumont*, Gesch. der Stadt Rom I, 230 sqq.

2 Vgl. *Barthel*, die deutsche Nationalliteratur der Neuzeit p. 417 (7. Aufl.).

3) Dieses Streben drückt sich von Anfang bis zu Ende in der ars poëtica des Horatius aus. Quintilian betrachtet die Römische Litteratur vielfach unter diesem Gesichtspunkte.

4) Cicero ist nur Uebersetzer der griechischen Philosophie und will auch nicht mehr sein. vgl. *Prooem. der Officien.* Erst Seneca wird selbständiger.

5) Der Einfluss der Griechen auf die Religion und Kunst der Römer beginnt schon in der Zeit der Tarquinier. Ueber die Geschichte vgl. *Schwegler, R. G.* I, 400 sq.

6) Dies wird erleichtert durch eine Erscheinung, der Joh. Müller Ausdruck gegeben hat in der von Göthe übersetzten Rede auf Friedrich

So kommt es, dass nicht nur die Dramatiker, welche überhaupt griechische Stoffe behandelt hatten, sondern auch die Epiker und Lyriker Roms wie in der Form so auch in Rücksicht des Inhalts wesentlich von Griechenland abhängig werden mussten[1]. Und wirklich ist dies der Fall bei Vergil, Horaz und Ovid, noch mehr aber gilt es von Propertius. Auf diese Weise wurde auch die Poësie der Augusteischen Periode gelehrt[2]. So wenig als bei uns der schlichte Bürger die nordische Mythologie eines Kloptstock, so wenig konnte der einfache Römer die fremden Anspielungen seiner Dichter verstehen.

<h2 style="text-align:center">V.</h2>

Auch Vergil verläugnet diese Richtung nicht; ja er ist nicht mit Unrecht der gelehrteste unter den Dichtern Roms genannt worden[3]. Aber er hat doch richtig erkannt, dass auf diesem Boden sich der römische Dichter ein neues Feld erobern müsse, auf welchem sich griechische und römische Sage, Religion und Geschichte vereinigen liesse, um das Interesse der Römer für ihre poëtische Litteratur zu wecken oder zu steigern[4]. Es war deshalb, wie mir scheint, ein glücklicher Gedanke, dass er nach der

---

den Grossen: Das Wirken der Menge beschränkt sich im Kreise des Augenblicks, der Thatenkreis eines grossen Mannes erweitert sich im Gefühl seiner Verwandtschaft mit den Besten. Von jenem Hohen bleibt ein Eindruck, der Menschencharakter eignet sich ihn an, durchdringt sich davon und stählt sich unwandelbar.

1) Vgl. *H. Garcke, Hor. Carm. lib.* I: collatione scriptorum Graecorum illustravit. Catull, Properz, Valerius bildeten sich an den Alexandrinern, Vergil an Homer und Theokrit.

2) D. h. Ein Römer, welcher nicht in der griechischen Sage und Mythologie bewandert war, konnte seine Dichter nicht verstehen. Vgl. *Klopstock*, der mit den Römischen Dichtern noch das gemein hat, dass er durch fremdartige Wortstellung, Wortbildung, Bilder und metrische Form seinen Landsleuten unverständlich wurde.

3) *Macrob. Somn. Scip.* I, 15, 12 nennt ihn disciplinarum omnium peritissimus, ebenso *Sat.* I, 16, 12. Sogar genaue Kenntniss des ius pontificium wird ihm zugeschrieben *Sat.* I, 24, 16. Vgl. III, 2, 1: nullis verbis magis proprie usus est quam sacris vel sacrificalibus. Dazu I, 24, 18: astrologiam totamque philosophiam operi suo aspersit.

4) Hierher gehören *lib.* VII die Urgeschichte Latiums, und *lib.* VIII die uralten und denkwürdigen Stätten Roms. Beides behandelt der Dichter mit offenbarer Vorliebe. Ferner vgl. IX, 602–615.

Sage von dem Ursprung des Julischen Hauses griff, welches seine
Existenz noch über die Gründung Rom's bis auf Aeneas zurück-
führte[1]). Damit gewann er einen Stoff, welcher eingriff in das
alte Heroenleben des Troischen Sagenkreises[2]), der aber auch
zugleich die Möglichkeit bot, die Uranfänge Rom's, seine Sitten,
Gesetze, Religion, Topographie und Geschichte[3]) dem römischen
Leser vor die Seele zu führen. Durch diese Wahl war der Boden für ein nationales und populäres Gedicht gewonnen, ohne
doch der bisherigen gelehrten Richtung der römischen Poësie zu
entsagen.

Es ist nicht unmöglich, dass, wie der Grammatiker und
Commentator Vergils Servius[4]) berichtet, Caesar Augustus es war,
welcher Vergil auf diesen Weg der halbnationalen Sage geführt
hat. Wir wissen wenigstens so viel gewiss, dass der Kaiser Alles
aufbot, die grossen Dichter seiner Zeit zu bestimmen, dass sie
seine grossen Friedens- und Kriegesthaten im heroischen Liede
verherrlichen sollten[5]). Wir dürfen nun annehmen, dass sowohl
Vergil als auch Horaz den Kaiser öfters darüber aufklärten, wie
wenig sich die Geschichte der Gegenwart zum Epos eigne[6]). Was
war nun bei einer solchen Besprechung natürlicher als die Frage:
Welcher Stoff ist denn wohl zum Epos geeignet und gibt es
nicht eine römische Sage, welche sich mit der Geschichte der

---

1) Häufig lässt der Dichter den Augustus in der Gestalt des Aeneas
auftreten. Hieher gehört, wie mir scheint, der Siegesschild, welcher im
Tempel des Apollo bei Actium geweiht und mit der Inschrift versehen
wird: Aeneas haec de Danais victoribus arma III, 288. Vgl. zu I, 285.

2) Nach der alten Theorie musste das Epos dem heroischen Sagenkreis entnommen sein. Naevius und Ennius hatten zwar eine Aenderung versucht, fanden aber nur in Lucanus und Silius Nachahmer.

3) Das Letztere mit Hülfe des vaticinium post eventum, und des
descensus ad inferos (*lib.* VI).

4) Er lebte zu Anfang des V Jahrhunderts. Vgl. *Bernhardy,*
Röm. Litt. 874.

5) Unter vielen Stellen vgl. *Hor. Ep.* II, 1, 245 sqq. Hieher gehört
auch das Versprechen des Vergil *Georg* III, 46, womit er bereits auf
die Aeneis hindeutet. Denn die Hypothese von *O. Ribbeck Prolegg.*
p. 56 erscheint mir grundlos, da die Aeneide allerdings Caesar Augustus
hauptsächlich zum Gegenstande hat, sogar die *pugnae Caesaris,* cf. VIII,
675 sqq. Es ist nicht unwahrscheinlich, dass Vergil ursprünglich die
Absicht hatte, noch mehr Thaten des Augustus in sein Epos einzufügen.
Vgl. *Reiff. Suet.* p. 60.

6) Deutlich weist darauf hin die Ode des *Hor.* IV, 15.

Gegenwart in Verbindung setzen lässt? Schlug man diesen Weg ein, so war die Antwort von selbst gegeben; es blieb nur die Aeneassage übrig [1]).

Horaz hat sich gegen eine solche Aufgabe beharrlich geweigert [2]). Wenn nun Vergil sich derselben unterzog und ihr eilf Jahre seines Lebens widmete [3]), bis er plötzlich nach Vollendung derselben durch den Tod abgerufen wurde, so dürfen wir wohl fragen, welche Gründe ihn dazu bestimmen mochten. That er es aus Schmeichelei gegen den Kaiser? Oder hatte er eine geheime politische Absicht? Oder bestimmte ihn eine reine künstlerische Ueberzeugung und Begeisterung?

Dem oberflächlichen Betrachter kann leicht der Verdacht aufsteigen, Vergil habe die Aeneassage nur gewählt, um dem Julischen Hause, welches in jenem Helden seinen Stammvater erkannte, seine Huldigung darzubringen und Weihrauch zu streuen [4]). Wer aber bedenkt, mit welcher Offenheit und Ehrlichkeit Vergil die grossen Helden der Republik rühmt und würdigt, selbst die Tugend eines Cato und Brutus [5]), der muss doch bekennen, dass eine Regierung, unter welcher ein solcher Freimuth möglich ist, keine Schmeichelei verlangt, und dass ein Dichter, welcher sich diese Freiheit erlaubt, kein Schmeichler sein kann.

Aber war es nicht Schmeichelei, so war es doch politische Absicht, welche den Dichter bestimmte, den Kaiser in seinem Urahn zu feiern.

Octavian hatte die Regierung usurpirt, die Macht war in seiner Hand vereinigt, Volk und Senat huldigte dem Alleinherrscher —, es fehlte ihm nur noch die göttliche Weihe und Salbung, so war er ein Herrscher von Gottes Gnaden und dadurch in den

---

1) Die Romulussage gehörte nach der Auffassung der Zeit nicht dem heroischen Zeitalter an.

2) Vgl. die *Ode* I, 6 mit II, 9, 19.

3) *Suet. ed. Reiff.* p. 60: Bucolica triennio, Georgica VII, Aeneida XI perfecit annis.

4) Nur zu häufig findet man in neueren Schriften von Vergil und Horaz die Bezeichnung 'höfische Dichter'. Wo war aber denn der Hof, wo das Hofleben, wo die Hofbedienten? Richtig sagt Horaz: dilecti tibi Vergilius Variusque poetae. Damit ist das Verhältniss richtig bezeichnet.

5) *Aen.* VI, 841 und VIII, 670. VI, 818. Vgl. den Aufsatz von *Fr. Jacobs* (gegen *Börne*): War Horaz ein Schmeichler?

Augen des Volkes legitimer Regent[1]). Religion und Priester wusste man zu einem solchen Acte noch nicht zu gebrauchen[2]), da tritt der Dichter hervor und zeigt dem erstaunten Volke, wie dem wunderbaren Mann Alles gelingen musste, weil sein Auftreten kein willkührliches ist, sondern von einer göttlichen Mission veranlasst ist, einer Bestimmung, welche von Anfang an über Rom verhängt ist im Rathe des höchsten und mächtigsten Gottes, kurz dass Augustus der Höhepunkt und das Endziel der Entwicklung des Römischen Staates ist[3]). Diese Auffassung zieht sich in der That durch das ganze Werk hindurch: Aeneas und Caesar als Anfang und Ende der Römischen Geschichte reichen sich die Hände durch ein künstlich angelegtes vaticinium post eventum.

Es kann also unmöglich geleugnet werden, dass Vergil mit seinem Epos eine politische Tendenz verfolgt hat. Es entsteht nur die Frage: Ist diese politische Auffassung hervorgegangen aus freier politischer Ueberzeugung oder ist sie ein auferlegter Zwang ohne innere Zustimmung? Werfen wir nun einen Blick auf die politischen Verhältnisse, unter denen Vergil aufgewachsen ist, so kann die Antwort, glaube ich, nicht zweifelhaft ausfallen.

Vergil war geboren im Jahre 70 v. Chr., unter dem ersten Consulat des Pompeius und Crassus, welches durch die Wiederherstellung der ungezügelten Volksfreiheit und der Tribunicischen Verfassungskämpfe für die Republik so verderblich wurde[4]). Es fällt also die Jugend des Dichters mitten in die Zeit der rohsten und zügellosesten Parteikämpfe und die ersten Jugendeindrücke waren erfüllt von den Schrecken der noch in frischer Erinnerung lebenden Bürgerkriege des Marius Cinna Sulla und Lepidus. Und kaum zum Manne herangereift erlebte er wieder den sogenannten zweiten Bürgerkrieg, den Tod Cäsar's, die Intriguen des Antonius,

---

1) Dieser Begriff ist den Römern nicht fremd, cf. *Tac. hist.* I, 15: nunc me deorum hominumque consensu ad imperium vocatum etc.

2) Die Bedeutung der Auspicien und des Auguralrechtes war längst erloschen.

3) Vgl. I, 286—296. VI, 791 sqq. VIII, 678. Auch dass Augustus unter dem Schutze des Apollo steht wird angedeutet, cf. VIII, 720 und III, 275—288.

4) Bei *Sall. Hist.* III, 61, 12 sagt der Volkstribun *Macer:* Cetera ex licentia aut odio aut avaritia in tempus arsere: permansit una res modo, quae utrimque quaesita est et erepta in posterum, vis tribunicia, telum a maioribus libertati paratum —, bereits aber war diese Waffe zur Angriffswaffe geworden!

den Philippensischen Krieg, die Kämpfe mit Sex. Pompeius und seinen Flibustiern, endlich den Krieg gegen Cleopatra und Antonius, überall sah er nur, wie die Bürger unter einander sich zerfleischten, Provinzen verödeten, Familien ausstarben, wie die Republik ein Spielball wurde für die ehrgeizigen Absichten einzelner Machthaber, wie allgemein nur Egoismus herrschte, nirgends reine und selbstlose Vaterlandsliebe zu finden war.

Ist es ein Wunder, wenn solche Erlebnisse einen Mann wie Vergil an der Republik verzweifeln machten und in Caesar Augustus den Retter des Staates und der Gesellschaft erkennen liessen?

War dies aber seine feste und unumstössliche Ueberzeugung, was war dann gerechter und billiger als der Wunsch, dass dieser Hort des Friedens und der Ordnung Bestand haben und die neue zur Nothwendigkeit gewordene Monarchie[1]) in den Herzen des Volkes Wurzel fassen möchte? Folgten doch derselben Ueberzeugung alle Dichter derselben Zeit, auch Horatius, der noch bei Philippi die Waffen für die Republik geführt hatte. Auch Livius ist dieser Auffassung nicht fremd, wenn er sich auch mit der Gegenwart nicht vollständig aussöhnen konnte. Nur weil sein Charakter weniger stark war, kämpfte er nicht unmittelbar für die Gegenwart, sondern zieht sich mit einer Art von Resignation aus derselben zurück und versenkt sich in die grosse Vergangenheit Rom's, um hier Trost und Erquickung zu finden für die Leiden und Wirren seiner Zeit[2]).

VI.

Aber Vergil wäre kein wahrhafter Dichter, wenn der Grund und die Veranlassung seiner dichterischen Muse nur ein politischer wäre[3]). Er war begeistert für den Frieden und die Mo-

---

1) Hatten ja doch die Weisesten und Besten des Senats Caesar genöthigt, dauernd die Herrschaft zu führen, damit nicht wieder Parteistellungen und damit Bürgerkriege zu fürchten wären. *Merivale* II, 286.

2) Vgl. die *Praefatio* des *Livius*. Der Titel seines Werkes heisst ursprünglich: T. Livi ab urbe condita annalis I, II etc.

3) *Hegel Aesthet.* III. 419: Die poetische Phantasie stellt uns nicht wie die Plastik, die Sache selbst in ihrer, wenn auch durch die Kunst hervorgebrachten, äusseren Realität vor Augen, sondern gibt nur eine innerliche Anschauung und Empfindung derselben. Vgl. *ibid.* p. 238 sq.: Nicht die Sache und deren praktische Existenz, sondern das Bilden und Reden ist der Zweck der Poësie.

narchie und arbeitete für den Bestand und die Erhaltung dieses Zustandes[1]). Thäte er es nicht, so wäre dies ebenso unnatürlich als wenn ein deutscher Dichter über den grossen Jahren 1813—15 und ihren Folgen (1819—20 etc.) wollte unempfindlich und regungslos bleiben. Wer dies konnte, in dem war der Dichtergenius sicher erloschen[2]).

Aber Vergil wollte gewiss noch etwas Höheres schaffen, er wollte seiner Nation eine Bibel geben, in der es sein Leben und seine Geschichte, sein besseres Selbst sollte wieder erkennen können[3]), denn wenn auch die Aeneide nicht ein klarer Spiegel des wirklichen Lebens und der Gegenwart werden konnte[4]), überwiegend wurde doch die Erinnerung der wunderbaren Vorzeit eines vergangenen Heldenlebens, das der Dichter seinem Volke wieder vorführte in der Verherrlichung und Verknüpfung aller heiligen und denkwürdigen Stätten Rom's und Latiums. Die Belobung der ehrwürdigen Stätten Roms und seiner Umgebung durch Sage und Gesang[5]) sollte den verborgenen Menschen- und Römergefühlen neue Anregung und Erweckung verleihen theils zu männlichen Idealen, theils zu heiterer und naiver Selbstbetrachtung.

So fasste die Mitwelt Vergils Absicht allgemein auf. Ich lege hier kein Gewicht auf die Aeusserungen gespannter Erwartung eines Cäsar Augustus[6]), sie könnte in persönlichen Absichten und Erwartungen ihren Grund haben; reiner und höher steht das ungetrübte Zeugniss des Propertius[7]) da:

---

1) Vgl. *Aen.* I, 291. *Ecl.* IV

2) Wie G öt h e in der Zeit von 1813—1832 nicht mehr erreichte, was er nicht schon vorher erreicht hatte.

3) Vgl. *Hegel, Aesthetik* III, 332.

4) Nicht nur die Politik, auch die Epikureische Philosophie, welche das damalige Rom beherrschte, spiegelt sich in der Aeneide wieder. Vgl. I, 742—746. IV, 208—210.

5) Man denke an die Episode von Cacus und Hercules, vgl. VIII, 185—275. Vgl. VIII, 310 sqq. *Donat* p. 59 (*R*): et in quo, quod maxime studebat, Romanae simul urbis et Augusti origo contineretur.

6) *Don.* p. 61 (*R*): Augustus vero, nam forte expeditione Cantabrica (29 v. Chr.) aberat, supplicibus atque etiam minacibus per iocum litteris efflagitabat, ut sibi de Aeneide, ut ipsius verba sunt, vel prima carminis hypographa vel quodlibet colon mitteret. Vgl. die Antwort des Vergil bei *Macrob. Sat.* I, 24, 11.

7) *Eleg.* III, 32, 59 sq. Vgl. *Donat.* p. 61 (*R*).

> Me iuvet hesternis positum languere corollis,
>   quem tetigit iactu certus ad ossa deus,
> Actia Vergilium custodis litora Phoebi,
>   Caesaris et fortes dicere posse rates,
> qui nunc Aeneae Troiani suscitat arma
>   iactaque Lavinis moenia litoribus.
> cedite Romani scriptores, cedite Grai:
>   nescio quid maius nascitur Iliade.

Um diese begeisterten Worte des Properz recht zu verstehen und zu würdigen, erinnere man sich was Bodmer[1] triumphirend von dem Dichtergenius Klopstock's schrieb, als er die ersten Gesänge der Messiade sah: 'Wissen Sie', schreibt er einem Bekannten, 'was für ein hoher Ruhm der deutschen Muse zugedacht ist: sie soll ein episches Gedicht im Geschmacke des verlorenen Paradieses hervorbringen. Die grosse Seele, die es empfangen und an das Licht bringen soll, ist wirklich mit einem Leibe bekleidet. Sie arbeitet bereits an dem grossen Werke'

Wir sehen also, wie die Deutschen damals von Klopstock hofften, dass er Milton ihnen ersetzen oder übertreffen werde, so erwartete man von Vergil, wie es scheint, allgemein, dass er seiner Nation das werden würde, was für die Griechen Homer war[2].

Dass freilich Homer ersetzt oder gar übertroffen werden könne, dass die bewusste Kunst das freie und unbewusste Schaffen der natürlichen Naivität überbieten werde, das war eine Hoffnung, welche nur im Rausche der ersten Begeisterung gefasst werden konnte[3], Vergil selbst scheint diesen Wahn keineswegs getheilt zu haben, wenn auch sein dichterisches Selbstbewusstsein sonst nicht gering war (cf. Aen. IX, 447). Denn wenn es wahr ist, was seine Biographen überliefern, dass er vor seiner letzten Reise nach Griechenland, seinem Freunde L. Varius den Auftrag ertheilt habe, er solle, wenn ihn auf der Reise der Tod ereile, die Aeneide

---

1) Vgl auch *O. Roquette*, Gesch. der deutsch. Litteratur II, 77. 81.

2) Schon Ennius war von den Enthusiasten als alter Homerus gepriesen worden, cf. *Hor. Ep.* II, 1, 50.

3) Noch zur Zeit Klopstocks war man sich des Unterschiedes von Volks- und Kunstepos nicht bewusst, das Alterthum vollends konnte diesen nicht einmal ahnen.

verbrennen[1]), ja dass er noch in den letzten Stunden seine Papiere verlangt habe, um sie dem Feuer zu übergeben, so hat er dies gewiss nicht darum gewünscht, weil er sein Werk noch für gänzlich unvollendet hielt[2]), er hatte ja dasselbe Schicksal des Lucretius vor Augen und wusste selbst am besten, wie viel dieser Mann dennoch der vaterländischen Litteratur genützt hatte —, nein es scheint mir als ob im letzten Augenblicke der Gedanke mit aller Schwere auf seine Seele drückte, dass er Homer lange nicht erreicht habe und dass sich überhaupt mit ihm nicht wetteifern lasse[3]).

Die erstere Ansicht ist freilich, wie es scheint, jetzt allgemein. Aber bedenkt man den Umfang des Werkes, die Schwierigkeit der Aufgabe, die Möglichkeit vielfacher Verderbniss durch die Ueberlieferung bald durch Schreibfehler bald durch Emendation oder Interpolation bald durch Versetzung einzelner Verse und ganzer Scenen, so wird man zugeben müssen, dass die Anzahl der Verse, welche die neuere Kritik als unvollendet bezeichnet hat[4]),

---

1) Sulpicius bei *Don.* p. 63:
> iusserat haec rapidis aboleri carmina flammis
> Vergilius, Phrygium quae cecinere ducem.
> Tucca vetat Variusque simul, tu maxime Caesar
> non sinis et Latiae consulis historiae.

Vgl. *ibid.* p. 64 und die von Reiff. citirten Stellen.

2) *Gell.* XVII, 10, 7: Cum morbo oppressus adventare mortem videret, petivit oravitque a suis amicissimis impense, ut Aeneida, quam nondum satis elimavisset, adolerent. Donatus: ut rem inemendatam inperfectamque.

3) Auch in diesem Sinne konnte er sein Gedicht eine res imperfecta nennen. Wichtig ist die Notiz bei *Donat.* p. 62: Anno aetatis LII inpositurus Aeneidi summam manum statuit in Graeciam et in Asiam secedere triennioque continuo nihil amplius quam emendare, ut reliqua vita tantum philosophiae vacaret.

4) Wichtig ist die Notiz, welche uns *Donat* p. 60 (*R.*) aufbewahrt hat: ut ne quid impetum moraretur, quaedam imperfecta transmisit, alia levissimis verbis veluti fulsit, quae per iocum pro tibicinibus interponi aiebat ad sustinendum opus, donec solidae columnae advenirent. Den Ausdruck erkl. *Fest.* (*Paul. Diac.*) p. 366 (*M.*): tibicines in aedificiis (pro sustentaculis) dici existimantur a similitudine tibiis canentium, qui ut cantantes sustineant, ita illi aedificiorum tecta. Aber wir müssen auch bedenken, dass die Aeneide, wie wir sie haben, sicher nicht mehr der erste (pros.), aber auch nicht mehr der zweite (poet.) Entwurf ist und dass das Meiste bereits gebessert ist, was bei dem vorläufigen Abschluss der weiteren Ausführung oder Verbesserung vorbehalten war.

und der Widersprüche, welche man im einzelnen aufgedeckt hat[1]), verhältnissmässig sehr gering erscheint. Und in der That muss das Alterthum die Aeneide nicht für ein unvollendetes Werk gehalten haben, wenn auch Jedermann wusste, dass es dem Dichter nicht vergönnt war, für die Herausgabe desselben die letzte Hand anzulegen. Man merkte nicht einmal die vorhandenen Widersprüche, so wenig als die englischen Leser in Shakspeare's Macbeth, weil die Begeisterung für das Ganze sie belebte und man noch nicht gewohnt war, die Dichter anatomisch zu zerlegen.

Kein Werk der römischen Litteratur wurde von den Grammatikern, Rhetoren und Poeten so viel zu Beispielen benützt als die Aeneide. Man werfe nur einen Blick in die lateinischen Grammatiker bei Keil, in Quintilian und die Rhetoren bei Halm, in Macrobius und die Metriker — und man wird sich sofort überzeugen: Die Sprache Vergils ist der Kanon der schulmässigen Rhetorik und Poetik geworden[2]). Eine solche Erscheinung dünkt mir unmöglich, wenn man nicht die Sprache und die Composition des Dichters für vollendet hielt, mag man auch den Stolz mit in Rechnung bringen, mit dem die Römer stets auf ihren grössten nationalen Dichter sahen. Denn schon in der Kaiserzeit tritt selbst Horatius vor Vergilius zurück, höchstens dass er an zweiter Stelle genannt wird[3]).

Ferner führt man immer wieder als Beweis für die Nichtvollendung der Aeneide die Hemistichien an, welche bekanntlich in allen Büchern des Gedichtes erscheinen. Und diese Ansicht gehört nicht etwa der neueren Zeit an, sie stützt sich vielmehr auf die Angaben der alten Commentatoren[4]) und Biographen[5]),

---

1) Besonders *F. Conrads* im Trierer Schulprogr. 1863.

2) Vgl. *F. W. Genthe*, Leben und Fortleben des Vergil als Dichter und Zauberer, Leipzig 1857. *Zappert*, Vergils Fortleben im Mittelalter, Wien 1851. *Schwabbe*, Verg. per mediam aetatem gratia atque auctoritate florentissimus, Paderb. 1852.

3) Bei (*Tac.*) *dial.* 20: exigitur enim iam ab oratore etiam poeticus decor, non Accii aut Pacuvii veterno inquinatus, sed ex Horatii et Vergilii et Lucani sacrario prolatus, ist in Folge des Gegensatzes die zweite Reihe aufsteigend zu denken, so dass Lucan dem Bewunderer des modernen Stils als die höchste Spitze erscheint.

4) Besonders *Servius ad Aen.* VI, 165. Am wichtigsten ist in diesem Sinne die Untersuchung von Weichert de versib. aliquot Verg. iniuria suspectis p. 78—83.

5) *Donat.* p. 62: Erotem librarium et libertum eius exactae iam

deren Quelle vielleicht Suetonius gewesen ist[1]). Aber dennoch kann ich dieser Ansicht nicht beitreten[2]). Es ist bekannt, wie wenig Verständniss die alten Grammatiker für den freien Gebrauch der Metrik zeigten, wie selten sie gewohnt waren, die metrische Kunst der einzelnen Dichter zu untersuchen und zu vergleichen[3]), wie sie aus Kurzsichtigkeit sogar der monotonen Metrik des Terentius den Vorzug gaben vor der Mannigfaltigkeit des Plautus[4]). Nun sahen sie plötzlich, was bisher unerhört war, unvollendete Hexameter in Vergils Aeneis, und erinnerten sich zugleich, dass Vergil gestorben, noch ehe er die allerletzte Feile[5]) an sein Werk hatte anlegen können, was anders konnte der Grund für diese seltsame Erscheinung sein als die Nichtvollendung des Gedichtes, als die gestörte Absicht, die halbvollendeten Verse bei der letzten Durchsicht auszuführen?

Und nun kamen sofort andere Litteratoren, die mit grosser Liebenswürdigkeit zu erzählen wussten, welche Schwierigkeit dem Vergil die liebe Versekunst machte, mit welcher Mühe er nach und nach die rohen Verse zur Politur brachte, ähnlich wie die Bärin ihre Jungen durch unablässiges Belecken[6]). Alle diese

senectutis tradunt referre solitum, quondam eum in recitando duos dimidiatos versus complesse ex tempore. nam cum hactenus haberet: 'Misenum Aeoliden' adiecisse: 'quo non praestantior alter'. item huic: 'aere ciere viros' simili calore elatum subiunxisse: 'Martemque accendere cantu, statimque sibi imperasse, ut utrumque volumini adscriberet.

1) *Reifferscheid, Quaestt. Suet.* c. I, bes. p. 398 sqq.

2) *Ladewig* Progr. Neustr. 1853 p. 2 sagt wenigstens: Ob Virgil wirklich die Hemistichien, wie es seine Absicht war, schliesslich ausgefüllt hätte oder zu der Erkenntniss gekommen sein würde, dass das Abschliessen manches Gedankens mitten im Verse (?) dem rhetorischen Charakter der Aeneide und der im Ganzen vorherrschenden subjectiven Darstellungsweise (?) ganz angemessen sei, bleibt eine offene Frage.

3) Vgl. *W. Christ*, die Metrik des Horaz, München 1868.

4) Prisc. de metris fabularum Terentii p. 418 (*Keil*).

5) impositurus summam manum statuit in Graeciam et in Asiam secedere triennioque continuo nihil amplius quam emendare, *Don.* p. 62 (*R.*).

6) *Donat* p. 59 erzählt die Fabel von der Abfassung der Georgica: cum georgica scriberet, traditur cotidie meditatos mane plurimos versus dictare solitus ac per totum diem retractando ad paucissimos redigere, non absurde carmen se more ursae parere dicens et lambendo demum effingere. Bei Gellius lautet die ganze Erzählung schon wieder sehr verschieden, und *Quint.* X, 3, 8 sagt nur: Vergilium quoque paucissimos die composuisse versus auctor est Varius.

Erzählungen, mögen sie auch von den Freunden Vergils ausgegangen sein, erscheinen mir nur als leeres Gerede, jedenfalls sind sie für die vorliegende Frage von keiner Bedeutung. Wir wissen, dass Vergil das II. IV. und VI. Buch frühzeitig und, wie es scheint, mit Vorliebe ausgearbeitet, zuletzt auch am Hofe des Augustus recitirt hat[1]). Er wird dies schwerlich gethan haben, bevor er noch diese Bücher aufmerksam durchgefeilt hatte. Und dennoch begegnen uns auch in ihnen mehrere Halbverse![2])

Hätten wir nur ein einziges Buch der Aeneide, in welchem sich Hemistichien nicht vorfänden, so wäre die Frage vielleicht entschieden, wir müssten annehmen, die Halbverse der übrigen Bücher weisen uns auf einen Entwurf hin, der nicht zur Ausarbeitung gelangte. Nun aber da die Hemistichien in allen Büchern gleichmässig hervortreten, so frage ich: ist es denkbar, dass ein Dichter, welcher ein Buch von 755 Versen verfasste, nicht im Stande war, 3 Halbverse auszuführen? Diesen Glauben können und dürfen wir nicht theilen, dass Vergil die Halbverse nicht zu vollständigen Hexametern erweitern konnte. Er muss also einen künstlerischen Zweck damit verfolgt haben.

Nun aber wissen wir von Donatus oder, wenn man lieber will, von Suetonius, dass, mit Ausnahme eines einzigen Falles (III, 340), die Halbverse immer einen vollständigen Gedanken abschliessen[3]). Diese Erscheinung ist gewiss nicht zufällig. Wollte man annehmen, Vergils Kunst konnte nicht weiter, eben weil der Gedanke abgeschlossen war, so wäre dies sicher ein ungerechtfertigtes Urtheil. Konnte er ja doch an den Abschluss des Gedankens die weitere Erzählung unmittelbar anknüpfen, wie dies z. B. VII, 45 offenbar geschehen ist. Es ist also wahrscheinlich, dass die Hemistichien Vergil absichtlich zugelassen hat, sei es

---

1) *Donat* p. 61 erzählt, wie dringend Augustus von Vergil die Mittheilung selbst des Entwurfs der Aeneide verlangte: cui tamen multo post perfectaque demum materia tres omnino libros recitavit: II. IV VI, sed hunc notabili Octaviae adfectione, quae cum recitationi interesset ad illos de filio suo versus: 'tu Marcellus eris' defecisse fertur atque aegre focillata. recitavit et pluribus, sed neque frequenter et ea fere, de quibus ambigebat, quo magis iudicium hominum experiretur.

2) Ladewig nimmt wenigstens eine genauere Revision des vierten und sechsten Buches an.

3) p. 64: quod omnia fere apud eum hemistichia absoluto perfectoque sunt sensu praeter illud: 'quem tibi Troia'. (III, 340, cf. *Ribb.*)

dass er damit ein wichtiges Ereigniss abschliessen[1]), sei es dass er damit auf ein anderes vorbereiten[2]), sei es dass er das Athemholen des Recitators erleichtern wollte[3]), kurz er wollte dem Eintreten einer kleinen Pause auch äusserlich Ausdruck verleihen[4]). Damit soll natürlich nicht geleugnet werden, dass der Dichter, wenn es ihm vom Schicksal verstattet gewesen wäre die letzte Hand an sein Werk zu legen, auch an den Halbversen Manches würde geändert haben. Nur halte ich es für unglaublich; dass diese Verse, wenigstens der grösseren Zahl nach, ein Kriterium abgeben können für die grössere oder geringere Vollendung der einzelnen Gesänge[5]).

VII.

Interessant ist die Bemerkung des Donatus, dass die Aeneide im Entwurf zuerst in Prosa abgefasst war und dass der Dichter, je nach Lust und Laune, einzelne Scenen metrisch bearbeitet hat, ohne sich an den Verlauf der Handlung zu binden[6]). Diese Methode des Arbeitens findet sich bei Dichtern nicht selten, sie ist aber bei Vergil sicher der Grund, dass sich nicht nur zwischen der ersten und zweiten Hälfte, sondern auch innerhalb der ersten Hälfte in den einzelnen Büchern mannigfache Widersprüche finden.

---

1) In der ziemlich ausgearbeiteten Episode von Nisus und Euryalus schliesst z. B. die vorbereitende Einleitung (IX, 167) mit dem Halbvers ab insomnem ludo und der nächste Vers bildet den Uebergang zu der Lage der Troianer. Am evidentesten aber tritt die Absicht hervor IX, 467 mit dem Halbvers: Euryali et Nisi.

2) Z. B. IX. 295: tum sic effatur; *ibid.* 520: missilibus certant. parte alia etc.

3) Z. B. IX, 721 = II, 66. Hieher rechne ich die Hemistichien besonders im II Buch: Aeneas Erzählung wird vor Schmerz häufig unterbrochen, cf. II, 234. 346. 468 (Uebergang). 613. 623. 640 (Schmerz des Anchises). 720. 767 (Jammer der Gefangenen).

4) Vgl. II, 720. III, 218. 316. 527 (silentium precantis). 640. 661.

5) Wie dies *O. Ribbeck* in den Prolegomena anzunehmen scheint.

6) *Don.* p. 59: Aeneida prosa prius oratione formatam digestamque in XII libros particulatim componere instituit prout liberet quidque et nihil in ordinem arripiens. Daran reiht sich die Nachricht über die tibicines. Zu beachten ist, dass uns Donat wohl in die geistige Werkstätte des Dichters führt, dass er aber nicht sagt, solche Aushülfsverse seien in der überlieferten Aeneide noch vorhanden. Dieses Schweigen des Donat hierüber hindert natürlich nicht, dass sich wirklich noch manche tibicines finden lassen.

Was die Abfassung des Entwurfs in Prosa anbetrifft, so haben wir ähnliches auch in der deutschen Litteratur. W. Göthe hat bekanntlich seine Iphigenie zuerst in Prosa und später erst metrisch bearbeitet[1]). So wenig wir nun sagen können, dass einem Göthe die dichterische Produktion oder die gebundene Darstellung schwer geworden sei — er versichert selbst das Gegentheil[2]) —, eben so wenig können wir in dieser Notiz einen Beleg finden für die Erzählung des Philosophen Favorinus bei *Gell.* XVII, 10, 2: Amici familiaresque P. Vergili in eis, quae de ingenio moribusque eius memoriae tradiderunt, dicere eum solitum ferunt, parere se versus more atque ritu ursino. Namque ut illa bestia fetum ederet ineffigiatum informemque, lambendo id postea, quod ita edidisset, conformaret et fingeret, proinde ingenii quoque sui partus recentes rudi esse facie et imperfecta, sed deinceps tractando colendoque reddere eis se oris et voltus liniamenta.

Gesetzt dass diese Aeusserung von Vergil herrührt, was natürlich auf ein solches Zeugniss hin keineswegs sicher ist, was ist denn damit besonders gesagt? Könnte man dieses Gleichniss nicht auf alle Dichter anwenden, denen Schönheit der Form und Feile zur inneren Nothwendigkeit geworden ist? Und noch dazu ein Dichter des Augusteischen Zeitalters, der denselben Grundsätzen huldigte wie Horatius![3]) Denn was tadelt denn dieser Dichter Anderes an Lucilius, als dass er eben seine Verse nicht ritu ursino ausbildete?[4])

Dass Vergil mitunter schöne Verse aus dem Stegreife hinwarf so gut wie Göthe, ist gewiss nicht zu bezweifeln, aber ein grösseres Werk kostet zu allen Zeiten allen Dichtern Mühe und Schweiss, wenn sie dem Urtheil des Horatius beipflichten (*ars* 240): ut sibi quivis speret idem, sudet multum. Vgl. *ibid.* 289—294:

> Nec virtute foret clarisve potentius armis
>
> quam lingua Latium, si non offenderet unum
>
> quemque poetarum limae labor et mora. vos, o

---

1) Vgl. *Karl Gödecke*'s Einl. der Stuttg. Ausg. von 1866 Vol. 6, 3. *Göthe*, Tages- und Jahreshefte s. 1787—88.

2) Z. B. Wahrh. und Dicht. Bd. XI, 233: Durch meine Leichtigkeit zu reimen und gemeinen Gegenständen eine poetische Seite abzugewinnen etc.

3) *Ars* 438 sqq. *Ep.* II, 1, 219 sqq.

4) Zumal *Sat.* I, 10, 13. 17. 19.

Pompilius sanguis, carmen reprendite quod non
multa dies et multa litura coercuit atque
praesectum deciens non castigavit ad unguem.

Aus diesen Worten des Horaz sieht man, welche Anforderungen die feinere Gesellschaft an die damaligen Dichter Rom's stellte. Wenn nun Vergil ebenso wie Horaz und Ovid diesen zu entsprechen bemüht war, wird man dann aus dieser nothwendigen oder freiwilligen Gewissenhaftigkeit oder Aengstlichkeit den Schluss ziehen dürfen, Vergil habe einzelne Verse unbeendigt gelassen, weil er sie fürs erste nicht bewältigen konnte?

Weit wichtiger sind die Mängel oder Widersprüche, welche man in der Composition des Werkes gefunden hat. Freilich muss man auch hier beachten, dass die meisten dieser Mängel erst in neuerer Zeit aufgedeckt worden sind[1]). Was folgt daraus? Dass es ein Unterschied ist, ob man einen Dichter, wie er gelesen sein will, mit herzlicher und gemüthlicher Theilnahme liest oder ob man Schritt für Schritt seinen Worten mit kritischem Verstande folgt, der nicht zu geniessen und zu empfangen, sondern zu zergliedern und zu seciren bereit ist.

Stellen sich also bei genauerer Betrachtung Widersprüche in der Composition heraus, welche vielen Jahrhunderten des eifrigsten Studiums verborgen blieben, so wird man zugestehen müssen, dass diese doch für die Betrachtung des Ganzen irrelevant sein müssen.

Doch ehe ich auf die einzelnen Fälle selbst eingehe, will ich diesen Satz näher beleuchten an einem Beispiele Shakspeare's, des grössten Dichters der neueren Zeit.

Macbeth bestimmt die Abendgesellschaft auf 7 Uhr Abends, vielleicht an einem Herbsttage:

> Let every man be master of his time
> Till seven at night. To make society
> The sweeter welcome, we will keep ourself
> Till supper-time alone.

Auf dem Wege zu dieser Gesellschaft wird Banquo von Meuchelmördern überfallen und niedergemacht. Dieser war auf dem

---

1) Am sorgfältigsten handelt über diese Frage *Fr. Conrads:* Quaestiones Virgilianae p. V—XXVIII, Pr. Trier 1863, nach ihm *O. Ribbeck* in den Prolegomena.

Wege zum Schlosse (also vor 7 Uhr) mit Fackeln erschienen und
doch sagt im selben Augenblicke einer der Mörder:
The west yet glimmers with some streaks of day.
Daneben heisst es in einem Zuge, dass Fleance entkommen,
weil einer der Mörder unvorsichtig die Fackel ausgeschlagen.
Nun beginnt die Festlichkeit bei Macbeth. Sie wird gestört durch
das Erscheinen von Banquo's Geist und eben deshalb wieder aufgelöst, — und dennoch antwortet Lady Macbeth auf die Frage
ihres Königs: What is the night? getrost: Almost at odds with
morning, which is which! Das sind kleine Störungen, die indessen den Leser oder Zuschauer, welcher nur auf die Entwicklung der Handlung gespannt ist, doch nicht stören, ja ihm
unbemerkt bleiben.

So ist es ein offenbarer Widerspruch, wenn II, 567 sqq.
Aeneas die Helena in der Burg des Priamus am Altar der Vesta
schutzflehend antrifft, während VI, 511 sqq. von derselben Helena
erwähnt wird, dass sie die Griechen in die Stadt aufgenommen
und in das Gemach ihres Gatten Deiphobus eingelassen hat. Hier
erscheint sie mit Menelaus wiedervereinigt und es ist nicht denkbar,
wie sie wieder von den Griechen sollte verlassen worden sein.

Unbedeutender ist der Widerspruch zwischen III, 255 sqq.
und VII, 122 sqq. An der ersteren Stelle schreckt Celaeno den
Aeneas mit Prophezeiung einer Hungersnoth. Diese aber geht
später in Erfüllung, ohne dass Aeneas sich der Celaeno erinnert.
Der Vorfall kehrt nämlich im siebenten Buche in anderer Form
wieder. Die Erscheinung wird hier nicht als ein Schreckniss
aufgeführt, sondern als ein freudiges Ereigniss, welches erkennen
lässt, dass das Ende der mühseligen Irrfahrt erreicht ist. Nun
hatte Aeneas noch im III Buche den Helenus um die Drohung
befragt. Dieser antwortet III, 394: Nec tu mensarum morsus
horresce futuros: fata viam invenient aderitque vocatus Apollo.
Aber bei der Lösung dieses Räthsels im 7. Buche wird des
Apollo keine Erwähnung gethan. Indessen tritt eben doch eine
Prophezeiung aus dem Munde des Anchises an seine Stelle, die
dieser vielleicht von Apollo oder einem Priester desselben erhalten hatte. Oder soll aderitque vocatus Apollo heissen: Helenus,
der Priester des Phoebus, werde diesen Gott anrufen, dass er
dem Aeneas die Drohung abwende? Aber alle diese Unebenheiten
sind für den Verlauf der Haupthandlung von keiner Wichtigkeit,
der Leser wird dadurch wenig oder nicht gestört. Hieher rechne

ich auch die Verheissung des Helenus von der Sibylla III, 458:
Illa tibi Italiae populos venturaque bella et quo quemque modo
fugiasque ferasque laborem expediet; während doch im sechsten
Buche die Sibylla dem Aeneas nichts mittheilt weder von den
Völkern Italiens noch von den bevorstehenden Kämpfen. Nur
eine Andeutung finden wir VI, 96: via prima salutis, quod minime
reris, Graia pandetur ab urbe. Indessen der Dichter braucht
nicht Alles mitzutheilen. Die Sibylla kann mit Aeneas Vieles
besprechen, was der Dichter um seiner späteren Darstellung nicht
vorzugreifen verschweigt, ebenso wie Anchises VI, 890; exim
bella viro memorat quae deinde gerenda Laurentisque docet
populos urbemque Latini et quo quemque modo fugiatque feratque
laborem. Die Einzelheiten dieser Unterhaltung erzählt der Dichter
nicht, denn was bliebe ihm sonst für den folgenden Theil des
Epos übrig? Oder soll er seiner künftigen Erzählung den Reiz
der Neuheit rauben? Dennoch kann man nicht läugnen, dass
damit VIII, 49 sq. etwas in Widerspruch tritt. Wenigstens erfahren wir hier nicht, dass Aeneas, sei es von der Sibylla, sei es
von Anchises, etwas von dem Arkader Euandros wusste. Aber
unerheblich ist diese Incongruenz doch. Denn wenn auch Aeneas
von Euander wusste, so hindert doch den Dichter nichts, statt
einer Erinnerung des Aeneas den Gott Tiberinus als Ersatz eintreten zu lassen: der Gott weiss genauer den rechten Ort und
den rechten Zeitpunkt anzugeben.

Ueberhaupt ist zu beachten, dass die Weissagungen, welche
dem Aeneas zu Theil werden, immer nur stückweise erfolgen
und dann eine die andere ergänzt und um so deutlicher wird, je
näher Aeneas dem Ziele seiner Bestimmung kommt. Vgl. die
Worte des Helenus III, 377: pauca tibi e multis, quo tutior
hospita lustres aequora   expediam dictis; prohibent nam cetera
parcae scire Helenum farique vetat Saturnia Juno. Und wenn
auch mitunter Aeneas vollständige Weissagungen über sein Geschick erhält, so sind sie doch so kurz oder werden ihm in einer
Situation gegeben, wo er sie noch nicht begreifen kann. Hieher
rechne ich die Weissagung der Creusa II, 780 sq., welche folgende prophetische Erklärungen nicht unnöthig macht.

Es darf also nicht so sehr auffallen, wenn Aeneas trotz dieser Andeutung nicht sofort weiss, wo er sich hinwenden soll
(III, 7), wenn er zuerst in Thracien eine Heimat sucht, wenn er
auf Delos den Apollo fragt (III, 88): quem sequimur? quove ire

iubes, ubi ponere sedes? —, wenn er dann die Antwort des Gottes missverstehend sich nach Creta wendet und auch hier vom Unglück heimgesucht wieder an Apollo (III, 145) die Frage richten will: Quam fessis finem rebus ferat, unde laborum temptare auxilium iubeat, quo vertere cursus. Es hat dies einen ähnlichen Grund wie dieselbe Weissagung, welche schon längst Cassandra (III, 183 sqq.) ertheilt hatte, an die sich aber dennoch Anchises erst in der Noth, oder wenn man lieber will, im rechten Augenblick erinnert.

Ich will derartige Fälle hier nicht weiter ausführen, nur das Eine sei noch bemerkt. Die Alten sind gewohnt, Erscheinungen der Natur oder Aeusserungen der menschlichen Kraft oder des menschlichen Geistes unmittelbar der Thätigkeit eines Gottes zuzuschreiben[1]). So beruhigt z. B. Neptunus das Meer nach dem Sturme und macht die Troischen Schiffe wieder flott, ohne dass dabei der Thätigkeit und der Anstrengung der Schiffsmannschaft Erwähnung geschieht. Und dennoch ruft V, 192 Mnestheus seinen Genossen die ermunternden Worte zu: nunc illas promite vires, nunc animos, quibus in Gaetulis Syrtibus usi Ionioque mari Maleaeque sequacibus undis. Die unbegreifliche Rettung wird bald der menschlichen Kraft bald der Hülfe Gottes zugeschrieben, die Sache ist ein und dieselbe, nur die Auffassung ist verschieden. Wenn also ein Hercules unter dem Schutze der Pallas erscheint, was hat dies anders zu bedeuten, als dass die Tapferkeit des Heroen eine Kraft und Klugheit verräth, welche man sich nicht denken kann ohne unmittelbare höhere Eingebung, ohne göttliche Unterstützung?

Also erscheinen auch die Gedanken und Massregeln des Aeneas und Anchises bei dem Dichter — die Sage selbst ist eine Dichtung — nicht als unmittelbare Erfindungen ihres Kopfes, sondern veranlasst durch Orakel und Göttererscheinungen. Darum aber kann der Weg, den Aeneas geht, dennoch nicht frei sein von Irrungen und Gefahren. Und um nun diese Erscheinung wieder zu erklären, werden von der dichtenden Sage auch feindliche Mächte unter den Göttern eingeführt, welche dem Heros auf seinem Schicksalswege Hindernisse, Gefahren und Hemmnisse aller Art bereiten.

---

1) Sehr wichtig für diese Frage ist *Aen.* IX, 184: Nisus ait: dine hunc ardorem mentibus addunt, Euryale, an sua cuique deus fit dira cupido?

VIII.

Vergil behandelt die Sage nicht mehr naiv, er folgt ihr vielmehr mit Kritik, die zwar nie offen hervortritt, aber darum doch
bemerkbar wird. Wenn Juno die Allecto auf die Erde schickt,
um die Latiner oder Rutuler zum Kriege gegen die Troianer an-
zufeuern, so wendet sich diese an Amata, die Mutter der Lavinia,
an den jugendlich kecken Turnus und an das latinische Landvolk,
über den alten König Latinus aber hat die Furie keine Gewalt,
sie macht nicht einmal einen Versuch, den Greis für den Krieg
zu bestimmen. Und warum hat der Dichter dies also geordnet?
Offenbar war er sich bewusst, dass die Furie nur der bildliche
Ausdruck der inneren Leidenschaft ist. Von dieser werden
Turnus, Amata, die Masse des Volkes beherrscht, nicht so der
König, dessen hervorragende Eigenschaften Ruhe, Weisheit, Mässigung sind [1]).

Als Aeneas von seinem Lager aus Euander besuchte und von
hier aus sich zur etruskischen Stadt Agylla (= Caere) wendet,
da hält Turnus den Augenblick für günstig, das Troianische Lager
mit aller Macht anzugreifen. Aber der Dichter stellt dies nicht
als Entschluss des Turnus dar, vielmehr lässt Juno ihn durch
Iris zu dieser That auffordern. Das Unternehmen aber misslingt.
Würde nun die Aufforderung der Juno ein unmittelbarer Rath
der Göttin sein, so wäre dieser unvernünftig; da er aber nur
der epische Ausdruck der subjectiven Meinung des Dichters ist,
so wird er in dem Gedichte berechtigt. So ist auch die Verwandlung der Troianischen Schiffe in die Gestalt von Meeres-
Nymphen nichts anderes als die Versenkung der Schiffe, zu welcher sich die Troianer entschliessen, um sie vor dem Feuer des
Feindes zu retten. Diese Auffassung wird in der Darstellung des
Dichters wenigstens angedeutet [2]).

---

1) Die Schilderungen der Furie und ihrer Thätigkeit lassen eine
andere als symbolische Auffassung nicht zu, cf. VII, 456. 374. 346—353.
Wenigstens muss man aus solchen Schilderungen erkennen, dass wir es
nicht mehr mit einem Dichter zu thun haben, welcher wirklich an das
Vorhandensein der Furien glaubte.

2) Z. B. IX, 118 vincula abrumpunt und ima petunt. Warum
benützt Turnus die Aufforderung der Juno nicht zur Ermuthigung und
Anfeuerung seiner Gefährten?

Vergil geht aber noch einen Schritt weiter, er adoptirt geradezu die symbolische Auffassung der Mythen, wie sie besonders von den Stoikern gelehrt wurde.

Der Atlas ist ihm bereits kein Heros, keine Gottheit mehr, er ist ein Berg so gut wie jeder andere, aber er behält die Sage bei und benützt sie zur poetischen Ausschmückung. Das pinienbekränzte Haupt des Atlas ist von dunklen Wolken umhüllt und wird von Wind und Wetter gepeitscht, Schnee bedeckt seine Schultern, Ströme stürzen herab von seinem Kinn, der Bart erstarrt von Eis[1]). Man sieht, die Mythe tritt in den Dienst der Naturbeschreibung. Auch die berühmte Schilderung der Fama muss auf den unbefangenen Leser den Eindruck machen, dass Vergil sich diese nicht mehr als persönliche Gottheit vorstellt, dass er vielmehr auch hier nur den alten Glauben an eine solche Göttin für den Zweck der Poesie symbolisch benützt[2]).

Unentschieden will ich die Stelle IX, 77 lassen:

> Quis deus, o Musae, tam saeva incendia Teucris
> avertit? tantos ratibus quis depulit ignis?

Wir haben hier die Figur der ἀναδίπλωσις oder reduplicatio[3]) und obiger Stelle entspricht genau *Terent. Phorm.* 352:

> Negat Phanium esse hanc sibi cognatam Demipho?
> Hanc Demipho negat esse cognatam?

Allein aus diesem rhetorischen Grunde halte ich es für nothwendig, auch in der zweiten Frage deus zu quis zu ergänzen. Würde dieser Grund nicht bestimmend sein, so würde ich quis erklären: Oder wer sonst, abgesehen von den Göttern? denn es liegt nahe zu denken, dass Vergil menschliche Kraft und göttliche Macht nebeneinander stellte.

Bei diesem Schwanken Vergils zwischen dem unmittelbaren Glauben an die alten Mythen und der modernen Reflexion darf es uns nicht Wunder nehmen, wenn wir in seinem Epos plötzlich epikureische Lehren mit derselben Begeisterung vorgetragen finden wie in den Eclogen. Wer *Aen.* I, 740 sqq. den Gesang des Iopas am Hofe der Dido mit *Ecl.* VI, 31 sqq. dem Liede

---

1) *Aen.* IV, 247 sqq. Und konnte z. B. das Zeitalter des Vergil an eine Scylla glauben? Vgl. *Cic. N. D.* I §. 108: Quid quod carum rerum, quae numquam omnino fuerunt neque esse potuerunt, ut Scyllae ut Chimaerae? Vgl. *Verrin.* V §. 146.

2) *Aen.* IV, 173—197.

3) *Rhet. lat. ed. Halm* p. 32.

des Silenus vergleicht, wird eine merkwürdige Uebereinstimmung, an beiden Stellen dieselbe Begeisterung für die aufgeklärte Naturlehre Epikur's finden. Aber noch entschiedener trägt der Numidier Jarbas in seinem Gebete an Jupiter (IV, 206—218) Epikureische Doctrinen vor: Er zweifelt, ob die Menschen den Blitzstrahl des Gottes zu fürchten haben, ob die Vorstellung, dass Jupiter die Blitze auf die Erde schleudere, nicht eitler Aberglaube sei, ob überhaupt die Gottheit Theilnahme zeige für menschliche Angelegenheiten [1]).

Das sind freilich starke Anachronismen, wenn den Helden des heroischen Zeitalters solche philosophische Ansichten untergeschoben werden, aber man mag über diesen inneren Widerspruch urtheilen wie man wolle, das eine müssen wir zugestehen, dass dieser Anachronismus nicht etwa ein Versehen Vergils ist, das er vielleicht bei einer späteren Durchsicht berichtigt hätte. Nein wie die epischen Dichter des Mittelalters vielfach in die klassischen oder germanischen Sagen die Sitten, Gebräuche, Ansichten des christlichen Ritterthums einfügten [2]), so verknüpft auch Vergil mit vollem Bewusstsein Politik, Religion und Philosophie seiner Zeit mit dem äusseren und inneren Leben des Heroenthums. Es wird dies noch um so bestimmter hervortreten, wenn wir im folgenden den subjectiven Charakter seiner Dichtung darlegen.

---

1) Vielleicht ist hieher auch zu rechnen *Aen.* II, 646: facilis iactura sepulchri (Worte des Anchises). Mag es auch nur der energische Ausdruck der äussersten Verzweiflung sein, welche selbst gegen das Schrecklichste abgestumpft und gleichgültig ist, immerhin konnte im heroischen Zeitalter keinem Menschen ein solcher Gedanke in den Sinn kommen. Es liegt also doch ein Stück Epikureischer Doctrin in diesem Verse, ähnlich wie Maecenas bei Sen. ep. 92: Nec tumulum curo, sepelit natura relictos. Vgl. denselben Zweifel X, 493. 828. Aber Vergil ist noch ferne von dem neueren unedlen Epikureismus, wie ihn z. B. Béranger predigt, *Oeuvres* (Paris 1858) I, 31: Deo gratias d'un épicurien, u. I, 110: prière d'un épicurien. Vgl. *Macrob. Sat.* I, 24, 18.

2) Vgl. *L. Uhland*, Vermischte Schriften I, 100. Hieher gehört auch die Ausartung der alten Tragödie, indem sie ihre Helden mit den Bedürfnissen des täglichen Lebens ausstattete. Vgl. *Aristoph. Acharn.* 398 sq. *W. Humboldt*, Werke III, 168.

IX.

Das Homerische Epos ist objectiv, das Vergilische durchaus subjectiv; in jener tritt der Dichter mit seiner Person gänzlich zurück, in diesem tritt er absichtlich hervor, dort herrscht nur ruhige Erzählung ohne besonderen Zweck, ohne ein bestimmtes Interesse, hier dient die Sage nur zum äusseren Rahmen für eine politische Beleuchtung der Gegenwart[1]).

Merkwürdig ist, was Homer von der Götter Absicht bei dem Untergange Troia's sagt (*Od.* VIII, 579): τὸν δὲ θεοὶ μὲν τεῦξαν, ἐπεκλώϲαντο δ' ὄλεθρον ἀνθρώποιϲ, ἵνα ἦϲι καὶ ἐϲϲομένοιϲιν ἀοιδή.

Man mag hier ἵνα final oder consecutiv fassen[2]), so sagt der Dichter: Troia's endliche, ja eigentliche Bestimmung war es, zum Liede zu werden. Und das ist wörtlich wahr geworden. Denn was an den grossen Ereignissen, die Homer im Liede feiert, von geschichtlicher Wichtigkeit für alle Zeit war, geht vollkommen darin auf, dass sie sein Lied erzeugten[3]). Nicht die Helden,

---

1) Aus der grossen Masse von Belegstellen vgl. nur VII, 602: Mos erat Hesperio in Latio —, nunc maxima rerum Roma colit. 616: hoc et tum etc. 643: iam tum etc., 708: Claudia nunc a quo diffunditur et tribus et gens. 733: nec tu carminibus nostris indictus abibis. Damit vgl. den Ausbruch der Theilnahme IX, 446—49. Ferner X, 792: siqua fidem tantost operi latura vetustas. Am stärksten ist IX, 79: prisca fides facto, set fama perennis, zumal wenn Ladewig's Erkl. richtig sein sollte: Glaubwürdig erschien die That freilich nur dem Alterthum, aber es spricht für sie der Umstand, dass die Sage von ihr sich von Geschlecht zu Geschlecht fortgepflanzt hat. Viel einfacher erklärt Ph. Wagner nach Donatus: facti huius antiquissima est fides, et potuisset vitio vetustatis intercipi, sed fama eam per omnes aetates propagavit. Nach meinem Gefühl wünschte ich:

Prisca fides factost et fama perennis.

2) Naegelsbach fasste hier ἵνα final, vgl. meine *Vita C. Naegelsbachi* p. 27, ebenso erklärt die Stelle Ameis, der zugleich auf *Od.* III, 204 u. *Il.* VI, 358 aufmerksam macht. Ein homerkundiger Freund will ἵνα consecutiv gefasst wissen, weil bei Homer ἵνα Ersatz sei für das fehlende ὥϲτε consec. Ich sehe keinen Grund zu dieser Erklärung und glaube nicht, dass dadurch der Sinn der Stelle im Wesentlichen verändert wird. Denn wenn die Götter etwas verhängen oder thun, so müssen sie die Folge voraus wissen, wenn sie nicht gegen die Μοῖρα oder im Zwiespalt unter sich handeln.

3) Das Wesentliche verdanke ich C. F. Naegelsb. Vgl. meine *Vita* desselben p. 27 sqq.

sondern der Sänger, nicht die Thaten, sondern die Denkmale derselben haben welthistorische Bedeutsamkeit. Während aber Homers Gedichte eine Jahrtausenden trotzende Bedeutung erlangt haben, ist der Ton derselben so naiv und objectiv zugleich, als ob nur der Troische Krieg und seine Helden von Wichtigkeit wären, und der schaffende Dichter ist dabei kaum bemerkbar, weil sein Zeitalter von dem der Heroen nicht so sehr absteht[1]).

Bei Vergil ist dies anders. Er singt von Aeneas Irrfahrten und Kämpfen und weiss, dass seitdem über 1100 Jahre verflossen sind[2]). Und er gibt sich nicht etwa Mühe, diese Kluft durch Kunst zu verdecken, nein er benützt sie vielmehr dazu, den römischen Leser durch die Anschauung des Contrastes zu erfreuen, die ihm zu Theil wird, wenn er nach dem grossartigen Ueberblick römischer Weltherrlichkeit, den das sechste Buch gibt, im achten mit Aeneas den Geburtsort und Schauplatz derselben im vorgeschichtlichen Zustand idyllischer Friedlichkeit als die Wohnstätte eines harmlosen Kleinlebens findet[3]). Aus Rücksicht auf diesen Contrast nennt der Dichter die Stadt und die Macht des Euander wiederholt parva oder inops. Und nachdem die ärmlichen Stätten der künftigen Grösse Roms durchwandert sind, folgt sofort wieder die Beschreibung des Schildes und damit wieder ein grossartiger Ueberblick der ruhmreichen Geschichte Roms, der Königsherrschaft, der Republik und der Herrschaft des Augustus.

Ferner bemüht sich der Dichter, seine Zeit aus der Vergangenheit zu erklären. Hieher gehört die Episode von Cacus und der Begründung des Kultes zu Ehren des Hercules auf dem Aventin[4]), hieher gehört ferner die Aufzählung des Latinischen Heeres, der Könige und Völker von Alt-Italien[5]), hieher gehört endlich die Anknüpfung berühmter Geschlechter Rom's an die Namen der eingewanderten Troer, wie z. B. der gens Sergia, Cluentia, der Memmii, der Claudia[6]) etc. Wie die Schweizer

---

1) Subjective Ausbrüche finden sich bei Homer sehr selten, vielleicht gehört hieher das bekannte: οἷοι νῦν βροτοί εἰσιν.

2) Vgl. die *Chronologie* I, 265 etc.

3) *Aen.* VIII, 347: hinc ad Tarpeiam sedem et Capitolia ducit, aurea nunc, olim silvestribus horrida dumis. Vgl. 360.

4) *Aen.* VIII, 185—279. Vgl. *ibid.* 313—365.

5) *Aen.* VII, 647 — Ende.

6) *Aen.* V, 117 sqq. VII, 708.

gewohnt sind, in der Schweizergeschichte von Joh. v. Müller den Stammbaum ihrer berühmten Ahnen zu suchen, so konnten damals viele römische Familien das Alter ihrer Geschlechter in der Aeneide Vergils finden [1]. Natürlich die berühmteste und wichtigste gens, zu deren Verherrlichung die Aeneide gedichtet ist, ist die Julia [2]. Im Lobe des Augustus, in der Weihung seines Namens und seiner Herrschaft, in der Zurückführung derselben auf eine göttliche Bestimmung hat die Aeneide ihren höchsten und letzten Zweck. Darum ist nun freilich dieses Gedicht nicht das historische Ergebniss, sondern nur ein Abglanz der Grösse Roms, weil Alles, was es besingt, nur um dessen willen geschehen war, in welchem sich Roms Herrlichkeit vollendet. Es ist dies also ein wesentlicher Unterschied zwischen Homer und Vergil: die Homerischen Gedichte haben ihren Zweck in sich selbst, ihre letzte Bestimmung ist, dass sie durch ihr Vorhandensein jedes empfängliche Menschenherz erfreuen, die Aeneide dagegen verfolgt zugleich einen äusseren Zweck, das Lob Augusts, den Ruhm Roms [3].

Um nun die zu seiner Zeit entwickelte Herrlichkeit gleichsam im Keime zu zeigen, so forderte die Kunst, ein geistreiches vaticinium post eventum zu schaffen, ja diesen Erfolg des Römervolkes womöglich durch Schicksal und Thaten des Stammheros selbst zu motiviren [4]. Man darf indessen annehmen, dass die Erfindung der vaticinatio für das Epos nicht von Vergil herrührt,

---

1) Noch mehr gilt dies natürlich von dem Werke des Livius, das in den ersten Büchern doch auch epische Lieder zur Grundlage hat.

2) *Aen.* I, 267 sq.

3) Richtig singt *E. Geibel,* Gedichte III, 131:
> Zweck? Das Kunstwerk hat nur einen,
> Still im eignen Glanz zu ruhn;
> Aber durch ihr bloss Erscheinen
> Mag die Schönheit Wunder thun.

Dies ist ganz auch die Ansicht von W. Göthe. Die Kunst kann wohl sittliche Wirkung haben, aber diese Wirkung ist nicht ein nothwendiges Erforderniss, der Zweck der Dichtkunst bleibt immer das Vergnügen. Vgl. *Jos. Liepert:* Aristoteles und der Zweck der Kunst, Passau 1863.

4) Aeneas ist der Typus des römischen Volkes, wenn es I, 544 von ihm heisst: rex erat Aeneas nobis, quo iustior alter nec pietate fuit nec bello maior et armis. Die Punischen Kriege werden motivirt IV, 624 sq.

sondern bereits von Naevius ausgegangen war [1]). Wenigstens wissen wir dass dieser Dichter auch in seiner Darstellung des Punischen Krieges Götterberathungen vorgeführt hat [2]), in denen über das kommende Geschick Rom's und Karthago's entschieden wird. Bei Homer dagegen finden wir diese Kunst der Weissagung post eventum nicht, weil eben seine Gedichte unmittelbar aus der Zeit selbst, die sie besingen, hervorgegangen sind [3]).

Bei Vergil entsteht nun aber folgender Missklang: Einerseits spricht der Dichter offen und wiederholt im Epos davon, dass seine Zeit gegenüberstehe der Zeit, in welche die Handlung des Epos fällt, und dass diese Zeit der Abschluss und die Vollendung der Geschichte Rom's sei [4]); andrerseits sehen wir die Geschichte, welche zwischen der Zeit des Epos und der des Dichters liegend doch vollendet sein muss, in den Vaticinien erst der Zukunft angehörig. Wenn der Dichter von seiner Zeit nicht sprechen und sich ganz objectiv in das Heroenalter vertiefen könnte, dann könnte vielleicht bei diesen Vaticinien im Leser die Illusion geweckt werden, als seien sie wirklich göttliche Prophezeiungen; so aber denken wir immer an die Kunst des Dichters, ohne den vollen Ernst der Prophetie zu empfinden. Und doch konnte Vergil seiner Zeit im Epos nicht vergessen, wenn er wirk-

---

1) Den Traum, welchen Ennius in den Annalen eingeführt hatte, benützt Vergil zum Verkehr des Aeneas mit den Penaten (III, 147 sqq.), mit Tiberinus (VIII, 31 sqq.), des Turnus mit der Allecto (VII, 420 sqq.), aber er ahmt hierin mehr den Vorgang des Homer als des Ennius nach.

2) Der berühmte Götterrath bei Horatius *Carm.* III, 3, 49 ist eine Nachahmung des Ennius, der indessen vielleicht selbst eine frühere Quelle, vielleicht Naevius, benützt haben mag. Merkwürdig ist die Uebereinstimmung des Horatius mit *Verg. Aen.* I, 280 sq. Vgl. *Schwegler, R. G.* I, 87.

3) Einzig ist bei Homer (*Iliad.* XX, 306) die Weissagung des Poseidon, dass das Geschlecht des Aeneas herrschen werde über die Reste der Troer: ἤδη γὰρ Πριάμου γενεὴν ἤχθηρε Κρονίων. νῦν δὲ δὴ Αἰνείαο βίη Τρώεσσιν ἀνάξει, καὶ παίδων παῖδες, τοί κεν μετόπισθε γένωνται. Interessant ist dazu die Bemerkung der *Schol. Ven.*: cημειοῦνταί τινες πρὸς τὴν ἱστορίαν καὶ ἐπεὶ μεταγράφουcί τινες Αἰνείω γενεὴ πάντεccιν ἀνάξει, ὡc προcθεcπίζοντοc τοῦ ποιητοῦ τὴν Ῥωμαίων ἀρχήν. Andere fügen hinzu: ἄπερ εἰδέναι τὸν ποιητὴν ἐκ τῶν Σιβύλλης χρηcμῶν. Vergil übersetzt *Aen.* III, 97 die homerische Weissagung: hic domus Aeneae cunctis dominabitur oris, et nati natorum et qui nascentur ab illis. Vgl. *Schwegler, R. G.* I, 293.

4) Vgl. I, 33. 109. V, 117—123. VII, 3. 37. 40. 48.

lich für diese selbst dichten, in ihr Liebe und Begeisterung für
sein Werk erwecken wollte. Eine Aeneas-Legende ohne Beziehung auf die Gegenwart hätte Rom zur Zeit des Augustus nicht
im mindesten interessirt[1]). Wir müssen aber darum bei Beurtheilung des Dichters sehr vorsichtig sein: Ein allgemein mensch-
liches und dauerndes Interesse können nicht alle Theile der Aeneis
gleichmässig haben, je mehr einzelne auf das momentane Interesse
des damaligen Roms berechnet sind[2]).

Scenen wie Nisus und Euryalus[3]) werden ewig Vergnügen
und Theilnahme im Leser erwecken so gut wie Hektor's Abschied
von Andromache, aber die Urgeschichte Latiums und Italiens,
welche uns im siebenten Buch vorgeführt wird, fesselt uns um so
weniger, je mehr sie das Wohlgefallen des römischen Lesers
finden mochte.

X.

Nun hat sich Vergil nicht beschränkt auf die schlichte Behandlung der Aeneassage und der Geschichte oder Geschicke
Roms bis auf seine Zeit. Er verfolgte leider die unerreichbare
Absicht, in seiner Aeneide die beiden Gedichte Homers im Ganzen wie im Einzelnen zu reproduciren[4]). Durch dieses vergebliche Bemühen des Dichters, welches die Einheit von Inhalt und

---

1) Für die Römer war Ennius, was für unsere Litteratur Klopstock
und Platen war. Vergil achtete auch die griechische Zucht, welche
Ennius geschaffen; aber er wollte zugleich sein Volk lebendig für seine
Bestimmung, seine Sage und Geschichte interessiren. Es ist nur anzuerkennen, dass Vergil auch nicht einmal den Versuch macht, die Zeit,
in welcher er lebt und dichtet, gegenüber dem heroischen Zeitalter
künstlich vergessen zu machen.

2) Wollen wir aber Vergil nicht ungerecht beurtheilen, so müssen
wir uns in die Stimmung und Anschauung seiner Zeitgenossen versetzen.

3) Vgl. die Nachahmung von Torq. Tasso, Befreites Jerusalem,
canto X.

4) Es ist festzuhalten, dass bei Vergil die Nachahmung Homers im
Ganzen wie im Einzelnen keine versteckte sein soll. Es ist vielmehr so
gut wie gewiss, dass dem gebildeten Römer gerade dadurch ein Vergnügen bereitet werden sollte, wenn er Homerische Kunst und Homerische Verse in seiner Sprache wieder erkannte. Dies hat bereits
Macrobius richtig erkannt. Wo wir also einer bestimmten Absicht
des Dichters begegnen, haben wir kein Recht, ihm diese als Armuth
der Erfindung anzurechnen.

Form nur zu häufig stört, und den Leser nicht ruhig verweilen lässt bei der Betrachtung der sich entwickelnden Handlung, wird gerade das wirklich Grosse seines Gedichtes, die prophetische Darstellung der Kämpfe wie der Herrlichkeit Roms, nur allzu sehr in Schatten gestellt. Wir haben dadurch gewissermassen eine doppelte Handlung: erstens Erzählung von Aeneas und der Prophetie, zweitens Episoden aus Homer und vom Ganzen leicht abzulösende Scenen nach dem Vorbilde Homers lose eingereiht.

Die Homerische Nachahmung tritt hervor in der Nachbildung:

1) Einzelner Worte, besonders der Epitheta. Die Beobachtung solcher Nachbildungen ist für uns lehrreich: Wir sehen hier einen Dichter, welcher den Reichthum der Sprache zu vermehren sucht, dabei aber auf unbildsames, ungeschmeidiges Material stösst und nun sich bequemen muss, in gewöhnliche allgemeine Worte einen speciell - poetisch - homerischen Sinn hineinzulegen, den nur der Kenner Homers wiederfindet [1]).

2) Einzelne Sätze finden wir dem Homer nachgebildet, besonders in Uebergangs-Wendungen. Vergil tritt dabei zu Homer in Gegensatz. Die Uebergänge im Volkslied, also auch im homerischen Epos pflegen stereotyp zu sein und sich immer zu wiederholen; Vergil dagegen als Kunstdichter liebt auch hier Wechsel und Mannigfaltigkeit. Und man muss deshalb gewiss seinen Takt loben; denn das Augusteische Rom würde über eine lat. Uebersetzung des τὸν δ' ἀπαμειβόμενος gewiss nur gelacht haben, wenn dieselbe Phrase in derselben Form sich immer wiederholt hätte [2]).

3) In Gleichnissen tritt ebenfalls die Homerische Nachahmung hervor, nur dass Vergil den Homerischen Gleichnissen noch viele beimischt aus dem Natur-, Land- und Staatsleben. Die Form, in welcher die Gleichnisse behandelt werden, ist nicht mehr ganz die Homerische. Der Dichter vertieft und verliert sich nicht mehr mit Wohlgefallen in das Bild, sondern er begnügt sich mit Angabe der Momente, welche zum Vergleich kommen. Bei Homer handelt es sich immer nur

---

1) Vgl. die Anmerkung zu I, 187.
2) Vgl. die Mannigfaltigkeit der Wendung des 'Sagens' und Antwortens. *Exc.* II.

um das Tertium conparationis, das sich bei mehrtheiligen Vordergliedern öfters erst im letzten Satze findet und so die Tendenz des Gleichnisses enthüllt; Vergil liebt die Umschweife nicht, gibt sofort den Inhalt der Vergleichung zu erkennen, ohne sich dabei auf die kleine liebliche Detailmalerei Homers einzulassen.

Wichtiger als dies Alles aber ist:

4) Die Nachahmung ganzer Scenen und Episoden, und
5) Die Nachahmung der gesammten Composition der Ilias und Odyssee.

Die Nachahmung ganzer Episoden Homer's war für Vergil nach den Anschauungen seiner Zeit eine Nothwendigkeit. Man kannte einen Unterschied von Volksepos und Kunstepos nicht, ja dass die Homerischen Epen die kunstlosen Produkte des singenden und dichtenden Volksgeistes sein könnten, davon hatte damals Niemand eine Ahnung. Homer war also für Dichter und Kritiker die strenge Norm des Epos.

Episoden und Scenen, welche ganz absichtslos und kunstlos bei Homer in die Handlung sich eindrängen, wurden nun sofort betrachtet als die Produkte bewusster Kunst. Wie lächerlich diese Steifheit der Kunsttheorie mit der Zeit wurde, sieht man daraus, dass es z. B. noch zu Anfang unseres Jahrhunderts als ein wesentliches Erforderniss für ein Epos betrachtet wurde, mit Anrufung der Musen zu beginnen[1]), obwohl der geniale Blick Klopstock's längst einen neuen Weg gezeigt hatte[2]). Man lehrte also in den Lehrbüchern der Poesie die Musen feierlich anzurufen, während doch Niemand mehr an ein solches numen glaubte.

---

1) So lehrt noch Th. Heinsius im *Teut* III, 190: Gemeinhin folgt dann die Anrufung irgend einer Gottheit oder Muse, wodurch der Dichter sich das Recht verschafft, Vorfälle und Wirkungen zu erzählen, die über die beschränkte menschliche Kraft hinausgehen.

Dieser Anschauung folgte auch Vergil. Dies zeigt besonders VII, 37. 641. IX, 77. 525. X, 163. XII, 500.

2) Der Messias beginnt:

Sing', unsterbliche Seele, der sündigen Menschen Erlösung, die der Messias auf Erden in seiner Menschheit vollendet. Darauf folgt ein Gebet an Gott. Dies ist passend und natürlich, weil diese Anrufung auf der Wahrheit des Glaubens beruht, eine Aufforderung der Muse dagegen, die dem christlichen Dichter eine Gottheit nicht mehr sein kann, wäre lächerlich.

Viele Episoden Homer's hielten nun die alten Kritiker für wesentliche Bestandtheile, welche jedes Epos enthalten müsse, zur Retardation der zu Ende eilenden Handlung. So sollte denn jedes Epos nach Homerischem Vorgang eine Wanderung in die Unterwelt enthalten, auch die Fertigung und Beschreibung eines Wunderschildes wollte man nicht entbehren, Einzelkämpfe und Leichenspiele vollends waren im Heroenleben, also auch für das Epos, ganz unentbehrlich[1]).

Dieser Ansicht musste Vergil sich bequemen, auch wenn er ihr widerstrebte. Denn die alte Kunsttheorie basirte auf dem Glauben an die Einheit und Kunst der Homerischen Gedichte und konnte nicht eher umgestossen werden als bis man von der Ansicht frei wurde, Homer sei ein Kunstdichter. Vergil konnte dies eben so wenig ahnen, als dass er die Unmöglichkeit, Homer nachzuahmen[2]) oder gar zu übertreffen, hätte begreifen sollen, ehe er den Versuch wagte. Natürlich war Homer ein Künstler, warum sollte die Welt nicht einmal einen eben so grossen oder noch grösseren Künstler hervorbringen?

Es ist ein grosses Verdienst, das sich um diesen Punkt der Aesthetik die classische Philologie erworben hat durch ihre Untersuchungen über die Entstehung der Homerischen Epen. Jetzt ist

---

1) Aristoteles spricht in der *Poet.* 18 im Gegensatz zur dramatischen von einer epischen Composition, welche nach seiner Ansicht mehrere Fabeln in sich begreift. Wegen der grossen Ausdehnung der Handlung im Epos sei die Episode angemessen, weil sie nur einen verhältnissmässig geringen Raum einnehme, im Drama dagegen werde durch Episoden der Zusammenhang der Haupthandlung gestört. Das Epos enthält ein breiteres, ausführlicheres Weltbild als das Drama und zur klaren und entwickelten Zeichnung desselben dient eben die Episode. Vgl. *Vischer, Aesth.* IV, 1403 sqq. Nach der alten Theorie musste nun die grosse Epopöe die heroische Welt zur Darstellung bringen. Zur Zeichnung derselben hatte aber Homer bereits alle wesentlichen Fabeln aufgewandt, so dass die späteren Epiker nothwendig seinen Fussstapfen folgen mussten.

2) Man verwechselte lange Zeit Kunst und Wissenschaft (artes liberales Man sah in Homer eine Kunstform, welche man wissenschaftlich zergliedern, also auch wissenschaftlich reproduciren könne. Aber Homer beginnt und schliesst mit sich selbst, weil seine Kunst nicht auf wissenschaftlicher Theorie beruht, sondern aus dem zufälligen Zeitgeiste und dem lebendigen Bedürfniss des Vortrags hervorgegangen ist. Was aber aus besonderen Verhältnissen herauswächst, wie die homerischen Gedichte, kann nicht unter anderen Verhältnissen künstlich geschaffen werden.

der Nebel zerstreut und ein Versuch, das Homerische Epos künstlich nachzuahmen, würde geradezu als eine Thorheit erscheinen[1].

Aber hatte hierin nicht schon Naevius eine selbständige und nationale Bahn eröffnet? War es nicht erst Ennius, der den Homerischen Apparat für das Epos nach Rom verpflanzte?

Wäre diese Ansicht richtig, dass Naevius sich frei erhalten von der Homerischen Technik, so würde Vergil zwar immerhin zu entschuldigen sein, wenn er dem Vorgang des grossen und gefeierten Ennius folgte, aber es träfe ihn doch der Vorwurf, dass er den besseren vorhandenen Weg nicht erkannt und betreten hätte[2].

Dies ist aber ein Irrthum. Naevius hat so gut den Homer nachgeahmt wie Ennius, wenigstens haben wir aus dem Alterthum keine entgegenstehende Nachricht. Wir finden bei ihm Troia's Brand, des Anchises und Aeneas' Auszug, die Flucht ihrer Gattinnen, Aeneas' Meerfahrt und Seeabenteuer, seine Aufnahme bei der Dido, seine Fahrt durch's untere Meer, endlich ein unmittelbares Eingreifen der Gottheit[3]. Das sind doch Alles Scenen, welche zeigen, dass auch Naevius von der griechischen Sage, also von Homer abhängig war.

Dass also Vergil den Homerischen Charakter des Epos zu reproduciren suchte, war zwar ein vergebliches Bemühen, aber doch ein Versuch, zu dem er durch die Kunstansichten seiner Zeitgenossen gedrängt war. Es fragt sich für uns nur: ist diese Homerische Nachahmung Vergils nur eine mechanische Nachbildung oder ist sie eine freie, selbständige Reproduction mit bestimmten Motiven?[4] Es kommt hier darauf an, ob die Nach-

---

1) Dies erkennt auch Lotze an, *Gesch. der Aesth.* p. 620.

2) Vgl. *Geibel, Gedichte* III, 130:

> Das wollen wir Platen nicht vergessen,
> Dass wir in seiner Schule gesessen;
> Die strenge Pflicht, die römische Zucht,
> Sie trug uns allen gute Frucht.
> Aber wir möchten dabei nicht bleiben,
> Das Dichten wieder deutsch betreiben,
> Und gehn, wohin der Sprache Geist
> Mit ahnungsvollem Laute weist.

3) *Schwegler, R. G.* I, 85.

4) Vgl. *Geibel, Ged.* II, 244:

> 'Woher ich Dies und Das genommen?'
> Was gehts euch an, wenn es nur mein ward.
> Fragt ihr, ist das Gewölb vollkommen,
> Woher gebrochen jeder Stein ward?

ahmung in die Situation hinein passt und ob durch Einlegung einer solchen Episode für das Ganze etwas erreicht wird.

So müssen wir z. B. anerkennen, dass Vergil die Beschreibung des Schildes (*lib.* VIII. 629—731) sehr sinnreich für seinen Hauptzweck fruchtbar gemacht hat[1]), nicht minder den Gang in die Unterwelt (*lib.* VI) und die Leichenspiele (*lib.* V). Der Dichter gewinnt durch diese Episoden eine grossartige Perspective über das gesammte Leben und die historische Entwicklung Roms. Dagegen sieht man nicht recht ein, wozu *lib.* XI in der Person des Drances der Homerische Thersites zum Theil[2]) erneuert wird.

Es genügt, diese Frage hier kurz berührt zu haben, weil der Commentar ausführlich auf die Motive der Homerischen Nachahmungen eingeht. Wer die Methode dieser Untersuchung beachtet, wird dann aus der Zusammenstellung der Stellen, wo Vergil Homer zum Vorbilde hatte, bei W. Ribbeck grossen Nutzen gewinnen.

XI.

Da das Volksepos nur der unbewusste Ausdruck des Volkslebens ist in Gestalt einer nationalen Sage[3]), so ist es selbstverständlich, dass wir in den Homerischen Epen eine reiche Fülle des sittlichen Lebens und der Sitte des heroischen Zeitalters zu bewundern haben. Gastfreundschaft, Freiherzigkeit und Freigebigkeit, Reinheit des Familienlebens, Waffen- und Familienfreundschaft, Treue und Tapferkeit, und hinwiederum Feigheit und Treulosigkeit, Trotz und Uebermuth, alle diese Tugenden und Laster werden uns mit grosssinniger Einfalt des Vortrags in den klarsten Bildern vor die Seele geführt.

---

1) Der Dichter gewinnt dadurch einen Ueberblick über die Römische Geschichte und eine Beziehung zur Gegenwart. Dies aber gehört zur Aufgabe des Dichters.

2) Denn vollständig gibt die Figur des Drances den Thersites nicht wieder: Drances ist ernster und verständiger, er ist bonae sententiae malus auctor.

3) Sehr richtig sagt *Geibel* III, 218:
Als ein Vergangnes erzählt dir der Vorzeit Sage das Epos,
Aber ein werdendes Loos zeigt der Dramatiker dir;
Weit dort streckt sich der Raum, bunt wechseln die Helden, und sichtbar
Tritt aus dem hohen Gewölk waltend die ewige Macht,
Während du hier aus der menschlichen Brust ureigensten Tiefen
Jegliche That aufblühn siehst in ein einig Geschick.

Wer diesen Reichthum der Anschauungen aus dem Helden-
leben bei Vergil sucht, wird sich bald getäuscht finden. Er weilt
nicht mit Vorliebe und Ausführlichkeit in den Zuständen des
grauen Alterthums, sein Vortrag drängt vielmehr zur Schilderung
von Naturscenen, mythologischer und historischer Thatsachen. Es
ist charakteristisch, dass, während Homer auf dem Schilde des
Achilles uns das ganze Leben des heroischen Zeitalters nach allen
seinen Beziehungen lebendig vorführt, auf dem Schilde des Aeneas
nur Gegenstände aus der Römischen Geschichte dargestellt werden. Der Dichter verbreitet sich ausführlicher über die Zustände
des Alterthums nur dann, wenn es seine Absicht ist, die vorgeschichtlichen Stätten und Sagen Roms zu schildern. Also Vergil
gibt uns nicht Kunde von dem Heroenleben, sondern er erzählt
uns nur eine Sage aus dieser Zeit, an welche sich die Römische
Geschichte anschliesst.

Vergegenwärtigen wir uns die grossen Darstellungen bei Homer, welche so recht die ganze Menschennatur offenbaren[1]), das
eheliche Leben Hektor's und der Andromache, die auf dem
Schlachtfelde herzlich plaudernden Gastfreunde, die Erweichung
des zürnenden Achilleus durch die ehrwürdigen Worte des Priamus, das idyllische Zusammentreffen des Odysseus mit Nausikaa,
endlich die grossen Schlachten und Versammlungen, die Einzelkämpfe der Helden und die umständlichen Reden der Geronten,
— was können wir diesem Schatz von Einzelbildern aus Vergil
gegenüberstellen? Etwa die kindliche Liebe und Ehrfurcht des
Aeneas gegen Anchises, den entschlossenen Tod der Dido, die
heitere Liebenswürdigkeit des Ascanius, die Vaterliebe des Euander
und seinen rührenden Abschied von Pallas, endlich die aufopfernde
und wetteifernde Freundschaft des Nisus und Euryalus? Aber
alle diese Darstellungen sind nur Skizzen, die wir nur schwer in
unsere Vorstellung lebendig aufnehmen oder bald wieder verlieren.
Und was ist der Grund dieser Erscheinung, da doch Vergil Meister
in der Schilderung war? Es fehlt durchgehends die unmittelbare Anschaulichkeit und die Kunst der Charakterzeichnung. Es dürfte schwer werden, wollte man sich auch nur von
dem Charakter des Aeneas eine lebendige Vorstellung machen.
Ist aber der Charakter des Haupthelden nicht fest gezeichnet, was

---

1) Vgl. *Zimmermann*, Ueber das Nibelungenlied und die deutsche
Heldensage in Jahn's Jahrb. 98, 136.

soll man von der Darstellung der Nebenfiguren erwarten? Wer in der Welt hat eine Vorstellung, wenn er den Namen Achates hört? Nichts kann man sich dabei vorstellen, man weiss nur, dass er immer ein treuer Begleiter des Aeneas war. Was denkst du dir von Ilioneus? Gewiss nichts, du weisst nur, er war der Sprecher der Aeneaden. Und Dido? Hier hätten wir eine Figur, aber worin sich ihr Charakter zeigen sollte, in der Bekämpfung der Leidenschaft, da erscheint sie sofort als Opfer der Venus — und mit dem Charakter ist es vorbei[1]. Man nehme nun die Dido von Platen in die Hand — und sofort haben wir den treuen edlen festen Charakter eines Weibes, das die Rettung ihres geliebten Vaterlandes freudig mit dem Tode erkauft, nur um die Treue nicht zu brechen[2].

Woher nun diese Schwäche Vergils in der Charakterzeichnung? War er sich dieser Aufgabe als einer Pflicht des epischen Dichters nicht bewusst? Nur ein Blick in die Ilias und Odyssee genügte und sofort belehrte ihn eine Masse von Göttern und Menschen, welche leibhaftig vor sein Auge treten mussten, dass das Epos so gut wie das Drama scharf ausgeprägte Charaktere verlange. Vergil kannte seinen Homer zu gut, um dies nicht ebenso wie Horaz sofort zu fühlen oder zu erkennen[3]. Wenn er dennoch keine Charaktere hervorbrachte, so kann der Grund entweder nur im Stoffe oder im Dichter liegen. An der Fähigkeit Vergils will ich nicht zweifeln, das aber ist nicht zu verkennen, er hat seinem Stoffe eine Bestimmung beigemischt, welche nach einander alle Charaktere vergiften musste. Es ist dies der Fatalismus[4]. Rom's Weltherrschaft sollte vom Schicksal bestimmt sein, Aeneas musste nach dem Schicksal nach Latium gelangen, nach dem Schicksal musste er als Sieger über Turnus hervorgehen, das Schicksal entflammt und verdirbt die Dido, weil Rom und Karthago nach dem Schicksal um die Weltherrschaft streiten sollen, nach dem Schicksal muss Latinus dem Aeneas seine

---

1) Es fehlt überhaupt der römischen Poesie zu sehr an Innerlichkeit und Gemüthstiefe. Der einzige Dichter, welcher dazu Talent zeigt, ist Ovidius. Vgl. *Philemon* und *Baucis*, dann den Tod der Lucretia. Einen Anflug dazu macht *Horaz Carm.* III, 9.

2 Die Gründung Karthago's, *Werke* I, 148.

3) Vgl. *Hor. Ep.* I, 2. *Carm.* I, 6, 5—8.

4) Indessen ist noch immer mit Nutzen zu lesen *Heyne*, de carmine epico § 16 *Ludewig*, Neustr. Progr. p. 10.

Tochter Lavinia geben und Turnus muss nach dem Schicksal zu-
rückstehen.

Weil also Vergil den Ursprung, die Entwicklung, die Macht
Rom's und schliesslich die Alleinherrschaft des Augustus durchaus vom Schicksal und der göttlichen Weltordnung abhängig
macht, um damit unter seinen Zeitgenossen einen politischen Zweck
zu erreichen[1], so musste er die Charakteristik der Politik opfern.
Allerdings herrscht auch bei Homer die Μοῖρα, auch hier ist
das Geschick Troia's unvermeidlich, aber die Freiheit und Selbstbestimmung der Götter und Menschen wird dadurch nicht aufgehoben[2]. So ist denn das starre fatum Vergil's von der Μοῖρα
Homer's ebenso weit entfernt wie die Schicksalstragödien eines
Werner und Müllner von denen eines Aeschylus und Sophokles[3].
Wie sehr durch solch starre Gesetze der Dichter gerade in der
Charakterzeichnung beschränkt wird, sieht man recht deutlich an
Shakspeare. Der Macbeth ist kein Charakter mehr, er entwickelt
sich nicht vor unseren Augen, er tritt sofort von den Geistern
getrieben fertig und doch unklar hervor, der innere Kampf ist
zu geringfügig, die äussere Macht zu bezwingend. Und doch ist
sonst derselbe Dichter gerade in der Darstellung von Charakteren
so mächtig[4], dass sein Einfluss die ganze dramatische Litteratur
der Neuzeit beherrscht[5].

---

1) Knüpft ja doch Vergil die Existenz Roms an den Fortbestand
des Julischen Geschlechtes IX, 448:

> Fortunati ambo! si quid mea carmina possunt,
> nulla dies umquam memori vos eximet aevo,
> dum domus Aeneae Capitoli inmobile saxum
> accolet inperiumque pater Romanus habebit.

Die Stelle gibt keinen rechten Sinn, wenn man nicht pater Romanus
erklärt = Alleinherrscher über Rom aus dem Julischen Geschlecht
(domus Aeneae). Wie ganz anders Horaz ohne politische Absicht III, 30:
usque ego postera crescam laude recens, dum Capitolium scandet cum
tacita virgine pontifex.

2) Vgl. *Ladewig*, Progr. Neustr. 1853 p. 9.

3) Vgl. *Dronke*, die religiöse Weltanschauung des Sophokles.

4) *Geibel* III, 220 rühmt von ihm:

> Keiner erkannte den Menschen wie du, glorwürdiger Brite.

5) Die antiken Dramatiker setzten alle ihre Kräfte ein in die Cha-
rakterisirung der Hauptperson und stellen uns die Nebenpersonen nur
nach Verhältniss ihrer Wichtigkeit dar, ohne von ihnen ein vollständi-
ges psychologisches Portrait zu liefern. Seit Shakspeare aber streben
die Dichter mehr und mehr das Gegentheil an. Wie jede Person von

Selbst die Thätigkeit der Juno wird durch diesen Fatalismus unnatürlich. Sie kämpft und streitet und wüthet und weiss doch, dass alle diese Anstrengungen vergeblich sind! Sie handelt also nur im Rausche des Augenblicks und der Leidenschaft. Der Dichter fühlt, dass eine solche Handlungsweise unnatürlich ist, er legt darum ihrem Hasse ein politisches Motiv unter, aber dieses Auskunftsmittel hilft doch nicht, denn sie weiss ja, dass sie Aeneas' Bestimmung nicht vereiteln kann, sie tröstet sich nur mit der Aussicht, die Gründung von Lavinium um ein paar Jahre verzögern zu können.

Weibliche Charaktere gelingen dem Dichter vollends gar nicht. Die Lavinia, welche eine zweite Nausikaa hätte werden können, wird versteckt und vergessen[1]), Amata wird eine hässliche Karrikatur einer königlichen Mutter[2]), und Dido endlich, die ein liebliches Frauenideal hätte werden können, darin die Brandfackel der Leidenschaft wüthet, welche einen Abgrund eröffnet, in den alle Lebensgüter hinabsinken unter der Lieblosigkeit der Welt, — sie verliert plötzlich Ehre, Demuth, Selbstverläugnung auf Befehl der Venus, das sonnige, sanfte, liebreiche Gemüth wird plötzlich gestürzt in Trübsinn und Verzweiflung — auf Befehl des Jupiter und Mercur.

Am schönsten ist die Schilderung von dem Tode des Lausus (X., 790—832), des Pallas (X, 439—509), der Camilla (XI, 532—867 von der Bestattung des Pallas (XI, 29—99. 139—181), und es bestätigt sich hier wiederum die oben ausgesprochene Ansicht, dass Vergil's Stärke in der Schilderung, in der Malerei, in der künstlerischen Handhabung der Sprache und des Versbaues beruht.

XII.

Alle Mängel der Charakteristik, welche wir in dem Epos Vergils zu finden glauben, haben ihren Grund nicht sowohl in

---

einem bestimmten Schauspieler dargestellt wird, so soll sie auch für sich einen besonderen Charakter bilden.

1) *Aen.* VII, 387: natam frondosis montibus abdit. Unglücklich ist der Versuch XII, 64 sqq.

2) *Aen.* VII, 383: non cursu segnior illo per medias urbes agitur populosque feroces! Sie endet schliesslich wie *Iokaste* XII, 603.

dem Talente[1]) des Dichters als vielmehr in der Beschaffenheit
des behandelten Stoffes. Torquato Tasso ist gewiss kein grösseres Dichtertalent gewesen als Vergil, aber in der Charakterzeichnung ist er ihm weit überlegen. Und was ist der Grund? Er
konnte die Geschichte der heiligen Kriege von Wilhelm von Tyrus
benützen, der selbst zum Theil Augenzeuge, mit dem Orient und
den Verhältnissen in Jerusalem genau bekannt, eine sehr reich-
haltige und klare Darstellung des Kreuzzuges entworfen hatte.
Und ausser diesem standen dem Dichter die Werke noch mehrerer
Augenzeugen zu Gebote, z. B. des Petrus Tudebod von Civray,
des Robert de Monte, des Radulf von Caën, welcher die Thaten
Tancred's, unter dem er gedient hatte, wahrheitsgetreu schildert,
des Balderich aus Orleans, des Raimund de Agiles und des Albert
Canonicus von Aix, endlich des Kanzlers Gualter, welcher Gott-
fried von Bouillon begleitet hatte[2]).

Und wie das Werk Tasso's aus treuer historischer Ueberlieferung, so sind die Gedichte Homer's aus der lebendigen Sagen-
fülle im Munde des Volkes hervorgegangen, wodurch Götter,
Heroen und Menschen des Troischen Cyclus bereits ein festes
Gepräge, einen unauslöschlichen Charakter erhalten hatten, so dass
die Verfasser der Homerischen Lieder diese volksthümlichen Bildungen nur mit klarem Geiste und tiefem Gemüthe zu erfassen
brauchten, um eine unendliche Fülle der mannigfaltigsten Gestalten des gesammten Götter- und Menschenlebens zu produciren[3]).

Aber die Aeneassage war durch die Vermischung der griechischen und altlatinischen Mythen dunkel, abstract, gestaltlos
geworden, und nur umfassende Gelehrsamkeit, wie sie Vergil besass, konnte diese disparaten Elemente zu einem Ganzen ver-

---

1) *Hor. ep.* II, 1, 245:
  at neque dedecorant tua de se iudicia atque
  munera, quae multa dantis cum laude tulerunt,
  dilecti tibi Vergilius Variusque poetae etc.
Ep. II, 3, 55: Quid autem Caecilio Plautoque dabit Romanus ademptum
  Vergilio Varioque?
Martialis nennt Vergil 'magnum', 'summum', 'immensum', 'aeternum',
cf. I, 62. III, 38. IV, 14. V, 5. 10. 57. VII, 28. 62. VIII, 18. 36. 56. X, 21.
XI, 49. 51. 53. XII, 4. 68. XIV, 57. 75. 108. 185. 186. 195. *Juvenal.*
VII, 53—69.
 2) *L. Wachler*, Handbuch der Gesch. der Litteratur II, 2, 222.
 3) *G. W. Nitzsch*, Geschichte der epischen Poesie p. 62. 130 sqq.
Welcker, Epischer Cyklus I, 307.

einigen[1] Wie weit Stesichorus von den Griechen[2], Naevius,
Ennius und Cato von den Römern[3] diese Sage ausgebildet hatten,
können wir jetzt nicht mehr ermessen, so viel aber ist gewiss,
dass auch sie nur anknüpfen konnten an den Kultus der Aphrodite,
wie er sich in den verschiedensten Gegenden am Mittelmeere,
besonders in Unteritalien, Sicilien und Latium vorfand[4].

Alle diese Kultusstätten führten zwar ihren Ursprung auf
Aeneas zurück, aber eine unmittelbare, inhaltreiche Sage konnten
sie nicht vermitteln, überall fanden sich nur leblose Dichtungen
und Erinnerungen[5].

Und alle diese Sagen knüpften die Wanderung der Troer
nach Italien an ein göttliches Geschick, eine übernatürliche Führung. Dieser Glaube war in Rom längst Staatsglaube[6]: welcher
Dichter hätte es wagen dürfen, diese Providenz zu umgehen,
welche sich noch immer im Kultus der Penaten zu Lavinium
lebendig darstellte?[7]

Wir dürfen also die Schuld nicht dem Dichter zuschreiben,
wenn wir sehen, dass die Helden der Aeneis mehr einem dunklen Geschick[8] als ihrer Kraft, ihrem Muth, ihrer Einsicht vertrauen. Die Römer konnten auch kaum einen solchen Mangel
fühlen. Denn sie waren durch ihre Tradition zu sehr an die
Führung einer Gottheit, an den Glauben einer höheren Bestimmung, welche die Weltherrschaft versprach, an die Verehrung
besonderer Palladien gewöhnt[9], als dass sie an den Fata des
Aeneas hätten Anstoss nehmen können, als dass sie hätten fühlen
sollen, wie diese den Helden nicht zur Selbstbestimmung, zur
vollen Entwicklung seiner ganzen Kraft gelangen lassen. Waren
ja doch die Fata des Aeneas auch die Fata der Stadt Rom![10]

---

1 *Rubino*, Beiträge zur Vorgeschichte Italiens p. 156—158.

2 *Welcker*, Epischer Cyclus II, 232. Kl. Schriften I, 181. *Schwegler.
R. G.* I, 298.

3 *Vahlen*, Prolegg. Enn. XX—XXVI. *Schwegler, R. G.* I. 279 sqq.
Jordan, Catonis Frgm. p. XXV sqq.

4 *Rubino*, Vorgesch. Ital. p. 86 sqq.

5 *Preller*, Röm. Myth. p. 666 sqq. *Schwegler*, I 296. 300.

6) *Schwegler* I, 305.

7) *Rubino*, Vorgesch. p. 194 sq.

8 *Aen.* XII. 110: tum socios maestique metum solatur Iuli fata
docens. XII, 676.

9 Vgl. *Liv.* I, 20. 4 und daselbst Weissenborn. *Schwegler* I, 544.

10 *Aen.* I. 261—296. X, 35. 47 54. XII, 820—840.

Darum empfingen sie die Schöpfung Vergils mit nationaler Begeisterung; und wenn auch noch bei Lebzeiten des Dichters Eifersucht und Tadelsucht ihm seinen Ruhm zu schmälern suchte [1]), Liebe und Bewunderung des Volkes machte diese Kritik einzelner Dichter und Grammatiker bald ohnmächtig [2]).

Durch diesen ungeheuren Erfolg wurde Vergil bald die Norm für alle späteren Dichtungen auf dem Gebiete der erzählenden Poesie [3]). Er erschien neben Ovidius als der Kanon für die Regeln der Metrik und des Sprachgebrauchs, dem sich nicht nur die späteren Dichter, sondern auch Historiker und Redner unterwarfen [4]). Ueberhaupt wurden Vergils Gedichte ein Kleinod, ein Schatzkästlein aller Gebildeten Roms, dem man bei allen Gelegenheiten die schönsten Sentenzen entlehnte [5]). Und noch im Mittelalter gab die Aeneis den Anstoss und den Massstab für die grosse epische Dichtung des Torquato Tasso, La Gerusalemme Liberata, welche auf jeder Seite den Einfluss des Vorbildes erkennen lässt, ohne in der Nachahmung so glücklich zu sein wie Vergil selbst

---

1) Vgl. *O. Ribbeck*, Prolegg. VIII: De obtrectatoribus Vergilii, p. 96. Die Parodien gegen die Bucolica erscheinen mehr als Witze, z. B. Tityre si toga calda tibi est, quo tegmina fagi, ʿnudus ara, sere nudusʾ, habebis frigore febrem, gegen Georg. I, 299; oder es sind unbedeutende sprachliche Ausstellungen, wie sie zu allen Zeiten von steifen und unbeweglichen Kritikern gemacht werden, z. B. gegen den Pluralis: hordea qui dixit, superest ut tritica dicat. Nicht wichtiger war die Aeneomastix des Carvilius Pictor oder die Aufführung der Furta, d. h. der Entlehnungen aus griechischen und lateinischen Dichtern.

2) Gegen die Angriffe auf Vergils Leistungen und Charakter richtete der berühmte Grammatiker Q. Asconius Pedianus eine besondere Schrift, cf. *Ribb.* p. 100 sq.

3) *Bernhardy,* Gesch. der röm. Litteratur p. 479: Dennoch ist er von keinem der nachfolgenden Dichter übertroffen worden: sie danken ihm vielmehr den Kern und die Reinheit ihrer eigenen Form.

4) Vgl. *L. Müller,* de re metrica p. 99 sq. 135. Ferner werfe man nur einen Blick auf das reiche Verzeichniss der Imitatores in der grösseren Ausg. von O. Ribbeck, welches natürlich seiner Natur nach immer noch nicht vollständig sein kann. Wie sehr Tacitus den Vergil benützte, darauf hat zuerst Ernesti aufmerksam gemacht. Vgl. jetzt *Draeger,* Syntax und Stil des Tacitus, der auf jeder Seite Belege gibt von dem Einfluss Vergils auf Tacitus.

5) *Tac. dialog.* 20: exigitur enim iam ab oratore etiam poeticus decor, non Attii aut Pacuvii veterno inquinatus, sed ex Horatii et Vergilii et Lucani sacrario prolatus.

es war[1]). Was kann also für uns wichtiger sein als das Studium
eines Dichters, ohne dessen Kenntniss wir die beste Litteratur
des Mittelalters bis herab auf die neuere Zeit nur sehr mangelhaft verstehen würden?[2]) Und ist es nicht ein Beweis von dem
hohen Werthe Vergils, wenn wir sehen, wie selbst ein Schiller
den begeisterten Anfang machte zu einer deutschen und dichterischen Reproduction?[3])

Der Werth und die Vorzüge Vergils treten zunächst
hervor in seiner Behandlung der Metrik. Es ist hier nicht der
Ort, auf die Neuerungen und Fortschritte des Dichters auf diesem
Gebiete im Einzelnen einzugehen, nur so viel bemerken wir:
wer sich eine Vorstellung davon machen will, lese einige Hexameter seiner nächsten Vorgänger, des Catullus und Lucretius,
und er wird sofort sich überzeugen, dass er an Geschmack und
Kunst diese weit übertrifft[4]).

Am bedeutendsten aber ist das Verdienst Vergils in der Behandlung der Sprache[5]). Zwar hatte er hier an Ennius, Attius,
Lucilius und Lucretius geniale Vorgänger, aber es war doch keine

---

1) Vgl. *Wedewer*, Homer, Vergil, Tasso, oder das Befr. Jerusalem
in seinem Verhältniss zur Ilias, Odyssee und Aeneis. Münster 1843.

2) *Wedewer*, Ueber die Wichtigkeit und Bedeutung der homerischen Gedichte für das tiefere Verständniss der vorzüglichsten Epopöen
alter und neuer Zeit, in Zeitschr. f. Alterthumswissensch. 1845 n. 4. 5.

3) *Schillers Werke* I, 118: Von dem Gedanken weit entfernt, sich
an eine Uebersetzung der ganzen Aeneis wagen zu wollen, verspricht
er in der Folge noch einige Bruchstücke aus dem IV und VI Buch,
wäre es auch nur, um den römischen Dichter bei unserm unlateinischen
Publikum in die ihm gebührende Achtung zu setzen, welche er ohne
seine Schuld scheint verscherzt zu haben, seitdem es der Blumauerischen
Muse gefallen hat, ihn dem einreissenden Geist der Frivolität zum Opfer
zu bringen.

4. Vgl. *L. Müller*, de re metrica p. 140 sqq. p. 183: has autem
parum recte habere formas Vergilii subtilissimi metrorum arti-
ficis plurimis confirmatur exemplis.

5) Da es an einer vergleichenden Grammatik der lateini-
schen Dichter noch immer fehlt, so behalten die beiden Schriften von
C. G. Jacob immer noch grossen Werth: 1) Quaestiones Epicae sive
Symbolae ad Grammaticam latinam poeticam, Quedlinburg 1839. 208 S.
2) Commentatio de usu numeri pluralis, Pforte 1841. 44. S. Ausserdem
Chr. Dan. Janius (Schüler von Ernesti) de arte poetica Latina, Lpz. 1774.
Ph. Wagner, Quaestiones Virgilianae im IV Bd. der Ausgabe Heyne-
Wagner. Noch ganz unberücksichtigt ist die Wortstellung, der Satz-
und Periodenbau der Dichter.

geringe Aufgabe, alle diese Leistungen zu einem grossen Kunstwerke zum erstenmal zusammenzufassen [1]).

Seine **Erzählung** ist schlicht und einfach, und doch nie
gewöhnlich oder eintönig; in der **Schilderung** wird er schwung-
voll und doch nie hochtrabend; seine Sprache ist reich an bildlichen Ausdrücken und doch nie überladen; er zeigt Vorliebe für
Rhetorik, die nach dem Charakter des öffentlichen Lebens in der
lateinischen Litteratur überhaupt vorherrschen musste, aber er
wird doch nie dabei rhetorisirend oder sophistisch, sondern liebt
Kürze und Wahrheit; er ist sittlich rein, gefühlvoll und empfind-
sam, ohne dabei sentimental oder paränetisch zu werden. Ueberall
verräth er Mass, Beschränkung, Geschmack [2]). Man beachte nur
den Gebrauch der Epitheta, des Plurals, der Metonymien und
Metaphern, man vergleiche damit den Gebrauch der späteren
Dichter und man wird sofort inne werden, wie glücklich Vergil
Schwulst, Unnatur, Manier vermieden hat, welche die Werke
eines Silius und Statius, eines Martialis und Valerius entstellen [3]).
Oder wo fände man bei Vergil eine Wendung wie aether avius
(bei Stat. Theb. V, 14) oder magna puerpera caeli (Stat. Achill.
I, 254) oder parvus Tonans (Stat. Theb. IV, 683) oder wie Martialis (X, 25, 2) von Mucius Scaevola sagt: inposuit qui sua membra
(i. e. manum!) focis?

Von dem merkwürdigen Schicksale der Vergilischen Dichtungen genügt es, hier nur einige Andeutungen zu geben, da wir
hierüber eingehende und interessante Schriften besitzen [4]). Von

---

1) In der deutschen Litteratur können wir hier Klopstock's Ringen
und J. H. Voss' Neuerungen, gegen die sich W v. Humboldt sträubte
und darüber zum Sprachforscher wurde, recht gut vergleichen.

2) Vgl. z. B. IV, 246—251 mit *Sil.* I, 202—210. II, 554 sq. mit *Sil.*
V, 568. II, 185—188 mit *Ovid. Heroid.* IX, 25—26. Diese modestia
Virgiliana erkennt selbst Hofmann-Peerlkamp wiederholt an, z. B. II Bd.
p. 461: Eam modestiam Seneca et alii saepe laudaverunt aliorumque
intemperantiam et tumorem reprehenderunt.

3) Doch urtheilt Fr. Roth, Ueber die fortdauernde Abhängigkeit
unserer Bildung von der klassischen Litteratur p. 11 zu hart: Wie zur
Warnung sind einige Manieristen wie Silius und Statius, Valerius Maximus und Curtius (?) übrig geblieben, die man in Frankreich zu den
Klassikern zählt.

4) *G. Zappert,* Virgils Fortleben im Mittelalter. Aus dem II Bd.
der Denkschriften der philos.-hist. Klasse der k. k. Akademie der Wissenschaften, Wien 1851.

seinen Freunden haben wir noch die ehrendsten Urtheile über
seinen persönlichen Charakter sowol wie über seine dichterische
Begabung und Leistung[1]). Mit welcher Spannung man in Rom
das Erscheinen der Aeneis erwartete, dafür haben wir schon oben
ein Zeugniss aus Propertius mitgetheilt, und nach dem Erscheinen
des Werkes finden wir bei Ovid[2] und Statius[3]) Urtheile, wie sie
nur begeisterte und neidlose Anerkennung aussprechen kann.
Diese Begeisterung für Vergil[4]) ging bald so weit, dass Männer
wie Silius Italicus ihm selbst göttliche Ehre erwiesen oder sein
Bild doch unter die Haus- und Familiengötter aufnahmen[5]). Aus

F. W. Genthe. Leben und Fortleben des P. Virg. Maro als Dichter
und Zauberer, Lpz. 1857.

Milberg. Memorabilia und Mirabilia Virgiliana, zwei inhaltreiche
Progr. des Gymn. zu Meissen 1857 und 1867.

1 L. Varius schrieb de ingenio moribusque Vergilii (cf. *Ribb.* p. 89),
woraus wir freilich kaum mehr eine ächte Nachricht in der Vita des
Donatus besitzen. Ebenso wenig glaube ich, dass wir bei Donatus noch
ungetrübte Nachrichten aus der Vita des Suetonius besitzen. — Vgl.
Hor. Carm. 1, 3. *Sat.* I, 5, 40. I, 10, 45. I, 10, 81.

2 *Ex Ponto* III, 4, 83:
    Res quoque tanta fuit, quantae subsistere summo
    Aeneïdos vati grande fuisset onus.
Trist. II, 533: Et tamen ille tuae felix Aeneidos auctor
    Contulit in Tyrios arma virumque toros,
    Nec legitur pars ulla magis de corpore toto,
    Quam non legitimo foedere iunctus amor.
Ars III. 337: Et profugum Aenean, altae primordia Romae,
    Quo nullum Latio clarius extat opus.
Remed. 396: Quantum Vergilio nobile debet epos.

3) Schluss der Thebais (XII, 816):
    Vive, precor, nec tu divinam Aeneida tempta,
    Sed longe sequere et vestigia semper adorna.
    Mox tibi, si quis adhuc praetendit nubila livor,
    Occidet et meriti post me referentur honores.
Silv. IV. 4, 54: — Maroneique sedens in margine templi
    Sumo animum et magni tumulis adcanto magistri.

4) *Tac. Dial.* 13: Malo securum et quietum Vergilii secessum, in
quo tamen neque apud divum Augustum gratia caruit neque apud pop.
Rom. notitia. testes Augusti epistulae, testis ipse populus, qui auditis
in theatro Vergilii versibus (Recitation) surrexit universus et forte prae-
sentem spectantemque Vergilium veneratus est sic quasi Augustum.

5) *Plin. ep.* III. 7 über den Tod des Silius): multum ubique libro-
rum, multum statuarum, multum imaginum, quas non habebat modo
verum etiam venerabatur, Vergilii ante omnes, cuius natalem religiosius

Juvenalis sehen wir, dass wie die Männer so auch die Frauen Roms die Aeneis zum beständigen Begleiter erwählten und es nicht an kostbaren Einbänden fehlen liessen[1]). Seneca empfiehlt Vergil als Lehrer der Moral[2]) und Quintilian als Quelle des reinsten Lateins[3]). In den Schulen der Grammatiker und Rhetoren wurde die Aeneis gelesen, commentirt und recitirt, wie kein anderes Werk der römischen Litteratur, ja man suchte und fand darin auch reichen Stoff zu rhetorischen und poetischen Declamationen[4]). Es ist kein Wunder, wenn man bei dieser Verehrung Vergils den Homer bald ganz vergass und zum Ersatz den römischen Homer in die griechische Sprache übersetzte[5]).

quam suum celebrabat, Neapoli maxime, ubi monimentum eius adire ut templum solebat.

 Mart. XII, 67: Maiae Mercurium creastis Idus.
        Augustis redit Idibus Diana.
        Octobres Maro consecravit Idus.
        Idus saepe colas et has et illas,
        Qui magni celebras Maronis Idus.

 1) *Juv.* 6, 434: Illa tamen gravior, quae cum discumbere coepit
        Laudat Vergilium, periturae ignoscit Elissae,
        Committit rates et comparat, inde Maronem
        Atque alia parte in trutina suspendit Homerum.
Man denke an die Unterhaltung moderner Gesellschaften über das Thema, ob Goethe oder Schiller ein grösserer Dichter war!

 2) *Ep.* XVIII. 5, 24—29.

 3) *Quint.* I, 8, 5: Itaque optime institutum est, ut ab Homero atque Vergilio lectio inciperet, quamquam ad intellegendas eorum virtutes firmiore iudicio opus est; sed huic rei superest tempus, neque enim semel legentur. interim et sublimitate heroici carminis animus adsurgat et ex magnitudine rerum spiritum ducat et optimis inbuatur. Vgl. X, 1, 85—86.

 4) Eine Probe dieser Schulerklärung gibt uns der Tractat des Priscian de XII versibus Aeneidos principalibus bei Keil Gramm. IV, 459—515. Ueber die Themata Servius ad Aen. X, 18. Poetische Arbeiten bei Burmann, Anthol. lat. lib. I, 63. 170—176.

 5) *Sen. Dial.* XI, 8, 2 (ad Polybium): tunc Homerus et Vergilius tam bene de humano genere meriti, quam tu et de omnibus et de illis meruisti, quos pluribus notos esse voluisti quam scripserant, multum tecum morentur. *ibid.* XI, 5: utriuslibet auctoris carmina, quae tu ita resolvisti, ut quamvis structura illorum recesserit, permaneat tamen gratia. sic enim illa ex alia lingua in aliam transtulisti ut, quod difficillimum erat, omnes virtutes in alienam te orationem secutae sint.

 Polybius schrieb also einen Homerus Latinus und einen Vergilius Graecus und zwar so, dass er den Hauptinhalt beider Gedichte kurz zusammenfasste. Es ist mir sehr wahrscheinlich, dass der Homerus lat.,

Dieses eifrige Studium Vergils erhielt sich auch im Mittelalter lebendig, und wenn auch im XII und XIII Jahrhundert etwas unterbrochen[1]), so wurde es, von Dante angeregt, nur um so lebhafter im XIV—XVI Jahrhundert. Im Karolingischen Zeitalter waren es vorzüglich die Klosterschulen in Tours, Fulda, St. Gallen, Corvey, in welchen man Vergils Gedichte regelmässig las und erklärte. Neben dieser reinen Verehrung finden wir aber auch schon frühzeitig das Bestreben, einzelne Verse als Orakel oder auch als Prophetien zu benützen, bis man endlich im Mittelalter in dem Namen Virgilius einen Zauberer erkannte.

Künstliche Spielerei war es endlich, wenn man einzelne Verse und Halbverse wieder so zusammenfügte, dass man einen gezwungenen von dem ursprünglichen Sinn ganz verschiedenen Gedankenzusammenhang herstellte (Centones)[2]). Kurz nach Ausonius, welcher diese Spielerei mit Ernst betrieb, übte sich in dieser Gattung der Centonendichtung Proba Faltonia (geb. circa 393 p. Chr.), von der wir noch besitzen: Virgiliani Centones in Vetus et Novum Testamentum ad Honorium Aug. Theodosii Mai. Filium et Arcadii Aug. Fratrem, 719 Hexameter aus der Aeneis, den Georgica und Eclogae zusammengefügt zur Darstellung der biblischen Geschichte[3]). Wir geben daraus folgende Probe:

De formatione Evae.

V, 378.	Quaeritur huic alius, nec quisquam ex agmine tanto
V, 379. VII, 264. 256.	Audet adire virum sociusque in regna vocari.
G. IV, 548. 1, 691.	Haud mora, continuo placidam per membra quietem
III, 611. IV, 185.	Dat iuveni et dulci declinat lumina somno.

- - - — —

welchen wir noch besitzen, von Polybius herrührt. Wenigstens stimmt diese Vermuthung ganz mit den metrischen Beobachtungen von Lachmann und Haupt überein, cf. *L. Müller* de re metr. p. 42.

1) *Dante*, Hölle I, 62:
> Da bot sich meinen Augen Einer dar,
> Dess Stimm erloschen schien vor langem Schweigen.

Vgl. *ibid.* 64—87, worin Dante den Vergil als seinen Meister rühmt.

2) Vgl. *Milberg*, Memorabilia p. 5—11.

3) Bei *Maittaire*, Corp. poet. lat. II. p. 1654. Proben gibt *Milberg*, Memorab. p. 34—38.

X, 219. VIII, 658. Atque illi medio spatio iam noctis opacae
X, 668. I, 211. Omnipotens genitor costas et viscera nudat.
XI, 76. I, 122. Harum unam iuveni laterum compagibus artis
V. 464. II, 680. Eripuit, subitoque oritur mirabile donom,
VII, 791. I, 588. Argumentum ingens claraque in luce refulsit
IX. 583. III, 426. Insignis facies et pulchro pectore virgo,
VII, 53. Iam matura viro, iam plenis nubilis annis.

Commentar.

Aeneidos Liber I.

1—11 *Prooemium*. Dieses ist dem Inhalt und der Form nach dem Anfang der Odyssee nachgebildet. Aber weil eben diese Nachahmung keine blos äusserliche ist, darum muss sie für künstlerisch gelten.

Zunächst klingt die Nachahmung im Wortlaut hervor: ἄνδρα μοι ἔννεπε Μοῦσα πολύτροπον, ὃς μάλα πολλὰ πλάγχθη etc. Dabei ist zu beachten, dass Vergil die Muse erst im 8. Vers anruft, ferner dass er arma virumque verbindet. Das Schicksal des Aeneas und die damit verbundene Gründung Roms betrachtet der Dichter als ein offen vorliegendes historisches Factum, das die Muse nicht erst zu lehren braucht. Anders ist es mit dem Zorn der Juno. Der Grund dieses Götterzornes ist dem Menschenauge verborgen, ihn soll die Muse dem Dichter offenbaren. Die Waffenthaten und den Helden aber muss der Dichter neben einander nennen, weil dieses Prooemium nicht allein die ersten 6 Gesänge, sondern zugleich das ganze Epos ankündigt.

Ueber den Charakter des epischen Prooemiums bemerkt Peerlkamp: In exordiis carminum epicorum esse solet aliquid obscuri, quod lectori relinquitur coniciendum. Sic animus exspectatione intenditur. Non appellat Vergilius Aenean, sed 'virum', non Turnum, sed 'bellum', non Lavinium, sed 'urbem', non quomodo ex Lavinio Ascanius, ex Ascanio Alba Longa, ex Alba Longa et Rhea Silvia Romulus, ex Romulo Roma, sed haec omnia per ambages quasdam enuntiat.

Was bedeutet nun die Aufforderung der Muse? Bei Homer ist sie ernstlich gemeint, weil der Glaube an die Musen im allgemeinen Volksglauben wurzelte. Darum scheidet Homer seine eigne Thätigkeit und die in ihm wirksame Macht der Göttin nicht, was der Dichter thut, gibt ihm die Muse ein. Vgl. *Naeg. Anm. zu Ilias. I, 1.*

Dagegen im römischen Volksglauben ist der Glaube an die Inspiration der Musen nicht begründet, er ist nur von den Dichtern aus Hellas nach Latium verpflanzt. Der Dichter kann sich diesem fremden Glauben hingeben, wenn auch das Volk nicht in gleicher Weise empfindet und denkt. (Vgl. *Hor.* I, 1, 32. I, 24, 2. IV, 3, 1.) Aber immerhin unterscheidet Vergil, weil eben sein Glaube an die Kraft der Muse im Herzen nicht festwurzelt, zwischen der Geschichte (V. 1—7) und der Muse (V. 8—11), ja er tritt sofort mit seiner eigenen Persönlichkeit hervor (V. 11). Die Muse selbst wird VII, 37 Erato genannt: nunc age, qui reges, quae tempora rerum, quis Latio antiquo fuerit status expediam et primae revocabo exordia pugnae. Die Muse des heroischen Gesanges nun war Calliope (*Preller, gr. Myth.* I, 387), dagegen Erato die der erotischen Poesie. Aber daneben erscheint die Nymphe Erato, die Geliebte des Arkas, auch als Prophetin des Pan (*Paus.* 8, 37, 9). Und wegen der ersten Einwanderung des Arkadiers Euander scheint Vergil, *lib.* VII die Erato anzurufen. Daraus darf man noch nicht schliessen, dass auch I, 8 unter Musa die Erato gemeint sei. Vgl. ferner VII, 641 (deae). IX, 77 (musae), 525 (Calliope). X, 163 (deae). Uebrigens ist es jedenfalls ein Fehler, wenn spätere Dichter, sogar Wieland, welche nicht mehr an die Macht der Muse glauben, dennoch diese bei Beginn ihres Liedes anrufen zu müssen glauben. Der Effekt ist dann kein ernster mehr, er kann vielmehr komisch werden.

2. *Fato profugus*] Damit wird von vornherein die nationale Bedeutung der Aeneide angekündigt, da das Schicksal ihres Helden 1) auf göttlicher Bestimmung beruht, 2) aber diese göttliche Bestimmung des Aeneas übertragen wird auf die göttliche Mission des Römervolkes (V. 5—8). Vgl. *Liv.* I, 4: domo profugus, sed ad maiora rerum initia ducentibus fatis. Bei Homer fehlt diese Bestimmung, vielmehr sind die Leiden des Odysseus und seiner Gefährten eine Folge ihrer Schuld: νήπιοι, οἳ κατὰ βοῦς Ὑπερίονος Ἠελίοιο ἤσθιον etc. Weiter enthält das Prooemium den Inhalt des ganzen Epos: Die Irrfahrten und Kämpfe des Aeneas. Das Fatum hat den Aeneas zum Gründer des römischen Reiches bestimmt. Aber dieses fatum droht zugleich der Lieblingsstadt Juno's, Karthago[1]), durch Rom's Waffenmacht den Untergang. Daher

---

1) Karthago heisst punisch Kartchadasat = Neustadt, denn Kart ist = Stadt, chadasat = neu. Vgl. *Livius* bei *Servius* I, 366.

der Zorn Juno's gegen Aeneas. Sie will nun das fatum
überwinden, und als dies nicht möglich ist, wenigstens die
Erfüllung desselben hinausschieben. Daher die labores des
Aeneas, der indessen Dido gegenüber nicht frei bleibt von persönlicher Schuld. Die Sühnung dieser Schuld kann
Juno an Aeneas und dem Römischen Volke durchsetzen (vgl. X,
11 sq.), der Erfüllung des Schicksals dagegen, dem auch die
Götter unterworfen sind, kann sie auf die Dauer nicht widerstehen. Der Zorn Junos und die Schuld des Aeneas[1])
erregen diesem in Italien nach seiner Ankunft blutige Kämpfe,
bis es endlich doch gelingt, Lavinium zu gründen und ein
neues Staatswesen in Italien zu pflanzen (inferretque deos Latio).

Laviniaque] Aeneas war der Erste, der von Troia aus nach
Latium kam. Dieser Begriff Latium wird umschrieben durch
Italiam Laviniaque litora (= nach Italien und zwar zu dem Theil
Italiens etc.)   Vgl, XI, 17   nunc iter ad regem nobis muros-
que Latinos. Denn vor Aeneas Ankunft in Italien hatte bereits
Antenor Patavium gegründet, cf. I, 242 sqq. *Liv.* I, 1. Aber
Patavium in der Provinz Gallia cisalpina gehörte streng genom-
men nicht zu Italien.

Bei den Verben der Bewegung gebrauchen die Dichter
nicht nur bei Städtenamen, sondern bei allen Ortsbestim-
mungen zur Bezeichnung des Ziels (auf die Frage: wohin?)
in der weitesten Ausdehnung den Accusativus. Vgl. I, 365
devenere locos, ubi nunc ingentia cernes moenia. *Ovid met.*
III, 462: verba refers aures non pervenientia nostras. Es ist
die Frage, ob dieser Gebrauch eine Nachahmung des Griechischen
ist, jedenfalls durfte er dem römischen Ohr nicht zu fremd klingen. Bei Ennius findet sich diese Verbindung von ire und
venire mit Acc. noch nicht, d. h. es ist uns kein Beispiel
überliefert.

3. *multum ille*] Diese Form entspricht dem Homerischen:
πολλῶν δ' ἀνθρώπων ἴδε ἄστεα καὶ νόον ἔγνω, πολλὰ δ' ὅγ'
ἐν πόντῳ πάθεν ἄλγεα. Wie also bei Homer das zweite Glied
eines für uns doppelgliedrigen Relativsatzes sich zu einem
selbständigen Hauptsatz gestaltet (Vgl. *Nägelsb.* und *Autenrieth* zu
Ilias I, 3,, so versucht auch Vergil diesen Uebergang durch das

---

1) Dieses Motiv wird *lib.* VI angedeutet, aber *lib.* VII—XII vom
Dichter nicht benützt.

demonstrative *ille*, während ein Ersatz für das Homerische
δέ fehlt. Aehnlich ist V, 457, noch deutlicher ist diese Aehnlichkeit in Gleichnissen, wie I, 153: tum pietate gravem ac meritis si forte virum quem conspexere, silent arrectisque auribus
adstant, ille regit dictis animos et pectora mulcet (= λέγων δ'
ὅ γε). Fraglich ist es, ob man einen solchen Uebergang anzunehmen hat I, 434: cum gentis adultos educunt fetus, aut cum
liquentia mella stipant et dulci distendunt nectare cellas, aut
onera accipiunt venientum etc., wo allerdings leicht aut = aut
cum erklärt werden kann. Aber es scheint doch, als ob Vergil
die Gebundenheit der Unterordnung nicht liebt und auch
hier zu einem freien, selbständigen Satz übergeht. Sicher
ist dieser Uebergang I, 500: illa pharetram fert umero etc.

Aehnliche Erscheinungen finden sich auch in der lat. Prosa,
z. B. *Cic. Verr.* IV, §. 9: videte maiorum diligentiam, qui nihildum
etiam istius modi suspicabantur, verum tamen ea, quae parvis in
rebus accidere poterant, providebant = qui quamquam nihildum
susp., tamen providebant. Vgl. *Wichert*, Lat. Stillehre p. 253.

terris et alto] Wie der Acc. auf die Frage wohin, so wird
von den Dichtern auch der Abl. loci auf die Frage wo sehr häufig
gebraucht. Schon *Ennius Ann.* 465 sagt: it nigrum campis
agmen (sc. elephantorum), ebenso *Hor.* III, 18, 9: ludit herboso
pecus omne campo. Vgl. *Aen.* I, 263: bellum ingens geret Italia.

Zu alto ist ursprünglich aequore oder mari ergänzt
worden, bald aber genügte das einfache altum = mare. Vgl.
Enn. Ann. 602: aequore in alto und 371: Hellesponto in alto,
dagegen schon 598: trabes remis rostrata per altum, wo freilich der Vers nicht vollständig überliefert ist. Ebenso ist es mit
Enn. Trag. 111: rapit ex alto naves velivolas. Dagegen ist die
Luft gemeint, wenn Ennius von dem Augurium des Remus *Ann.*
94 sagt: et simul ex alto longe pulcherruma praepes laeva volavit
avis. Oder kommt hier der Vogel von dem Tuskischen Meere her?

4. *vi superum*] Wer sind die superi, wenn Juno es allein
ist, welche dem Aeneas grollt?[1]) Oder sollte Verg. nur die Redeweise des Hom. nachahmen, z. B. *Od.* 17, 119: (ἧς (= Ἑλένης)
εἵνεκα πολλὰ Ἀργεῖοι Τρῶές τε θεῶν ἰότητι μόγησαν? Allein
bei Homer ist die Neigung der Götter getheilt, sie neh-

---

1) Dass Juno unter den Göttern eine Partei hat, findet sich nur
schwach angedeutet X, 97.

men fast alle für oder wider die Troianer Partei. Dies ist bei Vergil nicht der Fall[1]). Es ist nur Juno, welche den Aeneas hindert, sie ist es aber auch, welche sich der übernatürlichen Kräfte gegen ihn bedient, z. B. des Aeolus, der Allecto und der Stürme, welche auf ihre Veranlassung hin feindlich gegen Aeneas auftreten. Dies ist die vis superum, welcher zeitweise Aeneas unterliegt.

memorem ob iram] *Aesch. Ag.* 155: μίμνει γὰρ φοβερὰ παλίνορτος, οἰκονόμος δολία, μνάμων μῆνις τεκνόποινος == denn es bleibt der furchtbare, neu sich erhebende, unversöhnliche, kindrächende Grimm, der tückisch im Hause waltet. *Liv.* IX, 29, 11: Appium memori deum ira post aliquot annos luminibus captum. Die Juno ist saeva, nicht an und für sich, sondern nur memorem ob iram gegenüber dem Aeneas.

5. *et bello*] Aeneas hatte gelitten, zunächst terris, d. h. während und nach der Eroberung Troia's, dann alto während seiner weiten Fahrt auf dem Meere, zuletzt im Sturm von Sicilien nach Afrika verschlagen, schliesslich et bello im Kampfe gegen die Rutuler und Latiner.

dum conderet] Der Conjunctiv, weil die Gründung einer neuen Heimat sein Ziel war. Vgl. I, 437: o fortunati, quorum iam moenia surgunt.

6. Die Verpflanzung der Penaten (378: raptos ex hoste penates) nach Latium deutet an, dass die Troianer nicht etwa unter der Masse der Ureinwohner Italiens untergehen, sondern dass eine staatliche Vereinigung der Troianer und Ureinwohner stattfindet unter dem Namen Latini (genus Latinum), cf. XII, 187—194. 820—840. Daher wird sofort mit unde diese Folge angefügt. Von den Troianern ist das Julische Geschlecht das bedeutendste. Dieses nun soll als das vom Schicksal zur Herrschaft bestimmte Geschlecht dargestellt werden. Darum wird die ganze Ordnung des neuen Staates (Latium — Alba — Rom) auf Aeneas zurückgeführt. Diese Staatsordnung — Cultur und Civilisation — ist aber mit den Worten inferretque deos Latio angedeutet. Es findet also nicht blos eine Vereinigung der Troianer und Ureinwohner Italiens statt, sondern das Iulium sidus erscheint sofort als das herrschende Geschlecht, dem die Nation

---

1) Wenn Juppiter X, 9 sagt: quis metus aut hos aut hos arma sequi ferrumque lacessere suasit, so hat er dabei in Wirklichkeit nur Juno und Venus im Sinne.

Alles zu verdanken hat. Vgl. XII. 166: hinc pater Aeneas, Romanae stirpis origo et iuxta Ascanius, magnae spes altera Romae.

8. *quo numine laeso*] Die Verse 8—11 könnte man als engeres Prooemium auffassen von *lib.* I—VI: den Irrfahrten des Aeneas, wenn labores (V. 10) nicht ebensowol die bella als die errores bezeichnete.

Zur Erklärung der schwierigen Stelle ist zunächst festzustellen, dass Vergil nach der Veranlassung der Feindseligkeit Juno's gegen Aeneas fragt. Diese Veranlassung findet er 1) in dem numen laesum, 2) in dem persönlichen Groll der Juno. Die Entwicklung dieser beiden Verhältnisse folgt V. 12—33. Wir finden hier, dass Juno die Troianer hasst 1) aus politischen Gründen: das Geschick der Troianer hindert den Lieblingswunsch der Göttin (17—22); 2) aus persönlichen Gründen: sie hasst seit langer Zeit Alles was sich Troianer nennt (23—28) wegen Ganymedes und Paris. Wenn nun der persönliche Grund des Zornes offenbar in quidve dolens angedeutet ist, so muss in quo numine laeso der politische Grund enthalten sein. Es entsteht nun die Frage, was bedeutet numen? Dies zeigt uns Lucr. III, 144: cetera pars animae per totum dissita corpus paret et ad numen mentis momenque movetur. Man sieht, wie momen die bewegende Kraft, so ist numen mentis der bestimmende Wille. Vgl. *Aen.* X, 31: si sine pace tua (= Iovis) atque invito numine (= tuo) Troes Italiam petiere, luant peccata neque illos iuveris auxilio. Was ist nun das numen Iunonis, dieser göttliche Wille der Juno? Darauf antwortet der Dichter V. 17: hoc regnum dea gentibus esse, siqua fata sinant, iam tum tenditque fovetque.

Wenn nun aber numen den Willen der Göttin bedeutet, kann man sagen: hoc numen laeditur? Allerdings könnte man nicht sagen haec voluntas, haec inclinatio animi laeditur, wohl aber hoc numen laeditur. Denn der Wille einer Gottheit bildet einen Theil ihres göttlichen Wesens, was ja auch numen heisst, es ist gewissermassen ein integrirender Theil der Gottheit (maiestas oder divinitas). Wird der Wille der Gottheit gestört, so ist auch ein Theil ihres Wesens verletzt. Dies empfindet auch Juno. Darum heisst es I, 48: et quisquam numen Iunonis adorat praeterea, aut supplex aris inponet honorem? Vgl. II, 183. *Hor. Epod.* XV, 3. *Tib.* I, 3, 79. I, 9, 6. Darum sagt Juno VII, 297: at credo mea numina tandem fessa iacent, wo der Plural zwar eine rhetorische Amplification enthält wie II, 233. III, 543, aber doch die verschiedenen Seiten der göttlichen Macht andeutet. Vgl. VII, 310. Ist dies richtig, so muss die Conjectur, welche Ladewig in Schutz nimmt: quo numine laesa falsch sein, denn jede Conjectur ist falsch, wenn die überlieferte Lesart einen passenden Sinn gibt.

Die Stelle heisst also wörtlich: Nach Verletzung welches Willens (= welcher Seite, welches Wesens der Gottheit) oder worüber Schmerz empfindend. Wir haben also zwei Participien, das eine passiv zur Bezeichnung eines objectiven Verhältnisses, das andere activ zur Bezeichnung eines subjectiven Verhältnisses. Beide konnte der Dichter im Abl. causae darstellen: quo numine laeso quidve dolendo Iuno Aeneam tot adire labores inpulit? Statt des zweiten Abl. wählt nun der Dichter, was ebenso gut dem Prosaiker zusteht, den Nom. Part. praes. act. Vgl. Fabri zu *Liv.* XXI, 4, 3. Naeg. Stil. §. 32. *Weidner*, Beitr. zu lat. Stilüb. p. 91. Vgl. über die Stelle die lehrreiche Abh. von *Häckermann* in Ztschr. für Gymn. VII, 735—742 und dagegen *Ameis ibid.* p. 931—935.

9. *regina deum*] Je höher die Majestät der Göttin, um so weniger sollte die Leidenschaft Macht über sie haben. Gibt sie aber der Leidenschaft Raum, so ist ihre Macht um so gefährlicher. Juno Regina als Gemahlin des Jupiter Rex ist in Rom die Capitolinische Juno. Vgl. *Preller* R. M. 253.

volvere casus] = I, 204: per varios casus, per tot discrimina rerum tendimus in Latium; II, 10: casus cognoscere nostros. Es sind also casus die Schicksale, volvere casus = varios casus subire oder perferre. Diese Schicksale werden wie I, 204 als discrimina, so hier als labores weiter charakterisirt. Was ist also labor? *Cic. Fam.* XV, 8, 1: te omnibus secundissimis rebus dignissimum iudico, cuius erga me singularem benivolentiam vel in labore meo vel in honore perspexi. Man sieht aus diesem Gegensatz, dass labor überhaupt jegliches Ungemach, Unglück, Mühsal ist, insofern es die fühlende Seele ergreift und schädigt (conficit), wie die Arbeit die Kräfte des Körpers. Einen ähnlichen Gegensatz wie *Cic.* hat *Verg.* X, 111: sua cuique exorsa laborem fortunamque (= Glück und Unglück) ferent. Der Plural labores wird nun von Verg. vorzugsweise gebraucht von den schweren Kämpfen des Krieges, cf. VII, 481: quae prima laborum causa fuit belloque animos accendit agrestis. Vgl. II, 385: adspirat primo Fortuna labori. II, 619; eripe nate fugam finemque impone labori. XI, 126: o fama ingens, ingentior armis, vir Troiane, quibus caelo te laudibus aequem? iustitiaene prius mirer belline laborum? Dieser Gebrauch entspricht dem Homerischen πόνοϲ, cf, *Il.* 6, 77: ἐπεὶ πόνοϲ ὔμμι μάλιϲτα Τρώων καὶ Λυκίων ἐγκέκλιται und 22, 11: ἦ νύ τοι οὔ τι μέλει Τρώων πόνοϲ οὒϲ ἐφόβηϲαϲ. 12, 348: πόνοϲ καὶ νεῖκοϲ ὄρωρεν. Vgl. *Naegelsb.* zu *Il.* I, 467; *Lehrs de Arist.* p. 73 sq. (ed II). Er findet sich auch bei *Liv.* z. B. 31, 6: taedio periculorum laborumque fessi.

10. *pietate*] Vgl. I, 544. IV, 598. Aeneas wird durch die pietas in Gegensatz gesetzt zu der gens Laomedontea, cf. IV, 542. Dieses Volk aber ist der Juno verhasst wegen seiner Treulosig- keit und so hasst Juno den Aeneas trotz seiner pietas, weil er das Unglück hat, diesem Volke anzugehören, zumal da das Schick- sal sich des Aeneas bedient, um die Lieblingspläne der Juno zu zerstören.

11. *irae*] Der Plural bedeutet die Heftigkeit der Zor- nesleidenschaft, cf. II, 381; VII, 15 — auch von Livius häufig gebraucht —, wie amores die Heftigkeit der Liebe, cf. I, 350, V, 334. Vgl. *R. Unger*, de Valgio p. 226 sq. Ueber die Frage des Dichters vgl. *Prolegg.* p. 39, zur Form V, 391: tantane tam patiens nullo certamine tolli dona sines?

12—33. Nachdem nun der Dichter die Muse gebeten um die Offenbarung von Juno's Groll, gibt ihm jetzt diese gewis- sermassen Antwort. Damit aber ist die Einleitung zu dem Gedicht selbst gegeben. Diese ist von der Einleitung der Odyssee I, 11 sq. sehr verschieden. In der Odyssee werden wir sofort hingeführt zu dem Helden des Gedichts. Auch die Einleitung der Ilias ist verschieden. Hier ward zwar auch nach der Veran- lassung der μῆνιϲ Ἀχιλλέωϲ geforscht, aber da diese selbst Inhalt des Gedichtes ist, so schreitet damit die Handlung des Epos unmittelbar vor.

Bei Vergil aber sind die errores und labores des Aeneas der Inhalt des Liedes. Diese aber sind bedingt durch die ira Iunonis. Der Dichter enthüllt also zunächst den Grund der ira und kommt dann erst zu der eigentlichen Handlung V. 34. Folglich kann man V. 12—33 als prooemium II be- trachten.

13. Der Wortlaut klingt ähnlich wie *Hom. Il.* 6, 152: ἔϲτι

πόλιc Ἐφύρη μυχῷ Ἄργεος ἱπποβότοιο, ἔνθα δὲ Cίcυφος ἔcκεν, ὃ κέρδιcτος γένετ' ἀνδρῶν, Cίcυφος Αἰολίδης. Die prosaische Wortstellung zeigt *Cic. Verr.* IV, 72: Segesta est oppidum pervetus in Sicilia, quod ab Aenea fugiente a Troia atque in haec loca veniente conditum esse demonstrant; §. 22: Phaselis illa, quam cepit P. Servilius, non fuerat urbs antea Cilicum atque praedonum: Lycii illam, Graeci homines, incolebant. Diese Stelle zeigt, dass bei Verg. zu interpungiren ist: Urbs antiqua fuit, Tyrii tenuere coloni, Karthago etc. Bei den Worten urbs antiqua fuit fällt dem Römer sofort ein, dass und warum es nicht mehr ist. Vgl. II, 325—27. Es ist also nicht nöthig zu fuit olim zu ergänzen.

13. *longe*] Ueber den Gebrauch von contra vgl. III, 692: Sicanio praetenta sinu iacet insula contra Plemurium undosum, nomen dixere priores Ortygiam. V, 124: est procul in pelago saxum spumantia contra litora. Es ist also longe == procul zu verbinden mit contra, d. h. longe οὖcα sc. contra Italiam. Vgl. XII, 52: longe illi dea mater erit == weit entfernt sein.

14. *dives opum*] Verg. verbindet dives mit Abl. (IV, 38), noch häufiger mit Gen. nach Analogie von plenus mit Gen. oder conpos mit Gen. Einfluss übte sicher auch das Griechische πλούcιος χρυcίου, κακῶν, πλουτεῖν τινος. Vgl. *Hor. ep.* II, 2, 31: multarum divite rerum, *Carm.* IV, 8, 5: divite artium.

asperrima] Bezeichnet nur den kriegerischen Charakter der Nation, nicht die Sittenrohheit und Gefühllosigkeit, wie sie die lange Beschäftigung mit dem Kriegshandwerk oft mit sich bringt. Dies wäre bello exasperata. Denn wie hier studiis asperrima, so sagt *Verg. Georg.* 3, 434 von der Schlange: saevit agris asperque siti atque exterritus aestu (cf. *Sall. Jug.* 89, 5) == *Hom. Il.* 21, 541: δίψη καρχαλέοι. Ist ja doch auch in dem verwandten saevus kein Tadel enthalten, XII, 107 saevos in armis Aeneas acuit Martem, I, 99: saevos ubi Aeacidae telo iacet Hector.

15. *terris magis omnibus unam*] == unam omnium maxime in der Prosa, cf. *Nep. Milt.* 1. Vgl. *Zumpt* §. 691. So liebt Verg. die Verbindung von unus und Superl. Adi. auch ohne den Gen. omnium, z. B. II, 426: iustissimus unus qui fuit in Teucris und ähnlich III, 321: o felix una ante alia Priameia virgo, vgl. *Hom.* XII, 243: εἷς οἰωνὸς ἄριστος, ἀμύνεcθαι περὶ πάτρης.

16. *Samo*] *Lact. de falsa relig.* 17: Insulam Samum Varro

scribit prius Partheniam nominatam, quod ibi Iuno adoleverit ibique etiam Iovi nupserit. Itaque nobilissimum et antiquissimum templum eius est Sami et simulacrum in habitu nubentis figuratum et sacra eius anniversaria nuptiarum ritu celebrantur. Ebenso berühmt war der Cultus und der Tempel der Juno zu Argos, welcher im Peloponnesischen Kriege (423 v. Chr.) abbrannte, cf. *Thuc.* IV, 133. *Arnob.* VI, 23. Bei *Hom. Il.* IV, 51 sagt Hera: ἦτοι ἐμοὶ τρεῖc μὲν πολὺ φίλταταί εἰcι πόληεc, ᾿Αργοc τε Cπάρτη τε καὶ εὐρυάγυια Μυκήνη.

17. Aehnlich ist *Il.* 13, 21: Αἰγάc, ἔνθα τέ οἱ κλυτὰ δώματα βένθεcι λίμνηc χρύcεα μαρμαίροντα τετεύχαται, ἄφθιτα αἰεί. ἐνθ᾿ ἐλθὼν ὑπ᾿ ὄχεcφι τιτύcκετο χαλκόποδ᾿ ἵππω etc. Hom. hat also für diese Ausführung ein Motiv: Poseidon rüstet sich. Bei Verg. werden arma und currus erwähnt, nur um die Vorliebe Juno's für Karthago zu schildern. Eine entsprechende Handlung fehlt. Ueber das Gespann der Juno vgl. *Hom. Il.* V, 720 sqq.

siqua fata sinant] Denn der Wille der Götter (numen) und das Geschick (fata) ist verschieden, beide treten oft in Conflict. Daher betet Euander VIII, 574: si numina vestra incolumem Pallanta mihi, si fata reservant. Der Ordner und Beherrscher der fata ist allein Juppiter, cf. X, 35. 632. Er allein kennt die fata (X, 628), während die übrigen Götter entweder von Juppiter unterrichtet werden müssen oder höchstens die Bestimmung des Schicksals ahnen (X, 630).

18. *siqua*] = εἴ πωc, *Il.* 13, 807. *Od.* 10, 147, oder εἴ που, *Il.* 3, 450. Nicht etwa si quä. Vgl. IX, 512 mit XI, 128.

tenditque fovetque] Beachte bei den Verben des Strebens den Infin., cf. II, 220 (Laocoon): ille simul manibus tendit‘ divellere nodos. V, 155 tendunt superare priorem. X, 354: expellere tendunt. Vgl. V, 670: quis furor iste novus? quo nunc quo tenditis, inquit, heu miserae cives? Ebenso verbindet tendere mit Inf. *Hor.* III, 4, 51: fratresque tendentes opaco Pelion inposuisse Olympo. *Ep.* I, 7, 31: ire foras pleno tendebat corpore frustra. II, 2, 57: tendunt extorquere poëmata und I, 19, 16: dum studet urbanus tenditque disertus haberi. Diese Stelle ist mit der unsrigen am nächsten verwandt, denn es erhält hier tendo die Bedeutung von cupio oder volo mit Acc. oder Nom. c. Inf. Zu fovere vgl. I, 281: mecumque fovebit Romanos rerum-dominos.

Ueber die Verbindung que — que vgl. zu I, 85.

19. *sed enim*] = aber das Schicksal vereitelte ihren Plan, denn sie hatte vernommen = Nun aber hatte sie leider vernommen. Vgl. dazu *Naegelsb.* Lat. Stil. §. 86, 2. Zu sed enim = ἀλλὰ γάρ vgl. noch II, 163: omnis spes Danaum Palladis auxiliis semper stetit. impius ex quo Tydides sed enim scelerumque inventor Ulixes fatale adgressi sacrato avellere templo Palladium corripuere sacram effigiem: ex illo fluere ac retro sublapsa referri spes Danaum. V, 395: non laudis amor nec gloria cessit pulsa metu; sed enim gelidus tardante senecta sanguis hebet. Vgl. VI, 28.

Zu duci ab aliquo cf. 6, 834 genus qui ducis Olympo, proice tela manu, sanguis meus. V, 568: alter Atys, genus unde Atii duxere Latini. Etwas verschieden ist X, 145: et Capys: hinc nomen Campanae ducitur urbi (= ab eo ducitur nomen).

20. Der Plural arces wird gebraucht von einer mit Mauern befestigten Stadt ohne Rücksicht auf eine ἀκρόπολις, cf. 7, 61: primas cum conderet arces = Laurentum. Das Verbum vertere ist dichterisch gebraucht für das Compositum evertere (genus pro specie), cf. X, 88: nosne tibi fluxas Phrygiae res vertere fundo (= funditus evertere) conamur?

21. *late regem*] Vgl. εὐρὺ κρείων Ἀγαμέμνων. Es herrscht also im Subst. rex noch die verbale Natur vor, d. h. das Subst. steht adiectivisch für das Particip. late regnans. Ebenso *Hor.* III, 17, 9: Aeli vetusto nobilis ab Lamo, qui Formiarum moenia dicitur princeps et innantem Maricae litoribus tenuisse Lirim late tyrannus; neben II, 2, 9 latius regnes. Aehnlich ist *Hor.* 4, 6, 3: Troiae prope victor altae Phthius Achilles = *Cic. rep.* 6, 11 paene miles. Eingehend handelt hierüber *Krüger, Gr.* §. 504, 2.

Die Verse 19—20 scheinen denselben Gedanken zu enthalten wie 21—22. Zur Beseitigung dieser Tautologie bemerkt Ladewig: 'Wie VI, 756 sq. die proles Dardania von den Itala de gente nepotes geschieden wird, so deuten auch hier die Worte prog. a Troi. sang. auf die von troianischen Ahnen entsprossenen Geschlechter Roms, die hier zum Gesammtvolke in eine Art von Gegensatz gestellt werden. Ersteren, zu denen also, wie vielleicht Varro in seiner Schrift de familiis Troianis nachgewiesen hatte, die Scipionen gehörten, wird die Zerstörung Karthago's, dem Gesammtvolke die Unterjochung ganz Afrika's (also die Bezwingung Numidiens, Mauretaniens und Aegyptens) zugeschrieben. So enthalten also V. 21—22 eine Steigerung des in den beiden vorigen Versen ausgesprochenen Gedankens'. Dagegen ist zu bemerken:

1) Dass die Scipionen dem Plebejerstande angehörten, also keine Wahrscheinlichkeit vorhanden ist, dass Varro ihren Troianischen Ursprung berührt oder nachgewiesen hat.

2) Dass Vergil überall, wo er kann, berühmte Römische Familien auf Troianische Ahnen zurückführt, nirgends aber die Scipionen in diesem Sinne erwähnt. Vgl. VI, 842: aut geminos duo fulmina belli Scipiadas cladem Libyae, und Georg II, 170: Scipiadas duros bello.

3) Ist die Unterscheidung von excidio Libyae und Tyrias vertere arces nicht gerechtfertigt. Denn um Numidien und Mauretanien, die Feinde Karthago's, handelt es sich hier nicht, sondern allein um Karthago. Und hat nicht Vergil selbst VI, 843 die Scipionen cladem Libyae genannt? Soll man auch hier etwa an Numidien bis Aegypten denken?

4) Wollte der Dichter die Unterjochung von Aegypten und Numidien hier überhaupt berühren, wozu kein Grund vorhanden war, so war gerade die Unterwerfung Numidiens durch C. Julius Caesar und Aegyptens durch Caesar Octavianus geeignet, diese der proles Troiana zuzuschreiben; während dagegen die Vernichtung Karthago's ein Römisches Nationalwerk war und dem populus Romanus angerechnet wurde. Natürlich Mauretanien konnte Vergil überhaupt noch nicht erwähnen, da es erst unter dem Kaiser Claudius Römische Provinz wurde. Wir sehen uns also zu einer abweichenden Erklärung genöthigt: Leider aber hatte Juno hören müssen, dass aus Troianischem Stamme ein Geschlecht hervorgehen würde, welches bestimmt sei einst Karthago zu zerstören. **Denn** aus diesem Geschlecht würde ein weltbeherrschendes, kriegesstolzes Volk hervorgehen, welches bestimmt sei Libyen. (d. h. Karthago und sein Gebiet)[1] zu vernichten. Die Vernichtung Karthago's durch die prog. Troiana wäre nicht denkbar, wenn nicht aus dieser prog. ein allmächtiges Volk hervorgehen würde. Es ist also zu construiren hinc populum late regem belloque superbum γενόμενον ad extremum venturum excidio Libyae. Die Tautologie, welche in Tyrias q.

----

[1] So erkläre ich das Wort Machanat (= Ebene), welches neben Kartchadasat fast regelmässig auf Punischen Münzen erscheint: Karthago und sein Gebiet in Afrika.

vert. arces und vent. exc. Lib. zu liegen scheint, wird dadurch gemildert, dass mit dem letzten Ausdruck zugleich das aggressive Vorgehen Roms gegen Karthago als Consequenz seiner Weltherrschaft (late regem venturum) angedeutet wird.

22. *belloque superbum*] = siegreich. Denn superbum wird zunächst das Glänzende genannt, cf. 1, 639: arte laboratae vestes ostroque superbo; 1, 697 aulaeis iam se regina superbis aurea composuit sponda mediamque locavit. Entscheidend für diese Auffassung ist II, 504: barbarico postes auro spoliisque superbi. Die postes superbi sind = *Hor.* III, 1, 45: cur invidendis postibus et novo sublime ritu moliar atrium? Denn jedes superbum erregt die invidia.

Der bello superbus ist also der durch Krieg glänzende, der Sieger, welcher allgemein beneidet wird um sein Glück und seine Macht. Daher *Hor.* I, 35, 3: superbos triumphos und *Tibull.* 2, 5, 46: victoria superba. Vgl. *Cic. p. Marcello* §. 9: victoria natura insolens et superba est. Unmittelbar hinter Glück und Grösse schreitet die Ueberhebung (ὕβρις), die Sünde des Alterthums, die Quelle des Unglücks. Vgl. *Naegelsb.* Nachh. Theol. p. 376 sqq. Darum wird das Grosse und Hohe überhaupt von den Dichtern superbum genannt, auch wo die Ueberhebung nicht hervortritt oder überhaupt nicht stattfinden kann, cf. VII, 12 tectisque superbis und *eleg. ad Mess.* 6: superbus Eryx.

22. *volvere parcas*] An das Bild des Spinnens ist bei volvere hier so wenig zu denken als 3, 376, wo es von Juppiter heisst: sic fata deum rex sortitur volvitque vices, is vertitur ordo. Vgl. zu I, 262. Bei Vergil erscheint Juppiter dem fatum nicht unterworfen: er hält die Geschicke in seiner Hand, er bestimmt und ändert sie, je nach seinem Willen. Vgl. 3, 376; 1, 230. 237. 257. 260. X, 35. 43. 61. 112. 632. Dagegen die übrigen Götter können die von Juppiter bestimmten fata nicht ändern, sie sind ihnen unterthan, cf. 7, 294: heu stirpem invisam et fatis contraria nostris fata Phrygum. Abweichend ist die Vorstellung Homer's von der Μοῖρα, vgl. *Naeg.* Hom. Theol. p. 120 sqq.

23. *veterisque*] Des früheren, eben beendigten Krieges. So sind veteres consules die Consuln des eben verflossenen Jahres, cf. *Liv.* 30, 2, 7 Hispaniae cum exercitibus imperioque veteribus imperatoribus L. Lentulo et L. Manlio Acidino decretae. Dadurch kommt vetus zur Bedeutung „der frühere", cf. *Verg.* 6, 449: in

veterem fato revoluta figuram. 8, 332: vetus Albula nomen. 4, 23: veteris vestigia flammae (Liebe). XI, 280 veterum memini malorum (= belli Troiani).

24. *prima*] sc. deorum. Vgl. 7, 107: Aeneas primique duces. 7, 468: indicit primis iuvenum. So kommt primus wie princeps zur Bedeutung ἐν προμάχοιϲ, cf. 2, 613: hic Iuno Scaeas saevissima portas prima tenet. 12, 33: quantos primus patiare labores. *Liv.* I, 12, 2: principes utrimque pugnam ciebant, ab Sabinis Mettius Curtius, ab Romanis Hostius Hostilius. Vgl. *Madvig*, Emend. Liv. p. 41.

Argis] Für Ἄργοϲ gebraucht Vergil Argi, orum, häufig im Sinne für Argivi oder Achaei = Graeci, weil die Achäer im Troianischen Zeitalter der herrschende Stamm in Griechenland war.

25. *necdum etiam*] Damit wird kein neuer Grund eingeführt, sondern nur der alte Grund, welcher Juno gegen Troia Partei ergreifen liess, noch als fortwirkend bezeichnet.

26. *exciderant animo*] Der Ausdruck ist nachgebildet dem gewöhnlichen excidere memoria (*Liv.* 27, 3) oder excidere de memoria (*Liv.* 29, 19). Doch hat schon *Liv.* 34, 37, 6: exciderat pacis mentio ex omnium animis. Die mit ex und de zusammengesetzten Verba verbinden die Dichter lieber mit dem blossen Ablativ, während die besseren Prosaiker die Präposition vorwiegend wiederholen. Vgl. zu I, 31.

alta mente] Achnlich *Hom. Il.* 19, 125: τὸν δ᾽ ἄχοϲ ὀξὺ κατὰ φρένα τύψε βαθεῖαν. Doch vgl. über diesen Vers *A. Fulda*, Hom. Untersuchungen I, 169.

Aehnlich sagt *Verg.* I, 209: premit altum corde dolorem.

repostum] Den Ausfall des *i* vor *t* in zahlreichen Bildungen von Participien und Supinen lehrt *Corssen*, Vocalism. der lat. Spr. II, 22. Das Partic. postum bemerkt Corssen bereits bei *Lucret.* I, 1059.

Neben repostus (auch 6, 59) hat Verg. noch compostus, cf. I, 249: exposta X, 694; inposta IX, 716. Auf diese Weise sind entstanden die Formen: pistum, pexum, parsum, fructum, cautum, fautum, altum, adultum, recensum, motum.

27. *spretaeque*] Der mit que eingeführte Gedanke enthält den Anhalt des iudicium Paridis. Wir würden erwarten nach unserer Sprechweise: iudicium Paridis: spretae iniuria formae. Dieser Gebrauch ist ebenso der Prosa wie der Poesie eigen, cf.

Cic. Off. 1, 1, 3: et id quidem nemini video Graecorum adhuc
contigisse, ut idem utroque in genere elaboraret sequeretur-
que et illud forense dicendi et hoc quietum disputandi genus
(= ita ut sequeretur). Eingehend handelt darüber· *Wichert,*
Lat. Stillehre p. 481 sq.

27. Dardanus war ein Sohn des Juppiter und der Electra,
cf. 8, 134: Dardanus, Iliacae primus pater urbis et auctor, Electra, ut Graeci perhibent, Atlantide cretus, advehitur Teucros;
Electram maxumus Atlans edidit, aetherios umero qui sustinet
orbes. *Preller,* Gr. Myth. 1, 366. Den Hass der Juno gegen
alle Troianer bezeichnet am schärfsten Zeus bei *Hom. Il.* 4, 31—
36: δαιμονίη τί νύ ϲε Πρίαμοϲ Πριάμοιό τε παῖδεϲ τόϲϲα κακὰ
ῥέζουϲιν, ὅτ᾽ ἀϲπερχὲϲ μενεαίνειϲ Ἴλιον ἐξαλαπάξαι, ἐϋκτίμενον
πτολίεθρον. εἰ δὲ ϲύ γ᾽ εἰϲελθοῦϲα πύλαϲ καὶ τείχεα μακρά
ὠμὸν βεβρώθοιϲ Πρίαμον Πριάμοιό τε παῖδαϲ ἄλλουϲ τε Τρῶαϲ,
τότε κεν χόλον ἐξακέϲαιο.

Ganymedes war (*Hom. Il.* 20, 232 sq.) ein Sohn des Tros,
den die Götter wegen seiner Schönheit der Erde entführten
(rapti), damit er dem Zeus als Mundschenk diene und immer
unter den Unsterblichen weile. Warum dies Juno Veranlassung
zum Unwillen gab, zeigt *Theognis* 1345: παιδοφιλεῖν δέ τι
τερπνόν, ἐπεί ποτε καὶ Γανυμήδουϲ ἤρατο καὶ Κρονίδηϲ,
ἀθανάτων βαϲιλεύϲ. Die Künstler liessen den Ganymedes durch
den Adler des Zeus entführen.

29. *his accensa*] Die Parenthese von 25—28 bei O. Ribbeck
deutet richtig an, dass mit den Worten his accensa der Dichter
nicht etwa nur die in den 4 vorhergehenden Versen angegebenen
Ursachen des Zornes zusammen fasst, sondern die ganze Erörterung von V. 19 an. Denn Juno sucht die Troianer von Italien
fern zu halten nicht allein aus Gründen persönlicher Empfindlichkeit, sondern noch mehr aus dem Grunde, weil sie in den Troianern die Feinde ihres geliebten Karthago erblickt. Bei Vergils
Juno sind die politischen Gründe des Hasses und der Feindschaft gegen die Troianer durchaus überwiegend.

Die Worte his accensa schliessen sich an id metuens veterisque memor zwar nicht grammatisch, wohl aber dem Sinne nach
an, für his rebus perterrita   his accensa. Unmöglich aber kann
der Dichter mit diesem Anakoluth die Erregung von Juno's
Gemüth schildern wollen, da sie ja nicht selbst spricht.
Eher könnte man annehmen, dass der Dichter seine eigene

lebhafte Theilnahme für das Schicksal der stamm-
verwandten Troianer kund gibt. Super vom Casus (aequore)
getrennt, wie I, 700. II, 278. VI, 17. VII, 358.

30. *reliquias*] Dieselbe Formel legt *Verg.* I, 598 und III, 87
in den Mund des Aeneas. Soll die Formel etwa der Erregung
des Mitleids dienen? Achilles und sein Sohn Neoptolemus erscheinen bei Verg. als die eigentlichen Zerstörer Troias, cf. I,
96. 468. II, 491. 500. 549 neben Juno, Neptunus und Pallas
II, 603 sqq. Die Achäer oder Argiver (= Griechen) nennt Verg.
mit Vorliebe Danai (wegen der anapästischen Messung des Wortes), weil Danaos der Gründer von Argos war. Vgl. darüber
Preller, Gr. Myth. II, 45 sqq.

31. *arcebat longe Latio*] In der Prosa ist die Verbindung
vorherrschend arcere aliquem ab aliqua re, und so sagt auch
Verg. Georg. 4, 168: ignavom fucos pecus a praesepibus arcent.
Daneben aber findet sich auch in der Prosa schon bei Cicero
vereinzelt arcere aliquem aliqua re und diese Construction ist
nun bei den Dichtern die gewöhnliche. Vgl. zu I, 26. *Verg.* 6,
316: ast alios longe summotos arcet harena. 7, 778: lucisque
sacratis cornipedes arcentur equi. 5, 742: aut quis te nostris
complexibus arcet. Singulär dagegen ist Georg. 3, 155: hunc
quoque (vestrum) arcebis gravido pecori = ἀμύνειν τινί τι.

Das Adverb longe ist nicht etwa zeitlich, sondern räumlich
aufzufassen = longe repulsos vel summotos arcebat Latio. Vgl.
5, 428: abduxere retro longe capita ardua ab ictu.

32. *maria omnia circum*] Wie hier die Präposition ihrem
Casus nachfolgt, so war V. 29 super durch ein wesentlich schei-
dendes Element (iactatos) von dem Casus aequore toto getrennt,
wie II, 278: volneraque illa gerens (Hector), quae circum plurima muros accepit patrios. Es scheint dieser Gebrauch eine
reine Nachahmung des Griechischen zu sein, vgl. *Hom. Od.* XI,
115: δήεις δ' ἐν πήματα οἴκῳ, ἄνδρας ὑπερφιάλους. Bei Homer
tritt nun in solchen Fällen die Präposition noch als reines Adverbium deutlich hervor, cf. *Naeg. Anm. Il.* I, 48. 189. 482.
501, besonders die Note zu I, 482. Bei dem lat. Dichter dagegen scheint die von ihrem Casus getrennte Präposition die Bestimmung, wahre Präposition zu sein, nicht zu verlieren. Indessen ist doch nicht zu leugnen, dass super sowol als circum
noch oft als Adverbien für sich ohne Casus erscheinen, cf. II,
604: namque omnem, quae nunc obducta tuenti mortalis hebetat

visus tibi et umida circum caligat, nubem eripiam; XII, 433: fusis circum armis; IV, 507; super (= darüber, dazu) exuvias ensemque relictum effigiemque toro locat.

33. Ueber das Epiphonem vgl. Prolegg. p. 39. Der Dichter deutet also schon im Prooemium dem römischen Leser an, dass er in der Aeneide die initia urbis finden werde. Diesen Zweck hat die Episodē von Aeneas Ankunft bei Euander, cf. 8, 98: cum muros arcemque procul ac rara domorum tecta vident, quae nunc Romana potentia caelo aequavit, tum res inopes Euandrus habebat. Je grösser die Macht des jetzigen Roms ist, um so wunderbarer muss die mit so vielen Schwierigkeiten verknüpfte Gründung Roms erscheinen.

34—49. Monolog der Juno. Damit beginnt die Handlung des Epos. Eben ist Aeneas mit seiner Flotte von Sicilien, wo er bei Segestes gastliche Aufnahme gefunden hatte, abgefahren und segelt nun über das Meer dahin, schon ist er von seinem Ziele nicht mehr weit entfernt, als plötzlich Juno ihm gewaltige Hindernisse bereitet. Die Situation ist ganz herübergenommen aus *Hom. Od.* 5, 282 sqq. Aeneas ist gerade wie Odysseus im Begriff, dem Ziele aller Mühsal zuzusteuern; da tritt jedem die ihm feindliche Gottheit mit nicht gestilltem Rachedurst in den Weg (Aeneas — Juno, Odysseus — Poseidon). Diese Situation ist eine durch den Organismus des Vergilischen Epos bedingte; sie führt Aeneas' Ankunft in Karthago herbei, und ist somit als nothwendiger Hebel der ganzen folgenden Handlung in sich selbst vollkommen berechtigt. Aber noch weiter ist Homer glücklich nachgeahmt: die Handlung des Epos beginnt mit dem Ende der Irrfahrten des Aeneas, die früheren Ereignisse werden lib. II und III von Aeneas selbst erzählt: also die ganze Anlage und Composition von lib. I—VI ist in ihren Grundzügen durchaus homerisch.

Was nun *Horatius ars poet.* 148 sq. von Homer rühmt:

> nec gemino bellum Troianum orditur ab ovo:
> semper ad eventum festinat et in medias res
> non secus ac notas auditorem rapit et quae
> desperat tractata nitescere posse relinquit;

dasselbe gilt offenbar auch von Vergil. Ja es ist nicht unwahrscheinlich, dass das Kunsturtheil des Horaz, wenn auch nur in vertraulicher Unterhaltung, Einfluss geübt hat auf die künstlerische Thätigkeit Vergils.

34. *Siculae telluris*] Vgl. zu I, 557. e conspectu] = dem Gesichtskreis entrückt, dagegen prospectus = Aussicht oder Fernsicht, cf. I, 181.

35. *vela dabant*] Dass die Ausrüstung der Schiffe mit Masten und Segeln bereits im heroischen Zeitalter üblich war, ist aus Homer bekannt, freilich muss sie sehr einfach gewesen sein. Man war zum Behuf der Fortbewegung des Schiffes in der Regel auf ein einziges viereckiges Segel angewiesen, alle anderen Segel waren nur subsidiär. Vgl. James Smith, Ueber den Schiffbau der Griechen und Römer, übers. v. H. Thiersch p. 14 sqq. Wenn der Wind sehr günstig war, bedurfte es der Ruder nicht und das Schiff wurde allein durch das Segel fortgetrieben, cf. VII, 7: postquam alta quierunt aequora, tendit iter velis portumque relinquit. adspirant aurae etc. Der Ausdruck vela in altum dare bedeutet nicht etwa einfach absegeln (denn sie waren ja schon e conspectu Siciliae), sondern deutet an, dass man entweder auf hoher See die Segel aufspannte oder wenn der Wind besonders günstig war, wie VII, 7, noch im Hafen die Segel zur Ausfahrt aufzog, cf. III, 190: hanc quoque deserimus sedem, paucisque relictis vela damus (richten wir die Segel) vastumque cava trabe currimus aequor.

sal = ἅλc die Salzfluth = Meer, cf. 1, 173 etc. Schon Ennius Aen. 377 sq. sagt: Verrunt extemplo placidum mare marmore flavo (= spumis virentis maris): Caeruleum spumat sale conferta rate pulsam.

aere ruebant] Mit dem ehernen Schiffsschnabel (aeratis = rostratis navibus) wühlten sie den Schaum der Meerfluth auf, d. h. ruendo vel verrendo mari spumas salis efficiebant. Offenbar will Vergil den Ausdruck des Ennius: mare spumat sale rate pulsum umschreiben, nur dass bei aere nicht an die Ruder gedacht werden kann. Vgl. X, 208: spumant vada marmore (= aequore) verso. Vgl. ibid. 212: spumea murmurat unda.

Nicht verschieden davon ist die Erklärung: sie wälzten die Fluth fort, oder, wie Ladewig sich ausdrückt, sie **streckten mit ehernem Schnabel die schäumende Salzfluth.** Denn dadurch werden eben die spumae hervorgebracht oder vermehrt, also doch = ruendo sale spumas efficiebant. Aehnlich ist die Anschauung *Hom. Od.* 2, 427: ἀμφὶ δὲ κῦμα cπείρῃ (rings um den Kiel, der am Vorderbug aufwärts ging) πορφύρεον μεγάλ' ἴαχε νηὸc ἰούcηc. Einfacher ist *Verg.* X, 214: campos salis aere secabant. Zu ruere mit Acc. vgl. XI, 211. *Hor. Sat.* II, 5, 22: unde divitias aerisque ruam acervos?

laeti] *Hom. Od.* 5, 269: γηθόcυνοc δ' οὔρῳ πέτας' ἱcτία δῖος 'Oδυccεύc. Die Troianer sind in fröhlicher Stimmung, weil sie sich dem Ende ihrer Mühsal nahe glauben.

36. *aeternum volnus*] Vgl. *Hom. Od.* 1, 68: ἀλλὰ Ποcει-δάων γαιήοχος ἀcκελὲς ἀεὶ Κύκλωποc κεχόλωται. Jede Kränkung verursacht Schmerz in der Seele, daher *Verg.* XII, 160: tristi turbatam volnere mentis. Nun ist volnus aeternum ein Schmerz der nicht vergessen wird, unvergesslich, ähnlich I, 209 premit altum corde dolorem, der tief in der Seele haftet. Am nächsten kommen die Verbindungen: aeterna aerumna (Cic.), aeterna sollicitudo (*Sall. Iug.* 31, 22). Dann *Tac. Ann.* 14, 55: tua erga me munera, dum vita suppetet, aeterna erunt = unvergesslich. Am häufigsten ist stilistisch aeternus zu verwerthen für das deutsche: unvergänglich und unvertilgbar. Vgl. *Naegelsb.* Stil. §. 72, 2.

sub pectore] Der Schmerz wird in der Brust wohnend gedacht: er hat hier wie jede Empfindung seinen Sitz. Vgl. *Hor. Sat.* II, 4, 90: memori referas mihi pectore cuncta. Nun bedeutet sub pectore nicht einen Ort unterhalb der Brust, sondern die Stelle des Innern, die von der Brust umgeben ist, wie z. B. 3, 431: vasto sub antro. Vgl. I, 100: sub undis, I, 453 sub templo.

37. *haec secum*] Dem energischen Charakter der römischen Sprache war, besonders in kurzen Sätzen, die Ellipse der verba dicendi, des Sagens, Erwähnens, Antwortens etc. sehr angemessen und geläufig. Z. B. *Cic. Tusc.* IV §. 46: itaque exspecto, quid ad ista, sc. sis responsurus. Vgl. *Naegelsb.* Stil. §. 183.

mene desistere] Ebenso I, 95. Vgl. *Zumpt* §. 609. Zur Sache vgl. den Monolog des Poseidon *Od.* 5, 285 sqq., dem jedoch bei Verg. der Monolog der Juno VII, 286 sqq. genauer entspricht. Mit den Worten incepto desistere wird angedeutet, dass Aeneas die Mühsalen, welche er lib. II—III erzählt, ebenfalls dem Zorn der Juno zu verdanken hatte.

38. Die Construction avertere aliquem aliqua re statt ab aliqua re ist nur den Dichtern eigen. Vgl. zu I, 25.

39. *quippe*] Wir haben hier ein poetisches Beispiel der occupatio oder πρόληψιc, welche Juno anwendet, ut ante occupet, quod videat opponi posse (*Cic. Or.* §. 138). Die Partikeln, womit in der Prosa ein selbst gemachter Einwurf eingeführt

wird, sind vorherrschend at, at enim, seltener at vero, at credo. Weitere Beispiele bei *Seyff.* Schol. lat. I, 129 sqq. Dafür nun gebraucht Vergil quippe. Er verwendet diese Partikel aber auch zur Widerlegung eines gedachten Einwurfs, z. B. *Georg.* I, 268: quippe etiam festis quaedam exercere diebus fas et iura sinunt, wofür in der Prosa nam die übliche Partikel ist, cf. *Seyff.* l. l. p. 30 sqq. Weiter gebraucht Verg. quippe im Gegensatz zur Andeutung der bitteren Stimmung des Sprechenden = videlicet, cf. IV, 218: et nunc ille Paris cum semiviro comitatu Maeonia mentum mitra crinemque madentem subnexus rapto potitur: nos munera templis quippe tuis ferimus famamque fovemus inanem. Endlich findet sich quippe auch im Nachsatze. Den Uebergang bildet XII, 422: fovit ea volnus lympha longaevos Iapyx ignorans, subitoque omnis de corpore fugit quippe dolor (= scilicet, videlicet, nimirum). Vgl. *Wichert,* Still. p. 22 sq. Vollständig im Nachsatze und zwar an einer späteren Stelle desselben (ohne que) I, 56: celsa sedet Aeolus sceptra tenens mollitque animos et temperat iras; ni faciat, maria ac terras caelumque profundum quippe ferant rapidi secum verrantque per auras. Vgl. *Wichert,* Stillehre p. 25.

39. Die Form bei Verg. entspricht *Hom. Il.* 14, 46, wo von Hector gesagt wird, dass er nicht eher nach Troia zurückkehren wolle, πρὶν πυρὶ νῆας ἐνιπρῆσαι, κτεῖναι δὲ καὶ αὐτούς (die Griechen). Das Schicksal des Lokrers Aiax erzählt abweichend von Vergil *Hom. Od.* 4, 499—510. Die Schuld desselben wird erzählt *Aen.* II, 403. Pallas zerstreute auf der Heimfahrt seine Flotte beim Vorgebirge Kaphareus an der Südküste Euböa's (XI, 260) und erschlug ihn selbst mit dem Blitze. Nach dem Frevel des Aiax tritt Pallas auch gegen die übrigen Griechen mit Ausnahme des Odysseus als rächende Strafgöttin auf, cf. XI, 260.

41. *Aiacis Oili*] „Das Verhältniss der Frau zum Manne, des Sohnes und der Tochter zum Vater, des Sklaven zum Herrn etc. wird zuweilen als blosses Besitzverhältniss angegeben, während es im Deutschen wie auch sonst im Lateinischen durch ein zutretendes Subst. specialisirt wird: Ciceronis Terentia, Eros Philotimi, Hannibal Gisgonis etc." *Haacke,* Gramm. stilist. Lehrb. p. 31.

furias] Der metonymische Plural — nur so kommt das Wort bei Verg. vor — bedeutet Aeusserungen oder Handlungen der Ueberhebung, welche durch Verblendung (ἄτη) verursacht ist. Vgl. *Hom. Il.* 19. 86: ἐγὼ δ' οὐκ αἴτιός εἰμι, sagt Agamemnon, ἀλλὰ Ζεὺς καὶ Μοῖρα καὶ ἠεροφοῖτις Ἐρινύς, οἵτε μοι εἰν ἀγορῇ φρεσὶν ἔμβαλον ἄγριον ἄτην ἤματι τῷ, ὅτ' Ἀχιλλῆος γέρας αὐτὸς ἀπηύρων. *Nägelsb.* Hom. Theol. p· 320 sqq. Ueber den metonymischen Plural *Nägelsb.* Stil. p. 132 sq.

42. *Ioris ignem*] Il. 5, 735 waffnet sich Pallas mit der Aegide des Zeus und 15, 229 ebenso Apollon. Bei Vergil kommt kein Fall vor, wo eine Gottheit den Blitz von Juppiter entlehnte. Vgl. *Il.* 8, 387. 24, 100. *Nägelsb.* Hom. Theol. p. 107.

43. *evertitque aequora*] Urspr. sie zerstört die ruhige Fläche des Meeres == wühlt es auf, wofür *Hor. Epod.* 10, 5 sagt: niger rudentes eurus inverso mari fractosque remos differat, vgl. *Carm.* I, 5, 6: aspera nigris aequora ventis.

44. illum == τὸν δέ γε, cf. zu I, 3.

transfixo pectore] Erst durchbohrt die Göttin dem Aiax mit dem Blitz die Brust. Dadurch sammelt sich in der Brust Feuer, welches nun· der Sterbende zugleich mit dem Leben aushaucht. Vorbild für diese Wendung war dem Vergil *Lucr.* 6, 391: icti flammas ut fulguris halent pectore perfixo.   ⟩

45. *infixit*] Noch grässlicher als inflixit, denn infixit ist == ita inflixit, ut scopulo fixus haereret. Damit vgl. X, 303: namque (navis) inflicta vadi dorso dum pendet iniquo.

46. *ast ego*] Diese archaistische Form (für at ego) erklärt *Corssen* II, 278, erwachsen aus at-set, indem set enklitisch an at sich anschliesst. Es wäre also der Begriff des Gegensatzes doppelt ausgedrückt, wie in attamen, verumtamen, at vero. Bei Vergil erscheint ausser ast ego noch 7, 395: ast aliae, cf. II, 467. IV, 488. VI, 316. IX, 727.

incedo] Vgl. I, 497. Aehnlich *Sall. Iug.* 31, 10: neque eos qui ea fecere pudet aut paenitet, set incedunt per ora vostra magnifici.

47. *et soror et coniunx*] *Hom. Il.* 16, 432: Ἥρην δὲ προσέειπε· κασιγνήτην ἄλοχόν τε. Dazu *Il.* 4, 59, wo Hera sagt: καί με πρεσβυτάτην τέκετο Κρόνος ἀγκυλομήτης, ἀμφότερον γενεῇ τε καὶ οὕνεκα σὴ παράκοιτις κέκλημαι. So bedeutet also der obige Ausdruck die Würde und Hoheit (πρέσβα θεά, nicht allein die Macht der Göttin. *Nägelsb.* Hom. Theol. p. 101 sq.

una cum gente] Der Gegensatz ist nicht allein in classem

Argivom atque ipsos (40), sondern auch in unius ob noxam (41) enthalten. Das ganze Troianische Volk, denkt Juno, ist ihr schuldig, weil es ihr verhasst ist.

48. *bella gero*] Der Plural von den einzelnen Kämpfen, wie z. B. II, 439: hic vero ingentem pugnam, ceu cetera nusquam bella forent, cernimus.

adorat praeterea] Derselbe Gedanke bei *Hom. Od.* 13, 128, wo Poseidon ruft: Ζεῦ πάτηρ, οὐκέτ᾽ ἔγωγε μετ᾽ ἀθανάτοιϲι θεοῖϲιν τιμήειϲ ἔϲομαι, ὅτε με βροτοὶ οὔτι τίουϲιν Φαίηκεϲ, τοί πέρ τε ἐμῆϲ ἔξειϲι γενέθληϲ. Die Situation bei Homer und Vergil ist indessen sehr verschieden. Wenn die Phäaken den Odysseus gegen den Willen des Meergottes zu Schiffe in die Heimath führen, so kann das numen des Poseidon verletzt erscheinen. Denn 1) bleibt der Beherrscher des Meeres unbeachtet bei einer Handlung, die in sein Element eingreift; 2) sind es gerade die Schützlinge des Gottes, welche sich an ihm zu vergehen scheinen. Beide Fälle treffen gegenüber dem numen Iunonis nicht zu. Hier handelt es sich nur um Macht und Einfluss der Göttin überhaupt. Erscheint diese gering, so fürchtet die Göttin Missachtung. Diese Anschauung ist in der Volksreligion nicht begründet. Und wer unter den Menschen wüsste es denn, wenn Juno sich zurückziehen würde und die Vollendung des Fatums geschehen liesse? Nur im Laufe der Zeiten könnte die Ohnmacht der Göttin offenbar werden durch den vom Schicksal bestimmten Fall Karthago's. Aber kann denn Juno dieses Schicksal hindern? Die Stelle erscheint mir darum nicht vollkommen gelungen. Merkwürdig ist die Verbindung des Indic. Praes. und Indic. Fut. im Fragesatz, mit dem an das Urtheil des Lesers oder Hörers appellirt wird. In diesem Falle steht immer der Indic. und zwar des Futurs oder eines Futurbegriffs, z. B. *Cic. Tusc.* 5, 119: quid a Socrate et Platone perfectis philosophis faciendum putas? Wie in den meisten Stellen des Cicero, so haben auch an unserer Stelle Abschreiber den Indic. mit dem Coniunct. (adoret, imponat) zu vertauschen versucht. Vgl. Madvig zu *Cic. Fin.* II, §. 76. Sehr häufig aber auch der Indic. Praes., wenn gefragt wird, was nun sofort geschehen soll, cf. *Madv. Opusc.* II, 40 sq.: Nam Latini cum semet ipsos aut inter se interrogant, quid faciendum sit, saepe tamquam de re, quae iam fiat, indicativo modo praesentis temporis utuntur; fere autem constanter id faciunt, cum aut de ea re quaerunt, quam se facturos non

dubitent, aut de sententia et iudicio ita interrogant, ut non tam
deliberent quam aut necessarium iudicium significent et non dis-
crepans aut ex aliis, quam sententiam se suscipere velint, quae-
rant, qua forma utimur etiam in refellendo. Beispiele ad 1) *Cic.
Att.* 7, 20, 2: extra Italiam quid ago? ib. 13, 40: quid mi auctor es? advolone an maneo? Denn quid agam, magis est hae-
rentis nec exitum reperientis etc., ad 2 a) *Cic. de or.* III, 17:
imusne sessum? *Verg.* XI, 389: imus in adversos? ad 2 b) *Cic.
Lael.* §. 24: stantes plaudebant in re ficta; quid arbitramur in
vera facturos fuisse?

An unserer Stelle verbindet sich nun praeterea (= fernerhin, in Zukunft) eng mit adorat und verleiht dadurch dem Präsens die Bedeutung des Futurs (Futurbegriff).

49. *supplex*] = ἱκέτης, hülfebedürftig, der gegen menschliche Verfolgung den Schutz der Gottheit anfleht. Daher supplicia archaistisch für supplicationes, cf. *Fabri ad Liv.* XXII, 57, 5.

honorem] Ehrengeschenk, wie τιμή = Opfergabe; daher in-
ponere auf dem Altar niederlegen = darbringen.

50—80. Unterredung der Juno mit Aeolus.

Das Versprechen, welches die Göttin dem Aeolus gibt, erscheint als reine, durch nichts gebotene und wegen der zweck-
losen Absicht unfreie Nachahmung von *Hom. Il.* 14, 267 sqq.
Der Dichter lässt den Aeolus in seiner Antwort das Versprechen
Juno's gar nicht berühren, — es erscheint ihm also selbst als
unnöthig. Bei Homer dagegen lässt Hypnós die Hera feierlich
schwören, weil eben dieser nur auf das Versprechen hin handeln
will. Eigenthümlich sind dem Vergil nur die VV 78—80, die
freilich von den Mythologen bis jetzt nicht genügend erklärt worden sind. Vgl. p. 95.

50. *flammato*] Dieses Verbum kommt bei Verg. nur vor in
den beiden Participialformen flammatus und flammans, cf. *Georg.*
III, 433: flammantia lumina torquens (von der Schlange), ebenso
bei den übrigen Dichtern der klassischen Periode; dagegen Tac.
macht von dem Verbum flammare weiteren Gebrauch, z. B. *hist.*
II, 74: namque omnis exercitus flammaverat adrogantia venien-
tium a Vitellio militum.

corde volutans] Der lat. Sprachgebrauch erfordert consequent
entweder secum volvere (volutare) animo oder volvere (volutare)
in animo mit Auslassung von secum. Diesem Gebrauch schliesst
sich Vergil an, nur dass er statt animo häufig corde anwendet,

cf. IV, 533: secumque ita corde volutat; VI, 157: caecosque volutat eventus animo secum; VI, 185: atque haec ipse suo tristi
cum corde (= secum) volutat; X, 159: secumque volutat eventus belli varios; XII, 843: secumque ipse volutat; *Ecl.* 9, 57:
mecumque ipse voluto. Es ist also unlateinisch zu schreiben:
secum volvere in animo, wie es *Liv.* 42, 11 versucht worden ist.

51. *feta*] Ebenso metaphorisch gebraucht für plenus oder
refertus II, 237: scandit fatalis machina muros feta armis, wie
Eurip. Troad. 11: ἐγκύμων ἵππος τευχέων.

Weil der Südwind = auster der Hauptwind des Mittelmeeres
war, so konnte austri = venti oder tempestates überhaupt leicht
gebraucht werden. Vgl. die zu V. 2 citirte Stelle X, 38.

52. *Aeoliam*] Bei Homer (*Od.* X, 1) ist Αἰολίη noch ein
fremdes Wunderland, vgl. *Ameis* zu *Od.* IX, 106; dagegen bei
Vergil ist die Insel bestimmt erkennbar als eine der vulkanischen
Liparischen Inseln, nördlich von Sicilien, cf. X, 38: ventosque
furentis Aeolia excitos. *Plin. h. n.* 3, 94: tertia Strongyle, in
qua regnavit Aeolus, quae·a Lipara liquidiore tantum flamma dif-
fert, e cuius fumo quinam sint venti in triduo praedicere incolae
traduntur, unde ventos Aeolo paruisse existimatum. Vgl. *Preller*,
Gr. Myth. I p. 496.

vasto antro] Vgl. zu I, 38. Dieser Gebrauch war um so
leichter, da der lat. Ablativ zugleich den Locativ der älteren
Schwestersprache des Sanskrits umfasst. Ueber das Verhältniss
des Aeolus zu den Winden, die wie bei Homer so auch bei Vergil bald als vollkommene Persönlichkeiten bald als Naturelemente
erscheinen, vgl. *Nägelsb.* Hom. Theol. p. 93.

53. *luctantes*] Das Verbum luctari wird gebraucht, wenn
eine Kraft gegen eine andere Kraft ankämpft, cf. VII, 28: omnisque repente resedit flatus et in lento luctantur marmore tonsae.
In den Winden ruht also die innerliche Kraft und das Streben,
ins Weite hervorzubrechen, und nur durch Gewalt werden sie
daran verhindert, d. h. eingeschlossen oder zurückgehalten, cf.
58 sq. Die tempestates sonorae (ἠχήεσσαι θύελλαι) sind die natürliche Folge der venti, darum ist ein dem sonorae entsprechendes Epitheton zu venti nicht hinzugesetzt; denn luctantes ist dem
sonorae nicht coordinirt.

54. *imperio premit*] Das Bild ist hergenommen von dem
Bändigen des Rosses, daher bleibt der Dichter mit frenat im

Bilde ebenso wie V. 63 et premere et laxas dare iussus habenas. Vgl. *Ovid. Met.* 8, 34 tergum equi premere.

55. *montis*] kann nur mit claustra verbunden werden. Denn würde man den Gen. mit magno cum murmure verbinden, was ja an sich zulässig ist (cf. I, 245), so würde vinclis et carcere sofort mit montis identificirt. Nun besteht allerdings das die Winde einschliessende Gefängniss aus einem mons cavus (V. 81), es ist aber unnatürlich zuerst von einem carcer, dann einem mons, dann den claustra zu sprechen; dagegen werden die vincla et carcer passend montis claustra genannt: Der Verschluss, welcher in einem Berge besteht[1]). Es ist dies also der genetivus definitivus (*Madv.* §. 286), welcher die Stelle der Apposition vertritt, wie III, 477: tellus Ausoniae = terra Italia, *Liv.* 24, 35: promunturium Pachyni, *Caes. b. c.* 3, 72: parvae causae vel falsae suspicionis vel repentini terroris. Unter den claustra darf man sich nicht eigene Zellengefängnisse denken für die einzelnen Winde, jedes mit einem eigenen Verschluss; vielmehr sind die claustra die latera montis. Man wendet dagegen ein: Wären die Winde nicht gesondert gewesen, so hätte Aeolus jedesmal, wenn ein Wind hinausstürmen sollte, einen Versuch der andern Winde, sich ebenfalls die Freiheit zu verschaffen, unterdrücken müssen, ja es wären überhaupt die Winde ungeordnet durch einander gerathen. Aber dieser Einwand verkennt, dass Vergil sich die Winde als Personen vorstellt. Der Gott kann einem Winde den Ausflug gestatten, aber sein Machtwort genügt, die andern Winde zurückzuhalten. Nur wenn der Gott gewaltsam öffnet, ohne einem einzelnen Wind ein Gebot oder Verbot zukommen zu lassen, dann stürzen plötzlich alle durch die gegebene Oeffnung heraus (V. 82). Auf der Höhe des Windberges nun befindet sich die Burg und der Wohnsitz des Gottes Aeolus in unmittelbarer Verbindung mit den Winden, die aber vom Dichter nur ab effectu angedeutet wird: mollitque animos etc.

Die Beschreibung von der Regierung des Aeolus bei Vergil ist sehr verschieden von dem lustigen und luftigen Leben des Aeolus und seiner Kinder bei *Homer Od.* X, 5 sqq. Bei Vergil

---

1) So fasste unsere Stelle Claud. rapt. Proserp. I, 74: si forte adversus aënos Aeolus obiecit postes, vanescit inanis inpetus, et fractae redeunt in claustra procellae. Ebenso *Stat. Theb.* I, 346: claustra rigentis Aeoliae perculsa sonant. Die dichterische Phantasie des Claudian sieht daneben noch aënos postes.

herrscht meistens keine lebendige Vorstellung mehr von den ele-
mentaren Gottheiten, sie dienen ihm nur zur poëtischen Beschreibung der Elemente selbst. Am stärksten tritt diese allegorische
Auffassung der Mythologie hervor in der Schilderung des Atlans
IV, 246—251, und in der Beschreibung der Fama IV, 173—188.

57. *sceptra*] Der Plural zur Bezeichnung der Majestät,
welche in dem Worte ruht. Vgl. VII, 173. 422. IX, 9. XI, 238.

mollitque animos] ihren trotzigen Muth, ihr Ungestüm, d. h.
ihre natürliche Kraft, wie VII, 383: dant animos plagae. Diese
Bedeutung des Plur. von animus ist besonders aus Livius bekannt,
der auch den Plur. irae liebt, cf. I, 13, 2 u. 4; II, 45, 2, überhaupt der Plur. von Subst. der Affekte, wie odia, gaudia,
luctus, cf. 24, 22, 2: servitutis formidines indignitatesque. Wie
aber hat man sich mollire und temperare zu denken? Ist es
freundliches Zureden des Gottes (cf. I, 153) oder strenger Befehl,
mit dem er die Kraft der Winde bändigt? Darüber spricht sich
der Dichter offenbar nicht klar genug aus.

58. *ni faciat*] Entsprechend im Hauptsatz ferant verrantque,
denn Bedingung und Folge soll als möglich eintretend gedacht
werden. Damit wird die Gefahr gesteigert: thut er es nur ein
einzigesmal, einen Augenblick nicht, so ist sofort das grösste
Unglück für Himmel und Erde zu erwarten.

caelum profundum] Profundus „unermesslich tief"
(unergründlich) ist zunächst wie altus stehendes Epitheton von
mare oder pontus, cf. V, 614, daher profundum substantivisch
= das Meer, cf. XII, 263. Weiterhin wird das Adjectiv gebraucht von der weiten Ausdehnung im Raume, also profundus
saltus *Georg.* II, 391, wie βαθεῖα ὕλη. Endlich bezeichnet profundus wie altus die Tiefe von Oben herab gemessen, also für
unsere Anschauung, die wir von unserem Standpunkte aus messen, = hoch, unermesslich hoch, cf. *Georg.* IV, 222: terrasque
tractusque maris caelumque profundum.

59. *quippe*] Ueber diese Partikel im Nachsatz = videlicet
vgl. zu I, 39.

verrantque] Vorbild für Vergil war der an poëtischem Sprachschatz unendlich reiche Lucr. I, 278 sq.: sunt igitur venti nimirum corpora caeca, quae mare quae terras quae denique nubila
caeli verrunt ac subito vexantia turbine raptant. Damit vgl. VI,
195: speluncas   quas venti cum tempestate coorta conplerunt,
magno indignantur murmure clausi nubibus etc.

60. *omnipotens*] Wie die Allwissenheit (θεοὶ δέ τε πάντα ἴcαcι) so ist die Allmacht (θεοὶ δέ τε πάντα δύνανται *Od.* X, 306) zwar eine Eigenschaft der Gottheit überhaupt, aber absolut kommt diese Eigenschaft nur dem Zeus oder Juppiter zu, der die fata denn in seiner Gewalt hat. Darum heisst es *Hom. Od.* IV, 236: ἀτὰρ θεὸς ἄλλοτε ἄλλῳ Ζεὺς ἀγαθόν τε κακόν τε διδοῖ. δύναται γὰρ ἄπαντα. *Verg.* X, 18: o pater, o hominum rerumque aeterna potestas. Von den übrigen Göttern mag jeder in seinem Elemente noch so mächtig sein, sie stehen doch wie die ganze Weltordnung unter Juppiter. Vgl. *Näg. Hom. Theol.* p. 26 sq. *Verg. Aen.* X, 104. Bei Homer nun findet auch Zeus' Wille oft eine Beschränkung in der Moira, cf. *Näg. ibid.* p. 120 sqq., dies ist aber bei Vergil nicht der Fall, cf. X, 31—34. Darum wird omnipotens ein epitheton perpetuum des Juppiter. Ob indessen Vergil damit nur das Homerische ὕπατος κρειόντων (*Näg.* p. 100) oder ὑψίζυγος (*ibid.* 135) ausdrücken wollte? Ueber pater vgl. zu I, 65.

speluncis abdidit] Die klassische Prosa verlangt aliquid abdere in, intra, sub aliquem locum, oder bei dem Part. abditus in aliquo loco. Dafür liebt die Poesie und die spätere der Poesie folgende Prosa den blossen Abl.: aliquid terra abdere statt sub terram abdere.

Das Epitheton *ater* steht 1) von Allem quidquid luci exemptum est. Daher hauptsächlich atra mors, Cocytus etc. wie μέλας θάνατας bei Hom. 2) Von dem was uns das Licht entzieht, wie atra nox, atra tempestas, atrae curae (trop.). Die Venti sind also dem Lichte der Oberwelt entrückt.

61. *molemque et montes*] = altorum montium molem. Der Plural montes bezeichnet nicht mehrere Berge oder die Einheit von Bergen = Gebirg, sondern einen massenhaften Berg, Bergmasse. Der Plural ist eben das natürlichste Mittel zur Amplification, worauf die rhetorische oder poetische Darstellung mehr oder minder ausgeht. Darum enthält der Plural öfters nicht die Vorstellung der Vermehrung, sondern die Zertheilung des Ganzen in seine Theile. Hieher gehört auch der Plur. animi, gewissermassen eine Ueberfülle von animus, ebenso irae, gaudia, luctus, überhaupt der Plural der Affekte, wovon oben gesprochen worden ist. Vgl. weiter *C. L. Roth* Exc. III und IV zu Tac. Agr. p. 109 sqq.

Das Adverb insuper steht für superne. Dies sieht man am

deutlichsten, wenn man folgende Stellen vergleicht. *Tac. Germ.*
12: ignavos et inbelles et corpore infames caeno ac palude iniecta insuper crate mergunt. Dafür sagt *Liv.* I, 51, 9; ibi
tam atrox invidia (Turni) orta est, ut indicta causa novo genere
leti deiectus ad caput aquae Ferentinae crate superne iniecta
saxisque congestis mergeretur. Vgl. *Aen.* III, 579. Anders z. B.
Liv. XXI, 1, 5: stipendio insuper imposito.

62. *regemque dedit*] *Hom. Od.* X, 21: κεῖνον γὰρ ταμίην
ἀνέμων ποίησε Κρονίων, ἠμὲν παυέμεναι ἠδ' ὀρνύμεν, ὅν κ'
ἐθέλῃσιν, wo als Subject des letzten Verbs nur Zeus gedacht
werden kann. Diesen Willen des Zeus, welchen Aeolus ausführt,
verwandelt Vergil sofort in ein foedus certum, in ein bestimmtes,
dauerndes Vertragsverhältniss zwischen der herrschenden
und untergebenen Gottheit. Leider gibt uns Vergil den Inhalt
(leges foederis) dieses Vertrags (Gesetzes) nicht an; darum bleibt
auch I, 77 neben I, 138 unklar. Jedenfalls aber ist auf iussus
ein Ton zu legen: Aeolus kann nicht selbstständig handeln.
Nur wissen wir nicht, von wem er Befehle anzunehmen hat, ob
von Jupiter, ob von Neptunus, ob auch von Juno und den übrigen Olympischen Göttern, wie man nach I, 77 erwarten sollte.

64. *ad quem*] *Charisius inst. gram.* IV, 1 p. 266 (*Keil*) erklärt
ad quem = apud quem. Dies ist gewiss richtig, nur ist festzuhalten, dass ad immerhin die Richtung andeutet = ad quem
conversa. Freilich ist ein Graecismus hierin nicht zu verkennen.

Beachtungswerth sind die Bildungen, womit Vergil die Verba
des Anredens und Antwortens ersetzt. Zunächst mit vox: his
vocibus usa est, I, 208: talia voce refert, I, 371 trahens imo a
pectore vocem, I, 406: fugientem voce secutus, VII, 212: dixerat
et dicta Ilioneus sic voce secutus etc. Interessant ist es zu
beachten, wie Vergil in diesen kleinen Dingen mit grösster Kunst
Abwechslung hervorzubringen versteht: bald sagt er sic ait bald
sic memorat am Schlusse der Rede, bald haec ubi dicta, bald
talia voce refert, bald haec ait, bald nur sic Venus und tum Venus
bald dixit et etc., bald talibus Ilioneus, bald vix ea fatus erat
cum etc., bald sic fatus cum verbo praet. Alle diese varietates
gehören allein dem I Buche an.

Man untersuche nun die Verbindungen mit os (sic ore locuta
est) und dictum oder dicta etc., endlich wie Vergil die Verba des
Redens variirt durch kluge Benützung der Situation, z. B. I, 561.
579. 521. 410. 386. 371. 256 etc. Hierin weicht Vergil also

von Homer ab, wie mir scheint, mit Recht. Denn die stereotype
Wiederholung der gleichen Wendungen in der ältesten Volkspoesie
berührt uns allerdings angenehm, weil wir darin kunstlose und
schmucklose Naivität finden; aber die Kunstpoesie würde durch
ein gleiches Verfahren nur die Vorstellung der geistigen Armuth
im Leser erwecken. Vgl. *Exc.* III.

65. *Aeole, namque*] Vgl. *Ameis* zu *Hom. Od.* I, 337: Φήμιε,
πολλὰ γὰρ ἄλλα βροτῶν θελκτήρια οἶδας etc. Auch hier ist in
der Form des Vergil ein Gräcismus nicht zu verkennen. Vgl.
Hom. Il. 24, 334.

divom pater] Für die Uebersetzung des Homerischen πατὴρ
ἀνδρῶν τε θεῶν τε folgt Vergil der Autorität des Ennius, *Ann.*
179: tum cum corde suo dinum pater atque hominum rex effatur.
Für uns entsteht nun die Frage, warum Ennius den Homerischen
Begriff πατήρ zerlegt hat in pater und rex? Den Griechen war
ursprünglich Zeus der lichte Aether, cf. *Enn.* bei *Cic. de deor. n.*
3, 29 adspice hoc sublimen candens quem invocant omnes Iovem
(Trag. bei *Vahlen* 402). Nun aber ist der Aether der Vater des
Himmels. cf. *Cramer Anecd.* I, 75: Αἰθέρος υἱὸς ὁ Οὐρανός, ὡς
ὁ τὴν Τιτανομαχίαν γράψας λέγει. Darum erscheint Zeus neben
der alten Genealogie zugleich als Schöpfer des Himmels und der
Erde, also auch der Götter und Menschen. Dieses Dogma unterstützt die Ansicht Nägelsbachs (*Nachhom. Theol.* p. 133), dass
die Götter den Kern ihres Wesens von Zeus haben, dass sie nichts
sind als wozu er selber sie macht, dass sie lediglich aus
ihm herausgeborene Seiten seines eigenen Wesens
sind, welche sich zu besonderen Persönlichkeiten ver-
selbständigt haben und gleichsam als Hypostasen von
ihm gedacht werden. Vgl. *Hom. Theol.* p. 113. Diese Anschauung findet sich bei den Römern nicht mehr vor. Zwar
begegnet uns wie bei den Griechen Ζεῦ πάτερ so bei den Römern Iuppiter, Marspiter, Liber Pater, Ianus Pater, Diespiter,
Dis pater, Summanus Pater, Quirinus Pater, Neptunus Pater,
Saturnus pater, aber diese Ausdrücke beruhen nur auf einer patriarchalischen, nicht genealogischen Anschauungsweise, wie dies
auch *Verg.* VII, 178 sqq. deutlich zu erkennen gibt. Um nun
anzudeuten, dass pater im römischen staatsrechtlichen Sinne zu
fassen ist, wonach pater ursprünglich den Aeltesten oder den
Vorstand der gens bezeichnet, behält Ennius divom pater bei,
verbindet aber damit atque hominum rex, weil der Gott den

Menschen gegenüber in keinem Gentilverhältniss steht, sondern nur als Weltbeherrscher gefasst wird. Würde rex nicht hinzugesetzt sein, so könnte pater nur die patriarchalische Obschaft des Juppiter unter den Göttern des Himmels bedeuten.

66. *mulcere et tollere*] Nach Hom. ἠμὲν παυέμεναι ἠδ᾽ ὀρνύμεν. Vgl. damit *Hor. Carm.* I, 3, 16: quo non arbiter Hadriae maior, tollere seu ponere volt freta. *Jacobs Verm. Schrift.* V, 380. In der Prosa wird bei den Verbis dare, concedere, permittere, relinquere, tradere, mittere, suscipere, locare, conducere etc. der Zweck, wozu man etwas gibt oder überlässt, passivisch durch das Particip. Futuri ausgedrückt, z. B. haec porcis comedenda relinques; oder activisch durch ad mit dem Gerundium, z. B. Scaevola nemini se ad docendum dabat, Caesar oppidum ad diripiendum militibus concessit. Die Dichter weichen hierin sehr ab. Zwar sagt noch *Ennius Trag.* 364: More antiquo audibo atque auris tibi contra utendas dabo, aber der Infin. wird doch schon seit Lucilius zur Bezeichnung des Zweckes bei den lat. Dichtern vorherrschend, weil das Gerundium oder Gerundivum etc. für die metrische Form zu schwerfällig war. Also *Hor. Carm.* I, 26: tristitiam et metus tradam protervis in mare Caspium portare ventis. Hieher gehört auch der Inf. bei Dichtern abhängig von adiectivis relativis, z. B. cedere nescius, avidus committere pugnam etc. Darüber haben wir eine vortreffliche Specialschrift von Kübler, de infinitivo apud Rom. poetas a nominibus adiectivis apta, Berlin 1861 Prog. Wilh. Gymn.

gens inimica] nicht invisa: sie ist die Angefeindete und hat ein Recht sich zu rächen. *Nauck.*

67. *navigat aeqor*] Das Verb. navigare ist intransitiv, wird aber transitiv durch Verbindung mit dem inneren Object oder durch die figura etymologica. Denn es ist festzuhalten, dass statt des Objects von gleichem Stamm auch ein sinnverwandtes Subst. gebraucht werden kann. Schliesslich sagt Cicero (*de fin.* II, 34) sogar poetisch kühn: Cum Xerxes Hellesponto iuncto Athone perfosso mare ambulavisset, terram navigasset. Vgl. *Zumpt* §. 383. Am besten handelt über das innere Object Wunder in der Rec. von Lobecks Ausg. von Soph. Aias, Leipzig bei H. Reclam.

68. *Ilium*] Dies kann Juno sagen, weil eben die Troianer die penates mit sich führen. Vgl. VII, 233: nec Troiam Ausonios gremio excepisse pigebit, und 229: dis sedem exiguam

patriis litusque rogamus innocuum et cunctis undamque auram-
que patentem. X, 27. 74.

69. *incute vim ventis*] = quatiendo (cf. 81) ventis vim dare.
Der Gott braucht nur mit seiner Lanze (= Scepter?) zu schlagen
— und sofort brechen die Stürme mit ihrer vollen Kraft hervor.

submersas obrue] Durch den Sturm soll er die Schiffe unter
die Wogen versenken und gewissermassen vergraben. Der
Wind soll noch fortbrausen über den Wogen, welche die Schiffe
verschlingen. Denn zu obrue darf man nicht undis, sondern
ventis denken, weil 1) nur die venti in der Gewalt des Aeolus
sind, 2) weil zu undis nicht obruere, sondern haurire die vox
propria wäre. Vgl. *Tac. Hist.* I, 2: haustae (durch das Meer)
aut obrutae (durch die Lava des Vesuvius) urbes fecundissimae
Campaniae orae. Weiter wird obruere gebraucht in Verbindung
mit telis, cf. II, 411: telis nostrorum obruimur; IX, 808: iniectis
sic undique telis obruitur.

70. *dissice*] Ist nicht etwa abzuleiten von dissicare = dissecare,
eine Form die überhaupt sehr unsicher ist, sondern von dissicere
= disicere. Denn die Verdopplung des s deutet nur die Ver-
längerung der ersten Silbe an. So ist dissicere von O. Ribbeck
weiter festgestellt VII, 339. XII, 308. Vgl. *Lachm.* zu *Lucr.* II,
951: ʻut longam syllabam indicarent, scripserunt dissicietur, quod
habent membranae in *libro* III, 639ʼ. Vgl. zu I, 126.

ponto] ist Locativus = im Meer = über das Meer. Dieser
Abl. ist nicht zu verwechseln mit dem Dat. bei Verben der Bewegung für den terminus quo. Vgl. *Ecl.* II, 30: haedorumque
gregem viridi compellere hibisco = miteinander dem Eibisch zu-
treiben = hintreiben zu etc. *Aen.* II, 85: demisere Neci =
XII, 341: iamque Neci Sthenelum dedit. XII, 513: ille Talon
Tanaimque Neci mittit = dem Tode zusenden. II, 398: multos
Danaum demittimus Orco, ähnlich wie IV, 699: Stygioque caput
damnaverat Orco. IX, 527: quem quisque virum demiserit Orco,
und 785: iuvenum primos tot miserit Orco? *Hor. Sat.* II, 5, 49:
siquis casus puerum egerit Orco. Ferner V, 451: it clamor
caelo = geht dem Himmel zu, dringt bis zum Himmel. (Vgl. IV,
666: it clamor ad alta atria), II, 46: aut pelago Danaum insidias suspectaque dona praecipitare iubent. II, 276: iaculatus puppibus ignis = zuwerfen, auf, gegen die Schiffe werfen.
V, 233: palmas ponto tendens utrasque Cloanthus = *Hom. Il.* 5,
539: ἄμφω χεῖρε φίλοις ἑτάροιϲι πετάϲϲαϲ. X, 401: Ilo nam-

que procul validam derexerat hastam = auf ihn richten, cf. X,
521: inde Mago procul infensam contenderat hastam.

Diese Sprechweise der Dichter, denn sie ist dem Vergil nicht
etwa eigenthümlich, ist, wie wir schon oben andeuteten, ein Gräcismus. Vgl. *Hom. Il.* 5, 82: χεὶρ πεδίῳ πέce = die blutende
Hand fiel der Erde zu, fiel auf die Erde. *Nägelsb. Ilias* p. 12.
136. 230. Am anschaulichsten ist *Sil. Ital.* IV 446: quatitur
Saturnia sedes ingressu treme facta dei ripasque relinquit audito
curru fontique relabitur amnis. Berührt hat diesen Gegenstand *Reissig*, Vorlesungen §. 367 p. 661.

71 *bis septem*] Durch diese Ausdrucksweise suchten die lat.
Dichter dem Prosaischen der Zahl einen poetischen Beigeschmack
zu verleihen. Doch ist auch zu beachten, dass die schweren
Zahlformen nicht gut anders in das Metrum zu bringen waren.
Vgl. *Ecl.* I, 43: bis senos cui nostra dies altaria fumant. *Aen.*
I, 393: aspice bis senos laetantis agmine cycnos. IX, 272: bis
sex lectissima matrum corpora. XI, 9. XII, 899, immer bis sex.
Ebenso I, 272 ter centum = trecenti etc.

nymphae] Nymphen als Gespielinnen oder Dienerinnen von
Göttinnen höheren Rangs erscheinen bei Homer öfters, so z. B.
der Artemis *Od.* 6, 105 (ἀγρονόμοι), der Circe *Od.* X, 348 sqq.
(δρήcτειραι). Sie haben wie bei Homer so auch bei Vergil einen
eigenen Cultus. Vgl. *Näg.* Hom. Theol. p. 92. Bei Verg. werden erwähnt III, 34: nymphas venerabar agrestis Gradivom-
que patrem, Geticis qui praesidet arvis. VIII, 71: nymphae Lau-
rentes nymphae, genus amnibus undest. XII. 142: nympha
(Iuturna), decus fluviorum, animo gratissima nostro, scis ut te
cunctis unam, quaecumque Latinae magnanimi Iovis ingratum
ascendere cubile, praetulerim caelique lubens in parte loca-
rim. So erscheinen die Nymphen bei Vergil besonders als Local-
gottheiten, und unter ihnen ragen die Laurentischen Nymphen
hervor, wovon VII, 47 die Nymphe Marica besonders erwähnt
wird. Sofort nach seiner Ankunft in Latium betet Acneas VII,
136 zu dem Genius loci, der Tellus und den Nymphen sowie
zu den Flussgottheiten, ähnlich wie Odysseus (*Od.* 13, 355) nach
seinem Erwachen auf Ithaka: αὐτίκα δὲ νύμφηc ἠρήcατο χεῖραc
ἀναcχών. Vgl. *ibid.* 350. Eine Anzahl Nymphen führt Verg.
auf *Georg* IV, 334 sqq., darunter Asia (aus Lydien) Deiopea.

72. *Deiopeia*] Apposition zum correlativen Objectssatz: quae
forma pulcherrima = Welche die schönste ist — es ist dies aber

Deiopeia —, will ich dir geben. Es ist also ein eam conubio iungam nicht mehr möglich. Vgl. I, 157.

73. *conubio — dicabo*] Vergil will mit diesem Ausdruck offenbar übersetzen: δώcω ὀπυιέμεναι καὶ cὴν κεκλῆcθαι ἄκοιτιν. Eine Thätigkeit der Juno als Pronuba kann ich hier nicht erkennen. Sie will eben einen Zweck erreichen und glaubt diesen am besten zu erlangen, wenn sie dem Aeolus eine Nymphe verspricht, wie etwa Venus dem Paris die Helena. Dagegen tritt Juno als pronuba auf IV, 166: speluncam Dido dux et Troianus eandem deveniunt, prima et Tellus et pronuba Iuno dant signum. Hier handelt es sich nicht mehr blos um ein Versprechen, sondern um Ausführung der Ehe. Darum ist die pronuba Iuno hier am Platze.

74. *pro talibus*] = für ein so grosses Verdienst. Also steht talis prägnant, wie in der Prosa so häufig talis vir = ein so vortrefflicher Mann, cf. I, 335. 606. VII, 772. XI, 285. In der Prosa steht talis nie ohne Rücksicht auf die Qualität. Diese ist dagegen mit dem deutschen 'solcher' meistens nicht verbunden. Daher muss dieses häufiger durch tantus als durch talis übersetzt werden. Die Dichter dagegen brauchten talis in der freisten Weise, oft sogar talia für haec oder ea, z. B. I, 50. 208 etc.

75. *prole parentem*] Ihm soll die Vaterfreude zu Theil werden. Darum der Abl. Stände prolis parentem, so würde der Ton auf pulchrae prolis fallen: Wenn er bis jetzt zwar Kinder, aber noch nicht schöne Kinder habe, so solle er dann sicher schöne Kinder erhalten. Offenbar ist der erste Gedanke hier weit passender. Vgl. *Hor.* III, 5, 5: milesne Crassi coniuge barbara turpis maritus vixit!

76. *haec contra*] Die Ellipse des Sprechens oder Antwortens ist bei Vergil ausserordentlich häufig, bei Homer kommt sie so nicht vor, so weit ich mich erinnere. Sie gehört eben in die Kunstsprache. Vgl. I, 325. 335. II, 547. Eine Folge der Lebhaftigkeit der Erzählung ist es, wenn die Reden sofort eingeführt werden ohne alle vorangegangene Andeutung (Ellipse von inquit oder ait). Dies ist besonders häufig im II Buch, cf. 42. 108. 322. 657. 675. 707. I, 731. 437.

77. *explorare labor*] = tuum est videre, explorare. Schwerlich ahmte Vergil den Euripides nach Ion 1020: cὸν λέγειν, τολμᾶν δ' ἐμόν. Der Gebrauch von labor in dieser Verbindung wird erklärlich, wenn man sich der Zusammensetzung erinnert

labori et curae esse alicuius, cf. *Hor. Sat.* I, 8, 18: cum mihi non tantum furesque feraequae suetae hunc vexare locum curae sunt atque labori, quantum etc.

iussa fas est] Die Worte haben keinen Sinn, wenn man nicht annimmt, dass Aeolus nach den leges foederis, worauf ihn Juppiter verpflichtet hat, genöthigt ist dem Befehl nicht nur des Juppiter oder des Neptunus, sondern aller olympischen Götter, wenigstens auch der Juno Folge zu leisten. In welcher Eigenschaft freilich Juno dem Aeolus Befehle ertheilen kann, bleibt unklar. Davon aber hängt auch das Verständniss von V. 78—80 ab. Am natürlichsten scheint mir die Erklärung des Servius: physice exprimit motum aëris, i. e. Iunonis, ventos creare. Man leitete nämlich im Alterthum den Namen Ἥρα ab von ἀήρ die Luft, während man jetzt das Skr. svar = Himmel als den Stamm annimmt. Vgl. *G. Curtius*, Gr. Etym, p. 113. Mag nun die eine oder die andere Ableitung richtig sein, jedenfalls stellt Hera die weibliche Seite des Himmels dar, die Luft oder Atmosphäre, das zugleich fruchtbare, aber auch am meisten wandelbare Element der himmlischen Elementarkraft. Vgl. *Preller*, Gr. Myth. I, 124. Die Luft oder Atmosphäre aber ist die Grundbedingung von Sturm und Regen. Vgl. *Aen.* X, 634: (Iuno) caelo se protinus alto misit agens hiemem nimbo succincta per auras. Darum ist Aeolus unmittelbar von Juno abhängig, darum aber auch verdankt jener der Juno seine göttliche Ehre, sein Herrscheramt über die Winde. Zwar hat ihm dies Zeus unmittelbar verliehen, aber ohne das Element der Hera wäre ein solches Amt nicht nöthig geworden. So kann allerdings Aeolus sagen, er verdanke der Juno seine Herrschaft, die Gnade des Jupiter, den Sitz unter den himmlischen Göttern etc. Und nicht ohne Absicht schliesst die Rede des Aeolus mit den Worten: nimborumque facis tempestatumque potentem.

78. *quodcumque hoc regni*] = hoc regni quodcumque est. Den Vergil ahmte Statius nach *Silv.* V, 3, 213: tu decus hoc quodcumque lyrae primusque dedisti non volgare loqui.

79. *concilias*] Von Handlungen, welche eingetreten sind und noch als fortdauernd gedacht werden können, setzt Verg. häufig das Praes. statt des Perfectum, nicht etwa zu verwechseln mit dem Praesens historicum (z. B. II, 275. IV, 195. 388. 448. 646. VII, 458 etc.), welches immer für den Aorist oder Impf.

wie der Inf. histor. oder absol. für das Impf. gebraucht wird.
Vgl. VII, 4: ossaque (tua) nomen Hesperia in magna signat.
VII, 48: hunc Fauno et nympha genitum Laurente Marica acci-
pimus. VII, 196: neque enim nescimus et urbem et genus
auditique advertitis aequore cursum. VII, 211: hinc illum
aurea nunc solio stellantis regia caeli accipit et numerum divo-
rum altaribus auget. XI, 172: magna tropaea (eorum) ferunt,
quos dat (= perf. logicum) tua dextera Leto. So ist Praes. und
Perf. verbunden II, 12: quamquam animus meminisse horret
luctuque refugit, wenn auch hier das Praes. horreo als Perf.
von horresco gedacht werden kann, wie sedeo und ardeo Perfecta
sind von sido und exardesco.

80. *nimborumque*] Nimbus ist nie der Regen für sich, sondern
immer der mit Regen oder Hagel verbundene Sturm. Das eine
Wort enthält also zwei Begriffe, wovon je nach dem Zusammenhang der eine oder der andere vorherrscht. Daher heisst
nimbus scheinbar für sich der Platzregen IV, 120 etc., oder
die Sturmwolke XII, 416.

81—123: Der Sturm. Vgl. *Hom. Od.* V, 291—314. Der
Unterschied von Vergils und Homers Dichtung tritt hier sehr
schroff hervor. Homer erzählt, Vergil schildert. Der eine
Dichter liebt schmucklose Einfachheit, dieser einen glänzenden
und erhabenen Ausdruck. Beides ist berechtigt. Vergils Kunst
beruht wesentlich in der Schilderung, besonders grossartiger
Naturereignisse. Vgl. IV, 160 sqq. 173 sqq. 246 sqq. Man
beachte hier die Fülle der Malerei. ʻDie Wuth der Winde, die
empörten Wogen, Regen, Finsterniss, Blitze (81—91). Die Klage
des Aeneas (92—101). Sein Schiff wird ein Wrack (— 107).
Drei Schiffe werden auf verborgene Klippen geworfen (— 109),
drei andere auf eine Sandbank getrieben (110—112), eins ver-
schlingt der Abgrund (113—116). In andere dringt die Fluth
durch die gelösten Fugen (120—123). Schwimmende Trümmer,
Waffen etc.ʼ *Cholevius Themata* II, 147.

81. *Haec ubi dicta*] sc. ab Aeolo, nicht etwa ab Aeolo et
Iunone. Denn die gebundene Form haec ubi dicta — zu einer
Ergänzung von sunt lässt es die Raschheit des Verses nicht kommen — ersetzt die Homerische Formel dixit et cuspide conversa
montem impulit = ἦ ῥα καὶ etc. Der Berg ist cavus, denn er
dient zur Behausung der Winde. Wenn nun aber die Aussen-
fläche des Hohlen etwas verdeckt, so kommt cavus zur Bedeutung

bedeckend, bergend, umhüllend. Vgl. I, 516 nube cava amicti = von einer bergenden Wolke eingehüllt, eig. eine Wolke, welche um sie herum ausgegossen ist.

82. *impulit in latus*] Aeolus richtet den Speer (= Scepter) gegen die Seite des hohlen Berges und schlägt ihn mit seiner göttlichen Kraft so stark hinein, dass sofort eine Oeffnung (porta) entsteht, durch welche die Stürme hervorstürzen. Mit diesem Zeichen erhalten alle Winde Befehl hervorzubrechen, welche innerhalb des Berges eingeschlossen sind. Der Berg wird durch den Stoss für die Folge nicht unbrauchbar: die Macht des Gottes öffnet und schliesst ihn plötzlich. Vgl. *Quint. Smyrn.* XIV, 481 ὄρος μέγα τύψε τριαίνῃ   βίῃ δ' ἔρρηξε κολώνην. Ladewig erklärt: Statt die einzelnen claustra zu öffnen — er denkt sich nämlich (ad 56) die Windhöhle als ein Zellengefängniss mit Einzelhaft und die claustra als die Thüren der einzelnen Zellen —, schlägt Aeolus ein kürzeres Verfahren ein: er schiebt den Berg mit der umgekehrten (?) Lanze etwas auf die eine Seite, d. h. richtet ihn auf der einen Seite etwas in die Höhe.

Diese Erklärung wäre sehr annehmbar, wenn der Ausdruck montem inpulit in latus conversa cuspide dies bedeuten könnte. Allerdings sagt man turrim inpellere, dies heisst aber: dem Thurm, der schon wankt und schwankt, noch einen Schlag versetzen, so dass er vollends zusammenstürzt. Vgl. II, 465. Eine solche Situation ist hier nicht vorhanden. Weiter beachte man die Verbindung von inpulit mit conversa cuspide. In dieser Verbindung hat das Part. nur einen Sinn, wenn man es fasst wie IX, 427: in me convertite ferrum = gegen mich richtet den Speer, oder XI, 121: conversique oculos inter se atque ora tenebant; während natürlich mit einem Verbum des Fliehens conversus nur bedeuten kann: zur Flucht gewendet, wie XII, 369: sic Turno quacumque viam secat agmina cedunt conversaeque ruunt acies. Ferner ist bei der Auffassung Ladewigs qua data porta zwar zu erklären, aber wie mir scheint zu matt für die Oeffnung, welche entstehen muss, wenn der Berg auf die Seite gelehnt wird. Endlich kann ich mir denken, wie ein Gott einen Berg gewissermassen mit seinen Wurzeln aus der Erde reisst, nimmermehr aber, wie er einen festgewurzelten Berg einfach umlehnen kann, noch dazu conversa cuspide! Denn *Stat. Theb.* I, 119: dubiamque iugo (= nutantem) fragor impulit Oeten in latus ist doch sehr verschieden, weil hier die wirkende Ursache ein Erdbeben ist. Wenn Ladewig einwendet, dass man bei der gewöhnlichen Erklärung sich nicht vorstellen könne, wie es Aeolus anfing, wenn er einem einzelnen Winde den Verschluss öffnen wollte, so ist zu erwidern, dass wir dazu kein Recht haben hier den Dichter zu fragen. Denn Aeolus erscheint hier nicht in seiner regelmässigen, sondern in einer aussergewöhnlichen Thätigkeit. Und will man dennoch eine Vorstellung: die Winde sind, wie wir schon oben erwähnt, Personen und sie folgen gewiss ihrem Könige Aeolus ebenso aufs Wort wie I, 131 sqq. dem Neptunus. Er kann also, wenn er will, Befehle an einzelne Winde ertheilen, zu gehen oder zurückzukehren.

ac velut agmine facto] Ueber den verschiedenen Gebrauch der Conjunctionen et, que, ac und atque belehrt Wagner Quaestt. Verg. c. 35 p. 556 sqq. Vergil gebraucht speciell ac, et, que, um eine unmittelbare, sofort mit der Handlung des vorausgehenden Satzes eintretende Folge zu bezeichnen: Aeolus trifft den Berg in die Seite und sofort stürzen die Winde hervor, so dass der Dichter gar keine Zeit hat zu erwähnen, dass in Folge des Schlages eine Oeffnung entstand. Vgl. V, 502. Darum nimmt die Conjunction häufig Bezug auf ein vorangegangenes vix oder una, cf. II, 692: vix ea fatus erat senior, subitoque fragore intonuit laevom. Ebenso V, 857. VIII, 520. XI, 296. XI, 864: audiit una Arruns haesitque in corpore ferrum. Wir haben hier wahrscheinlich einen Gräcismus, cf. *Xen. Anab.* II, 1, 7: καὶ ἤδη τε ἦν περὶ πλήθουσαν ἀγορὰν καὶ ἔρχονται παρὰ βασιλέως καὶ Τισσαφέρνους κήρυκες. Ohne Verschiedenheit des Sinnes kann statt ac, que etc. das Asyndeton gebraucht werden, cf. X, 659: vix proram attigerat: rumpit Saturnia funem. Der Modus des Ausrückens wird mit einem militärischen Ausdruck bezeichnet, cf. *Liv.* XXII, 30, 1: profecti et agmine incedentes ad dictatoris castra; III, 18, 2: agmine in forum descendunt. Vgl. *Fabri* zu XXII, 30. Davon ist acies wohl zu unterscheiden, cf. *Liv.* XXXIII, 9: agmen magis quam acies aptiorque itineri quam pugnae. Vgl. *Fabri* zu XXI, 57, 12. Es ist also agmine die gewöhnliche Form für agmine facto. Dieses aber ist hier sehr passend, weil die verschiedenen Winde von Natur nicht zu einem agmen vereinigt sind und aussergewöhnlich jetzt wie in Reih und Glied zusammentreten.

83. *perflant*] Dieses Verbum findet sich nur im Sprachschatz der Dichter. turbine ist abl. modi wie oben agmine incedere.

Der Wirbelwind musste natürlich sofort entstehen, weil die verschiedensten Winde gegeneinander stürmen.

84. *incubuere mari*] Das Land durchfegen die Winde schnell, aber auf dem Meere finden sie den Widerstand des Wassers und halten deshalb hier länger an. Die Wendung a sedibus imis ist poetisch, da das Meer eigentlich keine sedes hat, sondern ein profundum.

85. Merkwürdig ist es, dass der Aquilo nicht genannt wird, cf. V, 2: fluctusque atros aquilone secabat. Dagegen *Hom. Od.* V, 295: cùv δ' Εὖρός τε Νότος τ' ἔπεcον Ζέφυρός τε δυcαὴc καὶ Βορέηc αἰθρηγενέτηc μέγα κῦμα κυλίνδων. Ebenso nennt *Val. Fl.* I, 611 in seiner Nachahmung des Vergil: Thraces equi = Boreas. Es scheint als ob dieser Wind bei Vergil nicht mehr als Person erscheint, cf. IV, 310: et mediis properas aquilonibus ire per altum. Vgl. mit *Gell.* II, 30: austris spirantibus mare fieri glaucum et caeruleum, aquilonibus obscurius atriusque. Nur so ist es zu erklären, dass dennoch I, 102 plötzlich der aquilo genannt wird.

86. *vastos fluctus*] = himmelhoch. Denn vastus wird Alles genannt, was so gross ist, dass es das menschliche Auge nicht mehr übersehen und messen kann. Es verknüpfen sich in diesem Worte der Begriff des Ungeheuren und der des Nicht-schönen oder Entsetzlichen. Den Grund gibt Aristot. poet. 7 (*Gräfenh.*): τὸ γὰρ καλὸν ἐν μεγέθει καὶ τάξει ἐcτίν. διὸ οὖτε πάμμικρον ἄν τι γένοιτο καλὸν ζῶον, cυγχεῖται γὰρ ἡ θεωρία ἐγγὺc τοῦ ἀναιcθήτου χρόνου γιγνομένη, οὖτε παμμέγεθεc, οὐ γὰρ ἄμα ἡ θεωρία γίγνεται, ἀλλ' οἴχεται τοῖc θεωροῦcι τὸ ἓν καὶ τὸ ὅλον ἐκ τῆc θεωρίαc, οἷον εἰ μυρίων cταδίων εἴη ζῶον.

87. *clamorque stridorque*] = hinc clamor hinc stridor. Das Rasseln und Sausen der Taue wetteifert gewissermassen mit dem Rufen und Schreien der Schiffer. Beides zeigt Angst und Anstrengung gegen die Wuth der Elemente. Der Schrecken wird noch vermehrt durch die plötzlich eintretende rabenschwarze Nacht. Man beachte wie in der Schwere der Silben das Schauervolle der Nacht angedeutet ist: pōntō nōx īncŭbāt ātrā. Sicher klingen diese Worte wuchtiger als *Hom. Od.* V, 293: cὺν δὲ νεφέεccι κάλυψεν Γαῖαν ὁμοῦ καὶ πόντον. ὀρώρει δ' οὐρανόθεν νύξ. Für die ganze Schilderung ist zu vergleichen *Aen.* III, 194—204.

91. *praesentemque*] augenblicklichen Tod. Wörtlich: Alles hält ihnen drohend den Tod vor Augen.

92. *extemplo*] Diese Anknüpfung der folgenden Scene mit extemplo ist nicht glücklich. Einfacher und natürlicher ist sie bei *Hom. Od.* V 297 καὶ τότ' Ὀδυccῆος λύτο γούνατα καὶ φίλον ἦτορ, oder *Il.* XV, 436 (als der Waffengefährte des Aias von Hektor getroffen an seiner Seite zu Boden sank): ὃ δ' ὕπτιος ἐν κονίῃcιν νηὸc ἀπὸ πρυμνῆc χαμάδιc πέcε, λύντο δὲ γυῖα. Αἴαc δὲ ῥίγηcε, καcίγνητον δὲ προcηύδα. In Bezug auf die Klage des Aeneas ist zu beherzigen, was Herder Kritische Wälder I, 3 von den Klagen und Thränen der Homerischen Helden urtheilt. Aeneas erkennt, dass sein Geschick schwerer ist als das so vieler Troianer, welche im Kampfe einen schnellen Tod gefunden haben. Er beklagt dies, aber er entzieht sich nicht feige seiner Aufgabe, sondern übersteht muthig dem Willen Gottes folgend alle Gefahren und alles Ungemach.

94. *terque quaterque beati*] *Hom. Od.* V, 306: τρicμάκαρεc Δαναοὶ καὶ τετράκιc, οἳ τότ' ὄλοντο Τροίῃ ἐν εὐρείῃ, χάριν Ἀτρείδῃcι φέροντεc. Vgl. auch V 308—312. Die Worte χάριν etc. konnte Vergil ausbeuten, weil der Tod für das Vaterland noch leichter war (dulce et decorum est pro patria mori) als für die Atriden. Dies thut er auch mit den Worten: ante ora patrum Troiae sub moenibus altae.

96. Aeneas war dem Tode von Diomedes' Hand nur durch die Hülfe der Venus entgangen, cf. *Hom. Il.* V, 311: καί νύ κεν ἔνθ' ἀπόλοιτο ἄναξ ἀνδρῶν Αἰνείαc, εἰ μὴ ἄρ' ὀξὺ νόηcε Διὸc θυγάτηρ Ἀφροδίτη ., ἀμφὶ δ' ἐὸν φίλον υἱὸν ἐχεύατο πήχεε λευκώ, πρόcθε δέ οἱ πέπλοιο φαεινοῦ πτύγμα κάλυψεν, ἕρκοc ἔμεν βελέων, μή τιc Δαναῶν ταχυπώλων χαλκὸν ἐνὶ cτήθεccι βαλὼν ἐκ θυμὸν ἕλοιτο.

98. *hanc*] = quam nihili facio. *Peerlk.*

99. *saevos*] Der kampfesmuthige. Ein Ersatz für κορυθαίολοc Ἕκτωρ. Vgl. zu I, 4. ingens = πελώριοc?

100. *Sarpedon*] Herrscher der Lykier, wurde von Patroklus erlegt, *Hom. Il.* XVI, 480 sqq. Gedanke: Er war ein Sohn des Zeus (*Il.* VI, 198 sqq.) und fand ja doch gleichwol auch den Tod.

Simois] *Hom. Il.* XII, 22: καὶ Cιμόειc, ὅθι πολλὰ βοάγρια καὶ τρυφάλειαι κάππεcον ἐν κονίῃcι. καὶ ἡμιθέων γένοc ἀνδρῶν.

101. *fortia corpora*] Poetische Kürze für fortissimorum virorum corpora.

102. *stridens aquilone*] Wie V, 2 fluctus aquilone atri, so hier
proc. aq. stridens = incitata (ab) aquilone stridens (= cum
stridore). Vgl. *Hom. Od.* V, 313: ὡς ἄρα μιν εἰπόντ᾽ ἔλασεν
μέγα κῦμα κατ᾽ ἄκρης (= a vertice *Aen.* I, 114) δεινὸν ἐπεσσύ-
μενον, περὶ δὲ σχεδίην ἐλέλιξεν. Iactare wird ohne den Nebenbegriff der Ueberhebung von den verschiedensten Situationen
gebraucht.

103. *velum adversa ferit*] Die Woge über das Vorderdeck
stürzend (adversa) zerreisst das Segel (vgl. zu I, 35). Denn
wollte man velum ferire auffassen wie aethera oder sidera ferire
(II, 488; V, 140), so würde in dieser Situation nichts Besonderes
damit gesagt sein. Es ist also ferire hier zu vergleichen mit
IV, 580: dixit vaginaque eripit ensem fulmineum strictoque ferit
retinacula ferro.

Und im selben Augenblicke stürzen die Sturmwellen
über das Schiff (denn dies ist angedeutet in den Worten
fluctusque ad sidera tollit): die Folge ist dass die Ruder brechen
(V. 104). Ist diese Auffassung richtig, so ist der Punkt nach tollit
bei Ribbeck falsch. Ich würde schreiben:

velum adversa ferit fluctusque ad sidera tollit:
franguntur remi, tum prora avertit cet.

104. *remi*] = detergentur remi, was freilich nur gebraucht
wird, wenn ein feindliches Schiff das des Gegners seiner Ruder
beraubt. Griech. παρασύρειν τοὺς ταρσούς. Von tum gilt dasselbe, was wir oben z. V. 92 von extemplo bemerkt haben. Es
fehlt eben der lat. Sprache zu sehr an leichten Partikeln.
Griech. würde man hier nur δέ oder τὲ — τὲ gebrauchen. Denn
in demselben Augenblicke als die Ruder brechen, wendet sich das
Vordertheil des Schiffes schräg auf die Seite etc. Die Stelle wird
erklärt durch die Nachahmung des *Val. Flaccus Arg.* I, 618:
excussi manibus remi conversaque frontem puppis (= Schiff)
in oblicum resonos latus accipit ictus. Man sieht, wie der
Nachahmer zugleich sein Vorbild zu erklären sucht.

avertit] Ueber den intransitiven Gebrauch des avertit =
avertitur oder avertit se vgl. I, 402: dixit et avertens rosea
cervice refulsit. Vgl. damit IV, 389: auras aegra (Dido) fugit
seque ex oculis avertit et aufert. *Georg.* III, 499: labitur

infelix studiorum atque immemor herbae victor equos fontisque
avertitur (= ἀποστρέφεται τὸ ὕδωρ) et pede terram crebra ferit.

Alle Beispiele bei *Verg.* vom intransitiven oder medialen Gebrauch transitiver Verba hat sorgfältig zusammengestellt *O. Ribbeck,
Prolegg.* p. 65. Es gehören hieher die Verba accingere, addere
(*Georg.* I, 513, wenn dort nicht vielmehr zu lesen ist dant
spatium spatio), adfectare, arietare, audere, eripere, ingemi-
nare, insinuare (auch in Prosa), inundare, oppetere (auch in Prosa
ohne mortem, wie auch occumbere und obire = mori, also auch
gaudio, morbo aliquo obire, ignobili atque inhonesta morte occumbere = inhoneste perire, cf. *Wesenberg Emend. Cic. Tusc.*
II p. 26), parare (II, 121), pascere (*Georg* III, 143), personare,
praecipitare (auch bei *Cic.* und *Liv.*), propinquare (auch *Tac.*),
rapere (IV, 581 vgl. mit *Georg* III, 68), arma relinquont sc. eum
(XI, 830), sistere (zum Theil auch in Prosa, bes. gerichtlich,
wobei vadimonium zu ergänzen ist), superare (auch in Prosa gewöhnlich), tendere (auch in Prosa in den mannigfachsten Bedeu-
tungen, vgl. *Lex.*), turbare (auch *Tac.*), vertere (auch in Prosa
üblich), volvere.

105. Ich interpungire et undis dat latus: insequitur cumulo etc.
Denn wie das Schiff sich auf die Seite neigt, dringt sofort auf
dasselbe ein jäher Wasserberg ein (insequitur). Das Verbum aber
-wird der Situation angepasst durch den Zusatz cumulo = mole
sua cumulanti = insequitur cumulate oder cumulatissime.

106. *hi — his*] = alii — aliis. Denn das Schicksal der
Schiffe und der Männer auf denselben war verschieden. Vgl. VII,
506. 473. IX, 272. X, 9. Verschieden ist XII, 529.

107. *furit aestus harenis*] Die brausende Fluth wüthet im
Sande, d. h. vom Meeresgrund, = spült den Sand vom Grunde
auf. Nur diese Auffassung ist hier möglich in Rücksicht auf den
vorangegangenen Satz. Vgl. VII, 528: fluctus uti primo coepit
cum albescere vento, paulatim sese tollit mare et altius undas
erigit, inde imo consurgit ad aethera fundo. *Ovid. Met.*
XI, 495: ex imo verrit harenas (pontus). *Georg.* III, 240: at
ima exaestuat unda verticibus nigramque alte subiectat harenam.
Aen. III, 557 exultantque vada atque aestu miscentur harenae.
Sonst wird mit harena der Sand der Meeresküste (= Gestade) bezeichnet, cf. V 34: et tandem laeti notae advertuntur
harenae. Vgl. I, 172. 540.

109. Die Synchysis (= hyperbaton obscurum) der Struktur

erklärt *Charisius* IV, p. 275 (*Keil*): tris notus abreptas in saxa torquet, quae saxa mediis fluctibus latentia Itali aras vocant. *Quint.* VIII, 2, 14 tadelt an diesem Hyperbaton die mixtura verborum. Zur Sache vgl. *Plin. h. n.* V, 7, 7: contra Carthaginis sinum duae Aegimuri arae, scopuli verius quam insulae, inter Siciliam maxime et Sardiniam. Der Dichter ahmt mit dieser Bemerkung nicht etwa die objective Darstellungsweise Homers nach, wie man glaubte, vielmehr tritt er mit dieser und ähnlichen Bemerkungen in Gegensatz zu Homer, der mit seiner Person und seiner Zeit in seinen Epen fast nie hervortritt. Vergil dagegen verhehlt nie, dass er sich im Gegensatz fühlt zu der Zeit, welche er schildert. Vgl. *Prolegg.* p. 39.

110. *inmane*] Dieses Adjectiv gebraucht der Dichter von Dingen oder Zuständen, welche ihrer Natur nach Furcht und Entsetzen erregen müssen. Man sieht dies zunächst am Adverb. wie VII, 510: rapta spirans inmane securi, dann aber auch am Adi. selbst, cf. I, 616. IX, 730: inmanem veluti pecora inter ͐inertia tigrim. III, 702: inmanis fluvii (wegen seiner gefährlichen Stromschnellen). Also ist auch an unserer Stelle an eine ungeheure Grösse nicht zu denken.

mari summo] Auf der Oberfläche des Wassers. Natürlich ragen diese scopuli oder arae bald über das Wasser hervor bald sind sie verdeckt je nach dem Wasserstand, der im Mittelländischen Meere sich nicht immer gleich bleibt.

111. *in brevia et syrtis*] Die Syrten sind die Sandbänke im Meere unmittelbar an der Libyschen Küste. Statt brevia et syrtis sagt *Verg.* X, 678: saeva vada syrtis. Denn brevia (X, 289) ist = brevia vada (V, 221) = Untiefen. Daher ist inliditque vadis der Sache nach nicht verschieden, der Ton ruht nur auf inlidit im Gegensatz zu urguet. Ueber die Syrtes spricht ausführlich *Sall. Jug.* 78.

114. *pontus*] Metonymisch = Welle. Zu a vertice vgl. *Ameis* zu *Hom. Od.* V, 313: ὡς ἄρα μιν εἰπόντ’ ἔλασεν μέγα κῦμα κατ’ ἄκρης. *Georg* II, 310: praesertim si tempestas a vertice silvis incubuit. Vgl. *Aen.* V, 444. Indessen scheint mir Verg. an unserer Stelle *Hom. Od.* 10, 367 nachzuahmen: ὦρσε δ’ ἐπὶ μέγα κῦμα Ποσειδάων ἐνοσίχθων, δεινόν τ’ ἀργαλέον τε, κατηρεφές, ἤλασε δ’ αὐτόν.

115. *excutitur*] Das Asyndeton bezeichnet die unmittelbare Folge = sofort. Vgl. *Näg.* zu *Hom. Il.* I, 303: εἰ δ’ ἄγε μήν,

πείρησαι, ἵνα γνώωσι καὶ οἵδε· αἶψά τοι αἷμα κελαινὸν ἐρωήσει περὶ δουρί. *Liv.* I, 12, 7: resistere atque iterare pugnam iubet. restitere Romani tamquam caelesti voce iussi. Vgl. *Heerwag.* zu *Liv.* XXII, 17, 1.

116. *aliam*] Verbesserung von O. Ribbeck. Die Zahl der Schiffe des Aeneas betrug 20 (I, 381). Davon rettete er aus dem Sturme 7 (I, 170). Es gingen also 13 zu Grunde. Folgt man nun der hdschr. Lesart illam, so würde nur der Untergang von 12 Schiffen beschrieben. Vgl. *Ribb. Prol.* p. 68.

116. *ibidem*] Ist zu verbinden mit circum agens.

117. *vortex*] Diese Schreibweise bestätigt Plinius bei *Charis.* I, 88 (Keil): vertex a vertendo dicitur, vortex a vorando, et vult Plinius verticem inmanem vim impetus habere, ut ingens a vertice pontus; vorticem vero circumactionem undae esse, ut et rapidus vorat aequore vortex. Sonst ist bei Vergil die Form vertex vorherrschend, cf. VII, 31. *Georg.* I, 481. Vgl. *Wagner*, Orthogr. Verg. p. 481.

118. Ἐνάργεια est imaginatio, quae actum in incorporeis oculis subicit et fit modis tribus: persona (cf. VII, 633), loco (II, 29), tempore. Tempore fit, cum praeterito utimur quasi praesenti. ut: apparent cet., „gurgitem pro mari dixit" Acro ad *Hor.* II, 1, 33.

119. *Troïa gaza*] Vgl. I, 647. VII, 243 sqq.: fortuna parva prioris munera, reliquias Troia ex ardente receptas.

120. *Achati*] *Charis.* I p. 132 (*K.*): Herculi pro Herculis et Ulixi pro huius Ulixis dici coeptum est, inquit Plinius eodem libro VI, quoniam regula, inquit, illa, si genetivo singulari ουc litteris nomina finientur Graeca, velut τοῦ Εὐμένουc τοῦ Διογένουc, nostros quoque huius Eumenis huius Diogenis oportet proferre, at si τοῦ Εὐριπίδου τοῦ Χρύcου, tunc demum nostros s subtrahere debere itaque huius Euripidi Chrysi debere censeri, ut fortis Achati et acris Oronti (I, 220). Der Grammatiker Asper empfahl die Genitive: Achilli, Neri (wie Persi bei Sall.), Oili, Promethi, Teri, Ulixi, Oronti, Achati. Vgl. *Ribb. l. l.* p. 130. Ueber die kritische Bedeutung dieser Stelle vgl. *O. Ribb. Prol.* p. 200.

121. *Servius in Donat.* p. 417 (*Keil*): Licet Latinitas non habeat nec praeteritum participium (= Impf.) ab activo nec praesens a passivo, invenitur tamen apud poetas talis elocutio, ubi alterius temporis pro hac significatione ponatur, ut est et

qua vectus Abas, vectus enim dicit pro eo quod est vehe-
batur.

123. *rimisque fatiscunt*] Da in fatisco ursprünglich nur der
Begriff des Mangels enthalten ist = χατίς, χατίζω, so ist der
Zusatz rimis sehr passend, um die Art des Mangels, der Beschä-
digung auszudrücken. Vgl. *Corssen* Beiträge p. 216. *Curtius*, Gr.
Etym. p. 182 sq. Vgl. *Aen.* IX, 809: strepit adsiduo cava tempora
circum tinnitu galea et saxis solida aera (= galea) fatiscunt.

124—156: Ueberwältigung des Sturmes durch Neptunus.

Bei Homer wird zwar auch Odysseus durch Leukothea und
Athene gerettet — die letztere Göttin ist es dort, welche bei der
Entfernung des Poseidon nach Aegae die Winde besänftigt —,
aber es ist doch vorzüglich die eigne Kraft, Ausdauer und
Klugheit, der Od. sein Leben zu verdanken hat. Trotz der
Götterhülfe tritt der gegen die Wuth der Elemente kämpfende
Held überall hervor. Anders ist es bei Vergil: Aeneas schwebt
mit seinen Gefährten an dem Rande des Verderbens, Neptunus
erscheint und — die Troianer sind gerettet. Von Kampf und
Leiden erfahren wir nur wenig: Die Troianer erscheinen plötz-
lich an der Küste Libyens!

Aber freilich ist auch die Situation bei Verg. eine andere
als bei Homer. Diesem Dichter genügt es, den Odysseus allein
zu retten, weil sein Held keine andere Bestimmung hat,
als den Tag der Wiederkehr zu sehen; dagegen muss
Aeneas wenigstens einen Theil seiner Flotte und seiner Gefährten retten, weil er die Bestimmung hat, ein
neues Reich zu begründen. Darum kommt ihm Neptunus
zu Hülfe, nicht sowol als Freund des Helden, sondern weil der
Gott des Meeres durch die eigenmächtige Handlung der Juno und
des Aeolus sich in seiner Herrschaft beeinträchtigt sieht. Dem
Aeneas hilft also die Natur der göttlichen Weltordnung; durch diese wird seine Bestimmung ermöglicht. Vgl. X,
113: fata viam invenient.

124. *murmure*] Das Wort gebraucht Vergil von allen Arten
des Geräusches: wie von dem stillen Gemurmel der Menschen und dem Summen der Biene, so von dem Rollen des
Donners, dem Brausen des Wassers, dem Tosen des Windes.

125. *emissam*] Das dem Verbum zu Grunde liegende Bild
sieht man aus *Tac. Ann.* II, 17: quidam adgnitum (i. e. Armi-

nium) a Chaucis inter auxilia Romana agentibus emissumque tradiderunt. Also besonders e carcere und e custodia emit-
tere aliquem.

126. *stagna refusa*] Vgl. zu 1, 107. Das im Grunde des
Meeres sonst unbeweglich stehende Wasser wird stagna genannt,
cf. X, 765. Der Sing. würde hier die Phantasie zu sehr beschränken. Zu refusa vgl. VII, 590.

alto] Der Abl. alto ist zu verbinden mit prospiciens, dagegen
summa unda mit caput extulit. Vergleicht man nun I, 184 und
XII, 353: hunc procul ut campo Turnus prospexit aperto (=
auf dem freien Felde), so wird man geneigt sein, den Abl. alto
so zu fassen, dass damit der Aufenthaltsort des Gottes angegeben
wird = ἐν τῷ ἁλὶ (ὢν) προσκοπῶν. Der Meergott kann natürlich auch im Meere in die Ferne schauen. Indessen XII, 353
gehört der Abl. zum Objectsbegriff des prospicere = hunc aperto
campo ὄντα, an unserer Stelle würde dieser Abl. der Ruhe zu
dem Subjectsbegriff gehören, der in prospicere enthalten ist.
Und dies ist nicht möglich. Es bleiben also nur zwei Fälle
übrig. Das Verb. prospicere kann mit sich verbinden entweder
den Ort, von dem aus die Handlung stattfindet, oder das Ziel,
wohin die Handlung gerichtet ist, cf. *Caes. b. c.* II, 5: facile
erat ex castris C. Trebonii atque omnibus superioribus
locis prospicere in urbem. Vgl. XII, 134: at Iuno e summo
prospiciens tumulo campum aspectabat. VII, 288: Aenean classem-
que ex aethere longe Dardaniam Siculo prospexit ab usque Pa-
chyno III, 647 vastosque ab rupe Cyclopas prospicio = VI, 357.
Zur Bezeichnung des Zieles findet sich bei Verg. keine Stelle,
nur begegnet häufig der Acc. zur Bezeichnung des Objects, welches durch das Sehen erreicht wird. Dagegen wollten einige
Erklärer an unserer Stelle alto für den Dativ erklären: ins
Meer hinausschauend. Dies ist indessen nicht möglich. Ein mit
pro zusammengesetztes Verbum kann nicht einen Dativ bei sich haben, welcher der Form des Abl. gleich
ist; denn das lat. Ohr konnte in diesem Falle nur einen Abl.
hören wegen der mit pro angedeuteten Richtung des Verbal-
begriffs. Dazu würden wir bei dieser Erklärung wohl erfahren,
dass Neptun ins Meer hinausschaute, nicht aber — und dies ist
doch das wichtigste —, dass Neptun sich im Meere befand. Wir
müssten dies erst nebenbei errathen aus summa caput extulit
unda.

Es bleibt also nichts übrig als alto prospiciens zu erklären mit ex alto prospiciens: Der Gott schaut aus der Meerestiefe hervor in die Ferne (nicht etwa suspiciens von unten aus in die Höhe) und hob dabei sein Haupt über das Wasser hervor. Der prospectus ex alto findet schon statt für den Gott, noch ehe er das Haupt über das Wasser hervorgehoben hat. Indessen hindert uns nichts anzunehmen, dass im Partic. Praes. der Wille des Gottes bezeichnet wird; und um diesen Willen zu erfüllen, ideo extulit caput. Ueber diese Bedeutung des Partic. Praesens vgl. die Erkl. zu *Aen.* II, 114: suspensi Eurypylum scitantem oracula Phoebi mittimus, womit *Charis.* IV p. 270 (*Keil*) auch *Aen.* I, 19: duci = ductum iri vergleicht. Am bestimmtesten spricht für diese Erklärung *Liv.* XXIII, 47, 3: Campani non vallum modo castrorum, sed moenia etiam urbis prospectantes repleverant.

Schliesslich mache ich noch aufmerksam auf *Aen.* II, 733: genitorque per umbram prospiciens. Man könnte sich versucht fühlen, darnach alto zu erklären per altum prospiciens, indessen dies ist grammatisch so wenig zulässig als alto = in.altum zu deuten.

Zu beachten ist das Epitheton placidum. Ebenso spricht I, 521 sqq. Ilioneus vor Dido nicht ohne innere Erregung und doch heisst es: placido sic pectore coepit. Aber er redet doch friedlich, d. h. er will von Dido Einstellung der Feindseligkeiten erlangen, cf. III, 78: huc feror, haec fessos tuto placidissima portu accipit = das friedliche Delos gegenüber dem feindseligen Thracien.

An unserer Stelle heisst also Nept. placidus als domitor maris (V, 799), der die Ruhe des Meeres wiederherstellt. Die Grundbedeutung des Wortes ist also physiologisch ebenso wie *Ecl.* II, 26: cum placidum ventis staret mare, oder *Aen.* V, 763: placidi straverunt aequora venti, III, 69: placataque venti dant maria. Ebenso sagt *Aristoph. Ran.* 1003: πνεῦμα λεῖον, denn ὁ Ζέφυρος τὴν θάλασσαν κατευνάζει (*Callistr. Icon.* XIV, 906). Der Gott ist also das numen, welches das Meer bald beruhigt bald erregt. Will er die erstere Wirkung hervorbringen, so ist sein caput an und für sich placidum — denn die Heiterkeit führt die Ruhe des Meeres selbst herbei, cf. I, 255 von Juppiter: voltu quo caelum tempestatesque serenat —; soll dagegen das Meer stürmisch werden, so erscheint der Gott nicht mit dem placidum

caput, sondern mit dem saevos tridens (I, 138) als ἐννοcίγαιοc
oder ἐνοcίχθων.

128. Beachte die Wortstellung. Der Gott sieht über das
Meer und was bietet sich seinem Blicke zuerst dar? Aus einander geworfen ist über das ganze Meer Aeneas' Flotte.
Also Verheerung war der erste Blick. Daher ist disiectam
vorangestellt. Der zweite Blick bemerkt die Troer im Kampfe
mit den Wogen, daher wieder fluctibus oppressos, nicht etwa
Troas vorangestellt.

129. *caelique ruina*] Sturm und Regen miteinander
lassen fürchten, dass der Himmel hereinbricht, wie auch wir zu
sagen pflegen. Dagegen darf die ruina caeli weder einfach von
dem Regensturz noch einfach von dem Sturmwetter verstanden werden. Eher noch ist wenigstens nach unserem Sprachgebrauch die letztere Vorstellung möglich. Die Anfügung und Nachstellung von caelique ruina gegenüber dem vorangestellten fluctibus oppressos ist sehr malerisch: Erst bemerkt der Gott die Ge-
fährdeten im Wasser und daneben erst das Wetter, welches das
Unglück verursacht.

130. *doli et irae*] An der ruina caeli merkt Neptun sofort
den Einfluss der Juno, weil sie die Atmosphäre ist, welche sich
im Regen auf Erde und Meer ergiesst. Juno hat aber mit ihrem
Element durch einseitige Benützung des Aeolus eingegriffen in
das des Neptun. Dieses persönliche Eingreifen ohne Mitwissen
des Meerbeherrschers, ist dolus. Diese Hinterlist kann nur ihren
Grund haben in dem persönlichen Rachedurst der Göttin. Denn
wollte sie eingreifen im Interesse eines Naturgesetzes, also aus
einem nicht persönlichen Grunde, so würde Juno mit Neptunus
gemeinschaftlich gehandelt haben. Daher kann dieser sofort die
doli und irae Iunonis erkennen. In diesem Sinne ist es vielleicht
nicht ohne Absicht, dass Vergil statt Neptunus hier fratrem sagt:
Neptunus ist die männliche Gegenseite der schwesterlichen
Juno, aber beide sind Naturgottheiten.

131. Ueber das Asyndeton vgl. zu V. 105. 87. Der Entschluss des Handelns folgt sofort dem Erkennen der Lage.
Er erhält also seinem Inhalte und seiner rhetorischen Würde
nach das Uebergewicht (asyndeton consecutivum). Vgl. *Didymus*
bei *Schol. Hom. Il.* XIV, 563: πάντωc ἵνα ἀcύνδετοc γενόμενοc
ὁ λόγοc πλέον τε διαcτῇ καὶ μᾶλλον ἐμφήνῃ.

dehinc talia fatur] Vgl. I, 256. Diese Formel illustrirt immer eine gewisse Hoheit und Majestät des Sprechenden. Neptunus bescheidet die Winde erst vor sich, darauf (wie sie versammelt vor ihm standen) spricht er also.

132. **Tantane** steht betont am Anfang der Frage, weil nicht die fiducia an und für sich getadelt wird, sondern nur die Ausschreitung derselben, welche sich vermisst Himmel und Erde in Aufruhr zu versetzen. Der Grad des Uebermuths wird also angegeben durch **iam** etc.

generis vestri] Die Winde gehören zwar nicht zur Götterversammlung (cf. *Iliad.* XX, 7—9), aber sie haben doch einen Kultus (*Iliad.* XXIII, 195. 209). Vgl. *Naeg.* Nachh. Theol. 121. Ihre Abstammung wird bei Homer nicht erwähnt, dagegen *Hesiod.* *Theog.* 378: ᾿Αстραίῳ δ᾿ ῾Ηὼс ἀνέμους τέκε καρτεροθύμους. Vgl. *Preller*, Gr. Myth. I, 369.

133. *caelum terramque*] Beide nomina bilden **einen** Begriff: den ganzen **Kosmos** (mundus). In dieser Verbindung bedeutet also terra Alles, was dem caelum gegenüber steht, **Land und Meer.** Vgl. IV, 184: nocte volat (Fama) caeli medio terraeque per umbram.

135. *quos ego —!*] Passend erklärt Wagner: gravius aliquod verbum subintelligendum, velut: **quos ego male mulcatos dimittam.** Rectius tamen haec ita in interiectionis vim et usum abiisse statuas, ut certum verbum non subintellegeretur. Itaque exclamandi signum posui. Vgl. *Terent. Eunuch.* 990: Omitte de te dicere: ego te, furcifer, si vivo   sed istuc, quidquid est, primum expedi. Vgl. im Deutschen: Wart! Ich will Dich   .! Festzuhalten ist, dass diese Formel **vom Herrn gegen Sclaven** gebraucht wurde, wenn er mit körperlicher Züchtigung drohte (plectere, mulcare, verberare etc.). Ferner da der Ausruf die Stelle einer Frage im Lat. vertritt, so wird man quos nicht vom Relativum, sondern **vom Interrogativum quis** abzuleiten haben. Endlich scheint mir quos ego **verächtlicher** als ego vos. Denn der Redende stellt sich dem Angeredeten damit nicht einmal gegenüber als Person gegen Person. Es scheint mir also vollständig folgender Gedanke darin zu liegen: **Was seid ihr denn für Subjecte? Ich will sie traktiren!** Eine bestimmte Parallele fehlt. Denn auch *Ovid. Her.* XII, 207: quos equidem actutum   sed quid praedicere poenam attinet? ist verschieden. Die rhetorische Figur erklärt *Aquila Rom.* §. 5: ᾿Αποсιώπηсιс, reticentia, cum intra nos supprimimus ea, quae dicturi vide-

mur, quod aut turpia aut invidiosa aut alioqui nobis gravia dictu
sunt. Interdum etiam utimur hac figura, quasi ad alia
instantiora properemus.

135. *praestat* = in praesentia melius est. Vgl. *Plin. h.
n.* XXVII, 13, 120 (146): illa animae auxilia praestantissima =
für den Augenblick sofort wirksame Mittel, so wie vorangeht:
certiores morborum omnium medicinas.

136. Es ist die Frage, ob **post** bedeutet **ein anderes Mal**,
wenn ihr wieder eine solche Keckheit wagt, oder **nachher**, wenn
ich zunächst mit der Beruhigung des Meeres fertig bin.

non simili] Die Römischen Dichter lieben die Litotes, cf. II,
144: miserere animi non digna ferentis. VI, 620: discite iustitiam
moniti et non temnere divos. Besonders häufig ist bei den
Dichtern **non ullus** für **nullus** ohne besondere Modification des
Gedankens, cf. I, 169 etc.

commissa luetis] Die Norm des prosaischen Sprachgebrauchs
gibt *Cic. ad Att.* III, 9, 1: itaque mei peccati luo poenas. Vgl.
zu II, 229.

137. Nicht zu verachten ist die subtilitas interpretationis
Nigidianae bei *Macrob. Sat.* VI, 8, 9 sq. Es wird hier zuerst
erwähnt, dass P. Nigidius **mature** erklärte, quod neque citius
neque serius, sed medium quiddam et temperatum est (vgl.
cπεῦδε βραδέωc). Darauf bemerkt Servius: Sic et Vergilius in-
ducit Neptunum discessum ventis imperantem, ut et tam cito
discedant tamquam fugiant et tamen flandi mediocritatem in re-
gressu teneant tamquam **mature**, i. e. temperate, abeuntes.
Veretur enim ne in ipso discessu classi noceant, dum raptu ni-
mio tamquam per fugam redeunt.

139. *sorte*] Nach der Besiegung der Titanen theilten die drei
Kroniden die Weltherrschaft unter sich und zwar nach der älteren
Sage in der einfachen Form der **Verloosung.** *Hom. Iliad.*
XV, 187 erklärt Poseidon: τρεῖc γάρ τ' ἐκ Κρόνου εἰμὲν ἀδελ-
φεοί, οὕc τέκετο 'Ρέα· Ζεὺc καὶ ἐγώ, τρίτατοc δ' 'Αίδηc ἐνέ-
ροιcι ἀνάccων. τριχθὰ δὲ πάντα δέδαcται, ἕκαcτοc δ' ἔμμορε
τιμῆc (= imperii)· ἤ τοι ἐγὼν ἔλαχον πολιὴν ἅλα ναιέμεν αἰεὶ
παλλομένων, 'Αίδηc δὲ λάχε ζόφον ἠερόεντα, Ζεὺc δ' ἔλαχ'
οὐρανὸν εὐρὺν ἐν αἰθέρι καὶ νεφέλῃcιν. Ueber die Sage bei
Hesiod vgl. *Preller*, Gr. Myth. I, 49.

141. *clauso carcere regnet*] = Er herrsche indem er den
Kerker verschlossen hält = er herrsche, halte aber die Wind-

höhle verschlossen. Denn in dem passiven Abl. abs. mit dem
Partic. Perf. trat die active Bedeutung und Verbindung mit dem
Hauptverbum immer hervor. Dies sieht man aus Stellen wie
Liv. IV, 44, 10: cum dies venit, causa ipse pro se dicta XV
milibus aeris damnatur, denn nicht ipse damnatur, sondern ipse
pro se causam dixit ist dasjenige, was Livius hervorheben will.
Vgl. *Nägelsb.* Stil. §. 97, 2. Wenn nun das Part. in Verbindung
kommt mit einem Imperat. oder imperativen Conjunct., so erhält
das Partic. selbst diese Bedeutung und ist demgemäss aufzulösen.

142. *dicto citius*] Nicht allein von Dichtern gebraucht, sondern auch von *Liv.* XXIII, 47, 6: dicto prope citius equom in
viam Claudius deiecit. *Zumpt* §. 484. Dazu *Hom. Iliad.* XIX,
242: αὐτίκ᾽ ἔπειθ᾽ ἅμα μῦθος ἔην, τετέλεcτο δὲ ἔργον.

144. „Das Meer ist belebt von den Nereiden (Νηρηίδεc),
gewissermassen den Nymphen des Meeres (νύμφαι ἅλιαι, nymphae marinae), deren Namen (*Iliad.* XVIII, 39—49) grossentheils
Eigenschaften desselben oder der Wellen oder sonstige Vorkom-
menheiten in diesem Elemente bezeichnen; vgl. *Schoem. Opusc.*
II, 164 sqq.“ *Nägelsb.* Hom. Theol. 84. Κυμοθόη = Wogen-
schnelle. *Preller*, Gr. M. I, 433. Neben der Nereide erscheint
Triton, der Sohn der Amphitrite und des Poseidon; denn er hatte
im Tritonsee an der Libyschen Küste seine Heimath. Sein ge-
wöhnliches Attribut ist die gewundene Seemuschel, cf. *Aen.* VI,
171. X, 209. Cymothoë galt als die Geliebte des Triton, cf.
Claudian. laus Serenae 126: non ludit Galatea procax, non improbus audet tangere Cymothoën Triton. ·Vgl. *Preller l. c.* p.
469 sq. Ob Vergil zur Anführung des Triton und der Cymothoë
durch ein Kunstwerk veranlasst worden ist (cf. *Prell.* p. 470),
oder ob er einen physiologischen Grund gehabt hat, ist schwerlich zu entscheiden.

145. *scopulo*] = Der Rand der Felsbank (rupes) im Meere,
cf. VII, 587: ut pelagi rupes magno veniente fragore, quae sese
multis circum latrantibus undis mole tenet, scopuli nequiquam
et spumea circum saxa fremunt. *Liv.* XXI, 36, 1.

147. Der Meergott fährt auf dem Meere dahin zu Wagen
mit Seepferden bespannt. Auf einem Vasenbilde bei *Gerhard
A. V* t. 10 sieht man Poseidons Gespann mit geflügelten
Rossen. Es ist nicht unwahrscheinlich, dass Verg. mit levibus
rotis ein Flügelgespann andeuten wollte (vgl. 156 volans).
Der antike Dichter durfte sich hierin mehr erlauben, da der Blick

des Lesers, wohin er nur fiel, mythologischen Kunstbildern be-
gegnete.

148. Im Gebrauch des Gleichnisses ahmt Vergil den
Homer nach, weil dieser mit seinen Gleichnissen für den epischen
Stil massgebend geworden war. Und man muss hierin anerkennen, dass Vergil keinen übermässigen Gebrauch von dieser
Freiheit gemacht hat. Ebenso hat er den Inhalt des Gleichnisses nur zum geringeren Theile aus Homer entlehnt (vgl. zu I,
498), und sehr häufig neue Bilder geschaffen, wenn er auch
hierin dem Naevius und Ennius Manches verdanken mag, was wir
jetzt nicht mehr controliren können. So ist z. B. schon die Form
der Einführung des Gleichnisses ac veluti cum = ὡς ὅτε
(Stellen bei *Ameis* Anhang zu *Od.* XI, 368. VII, 36) vielleicht
dem Ennius entlehnt, vgl. *Ann.* 87 exspectant veluti consul
quom mittere signum volt omnes avidi spectant ad carceris oras:
sic exspectabat populus etc. Vergils Gleichniss ist sehr treffend
gewählt: Ruhe und Gewalt des Gottes gegenüber dem unruhigen
Treiben der wüthenden Götter niederen Rangs. — Wüthender
Sturm der Volksmasse, der dennoch plötzlich schweigt vor dem
Ernst eines ruhigen und besonnenen Mannes. Ein Commentar
dazu ist die Charakteristik des Perikles bei *Thuc.* II, 65.

magno] Um so gefährlicher ist die Macht des wüthenden Volkes. Ob indessen Vergil hier nicht die Unterdrückung
von Militäraufständen durch Caesar Augustus im Auge hatte?

coorta est] Das Perf. kann im Deutschen zwar ebenfalls mit
dem Perf. übersetzt werden, in der Regel jedoch gebrauchen wir
in diesem Falle das Praesens. Beachte folgende wichtige Regel:
Ubi aliquid certo tempore fieri solere significatur, idque tempus actionis praegressae absolutione notatur (in quo Latini
diligentius actionum tempora distinguunt, nos fere tamquam
eiusdem temporis sint bis praesenti tempore utimur), ibi
latine sic loquor: Cum (= quotiens) ad villam veni, hoc ipsum
nihil agere me delectat (*Cic. Or.* II, 21); cum sensus accessit ad naturam, tuetur illam (*Cic. Fin.* IV, 38). Coniunctivo
modo nullus locus est in hac simplici temporis notatione,
neque magis futuro exacto, quoniam nulla omnino futuri temporis significatio est. *Madv. Cic. Fin.* p. 690. Vgl. *Kraner* zu
Caes. b. g. VI, 15 (der Abschnitt über den Zustand Galliens und
Germaniens gibt überhaupt viele Beispiele!), *Kühner* zu *Cic. Tusc.*
II, 58. *Madv. Gr.* §. 335. Wird derselbe Gedanke in die Ver-

gangenheit gesetzt, so steht im Hauptsatz das Imperf., im Nebensatz Indic. Plusquamperfecti. Z. B. cum Athenis volgus saevire coeperat, ubi Pericles in contionem prodierat, omnes subito silebant.

Für das Tempus des Nebensatzes ist also das Tempus des Hauptsatzes immer das Kriterium.

  I. cum ad villam veni, nihil agere me delectat.

    Im Griech. ἐάν ὅταν etc. und Conj., Haupts. Ind. Praes.

  II. Cicero cum ad villam venerat, nihil agere eum delectabat.

    Gr. εἰ ὅτε etc. mit Opt. iterativ., Haupts. Ind. Impf.

  III. (Einmalige, nicht wiederholte Handlung!)

    Cum ad villam venero, nihil agere me delectabit.

    Gr. ἐάν, ὅταν etc. Conj. Aor., Haupts. Ind. Futuri.

Zu der Stelle Vergils ist noch zu bemerken, dass saepe zu cum (= quotiens) hinzugesetzt in der Prosa sich nicht findet.

149. *saevitque animis*] Die Bedeutung des Abl. zeigt V, 462: tum pater Aeneas procedere longius iras et saevire animis Entellum hau passus acerbis, neben IX, 62: ille asper et improbus ira saevit in absentis. Vgl. *Liv.* II, 44, 8: aeternas opes esse Romanas, nisi inter semet ipsi seditionibus saeviant.

150. *ministrat*] Vgl. *Georg.* II, 431: taedas silva alta ministrat. Vgl. *Lucr.* II, 621: telaque praeportant, violenti signa furoris.

151. *tum si quem* etc.] Für die Verbindung eines Hauptsatzes mit zwei Nebensätzen hat der Lateiner die eigenthümliche Form a: (b: A) = Ubi redieris (a), si postulabis librum (b), ego tibi lubens dabo (A). Vgl. die Beispiele bei *Nägelsb.* Stil. §. 149. An unserer Stelle ist zu beachten, dass der zweite Nebensatz zugleich dem ersten Nebensatz durch tum correspondirt, was in der Prosa nicht leicht vorkommen dürfte.

152. *arrectis auribus*] = mit gespannter Aufmerksamkeit, wie V, 138: arrecta cupido = gespannte Erwartung, oder XII, 251: arrexere animos Itali = waren in Spannung, schauten gespannt zu. „Vergil scheut sich nicht, uns auch seine Helden mit arrectis auribus vorzustellen und gibt dadurch ein naives Zeugniss von der ungenirten Gemüthlichkeit, mit welcher die Alten den Zusammenhang der Menschen- und Thierwelt auffassten. Sogar die Fama subrigit aures.“ Frommann.

153. *regit dictis animos*] Vgl. *Thuc.* II, 65, 5 von Perikles: ἐκεῖνος μὲν δυνατὸς ὢν τῷ τε ἀξιώματι καὶ τῇ γνώμῃ, χρημάτων τε διαφανῶς ἀδωρότατος γενόμενος κατεῖχε τὸ πλῆθος

ἐλευθέρωc καὶ οὐκ ἤγετο μᾶλλον ὑπ᾽ αὐτοῦ ἢ αὐτὸc ἦγεν, διὰ τὸ μὴ κτώμενοc ἐξ οὐ προcηκόντων τὴν δύναμιν πρὸc ἡδονὴν λέγειν, ἀλλ᾽ ἔχων ἐπ᾽ ἀξιώcει (= pietate gravem ac meritis) καὶ πρὸc ὀργήν τι ἀντειπεῖν.

pectora mulcet] Poetische Kürze für mentis hominum adlicere et sensus atque motus animorum exstinguere, ab furore deducere.

155. *invectus*] Absolut, so dass grammatisch aequora oder per aequora nicht zu ergänzen ist, dem Sinne nach curru. Vgl. XII, 77 cum primum crastina caelo puniceis invecta rotis (= curru) Aurora rubebit.

156. *volans*] Vgl. zu 147.

157—179: Landung der Aeneaden an der Küste Libyens.

Das Motiv Vergils, warum er Aeneas nach Libyen verschlagen werden lässt, erhellt aus *Macrob.* VI, 2, 31: In principio Aeneidos tempestas describitur et Venus apud Iovem queritur (223—253) de periculis filii, et Iuppiter eam de futurorum prosperitate solatur (254—296). Hic locus totus sumptus a Naevio est ex primo libro belli Punici. Illic enim aeque Venus Troianis tempestate laborantibus cum Iove queritur, et secuntur verba Iovis filiam consolantis spe futurorum. Mit totus locus will Macrobius immer nur die Situation, nicht etwa die Ausführung im Einzelnen verstanden wissen, cf. VI, 2, 30. Was hatte nun Naevius für Grund, in der Darstellung des Punischen Krieges auf Aeneas und Dido zurückzugehen? Offenbar wollte er die Erbfeindschaft beider Völker, der Römer und Karthager, aus der vorbildlichen Entzweiung der beiden Stifter, des Aeneas und der Dido, motivirend ableiten. *Schwegler*, Röm. Gesch. I, 85. Nun hatte Vergil dasselbe Motiv und darum folgt er auch der von Naevius benützten Sage, welche den Aeneas nach Libyen verschlagen und trotz der Chronologie ihn mit Dido zusammentreffen liess. Ausser dem politischen Grunde hatte aber Vergil sicher den poetischen: neue Verwicklungen zu schaffen, die späteren Kämpfe in Latium zu motiviren (cf. IV, 607—629), endlich einen neuen Hof des Alkinoos vorzuführen, wo Aeneas wie Odysseus den früheren Verlauf seiner Irrfahrten erzählen kann.

157. *Defessi*] Die Arbeit, welche der Dichter in mythischer Fiction den Triton und die Cymothoë verrichten liess, hatten natürlich in Wirklichkeit die Troianer zu bestehen. Vgl. V, 191 sqq.

Aeneadae] Wie in der patriarchalischen Zeit der König pater heisst (daher Aeneas pater, zugleich als Stammvater des Römischen Volkes), so das Volk Söhne und Abkömmlinge ihres Fürsten oder seines Stammvaters. Vgl. VII, 219: ab Iove principium generis, Iove Dardana pubes gaudet avo, rex ipse Iovis de gente suprema Troius Aeneas. Mit Aeneadae vgl. Dardanidae, z. B. VII, 195. *Priscian.* II, 35. Die Form Aenides findet sich nur IX, 653. Vgl. *Prisc.* II p. 482 (*Keil*).

quae proxima litora] = quae proxima litora erant, ea cursu (i. e. navium) petere contendunt. Wir haben also hier keine Attraction, wobei das Subst., welches zum Hauptsatz gehört, mit dem Relativum sich verbindet, wie z. B. *Cic. Tusc.* IV § 58: videamus, quanta sint, quae a philosophia remedia morbis animorum adhibeantur = quanta sint remedia, quae etc. — sondern eine Correlation, wobei wenigstens in der Regel das Subst., auf welches sich das Relativum bezieht, in den Relativsatz hereingezogen wird. Die Modificationen dieses Gebrauchs erörtert *Nägelsb.* Stil. §. 156.

158. *et vertuntur*] = Und so kommen sie etc. Das Verbum ist hier nicht Medium, sondern rein Passivum = casu vertuntur, denn dieser Begriff ist enthalten in quae proxima littora petere contendunt.

159—169. Die Beschreibung des Hafens ist ganz dem Homer nachgeahmt *Od.* XIII, 96—104. Vgl. *Macrob.* Sat. V, 3, 18. Vgl. auch *Od.* v. 105—112, wodurch man erkennt, dass die Nachahmung Vergils keine mechanische ist, weil er Homer gegenüber seine besondere Oertlichkeit fest im Auge behält.

159. *insula*] Wahrscheinlich die Insel bei Karthago, welche den Kaufhafen vom Kriegshafen abschloss. Dadurch erklärt sich auch in longo secessu, weil diese Insel selbst in einer Bucht liegt, welche vom Gestade und dem Arme gebildet wird, welcher bei der Belagerung Karthago's vom Kriegshafen aus durchbrochen wurde. Vgl. den Plan Karthagos von Davis im *Quellenb.* zur Röm. Gesch. II, 215. Vgl. die Beschreibung des Hafens von Brundusium bei *Luc. Phar.* II, 614: tenuem producit in aequora linguam, Adriacas flexis claudit quae cornibus undas. Nec tamen hoc artis inmissum faucibus aequor portus erat, si non violentos insula Coros exciperet saxis laxasque refunderet undas. Hinc illinc montes scopulosae rupis aperto opposuit natura mari flatusque removit etc. Dazu *Liv.* XXVI, 42, 8 (freilich wahrscheinlich nur Ergänzung des Liv. von späterer Hand!). Be-

schreibung des Hafens von Carthago nova: huius in ostio sinus parva insula obiecta ab alto portum ab omnibus ventis praeterquam Africo tutum facit.

161. *sinus reductos*] Wenn die Woge anprallt, dann zertheilt sie sich in Halbbogen (sinus), welche in Folge des Stosses sich wieder rückwärts ziehen. Man kann dieses Experiment leicht machen, wenn man im ruhigen Wasser Wogen erregt und diese gegen einen Floss etc. treibt.

162. *hinc atque hinc*] Zu beiden Seiten der Insel. Von den Karthagern wurden diese Höhen später als specula benützt. Vgl. *Davis*, die Ruinen Karthago's.

164. *scaena*] Zwischen den scopuli ist die später angebaute scaena (vgl. zu 429), ein lichter auf beiden Seiten mit Laub und Bäumen eingefasster Platz, wie die älteste römische Bühne durch Laubgeflechte statt einer Bühnenwand gebildet wurde; der die scaena umfassende Hain erscheint etwas höher (desuper) nur wegen der in die Höhe strebenden Bäume. Denn desuper ist mit nemus imminet zu verbinden, nicht mit scaena. Ueber diesen freien Gebrauch in der Stellung des que vgl. zu II, 239.

166. Unterhalb der Seite der Insel, welche ins Meer hereinhangenden Klippen entgegensteht = an der inneren Seite der Insel, wo über das Gestade Felsen hereinhangen, befindet sich eine Grotte.

167. *intus*] = in quo antro, wie Homer: ἐν δὲ κρητῆρέc τε καὶ ἀμφιφορῆεc ἔαcιν.

dulces] Im Gegensatz zu dem Salzwasser des Meeres.

168. Für domus sagt *Hom. Od.* XII, 318: ἔνθα δ᾽ ἔcαν νυμφέων καλοὶ χοροὶ ἠδὲ θόωκοι.

non — non] Die repetitio des non betont, dass, was sonst überall nöthig erscheint, hier unnöthig war, sie hebt also das Ungewöhnliche der Erscheinung hervor.

169. *morsu*] = dente, cf. VI, 3: tum dente tenaci ancora fundabat navis.

170. *septem*] Vgl. zu 116.

171. *telluris amore*] = desiderio, weil sie das feste Land nun lange hatten entbehren müssen und nach dem Sturme zum Meer kein Vertrauen mehr hatten. Amor dient nun dem Dichter als Ersatz für ἔρωc oder ἔροc, welches für jede Art von Verlangen gebraucht wurde, z. B. γόου, πολέμου, πόcιοc καὶ ἐδητύοc.

173. *sale tabentis*] Der Schol. (Acro) zu *Hor. Epod.* 5, 40: interminato cum semel fixae cibo intabuissent populae erklärt intab. mit defecissent (vgl. Orelli). Damit stimmt überein *Aen.* XII, 221: tabentesque genae (eingefallene Wangen) et iuvenali in corpore pallor. Vgl. *Hor. Sat.* I, 1, 111: quodque aliena capella gerat distentius uber, tabescat. So auch in der Prosa invidia, otio, maerore tabescere.

artus] Das Subst. artus dient scheinbar zum Ersatz für das Pron. reflex. se, in der That aber benützt der Dichter diese Umschreibung zur malerischen Darstellung der Situation: wir sehen gewissermassen die ermatteten Glieder der Troianer mit Augen. Vgl. *Ecl.* 6, 78: aut ut mutatos Terei narraverit artus, denn wir sollen die Metamorphose der einzelnen Theile des Körpers nach einander uns vorstellen. Vgl. *Aen.* V, 422.

Hierher gehört die Umschreibung einer Person oder überhaupt lebender Wesen mit forma, cf. VII, 18: formae magnorum luporum, wozu Wagner mit Recht bemerkt: ingentem magnitudinem bestiarum hoc vocabulo designare videtur. III, 590: cum subito e silvis macie confecta suprema ignoti nova forma viri miserandaque cultu procedit, denn den Menschen konnte man hier höchstens nur an der Gestalt im Allgemeinen erkennen, seine Züge, sein Gesicht etc. war verwildert. IV, 556: huic (somno oppresso) se forma dei voltu redeuntis eodem optulit in somnis, d. h. eine Gestalt gleich einem Gotte, mehr konnte er im ersten Augenblicke nicht erkennen, erst allmählig bemerkt er von dieser Gestalt: omnia Mercurio similis etc.

Nicht anders ist es mit facies oder corpus, welche ebenfalls zur Umschreibung dienen. Vgl. VII, 822: tum variae comitum (auf der Meerfahrt) facies, immania cete, et senior Glauci chorus Inousque Palaemon Tritonesque citi etc. II, 18: huc (in das hölzerne Pferd) delecta virum sortiti corpora furtim includunt caeco lateri, denn es handelt sich um Ausfüllung des Raumes. Vgl. V, 318. VIII, 539. XII, 271. IX, 273. Vgl. im Griech. δέμας u. σῶμα. Wie auch die Prosa animus und corpus benutzte, um bald die geistige bald die leibliche Persönlichkeit zu veranschaulichen, zeigt *Zumpt.* Gr. §. 678. Stilistisch verfolgt diese Besonderheit der lat. Sprache eingehend *Nägelsb.* Stil. §. 50.

174. *silici*] Verg. wählte den Dat. statt des Abl., um den Stein gewissermassen als ein lebendiges Wesen darzustellen, dem man das Feuer raubt. Der Abl. würde bedeuten: den Funken

aus dem Steine herausschlagen, so dass dieser als todte Materie dabei passiv bleibt.

175. *succepit*] Die Form succipere für suscipere hat O. Ribbeck aus Hdschr. wiederhergestellt I, 175. IV, 391. VI, 249. XI, 806, überall in der sinnlichen, ursprünglichen Bedeutung (von unten) etwas auffangen, was zu Boden fallen will.

176. *in fomite*] Da fomes jedes Mittel zum Anfachen des Feuers ist (Brenn- oder Zündstoff) — vgl. fomentum von fovere —, so ist die Frage, ob hier fomes = arida nutrimenta ist? Könnten nicht auch die folia fomes genannt werden? Die letztere Auffassung ist mir am wahrscheinlichsten wegen der Präposition in. Achates entlockt dem Kiesel zuerst den Funken, diesen fängt er mit dürren Blättern auf und legt dazu trockene Brennstoffe rings herum. Sofort wie dies geschehen (que), erlangt er mittels des Reisigs in dem (aus Blättern bestehenden) Zündstoff eine helle Flamme. Leider lässt sich weder aus VI, 6 noch aus *Georg.* I, 135 etwas Bestimmtes entnehmen. Zu flammam rapere = raptim efficere vgl. *Lucan.* III, 684: nunc pice nunc liquida rapuere incendia cera. Aehnlich ist *Liv.* XXX, 14, 2: raptae prope inter arma nuptiae (= raptim factae), cf. ib. VI, 23, 5. *Tac. hist.* I, 13: spem adoptionis statim conceptam acrius in dies rapiebat, ib. III, 41: rapere inlicitas voluptates. *Hor. Epod.* 13, 3: rapiamus, amici, occasionem de die.

177. *Cererem*] Vgl. I, 701; VII, 113; VIII, 181; *Georg.* I, 297. Volcanus = ignis II, 311. V, 662. VII, 77. *Georg.* I, 295. Am häufigsten Bacchus = vinum: I, 215. V, 77. VII, 405. 725 etc. Vgl. *Näg.* Nachhom. Theol. p. 95: Im Bereiche der Naturgottheiten ist der Gott und der Naturgegenstand, den er vertritt, vielfältig noch eins. *Hym. Herm.* 115 heisst es: ὄφρα δὲ πῦρ ἀνέκαιε βίῃ κλυτοῦ Ἡφαίστοιο, ohne dass die Gegenwart des Gottes erwähnt oder nur denkbar wäre. Anschaulich sagt *Eurip. Bacch.* 277 vom Wein: οὗτος θεοῖσι σπένδεται θεὸς γεγώς, u. 293: ὅταν γὰρ ὁ θεὸς εἰς τὸ σῶμ’ ἔλθῃ πολύς, λέγειν τὸ μέλλον τοὺς μεμηνότας ποιεῖ. So gibt es bei Griechen und Römern kaum eine Gottheit, aus deren Wesen nicht zuweilen die Einheit ihrer Persönlichkeit mit Gegenständen und Kräften der Natur oder Zuständen der Welt deutlich hervorleuchtete. In dieser Vergötterung der Naturmächte und derjenigen Kräfte, welche wirksam und herrschend sind in den Zuständen der Welt, spricht sich die pandämonistische Weltanschauung der Alten aus,

welche den Gott von der Welt nicht scheidet. Diese Anschauung geht im Alterthum parallel fort mit dem Theismus.

178. *fessi rerum*] Ueber den Gebrauch der relativen Adjectiva mit dem Genetiv, den die Dichter und unter den Prosaikern Tacitus sehr ausdehnen, vgl. *Dräger*, Syntax u. Stil. des Tacitus §. 71. Von Bsp. vgl. *Ecl.* I, 66: rapidum cretae veniemus Oaxen. *Aen.* I, 441: lucus laetissimus umbrae. I, 350: securus amorum. Zu fessus vgl. *Stat. Theb.* III, 395: fessus belli.

Erklärt scheint mir dieser Sprachgebrauch noch nicht zu sein. Denn ich kann darin ebensowenig eine Nachahmung des Griechischen erkennen — wenigstens muss dieser Gebrauch dem lateinischen Ohr nicht allzu fremdartig geklungen haben —, noch ist es mir möglich dem Vossius de arte gramm. VII, 10 zuzustimmen, wenn er erklärt: Adiectiva multa et in his etiam verbalia iunguntur genetivo per ellipsin nominis substantivi causa vel gratia vel ratione: idque Graecorum more, quibus genetivus adiectivo additus regitur ab intellecto ἕνεκα vel χάριν.

Richtiger wird es sein, wenn man ausgeht von der Verbindung ähnlicher Verba mit Gen., z. B. quiescere pugnae, quiescere viae (*R. Unger de Valg.* p. 471), cf. *Gellius* IX, 13, 8, desinere irae, querelarum, cf. *Heins. in Sil. Ital.* XI, 350. *Hor.* II, 9, 17. III, 27, 69. Orelli freilich vergleicht *Eurip. Phoen.* 1071: λήξας᾽ ὀδυρμῶν πενθίμων τε δακρύων, und gibt damit zu verstehen, dass auch diese Struktur nur eine Nachahmung des Griech. sei. Indessen ist doch zu bedenken, dass der Gen. der Richtung und des Zieles im Latein. sehr früh erscheint. Wenigstens ziehe ich hieher *Enn. Ann.* 209: Quo vobis mentes rectae quae stare solebant antehac, dementis sese flexere viai? Wir müssen also diese Frage noch als ungelöst erklären.

179. Wie paratus selbst in der Prosa zuweilen mit dem Inf. erscheint, z. B. paratus frumentum dare = ad frumentum dandum (*Madvig* gr. §. 389 n. 3), so wird parare bei den Dichtern völlig wie volo, nolo, malo, cupio etc. construirt. Vgl. ad 1) *Ecl.* 7, 5: et cantare pares et respondere parati; ad 2) *Zumpt* §. 614. *Hor. Sat.* I, 5, 10: iam nox inducere terris umbras et caelo diffundere signa parabat. I, 10, 3: qui male factos emendare parat versus. II, 3, 13: invidiam placare paras. II, 3, 271:

ac si insanire paret certa ratione modoque. *Ep.* I, 3, 24: seu
civica iura respondere paras.

180—222: Jagd und Schmaus an der Küste Libyens.

Die Situation hat Vergil entlehnt aus *Hom. Od.* IX, 152 sqq.:
Jagd und Schmaus auf der Ziegeninsel. Einzelne Verse sind sogar ganz getreu wiedergegeben. Die Ansprache an die Gefährten
V. 198—207 scheint nicht direct aus *Hom. Od.* XII, 208 sqq.
herübergenommen zu sein, wenigstens ist der Inhalt beider Reden
sehr verschieden. Bezeichnend ist es, dass Aeneas seine Genossen
dadurch tröstet, dass er ihnen sein fatum u. seinen Schutzgott
(deus) vorführt, während Odysseus selbstbewusst erklärt: ἀλλὰ
καὶ ἔνθεν ἐμῇ ἀρετῇ βουλῇ τε νόῳ τε ἐκφύγομεν, καί που
τῶνδε μνήσεσθαι ὀίω. Die Rede des Odysseus fordert auf zu
neuer That, die des Aeneas bezweckt nur Trost nach über-
standenem Unglück.

Wenn wir also hier nur eine theilweise Nachahmung Homers
anerkennen können (*Macrob.* V, 11, 5: in his versibus Maro exstitit locupletior interpres), so ist die Notiz des Servius für uns
um so wichtiger: totus hic locus de Naevio e belli Punici libro
translatus est. Dieselbe Stelle des Naevius hatte gewiss auch
Horatius *Carm.* I, 7, 21—32 im Auge, als er die Trostesworte
schrieb, welche Teucer an seine Leidensgenossen richtet. Und
es ist merkwürdig, dass die Rede des Teucer im Wesentlichen
mehr mit der des Aeneas bei Vergil übereinstimmt als diese mit der
des Odysseus bei Homer. Vgl. 25: Quo nos cunque feret melior
fortuna parente, Ibimus, o socii comitesque. Nil desperandum
Teucro duce et auspice divo: certus enim promisit
Apollo etc. Fast wörtlich stimmen die Worte: O fortes peioraque passi Mecum saepe viri, nunc vino pellite curas etc.

Die gemeinschaftliche Quelle für Vergil und Horaz war also
Naevius und dessen Quelle war Homer. Wir sehen ferner daraus, dass auch bei Naevius wie bei Vergil der Ansprache die
Mahlzeit folgte, und dass auch bei jenem der Trost und die Zuversicht gefunden wird nicht sowohl in der Klugheit und
Tapferkeit des Führers als in dem göttlichen Schutz desselben und seiner Bestimmung.

180. *scopulum*] Vgl. 162 sq.

omnem] d. h. nach jeder Seite hin, so weit er nur konnte.

181. *pelago*] = über das Meer hin. Genau: dem Meere
zu (Dativus). Vgl. II, 36: pelago Danaum insidias suspectaque

dona praecipitare iubent = dem Meere zuwerfen = in das Meer werfen. Vgl. *Näg. ad Hom. Il.* II, 89. I, 8.

siquem] Ladewig erklärt: ob er nicht ein Schiff erblicken könne, das ungefähr so aussähe, wie das des Antheus. Erkennen konnte Aeneas die Schiffe an den Waffen und Schilden, die man am Hintertheile des Schiffes aufzustapeln pflegte, vgl. VIII, 92. X, 80. Dafür könnte man als Beleg anführen *Prop.* V, 11, 19: aut siquis posita iudex sedet Aeacus urna = ein Richter, wie Aeacus. Vgl. auch *Aen.* II, 81. Aber Aeneas erwartet ja nicht einen beliebigen Mann wie Antheus, sondern bestimmte, ihm bekannte Gefährten, Antheus oder Capys oder Caicus etc.

Forbiger erklärt: verba proprie ita collocanda sunt: si quem (sociorum amissorum) videat, Anthea aut Capyn aut Caicum. Diese Construction würde mir zusagen, wenn nicht die Worte hindernd dazwischen ständen: Phrygiasque biremis.

Ich muss also gestehen, dass ich die überlieferte Lesart nicht begreifen und nicht erklären kann. Ich adoptire daher die Lesart, welche auch *Servius* ad X, 792 und *Charisius* II p. 218 (*K.*) anführen. Der Letztere sagt: siqua pro siquo, aliquo modo, ut siqua fata sinant (*Aen.* I, 18). Quod ita quidam etiam in illo legerunt: Anthea si qua iactatum vento videat etc. Nur ist dann zu erklären: ob er irgendwo (auf dem Meere) etc. Vgl. I, 418: corripuere viam, qua semita monstrat. II, 387: o socii, qua prima, inquit, fortuna salutis monstrat iter. Vgl. III, 151. 269. *Georg.* I, 408: qua se fert Nisus ad auras. Indessen steht ea — qua nicht nur auf die Frage wo? (cf. *Prisc.* XVII, 25), sondern auch in welcher Richtung? Cf. *Prisc.* XVII, 40: per locum „qua". Nur ist zu beachten, dass qua nie in der directen Frage gebraucht wird. Dies will *Priscian.* XVIII, 269 andeuten, wenn er sagt: πη apud Graecos infinitum gravatur, interrogativum circumflectitur, similiter apud nos „qua" et „quo".

182. *biremis*] Vergil denkt sich jedenfalls nicht Schiffe mit zwei Ruderreihen übereinander, sondern mit zwei Reihen, von denen die eine auf der linken, die andere auf der rechten Seite des Schiffes sich befindet.

183. *arma Caici*] Vgl. X, 80: praefigere puppibus arma. So ist jedenfalls auch zu verstehen VIII, 92: moratur nemus insuetum fulgentia longe scuta virum fluvio pictasque innare carinas, denn während des Fahrens tragen die Helden den Schild nicht an der Linken.

184. Der Gegensatz ist angedeutet durch den Chiasmus: navem nullam, tris cervos (= ab: ba). Diese Figur ermöglicht, die einander gegenüberstehenden Substantiva an Anfang und Ende des Verses zu setzen. Dies ist ein Ersatz für die prosaische Form: ac navem quidem prospicit nullam etc.

185. *armenta*] proprie bo um (III, 220), dann überhaupt = Heerde oder Rudel verschiedener Thiere, cf. *Georg.* IV, 395: quippe ita Neptuno visum est, immania cuius armenta et turpis pascit sub gurgite ph o cas.

186. *per vallis*] Zwar bemerkt Aeneas das Rudel Hirsche (?) in einem Thale, aber der lange Zug setzt sich von einem Thal in das andere fort.

187. *constitit hic*] D. h. so wie er den langen Zug vor sich sah. Man hüte sich, hic etwa räumlich zu erklären = im Thale; denn in dieser Bedeutung steht hic nie neben dem Verbum, cf. I, 16. 427. II, 29. *Ecl.* I, 42. 51. Dagegen in der Bedeutung „hierauf“, wobei hic an eine vorher bezeichnete Situation anknüpft, steht hic sowohl neben dem Verbum als auch getrennt. Vgl. I, 728. II, 122. 199. Es ist dieses hic zu vergleichen mit ibi, welches in der Prosa häufig für tum (sowie ibi vero = tum vero) zu stehen scheint, aber ebenfalls immer an eine Situation anknüpft. Vgl. *Liv.* II, 35, 2: ibi ira est suppressa. III, 69, 3: in senatum ubi ventum est, ibi vero in Quinctium omnes versi. Vgl. *Drakenb. ad Liv.* VII, 23, 4. *Hand, Tursell.* III, 16, 5. *Ingerslev, Epist. ad Alsch.* II p. 25.

Ob Aeneas noch auf der Höhe anlegte oder im Thale, ist nicht ausdrücklich vom Dichter gesagt, also ist der erstere Fall wahrscheinlicher. Solche Nebenumstände darf der lyrische Dichter überhaupt nicht, der epische pflegt sie nicht auszuführen.

187. *arcumque*] = Und sofort, wie er still stand, ergriff er den Bogen. Warum kann que — que hier nicht correspondiren?

celerisque] Dieses Adjectiv soll wahrscheinlich das Homerische πτερόεις ersetzen. Man beachte, welche Schwierigkeiten Vergil gerade in dem Ausdruck der Epitheta zu überwinden hatte, da die unbiegsame lat. Sprache kühnen Wortbildungen abgeneigt war. So z. B. VII, 225: refuso Oceano für ἀψορρόῳ, VII, 430: flumine pulchro für καλλιρρόῳ, so häufig pulcher Iulus für καλλιπάρῃος oder καλλίκομος, fortis Achates für ἀμύμων, saevos Hector für κορυθαίολος etc. Man wird gestehen, dass die Homerischen Epitheta immer specieller, schärfer und bezeichnender, darum aber auch poëtischer sind. Bei καλλιπάρῃος habe ich sofort eine Anschauung für das Auge, nicht so bei pulcher. Aber je ärmer hierin die lat. Sprache ist, um so mehr muss man den Dichter loben, der mit geringen Mitteln so Grosses geleistet hat.

188. Ueber die eingeschlossenen Worte bemerkt bereits Servius: et quo modo ab Achate (sc. corripuit), quem apud ignem (174) occupatum dixit? Und wozu bedurfte es für Aeneas eines Waffenträgers, da ja doch Venus (318 sq.) als Jägerin ihren Bogen selbst auf der Schulter trägt und zwar, wie Vergil ausdrücklich hinzusetzt, de more? Es ist deshalb sehr wahrscheinlich, dass diese Worte eine Interpolation sind von 312: uno graditur comitatus Achate. Vgl. *O. Ribb. Prolegg.* p. 67. Nirgends war natürlich die Interpolation mehr herausgefordert als bei unvollendeten Versen.

So lebhaft die Schilderung ist von constitit bis corripuit und sternit, um so unangenehmer fällt die Unterbrechung derselben durch den Relativsatz auf. Dazu kommt, dass die Bezeichnung des arcus und der sagittae als tela matt und nichtssagend ist.

190. *cornibus arboreis*] Gehört als Abl. der Eigenschaft zu capita, nicht zu alta. Vgl. I, 655. II, 765. I, 639. Arboreus ist = ramosus, cf. *Ecl.* 7, 30: ramosa vivacis cornua cervi. Capita alta corn. arb. sind also = capita alta eademque ramosa.

191. *miscet*] = turbam turbat vel conpellit, cf. X, 721: hunc ubi miscentem media agmina vidit. Vgl. I, 234.

192. *absistit*] sc. incepto (i. e. agendo).

193. *corpora*] Vgl. zu 173.

humi] = zur Erde niederstrecken, mit Rücksicht auf die nach Beendigung der Handlung eintretende Ruhe, wie *Hom. Il.* IV, 482: ὁ δ' ἐν κονίῃςι χαμαὶ πέςεν, wo man χαμάδις oder χαμᾶζε erwartete. χαμαί und humi sind Lokative, vielleicht stammverwandt vom skr. ghamà, cf. *G. Curtius*, Gr. Etym. p. 180.

Der Abl. humo erhält die Bedeutung „von der Erde her" oder „aus der Erde", vgl. *Georg.* III, 9: temptanda viast, qua me quoque possim tollere humo victorque virum volitare per ora, *Aen.* III, 3: omnis humo fumat Neptunia Troia. *Georg.* II, 460: fundit humo facilem victum iustissima tellus. Dagegen X, 557: non te optima mater condet humi = zur Erde bestatten, wo sonst fälschlich humo gelesen wurde. Vgl. XI, 665: humi fundis. 640: volvitur ille humi. 485: sterne solo (Dat.). Zur

Sache vgl. *Hom. Od.* IX, 159: νῆες μέν μοι ἕποντο δυώδεκα, ἐν δ' ἑκάστῃ ἐννέα λάγχανον αἶγες. Vgl. auch den übrigen Theil.

194. *hinc*] Wie Vergil hic = ibi, so gebraucht er hinc = inde.

in omnis] Aehnlich wie *Tac. hist.* I, 13: potentia principatus divisa in T. Vinium cos. et Cornelium Laconem praetorii praefectum = inter. So schon *Plaut. Aul.* I, 2, 30: dividere nummos in viros. Vgl. im deutschen 'sich vertheilen auf'.

195. *quae deinde*] Deinde gehört nothwendig nicht zu onerarat, sondern zu dividit. Vgl. *Wagner, Quaest. Verg.* XXV, 27, der indessen hier ebenso wenig wie in der Note zu unserer Stelle einen vollständig gleichen Fall anführen kann. Am nächsten kommt III, 609: Qui sit fari, quo sanguine cretus, hortamur; quae deinde agitet fortuna, fateri = deinde quae fort. agitet fateri. Zu vergleichen ist die Stellung von namque X, 614, wo zu verbinden ist: namque, si mihi vis in amore foret, non hoc mihi negares.

bonus Acestes] = benignus. Die Troianer waren in den Hafen von Drepanum eingelaufen. Nicht weit davon lag Segesta, wo nach der Sage Acestes herrschte, vgl. III, 707. Ueber die Abstammung des Acestes vgl. V, 38.

cadis onerarat] Offenbar ist hier onerare mit dem Dat. verbunden: vina onerare cadis: Wein den Krügen zulasten = in die Krüge füllen. Aehnlich VIII, 180: onerantque canistris dona laboratae Cereris. Sonst hat auch Vergil die regelmässige Verbindung onerare aliquid aliqua re, cf. I, 363. 706. X, 620. 868. XI, 342. 573 etc. Zweifelhaft, ob Abl. oder Dat., bleibt X, 558: non te optima mater condet humi patrioque onerabit membra sepulchro. Vgl. damit den Abl. XI, 212: onerabant aggere terrae. Passend vgl. *Ladewig* stipare mit Dativus III, 465: stipatque carinis ingens argentum. Diese Verbindung ist sicher bei *Hor. Sat.* II, 3, 11: quorsum pertinuit stipare Platona Menandro? Wenn nun *Hor. Ep.* II, 1, 60 sagt: hos ediscit et hos arto stipata theatro spectat Roma potens, so wird man hier ebenfalls den Dativ anzunehmen haben = in das enge Theater hineingepfropft, eingekeilt.

196. Die Stellung von heros am Ende des Verses deutet darauf hin, dass bonus an den Anfang von V. 195 gesetzt damit zu verbinden ist = bonus heros Acestes. Indessen ist es doch wahrscheinlicher, dass bonus prädicativ steht und ein Ersatz sein soll etwa für das Homerische ἀγαθὰ φρονέων. Jeden-

falls kann ich in dieser Wortstellung eine besondere Kunst nicht finden; denn das Wort heros hängt so verlassen am Ende des Verses, dass es fast ein Lückenbüsser zu sein scheint.

197. *maerentia pectora*] Bis jetzt erfuhren wir nur, dass die Aeneaden defessi waren, dass sie sich müde und matt am Gestade hinstreckten, während Einzelne wie Achates Feuer und Mahlzeit besorgen. Nun kommt Aeneas zu ihnen von der Jagd und findet sie in trauriger Stimmung. Warum dieser Stimmung Aeneas jetzt erst begegnet, sagt Vergil nicht. Natürlich, zuerst überwog das Gefühl der Lebensrettung, der Missmuth stellt sich erst ein, wie sie neuen Entbehrungen (177 cererem corruptam) und Gefahren entgegensehen. Vorerst hatte Aeneas keine Zeit auf diese Stimmung einzugehen, er wollte handeln, jetzt wo er zur Mahlzeit kommt und unter den Gefährten weilt, muss er auf die herrschende Stimmung Rücksicht nehmen.

198. *neque enim*] Auch die Form nach *Hom. Od.* XII, 208: ὦ φίλοι, οὐ γάρ πώ τι κακῶν ἀδαήμονές εἰμεν etc.

ante malorum] Wie das Griechische die Adjectivirung eines Adverbs durch Einschiebung desselben zwischen Artikel und Substantiv erreicht, so sucht die lat. Sprache diese Fähigkeit sich so anzueignen, dass sie das Adverb in möglichst enge Verbindung mit dem Subst. bringt. Zunächst wird: τὴν κύκλῳ (πᾶσαν) χώραν = omnem circa regionem, wo circa von dem Subst. und seinem Adjectivum eingeschlossen erscheint. Vgl. *Näg. Stil.* §. 75. Dann aber auch freier, z. B. *Liv.* III, 6, 3: ministeria invicem ac contagio ipsa volgabant morbos. *Liv.* 37, 17, 3: agrum circa Romani hostiliter depopulati sunt. *Liv.* I, 21, 6: duo deinceps reges = zwei nacheinander folgende Könige. Vgl. *Zumpt,* §. 262. *Madvig,* §. 210 n. 2.

199. *passi graviora*] = Horat.: peioraque passi mecum saepe viri.

200. *Scyllaeam rabiem*] Vgl. III, 555—567. Ueber die Cyklopen vgl. III, 569—681. Die Bedeutung von rabies ersieht man aus der Beschreibung von *Hom. Odyss.* XII, 85 sqq. Ueber die künstlerische Einfügung solcher Episoden vgl. *Horat. ars poet.* 143 sqq.

penitusque sonantis] = tief hinein tosen, weithin hallen. Denn der Begriff 'tief' ist wechselnd je nach dem Standpunkt, vgl. altus. Vgl. indessen *Ameis* zu *Hom. Od.* XII, 241: πᾶσ' ἔντοσθε φάνεσκε κυκωμένη, ἀμφὶ δὲ πέτρῃ δεινὸν ἐβεβρύχειν.

201. *accestis*] Eine Uebersicht von Beispielen solcher syn-
copierter Formen des Perfects oder vom Perf. abgeleiteter Tempora,
in denen der Ausfall des ursprünglich langen Charaktervokales i
stattgefunden hat, gibt *Corssen*, Vocalismus II, 26 sqq. Aus *Vergil*
sei bemerkt VI, 57 direxti, IV, 682: extinxti, IV, 606: extinxem,
XI, 118: vixet V, 786: traxe. Dieselbe Vokalausstossung findet
Corssen p. 28. in der ersten Person Sing. Coni. Perf. faxim,
inspexim etc., also auch in ausim *Verg. Ecl.* III, 32. *Georg.* II,
289. Jedenfalls findet dasselbe Verhältniss statt *Aen.* XI, 467 in
iusso. Verschieden ist der Ausfall des i vor gi nach einer hoch-
betonten Sylbe VIII, 274: porgite = porrigite, cf. *Corssen* II, 21 sq.

ros — ros et] Vgl. *Cornific.* IV, 13, 19: Repetitio (= ἐπα-
ναφορά) est, cum continenter ab uno atque eodem verbo in rebus
similibus et diversis principia sumuntur, hoc modo: vobis istud
adtribuendum est, vobis gratia habenda, vobis ista res erit honori.
item: Scipio Numantiam sustulit, Scipio Carthaginem delevit, Scipio
pacem peperit, Scipio civitatem servavit. Haec exornatio cum
multum venustatis habet (im Gleichklang) tum· gravitatis et acri-
moniae plurimum. Vgl. I, 664.

202. *experti*] Dieselbe Ellipse von estis V, 192: nunc illas
promite vires, nunc animos, quibus in Graetulis Syrtibus usi
Ionioque mari Maleaeque sequacibus undis. Vgl. I, 237, wo *Ribb.*
jetzt pollicitu's schreibt.

timorem] Die Angst vor der Zukunft ist Furcht.

203. *Homer*: 211 sq.: ἀλλὰ καὶ ἔνθεν ἐμῇ ἀρετῇ βουλῇ τε
νόῳ τε ἐκφύγομεν, καί που τῶνδε μνήcεcθαι ὅιω.

204. Dem Sinne nach = per discrimina tam multarum rerum:
Gefahren, die in so vielen Verhältnissen sich zeigten, vielfache,
verschiedenartige Gefahren. Anders *Liv.* VI, 35, 6: omnium
igitur simul rerum, quarum immodica cupido inter mortalis est,
agri pecuniae honorum discrimine proposito conterriti patres cum
trepidassent etc.

205. *quietas*] Die Drohung der Celaeno (III, 253 sqq.) erschien dem Aeneas nicht bedeutend genug, um damit seine und
seiner Gefährten Zuversicht zu stören. Wichtiger wurde später
Dido's Fluch, cf. IV, 615 sqq.

208. *voce refert*] Vgl. *Exc.* II. *aeger*] Von schwerem Kummer beladen. Auch ohne cura wird aeger ähnlich gebraucht,
z. B. II, 268: tempus erat, quo prima dies mortalibus aegris incipit, i. e. δειλοῖcι βροτοῖcι, gegenüber den μάκαρες θεοί, den

kummerlosen Göttern. So X, 274. XII, 850. Die c u r a e i n-
g e n t e s sind nicht sowohl e d a c e s (Kummer des Herzens, Ge-
müthes), als sagaces (*Hor. Carm.* IV, 4, 75) F ü r s o r g e für die
Erhaltung der Seinigen. Vgl, IV, 1: gravi saucia cura. VIII, 19:
magno curarum fluctuat aestu atque animum nunc huc celerem
nunc dividit illuc.

209. *altum*] i. e. Er verschliesst den Schmerz in der Seele,
so dass er tief sitzt. Vgl. *Schiller*:
'Und donnernd sprengen die Wogen des Gewölbes k r a c h e n d e n
Bogen.'
'Springt murmelnd hervor ein l e b e n d i g e r Quell.'

210. *praedae*] Denn praeda aus prac-n-da von prachendo
(vgl. auch *Curtius Etym.* p. 179) ist die J a g d b e u t e ebenso
gut als die K r i e g e s b e u t e. Zu beachten ist der Dat. des Zweckes
praedae oder pugnae (XI, 707) se accingere, wofür in der Prosa
nur in oder ad mit Acc. sich findet.

futuris] Die praeda ist nicht futura, wohl aber die dapes.
Wozu aber diesen müssigen Zusatz? Etwa = das b e v o r s t e h e n d e
Mahl?

211. *deripiunt*] Deripere = h e r a b r e i s s e n, diripere =
wohinreissen. Aber an vielen Stellen ist eine Unterscheidung der
Bedeutung nicht möglich, man muss eben den besten Hdschr.
folgen, z. B. III, 267: litore funem deripere. IV, 593: deripere
rates navalibus, dagegen XI, 743: dereptum ab equo complectitur
hostem. Es scheint als ob Wagner (*lectt. Verg.* p. 341) Recht
hat, wenn er deripere erklärt mit r a p t i m d e d u c c r e oder
d e t r a h e r e, und in dem Verbum den Nebenbegriff g r o s s e r
E i l e findet. Diripere aber ist = rapere alio, in diversas partes
auferre.

211. *viscera*] Nicht etwa die E i n g e w e i d e, sondern das
F l e i s c h unter der Haut.

213. *flammasque ministrant*] Vgl. V, 640: deus ipse faces
animamque ministrat (= gibt uns in die Hand). VIII, 180: onerantque canistris dona laboratae Cereris Bacchumque ministrant.
IX, 764: Iuno vires animumque ministrat. Vgl. I, 150. *Georg.*
II, 431 taedas silva alta ministrat. Damit scheint in Widerspruch
zu stehen VI, 302: ipse ratem conto subigit velisque ministrat
und X, 218: ipse sedens clavomque regit velisque ministrat.
Denn wenn man auch an der ersteren Stelle erklären wollte:
ratem velis (= Abl.) ministrat, so ist diese Erklärung doch durch

die zweite Stelle ausgeschlossen. In der That findet sich keine Stelle für navem velis ministrare, wohl aber *Val. Fl.* III, 38: ipse ratem vento stellisque ministrat. Ich sehe also in der Formel velisque ministrat den Dativus und ergänze rudentes, cf. X. 227 vigila et velis inmitte rudentis.

214. *victu*] Poetisch für cibo., dagegen in Verbindung mit Adjectiven (tenuis etc.) ist victus in diesem Sinne auch in der Prosa üblich.

fusique] Der Lateiner gebraucht fusus im Sinne von 'hingestreckt' sowohl als Folge freien Willens als auch äusserer Einwirkung (= niedergestreckt, in die Flucht geschlagen). Vgl. *Ovid. Met.* XI. 386: collo infusa mariti mit *Verg. Aen.* VIII, 618: infusus gremio coniugis. Bei uns 'ergiessen sich' die Massen des Volkes etc., der Römer gebraucht circumfusus im Sing. und Plur. einfach zum Ausdruck der Begleitung oder Umgebung, z. B. circumfusus satelles, circumfusae Dianam texere.

215. *veteris bacchi*] Vergil sagt sonst immer inplere aliquid aliqua re, nur inpleri immer mit Gen. im Sinne von sich sät-. tigen = ἐμπίπλαϲθαι cίτων καὶ ποτῶν.

216. Vgl. VIII, 184: postquam exempta fames et amor compressus edendi. Beide Wendungen umschreiben das Homerische: αὐτὰρ ἐπεὶ πόϲιοϲ καὶ ἐδητύοϲ ἐξ ἔρον ἔντο. Zu mensae remotae bemerkt Servius: Quia apud maiores ipsas apponebant mensas pro discis (= Schlüssel, in Gestalt einer Scheibe). Es erhielt im Heroenzeitalter jeder Gast einen besonderen Tisch mit Speisen (*Hom. Od.* XV, 466. XVII, 333); wenigstens war dies die Regel, wenn auch sonst zuweilen erwähnt wird, dass mehrere Gäste an einem Tisch (*Od.* IV, 54) oder auch wohl alle an einer Tafel sassen (*Od.* I, 138). Dass Vergil auch für seine Helden die Benützung von besonderen Tischen für je einen Gast annahm, zeigt die Drohung der Celaeno (*Aen.* III, 255 sq.) und die Erfüllung derselben VII, 116. Aus der letzteren Stelle ersieht man, dass die Alten überhaupt jede Unterlage der Speisen mensa nannten, von welchem Stoffe diese auch sein mochte. Servius nennt deshalb die mensa sehr richtig disci, runde Scheiben, zuweilen von Brot, auf denen man das Fleisch und die übrigen Speisen verzehrte. Wenn nun das Mahl beendigt ist, so werden diese Unterlagen (mensae) weggeräumt.

In der späteren Zeit des römischen Lebens räumte man mit Beendigung der Hauptmahlzeit die Tische weg und brachte dann

den Nachtisch mit Wein auf besonderen Tischen (secundae mensae).
Vgl. *Macrob. Sat.* VII, 1, 1: primis mensis post epulas iam
remotis et discursum variantibus poculis minutioribus, wo unter
discursus das Herbeibringen der secundae mensae durch die Dienerschaft zu verstehen ist. *Petron.* 68: interposito deinde spatio
cum secundas mensas Trimalchio iussisset afferri, sustulerunt
servi omnes mensas et alias attulerunt. statim Trimalchio: poteram quidem, inquit, hoc fericulo esse contentus; secundas enim mensas habetis. set siquid belli habes, affer.

217. Dieselbe Situation findet sich *Hom. Od.* XII, 309 (nach
der Mahlzeit): μνηcάμενοι δὴ ἔπειτα φίλους ἔκλαιον ἑταίρους,
οὓc ἔφαγε Cκύλλη γλαφυρῆc ἐκ νηὸc ἑλοῦcα, κλαιόντεccι δὲ
τοῖcιν ἐπήλθε νήδυμοc ὕπνοc. Die Nachahmung Vergils ist
begründet in der Römiscden Sitte: man befriedigte zunächst den
Magen, dann liess man sich in ein Gespräch ein; sie wird aber
auch unterstützt durch die Situation: Von Sturm und Wetter an
die fremde Küste verschlagen, hatten die Troianer eben das
nackte Leben gerettet. Von den Ueberresten rüsten sie eine
Mahlzeit zu, während Aeneas auf die Jagd geht. Er kehrt mit
Beute zurück, findet aber seine Gefährten in Trauer und Ver-
stimmung. Wein und ermunternde Zusprache heitern sie wieder
auf, sie gehen an die Bereitung der Mahlzeit und stärken dann
ihre erschöpften Glieder. Nun aber da sie sich gerettet und
erquickt fühlen, ist es natürlich, dass sie jetzt ihre Gedanken hin-
richten auf das unbekannte Schicksal der verlorenen Genossen.

218. *spemque metumque*] Die poetische Sprache liebt die
Verbindung von que — que, weil dadurch mit einem der folgenden Worte leicht ein Anapäst, die Stütze des Hexameters, erzielt wird. I, 18. 43. 85. 88. 94. II, 313. 262. 251. 227. 181.

219. *nec iam exaudire*] Dieses Kolon enthält nur eine Er-
weiterung der Worte: extrema pati. Entweder ringen die Gefährten noch mit dem Tode (extrema patiuntur) oder sie sind
überhaupt schon todt = nec iam vocati exaudiunt. Da nun das
extrema pati den Tod selbst nicht ausschliesst, darum wird dieser Begriff mit dem folgenden vereinigt dem *vivere* gegenüber
gestellt. Vgl. XI, 865: illum expirantem socii atque extrema
gementem obliti ignoto camporum in pulvere lincunt. II, 431:
Iliaci cineres et flamma extrema meorum (= Leichenflamme).

222. Der Vers soll die Monotonie der Klage malen. In
directer Rede würde die Klage lauten: o fortis Gyas, o fortis

Cloanthe etc. Dergleichen malerische Verse bei Verg. sind I, 90 intonuere poli etc. IV, 135: stat sonipes ac frena ferox spumantia mandit. VIII, 596: quadrupedante putrem etc. IX, 503: at tuba terribilem sonitum procul aere canoro increpuit, sequitur clamor caelumque remugit = *Enn.* 452: at tuba terribili sonitu taratantara dixit. VIII, 452: illi inter sese multa vi bracchia tollunt. II, 251. 306. 313. 360. 380. 417. 494. 550.

223—296. Klage der Venus und Jupiter's Verkündigung der Römischen Weltherrschaft.

Zu dieser Episode bemerkt *Macrob. Sat.* VI, 2, 30: Sunt alii loci plurimorum versuum, quos Maro in opus suum cum paucorum immutatione verborum a veteribus transtulit. Et quia longum est numerosos versus ex utroque transcribere, libros veteres notabo, ut qui volet illic legendo aequalitatem conferendo miretur. In principio Aeneidos tempestas describitur, et Venus apud Iovem queritur de periculis filii et Iupiter eam de futurorum prosperitate solatur. Hic locus (= Episode) totus sumptus a Naevio est ex primo libro belli Punici. Illic enim aeque Venus Troianis tempestate laborantibus cum Iove queritur et secuntur verba Iovis filiam consolantis spe futurorum.

Dass Vergil nicht nur von Homer, sondern auch von Naevius und Ennius Episoden benützt hat, ist eben so natürlich, wie wenn z. B. Torquato Tasso ebenso aus Vergil wie aus Homer Episoden und Motive in sein Epos eingeflochten hat. Die Frage ist nur ob die Situation bei Vergil und Naevius dieselbe ist? Wodurch wird die Klage veranlasst?

Bei Naevius tritt Venus vor Jupiter, während Aeneas und die Seinigen vom Sturm ergriffen am Rande des Verderbens schweben: ihre Klagen mussten also die Hülfe des allmächtigen Gottes herausfordern. Vergil dagegen lässt Venus vor Jupiter erscheinen, nachdem bereits der Sturm sich gelegt hat und die Ihrigen an der Küste sich gerettet haben. Welche Absicht kann sie dabei verfolgen? Offenbar kennt sie den Hass der Juno gegen Aeneas und ihre Vorliebe für Karthago, sie fürchtet also für das fernere Geschick der Troianer an der Libyschen Küste. Sie will nun Jupiter bestimmen, ihrem Schützling in Karthago eine günstige Aufnahme zu bereiten. Dies erfolgt denn auch durch die Absendung des Mercurius (297—304). Ist die Angabe des Macrobius genau, so müssen wir annehmen, dass bei Naevius auf Befehl des Jupiter Neptunus das Meer beruhigt, während bei Vergil diese Gottheit aus freiem Antriebe handelt. Denn damit wird angedeutet, dass das Schicksal des Aeneas trotz aller Gefahren und Hindernisse dennoch in der göttlichen Weltordnung seinen Weg findet, während bei Naevius erst Jupiter bestimmend einwirken musste. Die Besorgniss der Venus muss steigen, wenn sie die Ihrigen eben erst mit Mühe gerettet nun schon wieder neuen Gefahren entgegen gehen sieht. Denn das Schicksal der Weltherrschaft sieht sie zwischen Rom und Karthago getheilt und nun erblickt sie die Ihrigen, die Nationalfeinde der Karthager, diesen schwach und rettungslos preisgegeben. So ist also die Art und Weise, wie die Episode eingeführt wird, wohl gerechtfertigt. Warum aber wurde diese überhaupt eingeführt? Der Grund davon ist in der Einleitung gegeben: Die Aeneide soll einen nationalen Boden gewinnen und darum werden die Höhepunkte der Römischen Geschichte, die Punischen Kriege berührt, an welche die Entscheidung der Weltherrschaft geknüpft ist. Das Römische Volk soll wissen, dass es seine Macht nicht so sehr mit eigner Kraft in den Punischen Kriegen erobert hat, dass vielmehr der Sieg vom Schicksal schon im Voraus bestimmt war, dass überhaupt über dem Geschick des Römischen Volkes die Fürsorge des höchsten Gottes waltet, welche wiederum geknüpft ist an die Erhaltung des Julischen Geschlechtes.

Man vergleiche damit die Erzählung des Torquato Tasso von dem späteren Geschick der Nachkommen Reinhold's und man wird finden, dass die Grundlage bei Vergil eine grossartigere und begründetere ist.

223. *Etiam finis erat*] Wovon? Der Klagen? Aber diese Verbindung wäre der Würde des Epos sicher unwürdig. Oder des Sturmes? Diese Anknüpfung wäre passend, aber im Vorausgehenden geschieht des Sturmes unmittelbar vorher keine Erwähnung. Bestätigt wird dieser Halbvers nur von Servius, Claudius Sacerdos dagegen und der *Schol. Lucan.* I, 661 citiren nur die Worte cum Iuppiter mare oder dispiciens, so dass die Echtheit desselben nicht ohne Bedenken bleibt. Am liebsten erwartete man eine Zeitbestimmung.

224. *dispiciens*] Schon Servius fand die Lesarten disp. und despiciens (= deorsum aspiciens) neben einander vor. Da aber despicere mit dem Accusativ nicht verbunden wird ausser in der Bedeutung verachten, so ist offenbar dispiciens (= diligenter

inquirens *Serv.*) die richtige Lesart. Vgl. *Georg.* II, 187. *Lucret.*
IV, 418: ut prope miraclo sub terras abdita caeli nubila dispicere
et caelum videare videre. *Manil.* II, 837: occasumque tenens
submersum dispicit orbem. *Lachm.* zu *Lucr.* p. 236. Ueber
despectare vgl. X. 409, I, 396 ist resp. hergestellt.

mare velivolum] Die lebendige Formation des Adjectivs, wie
deren die lateinische Sprache nur wenige hat, ist zurückzuführen
auf Livius Andronicus (bei *Macrob.* VI, 5, 10: Livius in Helena:
tu qui permensus ponti maria alta velivola) oder *Ennius Ann.*
381: cum procul aspiciunt hostes accedere ventis navibus veli-
volis. Während also Ennius die naves velivolae oder velivolantes
(*Trag.* 89) nennt, hatte bereits Livius die kühnere Verbindung
mare velivolum. Denn ist das Meer mit Schiffen und Segeln
bedeckt, so scheint dieses selbst dem Auge sich zu bewegen.
Aehnlich ist die Anschauung X, 269: donec versas ad litora
puppes respiciunt totumque adlabi classibus aequor.

terras iacentis] = tiefliegend. Vgl. III, 689 und Heraeus
zu *Tac. Hist.* I, 86: Tiberis non modo iacentia et plana urbis
loca, sed secura eiusmodi casuum implevit.

225. *sic*] Wie οὕτως nach dem Particip. Vgl. das deutsche
'so' im Nachsatz, das ursprünglich zur Recapitulation des Vordersatzes diente (als Pronomen). Wie nun im Griech. statt οὕτως
auch εἶτα und ἔπειτα dem Particip folgt, so im Lat. auch tum
oder deinde. Vgl. V, 382. XII, 5. X, 445. II, 391. V, 14.
400. VII, 135. VIII, 481. Zu sic vgl. VII, 668. VIII, 488. Vgl.
Ph. Wagner, Quaestt. Verg. p. 501 sq.

vertice caeli] = X, 3: sideream in sedem, terras unde
arduus omnis castraque Dardanidum aspectat populosque Latinos.

226. *defixit*] Vgl. VII, 249: talibus Ilionei dictis defixa
Latinus obtutu (im Anschauen des Ilioneus) tenet ora. Damit
vgl. X, 104: haec mea figite dicta. Unserem Geschmack entspricht figere nicht, weil es uns an die Starrheit des Auges
erinnert.

228. *oculos suffusa nitentis*] Die oculi nitentes malen den
Glanz der natürlichen Schönheit, welche durch Trauer (suffusa)
nur noch gewinnt. Die Aphrodite ist φιλομμειδής, sie heisst
γαληναίη λιπαρὴ θεός (*Callim* bei *Athen.* VII, 106). Ihre Wirkung schildert *Lucr.* I, 6: te dea te fugiunt venti (= γαληναίη),
te nubila caeli adventumque tuum, tibi suavis daedala tellus sub-
mittit flores, tibi rident aequora ponti placatumque nitet

diffuso lumine caelum. Während also Venus in trauernder
Schönheit auftritt, erscheint Juppiter in Herrschersorgen
versunken (talis = harum rerum iactantem pectore curas), denn
er hat für die Entwicklung der von ihm bestimmten fata zu sorgen. Es ist ein schöner Zug, dass Juppiter um das weitere Geschick des Aeneas besorgt ist, noch ehe Venus ihn daran erinnert. Ebenso ergreift auch *lib. X in.* Juppiter selbst die Initiative.
Ebenso passend ist das Verbum adloquitur, da der Gott in seinen Gedanken gewissermassen gestört wird, d. h. zu der Sorge
kommt noch eine äussere Veranlassung durch Venus hinzu.

230. *aeternis imperiis*] Denn die imperia oder iussa Iovis
richten sich nach den fata aeterna, cf. X, 610—627. Darum
aber, weil Juppiter von den fata condita nicht abweicht, ist seine
Herrschaft eine ewige oder unvergängliche. Bei *Val. Fl.* 1, 531
erklärt Juppiter über die fata: vetera haec et condita pergunt
ordine cuncta suo rerumque a principe cursu fixa manent; neque
enim terris tum sanguis in ullis noster erat, cum fata darem,
iustique facultas hinc mihi, cur varios struerem per saecula reges.
Venus erinnert den Gott sofort an seine Regentenpflicht,
denn sie will nur die Erfüllung der dem Aeneas bestimmten fata,
zugleich aber auch an seine Macht (fulmine terres), denn sie
wünscht das Eingreifen des Gottes in den Gang der Ereignisse
zum Besten des Aeneas und seiner Bestimmung.

fulmine terres] i. e. terrore et fulmine omnia coërces. Vgl.
Ennius Ann. 533: qui fulmine claro omnia per sonitus arcet =
continet nach der Erkl. von Servius und Probus.

Vergleicht man nun *Hom. Od.* XX, 112: Ζεῦ πάτερ, ὅς τε
θεοῖcι καὶ ἀνθρώποιcιν ἀνάccειc, ἦ μεγάλ' ἐβρόντηcαc ἀπ'
οὐρανοῦ ἀcτερόεντοc etc., so ist hier der Ausdruck wie die
Situation wesentlich verschieden.

231. Ausführung von *Hom. Od.* I, 62 τί νύ οἱ τόcον ὠδύcαο
Ζεῦ;

232. *potuere*] Nicht = commiserunt. Jene Umschreibung
betont a) die Unmöglichkeit, b) das Nichtvorhandensein
eines solchen Verbrechens.

quibus] = namque eis clauditur. Ebenso II, 70: quid iam
misero mihi denique restat? cui neque apud Danaos usquam
locus etc. = nam mihi neque ap. D. usq. locus est et Dardanidae
insuper infensi poenas poscunt. Man könnte also auch I, 232
das Fragezeichen nach potuere setzen, um die Selbständigkeit der

beiden Sätze anzudeuten. Denn auch das Vergilische Epos liebt die Parataxe. Die prosaische Hypotaxe würde den Conjunctiv claudatur (quibus = ut eis) erfordern.

tot funera] Metonymisch für caedem tot hominum. Ferner ist zu beachten, dass an Stellen lebhafter Erregung häufig auch der discretive oder generelle, auch der intensive Plural von dem Tode einer einzigen Person steht. So IV 500: non tamen Anna novis praetexere funera sacris germanam credit. VI, 874: quae Tiberine videbis funera, von dem Tode des Marcellus. IX, 486: tua funera veste tegens, von der Leiche des Euryalus. Und so sagt schon Ennius (*Cic. Tusc.* I, §. 34): nemo me lacrimis decoret nec funera fletu faxit.

Dem Ausdruck funera oder necem (*Ovid. met.* X, 627) oder mortem (*Ovid. Trist.* I, 2, 42) kommt in der Prosa am nächsten foeda pati, z. B. *Liv.* II, 17, 6: ceterum nihilo minus foeda dedita urbe quam si capta foret Aurunci passi sunt.

233. *ob Italiam*] Die ursprünglich locale Bedeutung der Präposition zeigt *Enn. Ann.* 295: ob Romam noctu legiones ducere coepit und *Fest.* p. 178 erwähnt von demselben Dichter auch: ob Troiam duxit. Diese Bedeutung (vor Troia) tritt noch in vielen Compositis hervor: obstare, obsistere, obicere, obiacere, occurrere, obigitare (Enn.), obsidio, obesse (vor, dazwischen sein), obvius, obnoxius etc. Schwerlich aber ist ob eines Stammes mit ἐπί, wie *Curtius Gr. Etym.* p. 239 annimmt. Die Verbindung cunctus ob Italiam orbis clauditur heisst also: vor oder gegen Italien hin wird ihnen der Erdkreis verschlossen, so dass sie nicht einmal in die Nähe von Italien gelangen können. Die Troianer durften nicht von Epirus aus in Italien landen (III, 381. 550), unde iter Italiam cursusque brevissimus undis (*ib.* 507), und als sie um Italien und Sicilien herumsegelten und nun von hier aus Latium erreichen wollten, wurden sie wieder durch Sturm zurückgeworfen.

234. *certe*] Im Sinne von atqui = und doch, nun aber doch sicher, so dass zu certe (der Versicherung) quidem zu ergänzen ist. Vgl. *Ecl.* 9, 7 certe equidem audieram omnia carminibus vestrum servasse Menalcan. Wie also hier certe mit audieram, so ist oben dasselbe Adverb mit locutu's zu verbinden.

volventibus annis] Vgl. 269 volvendis mensibus. IX, 7: Turne, quod optanti divom promittere nemo auderet, volvenda dies en attulit ultro. Wir sehen also hier volvere (intr.) =

rollen in derselben Formel neben volvi, das Part. Praes. Act. = dem Gerundivum für das fehlende Partic. Praes. Pass. Vgl. *Haase* zu *Reisig's Vorl.* p. 758. *Nägelsb. Stil.* §. 96. So erklärt auch *Lachm.* zu *Prop.* IV, 12, 62 richtig *Liv. praef* §. 6: ante conditam condendamve urbem = ante quam urbs aut condita esset aut conderetur. Vgl. *Cic. Off.* 1, 8 ac de inferenda iniuria (= quae inferri solet) satis dictum est.

Dieser Gebrauch tritt noch mehr hervor, wenn man obige Stellen mit den griech. Originalen (*Hom. Od.* I, 16. XI, 295) vergleicht: περιπλομένων oder περιτελλομένων ἐνιαυτῶν. Vgl. *Georg.* II, 402: redit agricolis labor actus in orbem atque in se sua per vestigia volvitur annus. *Aen.* II, 14.

236. *omni dicione*] Beherrschen heisst dicione tenere (I, 622) oder dicione premere (VII, 737), mit mächtiger Gewalt beherrschen X, 53: magna dicione iubeto Karthago premat Ausoniam; was aber bedeutet omni dicione? Omnis = jeder Art. So ist omnis impunitas jede Art von Straflosigkeit = volle Strafl. (*Cic. fin.* III, 11), moralische und materielle. *Val. Fl.* III, 711: testor et hoc omni, ductor, tibi numine firmo (Aeacides) = per omnes deos deasque iuro, confirmo numine deorum obtestando. So ist also nicht viel gethan, wenn man omni dicione erklärt: mit voller, unumschränkter Herrschaft, es muss omnis auch einen begrifflichen Inhalt haben. Omnis dicio ist jede Art von Herrschaft, sowohl diejenige welche sich auf Waffengewalt gründet als auch diejenige, welche in dem Ansehen eines Staates oder einer Regierung ihren Grund hat. So wird zur Wahrheit die Verheissung, dass die Römische Herrschaft keine Grenze und kein Ende haben soll, cf. 278. VII, 99—101.

237. *pollicitu's*] Ebenso X, 827: arma, quibus laetatu's, habe tua, und V, 687: Iuppiter omnipotens, si nondum exosu's ad unum Troianos etc. Dass an unserer Stelle nach pollicitu's zu interpungiren und eine Aphäresis von es zu statuiren ist, zeigt *Priscian.* VIII, §. 68. XVII, §. 80. Ganz gewöhnlich ist bei den Dichtern die Vorschmelzung von est mit dem vorausgehenden Worte, cf. *L. Müller, de re metr.* p. 301 sqq.

Die zweite Person Plur. des verb. subst. (estis) ist zu ergänzen V, 192: nunc illas promite vires, nunc animos, quibus in Gaetulis Syrtibus usi (i. e. estis oder prompsistis), und I, 202. Vgl. *O. Ribb. Proll.* p. 154. Endlich sumus II, 25.

Ob man an obigen Stellen lieber von einer Ergänzung

des es oder von einer Verschmelzung desselben spricht, bleibt in der Sache ein und dasselbe, vorzuziehen ist die leichteste Auskunft, also die Schreibweise von Ribbeck.

sententia] Vgl. 260, wo also ulla zu ergänzen ist. Venus deutet den Verdacht an, als ob Juno's (quae = cuius) Einfluss den Entschluss des Juppiter umstossen könnte. Indessen ist wohl zu beachten, dass Venus an eine solche Umstimmung noch nicht glaubt, denn sonst würde sie sprechen wie X, 42—62; aber sie will Juppiter endlich zur Erfüllung seines Versprechens nöthigen (quem das finem rex magne laborum?). Darum hält sie ihm die Fülle des überstandenen Leids und die berechtigte Erwartung auf Erlösung von dem Unglück vor (239—241) und schliesst mit einem argumentum ex contrario: Antenor potuit, locavit dedit fixit quiescit; nos tua progenies   prodimur unius ob iram. Damit endet die Rede in einer Beschuldigung der Juno.

238. *occasum   solabar*] solari aliqua re aliquam rem = etwas erleichtern, sich mit etwas über etwas trösten, gehört der Dichtersprache und der späteren von ihr abhängigen Prosa an, z. B. *Tac. ann.* II, 36: vix per singulos annos offensiones vitari, quamvis repulsam propinqua spes soletur. Dagegen consolari gebraucht ebenso auch Cic., z. B. *p. Mil.* §. 97 esse hanc unam (gloriam), quae brevitatem vitae posteritatis memoria consolaretur. *ad fam.* VII, 11, 2: desiderium tui spe tuorum commodorum consolabor.

239. *contraria fata*] Die Prosa würde sich begnügen mit fatis fata rependens = laetis fatis tristiora compensare.

240. *tot casibus actos*] Durch diesen Zusatz bekommt eadem die Bedeutung: immer noch dasselbe Unglück. Denn die casus umfassen nicht nur den Krieg und Untergang Troia's, sondern auch die bis jetzt überstandenen errores. Vgl. II, 10 mit I, 753—755.

241. *das*] Venus glaubt ein Recht zu haben, das Ende dieser Mühsal jetzt schon eintreten zu sehen. Daher das Praesens scheinbar für das Futur. Auch betont sie wiederholt, dass Juppiter die Macht dazu habe (rex magne).

242. Ueber das Schicksal des Antenor vgl. *Liv.* I, 1. Iam primum omnium satis constat Troia capta in ceteros saevitum esse Troianos; duobus, Aeneae Antenorique, et vetusti iure hospitii et quia pacis reddendaeque Helenae semper auctores fuerunt, omne ius belli Achivos abstinuisse. casibus deinde variis Anteno-

rem cum multitudine Enetum, qui seditione ex Paphlagonia pulsi et sedes et ducem rege Pylaemene ad Troiam amisso quaerebant, venisse in intumum maris Adriatici sinum; Euganeisque, qui inter mare Alpesque incolebant, pulsis Enetos Troianosque eas tenuisse terras. et in quem primo egressi sunt locum Troia vocatur, pagoque Troiano inde nomen est; gens universa Veneti appellati.

242. *elapsus*] Mit dem blossen Abl. wie II, 318 telis elapsus. Vgl. zu I, 26.

244. *Liburnorum*] Die Liburner und Illyrier waren zwar nicht derselbe Volksstamm, aber da ihre Wohnsitze sich durchkreuzten, so wurden sie im Alterthum öfters verwechselt. Vergil versteht hier unter den regna Liburnorum Venetien, das Ziel, wohin Antenor gelangte. Die Liburner hatten aber auch Sitze in Dalmatien, Vindelicien und Noricum, ferner auf Corcyra, Issa und den nahen Inseln. Vgl. *Nieb. R. G.* I, 52. 172.

Timavi] Zwischen Aquileia und Triest. Der Timavus hat seinen Ursprung (fons) in dem Triestiner Karst. Da dieser sehr geklüftet gleichsam ein Schwamm ist mit unzähligen Löchern, Schachten und Kanälen im Innern, so sammeln sich die atmosphärischen Niederschläge in Lachen und kleinen Seen oder sie sinken durch die Spalten und Klüfte in grosse Tiefen hinab. Unter diesem Karst sind die Quellen des Timavus, nach der einen Angabe neun, nach der andern (auch Bromme) sieben. Da nun die einzelnen ora unter der Oberfläche hinfliessen, so heisst es vasto cum murmure montis prorumpunt: sie brechen plötzlich alle mit grosser Wasserfülle hervor und überschwemmen das Land wie ein Meer. Festzuhalten ist, dass fons Timavi den Karst bedeutet, dass aus diesem (unde) neun Ströme (ora) hervorbrechen und durch ihre Vereinigung sofort ein seeartiger Strom entsteht, welcher das flache Land weithin überfluthet. Vgl. *Daniel*, Handbuch der Geographie III, 179. *Liv.* 41, 1, 2: castra ad lacum Timavi posuit, imminet mari is lacus. *Plin.* II, 103 (106) subit terras rursusque redditur in Aquileiensi campo Timavos. *Strabo* V, 1, 8: λιμένα γὰρ ἔχει καὶ ἄλσος ἐκπρεπὲς καὶ πηγὰς ἑπτὰ ποταμίου ὕδατος εὐθὺς εἰς τὴν θάλατταν ἐκπίπτοντος. Ποσειδώνιος δέ φησι ποταμὸν τὸν Τίμαυον ἐκ τῶν ὀρῶν φερόμενον καταπίπτειν εἰς βέρεθρον, εἶθ' ὑπὸ γῆς ἐνεχθέντα περὶ ἑκατὸν καὶ τριάκοντα σταδίους ἐπὶ τῇ θαλάττῃ τὴν ἐκβολὴν ποιεῖσθαι. *Pomp. Mela* II, 4. mare ist also = instar maris und zu proruptum ergänzt sich aus vasto cum murmure montis von selbst der Abl. monte oder

montibus, cf. VII, 459 ossaque et artus perfundit toto proru-
ptus corpore sudor. Genau entspricht *Sil. Ital.* III, 52: Atque
imo freta contorquet (Nereus) Neptunia fundo, proruptum (sc. imo
fundo) exundat pelagus caecosque relaxans Oceanus fontes torrenti-
bus ingruit undis.

247. *hic tamen*] Obwohl diese grossen Naturhindernisse
dort zu überwinden waren, während dem Aeneas solche nicht
entgegenstehen. Denn alle Hindernisse werden ihm nur von dem
Groll der Juno bereitet.

Patavi] Zur Zeit des Augustus die wichtigste Stadt in Italien
nach Rom; früher war es Capua, cf. *Liv.* VII, 30, 6.

248. *genti*] Dem überwundenen Volke, was doch Aeneas
nicht einmal beabsichtigt. Vgl. XII, 823—840. 189—194.

armaque fixit] Vgl. XII, 766: forte sacer Fauno foliis oleaster
amaris hic steterat, nautis olim venerabile lignum, servati ex
undis ubi figere dona solebant Laurenti divo et votas
suspendere vestes. Es sind also unter arma nicht eben Waffen
zu verstehen, sondern Schiffsgeräthe. Der Friede wird erst
hervorgehoben V. 249. Vgl. die Erkl. zu *Hor. Ep.* I, 1, 5.

249. *quiescit*] Lebt in Ruhe und Frieden. Denn conpostus
für sich heisst freilich bestattet, aber placida conp. pace ist
= in behaglichem Frieden gebettet. An den Tod des Antenor
kann hier Venus nicht erinnern, ohne zugleich durch den Gegensatz den Gedanken an den Tod des Aeneas wach zu rufen. Hätte
Vergil den Tod andeuten wollen, so würde er hier gewiss der
Deutlichkeit halber ebenso placida morte geschrieben haben wie
VI, 522: placidae simillima morti, zumal da der Vers dadurch
nicht verändert wurde. Varro Atacinus bei *Sen. ep.* VI, 4, 6:
Omnia noctis erant placida conposta quiete.

250. *adnuis*] Das Praes. für das Perf., denn Venus zweifelt
ja nicht daran, dass Juppiter an seinem Versprechen noch immer
festhält.

252. *prodimur*] Die Handlung der Juno und die Duldung
des Juppiter ist in den Augen der Venus eine proditio, weil sie
ein Recht verletzt zur Befriedigung persönlicher Leidenschaft.

253. *sceptra*] Metonymisch für Herrschaft, cf. IX, 267: si
vero capere Italiam sceptrisque potiri contigerit. X, 852: pulsus
ob invidiam solio sceptrisque paternis. Der Plural ist der
maiestaticus. In der Präposition des Compositums reponere liegt
zugleich der Begriff der res debita oder promissa, nicht etwa =

wieder auf den Thron bringen (in imperium restituere) nach der Zerstörung von Troia, woran man hier leicht denken könnte. Vgl. II, 537 pro talibus ausis di persolvant grates dignas et praemia **reddant debita**. V, 386: cuncti simul ore fremebant Dardanidae **reddique viro promissa** iubebant.

Vgl. ferner IX, 254. V, 342. 347. *Ecl.* 5, 75. 3, 21. *Georg.* III, 495. *Hor.* I, 10, 27: tu pias laetis animas reponis sedibus.

254. *olli*] Die archaistische Form des Pronomens ille (vgl. olim) findet sich am häufigsten als Dat. Sing. olli = illi. Vgl. *Quint.* VIII, 3, 25: **propriis·dignitatem dat antiquitas**. namque et sanctiorem et magis admirabilem faciunt orationem, quibus non quilibet fuerit usurus, eoque ornamento acerrimi·iudicii P. Vergilius unice est usus. **olli** enim et **quianam** et **miis** et **pone** pellucent et aspergunt illam vetustatis inimitabilem arti auctoritatem. Bei Vergil findet sich diese Form noch IV, 105. VI, 321. VIII, 94. 594. X, 746. VII, 505. V, 358. VII, 458. XII, 867. Vereinzelt steht ollis VIII, 658. Die Grammatiker wie *Servius* ad *Aen.* I, 254. *Charis.* II, 193. IV, 265 (*Keil*), ed. *Keil vol.* IV, 562 n. sprechen nur von der Form olli, dagegen bezeugt ollis *Non.* p. 32 (*Roth*). Vgl. *Enn. Ann.* 307 (ollis) und 544 (olli = Nom. plur.). Ueber andere Formen, welche uns sonst überliefert sind, berichtet *Neue*, lat. Formenl. II, 151 sq.

subridens] Vgl. *Hom. Od.* XXII, 371: τὸν δ' ἐπιμειδήcαc προcέφη πολύμητιc 'Οδυccεύc. Vorbild für die ganze Scene war dem Vergil oder Nävius zum Theil *Hom. Il.* XV, 47—78.

sator] Bei Vergil abwechselnd mit pater, aber immer in der Bedeutung: **Beherrscher**, nicht etwa = **Schöpfer**. Vgl. XI, 725.

255. Vorbild des Vergil war *Enn. Ann.* 445:

> Iuppiter hic risit tempestatesque serenae
> Riserunt omnes risu Iovis omnipotentis.

Dass die Nachahmung Vergils auch in der Form eine geschmackvolle ist, erkennt auch *Vahlen, Quaestt. Enn.* p. XXV an, nur ist sein Schluss nicht berechtigt, dass bei Ennius die Situation eine ähnliche oder wohl gar dieselbe gewesen sein mag.

256. *oscula libavit*] So V, 92: serpens libavit dapes (= leviter ore attigit). *Sil.* I, 104: olli permulcens genitor (Hamilcar) caput oscula libat.

257. *parce metu*] *Gell.* IV, 16, 5: Non omnes concedunt in casu dativo senatui magis dicendum quam senatu. Sicut Lu-

cilius in eodem casu victu et anu dicit, non victui nec anui, in hisce versibus: Quod sumptum atque epulas victu praeponis honesto; et alio in loco, Anu noceo, inquit. Vergilius quoque in casu dandi aspectu dicit, non aspectui (VI, 465): Teque aspectu ne subtrahe nostro. Et in Georgicis (IV, 198): Quod nec concubitu indulgent. C. etiam Caesar, gravis auctor linguae latinae, in Anticatone, Unius, inquit, arrogantiae superbiae dominatuque. In libris quoque analogicis omnia istiusmodi sine *i* littera dicenda censet. Vgl. jetzt *Neue lat. Formenl.* I, 366—369.

Die Hauptbegriffe werden hervorgehoben durch Asyndeta: parce metu, manent enim, cernes quidem. Juppiter beeilt sich der Venus die Versicherung zu geben von der Beständigkeit des verheissenen Geschicks und fügt sofort, um die Zuversicht zu steigern, den Inhalt der Erfüllung hinzu. Darum tritt die reine Versicherung, welche eines concreten Inhalts entbehrt, neque me sententia vertit (260) zurück.

258. *urbem et   moenia*] Die verheissene Stadt und zwar keine andere als eben das verheissene Lavinium.

259. *sublimemque feres*] An unserer Stelle ist das Adverb sublimen genügend geschützt, das Ribb. in seiner grösseren Ausg. aufgenommen hat. Dieses Adverb hat zuerst F. Ritschl (*Rh. Mus.* VII, 556 sqq.) dem Plautus und Ennius vindicirt und von den Strafexecutionen hergeleitet, welche an den sub limen superum hinaufgezogenen Sklaven vollzogen wurden. Die Entstehung dieses Ausdrucks zeigen die plautinischen Verbindungen sublimen rapere, ferre, auferre. Ebenso findet sich noch bei *Liv.* I, 16: sublimen raptum procella, und bei *Ter. Ad.* 316: sublimen medium arriperem. Ueber den Richtungsbegriff ging schon Ennius hinaus, wenn er schrieb: aspice hoc sublimen candens, quem invocant omnes Iovem (*Trag.* 402); dagegen scheint Vergil wieder an dem Begriff der Richtung festzuhalten. Durch Verrius Flaccus ist sublimen gesichert *Georg.* I, 242: hic vertex nobis semper sublimen, *Aen.* I, 259, X, 144: quem   sublimen gloria tollit, XI, 67   hic iuvenem agresti sublimen stramine ponunt, V, 255: quem   sublimen pedibus rapuit Iovis armiger uncis. Dagegen scheint sublimis sicher zu sein, wenn es sich um eine in der Luft schwebende Gottheit oder einen Vogel etc. handelt, wie IV, 240 und XI, 722: sublimem in nube columbam, I, 415: ipsa Paphum sublimis abit, VI, 357. VII, 170. IX, 682. Vgl. *O. Ribb. Fleckeis. Jahrb.* 77, 184 sq. Die Existenz einer Form sublimen

bestreitet R. Klotz in dem Exc. seiner Ausgabe von *Ter. Andr.* p. 197—207, er scheint mir indessen nur die Unhaltbarkeit der etymologischen Deutung wahrscheinlich gemacht, nicht die Form selbst als unmöglich widerlegt zu haben; denn seine Einwendungen beruhen nur auf Behauptungen, besonders gegen *Fest.* p. 306 (*M.*): sublim*en* est (cod. sublim*em* est) in altitudinem elatum. Vgl. jetzt *Ritschl, Opusc.* II, 462 sqq.

ad sidera caeli] = caeli arcem 250. Die Aufnahme des Aeneas in den Olymp unter die Reihe der Götter als Indiges (cf. XII, 794 sq.) scheint (ausser Naevius?) auch Ennius angenommen zu haben. Wenigstens bemerkt *Serv.* zu *Aen.* VI, 778 (ergo avo se addet comitem): aut avito se iunget imperio aut certe secundum Ennium referetur inter deos cum Aenea (Subj. ist Romulus). Dicit namque Iliam fuisse filiam Aeneae. Quod si est, Aeneas avus est Romuli. Vgl. *Vahlen, Quaestt. Enn.* p. XXVIII.

261. *fabor enim*] Dass nicht etwa tibi fabor enim verbunden werden darf, zeigt IV, 20: Anna, fatebor enim, etc. IV, 105.

261. *remordet*] = unablässig quält, wie VII, 402, wo Amata den Müttern Latiums in ihrer Aufregung zuruft: siqua piis animis manet infelicis Amatae gratia, si iuris materni cura remordet etc.

262. *longius*] Ist zu verbinden mit volvens = animo repetens (= ὁρμαίνων), womit ebenfalls longius oft verbunden wird. Ferner ist das Object arcana fatorum nicht allein zu movebo, sondern zu volvens movebo zu beziehen. Denn volvere = erwägen wird von Vergil und seinem Nachahmer Tacitus gerade in dieser Bedeutung gern mit einem sachlichen Object verbunden, cf. I, 305. III, 102: tum genitor veterum volvens monimenta virorum. *Tac. hist.* I, 54: mox eadem acrius volvens. I, 64: bellum volvebat. *Sall. Iug.* 113: haec Maurus secum ipse diu volvens. Es ist also kein Grund vorhanden longius volvens zu übersetzen: weiter (?) aufrollen, und anzunehmen, dass Vergil ebenso wie Ovid (*met.* XV, 809. 813) seinem Juppiter ein Schicksalsbuch in die Hand gegeben habe, vielmehr lesen wir III, 376: sic fata deum rex sortitur volvitque vices. Endlich ist wegen der Verbindung des Objects mit volvens movebo zu vgl. *Georg.* II, 295: multa virum volvens durando saecula vincit.

movere = *narrare* cf. *Hor. Carm.* III, 7, 20: narrat paene datum Pelea Tartaro   et peccare docentis fallax historias movet. Hieher gehört *Verg.* VII, 641. X, 163: cantusque movete in der Anrufung der Musen, dagegen ist verschieden VII, 45: maius opus moveo = animo aliquid movere, auf etwas sinnen, erstreben, cf. *Hor. Carm.* III, 4, 68.

263. Den Inhalt zu ferox gibt IX, 603—613.

264. *contundet*] Fechterausdruck. Vgl. *Aem. Prob.* XV, 2, 5: exercebatur plurimum currendo et luctando ad eum finem, quo adstans complecti posset atque contundere. *Liv.* XXVII, 2, 2. *Sen. ad Marc.* XII, 6. *Prop.* I, 1, 10.

moresque] Vgl. zu I, 6. Damit steht nicht im Widerspruch XII, 834: sermonem Ausonii patrium moresque tenebunt (= Freiheit, cf. 836: morem ritusque sacrorum adiciam faciamque omnis uno ore Latinos.

265. *tertia*] In allen politischen Einrichtungen des ältesten Roms finden wir die Grundzahlen 3 und 10. So gibt es 3, 30, 300 Jahre der Vorgeschichte (*Schwegl.* I, 344), 3 Tribus, 30 Curien, 300 gentes, 3000 familiae, 300 equites, 3000 pedites, 300 Senatoren, 300 Colonisten bei Gründung einer Colonie (*Schwegl.* I, 451), 30 und 3 Tage fetialischer Frist etc. Vgl. *Schwegl.* I, 616. Genauer *Rubino*, Vorgesch. p. 13—15.

266. *hiberna*] Aeneas kommt also im Sommer nach Italien und stirbt im Winter nach dem dritten Sommer. Da indessen hier Vergil den Ton der Priestersprache annimmt und diese die Gebräuche und Anschauungen des Alterthums am längsten fortführte, so dürfen wir annehmen, dass mit aestas und hiberna angedeutet werden soll, dass man in der Zeit des grauen Alterthums das Jahr stets in zwei Theile zerlegte (Sommer und Winter), wobei der Frühling als Ausgang des Winters betrachtet und der Herbst als letzte Zeit des Sommers gezählt wurde. Dieselbe Anschauung findet sich bei den Indern, Persern und Germanen, bei denen indessen schon Tacitus die Dreitheilung kennt. Vgl. *Weinhold*, Altnordisches Leben 375.

Die Aeneide schliesst nicht mit dem Tode des Aeneas, sondern des Turnus und es sind deshalb die Kämpfe in die Zeit weniger Tage zusammengedrängt.

268. *Ilus erat*] Servius bemerkt: occiso Mezentio Ascanium, sicut I. Caesar scribit, Iulum coeptum vocari. Und es ist merkwürdig, dass auch Vergil den Sohn des Aeneas im Laufe seines Epos fast immer Ascanius nennt. Bei *Dio Cass. frg.* 4, 4 heisst es nur ἔχων καὶ τὸν ἐκ Κρεούϲηϲ υἱὸν Ἀϲκάνιον ἢ Ἴλον und im Verlauf der Erzählung wird er wiederum Ascanius genannt.

App. b. c. II, 68: (Julius Caesar) ἡγεῖτο ἐξ Αἰνείου καὶ Ἴλου τοῦ Αἰνείου εἶναι τὸ τῶν Ἰούλων γένος, παρενεχθέντος τοῦ ὀνόματος (wie *Verg.* XI, 543 etymologisirt). Vgl. *Schwegler* I, 337. Ueber die Etymologie des Namens Iulus Pott, *Etym. Forsch.* I, 84 (von ἴουλο, barbatus).

271. Ribb. schreibt longam Albam. Da indessen das Adj. dieses Namens auch bei Prosaikern häufig vorsteht, wo an eine Hervorhebung des Begriffs longa nicht zu denken ist, so ist wohl Longam Albam vorzuziehen. Vgl. *Liv.* I, 3, 3: novam ipse aliam (urbem) sub Albano monte condidit, quae ab situ porrectae in dorso urbis Longa Alba (also nicht Alba Longa) appellata, mit *Iust.* XLIII, 1, 13: Ascanius Lavinio relicto Longam Albam condidit. Ebenso *Cic. de rep.* II, 2, 3. Dazu vgl. Sacra via, Nova via, Sacer mons, Bona dea, Magna mater. Vgl. *Schwegler* I, 340.

multa vi] Alba soll s t a r k und m ä c h t i g werden. Es ist der Abl. qualitatis, zu Albam gehörig.

273. *gente Hectorea*] Damit soll wohl nicht so sehr die Abstammung, als die T a p f e r k e i t des Silvischen Königsgeschlechtes angedeutet werden.

regina sacerdos] Eine Priesterin, die zugleich die Tochter eines Königs ist. Bei *Hor.* III, 3, 32: Troica quem peperit sacerdos. Er scheint also der Dichtung des Ennius zu folgen, wonach Ilia eine Tochter des Aeneas war und Romulus sein Enkel (invisum nepotem Marti redonabo).

Grammatisch vgl. I, 382: matre dea.

275. *tegmine laetus*] Vergleicht man II, 417: Zephyrusque Notusque et laetus cois Eurus equis mit XI, 73: (vestes) quas illi laeta laborum ipsa suis quondam manibus Sidonia Dido fecerat, so wird man bei Vergil nicht ohne Grund einen Unterschied in der Constr. mit dem Abl. und Gen. zu statuiren geneigt sein. Dabei ist zu beachten, dass bei den Prosaikern der silbernen Latinität, deren Sprache sich aus der Dichtersprache des Augusteischen Zeitalters herausgebildet hat, laetitia allmählich die Bedeutung: (erfreuende) F ü l l e, R e i c h t h u m erhält, cf. *Iustin.* 44, 4, 14: in hac (Hispaniae parte) tanta pabuli laetitia est, ut etc. Es scheint als ob laetus c. Abl. bedeute: heiter s t r a h l e n d von etwas, cf. tegmine laetus, Eurus laetus equis (von dem reinen, heiteren, frischen Morgenwind) ora audaci laeta iuventa (*Val. Fl.* VII, 512); mox aethere laetus adstabat mensis (ib. II,

415' dagegen laetus c. gen. = reich an etwas. cf. laeta laborum (= kunstfertig, ἀμύμονα ἔργα ἰδυῖα), laetus opum pacisque meae (*Val. Fl.* III, 659), laetus umbrae I, 441. Vgl. XI, 338: largus opum und dives m. Gen.

lupae nutricis] Nicht eben derselben Wölfin, die ihn gesäugt; es wird von der ganzen Gattung ausgesagt, was eigentlich nur von einem einzigen Geschöpfe dieser Gattung gilt. Ueber die Sage vgl. *Schwegler*, I, 423. Sie berührt auch Vergil in der Beschreibung des Schildes VIII, 630, wahrscheinlich nach dem Vorgange des Ennius (*Vahlen* p. XXXIV).

276. *Mavortia moenia*] Vgl. VI, 777. III, 13. IX, 658.

278. *rerum*] = Macht, Herrschaft, = *Liv.* 42, 46, 4: id agendum, ne omnium rerum ius ac potestas ad unum populum perveniat. Vgl. *Aen.* IV, 49. VII, 600: rerumque (= Regierung) reliquit habenas. X, 88: fluxas Phrygiae res. Dann im Sing. I, 268 res Ilia, VI, 857 rem Romanam sistere. *Enn. Ann.* 492: moribus antiquis res stat Romana virisque. 455: rem Romanam Latiumque augescere. 313: unus homo nobis cunctando restituit rem.

281. Servius: bello Punico secundo, ut ait Ennius, placata Iuno, coepit favere Romanis, cf. *Ann. lib.* VIII, 15 (289): Romanis Iuno coepit placata favere. Darauf deutet auch *Verg.* X, 11—14, wo Juppiter erklärt:

> Adveniet iustum pugnae (ne arcessite) tempus,
>
> cum fera Karthago Romanis arcibus olim
>
> exitium magnum atque Alpes inmittet apertas:
>
> tum certare odiis, tum res (Partei) rapuisse licebit.

Nach Ennius wurde Iuno den Römern freundlich gestimmt in einer Götterversammlung. Nun scheint aber ein doppeltes consilium erwähnt zu werden, a) kurz vor dem Tode des Romulus, welches *Horatius* III, 3, 16 etc. nachgeahmt hat; b) gegen Ende des II. punischen Krieges, welches bei *Enn. lib.* VIII erwähnt wird. Es scheint als ob Horaz diese beiden consilia vereinigt hat. Bei Ennius mochte Juno zunächst die Aufnahme des Romulus in den Olympus gestatten und ihrer Feindschaft gegen Rom entsagen, diese brach aber mit Beginn der punischen Kriege wieder hervor, als es sich um die Existenz von Rom oder Karthago handelte. Endlich wird Juno dauernd den Römern freundlich gestimmt kurz vor der Schlacht bei Zama. Vgl. *Aen.* XII, 840. *Vahlen* XXXII sqq.

279. *inperium sine fine*] Den Glauben an diese Mission Roms

hegt selbst noch Tacitus, obwohl mitunter sein Glaube schwankend wurde.

285. *victis Argis*] Damit wird hingedeutet auf die Eroberung von Korinth und der Provinz Achaia.

286. Damit gibt Vergil seinen politischen Nebenzweck deutlich zu verstehen, August's Alleinherrschaft mit dem Nimbus der Legitimität (gegenüber dem persönlichen Ehrgeiz) zu umkleiden und gewissermassen auf den Begriff des Erbrechts zu basiren. *Schwegler* I, 336. Daher die Hervorhebung und Begründung des Namens V. 288. Vgl. VI, 789—800. *Georg.* I. 24—42. III, 16—39.

289. *spoliis Orientis*] Damit wird nicht sowohl der Sieg über Antonius und Cleopatra gepriesen, als vielmehr die friedliche Wiedergewinnung der Trophäen, welche die Parther den Römern unter Crassus und Antonius entrissen hatten. Vgl. *Dio Cass.* LIII, 33: καί μοι δοκεῖ ταῦθ’ οὕτω τότε οὐκ ἐκ κολακείας ἀλλ’ ἐπ’ ἀληθείας τιμηθεὶς λαβεῖν. τά τε γὰρ ἄλλα ὡς ἐλευθέροις cφίcι προcεφέρετο, καὶ ἐπειδὴ ὁ μὲν Τηριδάτηc αὐτόc, παρὰ δὲ δὴ τοῦ Φραάτου πρέcβειc, ἐφ’ οἷc ἀντενεκάλουν ἀλλήλοιc ἀφίκοντο, ἐc τὴν βουλὴν αὐτοὺc ἐcήγαγε, καὶ μετὰ τοῦτο ἐπιτραπεὶc παρ’ αὐτῆc τὴν διάγνωcιν τὸν μὲν Τηριδάτην τῷ Φραάτῃ οὐκ ἐξέδωκεν, τὸν δὲ υἱὸν αὐτῷ, ὃν πρότερον παρ’ ἐκείνου λαβὼν εἶχεν, ἀπέπεμψεν ἐπὶ τῷ τούc τε αἰχμαλώτουc καὶ τὰ cημεῖα τὰ cτρατιωτικὰ τὰ ἔν τε τοῦ Κράccου καὶ ἐν τῇ τοῦ Ἀντωνίου cυμφορᾷ ἁλόντα κομίcαcθαι. *Monum. Ancyr.* 29: Parthos trium exercituum Romanorum spolia et signa reddere mihi supplicesque amicitiam p. R. petere coëgi. Wie die Römer und Augustus dieses Ereigniss als einen Sieg über den Orient auffassten, zeigt *Hor. ep.* I, 12, 27: ius imperiumque Phraates Caesaris accepit genibus minor.

Da nun die Auslieferung der Gefangenen und der Spolien in das J. 734 fällt, als Augustus in Syrien verweilte, Vergil aber 735 gestorben ist, so muss man annehmen, dass lib. I der Aeneide noch im letzten Jahre von dem Dichter redigirt worden ist. Dasselbe Ereigniss berührt *Verg.* VII, 605, aber noch nicht als vollendet.

Vgl. *Th. Mommsen,* res gestae d. Aug. p. 84—86.

290. *vocabitur votis*] Unter Gelübden anrufen, von den Menschen göttlich verehrt werden als hülfreiches numen. *Georg.* I, 42: votis iam nunc adsuesce vocari. Vgl. *Ecl.* I, 6—10. 43.

Nicht verschieden ist V, 234: divos in vota vocare = zur Annahme von Gelübden anrufen. Zur Sache vgl. V, 236—238. Mit hic quoque wird auf Aeneas zurückgewiesen. Vgl. 407.

291. *tum*] Zur Zeit der Regierung des Augustus, nicht etwa nach seinem Tode, denn tum bezieht sich nicht auf V. 289, sondern auf 286—289. Unter Augustus soll das goldene Zeitalter zurückkehren, cf. VI, 793: saecula qui rursus Latio regnata per arva Saturno quondam aurea condet, und damit Gerechtigkeit und Friede.

mitescent] Opp. crudescere, wie XI, 833: pugna, VII, 788: crudescunt sanguine pugnae, *Georg.* III, 504: in progressu coepit crudescere morbus. *Tac. h.* 1, 2: opus adgredior opimum casibus, atrox proeliis, discors seditionibus, ipsa etiam pace saevom.

292. *cana Fides et Vesta*] Die Fides, der bereits Numa (*Liv.* I, 26) ein Heiligthum errichtet hatte, wurde cana genannt, um das Ehrwürdige der Göttin damit anzudeuten, die deshalb auch im weissen Gewand erscheint. Wie Vergil scheint sie auch *Hor.* I, 31, 21: Te Spes et albo cana Fides (Hdschr. rata, rara, ra) colit velata panno zu benennen. *Enn. Trag.* 410 schreibe ich: O Fides albo apta panno et ius iurandum Iovis. Vgl. *Preller*, R. Myth. p. 224.

Den Dienst der Vesta und der Vestales Virgines ordnete ebenfalls Numa (*Preller* 107). Nach der Sage stammt der Cult der Vesta Mater aus Troia. Daher wird sie ebenso wie Fides cana genannt V, 794 canae penetralia Vestae. Es ist also cana auch hier auf Fides und Vesta zu beziehen. Vgl. II, 297. V, 744. IX. 259.

Remo cum fratre Quirinus] Die Zusammenstellung des Remus mit Quirinus in der vorliegenden Beziehung (iura dabunt) ist mir immer unbegreiflich gewesen. Die gewöhnliche Erklärung gibt Ladewig: Vergil nenne nach den Annalisten Romulus und Remus als Gründer und Beschützer Roms (aber davon sagt doch Vergil hier kein Wort!). Die Sage, dass Romulus den Remus erschlagen habe, sei zu Vergils Zeiten noch keineswegs allgemein verbreitet gewesen, nach *Ovid. Fast.* IV, 841—52 sei Remus von Celer erschlagen worden, Romulus aber habe den Bruder bestattet und ihm zu Ehren die Remuria, oder wie das Fest später genannt wurde, die Lemuria eingesetzt (*Ov. Fast.* V, 456—80). Mag das Alles richtig sein, was soll es denn zur Erklärung unserer Stelle? Unter Augustus erscheint das goldene Zeitalter,

die Fides und Vesta, Quirinus und Remus werden dann der
Römischen Welt Recht und Gerechtigkeit wieder geben
während eines beglückenden Friedens. Fast scheint es als ob
die friedliche und brüderliche Vereinigung des Quirinus symbolisch das Ende der Bürgerkriege und den Anfang einer neuen
Friedenszeit für Rom andeuten soll. Vgl. *Rubino,* Vorgesch. 213.

293. Den Januskultus, die Verehrung des Gottes als index
belli pacisque, apertus ut in armis esse civitatem, clausus pacatos
circa omnes populos significaret (*Liv.* I, 19), führt die historische
Sage auf Numa, die poëtische bereits auf die Urzeit Latium's
zurück, cf. *Verg.* VII, 601—617. Vgl. *Monum. Ancyr.* c. 13:
Ianum Quirinum, quem claussum esse maiores nostri voluerunt,
cum per totum imperium p. R. esset terrestris navalisque pax,
cum priusquam nascerer ab urbe condita bis omnino clausum
fuisse prodatur memoriae, ter me principe senatus claudendum
esse censuit. Geschlossen wurde der Tempel unter Numa, dann
nach dem ersten Punischen Krieg (519 = 235); unter Augustus
725 (= 29) nach dem Siege über Cleopatra und Antonius, 729
(= 25), endlich 752 (= 2). Auch im J. 744 (= 10) beschloss
der Senat, den Janus zu schliessen, dieser Beschluss wurde indessen nicht ausgeführt, da sofort die Nachricht von dem Auf-
stande der Dacier eintraf (*Dio* 54, 36). Nach *Mommsen* p. 32.
Livius (I, 19) kennt nur den Schluss des Janus vom J. 725 (= 29);
es scheint also das I. Buch der Annalen (ab urbe condita annalis I.) vor 729 (= 25) verfasst (oder veröffentlicht?) zu sein.

compagibus artis] = πυκινῶc ἀραρυῖαι ist parallel mit dirae
ferro, nicht mit ferro. *Nauck.* Indessen ist es natürlicher hier
ein ἓν διὰ δυοῖν zu statuiren, da Verg. mit dieser Stelle offenbar
Enn. Ann. 270 nachahmt: postquam Discordia taetra belli fer-
ratos postes portasque refregit. Vgl. *Hor. Sat.* I, 4, 60.
Nun ist dirus stehendes Beiwort von bellum (XI, 217), bucina
(VII, 519), cupido (IX, 185), Ulixes (II, 261. 762), kann aber
nicht mit einem Abl. verbunden werden. Folglich gehört der
Abl. zu claudentur, dirae zu belli portae. Der Verschluss ferro
et compagibus artis ist nöthig, je gewaltiger das Toben des nach
Aussen strebenden Furor ist.

294. *Furor impius*] Wegen der Bürgerkriege, daher auch
saeva arma. Der Furor hat nach *Petron.* 124 im Gefolge die
horrida Erinys, die minax Bellona, die Megaera, Letum, Insidiae,
lurida Mortis imago. Vgl. *Verhandl. der Philol.* 1867 p. 85.

296. *orc cruento*] Weil er an den Genuss von Blut gewöhnt ist, cf. XII, 8. Denn cruentus = bluttriefend, cf. I, 471. XII, 385.

297--304: **Sendung des Mercurius nach Karthago.** Die Scene ist kurz und in mystisches Dunkel gehüllt. Denn man sieht nicht, wie Merkur seinen Auftrag ausrichtet, nur die Folgen treten hervor (V 302—304). Aber auch darauf nimmt der Dichter im Verlauf der Handlung keine Rücksicht mehr (525. 540. 567. 68). Es scheint also, als ob Vergil diese Scene nur eingefügt hat, um zwischen der Handlung in Afrika und im Olymp eine Verbindung herzustellen und der Unterredung zwischen Venus und Jupiter doch auch eine unmittelbare Folge zu geben.

297. *Maia genitum*] Vgl. VIII, 138: vobis (Euandro) Mercurius pater est, quem candida Maia Cyllenae gelido conceptum vertice fudit, at Maiam, auditis si quicquam credimus, Atlans, idem Atlans generat, caeli qui sidera tollit.

298. *novae*] Vgl. 366, wo zugleich der Sing. arcem zu beachten ist. Denn wenn nicht von der ganzen Stadt die Rede ist, sondern nur von einer einzelnen bestimmten Burg (wie dort der Byrsa), so gebraucht Vergil den Singular. Vgl. VIII, 657: arx Capitolina, 652: Tarpeiae arcis, 357 hanc Ianus pater, hanc Saturnus condidit arcem.

pateant] Denn vgl. 563 sq. Der Grund war die Furcht vor einer Landung des Pygmalion, cf. IV, 43. 325.

300. *arceret*] Dagegen 298 pateant. Der Wechsel des Tempus ist zu erklären: Iuppiter Mercurium demittit, ut Karthaginis arces Teucris pateant; periculum enim erat, ne Dido fati nescia eos finibus arceret. Es wird also durch den Wechsel der Tempora der Auftrag (hervorgehoben durch das wiederholte ut) und der Grund des Auftrags unterschieden. Aehnlich ist *Liv.* XXII, 18, 8: Dictator inde sacrorum causa Romam revocatus non imperio modo sed consilio etiam ac prope precibus agens cum magistro equitum, ut plus consilio quam fortunae confidat et se potius ducem quam Sempronium Flaminiumque imitetur: ne nihil actum censeret (= denn er solle nur ja nicht glauben) extracta prope aestate per ludificationem hostis. Juno's Neigung zu Aeneas wird also vorbereitet, damit dieser günstige Aufnahme finde, dagegen von dem fatum selbst wird Dido nicht unmittelbar unterrichtet.

volat ille] Vgl. zu 3. Darin liegt zugleich mit ein Grund, warum die Verbindung falsch ist: ne fati nescia Dido finibus ar-

ceret, volat ille, abgesehen davon, dass dann arceret kein Object
hätte.

aëra magnum] = ἄϲπετοϲ αἰθήρ.

301. *remigio alarum*] *Hom. Od.* V, 44:

αὐτίκ' ἔπειθ' ὑπὸ ποϲϲὶν ἐδήϲατο καλὰ πέδιλα,
ἀμβρόϲια χρύϲεια, τά μιν φέρον ἠμὲν ἐφ' ὑγρὴν
ἠδ' ἐπ' ἀπείρονα γαῖαν ἅμα πνοιῇϲ ἀνέμοιο.

Wörtlich übersetzt von *Verg.* IV, 239—241.

302. *ponuntque*] Unmittelbare Folge.

ferocia] streitsüchtig, zur Bezeichnung der feritas und superbia. *Tac. Agr.* 11: plus tamen ferociae Britanni praeferunt,
ut quos nondum longa pax emollierit.

305—417: Begegnung des Aeneas u. der Venus. Aeneas
macht sich in Begleitung des Achates auf den Weg, um zunächst
die Beschaffenheit des Landes und der Bewohner zu erkunden.
Da begegnet ihm Venus in Gestalt und Kleidung einer Jägerin
und knüpft eine Unterhaltung an, wodurch Aeneas nicht nur genügende Auskunft über seine Absicht erhält, sondern auch zugleich mit dem Schicksal der Dido vertraut gemacht wird. Zugleich erhält er die tröstliche Versicherung, dass auch der verloren geglaubte Theil seiner Genossen gerettet ist. Mit der Mahnung, Aeneas solle sich sofort in die Stadt zur Königin begeben,
verschwindet Venus sofort wieder im Glanze ihrer göttlichen
Herrlichkeit, zugleich hüllt sie Aeneas und Achates in eine dichte
Nebelwolke und enteilt zum Opferfeste auf Paphos.

Schon *Macrob.* V, 11, 13 macht die Bemerkung: Venus in
Nausicaae locum Alcinoi filiae successit, ipsa autem Dido refert
speciem regis Alcinoi convivium celebrantis. Dies ist richtig,
wenn man sagt, Venus vertrete die Rolle der Pallas Athene und
der Nausikaa. Schon darin zeigt sich die Selbständigkeit Vergils,
dass er nicht einseitig die reizende Idylle der Begegnung von
Odysseus und der Königstochter nachahmt. Dazu eignete sich
weder die Lage der einsamen Dido noch des von seinen Gefährten umgebenen Aeneas.

Das Motiv der Scene ist einfach dies, den Aeneas sofort mit
dem Schicksal der Dido bekannt zu machen, mit der er nun in
Verbindung treten soll. Eine andere Person konnte der Dichter
für diesen Zweck kaum ausfindig machen. Er erreicht aber noch
einen Nebenzweck durch die Einführung der Venus. Die Göttin
war im Olymp so eben als liebende und sorgende Mutter für

ihren Sohn vor Juppiter aufgetreten. Dieser hatte sie beruhigt und getröstet, er hatte sogar den Merkur zum Schutze des Aeneas abgesandt. Sollte nun die Göttin selbst ruhig zusehen und warten? Dies würde der weiblichen Natur und der eifrigen Fürsorge einer Mutter widersprechen. Venus muss also handelnd auftreten. Vgl. V, 779 sqq. Selbst scheinbare Aeusserlichkeiten fügt Vergil nicht ohne einen bewussten Zweck aus Homer ein. Wenn z. B. Venus den Aeneas durch eine Wolkenhülle unsichtbar macht, so erreicht dadurch der Dichter die Möglichkeit, den Aeneas in der Rede des Ilioneus seinen eigenen Ruhm geniessen und ihn der Liebe und Theilnahme seiner Freunde sicher werden, ja ihn schliesslich wunderbar vor Dido plötzlich und unerwartet auftreten zu lassen. Diese wunderbare Erscheinung wiederum konnte nur das bereits vorhandene Interesse der Dido für Aeneas steigern und dadurch die künftige Liebe vorbereiten. Vgl. *Nägelsb. Vita* p. 31.

305. *plurima volvens*] Hom. Il. X, 3: ἀλλ' οὐκ 'Ατρείδην ὕπνος ἔχε γλυκερὸς πολλὰ φρεσὶν ὁρμαίνοντα. Vgl. zu I, 262. Periode A [(a): (b)] A.

306. Beachtenswerth ist die Mannigfaltigkeit, mit der Vergil den Anbruch des Tages beschreibt. Vgl. XII, 113: Postera vix summos spargebat lumine montis orta dies, cum primum alto se gurgite tollunt solis equi lucemque elatis naribus efflant. IX, 355: absistamus ait, nam lux inimica propinquat. VIII, 170: et lux cum primum terris se crastina reddet, cf. X, 244. XII, 77 cum primum crastina caelo puniceis invecta rotis Aurora rubebit. III, 521: iamque rubescebat stellis Aurora fugatis. VII, 25: iamque rubescebat radiis mare et aethere ab alto Aurora in variis fulgebat lutea bigis. X, 256: et interea revoluta rubebat matura iam luce dies noctemque fugarat. XI, 182: Aurora interea miseris mortalibus almam extulerat lucem, referens opera atque labores. III, 589: postera iamque dies primo surgebat eoo umentemque Aurora polo dimoverat umbram. IV, 7 postera Phoebea lustrabat lampade terras umentemque etc. IV, 129: Oceanum interea surgens Aurora reliquit = XI, 1. IV, 585: Et iam prima novo spargebat lumine terras (cf. XII, 113). Tithoni croceum linquens Aurora cubile = IX, 460. V, 65: si nona diem mortalibus almum Aurora extulerit radiisque retexerit orbem. VI, 535: hac vice sermonum roseis Aurora quadrigis iam medium aethereo cursu

traiecerat axem. V, 104: Exspectata dies aderat nonamque serena Auroram Phaethontis equi iam luce vehebant. Vgl. X, 241.

Mit dieser poëtischen Mannigfaltigkeit in der Beschreibung des anbrechenden Tages, welche ganz in Gegensatz tritt zur monotonen Formelwiederholung Homers, vgl. man die Beschreibung von dem Hereinbrechen der Nacht. II, 250: vertitur interea caelum et ruit oceano nox. III, 508: Sol ruit interea et montes umbrantur opaci (vgl. *Ecl.* I, 82). VI, 539: nox ruit, Aenea, nos flendo ducimus horas. VIII, 369: nox ruit et fuscis tellurem amplectitur alis. X, 215: iamque dies caelo concesserat almaque curru noctivago Phoebe medium pulsabat Olympum.

306. Vgl. *Hom. Od.* X, 144 sqq. Nach der Ankunft des Odysseus auf der Insel der Zauberin Kirke, macht er sich auf den Weg, um die Beschaffenheit der Insel zu erforschen. Die Nachahmung Vergils ist hier durch die gleiche Situation von selbst gegeben und hat zugleich das Motiv, den Aeneas mit Venus zusammentreffen zu lassen.

307. *novos*] = unbekannt. *Ecl.* 5, 71: vina novom fundam calathis Ariusia nectar. Aehnlich *Ecl.* 3, 86 nova carmina (in Rom noch nicht gekannte Lieder, Weisen); *Hor.* I, 26, 10: fidibus novis sacrare aliquem.

307. *vento accesserit*] Active Form, aber passiver Begriff. Wovon hängt der Fragesatz ab?

308. *nam inculta videt*] Natürlich in der Gegend, wo Aeneas' Flotte gelandet war. Vgl. *Liv.* XXI, 54, 1.

hominesne feraene] *Hom. l. l.* καὶ τότ᾽ ἐγὼν ἐμὸν ἔγχος ἑλὼν καὶ φάσγανον ὀξὺ καρπαλίμως παρὰ νηὸς ἀνήιον ἐς περιωπήν, εἴ πως ἔργα ἴδοιμι βροτῶν ἐνοπήν τε πυθοίμην.

309. *exacta*] genaue Nachricht, dagegen IX, 193: mittique viros, qui certa reportent = zuverlässige Nachricht, in den meisten Fällen natürlich ein und dasselbe. Daher umschreibt *Sil. Ital.* I, 684 die letztere Stelle Vergils also: mittique viros, qui' exacta reportent.

310. *in convexo nemorum*] Vgl. 168. Der Wald befindet sich nicht auf einer Ebene, sondern auf einer sanft ansteigenden Höhe, deren Abdachung convexum genannt wurde. Vgl. zu 608. Unter dieser Waldhöhe nun liegt die Grotte der Nymphen, welche durch gehöhlten, bogenförmigen Felsen gebildet wird.

311. *horrentibus umbris*] = dichter, kühler Schatten für unsere Anschauung. Der Plural bedeutet an und für sich den

starken oder dichten Schatten (= spissam umbram), cf. VI, 452:
quam Troius heros ut primum iuxta stetit adgnovitque per umbras
obscuram. VII, 770 ab umbris infernis ad lumina (= helles
Licht) surgere vitae. VII, 619: caecis se condere umbris. *Georg.*
I, 209: et medium luci atque umbris iam dividit orbem. I, 342:
somni dulces densaeque in montibus umbrae.

312. *comitatus*] *Zumpt* §. 632. Zur Construction vgl. Phrygiis
comitata ministris. X, 186: paucis comitatus. Dieser Abl. bei
comitatus ist also nicht zu verwechseln mit dem Gebrauch des
Dat. der Person bei passiven Verbis statt des Abl. mit a oder
ab. Vgl. 440: neque cernitur ulli, 326: nulla tuarum audita
mihi neque visa sororum. Ebenso wie Vergil gebraucht Horatius
den Abl. der Person statt ab c. Abl. *Epp.* I, 1, 94: curatus
inaequali tonsore. *Epod.* 16, 66: piis secunda vate me datur
fuga. *Carm.* I, 6: Scriberis Vario fortis et hostium victor Maeonii
carminis alite. Vgl. die Erkl. zu *Hor. Ep.* I, 19, 13.

Die Grenzen des Gebrauchs mit dem Dat. der Person in
der Prosa bestimmt *Madvig de Fin.* I §. 11: Exempla bonorum
scriptorum prosae orationis aut in participio sunt, ut res effecta
tamquam externa extet et ad personam referatur sive commodi
sive aliqua eiusmodi ratione (pertractata mihi sunt =
habeo pertractata *Cic. Or.* II §. 146, elaboratum mihi
est, in Caec. 40) aut in eiusmodi verbis, ut non solum ab aliquo,
sed etiam alicui res fieri intellegatur, ut in quaerendi verbo.

313. *crispans*] = XII, 165. Grundbedeutung: gekräuselt
erscheinen lassen, dann in wellenförmige, zitternde
Bewegung setzen, wie *Val. Fl.* I, 311: alma novo crispans
pelagus Tithonia Phoebo, endlich = πάλλειν, cf. *Hom. Il.* III,
18: δοῦρε δύω κεκορυθμένα χαλκῷ. Dem δύω entspricht bina,
in jeder Hand einen Speer, dem κεκορυθμ. χ. lato ferro = mit
einer breiten Eisenspitze. Vgl. *Ameis* zu *Ilias* 3, 18. Ferner
Tac. Germ. 6: hastas gerunt angusto et brevi ferro. Man wird
also in lato ferro wohl auch ein breites und langes Eisen
anzunehmen haben.

314. *obvia*] Der Sprachgebrauch der Prosa verlangt obvium
se ferre oder dare, dagegen obvii procedebant *Sall. Jug.* 46, 5.
Vergil behandelt also se ferre = ire oder procedere, wie X, 877
infesta subit obvius hasta, cf. VI, 879: non illi se quisquam
inpune tulisset obvius armato. Regelmässig ist X, 380: obvius
huic primum fit Lagus, X, 734: obvius occurrit.

315. *os habitumque*] Dafür *Hom. Od.* XIII, 288: δέμας δ᾽ ἤϊκτο γυναικὶ καλῇ τε μεγάλῃ τε καὶ ἀγλαὰ ἔργα ἰδυίῃ. Zu dem Sing. os vgl. IX, 646: forma tum vertitur oris (Apollo) antiquom in Buten. Dagegen I, 658: faciem mutatus et ora Cupido. Der Plural bedeutet entweder die Gesichtszüge (= voltus) oder die Wangen (= genae), der Sing. dagegen die Gestalt des Gesich- tes. Hier handelt es sich nicht um Gesichtszüge oder Wangen, sondern nur um das Aussehen. An dem os soll sofort die Jungfrau erkannt werden, an dem habitus (Kleidung und Haltung) die Jägerin; daher ist et virginis arma nur Erklärung von habi- tumque. Oder will Vergil mit habitus einfach das Homerische δέμας (φυή) wiedergeben?

316. *Spartanae*] Verbinde vel Spartanae vel Threissae etc. Die Wiederholung von virginis war nothwendig, weil sonst Spar- tanae auch zu os habitumque bezogen werden müsste, was durch- aus geschmacklos wäre.

Zur Sache vgl. *Plut. Lyc.* 14: τὰ μέν γε σώματα τῶν παρθένων δρόμοις καὶ πάλαις καὶ βολαῖς δίσκων καὶ ἀκοντίων διεπόνησεν. Dass die Spartanerinnen auch als Jägerinnen auf- traten wird freilich nirgends erwähnt. Die Uebungen der Jung- frauen, bei welchen diese sich nicht gänzlich entkleideten, son- dern nur das Gewand auf den Hüften loshackten und daher φαινομηρίδες hiessen (*Pollux* VII, 55), hörten in der Regel mit dem jungfräulichen Stande auf. *Wachsmuth*, Hell. Alterth. II, 2 §. 111.

qualis] = Threissae talis, qualis Harpalyce (οὖσα) fatigat etc.

317. *Harpalyce*] Sie war die Tochter des Thrakerkönigs Harpalykos (ἁρπάζω und λύκος), schneller als die schnellsten Rosse, oder als der Sturmwind, dabei eine rüstige Amazone. Nach dem Tode des Vaters warf sich die wilde Tochter in die Wälder und lebte vom Raub der jungen Zicklein und Böcke, die sie aus den Ställen entführte. Keiner konnte sie einholen, auch auf dem schnellsten Rosse nicht, bis sie sich zuletzt in Jagdnetze verfing und von Hirten erschlagen wurde. *Preller* II, 152. Das Präsens steht für das Perf., zugleich mit der Andeutung, dass das Er- scheinen der Harp. in Sage und Bild noch fortlebt. Denn Vergil will im Römischen Leser bekannte Bilder wach rufen zur Ver- anschaulichung von Venus' Erscheinung.

317. *praevertitur Eurum*] Diese Lesart hat, wie mir scheint,

O. Ribbeck mit vollem Rechte der hdschr. Ueberlieferung He b r u m vorgezogen, obwohl diese durch die Nachahmung des *Sil. It.* geschützt zu sein scheint. Denn II, 73 sagt dieser Dichter: quales Threiciae Rhodopen Pangaeaque lustrant saxosis nemora alta iugis, cursuque fatigant Hebrum innupta manus. Indessen ist diese Lesart dort keineswegs sicher, noch weniger ist sie für den Zusammenhang geeignet (cf. *Drakenborch*), und sieht man auch davon ab, so sehen wir aus dieser Stelle nichts weiter, als dass schon Silius den Fehler in seinem Exemplar des Vergil vorfand. Vgl. *O. Ribb. Proll.* p. 364. Dass der Hebrus kein reissender, vielmehr ein ruhig fliessender Strom ist, bemerkte schon Servius. Es fragt sich also nur, durch welche Vergleichung Vergil sonst die Schnelligkeit der Füsse malt. VIII, 223: fugit ilicet (lacus) ocior Euro. XII, 334: illi aequore aperto ante notos zephyrumque volant. VII, 807: proelia virgo dura pati cursuque pedum praevertere ventos. Vgl. das Gleichniss I, 414—418. XII, 345: vel conferre manum vel equo praevertere ventos (von Glaucus und Lade). Die letztere Stelle ist entscheidend, wenn man dazu bedenkt, wie leicht eurus und eᵇrus verwechselt werden konnte, da *b* von den Abschreibern häufig mit *u* wiedergegeben zu werden pflegte. Vgl. *R. Unger*, *de Valgio* p. 172 und p. 500 (Index palaeogr.). *Hom. lat.* 734.

318. *umeris*] Ist ebenso Locativus wie XII, 511: curruque abscisa duorum suspendit capita, oder *Liv.* I, 26, 6 und 11: arbori infelici suspendito. Vgl. *Weidner*, *de Naeg. vita* p. 76—78. An einen Dativ hier zu denken, ist ein grober Fehler.

Die gewöhnliche Constr. susp. aliquid ex oder ab aliqua re ist Vergil nicht fremd, cf. *Georg.* II, 389. *Aen.* V, 489. Der in der lat. Sprache bald ganz verschwindende Locativus (Karthagini, freti etc. noch bei Cicero) wird theils durch Präp. theils durch den Abl. ersetzt.

318. *de more*] Zu habilem oder zu dem Verbum zu beziehen? Im letzteren Falle kann man sich kaum denken, welche Sitte gemeint ist. Etwa allgemeine Jägersitte? Der Jäger ist aber hier eine Jägerin. War es also nur Sitte des weiblichen Jägers? Aber warum nicht ebenso des stärkeren Mannes? Es scheint, als ob Vergil hier auf bekannte Bilder hindeutet.

319. *diffundere*] Sonst trug die Jungfrau das Haar in einen Knoten zurückgebunden, religata fluentem crinem, *Sil. It.* II, 78.

Vgl. hier die Abbildung bei Drakenborch. Grammatisch vgl. *Luc. Phars.* V, 684: invitis spargenda dabas tua membra procellis.

320. *sinus fluentis*] Das Kleid der Dido soll dem Römer erscheinen wie die innere tunica der Römischen Frauen, welche ärmellos war und bis an das Knie reichte (nuda genu). Um den Busen zu heben, wurde unterhalb desselben ein Busenband aus feinem Leder (strophium) um den Körper geschlungen. Dies hat man hier unter dem nodus zu verstehen. Vgl. *Koner* II, 228.

321. *ac prior*] Mit der Conjunktion knüpft die Handlung an V. 314 an: mater media sese tulit obvia silva. Denn Alles, was zwischen diesen Versen liegt, gehört nicht zum Verlauf der Handlung, sondern ist eine Beschreibung, womit der Dichter dem Leser die Erscheinung der Venus zu vergegenwärtigen sucht.

heus] Wohl zu unterscheiden von heu oder heu heu! Vgl. VII, 116: heus! etiam mensas consumimus! inquit Iulus.

mearum] Zur Orientirung des Hörers werden die Hauptbegriffe sofort vorgeschoben, monstrate und mearum, wozu am Ende des folgenden Verses sororum nur ergänzend hinzutritt, denn mearum si quam könnte zunächst genügen.

322. *si quam*] Vgl. zu I, 181.

errantem] Es handelt sich hier nicht um das Factum, dass sie herumirrt, denn dies steht durch die Frage fest, sondern ob sie Jemand in der Irre, auf dem Wege (herumirrend) gesehen haben. Daher das Particip. Vgl. II, 485: armatosque vident stantis in limine primo. II, 562: ut regem aequaevom crudeli volnere vidi vitam exhalantem. Dagegen vgl. III, 518: postquam cuncta videt (Palinurus) caelo constare sereno, dat clarum e puppi signum. Ist das Particip z. B. in folgendem Satze zulässig? 'Als Napoleon die Feinde an die Grenze Frankreichs herankommen sah etc.'

323. *succinctam pharetra*] Das Verbum succingere wird von der Bekleidung in Prosa und Poesie gebraucht, ohne dass eine Richtung des Anlegens einer Sache von unten nach oben mehr hervortritt. Vgl. *Ecl.* VI, 75. *Liv.* XXI, 10, 4 nennt Hanno den Hannibal: succinctus armis legionibusque. VII, 5: succinctus cultro. *Verg. Aen.* XII, 401: succinctus amictu.

maculosae tegmine lyncis] Vgl. *Tac. Germ.* 17: eligunt feras

et detracta velamina spargunt maculis pellibusque beluarum (ἐν
διὰ δυοῖν, quas exterior Oceanus atque ignotum mare gignit.

Die Lesart tegmina, sowie die Interpunktion nach pharetra
ist leider kein Druckfehler, sondern wirklich Conjectur von
O. Ribb., wie man aus *Prolegg.* p. 328 ersieht. Es heisst hier:
Propter pellem enim, unde fiunt tegmina, agitatur a venatoribus
lynx, pellis pulchritudine nostra quoque venatrix incitata perse-
quitur quae tegmina praeclara praebitura est lyncem. Dies Alles
sind unnöthige und unerwiesene Behauptungen, denn die pellis
pulchritudo und incitata etc. hat sich Ribb. nur gedacht. Er fährt
fort: Et commendatur haec scriptura eo quoque, quod ad amussim
respondentia sibi membra 'maculosae tegmina lyncis' et 'spumantis apri cursum efficiuntur, cf. IV, 158. Also wirklich? Dieser
Mechanismus ist sehr hölzern. Denn durch diese Conjectur wird
vielmehr alle Concinnität gestört. Denn die Jägerin verfolgt nun
das Fell des Luchses und den Lauf des Ebers, also den Gegenstand ihres Wunsches und — ein äusseres Verhältniss! Nun
vgl. man die Parallelstelle IV, 158: gaudet equo (puer Ascanius)
iamque hos cursu iam praeterit illos, spumantemque dari pecora
inter inertia votis optat aprum aut fulvom descendere monte
leonem. Die Stelle beweist völlig das Gegentheil von dem, was
sie beweisen soll. Denn 1) Ascanius jagt nicht um der Löwen-
haut willen, sondern er will einen tapferen Jägerkampf bestehen;
2, Ascanius wünscht sich als Ziel einen schäumenden Eber oder
einen goldgelben Löwen. Dies ist Concinnität. Ribbeck wurde
zu seiner Aenderung veranlasst durch ein Bedenken Madvig's,
welcher bemerkte, dass durch Einschiebung von V. 323 der Gegensatz zwischen errantem (322) und aut prementem (324) gestört
werde. Dies ist nur Schein. Denn eine Störung würde V. 323
allerdings verursachen, wenn er mit dem ersten Glied der Alternative nicht in näherem Zusammenhang stände; wenn aber eine
innere Verbindung wahrnehmbar ist, so ist eine Störung nicht
vorhanden. Nun aber wurden nur die äusseren Kennzeichen der
errantis virginis gegeben, weil sie nur durch die Kleidung dem
Aeneas auffallen konnte, während eine Jägerin, die eben einen
Eber verfolgte, von selbst Aufsehen erregen musste. Es ist also
die Stelle zu construiren: si quam sororum hic vidistis (aut) errantem eandemque pharetra et lyncis tegmine succinctam aut prementem spumantis apri cursum. Aehnlich ist I, 183: Anthea si quem
iactatum vento videat **Phrygiasque biremis** aut Capyn etc.,

denn Antheus war eben nur kenntlich in der Ferne durch den Bau und die Ausrüstung seines Schiffs, dafür heisst es dann auf *celsis in puppibus arma Caici.*

327. *o — quam te memorem, virgo?*] Vgl. *Cornif* IV §. 40: Dubitatio (διαπόρηcιc, ἀπορία) est, cum quaerere videtur orator, utrum de duobus potius aut quid de pluribus potissimum dicat, hoc modo: obfuit eo tempore plurimum reip. consulum sive stultitiam sive malitiam dicere oportet sive utrumque. item: tu istud ausus es dicere, homo omnium mortalium — quonam te digno moribus tuis appellem nomine? = *Dem. cor.* §. 22: εἶτ᾽ ὦ — τί ἂν εἰπών cέ τιc ὀρθῶc προcείποι; Und warum ist Aeneas in dieser ἀπορία? Weil die Alten es für einen religiösen Frevel hielten, eine Gottheit nicht mit dem ihr gebührenden Namen anzureden.

Die Scene ist nachgeahmt *Hom. Od.* VI, 149, wo Odysseus plötzlich vor Nausikaa erscheint, sich vor ihr niederwirft und sie anfleht:

γουνοῦμαί cε, ἄναccα· θεόc νύ τι ἢ βροτόc ἐccι;
εἰ μέν τιc θεόc ἐccι, τοὶ οὐρανὸν εὐρὺν ἔχουcιν,
Ἀρτέμιδί cε ἔγωγε, Διὸc κούρῃ μεγάλοιο,
εἶδόc τε μέγεθόc τε φυήν τ᾽ ἄγχιcτα ἐίcκω etc.

Wie nun bei Homer Odysseus dennoch Nausikaa als ἄναccα anredet, denn dieses Epitheton, wird von Göttern und Menschen gebraucht, so nennt Aeneas in seinem Zweifel die Venus dennoch virgo (*Voc.*), weil er damit die ihm gegenüberstehende Person nicht zu verletzen glaubt, selbst wenn sie eine Gottheit wäre. Die Worte namque hau tibi voltus mortalis etc. beziehen sich also auf den Hauptzweifel überhaupt o — quam te memorem, virgo', nicht etwa auf virgo allein (= soll ich dich Jungfrau nennen, dies wage ich nicht, denn etc.). Denn in diesem Falle wäre virgo unzulässig, es müsste vielmehr virginem heissen abhängig von memorem.

328. *hominem sonat*] Vgl. VI, 50: maiorque videri (die Priesterin des Apollo) nec mortale sonans. *Ovid. met.* X, 146: diversa sonare. So wie mortale sonare entstanden ist aus mortalem sonum sonare, ebenso ist vox hominem sonat aufzulösen in vox hominis sonum sonat. Vgl. *Nägelsb.* zu *Hom. Il.* I, 257. Hieher gehören auch die bekannten Fälle wie id furere *Liv.* VIII, 31, hoc fremere *Liv.* XXVIII, 18 etc.

329. *an — an*] = sive Phoebi soror es sive nympharum

sanguinis una, dea certe (utique) es. Vgl. I, 569. Da nun die
Rede direct ist, so wird der Hauptsatz in Form einer Anrede
ausgedrückt; da aber der Sprechende zugleich in lebendiger Aufregung sich befindet, so stellt er jede Frage für sich selbständig, daher an — an. Damit ist nicht zu verwechseln die einfache Gegenfrage, welche mit an eingeführt der Rede einen leidenschaftlichen oder ironischen Ton verleiht, und immer durch nisi
vero oder nisi forte umschrieben werden kann, z. B. IV, 208:
aspicis haec? an te, genitor, cum fulmina torques, nequiquam
horremus? = nisi vero nequiquam fulmina horremus. IV, 325:
quid moror? an mea Pygmalion dum moenia frater destruat? =
nisi vero morari praestat, dum Pygmalion destruat etc. Hier folgt
also immer auf eine Frage mit an eine Gegenfrage. Diese Gegenfrage hat indessen nicht immer eine Frage vor sich, sondern
kann sich auch auf einen einfachen Affirmativsatz beziehen, z. B.
Cic. Phil. II §. 13: quod si scisset, quam sententiam dicturus
essem, remisisset aliquid profecto de severitate cogendi. an me
censetis, p. c., quod vos inviti secuti estis, decreturum fuisse, ut
parentalia cum supplicationibus miscerentur? = nisi forte cre-
ditis etc.

330. *sis felix*] Optativus für salve = χαῖρε θεὰ ἵληθι. *Ecl.*
V, 65: ipsae iam carmina rupes, ipsa sonant arbusta: deus deus
ille Menalca! Sis bonus o felixque tuis! etc. *Georg.* I, 345.
Es ist also dies der übliche Ausruf des Menschen, der einem
Gotte plötzlich begegnet zu sein glaubt. *Ovid. met.* VII, 320:
(Iupiter)

> Ille notam fulgore dedit tonitruque secundo.
> Accipio sintque ista precor felicia mentis
> Signa tuae, dixi, quod das mihi, pigneror omen.

quaecumque] = quaec. es, aber nur dem Sinne nach. Denn
grammatisch ist quaecumque Prädikat zu dem Subject des Verbi
gehörig.

332. *locorumque*] Die Römer sprachen que gewiss so, dass
der Vokal entweder nicht oder nur wenig gehört wurde. Daher
die Schreibweise locorumq. Denn die Compendien der römischen
Zeit sind nicht willkührlich. So schrieb man magnū, weil das m
am Ende des Wortes nur wenig gehört wurde. Jedenfalls soll
der Hypermeter keine endlose Ungewissheit versinnlichen, wie
Nauck annimmt.

333. *vastis et fluctibus*] Ein betontes Wort kann der Conjunktion vorangestellt werden. Vgl. I, 262.

Denselben Grund hat die freiere Stellung von que, welches logisch öfters einem anderen Worte angefügt sein müsste, cf. I, 14, 27. 45. 68. 98. 115.

Die Betonung bringt es ferner mit sich, dass Vergil einen weiteren Gebrauch von der Freiheit macht, ein oder mehrere Worte dem Relativum oder der Conjunktion vorzusetzen, ja selbst gegen die Regel der Prosa auch das Verbum des Satzes. Denn lat. ist es möglich zu sagen: pecuniam ut amiserit, aber nie (die Dichter ausgenommen) amiserit ut pecuniam. Vgl. a) Relat. I, 1. 6. 24. 109. 148. 195. 205. 250. 287. 368. 378. 388. 651. II, 77

b) ut, ne etc.: cf. I, 74. 413. 667. II, 60. 110.

c) Fragesatz: I, 76. 181. 582. II, 4.

d) si: I, 151. 322. 546. II, 81. 94. 136. 178.

e) postquam, ubi etc.: I, 154. 405. 715. II, 223. 256. 304.

f) dum: I, 265. 494. 607. II, 22.

g) Nachstellung von hic, ille etc.: I, 290. 623, 719. II, 30.

h) Nachstellung von tum etc.: I, 291. 195. 614.

Man beobachte diesen Sprachgebrauch des Dichters weiter und man wird finden, dass fast immer die Wortbetonung, selten die Noth der Versifikation ihn zu diesen Umstellungen veranlasst hat. Ja mitunter verbindet sich damit ein schöner Chiasmus, wenn dieselbe Conjunktion sofort wiederholt wird, z. B. I, 413: cernere (b) ne quis (a) eos neu quis (a) contingere (b) posset. 513: obstipuit simul ipse, simul percussus Achates laetitiaque metuque.

334. *cadet*] An einen fehlenden Vordersatz, etwa hoc si impetraverimus, ist hier nicht zu denken. Es würde dies die Zuversicht des Bittenden gänzlich vernichten. Zur Sache vgl. *Ecl.* I, 8. 43, zur Form *ibid.* 33: quamvis multa meis exiret victima saeptis etc. *Aen.* II, 369.

335. *tali honore*] Vgl. zu 102. 503. II, 541. III, 183.

337. *cothurno*] *Ecl.* VII, 32: puniceo stabis suras evincta cothurno. *Liv. Andron.* (*Frgm. Trag.* p. 3): Et iam purpureo suras include cothurno, Balteus et revocet volucres in pectore sinus, Pressaque iam gravida crepitent tibi terga pharetra, Derige odorisequos ad certa cubilia canes. Es war dies ein leichter Jagdstiefel von Leder oder Filz, eng dem Fusse sich anschmiegend und bis zur Wade oder über dieselbe hinaufreichend, wel-

cher vorn offen durch ein Schnürband zusammengehalten wurde
(daher vincire oder evincire). Dieser Stiefel war der Diana eigenthümlich. Vgl. die Abbildung bei *Guhl* und *Koner* I, 191. Fig.
225, 8.

338. *Punica regna*] Das Volk der Phönizier — denn darauf
wird mit Punica hingedeutet — musste dem Aeneas von Asien her
bekannt sein, ebenso Tyros (Zôr) und Agenor, Sohn des Belus und
Vater des Cadmus (= Ostländer), der Urahn der Phönizier. Zugleich
aber war damit für Aeneas deutlich genug ausgesprochen, dass er
sich auf civilisirtem Boden befinde. Eben deshalb tritt der folg.
Vers durch sed damit in Gegensatz: Während die Punier ein
cultivirtes Volk sind, so sind doch die umwohnenden (fines) Libyschen Volksstämme eine kriegerische, uncivilisirte Nation.

Agenoris urbem] Eine Stadt des Agenor wird Karthago genannt, um damit anzudeuten, dass diese Colonie direct von Tyros
abstamme. Dass unter Ag. urb. nicht die Stadt des Agenor,
d. h. Tyros zu verstehen sei, musste für den mit asiatischen
Verhältnissen vertrauten Aeneas sofort klar sein. Silius freilich
sagt häufig gens Cadmea, arces Agenoreae etc. In Italien gründet Aeneas nur Lavinium. Da aber von Lavinium Alba longa
und von hier Rom ausging, so nennt *Ovid. am.* I, 8, 42 Rom
die Stadt des Aeneas, wie Vergil die Römer öfters Aeneaden. In
derselben Weise ist Karthago eine Stadt des Agenor. Aber auch
eine solche Wendung muss ein besonderes Motiv haben.

339. *intractabile bello*] Nicht blos unbezwinglich, sondern
auch wild und unkultivirt. Es sind Völker, welche eine
geordnete Kriegführung noch nicht kennen. Es sind also in dem
einen Ausdruck die beiden Begriffe enthalten, welche wir IV,
40 finden:

> hinc Gaetulae urbes, genus insuperabile bello,
> et Numidae infreni cingunt et inhospita Syrtis,
> hinc deserta siti regio lateque furentes Barcaei.

Vgl. *Georg.* I, 211: sub extremum brumae intractabilis imbrem.
Liv. XXI, 20, 8: ferocia atque indomita ingenia.

340. *imperium regit*] Diese Verbindung für das gewöhnliche
imperio regere (VI, 851, imperio premere I, 54) ist ein ἅπαξ
εἰρημένον, Denn bei *Liv.* XXX, 30, 26: Carthaginienses inclusi
Africae litoribus vos, quando ita dis placuit, externa etiam terra
marique videamus regentes inperia, ist die Verbindung externa
terra marique imperia regere unmöglich, weshalb *Madvig* (*Em.*

Liv. p. 354) imperio emendirt hat. Aber die Stelle leidet auch noch an anderen Schwierigkeiten. So ist z. B. externa etiam sinnlos, es ist vielmehr ein Gegensatz zu inclusi zu erwarten. Ich vermuthe: extremas iam terras mariaque videamus regentis imperio, denn es ist der Ausfall eines Adjectivs sehr wahrscheinlich. Endlich ist zu beachten: Kühnheit und Neuheit der Verbindung ist für den Dichter oft Schmuck und Zierde, während dieselbe Form in der Prosa unmöglich ist. Vgl. z. B. longa est iniuria etc.

342. *summa fastigia rerum*] Nicht etwa die fastigia und auch von diesen nur die summa, sondern die Verbindung summa fastigia ist zu erklären aus dem Streben der Lateiner, mit dem Subst. Adiectiva (mehr in der Poesie) oder Verba (in der Prosa) zu verbinden, welche einen dem Subst. ähnlichen oder verwandten Begriff enthalten, z. B. *Cic. p. Sest.* §. 21: blanda conciliatricula (nobilitas). *de rep.* II, 8: desidiosae illecebrae. Hieher gehören die scheinbaren Tautologien, wie initium oder principium alicuius rei ortum est oder initium incohare (*Tac. Ann.* II, 1. *hist.* III. 44. *Germ.* 30), oder adj. primum initium etc., endlich die Adverbien prius oder ante neben Verbis, die mit prae zusammengesetzt sind, z. B. *Liv.* 42, 7: ut omnia opportuna loca praeoccupari ante ab eo potuerint, 40, 4 multo ante praecogitatum facinus, 40, 23 iam ante praemeditati, 9, 23: priorem praevenire, 27, 12: priorem praegredi, 21, 32: prius praecipere, 22, 6, 7: retro repetere viam, 8, 11: retro redire, 23, 36: retro se recipere, 27, 28: retro remittere, 2, 45: retro revocare.

343. *ditissimus auri*] Vgl. X, 563: ditissimus agri. VII, 537: Ausoniis olim ditissimus arvis. Und auch an unserer Stelle bieten die Hdschr. agri, was vielleicht durch Vergleichung mit X, 563 entstanden ist. Sicher passt ditissimus agri weder für den Phönizier, dessen Reichthum am wenigsten in Grundbesitz bestand, noch für den Zusammenhang, cf. 349. 360. 363. Obwohl nun bereits der Verehrer und Nachahmer Vergils Silius Italicus (V, 260) in seinem Exemplar agri gelesen zu haben scheint, so ist doch die Aufnahme von auri in den Text nur zu billigen. Die Verderbniss, welche jedenfalls sehr alt ist, konnte leicht entstehen, weil ditissimus agri ein mundgeläufigerer Ausdruck gewesen zu sein scheint als ditissimus auri. Vgl. *Ribb. Prolegg.* 364.

Zur Vertheidigung der hdschr. Lesart agri bemerkt *Ladewig:* Es ist dies eine echt römische Bezeichnung des Reichthums, denn

der Römer fand in seinen Latifundien (cf. Erkl. zu *Hor.* I, 1, 9)
die sicherste Quelle des Reichthums. Dies ist richtig. Aber Vergil
spricht nicht von einem Römer, sondern von einem Phönizier.
Nun meint allerdings *Ladewig*, der Römische Dichter suche den
Reichthum des Phöniziers dem römischen Leser auf römische
Weise anschaulich zu machen. Aber war denn der Reichthum
des Kaufmanns, der eben in Gold besteht, dem Römer weniger
bekannt? Vgl. *Hor.* I, 1. 13. 18. I, 31:

> Quid dedicatum poscit Apollinem,
> vates?   non opimae
> Sardiniae segetes feraces,
> non aestuosae grata Calabriae
> armenta, non aurum aut ebur Indicum,
> non rura quae Liris quieta
> mordet aqua taciturnus amnis.

Ich sehe also keinen Grund, warum Vergil hier aus der
Rolle fallen sollte, da der Römer recht gut begriff, was aurum
bedeutet, also auch ditissimus auri. Dazu kommt, dass das Motiv
der Grausamkeit des Pygmalion in dem aurum des Sychaeus
gefunden wird. Warum sollte also Vergil erst dem Leser zumuthen, den ager in Gedanken in aurum umzusetzen?

344. *magno amore*] = heisse Liebe. So findet sich magnus,
ingens, multus, plurimus sehr häufig bei Subst., um den Grad
oder die Beschaffenheit einer Sache auszudrücken, wofür wir
im Deutschen bestimmtere Begriffe gebrauchen.

miserae] Bis jetzt kann Aeneas allerdings nicht wissen, dass
Dido beklagenswerth ist, aber aus longa est iniuria, aus
Tyria urbe profecta etc. kann er in Folge dieser Aeusserung
des Beileids das Geschick der Dido bereits ahnen. Für den
Leser des Epos gilt als Regel, darauf zu merken, wie erzählende
Personen, wenn sie ihre Erlebnisse darstellen, hin und wieder
Einzelnes einflechten, was nicht unmittelbar in den Gang der
Ereignisse sich einreiht, sondern vielmehr das Ergebniss des
späteren Rückblicks ist auf die in der Erzählung wiederzugeben-
den Ereignisse. Das Gemüth des Erzählers nimmt lebhaften Antheil an dem schliesslichen Geschick oder Verlauf der Handlung,
welche erzählt wird. So nennt Aeneas II, 31 das Troianische
Pferd bereits donum exitiale Minervae, ohne dass dies Adjectiv
in der bisherigen Erzählung begründet ist; III, 4: diversa exilia
et desertas quaerere terras, ohne dass er die Absicht hatte, deserta

oder inculta aufzusuchen. Vgl. II, 54. 682. III, 50. 569. *Kappes,* Progr. v. Donaueschingen 1866.

345. *intactam*] = innuptam (II, 31), als Jungfrau. Daher primis ominibus iugare = primis hymenaeis (*Stat. Theb.* II, 202). Vgl. *Liv.* 42, 12, 4, wo Eumenes den Perseus im Römischen Senat anklagt: Seleuci filiam duxisse cum non petentem sed petitum ultro, sororem dedisse Prusiae precanti adque oranti, celebratas esse utrasque nuptias gratulatione et donis innumerabilium legationum et velut auspicibus nobilissimis populis deductas esse. Vgl. *Quellenb.* II, 2, 169.

Die Hochzeitsfeier begann mit Auspicien (*Serv.* ad IV, 45: nuptiae enim captatis fiebant auguriis), welche in der Stille des frühen Morgens von eigenen auspices angestellt wurden, wie man auch schon bei den Sponsalien den Willen der Götter durch ein omen vor Sonnenaufgang zu erforschen versuchte (*Cic. de div.* I, 104). Wenn die Hochzeitsgäste versammelt sind, erscheinen die auspices, um den Erfolg der Auspicien zu verkündigen. Dann erfolgt der Ehekontrakt und die Erklärung der Braut und des Bräutigams. Hierauf gibt die Brautführerin (pronuba) die Eheleute zusammen, welche nun an den Altar treten, um selbst das Opfer darzubringen. Der auspex nuptiarum ist in der Regel der pontifex maximus. Vgl. *Marquardt,* Privatalterth. I, 45 sqq. *Beckers Gallus* II, 20 sqq.

Nach diesen Ceremonien wird die Hochzeitsfeier selbst omina oder auspicia genannt (per synecdochen) = nuptiae. So bedeutet omen erat c. inf. = es war heilige Sitte, Gebrauch, cf. VII, 174: hic sceptra accipere et primos attollere fasces regibus omen erat.

347. *ante alios immanior omnis*] *Prisc.* III §. 5: ad omnes sceleratos conferens Pygmalionem conparativo est usus. *Id.* XVII, 85: ʻanteʼ cum conparativo positum auctionem auctioni addit, d. h. er war vor anderen unmenschlich, ja unmenschlicher, als dass er mit Jemand verglichen werden könnte. Vgl. *Thuc.* I, 1: ἀξιολογώτατον τῶν προγεγενημένων = denkwürdiger als die früheren Kriege, ja mit ihnen gar nicht zu vergleichen.

Ferner ist zu beachten, dass scelus hier nicht eine Frevelthat, sondern Frevelmuth, Frevelsinn, Ruchlosigkeit bedeutet. Vgl. *Cic. Verr.* III, 152: manifesto tenetur avaritia, cupiditas hominis, scelus, inprobitas, audacia. So flagitium oft =

Lasterhaftigkeit, officium = Pflichtgefühl, modus = Mässigung etc. Vgl. *Nägelsb. Stil.* §. 17 (Objectives für Subjectives).

348. *medius*] Es trat als Feind zwischen sie die Leidenschaft, nämlich die Habgierde, wie sich aus dem Folgenden ergibt. Dabei ist zu beachten, dass mit diesem Ausdruck dem Sychaeus keine Schuld zugemessen, sondern nur die Störung des friedlichen Verhältnisses bezeichnet wird. Vgl. 682: nequa scire dolos mediusve occurrere possit = ein Feind dazwischen treten kann.

349. *ante aras*] Der Plural von einem Altar wird von den Dichtern gebraucht nach Analogie von altaria, ähnlich wie Tacitus, Seneca und Plinius epistulae von einem Brief nach Analogie von litterae.

350. *securus amorum*] = ohne sich um die heftige Liebe der Schwester zu ihrem Gatten zu kümmern. Denn amores bedeutet die starke, leidenschaftliche Liebe (intensiver Plural), cf. IV, 28. V, 334. *Ecl.* 9, 56. 10, 6. Also ist amores = 344: magno miserae dilectus amore. Vgl. die Pl. animi, irae, odia, furores, gaudia etc. Vgl. X, 325: tu quoque dum sequeris Clytium infelix, nova gaudia, Cydon, Dardania stratus dextra, securus amorum, qui iuvenum tibi semper erant, miserande iaceres, ni etc.

351. *aegram amantem*] Die den Gatten liebende Schwester, bekümmert über das Nichterscheinen desselben, wusste er zu täuschen etc. Es steht also aegram prädikativ. Aeger ist Jeder, der von einem Kummer gedrückt wird, *Ecl.* I, 13: en ipse capellas protenus aeger ago; daher sind im Gegensatz zu den μάκαρες θεοί, den sorgenfreien Göttern, alle mortales als solche aegri (δειλοὶ βροτοί). cf. II, 268. X, 274. XII, 850.

352. *multa malus simulans*] Beachte das Tongemälde durch Gruppirung der Assonanz und Alliteration hergestellt. Vgl. III, 82. 183. V 866, ubi imitatus est maris stridorem. II, 84. VIII, 239.

vana spe lusit] = elusit. Denn Pygmalion treibt nicht Spiel und Hohn mit der Schwester, sondern er sucht ihrem Argwohn zu entgehen (cf. XI, 695) durch Vorspiegelung eitler Hoffnungen. Das Verbum eludere ist vox propria von den geschickten Wendungen des Gladiators, welcher dadurch den Stössen des Gegners ausweicht. Vgl. *Fabri zu Liv.* XXI, 50, 2: contra eludere (sc. hostem) Poenus et arte non vi rem gerere. Ebenso wie hier

findet sich ludere für eludere *Ovid. met.* VII, 770: copula detrahi-
tur canibus, quas illa sequentis effugit et volueri non segnius alite
ludit.   Der Dichter zieht das simplex verbum vor, wenn das
vorausgehende Wort mit e endigt.

353. *ipsa sed*] Die coniunctio principalis sed findet sich
bei Vergil einem betonten Worte nachgestellt: I, 19. III, 37. 586.
V, 320.

Eben so selten findet sich nam an zweiter Stelle, z. B. III,
379. I, 444. X, 585., oder namque an vierter Stelle V, 733,
namque im Nachsatz X, 614.

inhumati] Vgl. VI, 325—330. *Hom. Il.* XXIII, 71—74,
wo Patroklos zu Achilles spricht:

θάπτε με ὅτι τάχιστα, πύλας δ’ ’Αΐδαο περήςω.

τῆλέ μ’ ἐέργουςι ψυχαί, εἴδωλα καμόντων,

οὐδέ μέ πω μίςγεςθαι ὑπὲρ ποταμοῖο ἐῶςιν,

ἀλλ’ αὕτως ἀλάλημαι ἀν’ εὐρυπυλὲς ῎Αιδος δῶ.

Vgl. dazu die Erscheinung des Hektor *Aen.* II, 270—297, der
längst bestattet war.

354. *modis pallida miris*] = *Lucr.* I, 123: quo neque per-
maneant animae neque corpora nostra, sed quaedam simulacra
modis pallentia miris.   Bei Vergil wird das Grässliche oder
Furchtbare noch gehoben durch attollens, das verbum proprium
von Geistererscheinungen, welche sich dem Auge furchtbar hoch
und gross darstellen.

356. *nudavit*] Das Verbum ist hier in seiner eigentlichen,
nicht in übertragener Bedeutung aufzufassen: die Erscheinung
stellt den Mord am Altar selbst dar.   Da crudelis mit traiecta
parallel steht, so erhält das Adjectivum passive Bedeutung =
cruentas aras.   Zugleich soll die Grausamkeit durch jenen Zusatz
gesteigert werden, da mit dem schändlichen Morde die Entweihung
der heiligen Stätte verknüpft ist.

Endlich ist das ὕςτερον πρότερον zu beachten.   Denn die
pectora ferro traiecta sind die causa der ara crudelis oder cruenta.
Diese Figur wurde hier nothwendig, um die Entweihung des
Ortes, die frevelhafte Grausamkeit, vor der selbst die heiligsten
Stätten nicht sicher stellen, selbständig hervorzuheben.

Der Plural pectora traiecta ist sehr bezeichnend zur Darstellung der zahlreichen, klaffenden Wunden.

358. *auxilium*] = Und eine Hülfe, Unterstützung für
die Seefahrt etc., statt der Bezeichnung des Zweckes ·oder

Zieles. Uebrigens ist auxilium viae eine poetische Umschreibung für viaticum.

recludit] Zu dem Verbum ist der abl. modi, welcher jenem erst eine bestimmte Bedeutung giebt, aus dem Zusammenhang zu ergänzen; indicando loco. Vgl. *Georg.* II, 423: ipsa satis tellus, cum dente recluditur unco, sufficit umorem, mit *Aen.* X, 601 tum latebras animae mucrone recludit. Der abl. instrum. bezeichnet an beiden Stellen den modus recludendi.

359. *ignotum*] Wem? Dem Pygmalion oder der Dido? Oder Schätze, von denen Niemand etwas wusste? Das letztere ist wahrscheinlicher, wenn es auch V. 363 heisst: portantur avari Pygmalionis opes pelago. Denn die im Verborgnen ruhenden Schätze waren doch Eigenthum des Fürsten Pygmalion. Vgl. *Just.* XVIII, 4: Huic (Sychaeo) magnae sed dissimulatae opes erant, aurumque metu regis non tectis sed terrae crediderat. Quam rem etsi homines ignorabant, fama tamen loquebatur. Qua spe incensus Pygmalion generum suum occidit.

360. *fugam sociosque parabat*] Das Verbum ist nur in seiner eigentlichen Bedeutung zu nehmen. Denn fugam parare ist = omnia ad fugam necessaria parare.

361. *odium crudele*] = quibus tantum erat odium cum tyranno (*Cic. de prov. cons. c.* 10), ut nisi sanguine expiari non posse videretur. Vgl. VIII, 489. *Silius* I, 75; impia diri arma tyranni vitare.

362. *metus acer*] i. e. metu tamquam stimulis agitabantur (ad iniuriam regi inferendam). Vgl. XII, 392: acri captus amore.

quae forte paratae] sc. erant. Diese Ellipse so wie die von sunt, est im Relativsatz kennt die ältere Sprache, z. B. Plautus (*Ritschl, Opusc.* II, 399. 608 sqq.), noch nicht, bei Vergil ist sie nicht selten. Vgl. *Ecl.* I, 55. VIII, 24. *Georg.* IV, 89. IX, 675.

364. *pelago*] Sie ruhen jetzt nicht mehr in der Erde, sondern werden vom Meere dahingetragen. 'Dass an der Spitze des Unternehmens ein Weib steht, erhöht das Wunderbare der Sache und bezeichnet zugleich die Selbständigkeit der Dido.' *Nauck.*

366. *surgentemque arcem*] Vgl. I, 20: Tyrias arces. 298: utque novae pateant Karthaginis arces. 420: adversasque adspectat desuper arces. Mit dem Plur. arces pflegt also Vergil die ganze Stadt zu bezeichnen, während, wie wir oben zeigten, der Sing. auf einen bestimmten Berg oder eine bestimmte Burg hindeutet. Es ist deshalb wahrscheinlich, dass hier unter arcem die Byrsa

(βύρσα = Fell) zu verstehen ist. Und so fasste den Sing. auch
der Interpolator auf, welcher die Nennung der Burg benützte,
um sofort die bekannte Sage von der Ueberlistung der Libyer
durch das Ochsenfell einzufügen. Die Worte geben sich als Interpolation kund 1) durch den schroffen Anschluss mercatique, welches dem devenere untergeordnet sein müsste, 2) durch die
irrthümliche Annahme, dass der erkaufte Boden die Byrsa enthalte
oder die ganze Stadt Byrsa heisse, vgl. zu 421; 3) durch die
Unebenheit der Gedankenverbindung: sie kamen dahin, wo du
jetzt Stadt und Burg sehen wirst, und erhandelten den Boden,
nach dem Vorfalle selbst Byrsa genannt, so viel sie umfassen
könnten! Das sind alles disiecta membra. Entscheidend aber
würde die Unächtheit hervortreten, wenn sich nachweisen liesse,
dass arcem hier nicht einmal die Burg Karthago's bedeute, sondern nur aus euphonischen Gründen, um die Häufung der Sibi-
lanten zu vermeiden, der Sing. arcem surgentem für den Plural
arces surgentes gebraucht sei, ähnlich wie I, 250 und II, 226
aus denselben Gründen der Sing. für den Plur. sich findet. Dies
scheint die Annahme von *Ph. Spitta, Quaestt. Vergil* p. 8 zu sein.
Die dadurch scheinbar entstehende Tautologie, moenia neben
arcem, ist für diese Erklärung kein Hinderniss, cf. II, 234:
dividimus muros et moenia pandimus urbis. IX, 196: ad muros
et moenia Pallantea. III, 110: nondum Ilium et arces Pergameae
steterant. Entscheidend freilich würde erst der Nachweis sein,
dass Vergil wirklich den Sing. von einer Stadt ohne Rücksicht
auf einen Berg oder eine Burg gebraucht hat. Am nächsten
kommt VIII, 355: haec duo praeterea disiectis oppida muris,
reliquias veterumque vides monimenta virorum. hanc Ianus pater,
hanc Saturnus condidit arcem. Ianiculum huic, illi fuerat
Saturnia nomen. Diese Stelle ist nun freilich nicht entscheidend, aber die Wahrscheinlichkeit steigt, wenn man bedenkt,
dass dieser Gebrauch für Ovid bereits feststeht. Vgl. *Metam.* II,
794: Tritonida conspicit arcem, ingeniis opibusque et festa
pace nitentem.

Sonst gebraucht auch Ovid den Plural, cf. VIII, 54. 547.
XI, 509. XIII, 44. 344. XV, 582. Jedenfalls ist *Sil.* I, 24—25
klarer und einfacher.

369. Vgl. VIII, 112, wo Pallas den plötzlich erscheinen-
den Aeneaden zuruft: iuvenes, quae causa subegit ignotas temptare vias? quo tenditis? inquit. qui genus? unde domo? pa-

cemne huc fertis an arma? Diese Nachahmung Vergils unterstützt die Auffassung von K. Lehrs (*de Aristarch. ed.* II, p. 388 sqq.), welcher die bekannte homerische Formel also schreibt: τίς, πόθεν εἰς ἀνδρῶν; πόθι τοι πόλις ἠδὲ τοκῆες. Er meint, das viel und alles enthaltende τίς, τίς εἶ würde nur lebhaft und geschwätzig auseinandergelegt. Diese Erklärung, wonach wir hier nicht eine Doppelfrage haben, sondern nur einander ergänzende Fragen der lebhaften Neugierde, wirft ein Streiflicht auf die Erscheinung, dass im Lat. solche lebhafte Fragen der Ergänzung sehr häufig durch aut, noch häufiger durch das leichtere ve angereiht werden, wo wir nach dem deutschen que oder et erwarteten. So hier aut quibus ab oris und quove tenetis iter, so 593: quod genus hoc hominum? quaeve hunc tam barbara morem permittit patria", so II, 70: heu quae nunc tellus, quae me aequora possunt accipere? aut quid iam misero mihi denique restat? II, 101: sed quid ego haec autem nequiquam ingrata revolvo? quidve moror etc., II, 150. III, 88. 187.

An allen diesen Stellen wird derselbe Gedanke nur nach verschiedenen Seiten hin betrachtet, und es könnte hier überall eben so gut ve oder aut auch fehlen, wie I, 460: quis iam locus, quae regio in terris nostri non plena laboris? I, 615: quis casus quae vis. Sollen aber in ein und derselben Frage mehrere Begriffe hervorgehoben werden, so werden diese durch que aneinander gereiht, cf. I, 565: quis genus Aeneadum, quis Troiae nesciat urbem virtutesque virosque aut tanti incendia belli? V, 466: non vires alias conversaque numina sentis? cede deo. IV, 43: quid bella Tyro surgentia dicam germanique minas? VI, 456: infelix Dido, verus mihi nuntius ergo venerat extinctam ferroque extrema secutam? In negativen Fragen findet sich natürlich statt que oder et am häufigsten aut.

Dass der oben erörterte Sprachgebrauch nicht der poetischen Sprache eigenthümlich ist, sondern eben so sehr der Prosa angehört, zeigt *Liv.* I, 1, 7 percunctatum deinde, qui mortales essent, unde aut quo casu profecti domo, quidve quaerentes in agrum Laurentinum exissent, wo indessen cod. Par. und Bamb. nur quid quaerentes bieten. Vgl. *Weissenb. ad h. l.*

370. *talibus*] sc. respondet.

371. Aeneas scheut sich nicht, den Schmerz und die Bewegung seines Herzens offen kund zu geben, weil er ein theilnehmendes Herz sich gegenüber sieht.

372. *si   pergam et vacet,   componet*] Vgl. *Cic. Tusc.*
V, 35: dies deficiet, si velim paupertatis causam defendere,
mit *Cic. de deor. nat.* III, 32: dies deficiat, si velim numerare,
quibus bonis male evenerit, nec minus si commemorem, quibus
improbis optime. Die Mitte zwischen beiden Beispielen hält
p. Rosc. Am. 46: si velim commemorare, vereor, ne quis
existimet. Die Folge einer bedingten Möglichkeit ist selbst nur
in der Vorstellung vorhanden und wird deshalb naturgemäss durch
den Conjunktiv ausgedrückt oder durch den Indic. eines Verbi,
welches durch seine Bedeutung den Conjunctiv ersetzt. Aber
die Lebendigkeit der Vorstellung gestattet auch, eine Folge, obwohl sie eben noch an eine Bedingung geknüpft erschien, sofort
wieder als absolut darzustellen (Indic.), weil in der Vorstellung
des Sprechenden die Gewissheit und Sicherheit der Folge und
darum ihre Unabhängigkeit vorherrscht. Vgl. *Madvig* zu *Cic. de
Finib.* III §. 70 p. 472. Dabei ist nur noch zu beachten, dass
der Conj. des Folgesatzes eine milde Form der Ablehnung enthält: Wenn ich dir auch meine Geschichte vollständig erzählen
möchte, — es fehlt sicher an Zeit. Die Ablehnung stützt sich
also auf eine necessitas; sage ich dafür tempus deficiat, so
stützt sich die Ablehnung nur auf eine opinio, denn ich denke
mir dann nur, dass die Zeit nicht ausreichen wird.

373. *annalis nostrorum laborum*] = Den ganzen Verlauf
meiner Mühsal, die ganze Reihenfolge, so dass von Tag zu
Tag, von Monat zu Monat, von Jahr zu Jahr der Verlauf der Erlebnisse ununterbrochen (= perpetuum tenorem) erzählt würde.

374. *clauso Olympo*] Bei Hom. (*Il.* V, 749—52, VIII, 394)
erscheinen die Horen als Himmelspförtnerinnen, τῆc ἐπιτέτραπται
μέγαc οὐρανὸc Οὔλυμπός τε, ἠμὲν ἀνακλῖναι πυκινὸν νέφοc
ἠδ᾽ ἐπιθεῖναι. Die Wolken dachte man sich als Thore des
Olympos; wenn nun Phoebus in das westliche Thor des Olympos
eingefahren war, so wurde dieses geschlossen. Vgl. *Näg. Hom.
Theol.* p. 115. Vergil schwebte nun diese mythologische Vorstellung vor, aber er benützt sie nur, um damit das Nahen der
Nacht und das Hereinbrechen der Dunkelheit, welche den Menschen den Himmel verschliesst, poetisch darzustellen. Denn bei
Vergil bedeutet ja Olympus den Himmel überhaupt, nicht mehr
den macedonischen oder pierischen Berg, ὅθι φαcὶ ·θεῶν ἔδοc
ἀcφαλὲc αἰεὶ ἔμμεναι (*Od.* VI, 42). Darüber *Näg. Hom. Th.* 18.
Vgl. *Verg. Ecl.* VI, 85: cogere donec oves stabulis numerumque

referri iussit et invito processit Vesper Olympo. *Culex*
202: Iam quatit et biiugis oriens Erebeis equos Nox et piger
aurata procedit Vesper ab Oeta.

375. *per auris nomen iit*] = εἴ που ἀκούεις (*Od.* XV, 403).
Vgl. II, 81: fando aliquod si forte tuas pervenit ad auris, wie
accidit aliquid ad auris; dagegen die Verbindung ire per auris
steht einzig da für ire ad auris (*Ovid. met.* XII, 427).

376. *rectos*] Das Part. perf. des Deponens steht hier nicht
für das part. praes. (= Impf.), wie VI, 335. II, 514: incumbens
arae atque umbra complexa penates, sondern Aeneas klagt: wir
hatten schon die verschiedensten Meere durchirrt, da trieb uns
noch ein Sturm etc. Vgl. V, 628: septima post Troiae excidium
iam vertitur aestas, cum (= ex quo) freta, cum terras omnis,
tot inhospita saxa sideraque emensae ferimur, dum per mare
magnum Italiam sequimur fugientem et volvimur undis.

378. *sum pius Aeneas* etc.] Es ist dies eine Nachahmung
oder vielmehr ein matter Nachhall des unvergleichlich herrlichen
εἴμ’ Ὀδυςεὺς Λαερτιάδης, ὃς πᾶςι δόλοιςιν ἀνθρώποιςι μέλω,
καί μευ κλέος οὐρανὸν ἵκει (*Od.* IX, 19 sq.). Homer hatte den
wunderbaren Fremdling seit seinem ersten Zusammentreffen mit
Nausikaa den Phäaken so höchst interessant gemacht, hatte den
namenlosen Schiffbrüchigen in Demodokos Lied ihnen als welt-
berühmten, von den Sängern verherrlichten Helden so
wohl bekannt gemacht, dass sie und mit ihnen der sinnbegabte
Leser, der sich in ihre Stimmung versetzen, der die Spannung
des Königs bei des Fremdlings Benehmen, als dieser den Gesang
von seinen Thaten hört, vollkommen theilen muss, offenbar das
Lösungswort aller Räthsel, das εἴμ’ Ὀδυςεύς, mit unaussprech-
lichen Gefühlen wundervollster Ueberraschung vernehmen. Bei
Vergil dagegen fehlen alle Vorbereitungen, alle Vermittelungen,
welche dem εἴμ’ Ὀδυςεὺς die höchste Wirkung verschaffen,
gänzlich. Hier ist die Venus personata nicht im mindesten darauf gespannt, der Leser bei dem sum pius Aeneas nicht im mindesten überrascht. Und vollends der Ruhm: fama super aethera
notus, ist hier gänzlich unmotivirt, während bei Homer das Lied
des Demodokos eben diesen Ruhm gepriesen hatte. Vgl. *Nägelsb.
Vita* p. 31 sq.

raptos qui ex hoste penates etc.] Damit soll die Tapferkeit
(raptos ex hoste) und zugleich die pietas des Aeneas angedeutet
werden. Vgl. 545.

380. *patriam*] Vgl. ·VII, 205—211 mit III, 163—171. Da nun Dardanus, der Sohn des Juppiter und der Electra, der Ahnherr des Aeneas war, so kann hier Aeneas allerdings sagen: Italiam quaero patriam et genus ab Iove summo. Denn genus ebenso wie gens = Nachkomme, cf. VII, 556, bezeichnet hier das Volk, welches das Land bewohnt. So erklärt die Stelle *Avienus descr.* 115 in seiner Nachahmung: Ausonis haec regio est, pubi genus ab Iove summo. Gewöhnlich erklärt man genus = principia generis nostri ab Iove oriundi. Dann müsste man aus patriam etwa den Begriff p a t r i u m zu genus ergänzen.

382. *matre dea*] Wenn Aeneas sich fama super aethera notus nennt, so setzt er natürlich auch voraus, dass jeder Fremde weiss, wie Venus seine Mutter sei.

monstrante] Das kann sich nur beziehen auf II, 589· 620. 632. Wenigstens erfahren wir aus der Aeneide nichts davon, dass Venus dem Aeneas den Weg durch das Meer gebahnt oder gezeigt hätte.

384. *ignotus egens*] Mit dem Asyndeton bimembre correspondirt Europa atque Asia pulsus.

387. Die Form der Antwort ist passend entlehnt aus *Hom. Od.* VI, 240, wo Nausikaa den ἀμφίπολοι erklärt: οὐ πάντων ἀέκητι θεῶν, οἳ Ὄλυμπον ἔχουϲιν, Φαιήκεϲϲ᾽ ὅδ᾽ ἀνὴρ ἐπιμίϲγεται ἀντιθέοιϲιν. πρόϲθεν μὲν γὰρ δή μοι ἀεικέλιος δέατ᾽ εἶναι, νῦν δὲ θεοῖϲιν ἔοικε. Also das m e r k w ü r d i g e G e s c h i c k ist es, ferner die E r s c h e i n u n g des Mannes, warum dort Nausikaa, hier Venus tröstend oder ermunternd ausruft: non haec sine numine divum eveniunt (*Aen.* II, 777), einem solchen Manne können nicht alle Götter feindlich sein (οὐ πάντων etc.), er muss unter den Olympischen Göttern auch Freunde und Helfer haben. In den Augen der Punicrin aber — denn diese Rolle hat doch Venus übernommen — ist gerade das das Merkwürdigste, dass Aeneas trotz des Unglücks doch nicht an eine wilde oder öde Küste verschlagen worden ist, daher der Conj. qui adveneris. Es ist dies also die Antwort auf die betrübten Worte des Aeneas: f o r t e s u a L i b y c i s t e m p e s t a s adpulit oris. Denn das Trostlose der Aussicht lag eben darin, dass der Sturm ihn ganz willkührlich (daher forte sua) an die erste beste Küste getrieben hat. Nun enthält diese Küste K u l t u r und C i v i l i s a t i o n. Dass nun Aeneas gerade in ein solches Land verschlagen ist, das kann in den Augen des gläubigen Menschen nicht Z u f a l l, sondern nur

göttliche Gnade sein. Uebrigens dient diese religiöse Zurecht-
weisung zugleich zur Ermunterung des Unglücklichen. Aehnlich
Hom. Od. III, 27: ἄλλα δὲ καὶ δαίμων ὑποθήσεται (= Sei getrost und vertraue auf Gott): οὐ γὰρ ὀίω οὔ ce θεῶν ἀέκητι
γενέcθαι τε τραφέμεν τε.

387. *auras vitalis carpis*] Nach *Lucr.* III, 405: vivit et aërias
vitalis suscipit auras.

392. *vani parentes*] Mit dem Adjectiv wird nicht der Charakter der Eltern geschildert, sondern nur die Erfolglosigkeit
ihrer Absicht. Also ist hier vani = vani veri ebenso wie X,
631 nunc manet insontem gravis exitus, aut (= ni, nisi) ego
veri vana feror.

393—400. Das von Venus dem Aeneas gedeutete omen von
den Schwänen leidet an zwei Schwierigkeiten, V. 396 und 398.
Was nun die erste Schwierigkeit anbelangt, so sehen wir, ist
V. 399 die Vergleichung vom Dichter selbst ausgeführt: 1) aut
portum (iam) tenet aut subit, 2) das tertium comparationis, der
Hauptbegriff der Rede, ist reduces, 3) Nebenumstand ist stridentibus alis und pleno velo.

Was entspricht nun dem portum subire? Offenbar capere
videntur (= man sieht, wie sie den sicheren Boden wieder gewinnen). Es muss also captas iam respectare videntur — denn
dies ist die hdschr. Lesart — entsprechen dem tenere portum,
also dem Sinne nach tenere terras bedeuten. Dies ist in der
That der Fall, nur hat Vergil in echt poetischer Weise einen
Zug aus der Natur beigemischt, der, weil man ihn nicht bemerken wollte, die Stelle verdunkeln musste. Wenn nämlich Schwäne
oder Gänse eben verfolgt oder beunruhigt worden sind, so dass
sie ängstlich aufflogen, so pflegen sie, wenn sie den Boden wieder
gewonnen haben und sich wieder vereinigt sehen, immer noch
die Flügel zu schlagen, dabei biegen sie den Hals zurück und
arbeiten lebhaft mit dem Schnabel in den Federn herum. Die
Schwäne sehen also, so wie sie den Boden gewonnen haben, in
der That rückwärts herab auf die Erde, auf der sie sich nach
überstandener Gefahr wohl fühlen. Es ist also aut captas respectant = aut captas tenent, natürlich prosaisch gefasst. Dagegen erscheint mir bis jetzt jeder Versuch, V 398 zu erklären,
gänzlich misslungen zu sein. Es gibt vorzüglich zwei Erklärungen.
Die Einen fassen den Vers als eine weitere Exposition des ludunt
stridentibus alis: iam et ii qui devolabant et ii qui consederant,

ex terra (rursus) evolando per aërem ludunt, quippe metu depulso (*Heyne*). Abgesehen aber davon, dass diese Erklärung in das Gleichniss einen Gedanken hineinbringt, der die Einheit der Vergleichung stört — und dies ist nicht bei Homer, wohl aber bei Vergil von Bedeutung —, so ist die Annahme eines rursus evolare ganz unmöglich gemacht durch die Verbindung des Praesens und Perf. mit et. Diese in den Gleichnissen Vergils unerhörte Verbindung des Perf. und Praesens, ohne dass entweder das Praes. einen Perfectbegriff enthält oder das Perfectum seiner Bedeutung nach einem Praesens entsprechen kann, macht überhaupt jede logische und grammatische Coordination unmöglich. Darum ist die andere Erklärung, deren Vertreter Weickert ist, nicht glücklicher. Er glaubt nämlich, von den beiden coordinirten Sätzen sei (nach dichterischer Freiheit?!) eigentlich der eine dem andern subordinirt: 'wie die Schwäne nunmehr wiedergekehrt mit rauschenden Fittigen spielen, nachdem sie kurz zuvor unter dem Himmel einen Kreis geschlossen und ihren Gesang hatten ertönen lassen'. Nun aber ist et nicht = modo, und wollte man davon absehen, so waren ja doch kurz zuvor die Schwäne verfolgt, sie konnten also nicht ihren Gesang ertönen lassen, sondern nur ängstlich kreischen. Dazu ist dieser Gegensatz zwischen dem früheren und jetzigen Verhalten der Schwäne völlig bedeutungslos, ja unangemessen, da von dem früheren Verhalten der nautae wir kein Wort erfahren.

Wenn ich nicht V. 398 für unächt hielte, so würde ich mir folgenden Gegensatz herstellen: Wie jene Schwäne kurz zuvor, verfolgt vom Adler, unter dem Himmel ängstlich kreischten, jetzt aber fröhlich mit ihren Fittigen spielen etc. Dann aber müsste geschrieben werden:

> Ut coetu cinxere polum cantusque dedere,
> Nunc reduces illi ludunt stridentibus alis.

So würde in coetu und cantus dedere die Angst ausgedrückt und auf turbabat (395) zurückgewiesen. Nun aber wäre eine solche Aenderung sehr gewagt und illi erscheint immerhin nicht an der richtigen Stelle. Darum möchte ich V. 398 zunächst einschliessen, bis ein besseres Auskunftsmittel gefunden ist.

393. *aspice . laetantis*] Mit aspice wird Aeneas aufgefordert einen Blick auf einen Vorfall zu werfen, der eben vor seinen Augen vorging, ohne von ihm bemerkt zu sein. Er sieht 12 Schwäne fröhlich vereinigt (laetantis agmine) und doch hatte sie

noch kurz vorher ein Adler gescheucht. Aus diesem Zusammenhang ergibt sich, dass in dem Relativ quos adversative Kraft
enthalten ist. Vgl. *Cic. Verr.* IV, §. 7: tot praetores, tot consules in Sicilia cum in pace tum etiam in bello fuerunt, tot homines cuiusque modi, non loquor de integris innocentibus reli-
giosis, tot cupidi tot improbi tot audaces, quorum (= aber
keiner von ihnen) nemo sibi tam vehemens, tam potens, tam
nobilis visus est, qui ex illo sacrario quicquam poscere aut tollere
aut attingere auderet. *Naeg. Stil.* §. 190.

394. *aperto caelo*] Wo die Schwäne ebenso hilflos waren,
wie die Schiffe auf dem Meere.

395. *ordine longo*] Also ohne weitere Störung.

396. *capsos*] Es ist dies Conjectur von O. Ribbeck. Er
sagt *Proll.* 321: Cygni dicuntur ab aquila ex aethere deturbati
aut iam capere h. e. occupare terras aut in eo esse ut capiant.
Sed hoc parum recte exprimitur vulgatis verbis qualia (!) in
G M R extant (i. e. aut captas iam despectare). Nam in
despectando per se spes perfugii nulla, contra ut apud *Lucr.* VI,
1234 morbo implicitus homo funera respectans animam amit-
tere dicitur sic respectant illi praesidium (?) quod modo adsecu-
turi sunt, idque demum respondet oraculo quo classis Troianorum aut portum tenere aut pleno velo subire ostia fertur. Davon halte ich respectare für richtig wegen der Autorität des cod.
Palatinus, das Uebrige erscheint mir verfehlt. Denn terram capere und terram occupare mag synonym sein, aber ist denn terram capere videntur = terram occupant? Und nun soll
das Verbum doch dem portum tenere entsprechen: soll dann
obige Wendung bedeuten: terram occupatam tenent? Was soll
denn ferner das praesidium bedeuten? Die Schwäne waren eben
aperto caelo dem Angriff des Adlers ausgesetzt, nun suchen sie
nur festen Boden und sie fühlen sich sicher; ebenso waren die
Schiffe aperto mari hülflos Sturm und Wellen preisgegeben, nun
aber finden sie Rettung am Lande (denn portus ist hier von litora nicht verschieden). Was soll hier noch ein praesidium?
Macht etwa der Adler Miene, die Schwäne auch auf dem Lande
zu verfolgen, kann etwa Sturm und See das Leben der Troianer
auch auf dem Lande gefährden? Ribbeck fährt fort: Captas
autem qui interpretantur ab eis qui ante ceteros advenerunt occupatas, et languorem tolerant sententiae nec unde captos et
captus im Pal. findet sich captus) in textum venerit explicant.

Das Letztere ist eben ein Schreibfehler, wie sich deren in den Vergilhdschr. unzählige finden; und ob nicht im Pal. captus in captas statt captos, wie Ribbeck las, corrigirt worden ist oder corrigirt werden sollte, das, glaube ich, ist noch zu untersuchen. Der languor sententiae aber hört auf, wenn man meiner Erklärung beitritt. Umgekehrt erhält capere videntur keinen passenden Sinn, wenn man den scharfen Gegensatz, welcher in captas hervortritt, aufhebt. Nach allen diesen Gründen emendirt nun Ribb. capsos h. e. saepta. Daraus soll zunächst capsas und dann captas in die Hdschr. gekommen sein. Dieses ungewöhnliche Wort, womit plötzlich Vergil bereichert werden soll, wird belegt durch *Top. Proc.* 13, wo ich indessen weder capsus noch ein ähnliches Wort finden konnte, und *Vell. Pat.* I, 16, 2: et quem ad modum clausa capso alioque saepto diversi generis animalia nihilo minus separata alienis in unum quoque corpus congregantur etc. Man sollte doch vorsichtiger sein, solche prosaische und seltene Worte sofort durch Conjektur in den Dichter hineinzutragen.

Die gewöhnliche Erklärung der früheren Lesart lautet bei Ladewig: Die vorderen setzen sich, während die hinteren aus der Höhe auf den (von den vorderen) besetzten Platz auch schon niederblicken (um sich neben den vorderen niederzulassen). Diese Erkl., welche allerdings an languor leidet, ist auch deshalb nichtig, weil capere videntur = capiunt oder occupant oder occupatas tenent genommen werden muss. Diese crux hat Nauck richtig gefühlt und umgangen, wenn er bemerkt: terras capere sei weniger als captas iam despectare, jenes sei = terras despectare capiendas, dieses = iam cepisse. Dies ist sehr richtig, nur hat er despectare nicht erklärt, sondern willkührlich aus dem zweiten in das erste Glied hineingetragen.

399. *pubesque tuorum*] kann nicht gut als gen. part. gefasst werden — denn eine Unterscheidung der einen pubes von der andern findet nicht statt — sondern scheint gen. defin. zu sein = welche aus den deinigen besteht. Also nur Versende = tua!

402. *avertens*] Intransitiv wie 104. Der Abl. rosea cervice ist nicht etwa mit avertens, sondern mit refulsit zu verbinden. Dies zeigt uns nicht sowohl I, 588, wohl aber IX, 374: iamque propinquabant castris murosque subibant, cum procul hos laevo flectentis limite cernunt et galea Euryalum sublustri noctis in um-

bra prodidit immemorem radiisque adversa (vom Lichte getroffen) refulsit.

403. *divinum odorem*] Divinus bezeichnet das Ungewöhnliche, insofern es menschliche Natur oder Kraft übersteigt. Es wird also dadurch die Göttin von der negativen Seite offenbart: der Duft vom Haupte ist ein so ungewöhnlicher, wie er bei Menschen nicht vorkommt. Wegen dieser Bedeutung verbindet Cicero divinus so häufig mit singularis, z. B. *de or.* I, § 172: Antonii incredibilis quaedam et prope singularis et divina vis ingenii videtur.

404. *pedes ad imos vestis defluxit*] Die griechische Kunst stellte alle Göttinnen in der Regel in einem langen, wallenden Gewande dar, welches bis auf die Füsse herabreichte, und zwar so, dass es diese noch bedeckte (daher ad imos pedes ganz wörtlich zu fassen). Nur Diana trägt ein kurzes Gewand, welches blos das Oberbein bedeckte (nuda genu). Vgl. die Artemis von Versailles im Louvre bei *O. Müller*, Alte Denkmäler. II. Bd. Taf. XV, 157. *Stoll. Myth.* p. 58. Ueber die gewandlose Darstellung der Götter in der Kunst vgl. *O. Müller*, Arch. der Kunst §. 336.

405. *vera dea*] Die leibhaftige Göttin, gegenüber der Venus personata. Vgl. 409: veras voces und 407: falsis imaginibus.

matrem adgnovit] Die Göttin erkannte Aeneas sofort an der Verwandlung, die Venus aber an der Kleidung, Gesicht und Haltung.

408. *crudelis tu quoque*] Vgl. *Ecl.* VIII, 48: crudelis tu quoque mater, crudelis mater (Venus), magis at puer improbus ille (Amor). Es scheint als ob Vergil den Aeneas ein Epitheton gebrauchen lässt, welches im Volksmunde von der Venus sehr üblich war. Darum ist es auch nicht unwahrscheinlich, dass Vergil hier auf die früher gedichtete Ecloga mit den Worten crudelis tu quoque hindeutet.

409. *audere et reddere*] Den Begriff, Gedanken, Worte, Briefe wechseln, austauschen, hat die Lat. Sprache nicht; sie ersetzt diesen Begriff dadurch, dass sie ihn in seine Theile zerlegt, daher voces audire et reddere, cf. *Cic. Fam.* XV, 21, 5: litteris mittendis accipiendisque = Briefwechsel, *p. Font.* §. 18: ex litteris nostris et missis et adlatis, *p. Flacco* §. 20: ex Cn. Pompei litteris ad Hypsaeum et Hypsaei ad Pompeium missis.

Dafür *Vell.* II, 65: commercia litterarum. Vgl. *Ecl.* VII, 18: alternis contendere versibus = Wechselgesang (ἀμοιβαῖον ᾆcμα).

411. *at Venus* etc.] Zu dem oben angegebenen Motiv der Verhüllung des Aeneas vgl. *Tac. Ann.* II, 12—13: Igitur propinquo summae rei discrimine explorandos militum animos ratus (Germanicus). nocte coepta egressus augurali (= praetorio) per occulta et vigilibus ignara, comite uno, contectus umeros ferina pelle, adit castrorum vias, adsistit tabernaculis fruiturque fama sui, cum hic nobilitatem ducis, decorem alius, plurimi patientiam comitatem, per seria per iocos eundem in animum laudibus ferrent reddendamque gratiam in acie faterentur.

Nachgeahmt ist diese Episode *Hom.* VII, 14—17, als Odysseus sich auf den Weg macht, um in die Stadt der Phäaken zu gehen:

Καὶ τότ' Ὀδυccεὺc ὦρτο πόλιν δ' ἴμεν· αὐτὰρ Ἀθήνη
πολλὴν ἠέρα χεῦε φίλα φρονέουc' Ὀδυcῆι,
μή τιc Φαιήκων μεγαθύμων ἀντιβολήcαc
κερτομέοι τ' ἐπέεccι καὶ ἐξερέοιθ', ὅτιc εἴη.

412. *circumfudit*] i. e. gradientis. Vgl. 586: circumfusa nubes.

413. *contingere*] Nicht feindlich, sondern freundlich = manus contingere, wie XI, 245, wodurch eben eine mora entstanden wäre. Denn den zweiten Grund, welchen Homer angibt, die Verhinderung von Feindseligkeiten (μή τιc κερτομέοι ἐπέεccι), kann Vergil nicht anführen, weil bei ihm die Punier durch Mercur auf den Empfang der Fremdlinge vorbereitet sind (302. 303). Also ist V. 414 nur eine weitere Exposition von V. 413 = neque aut moram moliri aut (= oder zum wenigsten) causas veniendi poscere (= explorare) posset.

415. *sublimis*] = in der Luft schwebend, durch die Luft. Vgl. zu 259. Denn soweit ist zu beschränken *O. Ribbeck* bei *Ritschl. Opusc.* II, 467. Ueber den Einwand von R. Klotz (*Andria* p. 197 sqq.) urtheilt jetzt in derselben Weise, wie wir oben zu 259, *Ritschl Opusc.* II, 468 sq.

416. *laeta*] Mit Rücksicht auf 228: tristior et lacrimis oculos suffusa nitentis, als sie zu handeln anfing.

templum] Vgl. *Hom.* VIII, 362: ἡ δ' ἄρα Κύπρον ἵκανε φιλομμειδὴc Ἀφροδίτη, ἐc Πάφον· ἔνθα δέ οἱ τέμενοc βωμόc τε θυήειc.

Sabaeo ture] *Georg.* I, 57: nonne vides, croceos ut Tmolus

(Lydien) odores, India mittit ebur, molles sua tura Sabaei (= Arabien).
Vgl. *Strabo* XVI, 4, 21: Πρῶτοι δ᾽ ὑπὲρ τῆς Cυρίας Ναβαταῖοι
καὶ Cαβαῖοι τὴν εὐδαίμονα ᾽Αραβίαν νέμονται καὶ πολλάκις
κατέτρεχον αὐτῆς, πρὶν ἢ ῾Ρωμαίων γενέcθαι (sc. τὴν Cυρίαν).
νῦν δὲ (unter Augustus) κἀκεῖνοι ῾Ρωμαίοιc εἰcὶν ὑπήκοοι καὶ
(= wie) Cύροι. μητρόπολιc δὲ τῶν Ναβαταίων ἐcτὶν ἡ Πέτρα
καλουμένη. Ueber den Feldzug des Aelius Gallus in Arabien
vgl. *ibid.* §. 22—24. Dann fährt Strabo fort (§. 25): τὴν μὲν
οὖν ἀρωματοφόρον διαιροῦcιν εἰc τέτταραc μερίδαc· τῶν ἀρω-
μάτων δὲ λίβανον μὲν καὶ cμύρναν ἐκ δένδρων γίνεcθαί φαcι,
καcίαν δὲ καὶ ἐκ θάμνων· τινὲc δὲ τὴν πλείω ἐξ ᾽Ινδῶν εἶναι,
τοῦ δὲ λιβάνου βέλτιcτον τὸν πρὸc τῇ Περcίδι. κατ᾽ ἄλλην
δὲ διαίρεcιν cύμπαcαν τὴν Εὐδαίμονα πενταχῇ cχίζουcιν εἰc
βαcιλείαc (Kasten), ὧν ἡ μὲν τοὺc μαχίμουc ἔχει καὶ προαγωνιcτὰc
ἁπάντων, ἡ δὲ τοὺc γεωργούc, παρ᾽ ὧν ὁ cῖτοc εἰc τοὺc ἄλλουc
εἰcάγεται, ἡ δὲ τοὺc βαναυcοτεχνοῦνταc, καὶ ἡ μὲν cμυρνοφόροc,
ἡ δὲ λιβανωτοφόροc. αἱ δ᾽ αὐταὶ καὶ τὴν καcίαν καὶ τὸ
κιννάμωμον καὶ τὴν νάρδον φέρουcι.

417. *centum arae*] Also Hekatomben. Mit Rücksicht auf
diese Opfersitte sagt Horaz (III, 8, 13) humoristisch: sume Maecenas cyathos amici sospitis centum, also auch eine Hekatombe.
Vgl. *Georg.* III, 16—18. *Aen.* IV, 199: templa Iovi centum
latis immania regnis, centum aras posuit. Damit vgl. *Sil.* I, 92.

418—493: Aeneas überschaut von der Anhöhe aus den Bau
der Stadt Karthago, erscheint ungesehen in der Stadt und findet
mitten in derselben in einem Haine den Tempel der Juno. Auf
dem Giebelfelde des Tempels bewundert Aeneas die künstlerische Darstellung von Scenen aus dem Troischen Krieg.

Wie bei Homer, als Odysseus in die Stadt der Phäaken
eintritt (*Od.* VIII, 43), er hier überall Leben und Thätigkeit erblickt, so bewundert Aeneas bei Vergil nicht etwa ein unbelebtes
Häusermeer, sondern er sieht die Bewohner der Stadt rüstig und
thätig fortarbeiten an dem Ausbau der Neugründung. Es scheint
mir dies ein sehr glücklicher Gedanke Vergils zu sein, welcher
zugleich den Beweis liefert, dass der Dichter nicht gewohnt war,
Homerische Scenen mechanisch zu übertragen, obwohl er sonst
den Wunsch deutlich genug zu erkennen gibt, der römische Leser
möge die Nachbildungen Homers erkennen und sich an der lateinischen Form derselben erfreuen.

Der wichtigste und schwierigste Theil aber von diesem Abschnitte ist die Beschreibung der Bilder von wichtigen Scenen aus dem Trojanischen Kriege. Ob und wen Vergil hier zum Vorgänger gehabt hat, wissen wir nicht; das wichtigste Motiv aber, warum er diese Beschreibung eingeflochten hat, gibt uns der Dichter selbst V. 459—463: Aeneas muss aus diesen Erscheinungen neuen Muth und neue Zuversicht schöpfen, denn er sieht es klar vor Augen, dass er in das Land eines gebildeten und kultivirten Volkes verschlagen worden ist. Der Dichter gewinnt aber durch diese retardirende Episode noch einen Vortheil: der unterdessen gerettete Theil der Flotte und Mannschaft, welchen Aeneas für verloren glaubte und dessen Rettung ihm soeben Venus angekündigt hat, gewinnt Zeit, in Karthago zu erscheinen und vor Dido unter den Augen des Aeneas aufzutreten. Die Schwierigkeit der Beschreibung beruht auf der Anordnung der Gemälde. Denn dass Vergil hier ebenso eine bestimmte Ordnung einhält wie in der Beschreibung des Schildes (*lib.* VIII) oder in der Beschreibung der Bilder auf den beiden Thürflügeln des Apollo-Tempels zu Cumae (*lib.* VI, 20—30), darüber ist unter den Erklärern kaum mehr ein Zweifel.

Ich stelle mir nun ein doppeltes Giebelfeld mit Bildwerken der plastischen Kunst vor, ähnlich wie das 1811 auf der Insel Aegina unter den Ruinen eines Tempels der Pallas oder des Zeus Panellenios aufgefundene (Vgl. *L. Schorn*, Studien der griech. Künstler, *Müller*, Aegineten, *Thiersch*, Amalthea I Heft), nur mit dem Unterschiede, dass, während wir bei den Aegineten ein vorderes (östliches) und ein hinteres (westliches) Giebelfeld mit Figuren geschmückt besitzen, bei dem Juno-Tempel in Karthago nur das vordere Giebelfeld in Betracht kommt. Allerdings hindern uns die Worte sub ingenti templo (453) dum singula lustrat durchaus nicht an der Annahme, dass Aeneas um den Tempel herumgegangen ist; da aber der Dichter nicht mit bestimmten Worten darauf hindeutet und die Beschreibung der Bilder selbst eine solche Annahme nicht nöthig macht, so ist es doch gerathener an einem Giebel festzuhalten, welcher zunächst dem Aeneas in die Augen fallen musste. Und dies war gewiss der vordere Giebel.

Nun zerfällt jedes Giebelfeld in zwei Theile, deren Neigung sich von einander abwendet. Damit ist die Stellung der Figuren von selbst gegeben. Wir haben also eine Zweitheilung und zwar sind die Figuren so geordnet, dass in der Mitte, wo die Figuren der beiden Theile zusammentreffen, die Richtung des Gesichts sich von einander abwendet. Der erste Blick des Aeneas fällt auf das Bild des Priamus (461). Dies macht es wahrscheinlich, dass dieses Bild sich in der Mitte des Giebels befand. Ferner ist 474 parte alia zu beachten. Diese Worte weisen uns auf die Gegenbeziehung der zwei Theile des Giebels sehr deutlich hin.

Ich finde nun in der Beschreibung Vergils acht Bilder, welche einander correspondiren.

A.

B.

A.	B.
I a. Graiorum fuga (Hector).	I b. Troianorum fuga (Achilles).
II a. Tydides et Rhesus.	II b. Achilles et Troilus.
III a. Iliades et Minerva.	III b. Penthesilea et Amazones.
IV a. Achilles et Priamus.	IV b. Aeneas et Memnon.

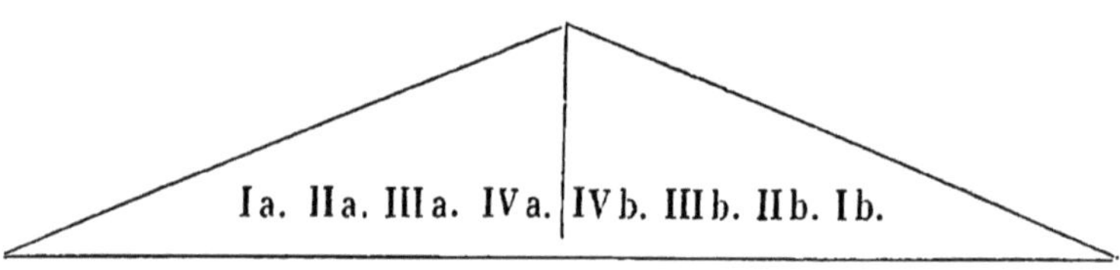

Mit dieser Eintheilung scheint mir die hdschr. Ueberlieferung vollkommen übereinzustimmen. Die Umstellung, welche Ribbeck vorgenommen hat (V. 479—482 hinter 473 und 474—478 vor 483) erscheint bei meiner Erklärung nicht nur nicht nöthig, sondern würde diese geradezu aufheben. Die beiden ersten Bilderpaare bilden einen scharfen Gegensatz und darum werden sie denn auch in der Beschreibung sofort scharf auseinandergehalten. Das dritte und vierte Paar dagegen enthält zwar einen innerlichen, aber keinen schroff äusserlichen Gegensatz. Darum wendet sich die Beschreibung zuerst auf die linke Seite und steigt von unten bis zur Mitte auf, dann wendet sie sich auf die rechte Seite und steigt ebenfalls von unten zur Mitte empor.

Bedenken wird es erregen, wenn ich für die beiden kurzen Verse 467 und 468 zwei besondere Bilder annehme. Aber ob der Dichter ein Bild mit einem oder mit mehreren Versen beschreibt, darauf kommt es gewiss nicht an, wenn die Beschreibung nur treffend ist. Und ist denn ein anderer Ausweg möglich? Oder sollen wir uns Griechen und Troianer durcheinander oder nebeneinander fliehend vorstellen? Dies würde alle Phantasie abschwächen, welche immer nur auf eine Einheit ge-

richtet sein kann. Oder sollen wir uns Hektor und Achilles neben einander in diesen Kämpfen denken? Dies ist unmöglich.
Denn als die Griechen vor Hektor flohen, war Achilles nicht im
Kampfe. Oder sollte Hektor auf dem Giebelfelde nur als L e i c h e,
nicht auch als s i e g r e i c h e r H e l d dargestellt sein? Dann wäre
der Künstler sicher ungerecht gewesen und das Gesammtbild
würde an tragischer Wirkung verlieren. Es ist also unter Troiana
iuventus am Ende des V. 467 — und entsprechend ist 468 das
Versende: cristatus Achilles — niemand anders als Hektor unter
der iuventus zu denken. Nach dieser Erörterung dürfte es nicht
ungerechtfertigt sein, wenn ich glaube in hac — hac einen so
scharfen Gegensatz finden zu müssen, der unwillkührlich das
Auge des Lesers von einem Ende des Giebels zum andern zwingt.

Dass die Scene Diomedes und Rhesus, eine hülflose Verheerung, dem hülflosen Tode des Troilus unter der Hand des Achilles entsprechen kann, darüber sollte ein Zweifel nicht möglich
sein; ob die Responsion freilich sehr gelungen ist, das ist eine
Frage, welche ich hier nicht beantworten will. In dem dritten
Paare sehen wir auf der einen Seite F r a u e n b i t t e n d und
f l e h e n d — dabei wendet Pallas das Gesicht ab, natürlich rückwärts gegen die Leiche Hektors hin! —, auf der andern Seite
erblicken wir F r a u e n kämpfend und wüthend (furens, ardet 491),
hier Natur dort Unnatur, aber beide Bestrebungen bezwecken die
Rettung Troia's.

Und auf dem letzten Bilderpaare sehen wir den greisen
Priamus um die Leiche Hektors flehen, der der H o r t u n d
S c h u t z T r o i a's w a r, auf der andern Seite steht im Kampfe
dem Priamus zunächst Aeneas, welcher die H o f f n u n g u n d d e r
G r u n d des n e u a u f l e b e n d e n T r o i a's ist.

So ergibt sich ein schöner Gegensatz für alle Bilder, ohne dass
dabei dem Texte Gewalt angethan würde. Es bleibt uns nur noch
übrig, die Bedeutung von pictura zu erörtern. Darüber zu V. 453.

418. *corripuere viam*] Diese dichterische Formel sucht
Gossrau auf folgende Weise zu erklären: ita ut ambo viae termini brevi intervallo temporis interposito a b e o, q u i i t, attin-
gantur atque in unum quasi corripiantur. Diese Ansicht übersieht,
dass die Formeln viam, spatia, campum corripere n i e v o n e i n e m
Subject, sondern immer nur von einer Mehrzahl von Dingen oder
Personen gebraucht werden, cf. *Georg.* III, 104. *Aen.* V, 144.
316. VI, 634. Es liegt also dem c o r r i p e r e dieselbe Anschauung

zu Grunde wie dem convenire etc. (= plures in unum locum veniunt', obwohl das verbum simplex (rapere viam) in dieser Verbindung nicht vorzukommen scheint. Also ist corripere viam = duo pluresve una via raptim iter conficiunt.

qua semita monstrat] sc. viam corripere (= ire): Sie gehen rasch des Weges, den sie betreten finden.

419. *ascendebant*] Ein Perfectum ist hier unmöglich, ein Plq. (iam ascenderant collem, cum miratur) würde die Phantasie beeinträchtigen. Denn wir sollen Aeneas und Achates die Höhe hinaufsteigen, nicht bloss auf der Höhe angelangt sehen.

420. *arces*] Vgl. zu 366, 424 und IV, 260. An einzelne befestigte Hügel hier zu denken, ist nicht nothwendig. Der Berg oder wer immer auf demselben steht, sieht die ganze weite Stadt wie ein Häusermeer vor sich. Diese moles, magalia quondam, erscheint durch den Contrast mit der umliegenden Gegend als eine Masse von arces.

421. *magalia quondam*] Es sind dies die kleinen hüttenartigen Häuser der Bewohner Afrika's, welche Sallust (*Iug*. 18, 5) tuguria nennt. Es ist nicht unwahrscheinlich, dass der nordwestliche Stadttheil von Karthago, welchen die Griechen bald Megara bald Magara nennen, von dem Worte magalia (= Wohnungen) seinen Namen hatte. Er bestand nämlich nicht aus einer geschlossenen Häusermasse, wie die Byrsa, sondern nur aus einzelnen Häusern, Villen und Gärten. Vgl. *Hist. Quellenb.* II, 2, 201. *Georg.* III, 340: raris habitata mapalia[1]) tectis. Diese Stelle zeigt, wie Vergil zwischen den mapalia — wenn überhaupt diese Form richtig ist — und den einzelnen tecta unterscheidet, er nennt das Dorf mapalia, welches nur aus zerstreuten (raris) Gebäuden besteht. Die Frage ist nun, sind die Worte magalia quondam nur ein Zusatz des Dichters oder sind sie ein Theil der Verwunderung des Aeneas? Billigt man die erste Annahme, so muthet man dem Dichter eine grosse Schwerfälligkeit des Ausdrucks zu, denn er hätte sich dann offenbar deutlicher ausdrücken müssen. Folgt man der zweiten Alternative, so erhält die Verwunderung des Aeneas einen bestimmten Grund, sie wird hervorgerufen durch den Contrast (cf. VIII, 347. 360), aber es entsteht zugleich die Frage, wie konnte denn Aeneas den früheren Zustand der Gegend kennen? Dies war allerdings möglich nicht

---

[1] Vgl. Gesenius, Linguae Phoeniciae Monumenta p. 392.

allein aus der Betrachtung der Umgegend, sondern auch einzelner Häuser der Stadt selbst, welche noch ganz den alten Charakter bewahrten. Vgl. IV, 259: ut primum alatis tetigit magalia plantis (Mercurius), Aenean fundantem arces ac tecta novantem conspicit. Rühren nun diese magalia von den Ureinwohnern her oder sind sie Nothbauten der einwandernden Tyrier gewesen? Im ersteren Falle dürfte Vers 421 und IV, 259 im Widerspruch stehen mit der gewöhnlichen Sage, welche in den fraglichen Versen 367—368 sich darstellt. Vielleicht erscheint dies als ein Grund mehr, an die Unächtheit dieser Verse zu glauben.

422. *strepitumque*] Bezeichnet den lebhaften Verkehr in der Stadt, welcher noch gehoben wird durch die vielen Lastwagen, welche man für den Bau nöthig hatte.

strata viarum] Schon *Lucret.* IV, 415: per strata viarum. Vgl. Strasse.

423. *instant*] sc. operi, cf. 504. Ebenso findet sich instat ohne Dat. II, 491: instat vi patria Pyrrhus: nec claustra nec ipsi custodes sufferre valent, labat etc. Wie an dieser Stelle zuerst mit instat ein Gesammturtheil gegeben und dieses dann in seinen Einzelheiten (Folgen) malerisch ausgeführt wird, wobei das Praesens historicum den Hörer oder Leser lebhaft in den Zustand hinein versetzt, so sehen wir hier ebenfalls in den Worten instant ardentes Tyrii zuerst die Einleitung in die Thätigkeit der Tyrier gegeben, die folgenden Inf. hist. aber führen uns diese Thätigkeit in ihren einzelnen genera selbst unmittelbar vor die Augen Wollte man dagegen die Infinitive (ducere — concludere) von instant abhängig machen, so würden wir nicht mehr die Beschäftigungen der Tyrier selbst sehen, sondern nur das Drängen und Verlangen nach dieser Arbeit. Von dieser Verbindung hätte schon allein pars — pars abhalten sollen. Denn aus *Ecl.* I, 65 oder *Aen.* XI, 887 wird nimmermehr der Beweis geführt werden, dass man sagen kann instant pars murum ducere, pars optare locum, so gewöhnlich es ist zu schreiben: omnes operi instabant: pars muros ducebat, pars optabat locum.

424. *arcem*] Dies ist die Byrsa oder, wie Livius nach der Schreibweise seiner Zeit, Bursa. Darunter aber ist nicht allein die Burg zu verstehen, sondern der ganze um sie herum liegende Stadttheil, der einen Umfang von 22 Stadien hatte. Unter den muri können unmöglich die Mauern der Burg verstanden werden.

Denn 1) gebraucht Vergil *murus* oder *muri* nur von den Stadt-
mauern, während *moenia* in der Regel die Stadt selbst bezeichnet; 2) war der Schutz der neuen Stadt durch feste Mauern auf
der Landseite gegen die räuberischen Einfälle der Libyer das
Allernothwendigste. Dazu darf man auch nicht verkennen, dass
dem Römer die dreifache Mauer, welche von Süden nach
Norden Magara schützte, als ein Wunderwerk noch so gut in
Erinnerung war, dass er beim Lesen dieser Worte unwillkührlich an den Bau dieser denkwürdigen Mauern denken musste.
Vgl. *App. Libyca* 95. *Quellenb.* II, 2, 196. Ob sich nun ein
Praktikus je ausrechnen würde, wie schwierig es sei, an der
Mauer der Stadt und an der Burg zu gleicher Zeit zu arbeiten,
darum hat sich Vergil sicher nicht gekümmert.

424. *subvolvere*] = in die Höhe winden, in die Höhe
ziehen.

425. *optare locum*] = III, 109: optavitque locum regno.
Liv. VI, 25, 5: ut ex collegis optaret, quem vellet.

concludere sulco] Es war alter Brauch, durch Ziehung einer
Furche die Linie des Pomöriums zu bestimmen; der Zug dieser
Linie bestimmte den Lauf von Mauer und Graben, womit die
neue Stadt eingeschlossen wurde. Aehnlich wurden die termini
der einzelnen Grundstücke in der neuen Stadt bestimmt. Vgl.
Schwegler, Röm. Gesch. I, 389. 446.

426. Dass dieser Vers ein späteres Machwerk ist und vielleicht aus 507 zusammengeflickt ist, scheint jetzt fast allgemein
anerkannt zu sein. Instructiv ist die Abhdl. von Ritschl: Parallelstellen im Plautus als Ursache von Glossemen (*Opusc.* II, 274).
Denn man muss bei Beurtheilung solcher Stellen einen Blick
werfen auf die Art und Weise, wie auch andere Autoren Interpolationen erlitten haben.

Die entscheidenden Momente der Unächtheit unseres Verses
hat bereits Heyne nachgewiesen: 1) Unde igitur Aeneas e longin-
quo poterat intellegere, magistratus iuridicos nunc legi? 2) Inter
reliquos hic versus quasi alienigena habitat: a) neque grammatico
aliquo vinculo ceteris adnectitur, b) nec sententia ipsa colligatur,
nam cetera omnia ad aedificia nova, quae excitantur, spectant.
Dagegen Wagner: Vergil wollte ein allseitiges Bild von dem Leben und Treiben in Karthago geben, dazu gehören die res fo-
renses. Nun sei zwar durch V 426 der Zusammenhang von
425 und 427 gestört, aber gerade diese varietas sei admirabilis!

Das heisst offenbar: Kunst und Schönheit ist = Unordnung und
Unkultur. Indessen scheint auch Wagner jetzt von dieser Ansicht zurückgekommen zu sein. Er sagt jetzt: hic versus, qui
videtur ab aliena manu interpositus, repugnat versui 507. Aber
ein Widerspruch des Gedankens ist bei Vergil nie ein voll-
gültiger Beweis für die Unechtheit eines Verses, denn Widersprüche finden sich viele; sind aber noch andere Kriterien der
Unechtheit vorhanden, so ist der Widerspruch allerdings ein wichtiges Moment.

Parallelstellen haben in der Aeneis öfters Interpolationen
hervorgerufen, cf. I, 711. II, 775. III. 230.

427. *portus*] = Kothon. *App. Lib.* 96: οἱ δὲ λιμένες ἐc
ἀλλήλους διεπλέοντο, καὶ ἔσπλους ἐκ πελάγους ἐc αὐτοὺς ἦν
ἐc εὖρος ποδῶν ἑβδομήκοντα. ὁ μὲν δὴ πρῶτος ἐμπόροις ἀνεῖτο.
τοῦ δ' ἐντὸς ἐν μέcῳ νῆcος ἦν (welche auch Kothon hiess), καὶ
κρηπῖcι μεγάλαις ἥ τε νῆcος καὶ ὁ λιμὴν διείληπτο (war eingefasst).

hinc lata theatris fundamenta] Man würde sehr irren, wollte
man, durch den Plural verführt, den Bau mehrerer Theater annehmen. Der Plural mit einem Epitheton der Grösse oder weiten Ausdehnung verbunden, ist nur dazu bestimmt, das Unge-
heuere des Baues malerisch der Phantasie vorzuführen. Vgl.
VI, 19: redditus his primum terris tibi, Phoebe, sacravit (Daeda-
lus) remigium alarum posuitque immania templa, der einzige
Tempel des Phoebus Apollo zu Cumae. II, 483: apparet domus
intus et atria longa patescunt. I, 726: it strepitus tectis vocemque per ampla volutant atria. VIII, 137: aetherios umero
qui sustinet orbes. *Spitta, Quaest. Verg.* 9. Wenn hier der Med.
gegenüber den anderen Hdschr. bei Ribbeck theatri bietet, so ist
das ein klarer Beweis, dass die Ueberlieferung des Med. nicht
die sicherste ist. Wenn irgend wo, so gilt hier der vielfach miss-
brauchte Ausspruch G. Hermann's, dass unter gleichen Beding-
ungen die schwerere Lesart der leichteren vorzuziehen sei und
die Wahrscheinlichkeit der Nichtverfälschung in sich trage.

Ferner haben die Hdschr. ausser den schedae Vaticanae
(= F) alta statt lata und eine frühere Interpretation sah darin
eine Schönheit, dass der Dichter kurz nach einander (427. 429)
das gleiche Epitheton in verschiedener Bedeutung gebrauche:
nam prius alta dicitur de fundamentis theatri, ad quae superne despiciunt, alterum de columnis, ad quas ex inferiore

loco aliquando suspicient. Der Misston wird durch diese
Augenverdreherei keineswegs aufgehoben. Darum billige ich hier
den Geschmack Peerlkamp's, welcher lata verlangte, und freue
mich, dass diese Conjektur nun auch hdschr. Bestätigung findet.
Die Verwechselung von lata und alta ist so gewöhnlich wie die von
flagrare und fraglare (auch bei Livius), ohne dass man sich dadurch bestimmen lassen darf, in fraglare wirklich eine alterthümliche Form zu suchen.   Vgl. zu 436.

Das Epitheton lata passt offenbar besser zu fundamenta, auch
zu theatra, als alta. Vgl. *Jacob, Quaestt. epicae* p. 26. Bei
fundam. stellt sich der Römer nicht einmal den in die Tiefe gehenden Grund vor, sondern den angefangenen Bau überhaupt.
Vgl. *Georg*. IV, 161. Ebenso billige ich es, dass Ribb. hic —
hinc nach dem Zeugniss des Nonius geschrieben hat. Denn das
Verbum effodiunt versetzt uns unmittelbar an die Stelle, wo der
Hafen sich befinden soll, dagegen petunt an die Stelle, über
welcher der Bau sich erheben soll.

429. *scaenis futuris*] Ich glaube, man thut Vergil Unrecht,
wenn man annimmt, er habe das Theater aus seinem Rom einfach auf die Kindheit Karthago's übertragen. Hatte denn Karthago in seiner Blüthezeit vor 146 nicht ein Theater gehabt?
Vergil sucht eben die berühmtesten Bauwerke aus der grossen
Zeit der Stadt in den Anfang derselben zurückzuverlegen, um in
den Römern wieder das Bild von der Grösse und Macht Karthago's wachzurufen, eine Erinnerung, die sie mit Stolz erfüllen
musste, da sie sich dabei zugleich ihrer grösseren Macht und
Pracht bewusst werden mussten. Wie Livius die Thaten Hanni-
bals mit Vorliebe zuerst erhebt und dann den Fall dieses Helden
in Contrast damit stellt, so rühmt hier Vergil nach jeder Seite
hin den Glanz und die Macht der Dido, zu der Aeneas arm und
hülflos kommt, um zuletzt ihren Fall um so tragischer, die Rettung des Aeneas um so wunderbarer erscheinen zu lassen. Und
er kann den Glanz Karthago's auf seine Urzeit concentriren, da
der Römer von dieser Stadt überhaupt keine andere Vorstellung
hatte und die verschiedenen Zustände verschiedener Zeitalter noch
nicht zu unterscheiden gewohnt war.

430—436: Ist die Schilderung auf ihrem Höhepunkt angelangt, so wird die Phantasie festgehalten durch ein Gleichniss
und dadurch gezwungen, sich noch einmal in den Charakter der
Situation zu vertiefen.

Das Gleichniss ist herübergenommen aus *Hom. Iliad.* II, 87 sqq. und *Georg.* IV, 162—169. Bei Homer ist das Tertium comparationis: wie von Bienen immer ein neuer Schwarm aus dem Felsenloch hervorfliegt, so kommen von den Achäern immer neue Schaaren von den Schiffen und Zelten auf den Versammlungsplatz. Bei Vergil dagegen: Wie die Bienen im Hochsommer emsig schwärmen auf der blumenreichen Flur und bei aller Rührigkeit und Thätigkeit doch die grösste Ordnung herrscht, so sicht man in Karthago, wohin man nur blickt, überall Emsigkeit, Thätigkeit und Ordnung.

Man sieht, dies ist keine mechanische Nachahmung, sondern eine freie, geistige Reproduction, welche die eigenthümliche Situation nicht aus dem Auge verliert.

435. *ignavom fucos pecus*] Zur Apposition vgl. *Ecl.* II, 3: tantum inter densas umbrosa cacumina fagos adsidue veniebat.

436. *fragrantia*] Zum Unterschied des fragrare und flagrare bemerkt Servius: quotiens incendium significatur, quod flatu alitur, per *l* dicimus, quotiens odor, qui fracta specie maior est, per *r* dicimus. Also = d u f t e n. *Suet. Vesp.* 8: adulescens fragrans unguento. Die Römer mochten allerdings in der Aussprache flagrare und fragrare häufig verwechseln, dies ist aber für uns kein Grund, flāgro und frāgro auf ein und denselben Stamm zurückzuführen. Denn flāgro ist offenbar gleichen Stammes mit φλέγω, φλόξ und fulgeo aus flugeo (flageo), und nicht erst aus flare, ein Intensivum (*Död. Syn.* III, 116); dagegen dürfte fragrare mit ὀϲφραίνομαι, ὄϲφρανϲιϲ zusammenhängen. Wenn in den Hdschr. sich flagrare in fraglare, fragrare in flagrare oder fraglare haufig verschrieben findet, so ist dies sehr natürlich und hat keinen anderen Grund, als wenn sich a d r e a t für a d e r a t, f e r o für f o r e, plusi für p u l s i, p a t r e s für p a r t e s etc. verschrieben findet. Vgl. mein Kölner Progr. 1864. Auf solche Erscheinungen Lautgesetze gründen zu wollen, wie Ribbeck in Fleckeisens Jahrb. 77, 191, heisst nach meinem Ermessen: die römische Lautlehre aufbauen auf Grund nachlässiger Fehler der Abschreiber.

437. Der Ausbruch des Schmerzes macht eine E i n l e i t u n g der Worte durch ein Verbum des S a g e n s unmöglich. Man beachte auch den Indicat. surgunt, wofür man den Conjunktiv erwartete, weil der Relativsatz den Grund des Urtheils (fortunati) enthält. Aber die Lebendigkeit des Ausrufs lässt es zu einer

solchen Betrachtung (Unterordnung des Gedankens) nicht kommen. Man darf darum nicht übersetzen: Glücklich alle, die ihre Mauern bereits empor steigen sehen!

Diese allgemeine Fassung des Gedankens erscheint mir hier der Situation nicht angemessen. Aeneas sieht Karthago, beneidet Karthago und bedauert sein eigenes Geschick.

438. *fastigia suspicit urbis*] Das Verbum deutet darauf hin, wie Aeneas von der Höhe allmählich mehr und mehr in die Stadt herab gelangt. Vgl. VI, 579: quantus ad aetherium caeli suspectus Olympum.

441. *laetissimus umbrae*] = ein üppig schattender Hain. Vgl. zu I, 275.

442. *quo primum loco*] Gehört zu effodere, dabei ist aber primum mit signum = omen zu verbinden, wie III, 537 quattuor hic primum omen equos in gramine vidi tondentes campum late. *Wagner, Quaestt. Verg.* 508. Dazu tritt als Apposition (= Inhalt des omen oder signum) caput acris equi.

~~444~~. *monstrarat*] Bei dem Dichter erscheint von Anfang an Juno als Schutzgöttin Karthago's und deshalb als Gegnerin des jungen Roms. Da die Römer gewohnt waren, fremde Gottheiten mit ihren eigenen Göttern zu identificiren (cf. *Caes. b. g.* VI, 17. *Tac. Germ.* 9), so entsteht für uns die Frage, ob die Karthager wirklich eine weibliche Schutzgöttin in ihrem Kultus verehrten? Dies ist in der That der Fall. Auf mehr als 100 Votiv-Inschriften, wovon die meisten von dem Engländer Davis zu Karthago ausgegraben worden sind — sie sind veröffentlicht von dem Vorsteher des British Museum in dem Prachtwerke: Inscriptions in the Phoenician character, gr. fol. London 1863 —, finden wir neben dem Baal Chammon die „Herrin Tanit" und zwar so, dass diese immer die erste Stelle einnimmt. Dagegen die Votiv-Inschriften des sogenannten neuphönizischen oder neupunischen Schriftcharakters, welche nicht in den Ruinen des alten Karthago, sondern in der Landschaft Karthago (Africa propria) und in Numidien gefunden werden, erwähnen der Göttin Tanit gewöhnlich nicht, sondern sind allein „dem Herrn, dem Baal-Chammón" gewidmet. Ich theile hier eine altkarthagische Votiv-Inschrift, welche zu Karthago 1863 gefunden, mit aus Haneberg, Sitzungsbericht der Münch. Akad. 1864. II. Bd. 4. Heft, Tafel I. Sie lautet vocalisirt:

לְרַבַּת לְתָנִת פְּנֵבַּעַל וּלְ־

אָדֹן לְבַעַל חַמָּן אֲשֶׁ נָדַר

עֲבְדְמֶלְקַרְת בֶּן בַּעֲלַחָנֹא

בֶּן עֲבְדְמֶלְקַרְת בֶּן מָגֹן

Dazu die Uebersetzung: der Herrin, der Tanit, dem Antlitz Baals, und dem Herrn dem Baal-Chammon (= Baal solaris), was gelobte Abdmelqarth Sohn Baalhannos Sohn Abdmelqarths Sohn Magons.

Es darf also wohl kaum einem Zweifel unterliegen, dass wir in dieser Tanit die Karthagische Juno zu suchen haben. Und da nach der Sage gegen Ende des zweiten Punischen Krieges Juno Karthago verlässt und zu den Römern übertritt, sollte es da ein Zufall sein, wenn wir die Tanit auf neuphönizischen Inschriften nicht mehr finden? Vgl. zur evocatio II, 351.

caput acris equi] Auf allen Karthagischen Münzen, welche merkwürdigerweise sämmtlich griechisch-sicilisches Gepräge zeigen, finden wir diesen Pferdekopf[1]) als Symbol der Stadt Karthago. Ueber die symbolische Bedeutung des Rosses (sic nam fore bello etc.) vgl. *Aen.* III, 537—543:

> quattuor hic, primum omen, equos in gramine vidi
> tondentes campum late, candore nivali.
> et pater Anchises: „bellum, o terra hospita, portas,
> bello armantur equi, bellum haec armenta minantur.
> sed tamen idem olim curru succedere sueti
> quadrupedes et frena iugo concordia ferre,
> spes et pacis" ait.

Mit der Darstellung des Vergil stimmt merkwürdig überein *Iustin.* XVIII, 5: ibi quoque equi caput repertum, bellicosum potentemque populum futurum significans, urbi auspicatam sedem dedit.

Um so schwieriger wird die Erklärung der Worte:

et facilem victu gentem] Man sollte nämlich glauben, dass die Darstellung Vergils und des Pomp. Trogus auf ein und derselben Quelle beruht und möchte deshalb in diesen Worten den Begriff et potentem populum wiederfinden. Darum erklärte Wagner: mihi quidem illud latiore sensu de omnis generis felicitate dictum videtur. Ea interpretatio firmatur usu veterum scriptorum, ut *Terent. Ad.* 501:

Quam vos facillume agitis, quam estis maxume

Potentes dites fortunati nobiles. *Plaut. Curc.* 604:

Pl. nugas garris. Curc. soleo: nam propter eas vivo facilius. Itaque faciles victu Carthaginienses vocantur propter opes et omnium rerum affluentiam. Idque equi capite significari poterat, quia hoc signum gentem bellicosam fore et bellis fines amplificaturam opesque acquisituram. Auf diesen Umwegen gelangt Wagner schliesslich zu der Stelle des Pompeius Trogus zurück. In der neueren Ausg. (1861) bemerkt derselbe nur: cui facile sit sibi parare, quidquid ad commode vivendum optabile est.

Ladewig schliesst sich Wagner an, nur dass er victu nicht für das Supinum hält, sondern facilem victu = facili victu erklärt, um eine dem egregiam bello entsprechende Wendung zu gewinnen.

Es ist nicht schwer zu erkennen, dass die Vergleichung des facile agere oder vivere = gemüthlich leben hier nicht zutrifft. Denn facile vivere kann die verschiedensten Gründe haben: bei Plautus sind es die nugae, bei Terentius potentia, divitiae etc. Wollten wir also in diesem Sinne Vergil erklären, so würden wir ihm gerade die wichtigsten Begriffe (opes, potentia), welche sich doch im Zusammenhang nicht finden lassen, unterschieben. Wollte der Dichter eine solche Anschauung hervorrufen, so musste er zu dem facilem victu hinzusetzen, welches die Voraussetzungen des facile vivere sind. Denn sonst kann man sich eben so gut ein leichtlebiges Volk denken, welches immer gemüthlich und heiter den Ernst des Lebens sich durch Spiel und Scherz (nugis) zu versüssen weiss.

Zweitens sehen wir, dass hier ein Symbol gedeutet wird. Darum müssen wir fragen, was denkt sich Vergil sonst unter dem Symbol eines Rosses. Darauf erhalten wir III, 537—43 bestimmte Antwort: erstens bedeutet es Krieg, zweitens Frieden. Zu der letzteren Deutung kommt Vergil durch die Vorstellung des gejochten Pferds. Der Friede wird also dargestellt als landwirthschaftliche Thätigkeit.

Wie eifrig die Karthager die Landwirthschaft betrieben, ist bekannt. Von der Intelligenz der Karthagischen Landwirthschaft, sagt Mommsen (I, 504), welche Feldherrn und Staatsmänner dort wie später in Rom wissenschaftlich zu betreiben und zu lehren, nicht verschmähten, legt ein Zeugniss ab die agronomische Schrift des Karthagers Mago, welche von den späteren griechischen und

römischen Landwirthen durchaus als der Grundcodex der ratio-
nellen Ackerwirthschaft betrachtet und nicht bloss ins Griechische
übersetzt, sondern auch auf Befehl des römischen Senats lateinisch bearbeitet und den italischen Gutsbesitzern officiell anem-
pfohlen ward.

Zunächst ist mit gentem facilem victu zu vgl. *Georg.* II, 460:
fundit humo facilem victum iustissima tellus = reichlichen
Bedarf. Vergleicht man damit *Aen.* VIII, 318: Quis neque mos
neque cultus erat nec iungere tauros aut componere opes norant
aut parcere parto, sed rami atque asper victu venatus alebat,
ferner *Hor. Carm.* III, 2, 10: asperum tactu leonem, endlich
Val. Flacc. III, 362: aspera curis nox, so wird man folgende
Resultate daraus ziehen dürfen:

1) In der Verbindung facilis victu, asper victu, asper tactu
etc. haben wir nicht sowohl das Supinum, als vielmehr den Abl.
der engeren Beziehung zu suchen: die Jagd ist rauh und
mühsam hinsichtlich der damit verbundenen Lebensweise.

2) Facilis victu hat zum Gegensatz asper victu.

3) In diesen Worten finden wir nicht nur den Gegensatz von
leicht und schwer, sondern auch den von Cultur und Unkultur (cf. VIII, 316—18).

4) Kultur und Unkultur zeigt sich in der Lebensweise, und
diese ist bedingt durch die Beschaffenheit des Bodens.

Die ganze Stelle ist deshalb zu übersetzen: Dieses Zeigen
deute darauf hin, dass hier ein kriegesmuthiges und
(durch den Reichthum des Bodens) cultivirtes oder
gebildetes Volk hervorgehen werde.

Diese Exposition schliesst sich zum Theil an *Heyne Exc.*
XIV p. 246 sq. an.

Nebenbei erwähne ich, dass *Jahn* und *Häckermann* wie III,
621 so auch hier das Supinum wiederfinden wollen und dieses
nicht von vivere, sondern von vincere herleiten, so dass gentem
facilem victu = gentem facile victricem fore bedeuten soll: tapfer
und siegreich.

Da aber bello superbus nicht bloss tapfer, sondern auch
siegreich bedeutet (cf. zu I, 21), so würde dadurch nur eine
Tautologie dem Dichter aufgebürdet.

Endlich ist zu beachten, dass I, 14 Karthago genannt wird:
dives opum studiisque asperrima belli.

per saecula] = per longam annorum seriem.

447. *condebat*] Dass der Tempel nicht bereits vollendet gewesen wäre, davon findet sich keine Spur. Denn auch V. 455 zeigt uns nicht die noch arbeitenden Künstler, sondern die bereits vollendete Arbeit derselben. In diesem Sinne kann also das Impf. nicht erklärt werden. Ebenso wenig aber kann das Verbum condere seiner Bedeutung nach im Impf. das Plusquampf. ersetzen, wie z. B. manebat XI, 166: quod si inmatura manebat mors gnatum, caesis Volscorum milibus ante ducentem in Latium Teucros cecidisse iuvabit, wo manebat = debita erat. Es bleibt also nur übrig, hier das Impf. der Schilderung oder Beschreibung anzunehmen, welches durch die Beziehung auf ein Plq. (monstrarat) selbst zu der Bedeutung eines solchen erhoben wird. Vgl. *Caes. b. c.* I, 41: Caesar fossam fieri iussit. prima et secunda acies in armis, ut ab initio constituta erat, permanebat; post hos opus in occulto a tertia acie fiebat. sic omne prius est perfectum etc. Wie hier die Form untergeordnet lauten würde: Cum Caesar fossam fieri iussisset, opus in occulto fiebat, so bei Vergil: Cum Iuno fausto omine locum opportunum monstrasset, templum ibi Dido condebat. Der Dichter versetzt sich also lebhaft in die Zeit der ersten Ankunft Dido's und will hic (= itaque hic) enge mit dem Vorausgehenden verbunden wissen = Cum Iuno in luco illo caput equi monstrasset, hoc quoniam et bellicam victoriam et domesticam felicitatem significaret, extemplo ibi Dido Iunoni templum condebat, tamquam novae urbis initium et praesidium. Diese Periode, welche bei dem Dichter aufgelöst erscheint, schliesst mit V. 447 ab und statt des prosaischen Satzes: hoc templum tum perfectum est oder, mit Rücksicht auf die Ankunft des Aeneas, hoc templum iam perfectum erat, beginnt sofort die Beschreibung des fertigen Tempels.

donis opulentum et numine divae] Der Tempel war reich an Gaben oder geschmückt mit Gaben und dem numen der Göttin.

Ist es hier am natürlichsten unter den dona Votivgeschenke zu denken, welche Dido und mit ihr die vornehmen Tyrier nach der glücklichen Flucht der Göttin darbrachten (als damnati votis), so ist es wohl auch am angemessensten, unter dem numen divae sich das glänzende Bild der Göttin vorzustellen. Denn dass numen diese Bedeutung haben kann, geht unwiderleglich hervor aus II, 178: nec posse Argolicis excindi Pergama telis, omina ni

repetant Argis numenque reducant, quod pelago et curvis
secum avexere carinis, i. e. Palladium. IV, 204: dicitur (Iarbas)
ante aras media inter numina divom multa Iovem manibus
supplex orasse supinis.

448. *aerea*] Durch die Voranstellung von aerea, die Hervorhebung desselben Begriffs in der Mitte und am Ende (aënis) der
Periode erhält das Ganze den Charakter der complexio oder
cυμπλοκή. Vgl. *Cornif.* IV § 20: Conplexio est, quae utramque
conplectitur exornationem (repetitionem = ἐπαναφοράν et con-
versionem = ἀναφοράν), ut et repetatur idem verbum saepius
et crebro ad idem postremum revertamur, hoc modo: quem senatus damnarit, quem populus damnarit, quem omnium existima-
tio damnarit, eum vos sententiis vestris absolvatis? Das Wesentliche dieser Figur ist, dass sie nachdrücklich betont: wohin man
auch nur blickt, überall sieht man Alles aus kostbarem Erz gearbeitet.

Dass Vergil nicht die Schilderung der feenhaften Königsburg
des Alcinous (*Hom.* VII, 86 sqq.) hier wiederholt, sondern sich
mit dem einfacheren Schmuck der heroischen Bauten begnügt
(*Iliad.* I, 426: Διὸς ποτὶ χαλκοβατὲς δῶ = *Od.* XIII, 4, dagegen *Od.* IV, 72—75), zeigt von Takt und Geschmack. Denn die
Römer seiner Zeit würden über eine solche Fülle von Gold und
Silber an Bauten der Urzeit Rom's und Karthago's nur gelacht
haben.

limina nexaeque aere trabes] Nach der Sitte der griechischen Tempelbauten ruhte auch der Tempel der Juno zu Karthago zunächst auf einigen Stufen (gradus), hierauf gelangt man
zu der Vorhalle (Pronaos) des Tempels (limina), welche von run-
den, vielleicht cannelirten (= aere nexae?) Säulen (trabes) do-
rischen Stils umgeben ist. In der Mitte des Tempels befand sich
die Cella mit dem Bilde der Juno (simulacrum deae) und gegenüber dem Götterbilde von dem Pronaos aus (505) war das Ein-
gangsthor, aus zwei Flügelthüren (foribus = valvis) bestehend.

Neben der Lesart nexaeque, welche von den besten Hdschr.
bezeugt ist, billigen einige Herausgeber die Lesart geringerer
Hdschr. nixaeque. Dann hätte man unter trabes den Architrav
zu verstehen, welcher sich auf Erz (aere), d. i. eherne Säulen
stützt. So natürlich aber der Gedanke ist: auf einigen Stufen
erhebt sich der Pronaos mit seinen Säulen — denn surgebant
ist das gemeinschaftliche Prädikat von limina und trabes —, so

widernatürlich erscheint es mir zu sagen: auf einigen Stufen erhebt sich der Pronaos mit dem Architrav auf Säulen. Denn der Architrav gehört nicht mehr zum Pronaos, sondern zum ganzen Tempel. Ferner erfahren wir bei dieser Lesart wohl, dass das Gebälk von ehernen Säulen getragen wurde, nicht aber, wie das Gebälk selbst aussah, während der Dichter doch offenbar sagen will, dass Alles von kostbarem Erz gearbeitet war. Darum hat jedes einzelne Stück sein Epitheton. Denkt man bei trabes aere nexae an cannelirte oder auch nur an runde Säulen von Erz, so ist die Vorstellung jedenfalls eine vollständigere und schönere. Dazu kommt, dass der Dichter uns Capitell, Architrav und Giebel (Fries) überhaupt nicht im Einzelnen schildern will. Er überlässt es dem Leser, sich diese Theile nach dem angegebenen Verhältniss in der Phantasie auszuführen.

449. *cardo*] Die Thüren der Römer hingen nicht, wie bei uns, in Angeln, sondern drehten sich auf Zapfen (cardines), für welche in der Schwelle (limen) und dem Sturz (superum limen) Löcher (foramina) eingelassen waren. *Marquardt* V, 233.

450. *hoc in luco*] In dem Haine, nicht in dem Tempel. Denn Vergil hatte bis jetzt nur erzählt (440), dass Aeneas mitten in die Stadt gekommen war. Die Erzählung war nun unterbrochen worden durch eine vorbereitende Schilderung. Jetzt erst kehrt Vergil zur Erzählung wieder zurück. Es knüpft also V. 450 an 440 wieder an. Wer mit der homerischen Sprache einigermassen vertraut ist, auf den muss hoc primum in luco unwillkührlich den Eindruck machen, als ob Vergil durch seine partikelarme Sprache genöthigt, hier den Versuch habe machen wollen, durch primum das Hom. δή zu ersetzen. Vgl. *Iliad.* VI, 395: Ἀνδρομάχη, θυγάτηρ μεγαλήτορος Ἠετίωνος· Ἠετίων, ὃς ἔναιεν ὑπὸ Πλάκῳ ὑληέσσῃ, Θήβῃ ὑποπλακίῃ, Κιλίκεσσ᾽ ἄνδρεσσιν ἀνάσσων· τοῦπερ δὴ θυγάτηρ ἔχεθ᾽ Ἕκτορι χαλκοκορυστῇ. Vgl. *Il.* VII, 148—155. X, 433—436. XI, 122—127. Mehr Bsp. gibt *Nägelsb.*, Anmerk. zur *Il.* ed. I p. 219. In allen diesen Beispielen dient δή zum Abschluss einer vorbereitenden Erzählung. Mit diesen Bsp. vgl. *Verg.* V, 368—375. VII, 118. III, 651. IX, 603, wo natos primum zusammengehört = infantes. Daher die Verbindung primum tandem III, 205. Auch hic primum erscheint = τότε δή, ohne dass natürlich, wie überall, die Grundbedeutung von primus und primum verloren geht.

451. *timorem leniit*] Denn die Furcht war mit Schmerz verbunden.

452. *adflictis rebus*] Die res Troianae oder Aeneae waren immer adflictae, auch wenn die Aufnahme bei Dido noch so günstig war. Daher sind die Worte Object von confidere, und zwar nach V, 849. 870 haben wir den Dativ, nicht den Abl. anzunehmen.

453. *sub ingenti templo*] Da der Tempel grösser ist als Aeneas, so kann das Schauen nur ein suspicere sein (cf. 438). Da nun mit ingens die Höhe des Tempels bezeichnet wird, so ist der nächste Punkt unter der höchsten Höhe der Giebel oder der Fries.

454. *reginam opperiens*] Woher konnte Aeneas wissen, dass Dido in den Tempel kommen würde oder müsste? Dies ist, wie mir scheint, eine müssige Frage. Indessen konnte Aeneas dies erkennen an dem vorhandenen solium (sella) 506. Einen ähnlichen Zweck wie das solium der Königin scheinen mir die beiden sellae im Tempel der Themis gehabt zu haben bei *Guhl* I, 11.

455. *artificumque manus   operumque laborem*] Beide Ausdrücke werden vorzugsweise gebraucht vom Gold- und Silberarbeiter, ferner vom Architekten und dem plastischen Künstler. Kunstwerke der ersteren Art waren im πρόναος, Darstellungen der bildenden Kunst am Fries oder Giebel zu sehen.

Ueber die Bedeutung von opus vgl. *Quintil.* II, 21: multiplicem materiem habet caelatura, quae auro argento aere ferro opera efficit. nam sculptura etiam lignum ebur marmor vitrum gemmas complectitur. *Cic. Verr.* IV, 54: palam artifices omnes, caelatores ac vascularios, convocari iubet. menses octo continuos his opus non defuit (= Kunstarbeit), cum vas nullum fieret nisi aureum. IV, 32: cum iste ab sese hydriam Boëthi manu factam, praeclaro opere et grandi pondere, per potestatem abstulisset. *Cic. deor. nat.* II, 57: Zeno enim censet artis maxume proprium esse creare et gignere, quodque in operibus nostrarum artium manus efficiat, id multo artificiosius naturam efficere.

intrans] Falsche Conjectur für die hdschr. Ueberlieferung intra se. Denn in der klassischen Sprachperiode ist die Verbindung dum intrans (Part. Praes.) miratur unerhört. Auch konnte Aeneas, wenn er das Erscheinen der Königin im Tempel erwarten wollte, nicht selbst zuvor in den Tempel hineingehen. Die Kunstwerke, auch die im πρόναος, konnten bei allen griechischen Tempeln auch von Aussen betrachtet werden. Sehr häufig war sogar diese Vorhalle der Tempel durch ein eisernes Gitter abgeschlossen.

Noch schlechter ist die Correktur inter se, welche aus unrichtigem Verständniss des Impf. condebat hervorgegangen zu sein scheint, als ob die Künstler noch am Tempel arbeiten.

Eine sichere Emendation kenne ich nicht. Sollte etwa ein Adjectivum darin verborgen sein, wie z. B. nitidas?

Der Hauptgedanke ist klar und einfach: Bei der Betrachtung der vorhandenen Kunstwerke sieht Aeneas auch Darstellungen aus dem Troianischen Krieg.

456. *ex ordine*] Damit ist nicht gesagt, dass die Reihenfolge der Bilder chronologisch war, sondern nur, dass alles Wesentliche nach einander zu sehen war. Die Chronologie enthält an und für sich kein künstlerisches Princip; dieses ist vielmehr zu suchen in der Aehnlichkeit und Unähnlichkeit, in der Gleichheit und im Gegensatz.

458. *ambobus*] = utrisque, den Atriden sowohl wie dem Priamus, und da beide die Vertreter ihrer Völker sind, factisch = den Griechen sowohl wie den Troianern. Vgl. *Hom. Od.* IV, 339: ἀμφοτέροισι δὲ τοῖσιν ἀεικέα πότμον ἐφῆκεν.

461. *en Priamus*] Dem klassischen Sprachgebrauch getreu gebraucht Vergil neben en immer den Nom., cf. IV, 597. V, 639. 672. VIII, 612, nur *Ecl.* V, 65 findet sich einmal der Acc.: en quattuor aras.

laudi] Vgl. *Hom. Od.* IX, 20: καί μευ κλέος οὐρανὸν ἵκει. Uebrigens verträgt sich mit diesen Worten des Aeneas nicht gut die ruhmhafte Aeusserung desselben I, 379: fama super aethera notus.

462. *sunt lacrimae rerum*] Gen. obiectivus oder passivus wie II, 784: lacrimas dilectae pelle Creusae = um deine geliebte Gattin. Was bedeutet aber rerum? Die speciellere Bedeutung von res ist häufig nur aus dem Zusammenhang zu erkennen, cf. I, 178. XII, 589: trepidae rerum. Hier sind unter res zu verstehen res Troianae, also res alienae. Darin liegt die Bedeutung der Sache, dass man hier nicht nur Thränen findet, sondern Thränen um fremdes Missgeschick. Darnach beurtheile man die Conjektur von Peerlkamp: sunt lacrimae, reor, atque homines

mortalia tangunt. Können denn die Wilden nicht auch weinen? Zu mentem mortalia tangunt vgl. das dictum bei Terentius: homo humani nil a me alienum puto. Ladewig bemerkt: „Freilich dienen die Schlachtgemälde aus dem troianischen Kriege nur zur Verherrlichung der Juno; das hindert aber nicht, dass die Karthager nicht die Leiden der einzelnen Troianer in diesem Kriege beklagen sollten." Gewiss dienten Kunstdarstellungen in der Regel zur Verherrlichung des Gottes, dem der Tempel geweiht war, Bildwerke und andere Verzierungen deuteten auf den Gott und seine Mythen hin. Aber war das auch immer der Fall? Wie die Tragödie bald nicht mehr ausschliesslich die Thaten des Dionysos feierte, so machte sich die Kunst auch in der Verzierung der Tempel allmählich ganz frei. Darum deutet Vergil auch nicht darauf hin, dass die Bildwerke nur die Juno verherrlichen sollten, und wir müssen dem Motiv des Dichters hier einfach folgen.

643. *metus*] Plur. = bange, ängstliche Furcht. Oder die Furcht, welche ihn nun schon lange gequält hat?

aliquam salutem] Wenn auch nicht die volle salus, welche nur nach der Erreichung Italiens eintreten kann.

464. *pictura inani*] Das Adjectiv dient zur Hervorhebung des Contrastes: Es war nur eine pictura inanis, aber dennoch largo fl. umectat voltum. Pictura ist hier nicht von der Malerei zu verstehen — die Malerei ist später als die Bildhauerkunst —, sondern von Reliefs, welche ein Gemälde ersetzen. Vgl. *Culex* 65: si nitor auri sub laqueare domus animum non tangit avarum picturaeque decus (= bunte Mussivarbeit), lapidum nec fulgor in ulla cognitus utilitate etc.

467. Vgl. *Hom. Il.* XIV, 13: τάχα δ' ἔϲιδε ἔρϝον ἀεικέϲ, τοὺϲ μὲν ὀρινομένουϲ τοὺϲ δὲ κλονέονταϲ ὄπιϲθεν, Τρῶαϲ ὑπερθύμουϲ, ἐρέριπτο δὲ τεῖχοϲ 'Αχαιῶν.

469. Die Scene bei *Hom. Iliad.* X, 434 sq.

niveis] = λευκότεροι χιόνοϲ. Die festen Lagerhütten der Griechen waren von Erde und Holz, mit Schilf oder Laubgeflecht bedeckt. Ob aber die beweglichen Zelte nicht auch schon damals mit Leinwand bedeckt waren, wissen wir nicht. Die Leinwand galt zwar noch für sehr kostbar, war aber doch schon vielfach in Gebrauch, z. B. zu Segeln. Vgl. *Friedreich*, Realien 380 und 298.

470. *primo somno*] Vgl. zu II, 270.

471. *vastabat — avertit*] Impf. neben Perf. (Aor.), weil die

eine Handlung auf dem Bilde dargestellt war, wie sie geschah, die andere nur vom Autor zur Ergänzung hinzugefügt wird, dass sie geschah. Von der dargestellten Handlung gebraucht Vergil immer das Impf.: fugerent, premeret, instaret, vastabat, ibant ferebantque, tenebat, vendebat. An der Stelle des Impf. kann natürlich auch das Praes. hist. stehen: fertur equis curruque haeret, trahuntur, inscribitur, ducit, ardet, audet. Alle übrigen Tempora geben nur Ergänzungen der Darstellung wie raptaverat, oder stellen nicht das Gemälde unmittelbar vor die Augen, sondern geben nur einen historischen Bericht davon, z. B. conspexit (aber tendentem = tendebat), adgnovit etc. Vgl. die Tempora VI, 20—30. VIII, 626 sqq. Bei Beginn des Berichtes gebraucht hier Verg. das Plq., weil die Vollendung der Arbeit in Beziehung gesetzt wird zu dem Bringen des Schildes, bald aber geht der Bericht über in unmittelbare Anschauung und es folgen deshalb Imperfecta, diese Unmittelbarkeit wechselt wieder mit dem Berichte ab, der Berichterstatter versetzt sich aber in die Zeit der Anfertigung des Schildes und darum folgt das Praes. hist. (VIII, 666), sofort aber folgen wieder Impf. und Praes.

472. *ardentis*] Noch stärker als acris, wie feurig und muthig.

473. *priusquam . . . bibissent*] Die Schol. zu *Iliad* X, 435 berichten: Nach Pindar sei Rhesus nach Troia gekommen, habe einen Tag lang tapfer gegen die Griechen gekämpft und ihnen vielen Schaden zugefügt. ἔνιοι δὲ λέγουcι νυκτὸc παραγεγονέναι τὸν Ῥῆcον εἰc τὴν Τροίαν καὶ πρὶν γεύcαcθαι αὐτὸν τοῦ ὕδατοc τῆc χώραc φονευθῆναι· χρηcμὸc γὰρ ἐδέδοτο αὐτῷ, φαcίν, ὅτι εἰ αὐτὸc γεύcεται τοῦ ὕδατοc καὶ οἱ ἵπποι αὐτοῦ τοῦ Cκαμάνδρου πίωcι καὶ τῆc αὐτόθι νομῆc, ἀκαταμάχητοc ἔcται ἐc τὸ παντελέc. Diese Notiz ist wahrscheinlich einem griech. Dramatiker entlehnt, den auch L. Attius in seiner Nyctegresia (*O. Ribbeck*, frg. Trag. 168—170) benützt hat. Vergil entlehnte nun das Orakel wieder dem Attius. Durch diese Verbindung erklärt sich die merkwürdige Uebereinstimmung der Worte Vergils und des Scholiasten. Vgl. auch *Welcker*, Trag. p. 1142 sq.

474. *Troilus*] Diese Sage war dramatisch behandelt worden von Phrynichos (*Welcker*, Trag. 20), beide schöpften aus den Kyprien.

Troilos war der jüngste Sohn des Priamos, ἀνδρὸc φρόνηιν ἔχων παῖc, während nach Euripides (*Hec.* 13) Polydoros der

letztgeborne Sohn der Hekabe ist. Als Achilleus schon im Um-
kreise die Städte verwüstet hatte, wagt der Jüngling Troilus sich
noch aus der Veste hervor, um Rosse zu tummeln (*Hom. Il.* 24,
257 nennt ihn ἱππιοχάρμην). Unterdessen drang Achilles bis an
das Thymbräische Heiligthum vor und durchbohrte den zu Ross
fliehenden Knaben mit der Lanze. Vgl. *Welcker*, Trag. 124—129.

479. *Interea*] Damit wird weder eine Gleichzeitigkeit noch
eine Folge ausgedrückt. Zwischen den erwähnten kriegerischen
Scenen sieht Aeneas unmittelbar daneben, gleich als ge-
schähe dies zu gleicher Zeit, den Zug der Troerinnen zum Tempel der Pallas. Gegen die Umstellung Ribbecks bemerkt Ladewig sehr richtig: In der neuen Versfolge liegt es doch zu nahe,
interea rein in temporaler Bedeutung zu fassen, wodurch der
Supplicationszug in die Nacht verlegt würde. Zur Sache vgl.
Iliad. VI, 269—280.

480. *crinibus passis*] Zeichen der Trauer. Denn sonst trug
man das Haar in einen Knoten geschürzt.

481. *tunsae*] Vollendeter Zustand, denn die Spuren waren
auf dem Gemälde sichtbar.

483. *raptaverat*] Diese Scene selbst war also nicht bildlich
dargestellt, aber der sichtbare Leichnam des Hector erinnert sofort an die Art seines Todes. Zur Sache vgl. *Iliad.* XXIV,
468 sqq.

484. *exanimumque*] Ladewig unterscheidet mit Recht zwischen corpus raptare und exanimum vendere, und schliesst aus
dieser Stelle (cf. II, 273), dass Vergil der von Homer abweichenden Sage folgte, derzufolge Achilles den noch lebenden Hector
um die Mauern Troia's schleifte. Vgl. *G. Hermann*, de Myrm.
p. 19. *Welcker*, Trag. 136. Und warum weicht hier Vergil von
Homer ab? Es hatte diesen Gegenstand Sophocles in einem Drama
bearbeitet und war aus künstlerischen Rücksichten von Homer
abgewichen. Sein Drama benützte Ennius in der Tragödie Hectoris
lutra (lustra) (bei *Vahlen* p. 113—117) und folgte darin der
Aenderung des Sophocles. Vergil folgte nun dem nationalen
Dichter, welcher die Sage in dieser Weise unter den Römern
verbreitet hatte.

488. *se quoque principibus permixtum*] Aeneas erscheint
zwar unter den Vorkämpfern (ἐν προμάχοις) und in Verbindung
mit Memnon (eoasque acies), aber die Figur desselben war gewiss wenigstens ebenso hervorragend als die des Memnon zu

seiner Seite. Stellung und Bedeutung seines Bildes haben wir oben angegeben.

Die Sage von Memnon und den Amazonen (Penthesilea) bildete einen wesentlichen Theil des epischen Gedichtes „Aethiopis" von Arktinos aus Milet, cf. *Welcker*, Epischer Cyclus I, 198. Proklos gibt uns kurz den Inhalt des Gedichtes (*Welcker* II, 521):

Ἀμάζων Πενθεσίλεια παραγίνεται Τρωσὶ συμμαχήσουσα, Ἄρεως μὲν θυγάτηρ Θρᾷσσα δὲ τὸ γένος, καὶ κτείνει αὐτὴν ἀριστεύουσαν Ἀχιλλεύς, οἱ δὲ Τρῶες αὐτὴν θάπτουσι. καὶ Ἀχιλλεὺς Θερσίτην ἀναιρεῖ λοιδορηθεὶς πρὸς αὐτοῦ καὶ ὀνειδισθεὶς τὸν ἐπὶ τῇ Πενθεσιλείᾳ λεγόμενον ἔρωτα. καὶ ἐκ τούτου στάσις γίνεται τοῖς Ἀχαιοῖς περὶ τοῦ Θερσίτου φόνου. μετὰ δὲ ταῦτα Ἀχιλλεὺς εἰς Λέσβον πλεῖ καὶ θύσας Ἀπόλλωνι καὶ Ἀρτέμιδι καὶ Λητοῖ καθαίρεται τοῦ φόνου ὑπ' Ὀδυσσέως. Μέμνων δὲ ὁ Ἠοῦς υἱὸς ἔχων ἡφαιστότευκτον πανοπλίαν παραγίνεται τοῖς Τρωσὶ βοηθήσων. καὶ Θέτις τῷ παιδὶ τὰ κατὰ τὸν Μέμνονα προλέγει, καὶ συμβολῆς γενομένης Ἀντίλοχος ὑπὸ Μέμνονος ἀναιρεῖται, ἔπειτα Ἀχιλλεὺς Μέμνονα κτείνει. καὶ τούτῳ μὲν Ἠὼς παρὰ Διὸς αἰτησαμένη ἀθανασίαν δίδωσι. τρεψάμενος δ' Ἀχιλλεὺς τοὺς Τρῶας καὶ εἰς τὴν πόλιν εἰσπεσὼν ὑπὸ Πάριδος ἀναιρεῖται καὶ Ἀπόλλωνος. καὶ περὶ τοῦ σώματος (Hdschr. πτώματος) γενομένης ἰσχυρᾶς μάχης Αἴας ἀνελόμενος ἐπὶ τὰς ναῦς κομίζει Ὀδυσσέως ἀπομαχομένου τοῖς Τρωσίν. ἔπειτα Ἀντίλοχόν τε θάπτουσι καὶ τὸν νεκρὸν τοῦ Ἀχιλλέως προτίθενται. καὶ Θέτις ἀφικομένη σὺν Μούσαις καὶ ταῖς Ἀδελφαῖς θρηνεῖ τὸν παῖδα. καὶ μετὰ ταῦτα ἐκ τῆς πυρᾶς ἡ Θέτις ἀναρπάσασα τὸν παῖδα εἰς τὴν Λευκὴν νῆσον διακομίζει· οἱ δὲ Ἀχαιοὶ τὸν τάφον χώσαντες ἀγῶνα τιθέασι καὶ περὶ τῶν Ἀχιλλέως ὅπλων Ὀδυσσεῖ καὶ Αἴαντι στάσις ἐμπίπτει.

Penthesilea und Memnon traten also in enger Beziehung zu dem Tode des Achilles. Diese finden wir wie in dem Epos so auch in den dramatischen Bearbeitungen von Aeschylus bis Livius Andronicus (*O. Ribb*. Trag. p. 1), welcher sein Stück Achilles betitelte und darin den Tod dieses Helden behandelte. Bei *Iuvenalis* I, 163 erscheint diese Sage (percussus Achilles) unter den Lieblingsepen des Tages. Da also das Auftreten Memnons auf den Tod des Achilles hindeutet, so tritt unsere Anordnung der Bildwerke noch in ein schärferes Licht: Nicht blos Hector und Aeneas, sondern auch Achilles und Memnon treten in Gegensatz, links erscheint Achilles als stolzer Sieger neben der Leiche

Hectors, rechts wird durch das an Memnons Erscheinen geknüpfte Orakel umgekehrt auf den Tod des Achilles hingedeutet. Vgl. *Welcker*, Aesch. Trilogie p. 430—437.

489. *nigri*] Als Aethiopier. So nennt ihn Laevius bei *Gell.* XIX, 7 nocticolor, Ovid und Seneca ater, *Prop.* II, 13, 48 caerulus (*Nacke Choer.* p. 186). *Welcker Cycl.* II, 204. Die Troische Sage verlegt Aethiopien nach Osten. Vgl. *Od.* I, 22—26, wo indessen V. 23 und 24 ein späterer Zusatz ist, *Iliad.* I, 423. XXIII, 205: εἶμι γὰρ αὖτις ἐπ' Ὠκεανοῖο ῥέεθρα, Αἰθιόπων ἐς γαῖαν, ὅθι ῥέζουσ' ἑκατόμβας ἀθανάτοις. Arktinos hob indessen schon bestimmter als Homer den Osten hervor, daher eoasque acies. *Welcker* II, 206.

491. *furens   ardet*] Furens mit ducit verbunden zeigt Penthesilea an der Spitze ihrer Schaar voll von leidenschaftlichem Verlangen nach Kampf; ardet dagegen = saevit zeigt die feurige Amazone, wie sie mitten im Kampfe unter den feindlichen Schaaren wüthet.

492. *subnectens*] Statt des Part. Praes. act. erwartete ich das Part. perf. Pass. subnexa. Da aber V. 492 eingeschlossen wird von ardet und bellatrix, so muss Vergil ein Bild vor Augen gehabt haben, auf welchem Penthesilea mitten im Kampfe, tapfer und schamhaft zugleich, das zufällig herabgleitende cingulum fest anheftet. Es ist nicht unwahrscheinlich, dass der ihr entgegenstehende Held Achilles ist, welcher sie nachher tödtet, aber aus Liebe grossmüthig den Troern zur Bestattung überlässt.

exertae] = nudatae. Dadurch unterscheidet sich die Amazone von der Diana, welche die Brust bedeckt hat, während jene die rechte Brust entblösst trägt. Das cingulum dient zugleich als Gurt für das daran hängende Schwert. Abbildungen bei *O. Müller*, Denkmäler I. Bd. Taf. XXVIII n. 123: Bildwerke von dem Friese eines Apollo-Tempels, welche den Amazonenkampf und den der Lapithen und Kentauren bei der Hochzeit der Hippodamia darstellen.

493. *viris concurrere virgo*] *Hom. Iliad.* III, 189: Ἀμαζόνες ἀντιάνειραι = VI, 186. Dagegen II, 814: πολυσκάρθμοιο Μυρίνης (Amazone) = leichtspringend, behende.

494—642: Auftreten der Dido, Ankunft der verschlagenen Troianer, Aeneas gibt sich zu erkennen und findet gastliche Aufnahme bei Dido.

Durch die vorangegangene Scene war die Erwartung auf das

Erscheinen der Königin aufs höchste gespannt. Jetzt erscheint sie in ihrer vollen Pracht und Herrlichkeit. Wie sie eben Recht spricht, treten plötzlich die verloren geglaubten Troianer als Schutzflehende auf und rufen die Gerechtigkeit der Königin an. Bei dieser Verhandlung überzeugt sich Aeneas sowohl von der Liebe und Achtung der Seinigen, als auch von der Theilnahme und Zuneigung der Dido. In dieser spannenden Situation bricht Aeneas plötzlich aus der Wolke hervor (595): coram, quem quaeritis, adsum. Dank, Bewunderung, Begrüssung wechseln miteinander ab. Dido muss auf diese Weise in Aeneas einen gottgesandten Mann erkennen und sucht ihr Erstaunen und ihre Verwirrung nur mit Mühe zu verdecken (613—630). Ihrer Bewunderung entsprechend ist die freundliche Aufnahme im Palaste.

Diese wunderbare Verkettung war für den Dichter nöthig, um ein störendes Eingreifen der feindlichen Juno unmöglich zu machen. Ob und wen Vergil bei der Ausführung dieser Situation zum Vorbild gehabt hat, wissen wir nicht. Es ist nicht unwahrscheinlich, dass er auch hier in freier und schöpferischer Weise den Naevius hat benützen können. Im Einzelnen tritt die Nachahmung Homers vielfach hervor, es kann aber nicht mehr entschieden werden, was hiervon Naevius oder Vergil zuerst übertragen hat.

494. *miranda videntur*] = bewundernd betrachtet. Denn Verg. hat dabei Homer vor Augen (*Od.* VII, 133): ἔνθα cτὰc θηεῖτο πολύτλαc δῖοc Ὀδυccεύc. Es wäre unnatürlich, wollte man auf *videntur* oder *miranda* (= bewundernswerth) einen Ton legen, vielmehr scheint die Phrase zu bedeuten: visu miratur, so dass also miranda videntur fast zu einem Begriff zusammenwächst.

495. *optutuque in uno*] = ausschliesslich im Anschauen versunken, so dass er um sich herum nichts bemerkt. Vgl. zu I, 226.

496. *forma pulcherrima*] Ein entsprechendes Epitheton hat Homer nicht. Wollte Vergil etwa δῖα γυναικῶν auf diese Weise wiedergeben, was von der Helena mehrmals gebraucht wird? Vgl. *Hom. Iliad.* III, 171. 228. *Od.* IV, 305. Oder περικαλλήc? Von der Ἠερίβοια *Iliad.* V, 389. Oder, was *Od.* VI, 276 von der Nausikaa gesagt wird, θεῶν ἄπο κάλλοc ἔχουcα? Jedenfalls soll der Superl. absolut gefasst werden = das Bild aller Schönheit. Vgl. *Thiel* zu *Aen.* II, 270.

497. *iuvenum*] Es ist die Frage, ob darunter adulescentes (principes) oder puellae zu verstehen sind, denn iuvenis wird vom Jüngling und von der Jungfrau gebraucht. Das Wort iuvenis bezeichnete den lebensfrischen Jüngling oder die in der Blüthe stehende Jungfrau. Eine klassische Stelle ist Seneca de benef. I, 3. (es wird von den Gratien gesprochen und gefragt) quare tres Gratiae et quare eae tres sorores sint et quare manibus inplexis et quare ridentes et iuvenes et virgines solutaque ac perlucida veste. Es werden nun die einzelnen Eigenschaften symbolisch besprochen. Dann heisst es weiter: iuvenes, quia non debet beneficiorum memoria senescere; virgines, quia incorrupta sunt et sincera et omnibus sancta. Vgl. *Burm.* ad *Phaedr.* II, 2. *Peerlk. ad Hor. Carm.* I, 4, 5. Dazu *Ovid. Ars.* I, 63:

> Seu caperis primis et adhuc crescentibus annis,
> ante oculos veniet vera puella tuos;
> seu cupis iuvenem, iuvenes tibi mille placebunt.

Plin. h. n. VII, 36, 122: Gracchorum pater anguibus prehensis in domo, cum responderetur ipsum victurum alterius sexu interempto: „immo vero, inquit, meum necate, Cornelia enim (seine Gattin) iuvenis est et parere adhuc potest.“

An unserer Stelle ist das folgende Gleichniss ganz unnatürlich, wenn man nicht eine weibliche Begleitung der Dido annimmt. Denn das tertium conparationis soll jedenfalls die pulchritudo et maiestas der Dido sein, welche sie mit Artemis gemein hat. Wenn aber Dido unter den Jünglingen hervorragt wie Artemis unter den Nymphen, so erscheint diese Vergleichung mir so lächerlich, dass ich sie Vergil nicht aufbürden mag, wenn auch das ganze Gleichniss noch so misslungen sein mag.

497. Ueber dieses Gleichniss, welches ganz Homer entlehnt ist (*Od.* VI, 102 sqq.), besitzen wir eine Kritik des Grammatikers M. Valerius Probus, welcher unter Domitian lebte (cf. *O. Ribbeck, Prolegg.* p. 136 sq.), bei *Gell.* IX, 9: Et quoniam de transferendis sententiis loquor, memini audisse me ex Valerii Probi discipulis, docti hominis et in legendis pensitandisque veteribus scriptis bene callidi, solitum eum dicere nihil quicquam tam improspere Vergilium ex Homero vertisse quam versus hos amoenissimos, quos de Nausicaa Homerus fecit:

> οἵη δ᾽ Ἄρτεμις εἶσι κατ᾽ οὔρεος ἰοχέαιρα,
> ἢ κατὰ Τηΰγετον περιμήκετον ἢ Ἐρύμανθον,
> τερπομένη κάπροισι καὶ ὠκείῃς ἐλάφοισι,

τῇ δέ θ' ἅμα νύμφαι, κοῦραι Διὸς αἰγιόχοιο,
ἀγρονόμοι παίζουσι· γέγηθε δέ τε φρένα Λητώ·
πασάων δ' ὑπὲρ ἥ γε κάρη ἔχει ἠδὲ μέτωπα,
ῥεῖα δ' ἀριγνώτη πέλεται, καλαὶ δέ τε πᾶσαι.

Primum omnium id visum esse dicebant Probo, quod apud Homerum quidem virgo Nausicaa ludibunda inter familiares puellas in locis solis recte atque commode confertur cum Diana venante in iugis montium inter agrestes deas, nequaquam autem conveniens Vergilium fecisse, quoniam Dido in urbe media ingrediens inter Tyrios principes, cultu atque incessu serio, instans operi, sicut ipse ait, regnisque futuris, nihil eius similitudinis capere posset, quae lusibus atque venatibus Dianae congruit. Tum postea quod Homerus studia atque oblectamenta in venando Dianae honeste apteque dicit, Vergilius autem, cum de venatu deae nihil dixisset, pharetram tantum facit eam ferre in umero, tamquam sit onus et sarcina. Atque illud impense Probum esse demiratum in Vergilio dicebant, quod Homerica quidem Λητώ gaudium gaudeat genuinum et intimum atque in ipso penetrali cordis et animae vigens, siquidem non aliud est γέγηθε δέ τε φρένα Λητώ, ipse autem imitari hoc volens gaudia fecerit pigra et levia et cunctantia et quasi in summo pectore supernantia, nescire enim sese quid significaret aliud pertemptant. Praeter ista omnia florem ipsius totius loci Vergilium videri omisisse, quod hunc Homeri versum exigue secutus sit:

ῥεῖα δ' ἀριγνώτη πέλεται, καλαὶ δέ τε πᾶσαι.

Quando nulla maior cumulatiorque pulchritudinis laus dici potuerit, quam quod una inter omnis pulchras excelleret, una facile ex omnibus nosceretur.

Diese Kritik des alten Grammatikers, welcher sonst Vergils Behandlung Homerischer Scenen seinen vollen Beifall schenkt, verdient jedenfalls Bewunderung, wenn er auch im Einzelnen zu weit gegangen sein mag, wie z. B. in der Beurtheilung des Verbums pertemptare, welches, wie mir scheint, Servius richtiger erklärt hat. Das Hauptverdienst des Probus ist, dass er erkannt hat, dass die Situation bei Homer und Vergil ganz verschieden ist und dass deshalb das Gleichniss, welches in der Situation bei Homer so treffend ist, in die Vergilische Situation nicht passt. Dasselbe Gefühl hatte Schirach, wenn er fragt: Quae similitudo Dianae venantis cum Didone aedificante? Und was hat man darauf noch in neuerer Zeit erwidert? In eiusmodi comparationi-

bus summam tantum rei spectandam, non unum quodque verbum
aurificis statera examinandum esse. Poëta hoc unum volt indigi-
tare, Didonem pulchritudine et maiestate deae et viragini quidem
deae similem apparere. Als ob damit das Fehlerhafte der Situation entschuldigt werden könnte! Dazu ist dieser Einwand
nicht einmal an sich richtig. Denn bei Vergil handelt es sich
sonst allerdings nicht blos um das Tertium comparationis, sondern auch um die einzelnen Momente des Gleichnisses. Daher
sind bei Vergil diese auch sonst viel kürzer und schärfer als bei
Homer.

499. *exercet choros*] Dennoch aber trägt Diana dabei den
Köcher, weil sie eben als Jägerin gekleidet auch bei Spiel und
Tanz Jägerin bleibt. Der Vergleich ruht 503 in laeta.

500. *oreades*] = νύμφαι ἀγρονόμοι (ἅπαξ λεγ. bei Hom.).

501. *supereminet omnis*] Natürlich nicht durch Grösse, sondern durch Schönheit. Die Vergleichung liegt 503 in: talem se
ferebat per medios.

502. *pertemptant*] Servius: vehementer temptant, alibi levi-
ter, ut: blanda vicissim gaudia pertemptant mentem (V, 828).
Sunt enim multa quae pro locis intelleguntur, ut impotens et
satis et minus et nihil potens significat. Vergil scheint die stille
Freude schildern zu wollen, welche sich nur im ruhigen
Lächeln äussert.

504. *regnisque futuris*] Vgl. zu 1, 210. Schliesslich ist es
der Mühe werth, neben Vergil und Homer auch Quintus Smyrnaeus zu vergleichen I, 33—41:

Cὺν δέ οἱ (Πενθεcιλείᾳ) ἄλλαι ἕποντο δυώδεκα, πᾶcαι ἀγαυαί,
πᾶcαι ἐελδόμεναι πόλεμον καὶ ἀεικέα χάρμην,
αἵ οἱ δμωίδες ἔcκον ἀγακλειταί περ ἐοῦcαι·
ἀλλ’ ἄρα παcάων μέγ’ ὑπείρεχε Πενθεcίλεια·
ὡc δ’ ὅτ’ ἀν’ οὐρανὸν εὐρὺν ἐν ἀcτράcι δῖα cελήνη
ἐκπρέπει ἐν πάντεccιν ἀριζήλη γεγαυῖα,
αἰθέρος ἀμφιραγέντος ὑπὸ νεφέων ἐριδούπων,
εὖτ’ ἀνέμων εὔδηcι μένος μέγα λάβρον ἀέντων·
ὡc ἥγ’ ἐν πάcῃcι μετέπρεπεν ἐccυμένῃcιν.

Man muss gestehen, dass hier besonders der Schluss besser gelungen ist als das matte talis erat Dido.

505. *tum foribus divae, media e testudine templi*] Diese
Lesart, welche Ribb. aus Spuren des cod. Pal. statt der von den
übrigen Hdschr. geschützten Vulgata media testudine templi auf-

genommen hat, wird von ihm erklärt: e regione mediae testudinis. Was ist nun aber testudo? *Varro l. l.* V, 161: Cavum aedium dictum, qui locus tectus intra parietes relinquebatur patulus, qui esset ad communem omnium usum. In hoc locus si nullus relictus erat; sub divo qui esset, dicebatur testudo ab testudinis similitudine, ut est in praetorio in castris. Si relictum erat in medio ut lucem caperet, deorsum quo impluebat dictum impluvium, susum qua compluebat compluvium, utrumque a pluvia. In dieser Stelle ist das cavum aedium oder aedicavum = dem atrium der vornehmeren Häuser. Das atrium aber bedeutet ursprünglich das ganze Haus (*Koner* II, 75), welches von einem vorspringenden Dache bedeckt wird. Dieses Dach ist entweder in der Mitte offen und bildet dann oben das compluvium (am Boden des atrium ist dann entsprechend das impluvium), oder es hat nach oben keine Oeffnung und bedeckt das ganze atrium, dann heisst dieser Bau des Hauses testudinatum. Unter testudo hat man sich aber nicht immer ein Gewölbe vorzustellen, sondern ein von vier Seiten zu einer Spitze sich erhebendes Dach. Vgl. *Marquardt*, V, 242, 18.

Aber dies Alles gilt nur von dem römischen Wohnhaus (vgl. *Marquardt* V, 220—255. *Guhl* u. *Koner* II, 74 sqq.). Es ist also noch übrig, auf die Eigenthümlichkeit des römischen Tempels einzugehen, denn das Wort testudo deutet bestimmt darauf hin, dass Vergil nicht den einfach griechischen, sondern den von den Römern modificirten Tempelbau im Auge hatte.

Der Tempel der Juno war, wie wir oben sahen, ein Prostylos, welche Form den Römern am meisten zusagte. Nun aber pflegten die Römer den bei dem griechischen Tempel nur um eine Säule vorspringenden πρόναος (Vorhalle) zu erweitern und statt mit einer mit zwei oder mehreren Säulen vorspringen zu lassen. Dadurch erreichte man eine Anlage, welche dem altrömischen Templum (*Koner* II, 7) mehr entsprach. Es entstanden nämlich zwei Hälften, pars antica und postica. Die antica war von Säulen umgeben und stellte den griechischen πρόναος dar, die postica wurde von der Cella mit dem Götterbilde eingenommen; beide Theile waren gleich gross, so dass die Cellenthür (fores divae) — bei den Römern Standpunkt des Augurs — vollständig in der Mitte des Tempels sich befand. Vgl. *Koner* II, 18 sq.

Damit haben wir die Erklärung von fores divae gegeben.

Es ist die Cellenthür, welche in das adytum oder penetrale (II,
297. III, 90. V, 744. VII, 59) führt, wo das Bild der Juno (simulacrum divae) sich befand. Schwierig ist es nun aber vom
sachlichen Standpunkte aus zu entscheiden, ob die Lesart media testudine oder media e testudine die richtigere ist.

Man mag nun die eine oder die andere Lesart vorziehen,
so viel steht jedenfalls fest, dass mit Nennung der testudo Vergil
eine Eigenart des Tempelbaues andeuten wollte. Denn die Stellung des Thrones der Königin wäre durch foribus divae genügend bezeichnet und es bedürfte eines solchen auffallenden Zu-
satzes nicht. Während wir nun oben Marquardt zugestanden,
dass die testudo des Römischen Privathauses entweder niemals
oder doch nicht immer ein Gewölbe darstellte, so muss umgekehrt für den römischen Tempelbau festgehalten werden, dass die
römische Architektur von der der Griechen sich wesentlich unterscheidet durch die kühne Anwendung und consequente Durchführung der Kunst der Wölbung. Beispiele von Gewölbebauten
kommen bei Etruskern und anderen Italischen Völkerschaften
schon in sehr früher Zeit vor und die Römer haben dies Con-
struktionsprinzip zu vollständiger Geltung gebracht und ästhetisch
verwerthet (*Koner* II, 23). Besonders die Tempelcellen erhielten dadurch statt der bisher üblichen flachen Lacunariendecke
den imponirenden Abschluss eines kühn und frei gespannten, sowie reich decorirten Gewölbes. Aber es fehlt auch nicht an
Beispielen, welche neben dem Gewölbe des Penetrale noch ein
Gewölbe über dem Pronaos zeigen, z. B. der kleinere Tempel
zu Heliopolis in Syrien bei *Koner* Fig. 331. Eine Mehrzahl von
Gewölben kommt nur dann vor, wenn im Tempel zwei oder
drei (?) Cellen vorhanden waren. Auf den Tempel der Juno oder
Tanit in Karthago kann diese Form keine Anwendung finden, da
wir keine Spur davon haben, dass in demselben Tempel sich
auch ein Bild des Baal befand.

Da sich nun, wie es scheint, kein Tempel findet, dessen
Pronaos und Penetrale von einer Kuppel bedeckt wurden, so
müssen wir annehmen, dass der Tempel der Juno entweder nur
das Penetrale oder das Penetrale und den Pronaos, jeden Theil
besonders, überwölbt hatte.

Lesen wir nun media testudine templi, so würde testudo
templi = templum testudinatum erklärt werden müssen. Diese
Lesart scheint mir am besten, denn sie sagt:

1) War das solium unter der Eingangsthür des adytum. 2) Der Tempel besass eine kunstvolle Wölbung. 3) Die Königin nimmt, wie in Rom der Augur, Platz in der Mitte des Tempels.

Nehmen wir aber die Lesart media e testudine templi, so können wir testudo nur von der Wölbung selbst verstehen. Dann erhält zwar der Genetiv templi eine schärfere Bestimmung, aber wir wissen nicht, nach welcher testudo wir die Blicke richten sollen, ob das Auge in senkrechter Richtung nach oben sich wenden soll, wo es nichts findet, oder in schräger Richtung nach Norden oder Süden.

Würde dagegen den ganzen Tempel eine Kuppel überdachen, dann wäre die Lesart media e testudine templi klar und bestimmt.

506. *saepta armis*] Es scheint mir nicht nothwendig, unter diesen Bewaffneten die V. 497 erwähnten iuvenes zu verstehen, wie die Erklärer allgemein anzunehmen scheinen. Dido kommt durch die Stadt mit einem Frauengefolge (iuvenum caterva), hinter ihr eine bewaffnete Bedeckung. So wie nun die Königin im Tempel den Thronsessel besteigt, stellen sich die Bewaffneten zu beiden Seiten des Thrones auf.

alte subnixa] Die Königin steigt auf den erhabenen (alte) Sitz hinauf und lässt sich dann nieder (resedit). Vgl. III, 402: parva Philoctetae subnixa Petelia muro = die kleine Stadt des Philoktetes (Petelia) hoch auf Felsen gebaut. IV, 216: Paris Maeonia mentum mitra crinemque madentem subnixus, liest man jetzt richtiger subnexus. *Ovid. met.* VI, 650: ipse sedens solio Tereus sublimis avito, XIV, 261: pulchro sedet illa recessu sublimis solio (*Merkel*: sollemni solio).

507. *iura dabat legesque viris*] Vgl. VII, 246: hoc Priami gestamen erat, cum iura vocatis more daret populis. III, 136: iamque fere conubis arvisque novis operata inventus, iura domosque dabam. Dagegen *Georg.* IV, 562: haec canebam, Caesar dum magnus ad altum fulminat Euphratem bello, victorque volentis per populos dat iura viamque adfectat Olympo. Damit vgl. die Ausdrücke bei Livius: in ius dicionemque recipere, ius iudiciumque, ius imperiumque, ius atque arbitrium, in arbitrium dicionemque. Vgl. *Fabri* ad XXI, 61, 7.

Wir sehen daraus, dass der Inhaber des Rechts der souveräne Herr ist, dass dieser als solcher absolute Gewalt hat. Diese Souveränität vertheilt nun Rechte oder Befugnisse (iura) an die einzelnen Personen. Diese Rechte brauchen zunächst nicht sichtbar zu sein, das Dasein und der Umfang derselben aber wird durch die richterliche Gewalt bestimmt oder anerkannt.

Augustus, Aeneas, Dido treten an den erwähnten Stellen als Rechtsinhaber auf und vertheilen Rechte und damit Eigenthum (iura domosque). Wenn aber einzelne Rechte vorhanden sind, so müssen auch allgemeine Normen oder Gesetze festgestellt werden (leges), zu welchen die besonderen Thatsachen oder Rechte (iura) in Beziehung gesetzt werden können. Das Gesetz ist ein Ausspruch der höchsten Gewalt im Staate, diese war aber in Kar·thago damals Dido und zwar unbeschränkt. Darum bestimmt sie das Recht sowohl im subjectiven Sinne (iura) als auch das Recht im objectiven Sinne (leges). An die Funktionen des römischen Prätors hier zu denken (ius dare, dicere, addicere) wäre ein grosser Irrthum. Vgl. *Savigny*, System des Röm. Rechts I, 7—9.

509. *concursu magno*] Ablativ des äusseren Zustandes: unter einer grossen Volksmenge = begleitet von einer grossen Menge Karthager.

512. *dispulerat*] Der Sturm hatte sie von der Flotte des Aeneas weggetrieben, sie zerstreut. Vgl. digredi und degredi, *Heerwagen* zu *Liv.* XXI, 36, 4, demovere (herabdrängen) und dimovere (verdrängen) etc. Die nothwendige Folge des dispellere ist alias avexerat oras. Sie waren zwar auch an das Land gekommen, aber an eine ganz verschiedene Küste (penitus alias oras) als die Flotte des Aeneas. Dies ist eben das Wunderbare für Aeneas (opstipuit), dass er die Mannschaft der verschlagenen Schiffe jetzt schon herankommen sieht, denn wenn er sie auch gerettet wusste (400), so konnte er, da er die Küste weithin recognoscirt hatte (180), sie doch nur an einer ganz entfernten Küste gelandet glauben. Diese Entfernung und Trennung aber war ein Entführen, nicht ein Heranführen. Daher ist die Lesart avexerat offenbar richtiger als advexerat, welches sich mit penitus alias nicht vereinigen lässt.

513. *opstipuit*] Dazu gehört als Subject Aeneas und Achates, wie percussus laetitiaque metuque Prädicat ist von Aeneas und Achates. Die Furcht ist hervorgerufen durch den Zustand, in dem die Troianer erscheinen. Dieser ist noch eine res incognita.

514. *dissimulant*] Ohne Object. Vgl. zu I, 104. Alle diese

Verba transitiva bleiben was sie ihrer Natur nach sind, auch wenn sie ihres Objectscasus zu entbehren scheinen: das Object findet sich im Bereich des ausgesprochenen Gedankens vor. So ergänzt sich an unserer Stelle aus avidi coniungere dextras ardebant von selbst das Object ardorem. Nur muss man festhalten, dass die Lebendigkeit der Sprache es zu einer wirklichen Form der Ergänzung nicht kommen lässt. Wenn wir im Deutschen von einem Staatsmanne sagen: er riss ein und baute, wie *Hor. ep.* I, 1, 100: diruit aedificat, mutat quadrata rotundis, so wissen wir wohl, dass man nur Etwas baut und einreisst, d. h. dass diese Verba transitiva sind, aber wir denken darum doch nicht an die Ergänzung eines bestimmten Objects. Sehr lehrreich ist *Nägelsb.* zur *Ilias Exc.* XVIII oder zu II, 205. *Döderlein,* Reden u. Aufs. II, 169 sq.

517. *quae fortuna viris*] Ist hier sit oder fuerit oder futura sit zu denken? Die Zukunft ist in quid veniant, die Gegenwart in classem quo litore linquant ausgedrückt; es bleibt also nur die Vergangenheit übrig. Indessen ist die Ellipse von fuerit nicht nachweisbar und fortuna ist den beiden folgenden Gedanken nicht coordinirt, sondern superordinirt. Wir haben also nicht eine interrogatio trimembris, sondern zwei Fragen, von denen die zweite zur ersten epexegetisch sich verhält und selbst in zwei membra zerfällt. Also: quae fortuna viris (sit): a) classem quo litore linquant, b) quid veniant.

518. *quid veniant*] Andere lesen (mit Med. u. Rom.) quid veniant cuncti, so dass cuncti Prädikat wäre. Aeneas soll darüber staunen, dass er die Führer der Schiffe, welche der Sturm vereinzelt hatte (dispulerat) wieder vereinigt sah. Indessen der Fragesatz steht mit opstipuit in keiner Verbindung mehr, sondern ist blos von speculantur abhängig. Da nun der Begriff duces nicht vorausgeht, so kann hier cuncti unmöglich = cuncti duces sein.

Man könnte unter cuncti nur die gesammte Mannschaft der Schiffe verstehen. Dann aber stimmt dies nicht überein mit dem Folgenden: nam lecti navibus ibant etc.

Aber auch abgesehen davon, so zeigt sich die Unhaltbarkeit dieser Lesart noch aus folgender Betrachtung. Wenn quid veniant cuncti verbunden wird, so fällt der ganze Ton der Frage auf cuncti, nicht auf quid, wie es der Zusammenhang erfordert. Denn Aeneas und Achates wollen offenbar erforschen, was der

Zweck ihres Kommens ist, nicht, warum Alle miteinander
und nicht vielmehr nur Einzelne kommen. Endlich würde
durch diese Verbindung im folgenden navibus so isolirt, dass
man nicht mehr recht weiss, soll man diesen Abl. mit lecti oder
mit ibant verbinden.

519. *orantes veniam*] Sie bitten um Gnade, um gnädiges
Erbarmen, d. h. um gnädige Befreiung aus dem Unglück
oder der rohen Gewalt der die Küste bewachenden Tyrier, ohne
dass sie sich eines wissentlich oder unwissentlich begangenen
Frevels bewusst sind. Ebenso III, 144: rursus ad oraclum Orty-
giae Phoebumque remenso hortatur pater ire mari veniamque
precari, quam fessis finem rebus ferat, unde laborum temptare
auxilium iubeat, quo vertere cursus: sie sollen den Gott um
Gnade anflehen, er möge mittheilen, wie sie das Ende ihrer Mühsal erreichen können.

So kommt der Begriff des gnädigen Willfahrens oder Ge-
stattens in veniam dare schon in der Prosa vor. *Caes. b. g.*
VII, 15: procumbunt Gallis omnibus ad pedes Bituriges, ne
pulcherrimam urbem suis manibus succendere cogerentur
datur petentibus venia. *Cic. ad Att.* VI, 1, 7: impetravi a Sala-
miniis, ut silerent: veniam illi quidem mihi dederunt.

Vgl. *Aen.* XI, 101. 358. IV, 435: extremam hanc oro veniam:
miserere sororis. X, 626, während IV, 50: tu modo posce deos
veniam an die Verletzung des Gelübdes gedacht werden kann.
Vgl. *Kappes,* Progr. v. Donaueschingen 1866 p. 8—10.

521. *maximus Ilioneus*] = Ilioneus als der Aelteste. An
den Rang ist nicht zu denken, denn die principes stehen sich
gleich und unterscheiden sich nur durch Geburt und Tapferkeit.
Hor. ep. I, 2, 1: Troiani belli scriptorem, maxime Lolli, dum tu
declamas Romae, Praeneste relegi, wird seit Meineke (praef. p.
XXXV) Maxime Lolli gelesen. Denn da hier ein Gen. part. aus
dem Zusammenhang nicht zu ergänzen ist, so müsste es allerdings
heissen: maxime fratrum. Ilioneus erscheint als Sprecher auch
VII, 212. IX, 501.

placido pectore] Etwa wegen seines Alters? Vgl. VII, 194
placido ore von Latinus.

522. Ueber den Charakter der Rede bemerkt Gossrau: Inest captatio benevolentiae, quae dicitur. Tu, cui maxime beni-
gnum se praestitit Iuppiter, non deeris miseria adflictis, quae
iustitia regis subiectos, non eris iniusta in peregrinos, quae urbe

condita hoc loco humanitatis semina iecisti, non ostendes te in-
humanam.

523. *gentis superbas*] Ob Punier oder Libyer, kann Ilioneus
noch. nicht unterscheiden, er kennt nur den Charakter des
Volkes. cf. 539—541.

Wie aber ist in einer directen Anrede ein oppositioneller
Relativsatz möglich, welcher von der angeredeten Person wie von
einer dritten Person spricht? Denn es ist wohl möglich zu sagen
o tu, cui Iuppiter dedit etc. (cf. II, 638), aber nicht o regina,
cui Iupp. dedit. Denn der Vocativ der Person enthält nun ein
Prädikat (regina) und das Relativum tritt hinzu wie zu einer
dritten Person. Man erwartet dafür: o regina, nam tibi Iupp.
dedit novam urbem condere, Troes te miseri oramus. Vgl. I,
731. 65. 198. III, 374. V, 533. VII, 645.

Dagegen ist ein Relativsatz der dritten Person nicht im mindesten anstössig bei einem Vocativ der dritten Person, d. h. bei
einem Ausruf, welcher nicht unmittelbar Anwesenden, sondern
Entfernteren gilt, cf. I, 94. 437. III, 321—24.

Das Regelmässige bleibt, dass zu einer directen Anrede
ein die Apposition vertretender Relativsatz mit einem Verbum der
zweiten Person hinzutritt, wie I, 229: o qui res hominumque
deumque regis. 597—600. Hieher gehört auch die Anrede
mit quisquis es II, 148. I, 387. VI, 388.

Mit der Form unserer Stelle ist zu vergleichen III, 493:
vivite felices, quibus est fortuna peracta iam sua, nos alia ex
aliis in fata vocamur = nam vobis vestra fortuna iam peracta
est. IV, 206. V, 235. VI, 264. VIII, 127. 470. IX, 247. Betrachtet man diese Stellen im Zusammenhang, so wird man finden, dass diese Form sich nur findet in der feierlichen Anrede
von Göttern und Menschen, nirgends findet sich eine Stelle, welche
einen leidenschaftlichen Charakter zeigt. Es ist als ob der
Sprechende von der angeredeten Person einen Augenblick sich
wegwendet und ein objectives Verhältniss objectiv vorschiebt
und dann erst wieder zu der Person zurückkehrt. Es soll damit
freilich nicht gesagt sein, dass Stellen wie XII, 180 oder VIII,
36 wesentlich verschieden sind, wenn auch die Form eine andere ist.

524. *maria omnia vecti*] = I, 376: diversa per aequora
vectos = III, 325. Der Acc. erklärt sich wie I, 67: navigat
aequor. Ebenso *Suet. Claud.* I: Oceanum septentrionalem primus

Romanorum ducum navigavit. Wir finden sogar bei Dichtern ire freta oder maria *Ovid. Ep. Her.* VII, 40. *Fast.* I, 122, profundos ire lacus *Stat. Silv.* I, 1, 83, ferner natare freta, terras vagari, currere aequor (*Aen.* III, 191), ambulare solitudines. Vgl. *R. Unger, de Valgio* p. 245. Bekannt ist *Cic. de Fin.* II, 112: Xerxes cum Hellesponto iuncto, Athone perfosso mare ambulavisset, terram navigasset. *Off.* III, 42: qui stadium currit. *Juvenal.* VI, 63: Ledam saltare. Vgl. *Th. Schmid* zu *Hor. Ep.* II, 2, 125. Hieher gehört aleam ludere, Bacchanalia vivere (*Juv.* II, 2), Olympia vincere oder coronari *Hor. Ep.* I, 1, 50.

Alle diese Erscheinungen sind auf den Gebrauch des inneren Objectes zurückzuführen, welcher in der Sprache um so mächtiger hervortritt, wenn diese noch wenig durch die Schrift fixirt ist. Man nehme lusum ludere oder ludicrum ludere, so findet man das Verbum durch sein Object nicht bestimmt. Das Object ist dem Verbum immanent und wird deshalb im Laufe der Zeit weggelassen, weil es überflüssig erscheint. Es ist aber auch ein anderer Weg möglich. Man verengert nämlich den Begriff des inneren Objects, d. h. man setzt an die Stelle des genus die species. So ist z. B. alea = Würfelspiel eine Species von Spiel, daher aleam ludere. So erklärt sich Ledam oder Cyclopa saltare, stadium currere, Olympia vincere etc. In der That hat aber im ersteren Falle die Sprache schon einen Schritt weiter gethan. Denn alea ist doch nicht das Würfelspiel, sondern der Würfel. Es ist also hier statt der Handlung des Spielens bereits das Concrete, der Stoff, die Materie, der Gegenstand zum Ersatz eingetreten, womit man spielt. So erklärt sich currere aequor, terras vagari = cursum currere = aequoreum cursum currere = aequor currere. Und nach dieser Analogie ist maria vehi gebildet. Das Object in somnum dormire musste bald verschwinden, da es das dormire nicht näher bestimmt. Wenn nun aber das Object selbst eine nähere Bestimmung erhielt, z. B. altum somnum dormire, so ist damit auch eine Beschränkung, d. h. nähere Bestimmung des Verbums gegeben, und so konnte in diesem Falle das innere Object sich erhalten. Aber nothwendig war dies doch nicht. Die Sprache hielt den beschränkenden Begriff fest (altum) und verband ihn unmittelbar mit dem Verbum. Freilich hatte nun dieses Attribut auf diese Weise den Träger seines genus und numerus verloren, aber der casus blieb durch das Verbum bestimmt und das genuslose Attribut wurde Neutrum. So erklärt sich ὀρμύ βλέπειν, multum ridere, suave ridere etc. Auf dieser Stufe der Entwicklung blieben einzelne Attribute als Adverbien in der Sprache dauernd bestehen, z. B. facile etc.

In den meisten Fällen aber konnte sich die Endung des Neutrums nicht halten, die schwere Endung um, wie u gesprochen, fiel allmählich zu o und e herab. So entstanden die Adverbien, zum Theil ergänzt durch Neubildungen vermittels eigener Suffixe, z. B. ter — suaviter.

Im Griechischen hat sich das Neutrum an der Stelle des Adverbs oder, wenn man will, als Adverb viel ausgedehnter erhalten als im Lateinischen.

Die Dichter nun, welche nach alter Theorie Ausdruck des gemeinen Lebens durch Neubildungen oder durch neue Verbindungen zu ersetzen hatten, griffen die in der Sprache noch sichtbaren Entwicklungsphasen des inneren Objectes wieder auf und suchten sie zu neuen kühnen Bildungen zu verwerthen. Dadurch wurde die Phantasie des Lesers auf angenehme Weise angeregt, während bei dem gewöhnlichen Ausdruck der Gedanke darüber hinweggleitet. So ist es z. B. nicht einerlei, ob man sagt: per omnia maria vecti sumus oder maria omnia vecti sumus. Der erstere Ausdruck gibt unserer Vorstellung wenigstens eine Richtung, wir ziehen in Gedanken eine Linie, welche durchlaufen werden muss; dagegen der zweite Ausdruck gibt uns eine solche Richtung nicht, wir sehen die Troianer nur alle Meere befahren in Kreuz- und Querzügen, so recht abenteuerlich, und das Mitleid wird grösser, wenn wir wissen, dass sie doch nach einem Ziele strebten und nicht Abenteurer sein wollten, aber durch eine feindliche Macht immer und immer wieder von dem Ziele abgelenkt wurden (alia fata ex aliis secuti). Vgl. auch *Haase* zu *Reisig* p. 691 n. 559.

525. *infandos ignis*] 'Nefarius und nefandus sind zwar synonym, man sagt scelus nefandum und nefarium, aber nefarius, unmittelbar nur von nefas abgeleitet, geht auf die Gottlosigkeit des Thäters, nefandus aber, von fari stammend, geht auf die Abscheulichkeit der That oder Sache, wie infandus, nur mit dem Unterschiede, dass infandus zunächst nur das ungeheuer grosse bezeichnet, das man nicht aussprechen kann *Aen.* II, 3: infandum renovare dolorem), nefandus aber immer das abscheuliche, das man nicht aussprechen mag oder darf. Auch finde ich vor *Quint.* I, 3 nefandus nicht als Prädikat von

Personen.' *Döderlein*, Etym. u. Syn. II, 150. So erklärt denn auch Gossrau inf. ignes = quos commemorare non licet (?) sine horrore. Vgl. VIII, 483: quid memorem infandas caedes (des Mezentius). 578 (beim Abschied von Pallas spricht Euander) sin aliquem infandum casum, Fortuna, minaris.

Die Unterscheidung Döderleins ist insofern mangelhaft, als sie nicht beachtet, dass fas und fari unmittelbar von einem Stamme (φα, φημί) ausgehen, cf. *G. Curtius*, Etym. 267. Darum dürfen wir auch zweifeln, ob die von ihm aufgestellte Bedeutung von infandus die richtige ist.

Die lat. Sprache hat kein Wort für den Begriff 'möglich' oder 'unmöglich'. In der älteren Zeit hatte man dafür fas est und nefas est, was sich auch bei Dichtern der klassischen Periode hin und wieder erhalten hat, z. B. *Hor. Carm.* I, 24, 20: sed levius fit patientia quidquid corrigere est nefas. Aber man scheint fas in diesem Sinne nur so lange gebraucht zu haben, als man zwischen dem Erlaubten und Möglichen nicht unterschied. Als diese Unterscheidung nothwendig wurde, gebrauchte man fas nur von dem Erlaubten, und zwar wurde zwischen fas est und licet wieder unterschieden. Dieses bezog sich auf menschliche Satzungen oder das positive Recht, jenes auf göttliche Satzungen oder auf Natur- und Völkerrecht. *Cic. p. Mil.* §. 43: Clodius ita iudicia contempserat, ut eum nihil delectaret, quod aut per naturam fas esset aut per leges liceret. Vgl. *Död.* V, 167.

Das Unerlaubte wurde nun durch nefas, bald auch durch nefandus (wie nefarius) ausgedrückt, ohne dass man dabei mehr an fari dachte. Sollten nun nicht die Dichter auch nefandus mit infandus vertauscht haben, was doch so nahe lag? Dann würden infandi ignes Feuerbrände sein, welche gegen alles Natur- recht von rohen Wilden gegen hilflose und friedliche Menschen geworfen werden, also etwa = barbarisches Feuer. Aehnlich VIII, 483. 489: infanda furentem (Mezentium). Dagegen I, 597: infandos labores, II, 3 infandum dolorem = unsäglich. Ein Volk, das in einem ähnlichen Falle so wider- rechtlich handelt, wird VI, 359 crudelis genannt, cf. IV, 681.

526. *parce pio generi*] Da sie sich als Troer (524) zu er- kennen gegeben, so konnten sie hoffen, dass man sie sofort als Gefährten des Aeneas erkennen werde, da dessen pietas allge-

mein bekannt war. Sie nennen sich nach Aeneas pium genus wie VII, 219 Abkömmlinge des Juppiter.

propius aspice] Vgl. zu II, 690.

527. *Libycos penatis*] Nicht = lares, denn die penates sind vorzugsweise die Schutzgötter des Landes, des Staates. Gedanke: Wir wollen weder eure Stadt angreifen noch euer flaches Land plündern.

530—533. *est locus, Hesperiam Grai cognomine dicunt*] = III, 163—166. Nachahmung von *Enn. Ann.* 23 (*lib.* I *frg.* XXI): Est locus Hesperiam quam mortales perhibebant, womit in enger Verbindung stand *frg.* XXII: quam prisci Casci populi tenuere Latini.

H e s p e r i e n als alterthümlicher Name Italiens wird von den Römischen Dichtern n a c h g r i e c h i s c h e n V o r g ä n g e r n (daher Grai cogn..dicunt) häufig gebraucht, bereits Stesichorus in der Ἰλίου πέρcιc sang von Aeneas' Auswanderung nach Hesperien (Αἰνήαc ἀπαίρων εἰc τὴν Ἑcπερίαν). Als Hesperia magna umfasste aber der Name das ganze W e s t l a n d, von dem Iberien ebenso wohl als Italien einen Theil ausmachte. *Nieb. R. G.* I, 24. Ueber Stesichorus und die Ilische Tafel cf. *Schwegler, R. G.* I, 298. *Rubino, Beiträge* p. 91 n. 117. Ueber die Bewohner sagt *Servius ad Aen.* I, 6: Cato in Originibus hoc dicit, cuius auctoritatem Sallustius sequitur in bello Catilinae, primum Italiam tenuisse quosdam qui appellabantur Aborigines. hos postea adventu Aeneae Phrygibus iunctos Latinos uno nomine nuncupatos. Vgl. jetzt *Rubino Beitr.* p. 22—42. Ueber die Aussprache Aborigĭnes (Ἀβοριΐνεc) *ibid.* p. 47.

531. *uber glaebae*] = οὖθαρ ἀρούρηc bei *Hom. Il.* IX, 141: εἰ δέ κεν Ἄργοc ἱκοίμεθ Ἀχαιικόν, οὖθαρ ἀρούρηc. Manche wollen das Adject. über mit seinem Subst. über = ubertas trennen von über das Euter und aus verschiedenen Wurzeln ableiten. Vgl. *Corssen* Beitr. p. 199. *Curtius Etym.* 236.

532. *Oenotri coluere viri*] Die Einwanderung der Oenotrer aus Arkadien im Westen Italiens gehört zu den griechischen Sagen, welche mit der altitalischen Tradition verflochten wurden. Vergil folgte, wie es scheint, dem Antiochos (bei *Dion. Hal.* I, 12): Ἀντίοχοc Ξενοφάνεοc τάδε cυνέγραψε περὶ Ἰταλίαc ἐκ τῶν ἀρχαίων λόγων τὰ πιcτότατα καὶ cαφέcτατα. τὴν γῆν ταύτην, ἥτιc νῦν Ἰταλία καλεῖται, τὸ παλαιὸν εἶχον Οἴνωτροι. ἔπειτα· διεξελθὼν ὃν τρόπον ἐπολιτεύοντο, καὶ ὡc βαcιλεὺc ἐν αὐτοῖc

’Ιταλὸς ἀνὰ 'χρόνον ἐγένετο, ἀφ’ οὗ μετωνομάσθησαν ’Ιταλοί, τούτου δὲ τὴν ἀρχὴν Μόργης διεδέξατο, ἀφ’ οὗ Μόργητες ἐκλήθησαν, καὶ ὡς Cικελὸς ἐπιξενωθεὶς Μόργητι ἰδίαν πράττων ἀρχὴν διέcτηcε τὸ ἔθνος, ἐπιφέρει ταυτί· οὕτω δὲ Cικελοὶ καὶ Μόργητες ἐγένοντο καὶ ’Ιταλίητες ἐόντες Οἴνωτροι. Mit diesem Bericht stimmt fast wörtlich Vergil überein: nunc fama minores Italiam dixisse ducis (des Italus) de nomine gentem. Die Oenotrer wurden von den Siculern nicht unterschieden, weshalb *Thuc.* VI, 2 den Italus König der Siculer nennt. Ueber die Einwanderung derselben in Latium vgl. jetzt *Rubino* p. 42, über Antiochus aus Syrakus, der ein älterer Zeitgenosse des Thucydides war (*Müller frg. hist. graec.* I p. XLV) vgl. *Schwegler, R. G.* I, 400.

533. *Italiam gentem*] Die Identifikation des Landes und Volkes geht durch das ganze Alterthum hindurch. Sie findet sich schon im alten Testament I Sam. 14, 25. 29: ‘Und das ganze Land kam in den Wald’. Aehnlich sagt *Euripides Orest.* 1328: θανεῖν ’Ορέcτην κἄμ’ ἔδοξε τῇδε γῇ. Vgl. *Hom. Od.* XVI, 526: ἀγχοῦ Θεcπρωτῶν ἀνδρῶν ἐν πίονι δήμῳ. IV, 330. *Iliad.* III, 201. XV, 437. *Näg.* zu *Il.* I, 254.

534. *hic cursus fuit*] = Dies war unsere Richtung, dies war unser Ziel. Denn cursum tenere = die Richtung der begonnenen Fahrt festhalten, IV, 46: hunc cursum Iliacas vento tenuisse carinas. *Liv.* I, 1, 4 ist zu schreiben: ab Sicilia classe ad[vectum] Laurentem agrum tenuisse.

Der Halbvers malt die Unterbrechung des Laufes durch das plötzliche Hereinbrechen des Sturmes.

535. *nimbosus Orion*] = IV, 52: dum pelago desaevit hiems et aquosus Orion. Der Aufgang des Orion um die Zeit der Sommersonnenwende, der Niedergang noch vor der Zeit des Wintersolstitiums (November). Aeneas kam also noch im Frühsommer in Karthago an. Anders *Conrads Quaestt. Verg.* p. XV. Zu nimbosus vgl. *Cic. rep.* II §. 8: sumptuosas vel desidiosas inlecebras.

538. *adnavimus*] *Liv.* XXVIII, 36, 12: multique adnantes navibus, incerto prae tenebris, quid aut peterent aut vitarent, foede interierunt, ist navibus offenbar Dativus; dagegen ist zu vgl. *Cic. rep.* II §. 9: set tamen in his vitiis (der Seestädte) inest illa magna commoditas, et quod ubique gentium est ut ad eam urbem, quam incolas, possit adnare, et rursus ut id, quod agri efferant sui, quascumque velint in terras portare possint ac mittere. Bei Vergil deutet adnavimus statt adpulimus jedenfalls

die Hülflosigkeit der Troianer an. Dass die Rettung keine vollständige war — von Aeneas wussten sie nichts —, zeigt pauci, welcher Umstand ihr Erscheinen ungefährlich macht.

540. *hospitio harenae*] Ohne dass· wir noch um Aufnahme in der Stadt nachsuchten, während doch litus iure gentium commune omnibus est. Vgl. *Cic. p. Rosc. Am.* §. 72: etenim quid tam est commune quam spiritus vivis, terra mortuis, mare fluctuantibus, litus eiectis?

Absichtlich werden der Aussage hosp. prohib. harenae die Fragesätze vorgeschoben: dadurch tritt das Widerrechtliche der Sache schroffer hervor, der Hörer muss unwillkührlich Scham und Reue empfinden.

541. *primaque terra*] Am Rande oder Saum des Gestades, cf. *Liv.* II, 10, 5: vadit inde in primum aditum pontis. *Aen.* VII, 531. 673: primam ante aciem. Vgl. *Wagner, Quaestt.* p. 505. Den Vergil ahmt treffend nach *Val. Fl.* III, 304: quinam reditus? quae me hospita tellus accipiet? quae non primis prohibebit harenis?

542. *temnitis*] Wie in der Prosa contemnere = nicht fürchten.

543. *at sperate*] = 557: at — saltem, wie at — tamen. Ueber die Formen der Nachsätze von descensivem Charakter (Herabstimmung) handelt eingehend *Wichert*, Stillehre p. 263 sqq.

fandum atque nefandum] Die Verbindung zweier Gegensätze, welche mit einander einen höheren Begriff bilden, liebt besonders die ältere Sprache. Vgl. *Georg.* I, 505: quippe ubi fas versum atque nefas. IV, 475: matres atque viri, dann pueri innuptaeque puellae = *Aen.* VI, 306. IV, 190 pariter facta atque infecta canebat. VI, 127: noctes atque dies. IX, 595: digna atque indigna relatu. *Sall. Cat.* 20, 7 nobiles atque ignobiles, 51, 1 ira atque misericordia. 60: luctus atque gaudia. Vgl. *Wagner, Quaestt.* p. 569. *Wesenberg, Em. Cic. Tusc. part.* III, 19.

544. *iustior pietate*] „Die Verbindung iustus pietate ist neu, aber sprachrichtig, denn die pietas war der iustitia untergeordnet, *Cic. de nat. deor.* I, 116: est enim pietas iustitia adversum deos. Die hier gemachte Eintheilung kehrt wieder XI, 126. Hier spricht Drances: vir Troiane, quibus caelo te laudibus aequem? iustitiaene prius mirer belline laborum?“ Ladewig. Möglich ist es, dass Vergil· Homers ἀμφότερον βασιλεύς τ’ ἀγαθὸς κρατερός τ’ αἰχμη-

τῆc (*Il.* 3, 179) vor Augen hatte, aber sicher wollte er in Aeneas
den Typus des Römischen Volkes erkennen lassen. Dies zeigt
XII, 838: hinc genus Ausonio mixtum quod sanguine surget, supra homines, supra ire deos pietate videbis, nec gens ulla tuos
aeque celebrabit honores. Vgl. VI, 851—54. 403. 769. VII, 235.
Ueber den Ausdruck vgl. *Död.* Reden und Aufs. II, 174.

547. *neque adhuc occubat umbris*] occubat ist Perf. von occumbere, umbris ist Dativus = morti. Denn bei occumbere findet sich in der Prosa nur der Acc., in der Poesie in der
Regel der Dativus, cf. *Wesenberg, Em. Cic. Tusc. part.* II,
26. Nur der Ort, wo einer stirbt, wird durch den Abl. ausgedrückt, cf. V, 371. X, 705. Vgl. *Häckerm.* I p. 17. Warum
nun aber die Wiederholung desselben Gedankens von seiner negativen Seite? Vergleicht man *Cic. p. Flacco* §. 68: castissimum
hominem atque integerrimum, mit *p. Sest.* §. 93: homo castus ac
non cupidus (i. e. Gabinius, dessen rapax ingenium notorisch war),
so sieht man deutlich, wie mit dem negativen Ausdruck eines
positiven Verhältnisses eine bestimmte Wirkung erreicht wird.
Aber diese Wendung dient nicht blos etwa dem Humor oder der
Ironie, sondern auch dem Ernst und dem Schmerz: Wenn er
gerettet ist, wenn er noch lebt und noch nicht — dem grauen-
vollen Reiche des Todes verfallen ist. Damit tritt die allgemeine
menschliche Schwäche hervor, der Allen gemeinsame Tod steht
auch einem Aeneas bevor, ja vielleicht ist er ihm schon verfallen,
der Hörer wird gemahnt an das plötzliche Hinsterben, welches
auch den Besten und Edelsten treffen kann, soll dabei die Königin nicht gerührt werden? Soll sie dabei nicht Mitleid für Aeneas
und Achtung für seine treuen Gefährten empfinden?

Homer nun liebte diese Ausdrucksweise ausserordentlich und
beeinflusste damit die griechische und römische Litteratur. Es
ist interessant einen Blick zunächst auf Herodot zu werfen, wovon alle Beispiele genau *G. Gebhardt*, Progr. v. Hof 1858 ge-
sammelt hat: 1) Adverbien: πολλάκιc καὶ οὐκὶ ἅπαξ VII, 46,
ὁμοίωc καὶ οὐδὲν ἧccον VI, 123, οὐ χαλεπῶc ἀλλ’ εὐπετέωc
III, 69 etc. 2) Substantiva: coφίη οὐκ ἀγνωμοcύνῃ II, 172, ὡc
ὑπὸ τοῦ Κύρου Cμέρδιοc ἄρχονται καὶ ὑπ’ οὐδενὸc ἄλλου III,
74, οὐκ ἐκ τῆc Ὀλόρου ἐὼν θυγατρὸc ἀλλ’ ἐξ ἄλλης VI, 41.
3) Adj. u. Part. I, 92: Κροίcῳ δὲ ἔcτι καὶ ἄλλα ἀναθήματα ἐν
τῇ Ἑλλάδι πολλὰ καὶ οὐ τὰ εἰρημένα μοῦνα. III, 115: ὡc ἔcτι
Ἑλληνικὸν τὸ οὔνομα καὶ οὐ βαρβαρικόν etc. 4) Infinitive:

III. 34: παραφρονέειν καὶ οὐκ εἶναι νοήμονα, III, 71: ποιέειν αὐτίκα καὶ μὴ ὑπερβάλλεσθαι etc. 5) Sätze: III, 16: ἀντεῖχε καὶ οὐδὲν διεχέετο, VIII, 16: ἀντεῖχε καὶ οὐκ εἶκε etc. Diese Form ist also besonders der episch-breiten, aber auch feierlich gehobenen Sprache eigen.

548. *officio nec te   paeniteat*] Ob ne oder nec zu schreiben, ob dieser Satz selbständig zu fassen oder mit non metus zu verbinden ist, darüber schwankte bereits Servius. Die Handschr. haben nur nec, was Ribb. aufgenommen hat. Der Sinn ist dann folgender: Lebt Aeneas noch, so haben wir keine Furcht und auch dich wird es nicht gereuen, uns einen Dienst geleistet zu haben. Denn auch in Sicilien sind die Troianer mächtig und streitbar. Wir bitten dich also (dies ist das officium), gestatte, dass wir unsere Flotte an das Land bringen und sie ausbessern. Finden wir dann Aeneas und seine Gefährten wieder, so segeln wir freudig nach Italien; wo nicht, so wollen wir wenigstens nach Sicilien zu Acestes.

Dabei ist nur auffallend, dass bei dieser Lesart die Periode mit zwei oder vielmehr drei Vordersätzen (546—547) so abrupt abschliesst, ferner dass der Gegensatz der Troianer zu nec te nicht ausgesprochen ist, endlich dass der Uebergang von metus zu officium zu schroff ist.

Wählt man die andere Lesart, so ist der Gedanke folgender: Wenn Aeneas noch lebt, so fürchten wir nicht, dass es dich je gereuen wird, uns und damit ihm wetteifernd zuerst einen Dienst geleistet zu haben. Denn wenn auch die Macht Trojas in Asien dahin ist, so sind doch in Sicilien die Troianer noch mächtig und streitbar, über welche Aeneas leicht verfügen kann (dieser Gedanke könnte nach 550 ausgefallen sein). Darum gestatte etc.

Diese Gedankenfolge ist offenbar einfacher und nur wenn man ihr folgt, ist es zulässig, nach 550 eine Lücke zu statuiren, obwohl der Gedanke, welchen wir ergänzen, sich leicht aus dem Zusammenhang von selbst ergibt. Um die gratia des Acestes kann es sich zunächst hier nicht handeln, sondern nur um die des Aeneas. Denn sonst hat weder die V. 546 sq. ausgesprochene Voraussetzung noch V. 548 officio priorem certasse einen Sinn, da der Comparativ deutlich darauf hinweist, dass das certamen zwischen Dido und Aeneas stattfinden wird.

550. *urbes armaque*] Der Kultus der Aphrodite und damit
die Sage von der Troianischen Einwanderung war in der Nord-
westecke von Sicilien im Lande der Elymer (*Aen.* V, 73: Hely-
mus neben Acestes) weitverbreitet. Die Gründung der Stadt
Eryx und des dortigen Aphrodite-Tempels (Erycino in vertice
Aen. V, 759) schrieb die Sage unmittelbar dem Aeneas zu (cf.
Aen. V, 755. *Rubino* 86). Auch in Segeste oder Sagesta befand
sich von uralter Zeit her ein Heiligthum des Aeneas. Man muss
natürlich bei Betrachtung der Sage absehen von dem doppelten
Aufenthalt des Aeneas in Sicilien, wie ihn Vergil darstellt. Ueber
Acestes, nach der Sage Gründer von Sagesta, vgl. V. 35—41. 73.
393: fama per omnem Trinacriam et spolia pendentia tectis zeigt
die Waffenmacht des Acestes. 630. 718. Es wird nun deutlich
von Ilioneus darauf hingewiesen, dass Aeneas sich dieser Macht
in Sicilien bedienen kann, dass er also auch im Stande ist, der
Dido Gegendienste zu leisten, vielleicht sogar als Bundesgenosse.
Auf diesen Gedanken des Ilioneus zielen vielleicht die Worte des
Aeneas 600: grates persolvere dignas non opis est nostrae, Dido,
nec quidquid ubique est gentis Dardaniae, magnum
quae sparsa per orbem. di tibi praemia digna ferant. Vgl.
Häckermann I, 18.

Zu urbs armaque ist aus dem Folgenden Troiana zu ergänzen.

Ob nun mit dem Worte urbes Vergil hier die Stadt Segesta
im Sinne hat, ist fraglich, da er dieselbe erst V, 755 von Aeneas
und Acestes gründen lässt nach der Abfahrt des Aeneas von
Afrika und während seines zweiten Aufenthaltes in Sicilien. Aber
solche kleine Widersprüche dürfen den Leser nicht stören. Der
Dichter arbeitet unter dem Druck der allmächtigen Sage, welche
sich gern in widersprechende Einzelsagen verzweigt, so dass sie
von dem Dichter nur mit grosser Mühe einheitlich zusammen-
gefasst werden können.

551. *quassatam*] Ist vorangestellt, weil dadurch die Bitte
um so mehr Berechtigung erhält. Denn das Völkerrecht verbietet nur Gestrandete feindselig zu behandeln. Weil nun die
Schiffe nicht mehr flott sind, so betrachten sich die Troianer als
eiecti. Darum ist der Uebergang zu der Bitte als Resultat der
Rede = ergo quassatam auch nicht zu schroff; und ich vermisse
keine praefatio derselben, da ein solches asyndeton des Abschlus-
ses einer vorausgegangenen Gedankenreihe (*Nägelsb. Stil.* 554

nennt es summativum) auch in der Prosa ganz gewöhnlich ist. Vgl. die Analyse von *Cic. Cat.* I, 5, 10 bei *Nägelsb. Stil.* §. 201.

552. *silvis aptare trabes*] = in silvis (oder per silvas) trabes aptare navibus = ad usum navium adcommodare. Vgl. III, 220: ecce laeta boum passim c a m p i s armenta videmus caprigenumque pecus nullo custode p e r h e r b a s. X, 540: quem congressus agit campo = per campum. An unserer Stelle erwartet man ex silvis, wenn nicht vielmehr zu erklären ist: silvis i. e. lignis trabes navium aptas facere. So dürfte auch VIII, 80 zu erklären sein: geminasque legit de classe biremis remigioque aptat = remigio (Abl.) aptas reddit III, 472: classem velis aptare iubebat, vgl. IV, 289: classem aptent taciti (= instruant) sociosque ad litora cogant. *Liv.* XXII, 5, 3: ut vix ad arma capienda aptandaque pugnae competeret animos = expedienda.

556. *pontus habet*] = *Hom. Od.* XI, 301: τοὺς ἄμφω ζωοὺς κατέχει. φυσίζοος αἶα. *Il.* III, 243: τοὺς δ' ἤδη κάτεχεν φυσίζοος αἶα. *Hor. Od.* I, 28, 9: habentque Tartara Panthoiden.

559. *cuncti simul ore fremebant*] = V, 385. Dort der Halbvers ausgefüllt: Dardanidae reddique viro promissa iubebant. War es für Vergil hier nicht ebenso leicht, einen ähnlichen Gedanken eben so schnell anzufügen? Gewiss, aber er wollte die Spannung auf die Antwort der Dido malen, die Lücke füllt sich dem Leser aus, wenn er sich in der Phantasie die Dardanidae als supplices (γουνοῦνται) lebhaft vorstellt. Mit ore fremebant will Vergil das Homerische ἐπευφήμησαν wiedergeben, cf. *Il.* I, 22. 376.

561. *breviter*] K u r z ist die Entschuldigung auf den Vorwurf, kurz die Antwort auf die Bitte, kurz der Wunsch nach der Rettung des Aeneas. Die Rede zerfällt also in d r e i Theile.

voltum demissa] Warum gesenkten Blickes? Etwa aus weiblicher Schamhaftigkeit, wie Lavinia (XI, 480)? Aber sie ist ja Wittwe, sie ist Königin, sie ist als solche gewohnt, vor Männern Recht zu sprechen. Oder ist es Herablassung, wie etwa bei Uhland (Ged. 284): ‘Und der König senkt die Stirne’? Aber hier erscheint der König zuerst auf Bertran de Born erzürnt und erst bei seinen zaubernden Worten senkt er die Stirne, d. h. lässt den Zorn fahren. Man darf nicht zur Erklärung alter Dichter deutsche Dichterstellen heranziehen, ohne dabei auf die eigenthümliche Situation in diesen Gedichten zu achten. Dido hat keinen Grund die Stirne zu senken, denn sie ist nicht erzürnt, sie hat aber auch keinen Grund Herablassung zu zeigen, denn

sie steht freien vollberechtigten Männern (principes) gegenüber.
Wenn der Dichter nicht einzelne Scenen ohne Rücksicht auf den
Zusammenhang eingeflochten hat, wenn er nicht wichtige Handlungen ·andeutet, um sie im nächsten Augenblick sofort wieder
fallen zu lassen, so glaube ich deutet obiges Prädikat zurück auf
die Erscheinung des Mercurius in Karthago I, 303: in primis
regina quietum accipit in Teucros animum mentemque benignam.
Die Königin soll antworten, sie ist aber im Augenblick tief bewegt, sie fühlt etwas in ihrem Herzen, was ihr das Auftreten der
Troianer merkwürdig macht. Der Gott hat sie so gestimmt, dass
sie etwas mehr als gewöhnliche Theilnahme fühlt, freilich am
meisten für den ferngeglaubten Aeneas. Darum senkt die Königin den Blick, weil sie sich bewusst ist, dass sie nicht blos fühlt
und spricht, was sie als Königin fühlen und sprechen sollte. Es
ist noch nicht Liebe, aber es ist doch mehr als Mitgefühl, es ist
etwas Unaussprechliches, was der Gott in ihrem Herzen gewirkt
hat. Aehnlich ist die Situation XII, 220 und noch mehr VII,
250, denn Latinus wird durch die Rede des Ilioneus an die Orakel
gemahnt, die merkwürdige Macht der göttlichen Fügung macht
auf ihn einen überwältigenden Eindruck. Mit dieser Situation,
wie wir sie von Dido geschildert, passt aufs beste das Verbum
profari, cf. IV, 364.

563. *res dura*] Unsere schwierige Lage, denn dem
Staate droht Gefahr sowohl von Pygmalion als auch von den
Gaetulern.

564. *custode*] Abl. des militärischen Mittels oder Werkzeugs
statt per mit Accusativ analog dem Satze: ea legione, quam secum
habebat, militibusque, qui ex provincia convenerant, Caesar murum
fossamque per ducit Caes. *b. g.* I, 8.

565. Gedankenzusammenhang: Wir sind gezwungen die Küste
vor dem drohenden Feinde (Pygm.) zu bewachen. Hätten wir
dagegen gewusst, dass ihr Troianer seid, so hätten wir euch sofort mit Freuden gastlich aufgenommen. Denn wer wüsste nicht
von Troias Helden und dem gewaltigen Kriege? Unsere Herzen
müssten ja doch von Eisen und Erz sein oder wir müssten fern
von aller Kultur wohnen, hätten wir nicht von Troia gehört.
Nehmen wir aber schon jeden friedlichen Fremden auf, wenn er
an unsre Küste kommt, um wie viel lieber noch Troianer, die
wir bewundern und verehren.

566. *virtutesque virosque*] Von seinen Thaten und Helden.

Catull 68[b], 89: Troia (nefas) commune sepulcrum Asiae Europaeque. Troia virûm et virtutum omnium acerba cinis.

tanti incendia belli] Von dem Feuer und vom Brennen hergenommene Metaphern gebrauchen Dichter und Prosaiker mit grosser Vorliebe, von denen nur wenige mit dem Deutschen zusammentreffen, z. B. *Cic. Or.* §. 27 restinctis iam animorum incendiis = die Glut der Begeisterung, und verbum ardens = ein Wort der Begeisterung. *Nägelsb. Stil.* §. 134. In Bezug auf den Krieg hat die Sprache: bellum gliscit, alere ac fovere (= schüren), Italia bello flagrat = über ganz Italien schlug die Flamme des Krieges, ist erfasst von der Flamme des Krieges, ardescit pugna = der Kampf wird heiss. Subst. findet sich vom Kriege, wie es scheint, nie flamma, sondern immer incendium, während flamma vorzugsweise von der Gluth der Liebesleidenschaft gebraucht wird.

Unsere Stelle ahmt offenbar *Silius Ital.* II, 358 nach: Sed Libyae clades et primi incendia belli (des I punischen Krieges) aggerat atque iterum pro libertate labores Hannon ferre vetat. Uebersetze: die verheerenden, furchtbaren Kämpfe des gewaltigen Krieges.

567. *obtusa*] Vgl. IV, 366 sq. *Tibull.* I, 63: non tua sunt duro ferro praecordia vincta, wie *Hom.* cιδήρεον, χάλκεον θυμόν, ἦτορ. *Hor.* I, 3, 9: illi robur et aes triplex circa pectus erat etc. *Aesch. Prom.* 242: cιδηρόφρων τε κἀκ πέτρας εἰργαcμένος, ὅcτιc etc. *Cic. Acad.* IV, 31: sapiens non est e saxo sculptus aut e robore dolatus. Auf diese Weise suchte man die ἀναλγηcία zu umschreiben[1]). Die Grundbedeutung von obtusus gibt *Georg.* I, 262: durum procudit arator vomeris obtunsi dentem.

568. *aversus Sol*] Vgl. VI, 796: super et Garamantas et Indos proferet imperium, iacet extra sidera tellus, extra anni solisque vias, ubi caelifer Atlans axem umero torquet stellis ardentibus aptum. Der κλυτότοξοc oder ἑκάεργοc (von den Strahlen der Sonne) Ἀπόλλων, der den Drachen Python (Feuchtigkeit) überwunden, ist vorzugsweise der Bringer der Kultur, wie Zeus, der Gott des Lichtes, der Bekämpfer der Titanen, cf. *Döderlein* zu *Hor.* III, 1 in den Oeffentl. Reden p. 407. Darum erscheint Apollo bei Homer immer in Einigkeit mit Zeus und ist der Verkünder seiner Satzungen (θέμιcτεc), cf. *Nägelsb. Hom. Theol.* p. 110. Endlich wird Apollo in dieser Eigenschaft der Prophet

---

1) Vgl. *Enn. Erechtheus* 130: Lapideo sunt corde multi quos non miseret neminis.

(προφήτης Διὸς *Aesch. Eum.* 19) des Zeus, der Gott der Weissagung, der Besitzer des Orakels zu Delphi.

569. *magnam*] Mit Rücksicht auf 531 (III, 164) potens armis atque ubere glaebae. Vgl. VII, 54: magno e Latio. VII, 4: Hesperia in magna. Vgl. *Jacob, Quaestt. ep.* p. 32.

573. *urbem quam statuo vestra est*] Ueber die Attraktion im Lateinischen handelt eingehend Krüger, Untersuchungen über die Lat. Sprachl. III Heft. Indessen sind die verschiedenen Arten der Attraktion auch hier nicht genug unterschieden. Zunächst ist die s c h e i n b a r e Attraktion auszuscheiden, z. B. *Fam.* VIII, 10, 3: nosti Marcellum quam tardus sit. Hier haben wir eine Form, welche nicht den Griechen nachgebildet ist, sondern allen Sprachen gemeinsam ist. So bei den Verben intellegendi, dicendi, optandi, metuendi. Vgl. *Cic. Tusc.* I, §. 56. Ferner ist auszuscheiden die Correlation des Relativs und des fehlenden Demonstrativs, z. B. *ad Att.* VI, 1: Quos cum Matio pueros miseram, epistulam mihi attulerunt. Vgl. *Nägelsb. Stil.* p. 438. Endlich fällt eine grosse Masse von Beispielen bei Krüger jetzt hinweg, wenn man sie nach den neuen kritischen Texten revidirt. Wirkliche Attraktion ist die Rektion eines Subst. nach dem folgenden Relativum, ohne dass das Subst. von dem Verbum des Relativsatzes abhängig ist: urbem hängt nicht von statuo ab, ist aber von quam attrahirt. Dieser Gebrauch ist griechisch. Darum erscheint er am häufigsten bei Plautus und Terentius und verschwindet dann wieder mehr und mehr aus der lat. Sprache. *Ter. Eun.* 653: eunuchum quem dedisti nobis quas turbas dedit, während die lat. Correlation verlangte: quem eunuchum dedisti, quas turbas dedit, oder eunuchus, quem dedisti, quas turbas dedit! *Plaut. Curc.* 419: set istum quem quaeris ego sum.

Aus Vergil ist weiter noch kein Beispiel nachgewiesen, denn *Georg* IV, 150: nunc age naturas apibus quas Iuppiter ipse addidit expediam, pro qua mercede etc. gehört naturas zu expediam, oder es gehört zu addidit und ist nur mit dem Dativus dem Relat. vorgerückt, dann haben wir einfache Correlation.

576. *rex   Aeneas*] Der Name wird am Ende significant hinzugesetzt, weil Dido nicht den rex bewundert — in dieser Eigenschaft hatte er noch keinen Ruhm —, sondern den Helden Aeneas, wie ihn die Sage gefeiert.

578. *si quibus   errat*] Sehr richtig Gossrau: lustrare iubebo, ut, si errat, reperiatur. Auch in der Volkssprache finden

wir noch z. B. Ich will hinauf sehen, wenn er vielleicht erwacht ist = damit, wenn er erwacht ist, er dies oder jenes findet.

580. *erumpere nubem*] Aehnlich ist exire tela V, 438 und vim viribus exit (abwehren) XI, 750. Erumpere transitiv auch *Liv.* XXXVI, 7, 13: cuius si talis animus est, solvamus nos eius vincula et claustra refringamus, ut erumpere diu coercitam iram (so auch Madvig) in hostes communes possit. *Cic. Att.* XVI, 3, 1. *Caes. civ.* III, 8, 3. Es sind dies Ueberreste der älteren Sprache; vgl. ausser Lucretius (cf. *Lex.*) L. Attius 287 (*Ribb.*): ita imperitus stupiditate erumpit se inpos consili. Vgl. elabi, evagari, egredi. Bei Livius bezweifelt Madvig urbem egredi für urbe egredi, da sich nie castra egredi, sondern nur castris egredi findet.

586. *vix ea fatus erat*] = *Hom. Od.* XVI, 11: οὔπω πᾶν εἴρητο ἔπος ὅτε οἱ φίλος υἱὸς ἔστη ἐνὶ προθύροιϲι.

Genau dieselbe Situation findet sich *Od.* VII, 143. Auch hier zerstreut sich der Nebel erst wie Odysseus vor Arete steht. Bei Vergil soll sowohl das wunderbare Auftreten des Aeneas als auch seine übernatürliche Schönheit sofort bezaubernd auf Dido wirken.

589. *os umerosque deo similis*] Das Adjectivum hat die Kraft eines Partic. perf. pass., daher der Acc. os umerosque. Denn Aeneas ist nicht an und für sich deo similis, er ist es erst durch die Wunderkraft seiner Mutter geworden. Vgl. IV, 558: omnia Mercurio similis, vocemque coloremque et crinis flavos et membra decora iuventae, denn es erscheint dem Aeneas nicht der Gott selbst, sondern nur ein Traumbild, welches augenblicklich die Gestalt des Gottes annimmt. *Georg* II, 131 ipsa ingens arbos faciemque simillima lauro, ist schon eine weitere Fortbildung des obigen Gebrauches. Anders *Haase* zu *Reisig* n. 559. Zur Sache vgl. *Hom. Od.* VI, 229: τὸν μὲν Ἀθηναίη θῆκεν, Διὸς ἐκγεγαυῖα, μείζονά τ' ἐϲιδέειν καὶ πάϲϲονα, κὰδ δὲ κάρητος οὔλας ἧκε κόμας, ὑακινθίνῳ ἄνθει ὁμοίας, aber bei Hom. geht dieser Verwandlung Bad und Salbung voraus (πάντα λοέϲϲατο καὶ λίπ' ἄλειψεν), Odysseus legt neue Gewänder an, während er vorher unbekleidet und schmutzig erschien. Bei Vergil bleibt Aeneas wie er ist, die Verwandlung erfolgt plötzlich unter der Wolkenhülle.

590. *lumen iuventae purpureum*] Poetische Ausführung des prosaischen Ausdrucks flos iuventae. Diese wird gefasst 1) von der Seite ihres Glanzes = lumen, 2) ihrer Farbe = purpureum (frisch). Das Ganze = frischer Jugendglanz. Vgl. *Hor.* III, 15, 15: flos purpureus rosae. Um die Verjüngung

des Augustus nach seiner Aufnahme unter die olympischen Götter zu bezeichnen, sagt *Hor.* III, 3, 12: quos inter (Pollux und Hercules) Augustus recumbens purpureo bibet ore nectar, wo eben deshalb die Lesart bibit unmöglich ist. Daher ahmt *Val. Fl.* V, 366 den Vergil also nach: roseae perfusum luce iuventae.

591. *laetos oculis honores*] = heitere Anmuth. Denn honores = gratia, χάρις (*Hom. Od.* 6, 235: κατέχευε χάριν χεφαλῇ τε καὶ ὤμοις). Die Anmuth des Auges nennen wir Lieblichkeit des Auges, womit Heiterkeit als Ausdruck der Seele (seelisch) verbunden ist. Diese χάρις ist zu unterscheiden von ἵμερος, welche dem Weibe (der φιλομμειδής) zukommt.

Der Plural honores (= Anmuth) ist wohl zu unterscheiden von dem Sing. honos (= Schmuck), z. B. *Georg* II, 404: silvis aquilo decussit honorem = *Hor. Epod.* 11, 6. *Hor.* II, 11, 9: non semper idem floribus est honor neque uno luna rubens nitet voltu. Wenn man damit vgl. *Hor.* I, 17, 15: hic tibi copia manabit ad plenum benigno ruris honorum opulenta cornu. so wird man die Richtigkeit der Worte Lübkers zu *Hor.* I, 7, 8 p. 84 verstehen: Wie der Pluralis überhaupt dazu diente, theils das Concretum im Singular in seiner öftern Wiederholung oder Vielheit zu bezeichnen, theils das Abstractum im Sing. in einer bestimmten Zahl, mithin als concrete Erscheinung kenntlich zu machen, so wurde umgekehrt der Singular gebraucht, um die Vielheit der Vorstellung wieder zu einer Einheit zu verbinden, die Masse zu einem Körper zu sammeln.

592. *quale manus*] Dasselbe Gleichniss in derselben Situation hat *Hom. Od.* 6, 232:

ὡς δ' ὅτε τις χρυσὸν περιχεύεται ἀργύρῳ ἀνήρ
ἴδρις, ὃν Ἥφαιστος δέδαεν καὶ Παλλὰς Ἀθήνη
τέχνην παντοίην, χαρίεντα δὲ ἔργα τελείει,
ὡς ἄρα τῷ κατέχευε χάριν κεφαλῇ τε καὶ ὤμοις.

Und doch ist Vergils Gleichniss keine Nachahmung, sondern eine freie Reproduktion im Geiste seiner Zeit. Er übergeht den Relativsatz, denn er lebt nicht mehr in einem mythischen Zeitalter, er begnügt sich nicht mit der Verbindung von Gold und Silber, denn der Kunstgenuss seiner Zeit war mannigfaltiger, er hebt diejenigen Arbeiten hervor, welche dem römischen Leser zunächst ins Auge fallen mussten.

manus] Vgl. zu I, 455.

decus] Nämlich eine Einfassung von Gold. Man liebte diese

im Alterthum an allerlei Geräthen, besonders aber an Statuen. Das Gold, getrieben und in dünnen Platten, stellte in der Regel Gewand und Haar dar. Vgl. *O. Müller*, Archäologie §. 312.

593. *argentum Pariusve lapis*] Der weisse Parische Marmor war das beliebteste Material für die Sculptur (*Müller* §. 309), silberne Gefässe mit Goldeinfassung (emblemata, crustae), auch goldene Becher mit Silber-Reliefs waren die kostbarsten Arbeiten der τορευτική oder caelatura. Mit welcher Begierde die Römer nach solchem Besitze trachteten, ist aus *Cic. in Verr.* IV bekannt. Vgl. *O. Müller* §. 311. *Verg. Aen.* X, 134 sqq. Das Gleichniss sagt: Aeneas war zwar von Natur so schön wie ein Kunstwerk aus Silber oder Parischem Marmor, aber wie der Glanz dieser Werke noch erhöht wird durch künstlerische Einfassung mit Gold, so etc.

594. *cunctisque ait*] Parataxis statt der prosaischen Hypotaxis == cum cunctis (also auch der Dido) improvisus repente (Ersatz eines Particips: unerwartet auftretend, erscheinend) dicit.

595. *coram quem quaeritis adsum*] Damit lässt sich vgl. *Hom. Od.* XXIV, 321: κεῖνος μήν τοι ὅδ' αὐτὸς ἐγώ, πάτερ, ὃν cὺ μεταλλᾷς, ἤλυθον, ohne dass dabei an eine Nachahmung zu denken wäre.

600. *urbe domo socias*] *Liv.* IX, 7, 9: sed innoxios etiam milites odisse et negare urbe tectisve accipiendos. Mit urbe wird das hospitium publicum, mit domo das hospitium privatum angedeutet. Sociare urbe ist gleich tamquam socios urbe accipere.

601. *quidquid ubique est* etc.] Vgl. zu 550. Troianer befanden sich nicht nur in Sicilien, sondern auch in Epirus (III, 349 sq.) und auf der Insel Kreta (III, 190: paucisque relictis vela damus).

603. *pios*] Cicero bestimmt die pietas als eine Seite der iustitia. Sie kann aber richtiger gefasst werden als die Quelle der iustitia, denn sie ist das natürliche Gefühl, welches a) das Pflichtverhältniss der Menschen zu Gott, b) das Pflichtverhältniss der Menschen zu einander, innerhalb der Weltordnung unterscheidet und beobachtet. Der pius befolgt die heiligen θέμιcτεc (ius gentium), der impius vergeht sich gegen die sittliche Weltordnung (scelus, nefas). Wenn der pius aus einem wohlwollenden Drange des Herzens mehr thut als das Naturrecht fordert, so wird er bonus und benignus, ihm kommt die animi bonitas

zu. Diese ist wie oft so auch hier bei Vergil in der pietas eingeschlossen. Vgl. *Döderlein*, Etym. und Syn. IV, 104.

604. *usquam*] Im Himmel und auf Erden. Zur Form des
Gedankens vgl. *Schiller*: Und die Treue ist doch kein leerer Wahn.

605. Passend vgl. Ladewig Schiller in der Jungfrau von
Orleans: Wer bist du, heilig wunderbares Mädchen? Welch
glücklich Land gebar dich? Sprich, wer sind die gottgeliebten
Eltern, die dich zeugten? Vgl. *Od.* VI, 153 sq.: εἰ δέ τις ἐccι
βροτῶν τοὶ ἐπὶ χθονὶ ναιετάουcιν, τρὶc μάκαρεc μὲν coί τε
πατὴρ καὶ πότνια μήτηρ, τρὶc μάκαρεc δὲ καcίγνητοι etc. War
es im Alterthum allgemeine Ueberzeugung, dass die körperlichen,
sittlichen und geistigen Eigenschaften von den Eltern auf die
Kinder übergehen (*Cic. Tusc.* I §. 79. *Tac. Germ.* 20), so vernimmt man daneben auch häufig die Klage, dass die Kinder
χείροvεc werden als die Eltern. Um so grösser das Glück der Eltern
wenn sie gleich tüchtige oder noch tüchtigere Kinder besitzen.

Mit tanti — talem vgl. *Hom. Od.* I, 207: εἰ δὴ ἐΞ αὐτοῖο
τόcοc πάιc εἶc 'Oδυcῆοc und 223: ἐπεὶ cέ γε τοῖον ἐγείνατο
Πηνελόπεια.

Fast scheint es als ob Aeneas sagen will: Wenn schon die
Tochter so edelmüthig ist, wie hochherzig müssen vollends die
Eltern gewesen sein, da ja die Eltern nach dem Glauben des
heroischen Alterthums immer noch tüchtiger sind als die Kinder.

607. *in freta dum fluvii current*] Der Gedanke: eher soll
sich die Natur umkehren, bis dies oder jenes geschieht, oder:
so lange die Naturgesetze in Kraft bleiben etc. wird von den
römischen Dichtern mit Vorliebe gebraucht. Vgl. *Ecl.* I, 60—64.
Ecl. VI, 76—78. *Tibull.* I, 4, 65: Quem referent Musae, vivet,
dum robora tellus, dum caelum stellas, dum vehet amnis aquas.
Hor. epod. 15, 7: dum pecori lupus et nautis infestus Orion
turbaret hibernum mare, intonsosque agitaret Apollinis aura capil-
los, fore hunc amorem mutuum. Hieher gehört auch *Verg. Aen.*
IX, 448 und *Hor.* III, 30, 8: dum Capitolium scandet cum tacita
virgine pontifex, i. e. μέχρι τῆc τοῦ κόcμου καταλύcεωc *Dio Cass.*
Exc. Vat. 154. Nach diesen Beispielen wird man auch die
Schilderung des Weltuntergangs bei *Hor.* I, 2, 9—12 nicht zu
unnatürlich finden. Vgl. *Nägelsb. Vita* p. 53 sq.

608. *lustrabunt*] Das Verbum lustrare hat bei Vergil immer,
auch II, 564, ein Object. Indessen nach den vielen zu I, 104
aufgezählten Beispielen war Ribb. allerdings berechtigt hier lu-

strare intransitiv zu nehmen = circumvagari; eine andere Frage ist, ob dadurch der Sinn der Stelle gewinnt.

Nun aber ist an allen oben angeführten Stellen eine Gegenseitigkeit der Beziehung, eine Wirkung des Subjects auf ein Object sichtbar. Dies ist auch an unserer Stelle der Fall, denn auch in freta dum fluvii current ist = dum fluvii cursu aquarum freta augebunt. Wenn daher convexa, das zu sidera an und für sich nicht gut passt, zu lustrabunt bezogen werden kann, so müssen wir diese Construktion vorziehen. Nun erklärt Paulus Diaconus (*Fest.* p. 58 M.): convexum est ex omni parte declinatum, qualis est natura caeli, quod ex omni parte ad terram versus declinatum est. Es wird also zunächst von dem Himmelsgewölbe gebraucht, cf. IV, 451: taedet caeli convexa tueri, VI, 240: talis sese halitus atris faucibus effundens super ad convexa ferebat, X, 251 super aspectans convexa precatur, *Ecl.* IV, 50: aspice convexo nutantem pondere mundum. Aber dabei bleibt der Sprachgebrauch nicht stehen. *Trogus Pomp.* II, 10, 24 sagt: veluti naturae ipsius dominus (Xerxes) et montes in planum deducebat et convexa vallium aequabat et quaedam maria pontibus sternebat, quaedam ad navigationis commodum per compendium ducebat. Aehnlich *Verg.* XI, 515: ipse ardua montis per deserta iugo superans adventat ad urbem. furta paro belli convexo in tramite silvae, ut bivias armato obsidam milite fauces. Es sind also convexa auch die Thäler oder Schluchten, welche durch die Abdachung zweier oder mehrerer Gebirgshöhen gebildet werden. In diese nun fällt von den Bergen herab der Schatten, oder: im Gebirge sieht man, je höher die Berge sind, um so mehr den Schatten von der Höhe sich senken in die Thäler. Am Bergrand beobachtet man dann eine verschiedenartige Beleuchtung der Flur.

Schliesslich muss bemerkt werden, dass sich die Verbindung convexa sidera allerdings findet = die Gestirne des Himmels, cf. *Ovid ex Ponto* IV, 9, 129: Tu nostras audis inter convexa locatus sidera, sollicito quas damus ore preces, wo die Anrede dem vergötterten Augustus gilt; aber an unserer Stelle erwartet man ein solches Epitheton nicht: 1) weil es in polus dem Subject enthalten ist, 2) weil die Subjecte der beiden gleichartigen membra mit keinem Epitheton versehen sind. Servius: Quamdiu inclinata in montibus latera umbrae pro solis flexu circumibunt. Vgl. *Ecl.* I, 84. *Hor.* III, 6, 41.

sidera pascet] Nach dem System des Herakleitos und später der S t o i k e r : stellae sunt natura flammeae, quocirca terrae maris aquarum vaporibus aluntur eis, qui a sole ex agris tepefactis et ex aquis excitantur, quibus altae renovataeque stellae atque omnis aether refundunt eadem et rursum trahunt indidem, nihil ut fere intereat aut admodum paulum, quod astrorum ignis et aetheris flamma consumit. Vgl. *Ueberweg*, Gesch. der Philos. des Alterthums §. 54. *Lucret*. I, 232. Aber ist es auch nothwendig, hier an eine philosophische Doctrin zu denken? Sollte nicht auch Vergil wie die orientalischen und modernen Dichter die Sterne am Himmel auf der Weide hinziehen lassen, so dass damit nur die M e n g e der Sterne am Himmel bezeichnet würde? *Heyne* vgl. *Callim. Del*. 176: τείρεcιν, ἡνίκα πλεῖcτα κατ᾽ ἠέρα βουκολέονται.

609. *semper   manebunt*] = *Ecl*. V, 78. Sinn: dein Ruhm wird nie untergehen, er bleibt u n a b h ä n g i g v o n m i r , wohin mich immer das Schicksal verschlagen mag. Nicht etwa = dein Ruhm soll nie von meinen Lippen weichen, wohin auch immer das Schicksal mich rufen mag.

613. *primo aspectu*] Am meisten macht Eindruck die P e r s ö n l i c h k e i t des Aeneas, dann aber auch sein m e r k w ü r d i g e s G e s c h i c k. Diese Unterscheidung ist vom Dichter nicht etwa vorwitzig, sie deutet vielmehr hin auf die nahende Tragödie, den Kampf zwischen persönlicher Neigung und der Unbeugsamkeit des Geschicks, dem Dido schliesslich unterliegt. Grammatisch ist primo nicht Adjectiv sondern Adverb. Vgl. IV, 176. V, 654. IX, 576. Denn primus — deinde für primum oder primo — deinde (mox) findet sich bei Vergil nicht. Dagegen VII, 528 ist primo Adjectiv. Anders *Wagner Quaestt*. p. 511.

616. *immanibus oris*] An eine so wilde, unwirthliche Küste? Dass an dieser Küste gleichwohl auch Dido trotz der grossen Gefahr gelandet ist, soll diese selbst wiederum dem Aeneas wunderbar erscheinen lassen. Ein Deutscher, der im Westen von Nordamerika sich angesiedelt und eine grosse Strecke Landes cultivirt hat, kann einen Landsmann recht gut mit den Worten begrüssen: Freund, wie kommst du in diese Wüste? Dabei muss man an den Gegensatz der H e i m a t denken. Wenn Dido auch noch so viel gethan hat, Asien war doch kultivirter, Afrika dagegen eine Einöde.

619. *Teucrum*] Nebensohn des Telamon von der Troerin Hesione, einer Tochter des Laomedon und Schwester des Pria-

mus. Er gründete Salamis in Cypern, cf. *Pind. Nem.* IV, 49,
Aesch. Pers. 895, *Eurip. Hel.* 92. Das Trauerspiel Τεῦκρος von
Sophocles bearbeitete lateinisch Pacuvius, eine der bedeutend-
sten Römischen Tragödien, cf. *Cic. de or.* I, §. 246. *Welcker*,
Griech. Trag. I, 191 sq.

621. *auxilio Beli*] König von Sidon, welcher dem Teucer
Cypern überliess. Diese Insel war in der That früher phönizisch
und wurde erst durch Euagoras hellenisirt.

625. *ipse hostis*] Obwohl Teucer selbst Feind der Troer (Teucrorum) war. Aehnlich rühmt die Troer Diomedes *Aen.* XI, 255.
279. 283—291.

626. *volebat*] = εὔχετο. Seine Mutter war eine Troerin.
Er betrachtete also als seinen Urahn den alten Teucer, welcher
den Dardanus bei seiner Ankunft von Samothrake in Troia auf-
nahm. Vgl. *Aen.* VII, 206—211.

632. *indicit honorem*] = Opfer. Vgl. I, 49. III, 118: meritos
aris mactavit honores (= tauros duos, nigram et albam ovem).
Der Mittelbegriff ist „Ehrengabe“. Wenn Dido Opferfeierlich-
keiten in den Tempeln veranstaltet, so mag der Hauptzweck sein,
dass sie mit ihrem ganzen Volke die Ankunft der Troianer feiern
will, damit dieses festlich gestimmt sich freudig mit den Fremden
vereinige. Diesen Zweck ersieht man deutlich aus V. 633—36.
Als sich die Fürsten im Palaste des Alkinoos versammelt hatten:
τοῖςιν δ᾽ Ἀλκίνοος δυοκαίδεκα μῆλ᾽ ἱέρευςεν, ὀκτὼ δ᾽ ἀργιό-
δοντας ὕας, δύο δ᾽ εἰλίποδας βοῦς. τοὺς δέρον ἀμφί θ᾽ ἕπον
τετύκοντό τε δαῖτ᾽ ἐρατεινήν.

636. *munera laetitiamque dii*] = ξεινήϊα καὶ δαῖτ᾽ ἐρατεινήν. Die munera hospitalia sollen dienen zur festlichen Feier
des Tages.

Ueber den Genitiv dii vgl. *Neue*, Formenlehre I, 387.
Bücheler, Lat. Declination p. 34, *Schneider*, Formenlehre p. 356.
Die Form dii ist geschützt durch das Zeugniss des Gellius und
Servius. Es ist interessant hier die Methode des Gellius kennen
zu lernen. Er sagt (IX, 14): Quod autem supra scriptum est in
Q. Claudi (Quadrigarii) verbis: Propter magnitudinem atque
immanitatem facies, id nos aliquot veteribus libris inspectis
exploravimus atque ita esse ut scriptum est comperimus. Sic
enim pleraque aetas veterum declinavit: ‘haec facies, huius facies’,
quod nunc propter rationem grammaticam ‘faciei’ dicitur. Corruptos
autem quosdam libros repperi, in quibus ‘faciei’ scriptum est

illo quod ante scriptum erat (i. e. 'facies') oblitterato (i. e. er fand i auf Rasur).

Meminimus etiam in Tiburti bibliotheca invenire nos in eodem Claudii libro scriptum utrumque facies et facii. Sed facies in ordinem scriptum fuit et contra per i geminum facii (etwa faciI?), neque id abesse a quadam consuetudine prisca existimavimus; nam et ab eo, quod est 'hic dies' tam 'huius dies' quam 'huius dii' (diI?), et ab eo, quod est 'haec fames' tam 'huius famis' quam 'huius fami' dixerunt.

Q. Ennius in XVI annali (401 *Vahlen*) 'dies' scripsit pro 'diei' in hoc versu:

Postremae longinqua dies quod fecerit actas.

Ciceronem quoque adfirmat Caesellius (*Ribb. Prol.* 173) in oratione, quam pro P. Sestio fecit (§. 28) dies scripsisse pro 'diei', quod ego inpensa opera conquisitis veteribus libris plusculis ita ut Caesellius ait scriptum inveni.. Verba sunt haec M. Tullii: equites vero daturos illius dies poenas. Quocirca factum hercle est, ut facile eis credam, qui scripserunt, idiographum librum Vergilii se inspexisse, in quo ita scriptum est (*Georg.* I, 208):

Libra dies somnique pares ubi fecerit horas,
id est 'libra dici somnique'. Vgl. dazu den merkwürdigen Grund, durch den sich Ribb. *Prol.* 137 sq. bestimmen liess, die zu schreiben.

Sed sicut hoc in libro dies a Vergilio scriptum videtur, ita in illo versu non dubium est, quin dii scripserit pro 'diei': Munera laetitiamque dii, quod inperitiores dei legunt, ab insolentia scilicet vocis istius abhorrentes. Sic autem 'dies, dii' a veteribus declinatum est, ut 'fames, fami', 'pernicies, pernicii', 'progenies, progenii', 'luxuries, luxurii', 'acies, acii'. Er führt hierauf Belege an aus Cato, Lucilius, Pacuvius, Cn. Matius, C. Gracchus und selbst Cic. p. Rosc. Am. §. 131. Die Hdschr. freilich, welche uns zur Benützung und Vergleichung dienen, weichen meistens von diesen Angaben ab. Aber sie haben solchem Zeugniss gegenüber keinen Werth, meistens findet man die oben von Gellius getadelte oblitteratio. Der Gedanke selbst kehrt 732 wieder.

Die Erklärer wollen sich damit nicht zufrieden geben, weil sie durchaus den Wein vermissen, der nun einmal auch zur Würze des Heroenmahls diente. Indessen musste denn der Dichter

Alles namentlich aufführen? Konnte er dem Leser die Vorstellung nicht zumuthen, dass mit der Sendung der Opferthiere auch der nöthige Wein zur Libation verbunden war? Dient nicht eben auch der Abbruch des Verses dazu, die Phantasie des Lesers mehr als gewöhnlich anzustrengen, sie in das Lager zu versetzen und das Freudenmahl mit feiern zu lassen?

637. *at domus interior*] darauf sofort mediisque tectis erscheint auf den ersten Blick als Tautologie, so dass die Lesart des Fronto: at domus interea etwas Bestechendes hat. Dennoch ist diese Lesart unmöglich. Denn das Abschicken der Opferthiere dauert nicht so lange, dass damit die Dauer der Festvorrichtung im Palaste verglichen werden könnte; andrerseits ist ein Warten auf das Erscheinen der Troer von der Küste des Meeres nicht angedeutet.

Domus interior bedeutet dem Römer die ganze innere Einrichtung des Hauses, dagegen mediis tectis nur einen Theil davon, nämlich das Atrium = in medio aedium. Vgl. *Marquardt*, V, 226.

639. 'In der gedrängten Aufzählung und Beschreibung dieser Gegenstände erträgt man die Ellipse eines Zeitworts wie instruuntur (lieber eine species davon, z. B. sternuntur) um so leichter, da domus instruitur (der Alles zusammenfassende Begriff) voraus geht. Vgl. III, 216. 392. IV, 201. VII, 732. VIII, 678. XI, 633' *Wagner*. Die feierliche Rede oder Schilderung erhält dadurch den Charakter nachdrücklicher Kürze, die verschiedenen Dinge häufen sich gewissermassen vor unseren Augen. Vgl. *Cic. de Or.* II, §. 135. *Off.* III, §. 87. *Sall. Jug.* 95, 3. *Tac. Hist.* I. 49. Hierher gehört auch die häufige Auslassung des Verbums dicendi oder sentiendi im lebhaften Tone der Erzählung, vgl. die Bsp. bei *Fabri* zu *Liv.* XXI, 16, 3. *Madvig ad Cic. de Fin.* I. §. 9. IV, §. 26. V, §. 91.

vestes] i. e. stragulae.

ostroque superbo] Abl. der Eigenschaft, der Beschaffenheit. Vgl. 655. 167. II, 765. III, 286 etc. Die Bezeichnung abl. materiae ist nicht ganz richtig, da der Stoff hier nicht um seiner selbst willen genannt wird, sondern nur zur Bezeichnung der Eigenschaft: vestes ostro superbo ist = vestes purpureae, glänzende Purpurdecken, ohne dass wir dabei an den Stoff denken sollen.

640. *ingens argentum*] = ingens copia argenteorum vaso-

rum, wie III, 466. Metall für daraus gefertigte Gegenstände,
immer aber Kunstwerke, ist auch in der Prosa sehr gewöhnlich. Vgl. *Richter Verr.* IV, §. 31. Daneben argentum factum.

caelataque in auro] Vgl. zu 592.

643—696. Aeneas entbietet den Ascanius in die Königsburg, Venus aber sendet an seiner Stelle den Cupido.

Welches Vorbild Vergil bei Bearbeitung dieser Scene gehabt
hat, ist nicht bekannt. Am meisten Aehnlichkeit hat diese Scene
mit *Apollonius Rhodius* III, 10—166: Die Argonauten waren
unter dem Schutze der Hera und Pallas glücklich an den Pha-
sis gelangt. Es entstand aber nun die Frage, wie sollte das
goldene Vliess von Aietes gewonnen werden. Da er künstlicher
Ueberredung nicht zugänglich war, so kommt Hera auf den Gedanken, die Kypris zu gewinnen und sie zu bestimmen:

> παιδὶ ἑῷ εἰπεῖν ὀτρύνομεν, αἴ κε πίθηται
> κούρην Αἰήτεω πολυφάρμακον οἷσι βέλεσσιν
> θέλξαι ὀιστεύσας ἐπ’ Ἰήσονι. τὸν δ’ ἂν ὀίω
> κείνης ἐννεσίῃσιν ἐς Ἑλλάδα κῶας ἀνάξειν.

Der Vorschlag gefiel der Pallas, aber sie scheut sich doch ihn
zur Ausführung zu bringen:

> Ἥρη, νήιδα μέν με πατὴρ τέκε τοῖο βολάων.
> οὐ δέ τινα χρειὼ θελκτήριον οἶδα πόθοιο.
> εἰ δὴ σοὶ αὐτῇ μῦθος ἐφανδάνει, ἦ τ’ ἂν ἔγωγε
> ἑσποίμην· σὺ δέ κεν φαίης ἔπος ἀντιόωσα.

Beide Göttinnen gehen nun in den Palast der Aphrodite, Hera
übernimmt die Aufgabe der Ueberredung. Die Liebesgöttin lässt
sich bewegen und bestimmt ihren Sohn zu der That, indem sie
ihm ein glänzendes Geschenk verspricht:

> εἰ δ’ ἄγε μοι πρόφρων τέλεσον χρέος, ὅττι κεν εἴπω·
> καί κέν τοι ὀπάσαιμι Διὸς περικαλλὲς ἄθυρμα
> κεῖνο, τό οἱ ποίησε φίλη τροφὸς Ἀδρήστεια
> ἄντρῳ ἐν Ἰδαίῳ ἔτι νήπια κουρίζοντι,
> σφαῖραν εὐτρόχαλον... σὺ δὲ παρθένον Αἰήταο
> θέλξον ὀιστεύσας ἐπ’ Ἰήσονι· μὴ δέ τις ἔστω
> ἀμβολίη. δὴ γάρ κεν ἀφαυροτέρη χάρις εἴη.

Cupido führt die That bereitwillig aus III, 275—298. Wenn überhaupt Vergil hier den Apollonius vor Augen gehabt hat, so musste
jedenfalls Vieles anders gestaltet werden.

Das Eingreifen in die Handlung mit Hülfe des Eros liegt
einer Aphrodite sehr nahe, merkwürdig ist es nur, wie sie auf

den Gedanken kommt, ihn in die Gestalt des Ascanius zu ver-
wandeln. Diese Situation hat offenbar etwas Komisches, dem
Ernste des Homerischen Epos Fremdartiges. Man darf hier den
Einfluss des nachhomerischen Epos z. B. des Lesches erkennen,
welcher sich nicht scheute, im Augenblicke des höchsten Ernstes,
als bereits das hölzerne Ross auf der Burg stand, Helena dort
die Achäerfürsten necken zu lassen durch nachgeahmte Anreden
ihrer Weiber, um sie dadurch zu reizen sich zu verrathen. Vgl.
Welcker, Epischer Cyclus II, 244.

Was nun das M o t i v betrifft, so tritt dies bei Apollonius klar hervor, an die That des Eros knüpft sich denn auch eine lange Reihe
mächtiger Ereignisse, welche sich bis Korinth und Athen erstrecken.
Bei Vergil, sollte man glauben, liegt eine Nothwendigkeit nicht vor,
den Cupido eingreifen zu lassen. Von Dido droht keine Gefahr, sie ist
durch Mercur und durch das Erscheinen des Aeneas diesem so freundlich gestimmt, dass ihre Zuneigung bereits Liebe genannt werden
kann. Wozu also noch Amor? Der Dichter antwortet darauf
661—662. 671—675. Also ne quo se numine mutet Dido!
Konnte aber nicht dennoch Juno Gefahren bereiten, konnte sie
nicht Feindschaft erregen zwischen Dido und ihrem Volke eben
wegen der Aufnahme der Fremden? Sie konnte das ebenso wie
sie später (*lib.* VII) den Latinus hinderte an dem Frieden mit
Aeneas. In der That macht denn auch tanto cardine rerum dennoch bei Vergil Juno keine ernsten Anstrengungen, cf. IV, 90—
128. Im Gegentheil ist es Venus, welche den Aeneas jetzt und
später (*lib.* IV) durch das Eingehen auf Juno's Vorschlag in ernste
Gefahr bringt, aus welcher nicht sie selbst ihn rettet, sondern
ein deus ex machina, nämlich Mercurius oder Juppiter (IV, 219
—278). Denn das Eingreifen des Juppiter wird nur schwach
motivirt durch das Gebet des Jarbas (IV, 198—218).

Freilich ist das Motiv für das Eingreifen des Eros in die
Handlung, obwohl es Vergil selbst aufstellt, doch nur ein S c h e i n -
M o t i v. Der Hauptgrund ist offenbar für den Dichter gewesen,
durch diese Verwicklung endlich F e i n d s c h a f t zu stiften zwischen
Dido und Aeneas und daraus die Erbfeindschaft zwischen den
Römern und Puniern herzuleiten. Er muss also diesen deus ex
machina zu Hülfe rufen, um seinem Werke einen n a t i o n a l e n
H i n t e r g r u n d zu verschaffen.

643. *consistere mentem*] consistere = still stehen, zur Ruhe
kommen, cf. *Petron.* 46: nec uno loco consistit, sed venit abit,

nach *W Wehle*, Observ. crit. in Petron. p. 11. *Cic. Phil.* II
§ 68: Quamvis enim sine mente, sine sensu sis, ut es, tamen et
te et tua et tuos nosti, nec vero te umquam vigilantem neque in
somnis credo posse mente consistere. Was bedeutet nun mens?
Die Liebe des Vaters zum Sohne liess die Besorgniss, die
Fürsorge (= providentia, vigilantia), die Wachsamkeit für den
Sohn nicht ruhen. Denn an Gesinnung oder Gemüthszu-
stand kann hier nicht gedacht werden.

644. *praemittit*] Wem? Offenbar den Karthagern, welche
die Opferthiere in das Lager bringen sollen. Daher das Epitheton
rapidum hier nicht nur eine Eigenschaft des Achates ausdrückt,
sondern auch zugleich die Art und Weise der Handlung bestimmt
= als Eilboten.

645. *ferat haec*] Das Eintreffen der verloren geglaubten
Troianer und die günstige Aufnahme bei Dido.

646. *omnis in Ascanio stat cura parentis*] Vgl. I, 556. XII,
168: Ascanius magnae spes altera Romae XII, 185. Da die
gens Julia ihren Stammbaum auf Ascanius oder Julus zurück-
führte, so war es angemessen, diesen neben Aeneas zum Träger
der fata zu machen. Dies erreicht der Dichter einfach dadurch,
dass er dem Aeneas nur einen Sohn gibt. Denn nun konnten
dem Aeneas alle seine Thaten wenig nützen, wenn er seinen einzigen Sohn verlor. Auf seine Erhaltung ist darum auch Venus
zumeist bedacht, cf. X, 47—50. 132. Und da Octavianus den
Apollo als seine Schutzgottheit betrachtete, so erfährt denn
auch schon Ascanius den Schutz dieses Gottes, cf. IX, 638—658.
IV, 274.

647. *praeterea*] = Abgesehen von der Sorge um das Wohl
seines Sohnes. Denn nicht Achates soll die Geschenke bringen,
sondern Ascanius.

648. *signis auroque rigentem*] Das Gewand ist mit Gold und
Figuren, d. h. mit Figuren von Gold durchwebt. Vgl. XI, 72:
geminas vestes auroque ostroque rigentis, quas illi laeta laborum
ipsa suis quondam manibus Sidonia Dido fecerat et tenui telas
discreverat auro. Es war dies also das Gegengeschenk. Bei
Lucr. V, 1427: at nos nil laedit veste carere purpurea atque
auro signisque ingentibus apta haben wir uns ein Purpurgewand
zu denken, welches mit einem Saume von grossen goldenen Figuren (Stickerei) eingefasst (apta) ist.

652. *extulerat*] *Ilias* III, 70: αὐτὰρ ἔμ' ἐν μέccῳ καὶ ἀρηί-

φίλον Μενέλαον ξυμβάλετ' ἀφ' Ἑλένῃ καὶ κτήμαςι πᾶςι μάχεςθαι.
Vgl. auch *ibid.* VI. 289. Von den Kypria des Stasinos, welche
die Entführung der Helena ausführlich behandelten, berichtet
Proclus: ἐπιβὰς δὲ τῇ Λακεδαιμονίᾳ Ἀλέξανδρος ξενίζεται παρὰ
τοῖς Τυνδαρίδαις. καὶ μετὰ ταῦτα ἐν τῇ Cπάρτῃ παρὰ Μενελάῳ,
καὶ Ἑλένῃ παρὰ τὴν εὐωχίαν δίδωςι δῶρα ὁ Ἀλέξανδρος. —
Diese Episode ahmt hier Vergil nach, indem er der Dido Geschenke gibt, ehe er ξεινήια empfängt, und zwar während des
convivium. — καὶ μετὰ ταῦτα Μενέλαος εἰς Κρήτην ἐκπλεῖ κε-
λεύςας τὴν Ἑλένην τοῖς ξένοις τὰ ἐπιτήδεια παρέχειν, ἕως ἂν
ἀπαλλαγῶςιν. ἐν τούτῳ δὲ Ἀφροδίτη ςυνάγει (wie bei *Vergil*
IV) τὴν Ἑλένην τῷ Ἀλεξάνδρῳ, καὶ μετὰ τὴν μῖξιν τὰ πλεῖςτα
κτήματα ἐνθέμενοι νυκτὸς ἀποπλέουςιν. Und wie kam nun
Aeneas in den Besitz eines Theils dieser κτήματα? Vergil wusste
aus den Kypria des Stasinos, dass Aeneas der Begleiter des Paris
auf der Fahrt nach Lacedaemon war. Er musste also von Helena
einen Theil dieser Kostbarkeiten zur Belohnung erhalten haben.

653. *Ilione*] Gemahlin des Thracier-Königs Polymnestor, der
den Polydorus getödtet. Da Ilione nach dem Tode des Polymnestor noch eine Zeit lang die Regierung führte, so konnte sie
das sceptrum als insigne regium tragen. Aeneas erhielt es während seines Aufenthalts in Thracien.

655. *bacatum*] == margaritis ornatum.

duplicem] == diadema aureum gemmisque distinctum, cf.
Ovid. Med. XIII, 704: dant pateram claramque auro gemmisque
coronam. *Heyne.*

657. *At Cytherea*] Uebergang von Aeneas' Absicht zu dem
Anschlag der Venus, daher at. Dagegen XII, 843, wo Juppiter
unmittelbar vorher selbst mit Juno verhandelt hatte, heisst es:
His actis aliud genitor rerum ipse volutat Juturnamque parat
fratris dimittere ab armis. Beiden Stellen liegt die Homerische
Formel zu Grunde: ἔνθ' αὖτ' ἄλλ' ἐνόηςε κτλ.

658. *ut   veniat*] Vgl. *Caes. b. g.* I, 5: post eius mortem
nihilo minus Helvetii id quod constituerant facere conantur. ut e
finibus suis exeant.

659. *donisque*] Nicht durch Geschenke, sondern durch die
Geschenke, welche nämlich Ascanius nach dem Wunsche des
Vaters bringen soll.

furentem] Ob proleptisch == in furorem? Mir scheint es
als ob die Königin bereits in leidenschaftlicher Erregung sich be-

findet, so dass es nur noch einer geringen Anregung bedarf und sie ist von der Leidenschaft völlig bezwungen.

660. *ossibus implicet ignem*] Die lateinische Sprache ist sehr arm, die verschiedenen Stufen der Liebe zu bezeichnen. Am wenigsten vermochten sie die Liebe nach ihrer innerlichen, seelischen Seite zu fassen; sie ist ihnen eine Krankheit, ein verzehrendes Feuer, eine tödtliche Verwundung etc. Etwa Tibull ausgenommen greifen alle Dichter der Römer sofort nach den stärksten Ausdrücken, die sie dann nur wenig zu steigern vermögen. Man vgl. z. B. *Homer* mit der *epitome Iliadis* 24: Sed negat Atrides Chrysenque excedere castris despecta pietate iubet: ferus ossibus imis haeret amor spernitque preces damnosa libido. Vgl. *Aen.* VII, 355. Die Verbindung ossibus implicare ignem, wofür wir erwarten igni ossa impl., hat auch *Cic. de div.* I §. 79: qui quidem ipsi (di) se nobis non offerunt, vim autem suam longe lateque diffundunt, quam tum terrae cavernis includunt tum hominum naturis implicant. Vgl. ausser ossa noch medulla, artus, viscera im *Lex. Naegelsb. Stil.* p. 364.

661. *domum ambiguam*] Nimmt man nur Rücksicht auf die Treulosigkeit des Pygmalion, so scheint mir dieser Ausdruck nicht gerechtfertigt. Denn ihr lässt sich die treue Liebe des Sychaeus und der Dido gegenüberstellen. Ebenso wie I, 284 domus Assaraci und III, 97 domus Aeneae nicht von einem einzelnen Geschlechte, sondern von dem ganzen Volke zu verstehen ist, ebenso wird man hier domus von dem Punischen Volke verstehen müssen, so dass Tyriosque bilinguis nur einen erklärenden Zusatz bildet. Der Dichter denkt hier nur an den Volkscharakter, die fides Punica. *Sil.* VI, 479: Karthago fraudum domus. Dagegen Rom heisst: Fidei domus incluta.

bilinguis] Die Karthager zeichneten sich in der That durch Sprachfertigkeit unter den Völkern des Alterthums aus. Die meisten sprachen und schrieben ebenso geläufig Griechisch als Phönizisch. Man hat auch in neuerer Zeit mehrere inscriptiones bilingues gefunden. Vgl. *Plaut. Poenul.* 112 (von Harmo): Et is omnes linguas scit, sed dissimulat sciens se scire.

662. *urit atrox Iuno*] Es quält, beunruhigt sie, lässt ihr keine Ruhe der Gedanke an die unversöhnliche Feindschaft der Juno. *Nägelsb. Stil.* p. 388. Es steht also hier die concrete Person statt der Vorstellung von ihrem Charakter.

sub noctem] == Je mehr sich der Tag neigt und die Nacht

hereinbricht, um so mehr erwacht immer und immer wieder die ängstliche Besorgniss der Venus. Dies geschieht nicht weil die Nacht curarum maxima nutrix (*Ov. met.* 8, 81) ist, sondern weil Venus während der Nacht einen Angriff der Tyrier auf Aeneas und seine Gefährten fürchtet. Denn in der Nacht kann aus dem geringsten Missverständniss — und dies konnte Juno veranlassen — leicht ein blutiger Kampf erfolgen. Vgl. IV, 3: multa viri virtus animo multusque recursat gentis honos.

664. *mea magna potentia solus*] == Meine Kraft und meine Macht, so gross sie auch zu sein scheint, hängt doch einzig und allein von dir ab. Man sieht, wie solus und magna in Gegensatz zu einander treten. Diese Macht des Amor, der sich auch Venus unterwirft, wird weiter dadurch charakterisirt, dass sich auch der allmächtige, furchtbare oder von Allen gefürchtete Juppiter vor ihr beugen muss, dass seine furchtbarste Waffe gegenüber dem Pfeile des Amor ein Nichts ist. Beide Gedanken werden anaphorisch eingeleitet durch die schmeichelhafte Anrede nate. Diese erinnert den Amor, dass, mag er auch noch so mächtig sein, er doch als Sohn der Mutter Gehorsam schuldig ist.

Und warum redet Venus den Amor mit so ernsten und schmeichelnden Worten an? Weil jeder Verzug ihr gefährlich scheint und Amor oft in boshaftem Scherz der Mutter widerstrebt. Denn, sagt Venus bei *Apoll. Rhod.* III, 94, ἐμεῖο οὐκ ὄθεται, μάλα δ' αἰὲν ἐριδμαίνων ἀθερίζει.

Wenn die Apposition des Vocativs einem Nebensatz entspricht, so wird statt des Voc. mitunter auch der Nom. gebraucht. Vgl. *Prop.* II, 6, 20: Cur exempla petam Graium? tu criminis auctor, nutritus duro, Romule, lacte lupae, tu rapere intactas docuisti inpune Sabinas. *Ovid. Heroid.* 14, 73: surge, age, Belide, de tot modo fratribus unus. *Mart.* VI, 80, 9: at tu Romanae iussus iam cedere brumae, mitte tuas messes, accipe, Nile, rosas. Dagegen bleibt der Vocativ hier Regel, cf. *Hor. Ep.* I, 1, 1. *Stat. Theb.* VII, 775: vade diu, populis promissa voluptas Elysiis, certe non perpessure Creontis imperia aut vetito nudus iaciture sepulchro. An dieser Stelle sehen wir die Attribute, welche in nächster Beziehung zu der angeredeten Person stehen, im Vocativ (perpessure, iaciture), der attributive Vocativ (iaciture) erhält aber wieder ein Attribut und dieses kann nur im Nominativ stehen (nudus), denn es heisst abgesehen von dem Vocativ: nudus iaceo. So ist auch obige Stelle Vergils zu erklären. Nehmen wir an, der Gedanke hiesse: solus mihi vires praebebis, so könnte dieser im Vocativ nur lauten: o solus vires mihi praebiture. Wir sehen also, dass meae vires und mea potentia Vocative sind und dass solus als Attribut zu diesen attributiven Vocativen, nicht unmittelbar zu dem persönlichen Vocativ nate gehört. Auch die übrigen oben angeführten Stellen finden bei genauerer Betrachtung ihre Erledigung. Vgl. zu II, 283.

Wer wie Servius und in neuerer Zeit Häckermann solus von den Vocativen trennt und mit qui temnis verbindet, stört nicht nur die Anaphora und die Beziehung der Anrede zu ad te confugio et supplex tua numina posco — denn dies thut eben Venus, weil sie ausser bei Amor nirgends wo anders Hülfe finden kann, sondern trägt auch den unpassenden Gedanken in die ganze Rede hinein, als handelte es sich um Verachtung der Macht Juppiters. Denn wer sagt: ich wende mich hülfesuchend an dich, der du allein dich nicht fürchtest vor den Blitzen Juppiters, erwartet offenbar eine kecke That, bei deren Ausführung diese Blitze zu fürchten sind.

665. *tela Typhoëa*] Vgl. *Hor. Carm.* III, 53—80. Diese Sage, welche am ausführlichsten *Hesiod. Theog.* 820 sqq. überliefert, gehört in die Gigantomachie, nicht in die Titanomachie. Vgl. *Welcker Ep. Cycl.* I, 203. II, 409. *Preller Gr. Myth.* I, 54.

668. *iactetur*] Ob das u in der Endung -tur in der dritten Person Passiv. ursprünglich lang gewesen sei, ist noch nicht sicher erwiesen, wenn auch sehr wahrscheinlich. Bei Vergil *Georg.* III, 76. *Aen.* IV, 222. V, 284 steht die Silbe -tur unter der Vershebung vor der Caesur des Verses. *Corssen, Vocalismus* I, 364.

669. *nota tibi*] = ist dir alles bekannt, sind dir bekannte Dinge. Im Lat. ist diese Sprachweise nicht üblich, wohl aber im Griechischen, z. B. *Xen. Anab.* 1, 9, 24: τὸ δὲ τῇ ἐπιμελείᾳ περιεῖναι τῶν φίλων καὶ τῷ προθυμεῖσθαι χαρίζεσθαι, ταῦτα ἔμοιγε δοκεῖ ἀγαστὰ εἶναι.

nostro doluisti dolore] Vgl. *Hor. Ars.* 101 = ut ridentibus arrident ita flentibus adsunt humani voltus, sc. flentes, wie *Liv.* 40, 54, 8: saepe querenti querens et ipse aderat. *Döderlein*, Reden und Aufsätze II, 181 sq. Ueber die Alliteration *Naeke*, Rhein. Mus. III, 328 sq.

670. Vgl. *Hom. Od.* I, 55—57 (Nachahmung des Ausdrucks):

τοῦ θυγάτηρ δύcτηνον ὀδυρόμενον κατερύκει,
αἰεὶ δὲ μαλακοῖcι καὶ αἱμυλίοιcι λόγοιcιν
θέλγει, ὅπωc Ἰθάκηc ἐπιλήcεται.

671. *et vereor, quo etc.*] Was soll hier et? Erwartet man nicht vielmehr set oder at? Et ist vollkommen richtig, wenn tenet und moratur gefasst wird als ein Uebel für Aeneas. Jetzt schon hält Dido den Aeneas von seinem Ziele ab, und, wenn vollends Juno sich einmischt, wie es in dieser wichtigen Lage zu erwarten ist, so fürchte ich, dass Aeneas überhaupt nie mehr sein Ziel erreicht. Uebrigens ist diese Stelle ein Beweis, wie sehr Nägelsbach (bei *Englmann, Lat. Gr.* §. 331) Recht hatte, wenn er ut und ne nach den Verbis timendi als indirecte Fragepartikeln erklärte, metuo ut venias = ich fürchte, wie du wohl kommen kannst, metuo, ne mortiferum sit volnus = ich fürchte, ob die Wunde nicht tödtlich ist. So erklärt sich *Hom. Il.* I, 26: μή cε, γέρον, κοίληcιν ἐγὼ παρὰ νηυcὶ κιχείω sehr einfach ohne eine Ellipse von ὅρα, ebenso wie X, 97: καταβείομεν, ὄφρα ἴδωμεν, μὴ τοὶ μὲν καμάτῳ ἀδηκότεc ἠδὲ καὶ ὕπνῳ κοιμήcωνται; vor Allem aber der Indic. z. B. *Od.* V, 300: δείδω, μὴ δὴ πάντα θεὰ νημερτέα εἶπεν. Vgl. *Hartung, Gr. Part.* II, 137 sq.

672. *tanto cardine. rerum*] = tanto discrimine rerum. Ebenso die spätere Prosa, z. B. *Quint.* XII, 8, 2: quorum nihil refert, ubi litium cardo vertatur. Servius erwähnt als Sprüchwort: res in cardine est. Die Erklärung gibt *Val. Fl.* V, 19: ulla laboris si nostri te cura movet, qui cardine summo vertitur atque omnis manibus nunc pendet ab unis.

674. *nequo numine*] = nach dem Willen einer Gottheit, natürlich der Juno.

675 *sed   teneatur*] Sehr häufig ist aus der Negation im Gegensatz die affirmative Conjunktion zu ergänzen, cf. *Liv.* 32, 35, 5: ne tempus altercando tereretur et aliqui finis rei imponi posset. Natürlich kann auch ut hinzugesetzt werden. Vgl. *Fabri ad Liv.* XXIII, 7, 11.

677. *accitu cari genitoris*] Dieselbe Form *Cic. Verr.* III, §. 68: magistratus et quinque primi accitu istius evocantur. *Tac. Ann.* II, 80 *Neue, Formenl.* I, 521.

678. *mea maxima cura*] Vgl. zu I, 646.

680. *super altă Cytheră*] *Cledonius* p. 77 (*Keil*) gibt die Regel: super vero, quando itineralis fuerit (= sein soll), abla-

tivo servit, ut ʽeo super plateaʼ, quando localis, accusativo, ut ʽsuper Idaliumʼ. Indessen gilt auch hier die Regel: Ist ein Erstrecken über einen Raum hin (vgl. κατά, ἀνά) denkbar, besonders bei Verben der Bewegung, so steht der Acc., cf. VII, 557. VI, 504. IX, 444 etc.

Soll aber ein Verweilen an einem Orte, also Ruhe bezeichnet werden, so steht der Abl. cf. I, 700. VI, 203. *Ecl.* 1, 80. Oft sind natürlich beide Anschauungen möglich. Vgl. ὑπέρ mit Gen. und Acc. bei *Rehdantz* zu *Xen. Anab.* I, 3, 4, ferner ἐπί *ibid.* I, 4, 1.

An unserer Stelle verbindet sich mit recondam der Begriff des Entfernens, Wegtragens.

683. *faciem falle dolo*] *Soph. Phil.* 129: ἐκπέμψω πάλιν τοῦτον τὸν αὐτὸν ἄνδρα ναυκλήρου τρόποις μορφὴν δολώσας. *Wunder.* Zu dolus (δόλος, δολόεις) bemerkt *Schol.* zu *Apoll. Rhod.* III, 89 sehr richtig: ἔστι γάρ ποτε ὁ δόλος καὶ ἐπὶ τῆς φρονήσεως, also δολόεις nicht immer tadelnd wie πανοῦργος. Vgl. *Plaut. Bacch.* 1095: Is scelus me usque dolis attondit doctis indoctum ut lubitumst.

688. *fallasque veneno*] *Ladewig* erklärt: inspires fallasque = λάθε ἐμβαλών, wie VII, 350: ille (anguis) inter vestes et levia pectora lapsus volvitur attactu nullo fallitque furentem, vipeream inspirans animam. Aber wo bleibt denn an unserer Stelle veneno? Es ist also zu erklären: occultum inspires ignem fallasque veneno furentem. Der Abl. veneno entspricht dem obigen vipeream inspirans animam = fallitque viperea anima furentem. Vollständig aufgelöst heisst also der Satz: fallasque venenum inspirans furentem.

691. *placidam per membra quietem inrigat*] Nach *Lucr.* IV, 907: quibus ille modis somnus per membra quietem inriget.

692. *fotum gremio*] Vgl. 718 und *Ecl.* 3, 4: ipse Neaeram dum fovet etc.

693. *mollis amaracus*] quem Phrygium cognominant, zählt *Plin. h. n.* XXI, 39, 67 zu den flores aestivi.

696. *duce laetus Achate*] Der Abl. hängt nicht von laetus ab, dieses Adjectiv gehört zu portabat, sondern ist Abl. absolutus = fröhlich, jubelnd und Achates ihm voran.

697—756: Convivium im Palaste der Dido.

Wenn man auch zugeben muss, dass die Anlage dieser Scene dem Fest- und Abschiedsmahle im Palaste des Alkinoos entspricht, so darf man doch andrerseits nicht übersehen, dass eine Nachahmung Homers hier nicht bezweckt sein kann. Denn die Verhältnisse, unter denen das Fest stattfindet, sowie die Art und Weise, wie dieses gefeiert wird, sind zu verschieden, als dass sie eine Vergleichung zuliessen.

Bei Homer ist Odysseus den Phäaken ein wunderbarer Fremdling, welcher durch sein edles Benehmen allein allgemeine Aufmerksamkeit erweckt. Schliesslich entdeckt er Namen und Herkunft und fesselt dann die Aufmerksamkeit aller Gäste um so leichter, jemehr bereits der Sänger Demodokos am Hofe von den Heldenthaten des Odysseus gesungen hatte. Ein Mann, von dem Alle gehört und gesungen, tritt jetzt persönlich vor ihnen auf und erzählt ihnen persönlich seine Abenteuer (καὶ νόϲτον ἐμὸν πολυκηδέ’ ἐνίϲπω). Kein Wunder, wenn Alle seiner langen Erzählung gespannt zuhören.

Bei Vergil ist Aeneas längst kein Fremdling mehr. Sein Name und seine Abkunft sind bekannt und Dido kennt bereits den ganzen Mann und sein Schicksal aus dem Munde des Teucer (I, 623. 24). Und man darf annehmen, dass auch die Vornehmen Karthagos mit dem Schicksal Troias bekannt waren.

Nichts desto weniger muss es einen grossen Reiz für sie haben, von Aeneas Ereignisse jetzt zu hören, an denen er hervorragenden Antheil genommen (II, 5: quaeque ipse miserrima vidi et quorum pars magna fui); aber gerade die Hauptperson Dido bestimmt nicht das reine Interesse an einer grossen und wahren Begebenheit, ihr Verlangen Troia’s und Aeneas’ Geschick zu erfahren, geht hervor aus der leidenschaftlichen Liebe zu dem Erzähler, der es vollständig gleichgültig ist, was sie vernimmt, ob Wichtiges oder Unwichtiges (751. 52), wenn sie den Geliebten nur sprechen hört.

Ferner haben wir bei Homer ein doppeltes Festmahl, am Tage und am Abend, unterbrochen durch die Wettkämpfe der Jünglinge. Dabei sehen wir eine reiche Entwicklung des ganzen Lebens der Phäaken, wie andrerseits die Gemüthstiefe und den Seelenadel des Odysseus. Alles dies fällt bei Vergil weg. Von dem inneren Leben, dem Charakter der Tyrier erfahren wir nichts. Aeneas landet, sieht und bewundert die neu sich erhebende Stadt, erkennt die Menschlichkeit der Bewohner an dem Juno-Tempel, erscheint plötzlich vor Dido und findet Liebe, wird zu Gaste geladen und erzählt sein Schicksal.

Vergil konnte aber auch dem Homer nicht nachstreben, selbst wenn er es wollte. Denn Homers Darstellung hat ihren höchsten Reiz gerade darin, dass der Fremdling bei den Phäaken gastliche Aufnahme findet, ohne dass er sofort sich entdecken muss. Dies war Vergil unmöglich. Denn da die jung aufstrebende Stadt jeden Augenblick von der See her Gefahr für ihre Existenz fürchten musste, so konnte eine gänzlich unbekannte Flotte, welche stark genug war, die Stadt zu bekriegen, unmöglich sofort Aufnahme finden. Ferner konnte die Liebe der Dido, welche die Punischen Kriege im Keime trug, nicht fehlen. Hier musste Vergil dem Naevius folgen, wenn er nicht den nationalen Charakter seines Epos verwischen wollte.

Wir müssen also annehmen, dass hier Vergil nicht unmittelbar dem Homer folgt, sondern dass er einen anderen Vorgänger hatte, sei es Naevius oder ein Dichter der Nosten. Vgl. *Welcker*, Epischer Cyclus II, 281.

697. *cum venit   iam se   locavit*] Diese Uebergangsform, überhaupt die Verbindung von cum mit Ind. Praes. im Vordersatz und Indic. Perf. im Nachsatz, findet sich bei Vergil nicht weiter. Die regelmässige Form, welche sich häufig wiederholt, zeigt I, 223. Die gewöhnliche Form wäre: et iam se mediam regina locaverat, iam Aeneas ceterique principes Troiani conveniunt, cum puer ille venit. Nun aber soll das Erscheinen des Eros nicht zur Hauptsache werden, sondern die Ordnung des Festmahls. Darum erfolgt eine Umstellung der Sätze = ille ubi venit, iam ut advenerat, regina se composuit mediamque locavit. Vgl. *Plaut.* *Curculio* 646: postquam illo ventumst, iam ut me conlocaverat, exoritur ventus turbo. Ein gleiches Beispiel findet sich auch nicht im Tursell. von Hand, so dass unsere Stelle ganz singulär zu sein scheint. *Charis.* II, 226 und *Diomedes lib.* I, 392 (*Keil*) erklären cum venit = tempore ipso quo venit, achten aber dabei nicht auf das folgende iam (= soeben) und das Ungewöhnliche der Verbindung. *Priscian* XVIII, 253 hilft sich mit der Annahme, dass das Perf. iam se composuit für das Praesens stehe. Servius nahm wenigstens Anstoss, wenn auch seine Erklärung (cum = dum) nicht ausreicht.

aulaeis] Servius: i. e. velis pictis, quae ideo aulaea dicta sunt, quod primum in aula Attali regis Asiae, qui populum Romanum scripsit heredem (133 v. Chr.), inventa sunt. Ideo autem in domibus tendebantur aulaea, ut imitatio tentoriorum fieret

(Attalica aulaea *Val. Max.* IX, 8, 5). Varro tamen dicit, vela solere suspendi ad excipiendum pulverem, quia usus camerae ignorabatur (i. e. einer gewölbten Decke). Dieselbe Notiz bei *Porph.* zu *Hor. Sat.* II, 8, 54 lautet (corrupt?): consuetudo apud antiquos fuit, ut aulaea sub cameras tenderent, ut, si quid pulveris caderet, ab ipsis exciperetur.

Die aulaea oder plagulae waren kostbare purpurne (*Hor. Carm.* III, 29, 14) mit Gold durchwirkte oder auch ganz aus Goldfäden gewebte (*Marq.* V, 2, 144) Decken oder Vorhänge, welche man theils zur Drappirung der Wände des Zimmers benützte, theils über die lecti und lecticae (Tragesophas) ausbreitete. Vgl. Histor. Quellenb. II, 3, 6. Von der Notiz des Servius ist so viel wahr, dass diese Stoffe von Alters her im Orient gebräuchlich waren (*Moses* II, 28, 5—8. 39, 2—8) und von Kleinasien aus in Rom Eingang fanden.

An unserer Stelle kann weder an einen Baldachin noch an eine Decoration der Wände gedacht werden, vielmehr sind es hier purpurne golddurchwirkte (superbis) Decken, welche auf die sponda gelegt werden, also = vestes stragulae. Unter sponda hat man also nicht das mit Gurten versehene Gestell des lectus tricliniaris zu verstehen, sondern das bereits mit Polstern (tori) belegte Gestell; denn die vestes stragulae wurden immer über die -tori gebreitet. Vgl. *Marq.* V, 1, 310. Aus diesem Grunde heisst die sponda hier aurea — denn es ist Abl. und Epitheton zu sponda, nicht Nom. —, wenn man nicht vielmehr anzunehmen hat, dass das ganze Gestell mit Reliefplatten von Gold bekleidet war, cf. *Marq.* V, 1, 318.

698. *se composuit*] = setzte sich zurecht, d. h. bestieg das Polster.

mediamque locavit] Ebenso der König Latinus XI, 237: sedet in mediis et maximus aevo et primus sceptris haut laeta fronte Latinus, VII, 169: solio medius consedit avito. *Sall. Jug.* 11, 3: set Hiempsal dextra Adherbalem adsedit, ne medius ex tribus, quod apud Numidas honori ducitur, Jugurtha foret: dein tamen, ut aetati eius concederet fatigatus a fratre, vix in partem alteram transductus est.

Indessen hat bereits Servius, wie es scheint, richtig bemerkt, dass hier Vergil die Ordnung oder Etiquette beobachtet, welche bei der Vertheilung der Plätze in Rom und Italien zu seiner Zeit üblich war. Vgl. *Marquardt* V, 1, 311, da eine Beschreibung des Triclinium's hier zu viel Raum einnehmen würde. Der Tisch stand also in der Mitte und war von drei lecti umgeben, welche hier nicht je drei, wie gewöhnlich, sondern eine grössere Zahl von Sitzplätzen enthalten mussten.

Wenn es nun heisst mediamque se locavit, so wird man annehmen müssen, dass Dido den mittleren Sitz am lectus medius einnahm. Da der medius und summus (zur Linken, der imus zur Rechten) lectus auch sonst für die Gäste bestimmt ist, so wird auf dem medius zur Linken der Dido Aeneas und zur Rechten Bitias (cf. 738) Platz genommen haben. Die Troianer sassen nun dem Aeneas zur Linken meistens an dem summus, die Karthager dem Bitias zur Rechten auf dem imus lectus. Daher erscheint zuerst die iuventus (= principes) Troiana (699), dann erst (707) die Tyrii.

Von Troianern waren anwesend ausser Aeneas und Achates noch Antheus Sergestus Cloanthus (510) und, wie man aus V. 511 und 518 schliessen darf, noch neun principes. Rechnet man dazu Ascanius, welcher nach der Sitte seinen Platz neben dem Vater haben musste, so sind es im Ganzen 15 Gäste. Da nun die Zahl der Tyrier entsprechend sein musste (frequentes), so darf man annehmen, dass 14 Personen geladen waren, welche mit der Königin der Zahl 15 entsprachen. Ist diese Annahme richtig, so haben wir uns ein convivium von 30 Personen, auf jedem lectus 10 Personen zu denken. Diese Zahl ist freilich sehr gross, aber die Sache selbst ist ja eine ausserordentliche, und es ist natürlicher sich grosse lecti und ein Triclinium als kleine und mehrere Triclinia zu denken, weil sonst die Erzählung des Aeneas nicht leicht Allen verständlich sein konnte. Welchen Sitz Iopas (740) einnehmen soll, ist aus der Darstellung Vergils nicht zu ermitteln.

701. Vgl. *Hom. Od.* I, 144 sq.:

’Ες δ’ ἦλθον μνηστῆρες ἀγήνορες. οἱ μὲν ἔπειτα
ἑξείης ἕζοντο κατὰ κλισμούς τε θρόνους τε,
τοῖσι δὲ κήρυκες μὲν ὕδωρ ἐπὶ χεῖρας ἔχευαν,
σῖτον δὲ δμωαὶ παρενήνεον ἐν κανέοισιν,
κοῦροι δὲ κρητῆρας ἐπεστέψαντο ποτοῖο.

702. *mantelia*] Die Römer hatten Servietten (mappae) und Handtücher (mantelia), theils feine theils auf einer Seite gefilzte (villosa), cf. *Ovid. Fast.* IV, 933. *Georg.* IV, 377. Mit dem mantele trockneten die Priester beim Opfer und die Gäste beim

Händewaschen die Hände (χειρόμακτρον). Servius: Constat enim maiores mappas habuisse villosas, quibus etiam in sacris utebantur, sicut in Georgicis (*l. l.*):

manibus liquidos dant ordine fontis
Germanae tonsisque ferunt mantelia villis

De supplicaturis enim hoc dixit. Mantelia vero a manibus dicta. Später, seit Domitian, bedeckte man auch die Tische und nannte auch das Tischtuch mantele oder mantelium (so *Varro l. l.* VI, 85): mantelia nunc pro operiendis mensis sunt, quae, ut nomen ipsum indicat, olim tergendis manibus praebebantur, *Isid. Orig.* XIX, 26, 6. Auf einem Herculaneischen Wandgemälde sieht man drei junge nackte Diener, welche in einer Hand einen Zweig, in der andern eine Schale halten und über den Arm, welcher die Schale trägt, eine Serviette gelegt haben, ganz nach Art unserer heutigen Kellner oder Diener. *Marq.* V, 1, 322.

703. *quinquaginta intus famulae*] In den inneren Gemächern, welche in den Speisesaal (atrium) münden. Die Zahl 50 entspricht *Hom. Od.* VII, 103.

ordine longam penum struere] *Charis.* I, 74 (*K.*): Penus quo modo debeat declinari incertum est. nam Plautus in Pseudulo (178 und 228) eodem fere loco et masculino genere dicit hic penus (annuos congereretur penus) et neutro hoc penus (omne huc penus adferre, cf. *Hor. epp.* I, 16, 72). Vergilius autem etiam feminino 'longam penum'. igitur cum possimus secundum neutrorum formam huius penoris dicere vel secundum masculinorum et femininorum huius peni, neutrum dico, quia apud auctores nondum exemplum quod sequar inveni. Weiteres bei *Neue* I, 586—88.

Ueber den Inhalt des Begriffs penus schreibt *Gell.* IV, 1, 17: Q. Scaevolam ad demonstrandam penum his verbis usum audio: Penus est non quidque (Huschke) esculentum aut poculentum, set quod ipsius patrisfamilias aut liberum matrisve familias aut familiae eius, quae circum eum aut liberos eius est et opus non facit, causa paratum est, id Mucius ait penus videri debet. Nam quae ad edendum bibendumque in dies singulos prandii aut cenae causa parantur, penus non sunt, sed ea potius, quae huiusce generis longae usionis gratia contrahuntur et reconduntur, ex eo quod non in promptu sint, sed intus et penitus habeantur, penus dicta sunt. — Cato: Aelio placuisse, non quae esui tantum et potui forent, sed tus quoque et cereos (Wachskerzen) in penu esse, quodque esset eiusdem ferme rei comparatum.

Betrachtet man diese Angaben über den Begriffsinhalt von penus, so sieht man erst, wie passend die Lesart longam ordine penum gegenüber der anderen longo ordine penum ist. Im letzteren Falle hätten die famulae nicht die Aufgabe, Speisen und Getränke in Ordnung vorzubereiten, sondern nur eine recht lange Reihe in künstlicher Weise herzustellen, also — renommage! Man vgl. nur die Stellen, wo sich ordine longo findet, I, 395. II, 766. VI, 482. 754. VIII, 722. XI, 143, und man wird sich leicht überzeugen, dass keine derselben auch nur die geringste Aehnlichkeit mit unserer Stelle hat.

704. *flammis adolere penates*] In den Pompeianischen Häusern befindet sich das sacrarium oder lararium gewöhnlich im Peristyl (*Marq.* V, 1, 251); dagegen der focus mit den Penaten war immer in dem inneren Theil des Hauses noch in Verbindung mit dem atrium. Sehr oft fand man auch unmittelbar am Eingange des Atrium oder auch in der Flur hinter der Hausthür den Schutzgott des Hauses, Lar oder Tutela. *Marq.* V, 1, 244. Die Penaten sind hier die Götter des Heerdes, die Schutzgottheiten der Familie, denen der pater familias selbst opfert. Die Laren und der Genius sind in dem allgemeineren Worte penates mit inbegriffen. Vgl. *Marq.* IV, 143.

An unserer Stelle ist penates adolere nicht = focum adolere. In dem Verbum ist natürlich der Begriff enthalten: durch Opfer feiern, ehren. Daher steht wie bei facere = opfern (cf. *Ecl.* III, 77: faciam vitula pro frugibus) so auch bei adolere der Gegenstand, den man opfert d. h. mit dem man die Gottheit ehrt, im Abl. Wie hier flammis so VII, 71 castis adolere altaria taedis, *Georg.* IV, 379: adolescunt ignibus arae. Da aber adolere auch die Bedeutung erhält etwas verbrennen (zu Ehren etc.), so findet sich auch wie bei facere und sacrificare der Acc., cf. *Ecl.* 8, 65: verbenasque adole pinguis et mascula tura, und natürlich auch der Dat. der Person, der zu Ehren dies geschieht, cf. *Aen.* III, 547: praeceptisque Heleni, dederat quae maxima, rite Iunoni Argivae iussos adolemus honores.

707. *limina laeta*] Der fröhliche, heitere Festsaal, nicht nur weil das atrium festlich geschmückt ist (vgl. laeta seges), sondern auch weil unter den bereits anwesenden Gästen die heiterste laetitia herrscht.

711. Besonnene Kritik kann diesen Vers nur als einen erklärenden Zusatz zu dona erkennen, cf. 649. Denn was wäre
dies für eine Ordnung: mirantur dona, mirantur Iulum pallamque
et velamen! Denn die Anaphora mirantur — mirantur darf
durchaus nicht übersehen werden. Diese würde aber durch den
Zusatz zerstört. Wollte man wirklich darin den kühnen Gedanken
finden: 'je liebenswürdiger (?) der vermeintliche Iulus den Tyriern
erscheint, desto höhern Werth (?) erhalten in ihren Augen die
Geschenke des Aeneas', so müsste die Anaphora wenigstens fortgesetzt, also mirantur wiederholt sein. So aber ist dieses Satz-
gefüge ein monstrum:

capiti tenui adpingitur alvus desinens in caudam!

712—714. Sed etiam qui secuntur tres versus, cum prae-
ripiant quae aliquanto diligentius exornata vv. 715—722 conti-
nentur, sine ullo narrationis damno omittuntur: immo multo
magis reginam decebat, solius pueri, Cupidinis nimirum, instinctu
quam donorum quoque pulchritudine captam Aeneae amorem
concipere. Itaque tres illos versus — nam per se stilo Vergi-
liano dignissimi sunt — dittographiam sequentium esse arbitror,
quibus omissis v. 715 aptissime ad 709 adiungebatur (?). *Ribbeck*
p. 67 sq.

Also die Geschenke sollen keinen Eindruck auf Dido machen?
Dies ist ja auch nicht der Fall. Sie machen nur Eindruck, weil
der schöne Knabe sie ihr überreicht, natürlich in einer bezau-
bernden Weise (pariter puero donisque movetur). Aber sie betrachtet doch die Geschenke mit heftigem Verlangen? Natürlich,
weil es nicht mehr gewöhnliche Kostbarkeiten sind, sondern weil
sie ihr wunderbar erscheinen; denn sie gehörten ja zu den
Kleinodien der Helena, ja selbst der Leda, und jetzt überreicht
sie ihr ein Gott, und zwar der Liebesgott. Lag also schon
an und für sich in der Sache ein Zauber, so wusste diesen Eros
gewiss noch ausserordentlich durch seine Wunderkraft zu steigern.
Aber derselbe Gedanke findet sich ja doch im folgenden viel
schöner ausgeführt! Dies ist mir ein Wunder. Denn im folgenden lesen wir nur von der Anziehungskraft des Knaben, von
seiner Annäherung, von seiner Thätigkeit als Liebesgott;
jetzt sehen wir nur wie der vermeintliche Iulus mit den wunder-
vollen Geschenken den ersten Eindruck macht sofort bei seinem ersten Auftreten. Amor tritt hier nicht als Amor auf, ohne
Pfeil und Bogen kann er nur durch Liebenswürdigkeit und Wun-

derkraft die Liebe der Dido anfachen. Was ist also natürlicher, als dass er erst durch Ueberreichung der Geschenke, dann durch Innigkeit der Kindesliebe (715) die Aufmerksamkeit und Zuneigung der Dido weckt, um schliesslich ihr selbst auf den Schooss zu springen etc. Ich finde das damnum sententiae bei der Methode Ribbecks sehr bedeutend. Denn wie? Sollte Iulus erscheinen und ohne nur von Dido begrüsst zu sein ihr sofort auf den Schooss hüpfen? Dies ist unmöglich. Aber weiter. Warum lässt denn Aeneas die Geschenke überhaupt bringen, wenn Dido sie nicht einmal ansehen soll? Und wenn sie dieselben betrachtet, soll sie kalt und regungslos daneben stehen? Ich glaube es ist nichts widerlicher als wenn ein Dichter eine Handlung einflicht, die keinen Grund und keine Folge hat. Dies wäre aber hier nach Ribbecks Aenderung offenbar der Fall. Oder werden die Geschenke etwa von Aeneas nur herbeigeholt, damit sein Sohn Gelegenheit erhält mit am Hofe zu erscheinen? Sonderbar, wenn der Vater den Sohn nicht dürfte zu sich kommen lassen ohne allen Vorwand!

Endlich wenn Ribbeck im vv. 712—14 eine Dittographie von vv. 715—22 findet, warum streicht er nicht auch 710? Denn flagrans voltus und simulata verba greift ja dem folgenden noch viel mehr vor.

Weit entfernt also diese Verse aus dem Zusammenhang zu streichen, bewundere ich gerade hier am meisten die Kunst des Dichters, der es versteht, uns hier die Entwicklung der Liebe im Herzen der Dido allmählich vor die Seele zu führen. Und es ist auch diese Stelle ein Beleg dafür, wie Vergil mythologische Figuren benützt, um durch ein äusseres Bild die inneren Empfindungen des Herzens darzustellen. Vgl. *Näg. Vita* p. 57.

pesti devota futurae] Diese Worte sind von der grössten Wichtigkeit, sie appelliren an unser Mitleid. Denn nach den gemeinen Regeln der Sittlichkeit verdient Dido unser Mitleid nicht. Darum hebt der Dichter sofort bei Beginn der Tragödie mit Nachdruck hervor, dass Dido im Verlauf nicht mehr frei und selbständig handelt, dass ihre Handlungsweise und schliesslich ihre Schuld herbeigeführt werden durch den unabänderlichen Zwang einer höheren Bestimmung.

So wird Dido eine tragische Person, ihre Freiheit unterliegt der dunkeln Götterfügung, sie kann aus diesem Banne nicht heraus, so gewaltsam sie auch ringen und kämpfen mag (IV, 24—30).

Aber dieser Bann zwingt sie doch noch nicht zur Schuld. Da kommt eine neue Götterverschwörung über ihr Haupt (IV, 90—128), mit listigem Lächeln (128) legt ihr Venus das Netz, in dem sie endlich gefangen und vernichtet wird. Ein solches Geschick ist tragisch und zwingt uns zum Mitleid.

Aus dieser Betrachtung geht hervor, dass pestis hier wörtlich zu fassen ist: Dem Verderben geweiht, das ihr bevorstand = dem unabänderlichen Verderben etc., nicht = der verderblichen Liebe, denn diese war keine res futura mehr, cf. IV, 90 mit V, 699. X, 55.

713. *ardescitque tuendo*] Aehnlich *Val. Fl.* VII, 121: tum comitum visu fruitur miseranda suarum inplerique nequit. Daraus geht aber nicht hervor, dass auch an unserer Stelle zu mentem expleri nequit tuendo ergänzt werden müsste. Wenn man dies thut, so zerfällt die Steigerung in ardescit tuendo. Der Gedanke ist: vor Allen die unglückliche Dido kann sich nicht genug thun (sc. mirando) und je mehr sie betrachtet um so unruhiger wird ihr Gemüth.

Nun ist aber immer noch nicht gesagt, was sie denn eigentlich bewundert und betrachtet, ist es das wunderbare Gewand oder der liebreizende Knabe?

Darauf antwortet 714: ob sie von dem Knaben, ob sie von den Geschenken mehr gefesselt wird, das weiss sie selbst nicht. Dies ist die natürliche Entwicklung der Liebe. Sie richtet sich auf Aeneas, aber nicht sofort. Zuerst sind es die Geschenke des Aeneas und der Sohn des Aeneas, also Gegenstände oder Personen, welche diesem lieb und werth sind, auf welche sich das Gemüth der Dido richtet, bald schwärmt sie nur in und für das Abbild des Vaters (717), endlich schliesst sich ihr Herz der Liebe für Aeneas auf (721), um bald ganz allein für ihn zu schwärmen (749). Diese gradatio hebt Ribbeck durch seine Aenderung gänzlich auf.

Zu tuendo vgl. II, 6 und zu I, 9.

716. *falsi inplevit genitoris amorem*] = er befriedigt zuerst die mächtige Liebe zu dem vermeintlichen Vater, d. h. er zeigt ausserordentliche Liebe und befriedigt ihr Verlangen durch Liebkosungen. So ist also implere amorem osculis = implere oculos spectaculo, nur dass das Verbum von einem äusseren auf ein inneres Verhältniss übertragen ist, cf. im folgenden oculis pectore gremio etc.

719. *insidat*] Man erwartet einen Perfektbegriff wie insideat, wie auch einige Hdschr. überliefern. Aber die schwerere Lesart ist hdschr. fest bezeugt. Servius gibt uns die Erklärung einiger Grammatiker, welche insidat mit insidias faciat umschreiben wollten. Im Wesentlichen glaube ich haben diese das Richtige getroffen. Man muss ausgehen von der Redensart aliquid memoriae insidit, was wörtlich heisst: etwas senkt sich in das Gedächtniss, cf. *Quint.* X, 7, 2: dum illa verba fabricentur et memoriae insidant et vox ac latus praeparetur. *Ovid. met.* X, 252 (Pygmalion hatte ein weibliches Bild aus Elfenbein verfertigt und war nun von Liebe zu diesem entbrannt): miratur et haurit pectore Pygmalion simulati corporis ignes, oscula dat reddique putat, loquiturque tenetque, et credit tactis digitos insidere membris = dass seine Finger in die Glieder, wenn er sie berührte, sich einsenken, d. h. dass die Glieder wie eine weiche Masse dem Druck der Finger nachgeben. So ist also auch an unserer Stelle nicht an das äusserliche Sitzen oder Setzen zu denken, sondern der Gott senkt sich in die Unglückliche, dringt in das Innere, in das Herz allmählig (= Praes.) ein. Vgl. wie die Furie sich gewaltsam senkt in das Innere des Menschen VII, 346: unum de crinibus anguem conicit inque sinum praecordia ad intuma subdit — lues udo sublapsa veneno pertemptat sensus atque ossibus implicat ignem. Ebenso wird die Liebe zum Furor.

720. *matris Acidaliae*] Vgl. *Preller*, Gr. Myth. I, 377.

abolere Sychaeum] i. e. Sychaei memoriam, wie *Tac. hist.* I, 84: paucorum culpa fuit, duorum poena erit: ceteri abolete memoriam foedissimae noctis. Vgl. *Aen.* XI, 789: da, pater, hoc nostris aboleri dedecus armis. mit IV, 497 (reales und ideales Vernichten).

. 721. *praevertere amore resides animos*] Sehr gut bringt Ladewig praevertere in Beziehung zu abolere Sychaeum: kaum ist Sychaeus aus dem Herzen verdrängt, so erfüllt der Gott sofort wieder dasselbe mit der neuen Liebe zu Aeneas.

Ebenso tritt in scharfen Gegensatz zu einander vivus amor und resides animi desuetaque corda: die durch lange Entbehrung wirklicher Liebe erschlaffte Leidenschaft wird mit der vollen Kraft lebendiger und feuriger Liebe wieder geweckt. Denn der Plural (animos, corda) ist hier nicht zufällig: das Herz war nicht schlaff, denn Dido bewahrte bis jetzt dem Sychaeus ein treues Andenken, aber die feurige Liebe der Jugend war verflogen, denn es fehlte die Uebung, die Gegenseitigkeit wirklicher und thätiger Liebe. Vgl. *Ovid. met.* XIV 436: resides et desuetudine tardi rursus inire fretum, rursus dare vela iubemur.

723. *mensaeque remotae*] Vgl. 216.

724. *crateras magnos*] Auf magnos neben crateras ruht der Ton, darin liegt der Unterschied zwischen der bisherigen Art des Trinkens und der nun folgenden Weise. Denn Wein hatte man bei den epulae bis jetzt auch (cf. 706), nun aber beginnt das eigentliche cυμπόcιον und man trinkt maioribus poculis. Vgl. *Guhl* und *Koner* I, 292. *Cic. Verr.* I § 66: mature veniunt, discumbitur. Fit sermo inter eos et invitatio, ut Graeco more biberetur. Hortatur hospes: poscunt maioribus poculis, celebratur omnium sermone laetitiaque convivium (= cυμπόcιον). Diese maiora pocula sind die κρατῆρες (*Guhl* I, 161), welche man erst nöthig hatte, wenn das wirkliche Trinkgelage begann.

vina coronant] Wie die ganze Beschreibung ein griechisch-römisches Symposion darstellt, so ist natürlich auch die Sitte, die Mischkrüge und Becher mit Laub oder Blumen zu bekränzen, dem Gebrauche der Zeit Vergils entlehnt. Ob aber Vergil sich nicht vielleicht die Homerische Formel κρητῆρας ἐπεcτέψαντο ποτοῖο so erklärte? Vgl. *Nitzsch Od.* I, 149. *Buttm. Lexil.* II, 100 (II ed.). Ueber VII, 146 vgl. *Ribb. Prol.* p. 82, dagegen III, 525 ist klar und deutlich: tum pater Anchises magnum cratera corona induit inplevitque mero divosque vocavit.

725. *it strepitus tectis*] Dat. = steigt empor, wie it clamor caelo = ad caelum. Vgl. *Cic. l. l.* celebratur convivium omnium sermone laetitiaque.

726. *lychini — funalia*] Kronleuchter mit Wachskerzen (funiculi = candelae). Die lychini sind hier pensiles. Vgl. *Marq.* V, 2, 302 und *Overbeck*, Pompei II, 58 sq.

Die laquearia oder lacunaria sind getäfelte Zimmerdecken. Diese Decken wurden theils mit Holz theils mit Elfenbein (*Hor.* II, 18, 1) ausgelegt und mit Bildhauerarbeit versehen, theils gemalt theils vergoldet oder mit Goldblech überzogen. *Plin. h. n.* XXXIII §. 57: laquearia, quae nunc et in privatis domibus auro teguntur, post Carthaginem eversam primo in Capitolio inaurata sunt censura L. Mummi. inde transiere in cameras quoque et parietes, qui iam et ipsi tamquam vasa inaurantur. *Marq.* V, 2, 313.

Ueber die Formen lucinus, luchinus, lychinus, lychnus vgl.

Ritschl, Opusc. II, 479 sq.   Zur Sache *Athen.* XV. p. 700 f.:
οὐ παλαιὸν δ᾽ εὕρημα λύχνος, φλογὶ δ᾽ οἱ παλαιοὶ τῆς τε δᾳδὸς
καὶ τῶν ἄλλων ξύλων ἐχρῶντο, *Hom. Od.* VII, 100.

729. *inplevitque mero*] = III, 526.

730. *quam Belus et omnes a Belo soliti*] i. e. mero inplere,
qua usi fuerant. *Heyne.* Belus von Baal, dem Hauptgotte der
Phönizier, ist der nominelle Stammvater des Volkes und des Königshauses der Phönizier.

731.   Vorbild war hier *Hom. Od.* VII, 178:

  καὶ τότε κήρυκα προσέφη μένος Ἀλκινόοιο·
  Ποντόνοε, κρητῆρα κερασσάμενος μέθυ νεῖμον
  πᾶσιν ἀνὰ μέγαρον, ἵνα καὶ Διὶ τερπικεραύνῳ
  σπείσομεν, ὅς θ᾽ ἱκέτῃσιν ἅμ᾽ αἰδοίοισιν ὀπηδεῖ.

Zur Form vgl. *Il.* XIX, 95: καὶ γὰρ δή νύ ποτε Ζεὺς ἄσατο,
τόν περ ἄριστον ἀνδρῶν ἠδὲ θεῶν φάσ᾽ ἔμμεναι.

In dem Gebete bemerken wir unwillkührlich die sogenannte
tragische Ironie. Denn während Dido Juppiter (=Baal) anfleht,
diesen Tag zu einem Segenstag für die Tyrier und Troer werden
zu lassen, weiss der Leser, dass dieser Tag gerade der Anfang des
Unheils wurde, welches später über beide Völker hereinbrach.
Und derselbe Juppiter, welchen hier Dido anfleht, ist es, welcher
später den Aeneas gewaltsam aus den Armen der Dido reisst und
dadurch die folgenden Leidenskämpfe und schliesslich den Tod
derselben veranlasst. Vgl. *Nägelsbach,* Hom. Theol. p. 363 sq.
Besonders die Worte; nostrosque huius meminisse minores fallen
ins Ohr wie ein entsetzender, ja grässlicher Hohn des Schicksals,
dem wie die beschränkten Menschen so auch die ʻbona Iunoʼ
schliesslich unterliegt.

733. *esse velis*] vox propria, cf. cum dis volentibus et pro-
pitiis. *Liv.* I, 16, 3: pacem precibus exposcunt, uti volens pro-
pitius suam semper sospitet progeniem. Aber gerade dieses Verbum (velle) in diesem Zusammenhang spricht nachdrücklich den
Satz aus, dass die menschliche Beschränktheit und Gebundenheit,
ihr Friede und ihr Glück unbedingt abhängig ist von dem absoluten Willen, der Gnade und Huld der Götter. Dido ist sich
ihrer Schwäche wohl bewusst: Daher der tiefe Ernst, die schmerzliche Rührung in ihrem Gebete. Die letzten Worte klingen wie
eine eindringliche Bitte, wenigstens eine wohlwollende Gesinnung
zu bewahren, denn diese ist das Einzige, worüber der Mensch
Herr ist.

738. *Bitiae*] Ob der Name wirklich punisch ist, konnte ich noch nicht ermitteln, da Gesenius sich nicht darüber ausspricht. Ein Troianer Bitias wird genannt IX, 672. XI, 396. IX, 703. Bei Appian heisst der Punische Name Βιθύας[1]).

increpitans] Angeblich = zurufen, auffordern, ähnlich wie *Hor.* IV, 15, 2: Phoebus volentem proelia me loqui victas et urbes increpuit lyra, ne parva Tyrrhenum per aequor vela darem; indessen scheint das Verbum hier auf einen Gebrauch zu deuten, den wir nicht kennen.

Warum erhält der Tyrer aus der Hand der Königin den Becher, so dass er an Aeneas zuletzt kommen muss? Das προπίνειν geschah zu Ehren der Troianer. Da man nun der geehrten Person in der Regel den Becher schenkte, aus dem man vortrank, so musste dieser zuletzt an Aeneas kommen, um in seiner Hand zu bleiben. *Athen.* p. 575 d: ἡμεῖς, ὦ θύγατερ, νῦν ποιούμεθα τοὺς coὺc γάμους (Verlobung). περιβλέψαca οὖν καὶ θεωρήcαca πάντας λαβοῦca χρυcῆν φιάλῆν καὶ πληρώcαca δὸc ᾧ θέλεις γαμηθῆναι· τούτου γὰρ κεκλήcη γυνή. *Dem.* 19, 139: μετὰ ταῦτα ἐν θυcίᾳ τινὶ καὶ δείπνῳ [προ]πίνων καὶ φιλανθρωπευόμενος πρὸc αὐτοὺς ὁ Φίλιππος ἄλλα τε δὴ πολλὰ καὶ τελευτῶν ἐκπώματ᾽ ἀργυρᾶ καὶ χρυcᾶ προύπινεν αὐτοῖc. Cleopatra schenkte dem Antonius alle Kostbarkeiten des cυμπόcιον mehrmals nacheinander.

740. *cithara crinitus Iopas*] IX, 637 heisst Apollo crinitus = ἀκερcοκόμηc mit wallenden Locken, *Preller* I, 186. Das vorherrschende Instrument des Apollo war die Kithara oder Phorminx, *Preller* I, 215. Wie die des Apollo so war nun auch die äussere Erscheinung der Kitharoden: wallendes Haar und langes herabfallendes Gewand[2]). Zur Sache vgl. *Quint.* I, 10, 9: nam quis ignorat musicen tantum iam illis antiquis temporibus non studii modo verum etiam venerationis habuisse, ut iidem musici et vates et sapientes indicarentur Itaque Timagenes (Rhetor aus Alexandria zur Zeit des Augustus) auctor est, omnium in litteris studiorum antiquissimam musicen exstitisse, et testimonio sunt

---

1) *Schröder*, Phöniz. Spr. 114 erklärt jetzt Bithyas = Bithybas i. e. בעל‎ = Mann des Baal, und vergleicht das hebräische nomen propr. בעל‎.

2 Jopas — יפה‎ i. e. der Schöne. Vgl. Ἰόππη = die schöne Stadt.

clarissimi poetae, apud quos inter regalia convivia laudes heroum
(= κλέα ἀνδρῶν) ac deorum ad citharam canebantur. *Nitzsch*,
Epische Poesie 147 sq. *Welcker*, Ep. Cycl. I, 317 sq.

741. *personat*] ohne Object. Dagegen VI, 171: cara dum
personat aequora concha (Misenus). VI, 418: Cerberus haec ingens
latratu regna triformi personat. Ebenso ohne Object *Tac. Ann.*
XVI, 4: et plebs quidem urbis histrionum quoque gestus iuvare
solita personabat certis modis plausuque composito. XIV, 15:
ii dies ac noctes plausibus personare.

docuit quem maximus Atlans] Vgl. *Od.* XXII, 347 (Phemios);
αὐτοδίδακτος δ᾽ εἰμί, θεὸς δέ μοι ἐν φρεςὶν οἴμας παντοίας
ἐνέφυςεν. Damit vgl. *Aristot. Rhet.* I, 7, 33: καὶ τὸ αὐτοφυὲς
(μεῖζον) τοῦ ἐπικτήτου. χαλεπώτερον γάρ. ὅθεν καὶ ὁ ποιητής
φηςιν αὐτοδίδακτος δ᾽ εἰμί. Wie jede Fertigkeit ihren göttlichen
Vorstand hat und von seiner Liebe oder Lehre hergeleitet wird
(cf. *Aen.* XII, 391—397), so kommt namentlich die Geschicklich-
keit, die alten Kunden (οἴμας) inne zu haben und vorzutragen,
von der Gunst und dem stärkenden Beistande einer besonderen
Gottheit (Musen und Apollo). *Nitzsch*, Ep. P. 29 sq.

Vergil macht seinen Sänger zum Liebling und Schüler des
Atlans, weil er ihn zugleich als sapiens darstellen will, vielleicht
auch, weil Atlans dem Punier näher stand. Sein Gesang wenigstens ist abweichend von dem der alten Aöden, welche die Musen
und Apollo lehrten; dagegen ist er sehr verwandt mit dem Epi-
kureischen Liede des Silenus *Ecl.* VI, 31 sq. Diese Art des Ge-
sangs nähert sich mehr dem Orphischen Charakter. Von Atlas
nun berichtet *Heraclit de incred.* 4: Ἄτλας ἀνὴρ cοφὸς ὢν τὰ
κατὰ ἀcτρολογίαν πρῶτος κατώπτευcε. προλέγων δὲ χειμῶναc
καὶ μεταβολὰc ἄcτρων καὶ δύcειc ἐμυθεύθη φέρειν ἐπ᾽ ὤμων
τὸν κόcμον. Heraklit (unter Augustus?) vertrat in seinen Ἀλλη-
γορίαι Ὁμηρικαί das Princip der physikalischen Allegorie, dem
sich auch Vergil zuneigt.

742. *errantem lunam*] = errores seu cursus lunae, wie
Hor. Sat. I, 8, 21: vaga luna, *Stat. Theb.* X, 360: vaga sidera.
Es findet sich aber auch *Hor.* I, 34, 10 vaga flumina, *Tibull.* II,
3, 39: pontus vagus, II, 6, 3: vaga aequora. ʻNam hoc epitheton
ad motum aliquem perpetuum aut ad res alio alias tendentes
referendum est.ʼ *C. G. Jacob*, Quaestt. ep. 67.

solisque labores] *Georg.* II, 475: me vero primum dulces
ante omnia musae, quarum sacra fero ingenti percussus amore,

accipiant caelique vias et sidera monstrent. defectus solis varios lunaeque labores; unde tremor terris, qua vi maria alta tumescant etc.

743. *unde hominum genus*] Jedenfalls in demselben Geiste wie *Ecl.* VI, 31—36.

744. *arcturum*] *Manilius* I, 316 (*Jacob*): a tergo nitet Arctophylax idemque Bootes (Sternbild), quod similis iunctis instat de more iuvencis, Arcturumque rapit medio sub pectore secum (= in seinem Sternbilde). Aufgang vom 3. Sept. — 13. Febr., Untergang 22. Mai — 29. October.

hyadas] *Manil.* I, 371 Pleiadesque Hyadesque (je 7 stellae), feri pars iuraque Tauri (zum Sternbild des Taurus gehörend) in boream scandunt (aquilonia signa). ̤Der Aufgang der Hyaden 7—12. Mai) bringt pluviae.

geminosque triones] *Manil.* I, 293:

Ipse (Axis) videt circa volitantia cuncta moveri.

Summa tenent eius miseris notissima nautis

Signa per immensum cupidos ducentia pontum:

Maioremque Helice (gr. Bär) maior decircinat arcum,

Septem illam stellae certantes lumine signant,

Qua duce per fluctus Graiae dant vela carinae;

Augusto Cynosura (kl. Bär) brevis torquetur in orbe,

Cum spatio tum luce minor, sed iudice vincit

Maiorem Tyrio, Poenis (enim) haec certior auctor (habetur),

Non apparentem pelago quaerentibus orbem.

Gewiss hatten die Punier eine astrologische Litteratur, welche zum Theil den Römern durch Uebersetzung bekannt wurde. Ob sich nicht darunter der Name Iopas fand? Vgl. III, 516.

745—46. = *Georg.* II, 481—82. Poetische Bearbeitung von *Lucret.* V, 680: crescere itemque dies licet et tabescere noctes, et minui luces, cum sumant augmina noctes etc.

747. *ingeminant plausu*] = personant plausu bei Tacitus. Vgl. IX, 811: ingeminant hastis et Troes et ipse fulmineus Mnestheus, V, 227: ingeminat clamor III, 199: involvere diem nimbi et nox umida caelum abstulit, ingeminant abruptis nubibus ignes (= Blitz um Blitz). *Georg.* I, 333: ingeminant austri et densissimus imber.

Mit einem Object V, 434. 457. *Georg.* I, 411: voces ingeminant.

750. *multa ... multa*] Die Figur der ἐπανάληψις (condu-

plicatio bei *Cornif.* IV, 38) vereinigt hier in sich den Charakter des Homoeoteleuton (Alliteration) und des Chiasmus: vehementer conmovet eiusdem verbi redintegratio. Vgl. XII, 29. XI, 358.

751. *quibus Aurorae venisset filius armis*] Proclus sagt im Auszuge der Αἰθιοπίς des Ἀρκτῖνος: Μέμνων δ’ ὁ Ἠοῦς υἱὸς ἔχων ἡφαιστότευκτον πανοπλίαν παραγίνεται τοῖς Τρωσὶ βοη- θήσων. Es waren also die von Hephaestos verfertigten Waffen des Memnon in der Aethiopis ausführlich geschildert, so dass sie im Alterthum berühmt sein mussten. Auch *Aen.* I, 489: nigri Memnonis arma sehen wir die Waffenrüstung des Memnon hervor- gehoben. Vgl. *Welcker*, Epischer Cyclus II, 173. Um so mehr glaube ich jetzt, dass sich im Troischen Cyclus auch über die Rosse des Diomedes eine Episode vorfand, die wir jetzt nicht mehr kennen. Denn die Rosse des Rhesus können hier unmög- lich gemeint sein.

755—56. Vgl. *Exc.* I.

Liber II.

—

Vorbemerkung.

Dass das zweite Buch der Aeneis am meisten ausgearbeitet
ist und zu dem Besten gehört, was uns von der Muse des Dichters erhalten ist, in dieser Anerkennung stimmen alle Erklärer
und Uebersetzer überein, welche sich durch Geschmack und Urtheil auszeichnen, von Heyne und Schiller herab bis auf Henry
und Ladewig. Und wenn man daneben nicht verkennt, dass die
Charakteristik des Aeneas allerdings nicht so gelungen ist, als
man wünschte, dass der Dichter der Thatkraft und dem Muthe
seines Helden, welchen er doch bewähren sollte, nicht immer die
nöthige Gelegenheit zu geben gewusst hat, so kann man diesem
Urtheil vollkommen beipflichten. Die Sprache ist erhabener und
klangvoller als in irgend einem anderen Buche. Aeneas erzählt
nur Begebenheiten, welche er durchlebt hat, nicht eine Geschichte
von Troia's Zerstörung: seine Erzählung wird mit Wärme und
Schmerz vorgetragen und muss also im Hörer oder Leser wieder
Theilnahme und Mitleid erwecken. Warum aber ist es dem
Dichter nicht gelungen, den Aeneas so recht zur herzhaften Be-
theiligung am letzten Kampfe in der Vaterstadt kommen zu lassen? Der Grund scheint mir zu sein, dass Vergil theils eine
vollkommen ausgebildete Sage zu bearbeiten hatte, welche gegen
eine umgestaltende Neubearbeitung zu spröde war, theils aber
auch diesem geschlossenen Kreis der Tradition neue Motive ein-
reihen musste, welche Zweck und Aufgabe seines Gedichtes er-
forderten.

Diese Vereinigung zweier heterogener Elemente trägt den
Charakter der Contamination. Denn es lassen sich die
Bestandtheile der Sage und die Zuthaten des Dichters zu leicht
erkennen und unterscheiden; eine innere, organische Verschmel-
zung konnte dem Dichter nicht gelingen, weil dies eine lebendige
Fortbildung der lebendigen Sage sein müsste. Diese innere

Entwicklung war aber zu Vergils Zeit nicht mehr möglich, weil die Sage durch die Litteratur längst fixirt und darum abgeschlossen war.

Wenn wir aber dennoch den Vergil eigene und neue Motive mit der Ueberlieferung verbinden sehen, wie reimt sich damit die Notiz des *Macrobius Sat.* V, 2, 4—6? Denn hier erhalten wir folgende Nachricht: Eustathius sic incipit: dicturumne me putatis ea quae vulgo nota sunt, quod Theocritum sibi fecerit pastoralis operis auctorem, ruralis Hesiodum (!), et quod in ipsis Georgicis tempestatis serenitatisque signa de Arati Phaenomenis traxerit, vel quod eversionem Troiae cum Sinone suo et equo ligneo ceterisque omnibus quae librum II faciunt a Pisandro paene ad verbum transcripserit? Qui inter Graecos poetas eminet opere quod a nuptiis Iovis et Iunonis incipiens universas historias quae mediis omnibus saeculis usque ad aetatem ipsius (Pisandri) contigerant in unam seriem coactas redegerit et unum ex diversis hiatibus temporum corpus effecerit, in quo opere inter veteres historias interitus quoque Troiae in hunc modum relatus est, quae Maro fideliter interpretando fabricatus sibi est Iliacae urbis ruinam. Sed et haec et alia ut pueris decantata praetereo. Iam vero Aeneis ipsa nonne ab Homero sibi mutuata est errorem primum ex Odyssea, deinde ex Iliade pugnas?

Es hat nicht an Grammatikern gefehlt, welche nach diesen Worten des Macrobius erklärten, dass das ganze zweite Buch der Aeneis fast wörtlich aus Pisander abgeschrieben sei: daher der Vorzug dieses Buches vor anderen, in welchen Vergil eine ähnliche Quelle nicht hat benützen können.

Aber dieses Urtheil scheint mir ganz ungerecht zu sein. Denn wenn man den Sprachgebrauch des Macrobius, ja nur die Worte vergleicht: iam vero Aeneis ipsa — pugnas, wird man sofort bekennen müssen, dass der Ausdruck paene ad verbum transcripsit nicht im modernen Sinn zu verstehen ist. Solche scharfe Wendungen haben ihren Ursprung in den Werken einseitiger Grammatiker, welche über die furta einzelner Dichter handelten, und gingen dann in andere Werke über, welche eine ähnliche Herabsetzung und Verkleinerung nicht mehr bezweckten.

Wer denkt noch, wenn er von furta des Euripides hört, an wirkliche Plagiate? Wenn wir aber wissen, dass es solche Feinde

des Vergil gegeben hat, welche jede Nachahmung ihm als ein
furtum in den gehässigsten Ausdrücken vorhielten[1]), sollten wir
da nicht vorsichtiger sein, wenn wir bei Macrobius einem Ausdruck begegnen, welcher offenbar auf eine feindliche Quelle zurückgeht? Oder wird Jemand glauben, dass Vergil den Naevius
abgeschrieben hat, wenn Macrobius berichtet VI, 2, 31: hic
locus totus sumptus a Naevio est ex I libro belli Punici? Offenbar ist damit nicht gesagt, dass in der Ausführung
und Bearbeitung Vergil sich sklavisch an Naevius gehalten, sondern nur, dass er eine passende Situation ihm entlehnt hat.

Und dass diese Auffassung auch für das zweite Buch richtig
ist, zeigen die Worte: eversionem Troiae cum Sinone suo et equo
ligneo. Das sind alles doch nur Episoden oder Mythen, also
Stoffe, während wir von der Behandlung derselben bei Macrobius
kein Wort finden. Wie zwei Historiker, so können auch zwei
Epiker denselben Stoff behandeln und beide doch selbständige
Autoren sein, wenn nur der Historiker kritische Schärfe und der
Dichter Geschmack, beide aber zugleich künstlerisches Talent besitzen.

Wer wüsste es nicht auch ohne Macrobius, dass Vergil eine
schon oft behandelte Sage bearbeitete, also gewiss auch seine
Vorgänger benützte? Merkwürdig ist vielmehr nur dies, dass er
den einen Pisander ausgebeutet haben soll. Also die ganze
Litteratur der älteren epischen Periode der Griechen soll Vergil
unbenützt gelassen haben? Während er nicht mehr die lebendige Sage aus dem Volksmunde schöpfen konnte, soll er alle
Einzelheiten einem Werke entlehnt haben? Was war das für
ein Werk? Wer war der Dichter[2]) eines Werkes von so unge-
heurem Umfang und solcher Ausführlichkeit, dass ein Späterer
daraus eine einzelne Historie entlehnen konnte mit allem möglichen Detailwerk? Dieser Dichter kann sicher nicht Pisander
von Laranda sein, welcher unter der Regierung des Septimius
Severus lebte. Denn wenn Vergil, wie Macrobius sagt, von ihm
entlehnt haben soll, dann muss er vor jenem gelebt und geschrieben haben. Ausserdem aber kennt die griechische Litteratur-

---

[1]) Darüber handelt *O. Ribbeck*, Prolegomena p. 99.

[2]) Vermuthungen über diesen Autor bei *Welcker*, Episch. Cyclus I,
91 sqq. *Düntzer*, Fragm. der Epischen Poësie I, 88 und Nachtrag
p. 31 sq

geschichte nur noch einen Rhodischen Pisander, den Verfasser
einer Heraklee, welcher um die Zeit des Hesiod oder vielleicht
noch früher gelebt und gedichtet hat. Um diese Zeit aber ist
ein kyklisches Gedicht von so systematischem Charakter un-
denkbar.

Wir kennen also den Pisander, welchen Macrobius im Auge
hat, durchaus nicht. Dies ist um so merkwürdiger: 1) weil von
ihm gerühmt wird, dass er mit seinem Werke unter den Dichtern Griechenlands, d. h. in der poëtischen Litteratur der Griechen, eine hervorragende Stelle eingenommen haben soll, 2) weil
Macrobius die Lebenszeit oder das Zeitalter dieses Dichters als
allgemein bekannt vorauszusetzen scheint, 3) weil derselbe bestimmt erklärt, dass der Einfluss des Pisander auf Vergil ebenso
wie der des Theocrit und Hesiod schulbekannt sei, was ohne
Kenntniss der Werke des Pisander doch nicht möglich wäre.

Wenn wir also dem proteusartigen Pisander selbst nicht bei-
kommen können, wie war denn sein Werk beschaffen? War es
die freie und selbständige Produktion seines Geistes oder die
redactionelle Frucht seines Fleisses und seiner Belesenheit, oder
war es eine systematische Bearbeitung früherer Gedichte mit
eigenen Zugaben?

Wir erfahren aus Macrobius, dass das ganze Werk anfing
mit der Hochzeit des Zeus und der Hera, dann nacheinander alle
in die Städtegeschichte Griechenlands eingreifenden Mythen[3] umfasste und schliesslich endigte mit der Geschichte der Zeit, in
welcher der Verfasser lebte. Wahrlich ein kolossales Werk, wenn
allein die Geschichte der Zerstörung Troias so umfangreich war,
als wir sie bei Vergil wiederfinden! Ist aber schon der Umfang
eines solchen Gedichtes wunderbar, so ist die Thatsache noch
merkwürdiger, dass dieses ungeheure historisch-epische Werk von
keinem einzigen Historiker auch nur einmal erwähnt wird. Daraus müssen wir den Schluss ziehen, dass entweder ein solches
Werk im Alterthum überhaupt nicht existirte oder dass es in
der Litteratur unter einem andern Namen oder Titel angeführt
zu werden pflegte. Die erstere Annahme ist, wie mir scheint,
unmöglich. Denn entweder müsste Macrobius sich geirrt oder
er müsste absichtlich gelogen haben. Da er aber nicht von einer
seltenen, sondern von einer allgemein bekannten Erscheinung der

---

[3] Vgl. *Welcker*, I, 93.

Litteratur spricht, so ist ein Irrthum nicht wahrscheinlich; eine wissentliche Lüge aber ihm zuzumuthen, dazu haben wir kein Recht und keinen Grund.

Es bleibt also nur die Annahme übrig, dass das Werk, welches Macrobius dem Pisander zuschreibt, im Alterthum unter einem anderen Titel erwähnt worden ist. Dies ist natürlich nur dann möglich, wenn Pisander nicht selbst der Verfasser aller einzelnen Lieder (historiae) war, sondern nur der Redacteur oder der Sammler verschiedener Epen. Und dahin führen auch wirklich die Worte des Macrobius. Ich will auf den Ausdruck opus an und für sich kein Gewicht legen, denn Macrobius bezeichnet damit jedes dichterische Werk, aber die Worte in unam seriem coactas redegit deuten bestimmt auf eine Redaktion vorhandener Lieder[4]), ebenso der Ausdruck corpus effecit[5]), vor allem aber ex diversis hiatibus temporum. Denn was soll diese Bestimmung heissen? Etwa zusammenhangslose historiae zu einer mechanischen Einheit vereinigt? Aber sie werden ja als unter sich zusammenhängend dargestellt. Oder ohne Rücksicht auf Chronologie? Aber davon ist bei Epen überhaupt nicht die Rede. Es bleibt also nur übrig, dass Pisander verschiedene Werke zu einem grossen Ganzen vereinigt hat, welche an und für sich ohne inneren Zusammenhang in sehr verschiedenen Zeiten entstanden waren. Die historiae selbst sind nichts anderes als einzelne Mythen von grösserem Umfang, welche für sich längst vor Pisander eine epische Behandlung gefunden hatten.

Das Werk des Pisander war also ein Corpus poetarum epicorum oder, was dasselbe ist, ein corpus historiarum, also ein κύκλος ἐπικός oder, wie er auch genannt wurde, ἱστορικός. Jedes einzelne Gedicht darin hatte seinen bestimmten Verfasser; wenn auch der Name desselben längst verschollen war, so hiess er doch εἷς τῶν κυκλικῶν. Die Definitionen, welche wir vom κύκλος aus dem Alterthum besitzen, passen hierzu sehr gut. *Photius* sagt: ὁ ἐπικὸς κύκλος ἐκ διαφόρων ποιητῶν συμπληρούμενος, und *Proclus* bei *Photius:* τοῦ ἐπικοῦ κύκλου τὰ ποιήματα.

Das Werk wurde nun nie unter dem Titel des Sammlers, sondern immer unter der Bezeichnung: κύκλος oder κυκλικοί citirt, z. B. *Phot. Lex. s. v.* Τευμηςία· εἰλήφαςι δ' οὗτοι τὸν

---

[4]) Vgl. das Schol. Plaut. bei *Welcker*, I, 8.

) Vgl. *Welcker*, I, 12.

μῦθον ἐκ τοῦ ἐπικοῦ κύκλου, *Schol. Od.* IV, 285: ὁ Ἄντικλος ἐκ τοῦ κύκλου, ad XI, 547: ἡ δ᾽ ἱστορία ἐκ τῶν κυκλικῶν, *Schol. Aristoph. Equ.* 1053: τοῦτο ἐκ τοῦ κύκλου ἀφείλκυσται.

Nur sehr selten findet man die Namen der einzelnen Dichter des Kyklos genannt, von denen zum Theil einzelne Werke noch selbständig fortbestehen mochten. Im Allgemeinen scheinen die Namen schon frühzeitig unbekannt geworden zu sein, daher Citate wie: ὥς φησιν ὁ τὴν μικρὰν Ἰλιάδα πεποιηκώς, ἀκολουθήσας τῷ τὴν μικρὰν Ἰλιάδα πεποιηκότι etc. Kein Wunder, wenn man deshalb in dieser Zeit den Vater der epischen Poësie, Homer, auch als den Verfasser entweder aller oder doch einzelner kyklischer Gedichte ansah, cf. *Procl. Exc.:* οἱ μέντοι γε ἀρχαῖοι καὶ τὸν κύκλον ἀναφέρουσιν εἰς αὐτόν (i. e. Ὅμηρον).

Eine andere Frage ist es freilich, ob Pisander wirklich der Urheber dieses Kyklos war oder ob erst Grammatiker der späteren Zeit ihn dazu stempelten[6]). So viel scheint mir aber sicher zu sein, dass lange vor Zenodotus ein Corpus der Kykliker existirt haben muss[7]). Diese ältere Sammlung, wenn sie existirte und vielleicht dieselbe ist, welche Macrobius meinte, konnte noch kein Gewicht legen auf kritische Sichtung und Sonderung der einzelnen Epen, ihr war es nur zu thun um die Zusammenstellung der Mythen und Sagen, um eine mechanische Vereinigung aller bekannten historiae (κύκλος ἱστορικός). Der Verfasser des Corpus mochte dabei die einzelnen Epen durch eigene Zuthaten unter sich in einen dürftigen Zusammenhang bringen ohne innere Einheit, ohne einheitlichen Geist der Composition.

Die kritische Arbeit gegenüber dieser Sammlung unternahm zuerst Zenodotus. Er rettete bereits selten gewordene Theile der Epen aus dem Troianischen Sagenkreis und schied dafür fremdartige Bestandtheile aus, welche von der alten Redaktion herrührten. So verstehe ich zum Theil nach Welcker die bekannten Verse des *Ausonius Ep.* XVIII, 28:

> Quique sacri lacerum conlegit corpus Homeri
> quique notas spuriis versibus adposuit.

Wenn wir also unter dem Werke des Pisander oder Pseudo-

---

[6]) Auf diese wichtige und schwierige Frage konnte natürlich hier nicht eingegangen werden.

[7]) Vgl. *Athen.* VII, 5 (277e): ἔχαιρε δ᾽ ὁ Σοφοκλῆς τῷ ἐπικῷ κύκλῳ, ὡς καὶ ὅλα δράματα ποιῆσαι κατακολουθῶν τῇ ἐν τούτῳ μυθοποιίᾳ.

Pisander nicht ein selbständiges Gedicht, sondern nur die Vereinigung der alten nachhomerischen Epen aus dem Homerischen Sagenkreis zu verstehen haben, so dürfen wir bei der Erklärung Vergils den Pisander ganz bei Seite lassen und nur den Ueberresten der Kykliker nachspüren. Diese sind freilich sehr spärlich, aber die Auszüge des Proclos, welche wir noch besitzen, machen doch einen Einblick in die Composition derselben möglich. Und zum Glück besitzen wir dazu in dem geistreichen Buche von *Welcker*, der Epische Cyclus. 2 Bände. Bonn 1865 und 1849, eine vortreffliche Anleitung.

So dürftig die Ausbeute sein mag, übergehen dürfen wir die Frage nach den Quellen, welche Vergil benützt haben kann, durchaus nicht. Das litterarhistorische Interesse dabei ist freilich geringer, aber ausserordentlich wichtig ist die Erforschung der Frage, wie hat Vergil seine Quellen benützt und verwerthet, hat er sie nur mechanisch übertragen oder hat er den Stoff geistig durchdrungen und von Neuem belebt und gestaltet, hat er nur Formtalent und Sprachfertigkeit, oder auch poëtischen Sinn und Geschmack dabei bewährt? Das war die Methode des Valerius Probus [1]), das ist noch heute unsere Aufgabe.

Soweit ich über die Frage, welche Quellen Vergil benützt hat, eine Untersuchung anstellen konnte, ergab sich mir folgendes Resultat:

1) In erster Linie finden wir diejenigen Kykliker benützt, welche die Zerstörung Troias behandelt haben, vor allem Arktinos von Milet und Lesches von Lesbos. Dem ernsteren Milesier gibt aber Vergil, wie es scheint, meistens den Vorzug vor dem oft an das Humoristische oder Komische streifenden Lesbier.

2) Daneben finden wir die griechische Tragödie benutzt, soweit sie bereits durch römische Dichter, wie Livius, Naevius, Ennius, Pacuvius, Accius etc., den Römern bekannt geworden war. Selbst Homerische Sagen finden wir verändert und umgestaltet, wenn Ennius oder Naevius ihnen bereits in dieser Veränderung das Bürgerrecht in Rom erworben hatten. Eine directe Benützung des Sophokles oder auch des Euripides kann, glaube ich, für Vergil nicht nachgewiesen werden, abgesehen natürlich von ihrem Einfluss auf den poëtischen Ausdruck.

---

[1]) Vgl. zu I, 497.

3) Dass Vergil seine Phantasie auch durch Betrachtung griechischer Kunstwerke unterstützte, ist zwar sehr wahrscheinlich, kann aber nicht evident bewiesen werden.

———

1. *Conticuere — tenebant*] Bei der Aufforderung der Dido an Aeneas wurden alle Anwesenden still, während vorher allgemeine Unterhaltung und eine heitere Stimmung bei dem Nachtische herrschte, und sofort wie (que) sie still wurden, richteten sie ihr Auge gespannt auf die bevorstehende Erzählung, auf den Mund des Erzählers.

Das Eintreten der Ruhe und Stille ist ein Moment und dient zur Fortführung der Erzählung: Dido bat den Aeneas zu erzählen und Alle wurden ruhig und still. Daher der Aorist. Dagegen die Aufmerksamkeit und Spannung der Zuhörer ist die andauernde Situation, unter welcher Aeneas seine Erzählung beginnt; daher das Imperfectum. Wir haben hier einen Hauptsatz statt eines periodischen Nebensatzes: ubi omnes conticuere intentique tenebant ora, Aeneas etc. Darum lässt sich mit dieser Verbindung des Perf. und Impf. passend vergleichen *Caes. b. c.* III, 60, 5: postquam id difficilius visum est neque facultas perficiendi dabatur, ad Pompeium transierunt. Man mache sich also nur den Unterschied von postquam mit Perf. und mit Impf. klar. Dazu dient *Ecl.* I, 28: Libertas, quae sera tamen respexit inertem, candidior postquam tondenti barba cadebat, wo cecidit (= einmal waren zufällig oder wunderbar die Barthaare weiss) geradezu Unsinn wäre.

2. *toro ab alto*] Also war das Gesicht des Aeneas dem Tische, d. h. der Gesellschaft zugewandt. Denn nach dieser Seite hin waren die Polster höher als nach der Rückseite, von wo aus man den Sitz bestieg.

3—8. Die Erklärung dieser Verse hängt zunächt ab von der Feststellung der Interpunktion. Ribbeck folgte ebenso wie Ladewig und Haupt der Interpunktion von Häckermann, während Wagner die der Vulgata noch festhält. Diese lautet:

> Infandum, regina, iubes renovare dolorem,
> Troianas ut opes et lamentabile regnum
> Eruerint Danai, quaeque ipse miserrima vidi,
> Et quorum pars magna fui. Quis talia fando

Myrmidonum Dolopumve aut duri miles Ulixi

Temperet a lacrimis!

Gegen die Vulgata wendet Häckermann ein:

1) Der Anfang der Rede ist nicht kräftig genug. Dagegen tritt infandum mehr hervor und der ganze Vers erhält mehr Gewicht, wenn der Gedanke mit dolorem abschliesst. So *Stat. Theb.* V, 28 und *Sen. Agam.* 437. Das erstere Beispiel ist nicht richtig gewählt, denn hier findet sich sofort das Object: Inmania volnera, rector, integrare iubes, Furias et Lemnon et artis arma inserta toris debellatosque pudendo ense mares. Dagegen ist das Beispiel aus Seneca scheinbar angemessen:

Acerba fatu poscis, infaustum iubes

miscere laeto nuntium, refugit loqui

mens aegra tantis atque inhorrescit malis.

Aber Häckermann vergisst, dass wir hier einen Dialog vor uns haben, in welchem nicht sofort Alles gesagt werden darf, damit auch die Nebenperson Gelegenheit erhält mitzusprechen. Ob aber die Rede so oder so mehr Gewicht oder Nachdruck erhält, ist rein von subjectivem Gefühl abhängig.

2) Der indirecte Fragesatz kann nicht abhängig gemacht werden von dolorem renovare iubes, da in diesen Worten ein Begriff wie narrare oder narrando nicht enthalten sei. Gewiss nicht. Aber dolorem kann doch einen epexegetischen Satz nach sich haben, z. B. infandum dolorem renovare iubes, ut exponam quo modo Danai Troiam everterint, wie *Caes. b g.* I, 5: nihilo minus Helvetii id quod constituerant (= consilium) facere conantur, ut e finibus suis exeant, oder *Cic. Tusc.* IV c. 6: est Zenonis haec definitio, ut perturbatio sit aversa a recta ratione contra naturam animi conmotio = ut dicat perturbationem esse etc. Der Mittelgedanke ut exponam oder ut dicam kann aber wegfallen, da mit dolorem renovare iubes geantwortet wird auf dic nobis a prima origine insidias Danaum etc. Das dolorem renovare schliesst also die Aufforderung ut dicam in sich und von dicam kann nur das Object abhängig werden: a) als Factum; dann ist ut cruerint = ut dicam cruisse, b) als qualitas rei, dann ist ut cruerint = quomodo cruerint, und es fällt nicht nur dicam weg, sondern auch ut. Dies letztere ist natürlich nur möglich nach einem Begriff der Aufforderung, der in renovare iubes liegt. Indessen scheint die ganze Redensart weiter nichts zu bedeuten als: magno cum dolore meo me revolvere (II, 101) iubes, quo modo Danai

Troiam eruerint. Der dolor hat zum Inhalt den Gedanken an die
extrema fortuna Troiae.

3) Nach dolorem renovare müsste eher quod folgen. Als ob
dies so viel wäre wie iterum dolere!

Nein, wenn die Königin ihm befiehlt den Schmerz zu er-
neuern, so will sie nicht, dass er wiederholt ein Leid empfinde,
sondern dass er das objective Leid, die Sache, über welche man
Schmerz empfindet, wieder ins Gedächtniss oder vor die Seele
zurückrufe. Also enthält renovare iubes dolorem wenn auch nicht
den Begriff narrando, aber doch sicher den von recordando, re-
cogitando, revolvendo etc. Also = inf. dol. renovare me iubes
extrema Troiae fortuna revolvenda.

4) Durch die Interpunktion von Häckermann wird eine Correlation des Demonstrativums mit dem Relativum hergestellt
(quae vidi et quorum pars magna fui, ea oder talia, quis fando
temp. a lacrimis). Aber noch mehr. Wir erhalten zu gleicher
Zeit auch eine Correlation des Demonstrativums mit dem Frage-
wort (ut eruerint) das Relativum in der Mitte.

Eine solche Correlation ist unerhört. Endlich aber enthält
selbst folgende Correlation: quae miserrima vidi et quorum pars
magna fui, ea ne hostis quidem quamvis durus sine lacrimis explicet, keinen vernünftigen Gedanken. Denn der Ton ruht auf
miserrima. Wird dieser nicht abgeschwächt, so ist der Gedanke
annehmbar: die Gräuel, die ich gesehen, sind so entsetzlich, dass
auch der roheste Feind sie nicht ohne tiefe Bewegung erzählen
könnte. Nun aber wird der Hauptgedanke zersetzt durch den
Zusatz: et quorum pars magna fui, so dass jetzt folgender Gedanke hervortritt: das Elend, das ich erlebt und die Dinge, bei
denen ich betheiligt gewesen bin, diese könnte nicht einmal der
roheste Feind ohne Thränen schildern. Folglich kann dieser rohe
Soldat doch wenigstens das ohne Thränen erzählen, woran Aeneas
nicht betheiligt war; war dieser aber an einer Sache betheiligt,
so muss der Soldat weinen.

Wagner, der Latein recht gut versteht und wohl erkannte,
dass ein erklärender Zusatz (et quorum) nie den Vordersatz einer
Correlation ausmachen kann, schrieb deshalb gegen Häckermann
sehr richtig: utique res istae sic comparatae erant, ut vel hostibus lacrimas ciere possent, at non etiam propterea, quod Aeneas
his rebus interfuit, hostibus deflendae aut etiam miserabilius de-
plorandae erant. Weil aber Wagner das Wesen der Correlation

wohl fühlte, der Sache aber nicht weiter Erwähnung that, — darum scheint es mir hat man seinen Einwand nicht genug beachtet.

5) Endlich nimmt man Anstoss an der Verbindung des Relativsatzes mit dem Fragesatze.

Man würde gewiss Alles leicht in Ordnung finden, wenn man bedenken wollte, dass wir hier eine Apposition haben: Ingentem dolorem renovare me iubes repetendo, ut Troianas opes eruerint Danai, res quas (= quas res) et ipse vidi et quarum magna fui pars. Ist das etwas anderes, als wenn ich z. B. schreibe: Ego te iubeo mihi recensere, ut varia ablativi genera praeceptor tuus distinxerit, quibus rebus etiam nunc valde delector. Diese relative Apposition ersetzt immer einen Causalsatz: dein Wunsch, die Zerstörung Troia's von mir zu hören, muss in mir Schmerz und Wehmuth hervorrufen, denn es sind dies die traurigsten Begebenheiten für mich, die ich selbst mit erlebt habe und an denen ich persönlich mit betheiligt war.

Und nachdem er das Traurige der Sache hervorgehoben — misserima ist nicht absoluter, sondern relativer Superlativ, Dinge, wie ich sie nicht trauriger erlebt habe — wird diese Eigenschaft im Folgenden wieder durch talia = tam misera aufgenommen. Auch diese schöne Beziehung des talia = miserrima geht durch Annahme einer Correlation verloren. Nach der Vulgata aber ist nun der ganze Zusammenhang der Gedanken einfach und passend: Indem du mir befiehlst, den Untergang Troia's zu erzählen, weckst du in mir einen unsäglichen Schmerz. Sind es ja doch die traurigsten Begebenheiten, welche ich je erlebt, und an denen ich zugleich hervorragenden Antheil genommen habe. Solches Leid könnte selbst der roheste Soldat nicht ohne Rührung erzählen, geschweige denn ich, der ich mein Theuerstes, das Vaterland, dabei verloren habe.

renovare dolorem] = *Od.* IX, 12: coì δ' ἐμὰ κήδεα θυμὸς ἐπετράπετο στονόεντα εἴρεσθ', ὄφρ' ἔτι μᾶλλον ὀδυρόμενος στεναχίζω. *Ovid. met.* XIV, 465: neve haec commenta putetis, admonitu quamquam luctus renoventur amari, perpetiar memorare tamen. Ebenso wie κήδεα und luctus ist dolor hier die schmerzliche Erinnerung des selbst erlebten Schmerzes. Vgl. memoriam renovare etc.

4. *opes — lamentabile*] Schmerzlicher Contrast: So glänzend die Macht Troia's war, so kläglich war der Untergang des Reiches. Vgl. 501—505. 554—558.

6. *pars magna fui*] Seneca *ad Marc.* 18, 5: erisque et spectatrix et ipsa pars magna conantium. *id. de tranq. an.* 14, 6: dabimus te in omnem memoriam, clarissimum caput, Caianae cladis magna portio.

fando] = dum fatur. Vgl. zu I, 9. *Liv.* V, 43, 7. V, 22. XXVIII, 13. XXII, 14, 7.

7. *Myrmidonum*] i. e. nemo temperet a lacrimis nec (aut) Myrm. Dolopumque nec (aut) duri miles Ulixi. Nemo Myrmidonum und nullus Ulixi miles. Wollte man Myrm. von miles abhängig machen, so müssten unter Myrmidones und Dolopes nicht das Volk, sondern seine Fürsten verstanden werden. Dies wäre unnatürlich.

8. *nox umida caelo praecipitat*] Ueber den intransitiven Gebrauch des Verbums vgl. zu I, 104, ferner XI, 617. VI, 351. Von der schon weit vorgerückten Zeit wird praeceps und praecipitare sehr häufig gebraucht, z. B. *Liv.* IV, 9, 13: praecipitique iam die curare corpora milites iubet. X, 42: iam praeceps in occasum sol erat XXV, 4: praecipiti iam ad vesperum die. *Caes. b. c.* III, 25: multi iam menses transierant et hiems praecipitaverat (es war Februar).

Was bedeutet aber caelo? Peerlkamp = in caelo praecipitat, maiorem cursus partem absolvit. Dies ist aber unmöglich. Denn praecipitare ist ein Verbum der Bewegung, ja sogar der Trennung, also kann caelo nur bedeuten: vom Himmel herab. Wie nämlich die Sonne im Osten emporsteigt und am Himmel hinlaufend Abends im Westen in den Ocean untertaucht, so zieht die Nacht von Westen nach Osten am Himmel hin und erreicht um Mitternacht den Höhepunkt, so dass sie von da an vom Himmel gegen Osten herabsinkt. Daher auch der Ausdruck sidera cadunt.

11. *breviter*] = Wenn auch nur kurz, denn zu einer ausführlichen Erzählung fehlt die Zeit. Aeneas will nicht eine historische Darstellung von Troia's Eroberung und Zerstörung geben, sondern nur seine Erlebnisse, also Skizzen aus dem Ganzen mittheilen.

supremum laborem] Vgl. supremus dies, suprema dicta VIII, 583, honor supremus XI, 61, lumen supr. VI, 735, salus supr. XII, 653, Troiae sors suprema V, 190. Die sors suprema besteht in Kampf und Leid, daher laborem = πόνον. Der Singular fasst die Vielheit der Vorstellung zur Einheit zusammen.

Die Periodenform ist einfach: si tantus amor (a), quamquam animus horret (b), incipiam (A). Dem Hauptsatze gehen zwei Nebensätze ohne copula voran. Diese Nebensätze sind zwar ihrem Werthe nach coordinirt, aber der erste Nebensatz (a) ist zugleich Voraussetzung zu dem Hauptsatz (A) und dem zweiten Nebensatz: a [(b): A]. Dies ist die einfachste Form der ächten lateinischen Periode, wofür wir a (A) (b) A gebrauchen.

12. *meminisse horret luctuque refugit*] Die Verbindung des Praesens und des Perfectums ist nur scheinbar, denn horret ist zwar der Form nach Praesens, dem Begriffe nach aber Perfectum von dem Praesens horrescit, wie bellum ardet von exardescit, sedeo von sido, occubare mortem von occumbere (*Liv.* VIII, 10, 4) cf. ad I, 547.

Alle verba inchoativa haben zwar ein eigenes Perfectum (exarsit, consedit, constitit etc.), aber dieses findet sich immer nur als Aorist gebraucht, nie als reines Perfectum, wenn die Sprache zum Ersatz des perf. logicum eine besondere Präsensform hat, wie ardeo, horreo, sedeo etc. Daher heisst degeneramus a patribus (*Liv.* XXII, 14, 6) wir sind entartet, weil die ältere Sprache eine Inchoativform generascere (*Lucr.* III, 745), also auch wohl degenerascere hatte. Als daher Seneca unsere Stelle nachahmte und das Praesens gebrauchen wollte (*Agam.* 438), so schrieb er:

refŭgit loqui mens aegra tantis atque inhorrescit malis, nicht horret oder inhorret.

Vergleichen wir ferner *Aen.* X, 726: leo gaudet hians immane comasque arrexit et haeret visceribus super incumbens, so sehen wir schon aus dem Partic. incumbens (Bewegung), dass haeret neben arrexit nicht Praesens (Ruhe), sondern nur Perfectum (hat sich eingebissen) sein kann. Vgl. XII, 754. Dieser Sprachgebrauch ist noch wenig erörtert und es ist uns jetzt auch nur möglich, darauf hinzudeuten.

Es bleibt nur noch die Frage übrig, was denn hier die beiden Perfecta bedeuten? Aus dem Begriffe des Perfects entwickelt sich leicht die Bedeutung der Dauer. Denn das Vollendetsein der Thätigkeit ist zugleich der Grund einer neuen Thätigkeit, indem sich aus der vollendeten Thätigkeit ein fortbestehender Zustand entwickelt. So erklärt sich im Griechischen δέδοικα, δέδια, πεφόβημαι, κέκηδα, so im Lat. memini, novi, coepi etc. Nicht anders ist es mit horreo und refugi.

Aeneas ist bei der Aufforderung der Dido, Troia's Untergang

zu erzählen, in Entsetzen gerathen darüber, dass er sich diese traurigen Erfahrungen wieder lebhaft vergegenwärtigen (meminisse) sollte. Zu dieser Stimmung ist er durch Dido's Worte gelangt und er befindet sich noch in derselben. Dennoch aber, obwohl er noch von diesem Gefühl beherrscht ist, will er erzählen. Wollte man also wörtlich übersetzen, so könnte man sagen: zwar bin ich aus Schmerz in Angst und Furcht, mir diese Ereignisse wieder vor die Seele zu führen, aber, wenn dein Verlangen wirklich so gross ist, so will ich beginnen.

Dass hier nicht das Perfectum steht, wie der griechische Aorist von einer Sitte oder Gewohnheit, von einer Sache, welche zu geschehen pflegt und schon oft geschehen ist, ist gewiss jedem Leser selbstverständlich. Eingehend handelt über diesen lat. Dichtergebrauch *Madvig Opusc.* II, 112—118. Ich setze hieher die Beispiele aus Vergil: *Georg.* I, 49. IV, 213. *Aen.* X, 726. XI, 810. XII, 755. Dazu vgl. *Hor. Carm.* I, 34, 16. *Ep.* I, 2, 47. II, 3, 343. Dabei vgl. über das Perf. in den Gleichnissen *Nägelsbach* zu *Hom. Ilias* I, 163. 218. *Döderlein* (Reden und Aufs. II, 316) nennt diesen Aoristus sehr treffend gnomicus.

13-56. Die Danaër gehen zu Schiffe und lassen vor Troia das hölzerne Ross zurück. Verschiedene Ansichten des Thymoetes, Capys, Laokoon über das Geschenk der Danaër.

Quelle war zunächst die Ἰλίου πέρcιc des Arktinos: ὡc τὰ περὶ τὸν ἵππον οἱ Τρῶεc ὑπόπτωc τ’ ἔχοντεc καὶ περιcτάντεc βουλεύονται ὅτι χρὴ ποιεῖν καὶ τοῖc μὲν δοκεῖ κατακρημνίcαι αὐτόν, τοῖc δὲ καταφλέγειν, οἱ δὲ ἱερὸν αὐτὸν ἔφαcαν δεῖν τῇ Ἀθηνᾷ ἀνατεθῆναι. καὶ τέλοc νικᾷ ἡ τούτων γνώμη. *Proclos* p. 522 (*W.*). Dann aber auch die Ἰλιὰc μικρὰ des Lesches, woraus uns *Proclos* p. 531 berichtet: καὶ οἱ Τρῶεc πολιορκοῦνται· καὶ Ἐπειὸc κατ’ Ἀθηνᾶc προαίρεcιν τὸν δούρειον ἵππον καταcκευάζει. Ὀδυccεὺc δὲ αἰκιcάμενοc ἑαυτὸν κατάcκοποc εἰc Ἴλιον παραγίνεται καὶ καταγνωριcθεὶc ὑφ’ Ἑλένηc περὶ τῆc ἁλώcεωc τῆc πόλεωc cυντίθεται κτείναc τέ τιναc τῶν Τρώων ἐπὶ τὰc ναῦc ἀφικνεῖται. καὶ μετὰ ταῦτα cὺν Διομήδει τὸ Παλλάδιον ἐκκομίζει ἐκ τῆc Ἰλίου. ἔπειτα εἰc τὸν δούρειον ἵππον τοὺc ἀρίcτουc ἐμβιβάcαντεc τάc τε cκηνὰc καταφλέξαντεc οἱ λοιποὶ τῶν Ἑλλήνων εἰc Τένεδον ἀνάγονται. οἱ δὲ Τρῶεc τῶν κακῶν ὑπολαβόντεc ἀπηλλάχθαι τόν τε δούρειον ἵππον εἰc τὴν πόλιν εἰcδέχονται διελόντεc μέροc τι τοῦ τείχουc καὶ εὐωχοῦνται ὡc νενικηκότεc τοὺc Ἕλληναc.

Vergleicht man die Angaben des Proclos aus beiden Dich-
tern mit der Darstellung Vergils, so ergibt sich von selbst, dass
Vergil hier mehr dem Arktinos folgte als dem viel späteren Les-
ches. Bei diesem ist die Reihenfolge der Begebenheiten und
wie es scheint auch der Ton der Erzählung sehr verschieden.
Bei Arktinos herrscht mehr das Erhabene und Pathetische, bei
Lesches das Heitere und Humoristische vor. Schon aus diesem
Grunde war Arktinos für Vergil eine angemessenere Quelle als
Lesches.

Die Römische Litteratur hatte von Cn. Naevius und vielleicht
auch von Livius Andronicus eine Tragödie unter dem Titel Equus
Troianus, cf. *O. Ribbeck*, Fragm. Trag. p. 2. 6. Beide Dichter
hatten, wie es scheint, zu ihrem Vorbild den Epeios des Euripides (*Welcker*, Tragödien II, 523); wie aber sowohl Euripides
als auch Naevius seinen Gegenstand behandelt hat, ist aus den
wenigen Fragm. nicht mehr zu ersehen. So viel ist sicher, dass
Vergil die römische Tragödie nicht unberücksichtigt liess.

13. *fatisque repulsi*] Nicht durch die Troer, sondern durch
Orakel gezwungen, die Belagerung Troia's aufzugeben.

15. *divina Palladis arte*] Etwa = κατ᾽ Ἀθηνὰς προαίρεcιν
bei Procl. Lesch.? *Hygin*. 108: Epeus monitu Minervae equum
fecit. *Hom. Od.* VIII, 493: ἀλλ᾽ ἄγε δὴ μετάβηθι καὶ ἵππου
κόcμον ἄειcον δουρατέου, τὸν Ἐπειὸc ἐποίηcεν cὺν Ἀθήνῃ,
ὅν ποτ᾽ ἐc ἀκρόπολιν δόλῳ ἤγαγε δῖοc Ὀδυccεύc.

Die ars Palladis ist die Baukunst wie bei *Ovid Trist.* III,
3, 10: nullus, Apollinea qui levet arte malum, ars Apollinea die
Heilkunst. Daher das Epitheton divina: sie bauten ein Pferd
mit ungewöhnlicher, ausserordentlicher Kunst, wie es
unter Menschen noch nicht vorgekommen war.

Wollte man aber arte = consilio et dolo Minervae erklären,
so würde das Epitheton divina nicht mehr passend sein.

Natürlich ist es, dass, wenn die Alten auch ars Palladis oder
Minervae geradezu für Baukunst etc. brauchten, sie dabei doch
immer an die Mitwirkung oder Eingebung der Gottheit dachten.
Darum übersetze: mit übernatürlicher Kunst der Minerva,
wobei der Doppelsinn auch im Deutschen hervortritt.

16. *secta abiete costas intexunt*] Etwa = costas abiegnas
intexunt equo' War aber nicht das ganze Pferd von Holz? Gewiss. Darum scheint es ist zu erklären: Um den Leib des Rosses
fest zu machen, schneiden sie an den betreffenden Stellen das

Holz etwas aus und keilen das Rippenholz ein, so dass die Wölbung dadurch festgehalten und getragen wird.

17. *votum pro reditu*] Dagegen 31, 44, 189 heisst es im allgemeineren Sinne donum oder (als pluralis discretivus) dona. Votum ist ein Geschenk, welches man der Gottheit darbringt, wenn man seinen Wunsch erreicht hat: Die gelobte Gabe, cf. III, 279: ergo insperata tandem tellure potiti lustramurque Iovi votisque incendimus aras. Darum wollte auch hier Peerlkamp donum für votum schreiben, weil die Rückkehr der Griechen noch nicht vollendet ist. Aber votum wird bestätigt durch den Dichter der halosis Troiae (bei *Petronius* 89), wo es V. 3 heisst: stipant graves equi recessus Danai et in voto latent. Man muss also annehmen, dass die Danaer gelobt hatten dieses Pferd der Pallas darzubringen, wenn es ihnen überhaupt gelingen sollte, ihren Rückzug ungehindert auszuführen. Und dies war geschehen. Dieses Gerücht hatten sie absichtlich selbst verbreitet, um die Troer zu täuschen (ea fama vagatur).

18. *delecta virum corpora*] Vgl. zu I, 193. Die Umschreibung deutet an, dass die Helden im Bauche des Rosses jetzt wehrlos waren.

huc ... caeco lateri] Vgl. III, 616. VI, 305. *Ecl.* 3, 12 und I, 53.

20. *cavernas uterumque*] = cavernas tamquam uterum, denn Vergil will offenbar nur das griechische Epitheton ἐγκύμων ausdrücken, cf. *Eurip. Troad.* 10: Ἐπειὸc μηχαναῖcι Παλλάδοc ἐγκύμον᾽ ἵππον τευχέων ξυναρμόcαc.

armato milite] Wollte man darunter nur die delecta virum (i. e. principum) corpora verstehen, so wäre die Tautologie unerträglich und das Verbum complere und das Adverb penitus bedeutungslos. Da nun unten 261—264 nur neun principes aussteigen und doch der Raum viel grösser war, so dass ganze Massen von Soldaten sich in das Ross flüchten können (401), so darf man mit Sicherheit annehmen, dass Vergil armato milite hier von Bewaffneten verstanden wissen will, welche ihren principes folgten.

Aus diesem Verhältniss erklärt es sich, warum die Angaben über die Anzahl der Helden im Leibe des Rosses so sehr auseinandergehen konnten. Stesichoros und Andere geben ein Hundert an (*Eust. ad Od.* XI, 522), *Quint. Smyrn.* XII, 314 führt 30 Helden namentlich auf und fährt dann 327 fort:

ἄλλοι δ' αὖ κατέβαινον, ὅσοι ἔςαν ἔξοχ' ἄριστοι,
ὅςςους χάνδανεν ἵππος ἐύξοος ἐντὸς ἐέργειν.
ἐν δέ ςφιν πύματος κατεβήςατο δῖος 'Επειός,
ὅς ῥα καὶ ἵππον ἔτευξεν.

Athen. XIII. 91 (Mein.): καὶ οὐδὲ ταῦτ' ἐκ Cτηςιχόρου, ςχολῇ γάρ, ἀλλ' ἐκ τῆς Cακάδα τοῦ 'Αργείου 'Ιλίου πέρςιδος· οὗτος γὰρ παμπόλλους τινὰς κατέλεξεν. Dagegen *Hyginus* 108 nennt wie Vergil nur neun principes. Man sieht indessen daraus, wie in den ältesten Quellen sich immerhin nur eine mässige Zahl vorfand, später aber das Ernsthaftwunderbare in das Lästigungeheure übertrieben wurde. Vgl. *Welcker*, Ep. Cyclus II, 185.

22. *dives opum*] Ein Apollo-Tempel wird *Ilias* I, 38 erwähnt. Ferner vgl. *Kypria* bei *Proclos* p. 507: ἔπειτα (von Aulis) καταπλέουςιν εἰς Τένεδον καὶ εὐωχουμένων αὐτῶν Φιλοκτήτης ὑφ' ὕδρου πληγεὶς διὰ τὴν δυςοςμίαν ἐν Λήμνῳ κατελείφθη. Daraus sieht man, dass die Insel wohlhabend gewesen sein muss.

regna] Der Plural, denn es handelt sich hier um die weite Ausdehnung der Herrschaft des Priamus, unter der viele Völker standen. cf. VII, 217. 313. 578. 735. VIII, 157. 244. 320. 471. 507.

23. *male fida*] = parum fida, cf. 735: male numen amicum, IV, 8: male sana (wie auch öfter Horaz), *Georg.* I, 105: male pinguis harenae. Horaz hat auch das Gegentheil bene sanus. Diese Wendung scheint durch den Einfluss der Stoiker üblich geworden zu sein, welche in ihrer praktischen Moral den schroffen Ausdruck insanus möglichst vermeiden wollten.

24. *huc — in litore*] Denn in se condere, se abdere etc. liegt sowohl der Begriff der Bewegung. als auch der endlichen Ruhe, daher Acc. und Abl.

25. *rati*] sc. sumus, eine Ellipse, die sich sogar in der Prosa häufig findet. Vgl. zu I, 237.

26. *Teucria*] Das ganze Land erhielt sofort ein friedliches und fröhliches Aussehen.

27. *Dorica castra*] Beachte die Alliteration durch den Gleichklang der Endsilbe und Anfangssilbe des nächsten Wortes bewirkt. Vgl. Oceano nox, fama malum, flamma manu, date tela, te tendere, glauca canentia (*Georg.* II, 13), siliqua quassante (*ib.* I, 74). *Naecke*, Rh. Mus. III, 380.

28. *locos*] Die merkwürdigen Stätten, Plätze, Lagerplätze am Meeresufer (= litusque).

29. *tendebat*] = lagerte, auch Livius und Tacitus.

30. *classibus*] Das Grosse und Immense eines Einheitsbegriffes zerlegt die dichterische Phantasie in seine Theile; Die Flotte war so gross, dass sie wie viele einzelne Flotten erschien. Und dies war ja auch wirklich der Fall, denn sie bestand aus vielen Contingenten. Denn unter classes ist hier das ganze Schiffslager der Griechen zu verstehen. Vgl. *Henry*, Notes II, p. 16.

31. *innuptae*] Innupta oder intacta findet sich bei lateinischen Dichtern sehr häufig als Umschreibung von παρθένος oder παρθένιος, wofür *Hor. Carm.* III, 3, 23: castae Minervae. Vgl. XII, 24: sunt aliae innuptae Latio et Laurentibus arvis. *Georg.* IV, 476: pueri innuptaeque puellae. I, 345: cui pater intactam dederat. Da intacta = ἀδμής, so ist es natürlich, dass sich dieses Epitheton von Minerva nicht findet.

donum exitiale Minervae] Der Erzähler greift in Folge seiner inneren Bewegung und Theilnahme dem Verlauf der Handlung durch das Epitheton vor. Denn ob das Geschenk verderblich war oder nicht, konnte erst die spätere Erzählung darthun. Aber dieses Vorgreifen ist hier um so natürlicher, da die Eroberung Troia's durch die List des Odysseus den Anwesenden bereits bekannt war. Vgl. *Henry* II, 18.

Minervae ist in jedem Falle Genitiv, nicht Dativ, wie ein Erklärer wollte. Aber es kann nun der Genit. activus oder subjectivus sein = das Geschenk, welches von Minerva herrührt, oder passivus vel objectivus = das Geschenk, welches für Minerva bestimmt ist.

Die erstere Erklärung scheint mir unmöglich. Denn das Pferd kann wohl ein Werk der Minerva genannt werden (vgl. 15. *Hom. Od.* VIII, 493. *Quint. Smyrn.* XII, 153), da diese Göttin bei dem Bau die Hand des Epeios geführt hat, nimmermehr aber ein Geschenk der Minerva, als ob diese es den Troianern überreicht hätte [1]).

Zwar wissen die Zuhörer von Aeneas noch nicht, dass das Ross für Minerva bestimmt war, sie hörten nur, dass es ein votum pro reditu der Achäer war, aber sie kennen diese angebliche Bestimmung des Kunstbaues bereits durch die Kunde von

---

[1]) *Henry:* a work so wonderful as to have required for its construction the artistical skill of Minerva. Aber donum Minervae ist doch nicht = opus Minervae, cf. V, 284: operum haut ignara Minervae.

Troia's Geschick. Darum ist kein Grund vorhanden, den Genitiv hier anders zu erklären als II, 189.

32—39. *Hom. Od.* VIII, 505—513:

ὡς ὁ μὲν ἑστήκει, τοὶ δ᾽ ἄκριτα πόλλ᾽ ἀγόρευον
ἥμενοι ἀμφ᾽ αὐτόν. τρίχα δέ σφισι ἥνδανε βουλή,
ἠὲ διαπλῆξαι κοῖλον δόρυ νηλέι χαλκῷ,
ἢ κατὰ πετράων βαλέειν ἐρύσαντες ἐπ᾽ ἄκρης,
ἢ ἐάαν μέγ᾽ ἄγαλμα θεῶν θελκτήριον εἶναι,
τῇ περ δὴ καὶ ἔπειτα τελευτήσεσθαι ἔμελλεν·
αἶσα γὰρ ἦν ἀπολέσθαι ἐπὴν πόλις ἀμφικαλύψῃ
δουράτεον μέγαν ἵππον, ὅθ᾽ εἴατο πάντες ἄριστοι
Ἀργείων Τρώεσσι φόνον καὶ κῆρα φέροντες.

Dies ist die Ueberlieferung, wie sie auch bei Arktinos hervortritt, ja selbst *Quintus Smyrnaeus* XII, 353 sq., hat noch das Wesentliche dieser Darstellung, obgleich dieser Dichter von der Ueberlieferung der Kykliker und der Erzählung des Vergil sonst sehr abweicht.

32. *Thymoetes*] Bei *Hom. Il.* III, 146 mit Panthoos und Antenor etc. in der Umgebung des Priamos, nach *Diod.* III, 67 ein Sohn des Laomedon.

34. *seu dolo*] Die Kypria, welche den Ursprung und Anfang des Troianischen Krieges behandelten, enthielten folgende Sage: Priamos erhielt das Orakel, dass an einem bestimmten Tage ein Knabe geboren werden würde, welcher Troia vernichten sollte. Als nun an diesem Tage dem Priamos Paris und dem Thymoetes Munippos geboren wurden, liess Priamos den Munippos und dessen Mutter tödten. Thymoetes wollte nun durch seinen verderblichen Rath Rache an Priamos nehmen. Die nachhomerische Sage und zwar schon Lesches stellte auch Helena, die Priesterin Theano und Antenor als Verräther dar.

sic fata ferebant] = monebant. Vgl. *Hor. sat.* II, 1, 17: haud mihi deero, cum res ipsa feret, mit Terent. Adelphi 730: Quid nunc futurumst? Id enim quod res ipsa fert: illinc huc transferetur virgo. *Andr.* 550: Immo ita volo itaque postulo ut fiat, Chremes, neque postulem abs te, ni ipsa res moneat. Es ist also in res ita fert oder fata ita ferunt der Begriff des Zwanges enthalten: fata sic volentem nolentem cogebant. Vgl. *Peerlk.* zu *Hor. Sat.* p. 89.

Die fata entsprechen hier genau dem Homerischen αἶσα,

wofür *Iuvenal.* IX, 127 vitae portio sagt. *Nägelsbach*, Hom.
Theologie p. 122.

35. *Capys*] *Hom. Il.* XX, 239: Ἀccάρακοc δὲ Κάπυν, ὁ δ᾽
ἄρ᾽ Ἀγχίcην τέκε παῖδα, also Grossvater des Aeneas. Damit
soll angedeutet werden, dass auch Aeneas dieser Meinung war.
Denn Arktinos erzählt: Als Aeneas durch das Unglück des Laokoon seine bange Ahnung erfüllt sah, entzog er sich dem allgemeinen Untergang: seine Bestimmung war in dem dardanischen
Ida eine einheimische Macht zu erhalten.

Da nun die epische Sage den Aeneas noch vor der Ankunft
der Achäer abziehen liess, Vergil aber seinen Helden nicht vor
dem Entscheidungskampf aus der Stadt fliehen lassen durfte, so
war es für ihn sehr schwer, diese Zeit mit Thaten des Aeneas
auszufüllen, wovon die Sage nichts meldete. Vgl. *Welcker*, Ep.
Cyclus II, 182.

36. *pelago praecipitare*] Die Akropolis (Pergamos) hatte nach
der Seite des Flusses Skamander (des jetzigen Menderé) einen
felsigen Abgrund; sie lag wie die Stadt selbst auf dem steilsten
Felsen der Höhen beim jetzigen Bunarbaschi, worauf die Stadt
gebaut war. Man berechnet den steilen Absatz zu 200 Fuss
Tiefe. Vgl. *Welcker*, Epischer Cycl. II, 22. *Düntzer* zu *Odyss.*
VIII, 508.

Der Zusatz pelago rührt wahrscheinlich von Vergil her nach
der römischen Anschauung, welche *Tibull.* II, 5, 80 ausspricht:
sed tu iam mitis, Apollo, prodigia indomitis merge sub aequoribus.
Vgl. *Dissen* p. 293.

37. *subiectisque urere flammis*] Homer sowohl wie Arktinos
kennen nur drei Vorschläge: ἢ κατακρημνίcαι ἢ καταφλέγειν
ἢ ἱερὸν ἀναθεῖναι, nur mit dem Unterschied, dass Homer das
καταφλέγειν nicht kennt und dafür wie Vergil das διαπλῆξαι
hat. Vergil fand also in der Ueberlieferung eine Dreitheilung der
Ansichten und doch wieder im Ganzen vier Ansichten vor. Er
suchte nun eine Ausgleichung. Diese erreichte er dadurch, dass
er die zwei Ansichten mit que verband, welche miteinander über-
einstimmend die Sache als prodigium behandelten, während der
Vorschlag des διαπλῆξαι einfach eine Aeusserung der Klugheit
und Vorsicht, der des Thymötes ein Akt der Religio war.

Um nun zwei species zu einem genus zu verbinden, gebraucht er que, wofür wir nach unserer Anschauung vel, ve oder
aut erwarten.

Eine vollständig gleiche Stelle konnte ich bei Vergil nicht finden, denn X, 709 ist jetzt ve hergestellt und V, 784 oder *Georg.* II, 87. III, 399. I, 442 sind ganz verschieden. Auch *Hor. Sat.* II, 3, 157 schreibt man jetzt: an furtis pereamve rapinis. Darum ist die Bemerkung des Servius nicht schlechthin zu verwerfen: que pro ve posuit, nam sonantius visum est. Antiqua tamen exemplaria ve habere inveniuntur. Wenn Vergil nicht pelago hinzugesetzt hätte, so könnte man beide Vorschläge leicht zu einem vereinigen, wie *Tibull* I, 9, 49: illa velim rapida Volcanus carmina flamma torreat et liquida deleat amnis aqua, denn die Asche soll ins Wasser geworfen werden.

39. *scinditur studia in contraria*] *Tac. hist.* I, 13: Potentia principatus divisa in T. Vinium cos. et Corn. Laconem praetorii praefectum, nec minor gratia Icelo liberto. hi discordes et rebus minoribus sibi quisque tendentes circa consilium eligendi successoris in duas factiones scindebantur.

40. *primus ibi ante omnis*] Nach der kyklischen Ueberlieferung war es eben Laokoon, von welchem der letzte Vorschlag ausging, cavas equi latebras terebrare vel explorare. Vergil aber hebt sein Auftreten noch besonders hervor, weil von seinem Schicksal schliesslich die Entscheidung abhing. Zur Sache vgl. *Quint. Smyrn.* XII, 390:

οἳ δ᾽ ἄρ᾽ ἔφαντο

ἔμμεναι (Sinon) ἠπεροπῆα πολύτροπον, οἷς ἄρα βουλή
ἥνδανε Λαοκόωντος· ὃ γὰρ πεπνυμένα βάζων
φῆ δόλον ἔμμεναι αἰνὸν ὑπ᾽ εἰνεςίῃςιν Ἀχαιῶν,
πάντας δ᾽ ὀτρύνεςκε θοῶς ἐμπρηςέμεν ἵππον,
ἵππον δουράτεον καὶ γνώμεναι εἴ τι κεκεύθει.

41. *ardens*] Quintus Smyrn. erzählt, dass Athena sofort den Laokoon in Wahnsinn verfallen liess, um dadurch die Troianer von seinem Rathe abzuziehen, cf. XII, 444:

Λαοκόων δ᾽ ἔτ᾽ ἔμιμνεν ἐποτρύνων ἑτάροισιν
ἵππον ἀμαλδῦναι μαλερῷ πυρί, τοὶ δέ οἱ οὔτι
πείθοντ᾽, ἀθανάτων γὰρ ὑποτρομέεσκον ὁμοκλήν.

42. *et procul*] Die heftige Erregung und Leidenschaft gestattet nicht den Zusatz eines Verbum dicendi, welches sich immer erst nach Beendigung der Rede findet zur Fortführung der Erzählung. Vgl. zu I, 639.

44. *sic notus Ulixes?*] Kurz für: Wisst ihr nicht, dass Ulixes sich unter den Danaern befindet und ist euch seine listige Ver-

schlagenheit so wenig bekannt? Die *astutia* des Ulixes tritt noch wenig bei Homer hervor, mehr bei Arktinos und Lesches, wo dieser Held die Hauptrolle spielt, vor allem aber machen ihn die Tragiker zum Urbild eines listigen und verschlagenen Menschen.

45—48. Ribbeck hält V. 45 für eine Dittographie des Dichters, welche dieser zunächst seinem Exemplar beigeschrieben, um bei der Redaktion entweder V. 45 oder auch 46 und 47 zu streichen. Er hatte sich bei dem ersten Entwurf noch nicht bestimmt für den einen oder den anderen Gedanken entscheiden können. Diese Ansicht, welcher auch Ladewig beitritt, erhält, wie es mir scheint, eine Stütze durch *Priscian.* XVI, 7. Dieser führt nämlich Bsp. der disjunctiven Corresponsion an zum Beweis für den Satz, dass in der Disjunction alteram quidem rem esse, alteram vero non esse. Er sagt ausdrücklich: disiunctivae sunt, quae quamvis dictiones coniungunt sensum tamen disiunctum significant.

Er führt nun richtige Bsp. an *Verg.* VII, 199: sive — seu, *Iuven.* 3, 295 und fährt dann fort: *Virgilius in II Aeneidos:*

> Aut aliquis latet error, equo ne credite Teucri. in eodem:
> Aut haec in nostros f. e. m. m.

Daran schliesst er die Bsp.: aut lux est aut tenebrae, aut prodest aut non prodest divitias quaerere.

Man sieht also, dass die beiden Bsp. aus *Aen.* II getrennt unpassend sind, und dass Prisc. geschrieben haben muss:

> aut haec in nostros fabricata est mach. muros,
> aut aliquis latet error: equo ne credite Teucri.

Und wirklich finden sich die Worte in eodem in einer Hdschr. gar nicht und in der Halberstädter nur auf Rasur. Der Sprachgebrauch des Prisc. erforderte auch idem in eodem.

Wenn nun Prisc., wie es wahrscheinlich ist, dieses Beispiel der Disjunctio richtig abgeschrieben hat, warum liess er den Satz: aut hoc inclusi ligno occultantur Achivi ganz weg? Es ist wenigstens nicht unmöglich, dass in seinem Exemplar dieser Vers ganz fehlte oder mit einem Obelus (cf. *Ribb. Prol.* p. 152) versehen war.

Ganz unmöglich ist freilich die Ueberlieferung nicht. Denn Laokoon kann recht gut sagen: Entweder befinden sich bereits Achäer in dem Leibe des Rosses oder, wenn dem auch nicht so ist, so ist das Pferd gebaut gleich einer Belagerungsmaschine, damit irgendwo versteckte Archäer unbemerkt das Pferd besteigen, von hier aus die Stadt überschauen und, wenn es ihnen angemessen erscheint, von dieser Höhe aus die Mauern besteigen, oder, mag nun die Bestimmung sein welche sie wolle, es liegt doch irgend ein Betrug (error = fraus) der Achäer zu Grunde; darum rathe ich: trauet nicht diesem Pferde.

Da der letzte Satz seinem Inhalte nach ganz allgemein ist, so ist es sogar sehr wahrscheinlich, dass Vergil eine doppelte Alternative bestimmten Inhalts vorangehen liess. Wenigstens hat diese doppelte Alternative nicht denselben Inhalt. Denn wenn die Achäer in dem Rosse verborgen waren, so begreift man nicht leicht, wie sie es als machina benützen, d. h. auf den Rücken des Pferdes steigen konnten. Die Absicht der occultatio und der machinae fabricatio muss allerdings eine verschiedene sein. Wenn man aber diese Möglichkeit annimmt, so ist damit die Unmöglichkeit ausgeschlossen, als ob V. 45 u. 46 sq. nicht nebeneinander bestehen könnten.

Endlich ist zu bedenken, dass, wenn man V. 45 streicht, die im Folgenden (50—53) geschilderte Handlungsweise des Laokoon kaum einen Sinn hat. Denn wenn er gerade das Innere des Rosses erforschen will, warum soll er vorher nicht die Möglichkeit besonders und bestimmt aussprechen — denn unbestimmt könnte sie auch im V. 48 enthalten sein —, dass im Leibe des Pferdes Achäer verborgen liegen?

49. *et dona ferentis*] = etiam, vel dona ferentis. Für diesen Gebrauch des et findet sich bei Cicero kein sicheres Beispiel, denn die von *Hand Tursell.* II, 520 sq. angeführten sind entweder anders zu erklären, wie *Tusc.* I § 4, wo et Epaminondas dem folgenden Themistoclesque correspondirt, oder sie sind jetzt durch genauere hdschr. Mittel emendirt. Im Griechischen war das Sprüchwort bekannt: ἐχθρῶν ἄδωρα δῶρα καὶ οὐκ ὀνήϲιμα. Zur Sache vgl. Büchtemann, Geflügelte Worte.

50. *validis ingentem viribus hastam*] = die mächtig, kräftig geschwungene Lanze. Denn die hasta ist nicht an und für sich ingens, sondern sie wird es validis viribus. Denn XII, 888: Aeneas instat telumque coruscat

ingens arboreum, gehört arboreum zu telum und ingens = celsus oder arduus zu Aeneas. Vgl. 51: curvam compagibus alvom = curvatam.

51. *inque curvam alvom*] i. e. in eam lateris partem contorsit hastam, in qua est alvus. *Wagner.* Der Lanzenwurf hätte wahrscheinlich das Geheimniss entdeckt, wenn die Lanze nicht

auf festes Holz (unter) der Verkleidung gestossen wäre (der Zusatz compagibus ist also nicht überflüssig), obwohl der Wurf so
heftig war, dass die Waffe in die Seite und auch in die Bauch-
höhlung eindrang. Vgl. VII, 499: perque uterum sonitu perque
ilia venit arundo. Die Wiederholung der Präposition mit que
nähert sich ihrer Wirkung nach der Lebhaftigkeit der asyndeti-
schen Wiederholung, wie per tela per hostis 358.

54. *si fata deum, si mens non laeva fuisset*] Da der grammatische und rhythmische Ton auf fata und laeva ruht, so ist es
selbstverständlich, dass das tonlose Prädikat non fuisset (fuissent)
gleichmässig zu laeva mens und zu fata bezogen wird: „Wenn
das schlimme Geschick der Götter, wenn die Verblendung unseres
Geistes nicht gewesen wäre.“

Auf die Ergänzung von non fuissent zu fata deutet auch die
Anaphora bestimmt hin. Den Gedanken erklärt *Liv.* V, 36, 6:
ibi iam urguentibus Romanam urbem fatis legati contra ius gentium arma capiunt. Andere wollen mit Bezug auf II, 433 erklären: et si fata deum fuissent, si mens non laeva fuisset. Allein
auf diese Weise werden Gegensätze hervorgerufen, in welchen
das nämliche Verbum einmal mit si, das andere Mal mit si non
verbunden wird. Von diesen Gegensätzen hat immer der positive
den Ton auf dem Verbum (wie II, 433), der negative dagegen
auf der Negation non. Dabei ist nicht zu vergessen: *a*) dass in
diesem Falle si non immer ungetrennt neben einander stehen;
b) dass wohl das Verbum des negativen Satzes, nicht aber das
des positiven ausgelassen und ergänzt werden kann, weil es eben
den Ton hat. Vgl. *Liv.* XXVIII, 29: auferat omnia irrita oblivio,
si potest, si non, utcumque silentium tegat.

An unserer Stelle ist ein solcher Gegensatz überhaupt un-
denkbar. Wollte man aber dennoch einen solchen statuiren, so
müsste es et si deum fuissent fata, si non laeva mens oder doch
sicher et si fata deum, si non laeva mens fuisset heissen. Aber
auch dafür wird man nicht leicht ein entsprechendes Beispiel finden.

55. *impulerat foedare*] In den unwahren oder inrealen Be-
dingungssätzen kann in dem Hauptsatz statt des Conj. Plq. immer
auch der Indicativ des perphrastischen Impf. oder Perf. gebraucht
werden, aber nur der Indicativ, da bereits im Partic. Fut. der
bedingte Erfolg tamquam rei fieri paratae genügend ausgedrückt
ist. Wenn sich vereinzelt ein Conj. dennoch findet, wie *Cic. p.
Mil.* §. 48, so hat dieser in anderen Verhältnissen seinen Grund.

Hieher gehören einige Beispiele bei Zumpt § 519, andere wie p. Lig. 7, *de div.* II § 21 sind von Lambin, Madvig und Halm längst emendirt. Also statt perissem, si te non invenissem kann man sagen: si te non invenissem, periturus fui oder eram. Die Verwandtschaft beider Formen erkennt man an der Form der Abhängigkeit des Hauptsatzes: non dubito, si te non invenissem, quin periturus fuerim. Den periphrastischen Indicativ ersetzt die Sprache durch Hülfsverba: *a*) immer durch posse, debere, oportere etc., *b*) öfters durch coepi, parare, impellere mit Inf. etc. Man sagt: nisi felicitas in socordiam vertisset, exuere iugum potuerunt, ferner: Britanni circumire terga coeperant, ni Agr. equitum alas opposuisset; in der Abhängigkeit aber kann man wohl sagen: non dubito quin circumire coeperint für non d. quin circumituri fuerint, dagegen im ersteren Falle ist nur möglich: non dubito quin iugum exuere potuerint, und es wäre ein grober Fehler, wenn man schreiben wollte: non dub. quin futurum fuerit ut circumire possent.

Sobald aber die Sprache angefangen hatte, Hülfsverba mit dem Inf. zum Ersatz für die periphrastische Form zu gebrauchen, lag es nahe auch ohne ein Hülfsverbum solche Tempora von verbis finitis ebenfalls in gleicher Weise zu verwerthen, welche ihrer Bedeutung nach dem der entsprechenden periphrastischen Tempora nahe kommen. Diese sind das Impf., Plusquamperf., und, wiewohl seltener, Praesens und Perfectum. Kann man sagen: Germanicus ferrum in pectus deferre coeperat, ni proximi dextram attinuissent, so ist es ein kleiner Schritt weiter zu sagen: ferrum in pectus deferebat, ni etc. Und es ist nur eine nothwendige Consequenz, wenn *Sall. Jug.* 31, 1 die Rede des Metellus so beginnt: multa me dehortantur a vobis Quirites, ni studium reip. omnia diceret, wo es wirklich komisch ist, wenn man vor ni noch ¯ergänzt: ac deterreant.

Den Indic. Impf. und Plq. für die periphrastische Form lieben natürlich solche Schriftsteller am meisten, welche gewohnt sind und darnach haschen, Lebhaftigkeit und Kürze des Ausdrucks mit einander zu vereinigen, also vor allen Tacitus.

Mit dieser Skizze vgl. man *Madvig Opusc.* II, 227. I, 199. II, 305. *Zumpt* § 519.

Foedare ist sonst = volnerare, hier = foede detegere, aperire, destituere fraudem.

56. *arx alta maneres*] Der Uebergang vom Nominativ zum

Vocativ findet sich auch VII, 684: quos dives Anagnia pascit, quos, Amasene pater. Andere Beispiele der ἀποϲτροφή — cum sermo a recto atque instituto ordine in diversum ac contrarium vertitur, *Rufin.* 26 —, sind I, 555. II, 428. III, 118. (371). *Georg.* II, 170. Aber alle diese Beispiele sind doch dadurch von unserer Stelle verschieden, dass in ihnen die Rede sich hinwendet zu einer Person, hier aber zu einer Sache, arx alta maneres! Und doch ist diese Apostrophe durch die Handschr., Grammatiker und Nachahmer genügend geschützt. So sagt *Silius* VII, 562: mutassentque solum sceptris (i. e. ni Camillus intercessisset) Aeneïa regna nullaque nunc stares terrarum vertice Roma.

Es ist also die religio loci, welche Vergil und Silius zu der Apostrophe veranlasste. Die arx Priami, Pergama (Plur.) oder Pergamos, war gewissermassen die sedes imperii sacrata. Um nun diese heilige Urstätte des Reiches von der Stadt selbst zu unterscheiden, daher der Wechsel staret   maneres. Freilich war gewiss auch die Nennung des Priamus, die Erinnerung an den altehrwürdigen König, der mit seiner Burg stand und fiel, nicht ohne Einfluss. Sicher scheint es mir, dass Vergil sich durch das Homoeoteleuton nicht würde haben abhalten lassen (so Servius), stares   maneres zu schreiben, wenn er sonst keinen Grund dagegen gehabt hätte. Denn das Homoeoteleuton ist bei Vergil nichts Seltenes. *Aen.* IV, 256 sq. mag unächt sein, aber *Georg.* I, 226. *Aen.* III, 549. *Ecl.* 8, 80. *Aen.* VIII, 646. 47. XI, 872: instantis   ferentis. Es ist ganz dieselbe Grübelei, wenn Servius zu III, 183: casus Cassandra canébat bemerkt: haec compositio iam (i. e. zur Zeit des Servius!) vitiosa est, quae maioribus placuit. Wer sind diese maiores? Nicht etwa Plautus und Ennius allein, nein auch Cicero und Vergil! Vgl. *Naeke Rh. Mus.* III, 410.

57—198: List und Betrug des Sinon.

Von Sinon und Laokoon finden wir bei Homer noch keine Spur, beide Personen treten erst bei Arktinos auf in der Iliupersis. Proclos gibt uns die kurze Notiz von Sinon: τοὺϲ πυρϲοὺϲ ἀνίϲχει τοῖϲ Ἀχαιοῖϲ πρότερον εἰϲεληλυθὼϲ προϲποίητοϲ. ʼAuf der Tabula Iliaca sehen wir den feierlichen Zug, welcher das Ross in die Stadt geleitet. Sinon wird gefangen mitgeführt, aber Priamus spricht den Befehl aus, ihm die Bande abzunehmen.

Wir können uns von diesen älteren Quellen kein klares Bild machen, aber so viel geht doch aus den dürftigen Notizen hervor, dass Vergil ihnen in seiner Darstellung folgte, besonders dem Arktinos. Denn wie hier so sehen wir auch bei Vergil den Sinon sich listig verstellen und unter falschen Angaben in die Stadt sich eindrängen. Dies ist die Hauptsache; denn wir können daraus schliessen, dass auch bei Arktinos Sinon sich über ungerechte Behandlung der Achäer beklagte. Die Späteren dagegen, wie *Tryphiod.* 219, *Eust. ad Od.* IV. 244, *Tzetz. Posthom.* 680, *ad Lycoph.* 344, lassen den Sinon sich freiwillig verstümmeln oder durch selbst gegebene Schläge sich entstellen. Am meisten weicht Quintus Smyrn. ab. Nach dem Abzug der Achäer stürzen hier die Troer hinaus auf die Ebene und finden das Ross und bei ihm Sinon:

ἀγγόθι δ' αὖτε Cίνωνα δυcάμμορον εἰcενόηcαν·
καί μιν ἀνειρόμενοι Δαναῶν ὕπερ ἄλλοθεν ἄλλος
μέccον ἐκυκλώcαντο περιcταδόν· ἀμφὶ δὲ μύθοιc
μειλιχίοιc εἴροντο πάροc, μετέπειτα δ' ὁμοκλῇ
cμερδαλέῃ, καὶ πολλὰ δολόφρονα φῶτα δάϊζον
πολλὸν ἐπὶ χρόνον αἰέν   ὀψὲ δ' ἄρ' αὐτοῦ
οὔαθ' ὁμῶc καὶ ῥῖναc ἀπὸ μελέων ἐτάμοντο
πάμπαν ἀεικίζοντεc, ὅπωc νημερτέα εἴπῃ.

Sinon blieb standhaft mit Hülfe der Hera. Er erklärt, die Achäer hätten vom langen Kriege erschöpft das Ross auf den Rath des Kalchas zu Ehren der Tritoneia gebaut, weil diese ihnen zürnte Τρώων ὕπερ.

ἀμφὶ δὲ νόcτου

ἐννεcίῃc Ὀδυccῆοc ἐμοὶ μενέαινον ὄλεθρον,
ὄφρα με δῃώcωcι δυcηχέοc ἄγχι θαλάccηc
δαίμοcιν εἰναλίοιc· ἐμὲ δ' οὐ λάθον, ἀλλ' ἀλεγεινὰc
cπονδάc τ' οὐλοχύταc τε μάλ' ἐccυμένωc ὑπαλύξαc
ἀθανάτων βουλῇcι παραὶ ποcὶ κάππεcον ἵππου.
οἳ δὲ καὶ οὐκ ἐθέλοντεc ἀναγκαίῃ με λίποντο,
ἁζόμενοι μεγάλοιο Διὸc κρατερόφρονα κούρην.

Nun erwacht im Volke das Mitleid, nur Laokoon erkennt den Gaukler. Aber Tritogeneia bringt über ihn Wahnsinn zum Schrecken der Troër und Sinon gewinnt dadurch immer mehr Anschen und Mitleid, so dass das Pferd in die Stadt gezogen wird, ehe noch die Schlangen über die Kinder des Laokoon herfallen.

So gewiss es ein Irrthum von Struve ist, de argumento carminum epicorum etc. part. II, wenn er p. 34 sagt: vel ipsum Vergilium vel eum, quem in his maxime secutus est poëta Ro-

manus, Quinto ante oculos versatum fuisse, so können wir doch
den Schluss aus der Vergleichung der Darstellung Vergils und
des Quintus ziehen, dass ihre beiderseitige Erzählung, so sehr sie
im Einzelnen von einander abweicht, auf eine sehr alte gemeinschaftliche Quelle zurückgeht, welche sich aber im Laufe der Zeit
in sehr verschiedenartige Bearbeitungen verzweigt hat. Diese
Quelle kann nur Arktinos sein. Und es ist viel wahrscheinlicher
dass Vergil diesen Dichter benützt hat als Quintus. Denn bei
diesem sehen wir nur noch einen Schattenriss, bei Vergil
klare und lebendige Farben. In der Tragödie finden wir
denselben Gegenstand von Sophocles und Euripides behandelt.
Von dem ersteren Drama kennen wir kaum mehr als den Titel
Σίνων; nicht viel mehr wissen wir von dem Ἐπειός des Euripides. Vgl. *Welcker*, Gr. Trag. p. 157. Den Römern war diese
Sage bekannt durch das Drama des Naevius, Equus Troianus, cf.
Ribb. Trag. p. 6 mit p. 2. *Plaut. Bacchid.* 925 — 978 (*R.*).
Welcker l. l. p. 525.

Dass Vergil dieses berühmte Werk des Naevius, welches zu
Ciceros Zeit noch aufgeführt wurde, kannte und benützte, darf
man wohl schliessen aus einer Vergleichung von *Aen.* II, 241:

O patria, o divom domus Ilium et incluta bello moenia Dardanidum! mit *Plaut. Bacch.* 933, welcher hier offenbar Naevius
oder Livius Andronicus vor Augen hatte,

O Troia, o patria, o Pergamum, o Priame, periisti senex.

Man muss sich dies Alles lebhaft vergegenwärtigen, um zu
erkennen, was es für eine Bedeutung hat, wenn *Macrob. Sat.* V,
2, 4 sagt: eversionem Troiae cum Sinone et equo ligneo ceterisque omnibus, quae librum secundum faciunt, a Pisandro paene
ad verbum transscripsit.

Wann werden endlich die Tadler Vergils aufhören, diese
unglückliche Notiz immer und immer wieder uns vorzurücken,
zumal da die griechische Litteraturgeschichte von diesem Pisander
nicht das Geringste entdecken kann?

Endlich dürfen wir nicht die Möglichkeit ausser Acht lassen,
dass Vergil auch den Palamedes des Euripides mit für seine
Reden benutzte. Vgl. *Welcker*, Trag. 500 sqq.

57. *ecce   interea*] Da interea sonst demonstrativ das
folgende Ereigniss mit dem vorausgehenden verbindet, so nimmt
es die erste Stelle des Satzes ein, wie I, 124. XII, 842. Bald
aber wird es durch ein betontes Wort an die zweite Stelle, wie

X. 1. XI, 1, oder sogar an die dritte, wie I, 180 verdrängt. In diesen Fällen verliert interea die Kraft, den Uebergang zu vermitteln, und tritt diese Bedeutung an ein Subst. Adj. oder Verbum ab. Da nun ecce mit Lebhaftigkeit auf eine neue Erscheinung hindeutet, so kann dieses sehr leicht diesem Subst. etc. trotz dem folgenden interea noch vorangestellt werden, ebenso wie es nach einem temperalen Vordersatz (= interea) den Hauptsatz einleitet, welcher ein neues Ereigniss enthält, wie III, 219. IV, 152. Etwas hemmend ist die Verbindung ecce autem II, 203. VI, 255, um das neue unerwartete oder seltsame Ereigniss in Gegensatz zu setzen zu einer ruhigen vorbereitenden Handlung, welche kaum begonnen plötzlich unterbrochen wird. Vgl. *Wichert*, Stillehre p. 340. 414.

post terga] In der ed. maior schreibt Ribbeck richtiger pos terga. Vgl. *Ritschl, Opusc.* II, 548. *Ribb. Proll.* p. 442. Bei *Caesar* b. g. VII, 84 u. 88 ist pos tergum beglaubigt, cf. *Ritschl* ibid. p. 550.

60. *Troiamque aperiret Achivis*] Für die Uebersetzung ist es von grosser Wichtigkeit zu beachten, dass Vergil sehr gern einen erklärenden Zusatz mit que anfügt, wo wir eine Apposition oder einen Satz ohne Copula erwarten. Denn das hoc ipsum struere ist unmöglich etwas anderes als das Troiam aperire Achivis. Vgl. III, 36. II, 722: veste super fulvique insternor pelle leonis. Hieher gehört auch II, 51 u. I, 2.

An allen diesen Stellen sehen wir das Allgemeine mit dem Besonderen durch que verbunden, während wir das Besondere als Erklärung des Allgemeinen auffassen. Wesentlich auf diese Erscheinung stützt sich das ungerechte Urtheil von Bernhardy Litteraturgesch. p. 483: zuletzt darf man sich nicht verhehlen, was besonders ein Uebersetzer der Aeneis empfindet, dass Vergil häufig mehr versifizirt als in der vollen poetischen Kraft dichtet.

62. *seu versare dolos seu certae occumbere morti*] Ein bestimmter Gegensatz, Gelingen oder Tod, ist hier unbedingt nöthig. Und wirklich sagt auch Sinon bei *Quint. Smyrn.* XII, 250: τὸ γὰρ νύ μοι εὔαδε θυμῷ, ἢ θανέειν δηίοισιν ὑπ’ ἀνδράσιν ἢ ὑπαλύξαι ᾿Αργείοις μέγα κῦδος ἐελδομένοισι φέροντα. Darum erwartet man vel dolo vincere vel mori, wie Peerlkamp richtig erkannt hat. Ebenso erkannten dies die alten Erklärer, wenn sie schrieben: seu versare dolo und versare = evertere nahmen.

Aber dies ist ohne ein Object nicht möglich. Die Ueberlieferung seu versare dolos = moliri, temptare dolos gibt keinen Gegensatz, da die List ja nicht immer gelingt, cf. XI, 704.

Andere erklären: Sinon musste erwarten, dass er entweder sogleich getödtet werde oder dass er Gelegenheit erhalten werde, seine List spielen zu lassen. certa mors ist also der ihm als einem Griechen gewisse Tod (vgl. 72), nicht der Tod als Strafe für den Fall, dass seine List entdeckt werde.

Also: Entweder tödten mich die Troianer sofort, oder sie tödten mich nicht sofort, dann werde ich meine List spielen lassen!

Ist dies eine bestimmte Alternative? Konnte denn Sinon darauf rechnen, dass, wenn er überhaupt nicht sofort getödtet werden würde, seine List auch gelingen werde? Und was soll denn die Spielerei der List? Kann diese einen Gegensatz zu dem Tode bilden?

Ich kann daher nicht anders glauben als dass hier ein Fehler vorliegt. Vielleicht schrieb Vergil: seu versare domos seu certae occumbere morti, wie VII, 336. Dass domos hier von der neuen Heimath des Sinon nur schwer gesagt werden kann, wo er als Feind derselben auftritt, ist freilich nicht zu verkennen. Also adhuc sub iudice lis est!

64. *inludere capto*] Ob darunter auch thatsächliche Misshandlungen zu verstehen sind, wie *Quintus Smyrn.* XII, 364 angiebt, ist schwer zu entscheiden. Denn wie viel man sich gegen einen Gefangenen erlaubt, hängt von der Kultur und Bildung eines Volkes ab.

Sehr malerisch ist der Uebergang von ruit zu certant: Alle brechen wie eine geschlossene Phalanx auf den Gefangenen los und aus dieser Masse hört man von allen Seiten Schmähungen.

65. *crimine ab uno disce omnis*] Im Griechischen hatte man das Sprüchwort: ἐξ ἑνὸς τὰ πάνθ' ὁρᾷ. Da nun ab uno crimine dem römischen Ohr = ab unius crimine ist, so ist der Schluss von einer Sache auf die Gesammtheit der Personen nur scheinbar. Sehr schön ahmt die Stelle *Silius* VI, 39 nach: nosces Fabios certamine ab uno, und *Torq. Tasso* II, 72:

> Wem ist die griech'sche Treue nicht bekannt?
> In einem Trug kannst du die andern lesen,
> Ja tausend, tausendfache List erfand
> Dies treulos geiz'ge Volk, verstockt im Bösen.

Wie passend gerade hier die Unterbrechung der Erzählung
durch den Halbvers ist, um die Spannung für die bereits sich ent-
wickelnde Katastrophe zu erhöhen, bedarf kaum der Bemerkung.

67. *turbatus*] Dass die Bestürzung des Sinon nur eine er-
heuchelte ist, wird durch die Worte oculis Phrygia agmina cir-
cumspexit genügend angedeutet. Denn der wirklich Furchtsame
wagt es nicht, die Augen so zu erheben und herumschweifen zu
lassen. Man könnte nur einwenden, er sieht bestürzt umher, ob
er nicht Jemand erblicke, der ihn kenne. Denn er will sich soeben für einen Leidensgefährten des Palamedes ausgeben, während er ein Sohn des Aesimos und Neffe der Antikleia, der Mutter
des Ulixes, war, cf. *Schol.* zu *Hom. Od.* XI, 85. *Hyg.* 108. Aber
das wusste er, dass er nicht bekannt war. Darum hatte er die
Rolle übernommen. Denn Odysseus verlangt bei Quint. XII, 238:

αἰζηῶν δέ τιϲ ἐϲθλόϲ, ὃν οὐ ϲάφα Τρῶεϲ ἴϲαϲι,
μιμνέτω ἄγχ' ἵπποιο ϲιδήρεον ἐνθέμενοϲ κῆρ.

69—72: Bei diesen Worten des Sinon vergegenwärtigte sich
der römische Leser die berühmte Stelle einer Rede des C. Gracchus ans Volk, welche auch Cic. de Or. III. § 214 mittheilt:
Quo me miser conferam? quo vertam? In Capitoliumne? At fratris sanguine madet. An domum? Matremne ut miseram lamen-
tantem videam et abiectam? Und was Cicero von Gracchus sagt,
muss man sich auch von Sinon denken: Quae sic ab illo esse
acta constabat oculis voce gestu, inimici ut lacrimas tenere non
possent. Vorbild des Gracchus war bereits *Ennius Andr.* 75 — 80:

Quid petam praesidi aut exequar? quove nunc
Auxilio aut exili aut fugae freta sim?
Arce et urbe orba sum: quo accidam? quo applicem?
Quoi nec arae patriae domi stant, fractae et disiectae iacent,
Fana flamma deflagrata, tosti alti stant parietes
Deformati etc. Vgl. *Enn. Medea* 231 sq. (*R.*).

70. *quid iam misero mihi denique restat*] Ameis vergleicht
damit *Hom. Od.* V, 299: ὤ μοι ἐγὼ δειλόϲ, τί νύ μοι μήκιϲτα
γένηται; Indessen, diese Stelle erinnert eher an das extrema
pati etc., denn Odysseus fürchtet den Tod auf dem Meere. Vgl.
zu dem obigen Ausdruck *Aen.* XII, 793: Quae iam finis erit, coniunx? quid denique restat? VII, 270: generos externis adfore ab
oris, hoc Latio restare canunt.

Aus XII, 793 geht deutlich hervor, dass wir nicht etwa denique mit iam, sondern vielmehr mit quid zu verbinden haben

Welches Loos steht mir Unglücklichen nun denn eigentlich
bevor? Es lässt sich damit am besten vgl. *Cic. p. Sest.* § 100:
boni nescio quo modo tardiores sunt et principiis rerum neglectis
ad extremum ipsa denique necessitate excitantur = werden sie
zuletzt eigentlich nur durch die Nothwendigkeit zum Handeln
gebracht. Vgl. *Wichert,* Stillehre p. 164 sq. Ich vergleiche damit auch is denique, z. B. *Ovid. Am.* III, 4, 1: Si qua metu
dempto casta est, ea denique casta est, quae, quia non liceat, non
facit, illa facit = diese ist erst eigentlich im wahren Sinne
des Wortes keusch. Denn daraus bildet sich ebenso gut der Fragesatz: quae denique casta est? Damit ist zu verbinden *Hor. ars*
267: vitavi denique culpam, non merui laudem, denn Horatius
will sagen: quid denique ita profecisti? culpam quidem vitasti,
non meruisti laudem.

Verwandter Art ist die Verbindung von nunc denique, tum
denique und modo denique, cf. *Halm* zu *Sest.* § 100. p. *Sulla* § 19.
Ovid. met. VII, 15: quem modo denique vidi, ne pereat, timeo!
86: veluti tum denique viso. III, 650: tamquam modo denique
fraudem senserit. Also quem modo denique vidi ist = den ich,
wenn man es genau nimmt, doch eben erst gesehen. Darum bestimmt Wichert p. 358 den Unterschied von tum demum und
tum denique sehr gut, wenn er jener Verbindung einen objectiven (da erst), dieser einen subjectiven Charakter (dann
erst) zuschreibt. Vgl. *Seyff. Pal. Cic.* p. 113.

71. *cui*] = nam mihi. Denn der Satz enthält die Begründung für die Behauptung, dass er nirgendswo mehr eine Stätte
finden könne. Es kann auch rhetorisch ausgeführt werden: Quo
me miser conferam? In Gracciamne (i. e. super aequora)? At
nusquam ibi mihi locus est. An Troiam? At Troiani insuper
infesti etc. Wenn man das bedenkt, so wird man leicht die
Unmöglichkeit eines Conjunctivs im Relativsatz erkennen, den
gleichwol hier Peerlkamp wünschte.

72. *poenas cum sanguine poscunt*] i. e. non modo poenas
sed sanguinem poscunt. Sinon beklagt sich indirekt über die
contumelia, die er bis jetzt von den blutdürstigen Troianern erfahren.

74. *hortamur fari*] In der Prosa wird der Ton der Bitte,
der freundlichen Aufforderung vorwiegend durch den Conjunctiv ohne ut erreicht, cf. *Sall. Jug.* 56, 2: oppidanos hortatur, moenia defendant. Dem Conj. mit ut entspricht das Supi-

num, cf. *Hist.* III, 61, 17 neque ego vos ultum iniurias hortor, magis ut requiem capiatis, dagegen *Cat.* 5, 9: res ipsa hortari videtur supra repetere, weil die hortatio hier nur uneigentlich ist.

75. *quive fuat, memores quae sit fiducia capto*] Conjectur von Ribbeck für die Vulgata: quidve ferat, memoret quae sit fiducia capto. Da indessen dieser Conjectur noch Niemand seinen Beifall geschenkt hat und auch wohl in Zukunft Niemand billigen wird, so wollen wir dieses Kind dem Wohlgefallen seines Vaters überlassen und uns sofort zur Ueberlieferung wenden. Da die Troianer schon wissen, dass Sinon ein Grieche ist, so wollen sie nur seine Abkunft, also seine Stellung im Heere kennen lernen. Da er aber ohne Widerstand, also wie es schien nicht ungern den Troianischen Hirten sich überliefert habe, so müsse er etwas zu sagen oder zu melden haben, worauf er als Gefangener vertraue. Dieses Geheimniss wollen sie nun von ihm hören.

Auffallen muss aber sofort die Härte in der Verbindung quo sanguine cretus, quidve ferat. Denn die Ellipse von sit ist immer eine Härte, wenn dieser Conj. nicht vorangeht. Muster ist III, 608: qui sit fari, quo sanguine cretus hortamur. Hier ist die Folge der Worte natürlich und doch dabei künstlich, wie z. B. die Trennung von fari und hortamur. An unserer Stelle dagegen kann ich mir nur folgende Ordnung denken: hortamur fari, quo sanguine cretus quid referat, aber dies ist weder für den Gedanken noch für die Situation passend. Die Worte memoret quae sit fiducia capto lauten in dieser Verbindung so allgemein, als sollte Sinon über das Völkerrecht oder die praktische Klugheit exami- nirt werden. Denn die Erklärung von Häckermann: quaerunt Troës ex Sinone, quatenus ipsi iam dicturo fides haberi possit, ist der Situation ganz unangemessen, denn die Troër müssen dies scharfsinnig erkennen, aber nicht durch eine solche Aufforderung den Lügner noch mehr auf den Weg der Lüge bringen; sie ist aber auch mit dem Sprachgebrauch nicht zu vereinigen, denn X, 152 und *Stat. Theb.* X, 408: neutri fiducia coepto bezeugen gerade das Gegentheil. Denn die fiducia entsteht nur durch Be- ziehung der Person zur Sache: neutri fiducia coepto ist: neutri consilio dat Dymas fiduciam. Wenn ich nun sage memoret quae sit fiducia capto, so ist die einzige Person, welche fiducia haben kann, der Erzählende i. e. der Gefangene selbst, nicht aber die Troër, d. h. diejenigen, welche einen Andern auffordern zu

sprechen. Fiducia aber sofort mit fides zu erklären, ist sprach-
lich unmöglich.

Endlich beachten wir die Anfangsworte der Rede des Sinon:
Cuncta equidem tibi, rex, fatebor. Diese unmittelbare Anrede des
Königs ist meinem Gefühl zuwider, wenn nicht vorher der König
als handelnd vorgeführt wird. Durch die Ueberlieferung aber
wird er geradezu hinter hortamur versteckt. Ich glaube also
V. 74—75 ist ein Flickwerk aus der vielleicht unkenntlich oder
unleserlich gewordenen ächten Ueberlieferung. Vergil kann unmöglich so geschrieben haben als wir jetzt lesen. Dass an dieser
Stelle von den Redaktoren des Textes willkührlich herumgear-
beitet worden ist, zeigt V. 76, welcher in einigen Hdschr. ganz
fehlt, in anderen am Rande nachgetragen und von Servius übergangen ist, dazu mit 107 im Widerspruch steht. Er ist aus III,
612 herübergenommen.

77. *fuerit quodcumque*] Richtig erklärt Servius: quicumque
me sequatur eventus, wofür *Hom. Od.* XXI, 212 cφῶιν δ' ὡc
ἔcεταί περ, ἀληθείην καταλέξω. Vgl. *Nglsb.* zu *Il.* I, 211 und
Ameis *Od.* XIX, 312. Auf cuncta kann quodcumque nicht bezogen werden, weil man im Lat. wohl quidquid   ea sagt, obwohl *Liv.* XXX, 17, 12 sehr unsicher ist, cf. *Alschefski praef.*
p. XXVIII, nie aber quodcunque — ea oder quicunque — ii, noch
viel weniger ei — quicumque etc.

Grammatisch aber ist zu beachten, dass fuerit nicht Conj.
sein kann, im äussersten Falle wäre nur der Conj. Fut. exacti
denkbar. Da wir aber keinen Grund haben anzunehmen, dass
Vergil die verallgemeinernden pron. rel. mit dem Conj. verbunden hat, so werden wir an dem Indic. Fut. exacti festhalten müssen, der sich mit dem Sprachgebrauch, besonders der Komiker,
sehr gut vereinigen lässt.

Wir können nämlich die Worte des Sinon so auflösen: Mihi
vel extremum acciderit, ego vera fatebor, oder ego vera fatebor,
interea mihi extremum acciderit. Aehnlich ist *Prop.* I, 19, 15.
illic formonsae veniant chorus heroinae, quarum nulla tua fuerit
mihi, Cynthia, forma gratior, i. e. veniant heroinae, nulla mihi
fuerit te gratior. *Terent. Adelph.* 538: fuge modo intro, ego videro,
wofür Niemand viderim wird schreiben wollen. *Plaut. Most.* 1143
sine me dum istuc iudicare: ego isti adsedero. *Aen.* XII, 316:
me sinite atque auferte metus, ego foedera faxo firma manu.
Diese Stellen unterscheiden sich alle dadurch von der obigen

dass sie keine Gleichgültigkeit ausdrücken, diese aber ist doch nicht in dem Modus enthalten, sondern in quodcumque.

Indessen kann ich ein Bedenken nicht unterdrücken. Vergil sagt nämlich fuerit quodcumque und nicht quodcumque fuerit. Da er nun quodcumque wie die späteren Prosaiker rein adjectivisch gebraucht (vgl. zu I, 78), so liegt es sehr nahe fuerit für den Conj. concess. fut. ex. zu nehmen und zu erklären: fuerit mihi quodcumque vobis placuerit.

Wie nahe indessen oft das Fut. exactum an die Bedeutung des Fut. simplex streift, zeigt XI, 688: advenit qui vestra dies muliebribus armis verba redarguerit. IX, 297: namque erit ista mihi genetrix nomenque Creusae solum defuerit. X, 503: Turno tempus erit, magno cum optaverit emptum intactum Pallanta et cum spolia ista diemque oderit. Vgl. *Madvig*, *Opusc.* II, 97, dessen Abhandlung über das Fut. ex. p. 64—111 überhaupt bis jetzt unübertroffen, deren Kenntniss für jeden Philologen Pflicht ist.

79. *hoc primum*] = hoc primum a me dictum esto. Nam Graecum me non esse potuissem fingere, sed fateor Graecum esse.

Indessen ist nicht zu verkennen, dass diese abgerissenen Worte hier nur störend sind, da neque — negabo den Gedanken vollständig erschöpft. Früher las man auch II, 690 hoc tantum sc. precor getrennt, erkannte aber bald dass aspice nos hoc tantum zusammengehört und dem Griech. ἐπίβλεψον τοῦτο μόνον ἡμᾶς entspricht. An unserer Stelle erwarte ich etwa: neque me Argolica de gente negabo huc missum, dann würde neque — nec auch passend correspondiren: Ich leugne weder dass ich zu den Griechen gehöre noch soll überhaupt das Unglück mich zum Lügner machen, i. e. noch werde ich weiterhin im Verlauf meiner Erzählung lügen.

nec si miserum etc.] Beachte wie versteckt Sinon die Wahrheit spricht: das Schicksal hat ihn nicht elend gemacht und macht ihn auch nicht zum Lügner, wohl aber sein freier Wille. Es ist dies die Ironie, welche die Worte so stellt, dass sie der Sprechende anders auffassen kann als sie der Zuhörer verstehen muss. *Trypho* p. 205: εἰρωνεία ἐστὶ λόγος διὰ τοῦ ἐναντίου τὸ ἐναντίον μετά τινος ἠθικῆς ὑποκρίσεως (vocis, gestus etc.) δηλῶν. *Theophr. Char.* 1: ὁ δὲ εἴρων τοιοῦτός τις, οἷος προσελθὼν τοῖς ἐχθροῖς ἐθέλειν λαλεῖν (l. τἀληθῆ λέγειν), οὐ μισεῖν.

Macrobius vergleicht aus dem Telephus des Attius (*Ribb. Trag.* p. 184):

> nam si a me régnum Fortuna átque opes
> erípere quivit, át virtutem nón quiit.

80. *inproba*] Das harte, unbarmherzige, mit ethischer Hypokrisis nachgestellt = trotz aller Härte oder Schonungslosigkeit. Vgl. ἀναιδής. Vgl. XI, 767. XII, 250. IX, 62.

81. *aliquod Belidae nomen*] Irgend ein Name wie der des Beliden Palamedes = etwa der Name etc. Der Name und der Ruhm des Palamedes wird unterschieden. Der letztere müsste allerdings den Troianern bekannt sein, nicht so der Name, worunter man die Abkunft und die näheren Verhältnisse des Palamedes zu verstehen hat. Vgl. *Ovid. met.* XV, 497: fando aliquem Hippolytum vestras, puto, contigit aures   occubuisse neci.

82. *Belidae*] Der Vater des Palam. war Nauplios, König von Euboea, da aber die Grossmutter Amymone eine Enkelin des Belos war, so nennt Sinon ihn hier absichtlich Belides, um den asiatischen Ursprung seines Königshauses vor den Troianern zu betonen. Die Sage von Palamedes war zuerst berührt in den Kyprien des Stasinos, wovon *Paus.* X, 31, 1 erzählt: Παλαμήδην δὲ ἀποπνιγῆναι προελθόντα ἐπὶ ἰχθύων θήραν, Διομήδην δὲ τὸν ἀποκτείναντα εἶναι καὶ Ὀδυccέα ἐπιλεξάμενος ἐν ἔπεcιν οἶδα τοῖc Κυπρίοιc. Berühmt aber wurde diese Fabel durch die Tragödien des Aeschylus, Sophocles und Euripides, welche so viel mit einander gemein haben als Vergil erwähnt, nämlich dass gegen Palamedes von seinem Nebenbuhler Odysseus (bei *Quint.* V, 199 sagt Aias zu Odyss. ὃc cέο φέρτεροc ἔcκε βίῃ καὶ ἐύφρονι βουλῇ), welchen er vor dem Auszug überlistet hatte, eine falsche Anklage des Verraths aufgebracht, und er im Gerichte von diesem besiegt und von den Achäern zum Tode verurtheilt wurde. Bei Euripides gründet sich die Anklage des Palamedes auf den Vorwurf der Bestechung. Den wesentlichen Inhalt des Drama's gibt *Hygin.* 105: Ulixes, quod Palamedis Nauplii filii dolo erat deceptus, in dies machinabatur, quo modo eum interficeret. Tandem inito consilio ad Agamemnonem militem suum misit, qui diceret eum in quiete vidisse, ut castra uno die moverentur. Id Agamemnon verum existimans castra uno die imperat moveri. Ulixes autem clam noctu solus magnum pondus auri, ubi tabernaculum Palamedis fuerat, obruit. Idemque epistulam conscriptam Phrygi captivo ad Priamum dat perferendam, militemque suum mittit, qui eum non

longe a castris interficeret. Postero die cum exercitus in castra
rediret, quidam miles epistulam, quam Ulixes scripserat, super
cadaver Phrygis positam ad Agamemnonem attulit, in qua scriptum
fuit, Palamedi a Priamo missam, tantumque ei auri pollicetur,
quantum Ulixes in tabernaculum obruerat, si castra Agamemnonis,
ut convenerat, proderet. Itaque Palamedes cum ad regem esset
perductus et factum negaret, in tabernaculum eius ierunt et aurum effoderunt. Quod Agamemnon ut vidit·verum factum esse
credidit. Er erlitt den Tod der Steinigung.

Odysseus hatte aber gewiss ein höheres Motiv. Palamedes
wollte den Frieden, Odysseus den Krieg, so dass dieser den
Achäern einen Dienst zu erweisen glaubte, wenn er den Gegner
aus dem Wege räumte. Das Drama des Euripides nahm Bezug
auf die Politik des Nicias und Alcibiades.

Die Worte incluta fama gloria beziehen sich wohl nicht auf
das Schicksal des Palamedes, sondern auf seine Erfindungen: Er hatte das noch rohe Leben der Achäer durch Kultur
gehoben, war Erfinder des Würfel- und Brettspiels und schützte
das Heer vor Hungersnoth und verheerenden Krankheiten. Vgl.
Welcker, Trag. 129 sqq. 500 sqq. Ep. Cycl. II, 99. 101. 106. 129.

84. *insontem infando indicio*] Indignation und Schmerz
erhalten Ausdruck sowohl durch den gleichmässigen rhythmischen Accent, der zugleich mit dem Wortaccent eine Dis-
sonanz bildet (insóntem infándo índicio) als auch durch die Alliteration des Vocals i, welche verhältnissmässig sehr selten ist. Vgl.
Terent. Andr. 129: funus interim procedit, sequimur: ad sepulcrum venimus: in ignem inpositast: fletur. *Naeke*, Rh. Mus.
III, 337.

85. *nunc cassum lumine lugent*] Bei *Philostratus* (*Her.* X, 7)
und *Tzetzes* (*Antehom.* 390) zerrauft Aiax nach der Steinigung
des Palamedes das Haar und bestattet ihn trotz des Verbotes des
Agamemnon. Aus Euripides gehört hieher der θρῆνος (*Philostr.*
Her. X, 12):

       ἐκάνετε ἐκάνετε τὰν πάνσοφον, ὦ Δαναοί,
          τὰν οὐδὲν ἀλγύνουσαν ἀηδόνα Μουσᾶν.

86. *illi me comitem*] Dieser Nachsatz kann logisch nicht
als Hauptsatz des eben beendigten Vordersatzes gefasst werden.
Denn es wäre unlogisch zu sagen: Wenn du gehört hast, so
hat mich mein Vater geschickt. Es ist vielmehr dieser Nachsatz als ein von einem ausgelassenen Hauptsatze regierter

Nebensatz aufzufassen: so wisse, dass mein Vater mich geschickt hat etc., oder so wisse: diesem hat m. V. etc. Vgl.
Nägelsb. Stil. §. 184.

87. *primis huc misit ab annis*] Des Krieges oder des Alters?
Gegen die letztere Erklärung spricht 138, obwohl Sinon V. 57
iuvenis genannt wird, vielleicht weisen auch die V. 88—89 eine
Andeutung des Lebensalters zurück. Denn wenn er den Palamedes
als θεράπων begleitete und schon in den ersten Jahren des
Krieges Einfluss und Ansehen hatte, so konnte er nicht im zarten
Alter stehen. Auch erwartet man dann nicht ab, sondern in
primis annis.

Gegen die erstere Erklärung wendet Peerlkamp richtig ein:
quod cur Sinon memoraret, non video. omnes enim Graeci ad
Troiam profecti sunt primo belli anno, nihil in eo erat memo-
ratu dignum. fuisset, si quarto quintove vel sequentibus annis
venisset.

Alle diese Schwierigkeiten heben sich dadurch, wenn man
primis ab annis = ab ineunte aetate nicht sowohl mit misit als
vielmehr mit comitem verbindet und den Zusatz et propincum
als Begründung dieses Verhältnisses auffasst: Mein Vater gab mich
ihm, da ich sein Verwandter war, von Jugend auf zum Begleiter
und hat mich dadurch, ob er es wollte oder nicht, auch hieher
vor Troia gebracht. Dadurch dass der Vater den Sohn dem Palamedes zum Begleiter, zum Contubernalen gab, hat er ihn gewissermassen schon in seiner frühen Jugend, ehe noch an den
Krieg mit Troia zu denken war, eo ipso mit nach Troia geschickt.
In den Worten primis huc misit ab annis liegt also ein παρά-
δοξον, welches durch die vorangegangenen Worte comitem et
propincum gelöst wird.

Diese Erklärung mag auf den ersten Blick geschraubt und
gekünstelt erscheinen, wenn man aber bedenkt, dass Sinon in
einer so peinlichen Lage sich befindet, welche ihn die unangenehme Wahrheit zu sagen und doch wieder auch die Nachsicht
und Theilnahme der Troer zu erjagen nöthigt, so wird man eine
Auffassung nicht für unmöglich halten, welche den Worten primis
ab annis ihre volle grammatische Bedeutung zukommen lässt.
Denn dass Sinon wirklich zugleich um Nachsicht bittet, sieht
man aus dem Epitheton pauper. Diese Eigenschaft gestattete
dem Vater nicht, selbständig zu handeln: er musste den Sohn

ziehen lassen, nachdem er einmal im Gefolge des Palamedes war.

88. *stabat regno incolumis*] Da die Edlen des Homerischen
Zeitalters an und für sich βαcιλῆεc heissen, auch wenn sie nur
Stellvertreter oder Unterbefehlshaber sind, so kann dem Palamedes sehr gut ein regnum zugeschrieben werden, obwohl er nur
Stellvertreter seines Vaters war, insofern er vor Troia den Ober-
befehl über sein Contingent führt und darum als cκηπτοῦχοc βαcι-
λεύc erscheint. Vgl. *Schömann*, Gr. Alterth. I, 30.

rigebat] Denn gerade im Rathe hatte er das grösste Ansehen wegen seiner cοφία, wodurch er selbst den Odysseus über-
traf. Also: so lange er mächtig und angesehen war. Dem
stare steht entgegen iacere, cf. *Cic. p. Sest.* §. 7 ut socerum
videre consolarique posset fluctibus reip. expulsum, in alienis terris
iacentem, quem in maiorum suorum vestigiis stare oportebat.
Nägelsb. Stil. §. 127, 1. Der Abl. steht also dichterisch für in
regno stabat.

90. *pellacis Ulixi*] Pellax = ποικιλομήτηc, weniger πολύμητιc. Servius: pellacis = per blanditias decipientis, pellicere
enim est per blanditias inlicere. *Arnob.* V, 44: quid pro cycnis
et satyris, quid pro aureis imbribus, in quos idem (Iupp.) se
pellax fraude induit perfida formarum varietatibus ludens? Daher
ist pellax mit multiformis, multiplex, varius und anceps synonym.

96. *promisi me ultorem*] = minatus sum ultorem me fore,
wie *Terent. Heaut.* 729: satis scite promittit tibi sc. poenas.
Uebrigens ist hier an die Pflicht der Blutrache zu denken,
welche der Freund dem Freunde schuldet. Vgl. *Hom. Od.*
XXIV, 433:

    λώβη γὰρ τάδε γ' ἐcτὶ καὶ ἐccομένοιcι πυθέcθαι,
    εἰ δὴ μὴ παίδων τε καcιγνήτων τε φονῆαc
    τιcόμεθ'· οὐκ ἂν ἐμοίγε μετὰ φρεcὶν ἡδὺ γένοιτο
    ζωέμεν, ἀλλὰ τάχιcτα θανὼν φθιμένοιcι μετείην.

Tac. Germ. 21: suscipere tam inimicitias seu patris seu propin-
qui quam amicitias necessest nec inplacabiles durant (i. e. von
Rechtswegen). luitur enim (i. e. die Busse muss angenommen
werden) etiam homicidium certo armentorum ac pecorum numero.

Der Satz fors si qua tulisset ist nach unserer deutschen Auffassung dem Satze si remeassem nicht coordinirt, sondern untergeordnet. Aehnlich ist *Cic. p. Sest.* §. 81: si illo die gens ista
Clodia, quod facere voluit, effecisset, si P. Sestius, qui pro occiso

relictus est, occisus esset, fuistisne ad arma ituri? *ibid.* §. 45:
etenim si mihi in aliqua nave cum meis amicis naviganti hoc
accidisset, ut multi ex multis locis praedones classibus eam navem
se oppressuros minitarentur, nisi me unum sibi dedidissent, si
id vectores negarent ac mecum simul interire quam me tradere
hostibus mallent, iecissem ipse me potius in profundum, ut ceteros conservarem quam illos in magnum vitae discrimen addu-
cerem. In Wirklichkeit sind die beiden Vordersätze im Lat.
ihrem Werthe nach coordinirt, denn keiner hängt von dem andern, sondern jeder nur von dem Hauptsatze ab, aber der zweite
Nebensatz ist ausschliesslich Vordersatz des Hauptsatzes, der erste
hingegen des Hauptsatzes mit dem zweiten Vordersatze, also:
a : (b : A). In dem Beispiele Vergils ist das Verhältniss der beiden Vordersätze umgekehrt: (a/b) : A. Denn der Gedanke ist:
Wenn ich in die Heimath käme (b), so würde ich (A), falls sich
Gelegenheit zeigen würde (a), als Rächer auftreten (A). Vgl.
Nägelsbach, lat. Stil. §. 149.

97. *hinc mihi prima mali labes*] =. Der Anfang des über
mich hereinbrechenden Unglücks. *Iust.* 17, 1. 5: haec
prima mali labes, hoc initium inpendentis ruinae fuit. Zur Form
vgl. *Hom. Il.* XI, 604: ὃ δὲ κλισίηθεν ἀκούσας ἔκμολε ἶσος Ἄρηι,
κακοῦ δ' ἄρα οἱ πέλεν ἀρχή.

99. *in volgum*] *Charis.* I p. 21 (*K.*): quamquam multi volgus
masculine extulerunt, ut Vergilius: in volgum amb. Bei Vergil
nur hier, sonst Neutrum, cf. I, 149. Alle Stellen für den Gebrauch von vulgus als masc. findet man sorgfältig verzeichnet bei
Neue, Formenlehre I, 679. Zur Form des Ausdrucks vgl. *Soph.
Aiac.* 148: τοιούσδε λόγους ψιθύρους πλάσσων εἰς ὦτα φέρει
πᾶσιν Ὀδυσσεὺς καὶ σφόδρα πείθει.

querere conscius arma] Dass arma hier = fraudes, dolos
sein soll, wo der Gegensatz von crimina und voces vorliegt, davon kann ich mich um so weniger überzeugen, als es
noch keinem gelungen ist, überhaupt nur ein Beispiel von diesem
Gebrauche aufzufinden [1]). In dem Gegensatz zu crimina und voces
kann arma nur Gewalt, Kampf bedeuten. Aus dem Zusammenhang aber sieht man, dass Odysseus offene Gewalt vermeiden
will und auch wirklich vermeidet. Ich halte darum arma für

---

[1]) Henry citirt *Prop.* III, 21, 27, aber Demosthenis arma sind hier
der apparatus, den der Redner im Kampf nöthig hat.

corrupt und erwarte etwa einen Begriff wie: et quaerere conscius ansam, cf. *Plaut. Persa* 670: non tu illum vides quaerere ansam, infectum ut faciat? — heus tu, serva istum!

Da ansa verhältnissmässig selten vorkommt, so war eine Verwechslung von ansā oder asā mit arma nicht eben schwierig. Dem Sinne entspricht es völlig, denn Ulixes sucht nur nach einer Handhabe, einer passenden Gelegenheit, den Sinon zu verderben. Und diese Gelegenheit erhält er endlich durch die Beihilfe des Calchas.

Ebenso passt dazu conscius, absolut = schuldbewusst: je mehr er sich schuldbewusst ist, also von Sinon für sich fürchten muss, um so mehr sucht er nach einer Gelegenheit, diesen zu verderben, ihn aus dem Wege zu räumen. Vgl. *Sall. Cat.* 14, 3: omnes quos flagitium egestas conscius animus exagitabat, ei Catilinae proxumi familiaresque erant, i. e. ergriffen die Gelegenheit, sich aus ihren Verlegenheiten zu befreien.

100. *nec requievit enim*] Ergänze: Und er hat wirklich seine Absicht erreicht, denn er ruhte nicht eher, bis etc. Vgl. *O. Heine* zu *Cic. Off.* III §. 57. In der Prosa würde nec requievit genügen = und er blieb wirklich nicht eher ruhig, bis er eine passende Gelegenheit gefunden hatte. Vgl. *Nägelsb. Stil.* p. 536.

101. *sed quid ego haec autem*] *Enn.* 210: Sed quid ego hic animo lamentor? 318: sed quid ego haec memoro? *Liv.* 38, 48: sed quid ego haec ita argumentor? *Terent. Andria* 886: Sed quid ego? quor me excrucio, quor me macero? An ut pro huius peccatis ego supplicium sufferam?

Die Verbindung sed — autem erscheint bei Terentius und Plautus häufig, tritt hier bei Vergil einmal wieder auf und wird dann vereinzelt von den späteren Dichtern wiederholt, so dass sie also nie aus dem Leben der Sprache ganz verschwand. Vgl. *Terent. Phorm.* 601: sed quid pertimui autem belua? Mehr bei *Ritschl, Parerga Plaut.* p. 423. 516. Von den Späteren *Prudent. Apoth.* 741: sed quid ego haec autem titubanti voce retexo, indignus qui sancta canam? Dabei ist zu beachten, dass autem sich immer an ein betontes Wort anlehnt[1]). Die richtige Bedeutung von autem scheint mir Ruhnken getroffen zu haben,

---

[1]) Ich möchte vgl. *Hom. Il.* XX, 251: ἀλλὰ τί ἢ ἔριδας καὶ νείκεα νῶιν ἀνάγκη νεικεῖν ἀλλήλοισιν ἐναντίον; denn ἦ ist schon an und für sich fragend und wird doch mit τί verbunden, cf. *Schol. Il.* I, 210: — δηλοῖ δὲ καὶ ἦ ἀπορηματικὸν cύνδεcμον etc.

wenn er zu *Terent. Ad.* V, 8, 11 bemerkt: particula autem cum interrogatione indignandi vim habet et correctioni servit, und zu *Eun.* IV 7, 28: autem in responsione, quae fit interrogando, habet vim indignandi.

ingrata] sc. mihi. Denn der Gedanke ist: Wenn ihr doch zwischen Grieche und Grieche keinen Unterschied machen wollt, so ist mein Reden nur thöricht und zwecklos: ich führe mir nur unangenehme Erinnerungen vor die Seele und euch halte ich nur damit auf. Da aber die Personen nicht unterschieden werden sollen, sondern nur die Unannehmlichkeit der Sache betont wird, so wird weder mihi noch vos (zu miror) ausdrücklich ausgesprochen. Vgl. *Halm* zu *Cic. p. Rosc. Am.* §. 20.

uno ordine habetis] Nach Analogie von hoc numero aliquis habetur.

103. *idque audire sat est*] Gewöhnlich erklärt man: und wenn dies zu hören hinreicht, i. e. wenn ihr nur den Namen 'Grieche' zu hören braucht.

Diese Erklärung beachtet nicht, dass das impersonale satis est einen passiven Infinitiv erfordert, um so mehr, da es sich hier nicht um eine Thätigkeit der Troer handelt, sondern um die Behandlung, welche jedem Griechen ohne Unterschied von den Troern widerfährt, also um etwas Passives. Troianis satis est aliquem Graecum appellari, nicht Troianis satis est Graecum nomen audire, sonst müssten sie ein Wohlgefallen daran haben.

Wir müssen also audire passiv erklären nach Analogie von bene und male audire, cf. *Hor. ep.* I, 16, 17: tu recte vivis, si curas esse quod audis. *Sat.* II, 6, 20: Matutine pater seu Iane libentius audis. *Ep.* I, 7, 38: rexque paterque audisti coram.

Der Gebrauch von is ea id ist bei den Dichtern sehr abweichend von dem der Prosa. Am liebsten vermieden sie dieses logische Pronomen gänzlich, besonders in den schwerfälligen Formen der casus obliqui, so dass *Hor.* III, 11, 18 und IV, 8, 18, wo sich eius findet, für die meisten Herausgeber diese Erscheinung ein wesentliches Kriterium der Unächtheit dieser Verse oder Strophen war.

Vergil hat die casus obliqui des Sing. und Plur. ebenfalls gänzlich vermieden. Nur in einem ganz besonderen Falle war er genöthigt eum und eo in einem Verse nacheinander zu gebrauchen. Nämlich IV, 479 sagt Dido: inveni viam, quae mihi reddat eum vel eo me solvat amantem. Sie will hier offenbar den Namen des treulosen Geliebten nicht aussprechen und bezeichnet ihn mit dem verächtlichen eum, das sie sofort in eo wiederholt, wodurch der Dichter einen Contrast mit der Absicht der liebenden Dido sehr naturgetreu hervorruft.

Die Formen is, ea (Sing. und Plur.) und id gebraucht Vergil in zweifacher Weise:

1) Von entfernten Personen oder Sachen, die in der Erzählung so nahegerückt werden, dass weder hic noch ille dafür gebraucht werden konnte. Hieher gehört II, 115. 171, in der Rede des Sinon, wo er von fremden Personen oder Sachen spricht. III, 505, von der Zukunft.

2) Im prägnanten Sinne wie talis, cf. V, 708. I, 529. III, 376. IV 34. VI, 100. XII, 216. Und hieher rechne ich auch II, 103 und es genug ist, wenn man diesen unglücklichen Namen führt, um sofort von euch misshandelt zu werden.

iamdudum sumite poenas] Aehnlich findet sich iamdudum = unverzüglich mit dem Imp. *Georg.* I, 213. Die Komiker gebrauchten dudum auch von der nächsten Gegenwart, cf. *Plaut. Merc.* 467: Sed Lysimacho amico mandabo: is se ad portum deixerat ire dudum (soeben). me moror, quom heic asto. Man verband nun in iamdudum den Begriff von Gegenwart und Zukunft, von dem was geschehen sein sollte und nun geschehen soll oder muss = nun endlich. Vgl. *Hand, Tursellin.* III, 160, und über die ähnliche Verbindung munciam bei den Komikern *Ritschl, Parerga Plautina* p. 375.

104. *hoc Ithacus velit*] *Ovid. Fast.* II, 693 sagt Sex. Tarquinius zu den Gabinern: occidite, dixit, inermem! hoc cupiant fratres Tarquiniusque pater. Dem Vergil schwebte wohl auch Homer vor *Iliad.* I, 255: ἦ κεν γηθήσαι Πρίαμος Πριάμοιό τε παῖδες, ἄλλοι τε Τρῶες μέγα κεν κεχαροίατο θυμῷ. *Hor. Sat.* II, 3, 195: gaudeat ut populus Priami Priamusque inhumato (Aiace).

105. *Tum vero*] = Cum per omnem orationem omnium animi satis attenti fuissent, tum vero is ardor exortus est, ut omnes eum rem subito intermissam persequi iuberent. Vgl. *Wichert*, Stillehre p. 218.

scitari et quaerere] = genau, vollständig zu erfahren. Bis jetzt war ein Urtheil (quaerere) den Troern unmöglich, nur die Neugierde war gespannt, sie wollen aber eine vollständige Einsicht von diesem Abenteuer erhalten.

107. *prosequitur pavitans*] Das Asyndeton scheint mir die Unmittelbarkeit und Raschheit der Folge anschaulich zu machen, welche diese gespannte Erwartung der Troër hatte = et prosequitur und wirklich fährt er auch in seiner Erzählung sogleich fort, um das Feuer noch heftiger zu schüren.

Zu Anfang steht natürlich dasjenige Verbum, welches den Gegensatz bildet zu dem Begriff: er hatte die Erzählung plötzlich abgebrochen.

pavitans] Vgl. XI, 809—815. VI, 498, wobei an der ersten Stelle conscius audacis facti nicht zu übersehen ist. In der Prosa longius aliquid prosequi, wie longe oder longius progredi, procedere, producere, prospicere. Vgl. *Richter* zu *Cic. p. Rosc. Am.* §. 83. Wie hier so wird man auch an unserer Stelle das Object (rem intermissam) zu ergänzen haben.

ficto pectore] = mit erheucheltem Pathos. Vgl. *M. Seyffert* zu *Cic. Lael.* §. 97 p. 538.

108. Bis jetzt trug die Rede des Sinon den Schein des Persönlichen, nun ordnet er dieses wieder dem Allgemeinen unter. Er war stehen geblieben bei Nennung von Kalchas Namen, weil er wusste, dass ein Orakel dieses Sehers den Troianern von grösster Wichtigkeit sein musste.

110. *saepe illos etc.*] Hängt mit fecissentque utinam logisch nicht zusammen. Da aber diese Exclamation den Wunsch und die Unmöglichkeit der Abfahrt bezeichnet, so entspricht sie unserem Begriff: aber leider hinderte sie, so oft sie das wollten (saepe — saepe) etc.

111. *euntis*] = wenn sie eben aufbrechen wollten. Damit will Sinon den vollen Ernst der Absicht nachträglich hervorheben. Etwas verschieden ist XII, 73 und XI, 243, näher ist *Liv.* 42, 40, 7: Thebanos legatos venientis ad nos quaerere malo quis interfecerit quam arguere.

114. *scitantem oracula Phoebi*] Ueber Eurypylos vgl. *Ameis* zu *Hom. Ilias* II, 736.

Mit diesem auffallenden Partic. Praes. vergleicht man Stellen wie *Liv.* XXIII, 6, 6: Romam legatos missos a Campanis in quibusdam annalibus invenio postulantes, ut alter consul Campanus fieret, i. e. qui postulabant. XXI, 6, 2: legati a Saguntinis Romam missi auxilium ad bellum iam haud dubie inminens orantes, i. e. qui orabant. XLII, 46, 9: Coronaei et Haliartii legatos in Macedoniam miserunt, praesidium petentes, quo se adversus

inpotentem superbiam Thebanorum tueri possint, i. e. qui praesidium petebant. *Xenoph. Cyr.* V, 4, 24 heisst es: καὶ αὐτὸc
κήρυκα ἔπεμψε πρὸc αὐτὸν ταὐτὰ λέγοντα, ὅτι ἕτοιμοc εἴη
τοὺc ἐργαζομένουc τὴν γῆν ἐᾶν καὶ μὴ ἀδικεῖν (nicht etwa
κήρυκα ἔπεμψε πρὸc αὐτὸν λέγοντα, ὅτι), also wieder = ὃc
ταὐτὰ ἔλεγεν oder (nach dem Vorausgehenden) ὃν ταὐτὰ λέγειν
ἐκέλευε. Noch weniger lassen sich hier Stellen vgl. wie *Soph.
Aiax* 781 ὁ δ᾽ εὐθὺc ἐξ ἕδραc πέμπει με coὶ φέροντα τάcδ᾽
ἐπιcτολάc Τεῦκροc φυλάccειν, da φέρειν hier nicht melden
bedeutet, sondern im Part. φέρων zum Ersatz einer Präp. cum
abgestumpft ist.

Betrachten wir endlich *Phaedrus* 1, 2, 22: alium rogantes
regem misere ad Iovem, inutilis quoniam esset qui fuerat datus,
so muss hier offenbar erklärt werden: alium cum rogarent regem,
miserunt ad Iovem; und *Catull.* 11, 9: sive trans altas gradietur
Alpes Caesaris visens monimenta magni, ist visens in die Sphäre
des Futurs gradietur gezogen.

Dagegen entspricht unserer Stelle *Curtius* VI, 5, 25: haec
(regina) cupidine visendi regis accensa finibus regni sui excessit
et cum haud procul abesset praemisit indicantes, venisse reginam
adeundi eius cognoscendique avidam, denn hier ist nur die Erklärung möglich qui indicarent. Bei *Iustin.* XXXI, 7, 4: primo
igitur adventu eorum (Scipionum) legatos pacem petentes Antiochus ad eos mittit peculiare donum Africano ferentes filium ipsius, lässt die Wortstellung ebenfalls nur die Erklärung qui pacem
peterent zu, wenn man nicht vielmehr legatos pacem petentes in
einen Begriff = Friedensgesandte zusammenziehen will, da
das Particip. ferentes ohne Copula sich anschliesst.

Nach diesen Beispielen wird man scitantem erklären entweder
qui scitaretur oder richtiger scitari iussum, da der Befehl zugleich in mittimus enthalten ist.

Warum aber sagt Sinon mittimus und nicht mittunt, während er eben von den Danaern in der dritten Person sprach?
Warum schliesst er sich selbst mit ein? Das ist eben die Härte
des Geschicks, dass der Mensch an seinem Unglück selbst mit
arbeiten muss. Oder will er nur seine Friedensliebe, sein Verlangen nach der Heimkehr damit betheuern?

115. *adytis*] Vgl. VI, 81 mit 98 und zu I, 505. Man beachte
die Kunst der Wortstellung in dem Orakel: Je zwei Hexameter
bilden eine Periode, so aber, dass die zweite Periode gewaltsam

in der Mitte abbricht und nachdem das fürchterliche Argolica
ausgesprochen ist (denn anima litandum schloss das Opfer eines
Feindes noch nicht aus), die entsetzliche Bestimmung des Opfers
in der Schwebe lässt. Jede Periode hat zwei betonte Begriffe,
welche Anfang und Ende des ersten Hexameters einnehmen:
sanguine — virgine caesa ‖ sanguine — anima Argolica. Die
Wiederholung sanguine — sanguine steigert das Grausenhafte des
Orakels.

117. *venistis*] venire = ziehen, ziehen wollen, fast =
proficisci, wie *Liv.* XLII, 40, 7: venientem aliquem ad Romanos
interficere, ohne dass er noch nach Italien gekommen ist.

119. *volgi quae vox*] In der Prosa könnte dies nur heissen:
diese Aeusserung des Volkes, oder man musste schreiben: quae
vox ut ad volgi auris venit oder quae vox ad auris volgi ut venit.
Aber die Dichter lieben es, Subst. und Adjectiva, also auch Gene-
tive, welche eng zusammengehören, zu trennen und womöglich
an Anfang und Ende des Verses zu stellen. Instruktiv ist hiefür
die ganze erste Ode des Horaz, wo Adj. und Subst. consequent
am Ende je eines Halbverses stehen, cf. *Meineke praef. Hor.*
p. XIX. Vgl. *Aen.* II, 120: gelidus — tremor. 124: crudele —
scelus. 126: bis quinos — dies etc. Am künstlichsten erscheint
diese Wortstellung natürlich im Distichon.

120. *per ima ossa*] Nam medulla ossibus inclusa sedes ca-
loris habebatur. Forbiger.

121. *cui fata parent*] Ob fata hier Subject oder Object ist,
darüber ist für uns kaum eine Entscheidung möglich. Um so
wichtiger ist es zu beachten, wie die Römer selbst diesen Satz
erklärten, die doch durch ihr Ohr noch unterstützt wurden. Nun
aber erklärt nicht nur Servius fata für den Nom., sondern auch
die Verfasser der beiden poëtischen Declamationen Alcesta und
Alea, *Anthol. lat.* I, 172, 70 und III, 81, 102 bringen den Vers
in einer Verbindung vor, welche nur den Nom. fata zulässt und
den Acc. geradezu ausschliesst.

Wenn also fata (i. e. fata deum) Nom. ist, so steht parent
absolut ohne Acc.: wenn das Geschick es bestimmt, i. e. hanc
sortem ut tamquam victima pro reditu Achaeorum immoletur.
Für diese Auffassung spricht auch der Gegensatz von fata und
Apollo: der Gott fordert nur den zum Opfer, welchen das Schicksal dazu bestimmt hat.

Das Object aber wird nicht ausgesprochen, weil der Gedanke

daran zu grausenhaft ist, daher auch die zarte Umschreibung quem poscat Apollo i. e. immolandum.

Am liebsten freilich wünschte man eine Aenderung, z. B. den Gedanken: Wen wohl sein Geschick schonen, wen Apollo verlangen wird, gleich als wären alle in Lebensgefahr. Oder um der Ueberlieferung näher zu kommen, wäre es nicht natürlicher zu schreiben: cum fata parent, quem poscat Apollo?

122. *vatem magno Calchanta tumultu*] Wenn in einem Satze zwei Subst. mit je einem Adj. vorhanden sind, so liebt es die Dichtersprache, die Subst. von ihren Epithetis zu trennen, entweder anaphorisch, wie hier, oder chiastisch. Bezeichnen wir die Subst. mit A und B und die betreffenden Adjectiva mit a und b, so ergibt sich die Formel: (a) (b): (A) (B). Die Prosa würde dafür (A/a): (b, B) gebrauchen.

123. *ea numina divom*] Specieller als ea fata deum, was denn also der Wille der Gottheit sei, verblümt für: wen denn nun die Gottheit zum Opfer verlange. Ulixes veranlasst als βασιλεύς eine Heeresversammlung, ebenso wie Achilles in der Ilias, ohne dass der Oberkönig Agamemnon um die Erlaubniss dazu gebeten wird. Vgl. *Ilias* I, 54. *Nitzsch* zu *Od.* II, 14 p. 69. *Nägelsbach*, Hom. Theol. p. 286.

124. *et mihi iam etc.*] = Da sagten mir schon Viele vorher etc. Mit et wird der Gedanke angereiht an die eben erzählte Handlung des Ulixes, so aber, dass nun beide Gedanken äusserlich vereinigt, innerlich einen Gegensatz bilden: Ulixes fragt zwar, aber jedermann weiss bereits oder glaubt zu wissen, welches Opfer er im Sinne hat. Folglich liegt in der Verbindung beider Sätze durch et eine Ironie, welche auch durch das Verbum canere angedeutet ist, welches doch dem vates zukommt. Die Leute sagten: Ulixes fordert Calchas auf zu prophezeien. Nun was dieser bringen wird, können wir jetzt schon selbst prophezeien!

126. *bis quinos*] Wenn *Stat. Theb.* III, 574 von Melampus gesagt wird: bis seno premit ora die populumque ducesque extrahit incertis, so folgt daraus nicht, dass auch Vergil bis senos geschrieben haben muss. Denn die Zahl 10 oder 12 gilt für wichtig, je nachdem bei einem Volke das Decimal- oder das Duodecimalsystem ursprünglich ist.

In der ältesten Zeit war bei den Römern das letztere im

Gebrauch, cf. *Rubino* p. 12; später aber machte sich das Decimal-system geltend.

Wir müssen nach unserem Sprachgebrauch Vergils Worte übersetzen: **vierzehn Tage**, da man mit **quinque dies** bei den Römern im Allgemeinen **eine Woche** bezeichnete. Vgl. die Erkl. zu *Horat. Ep.* I, 7, 1: quinque dies tibi pollicitus me rure futurum etc.

tectusque] = **verstellt; mit Verstellung**. Denn da er das Opfer längst mit Ulixes verabredet hatte, so war sein Zaudern nur eine heuchlerische Lüge, welche seiner späteren Entscheidung um so mehr Glauben und Ansehen verschaffen sollte. Vgl. *Cic. de Or.* II §. 296: unum te in dicendo mihi videri tectissimum = **vorsichtig**.

127. *prodere*] Nicht etwa = edere, ostendere oder mani-festare, wie der Schol. des *Horatius* I, 9, 22 erklärt, sondern = **verrathen**, da im Complott mit Ulixes diesem ein Menschen-leben geopfert wird zur Befriedigung seiner persönlichen Leiden-schaft. Daher auch opponere = obicere morti.

129. *composito*] für ex composito ist ebenso nur dichterisch wie inproviso für ex inproviso oder compacto für ex oder de com-pacto. Die späteren Prosaiker ahmten hierin den Gebrauch der Dichter nach. Vgl. *Ruhnken* zu *Suet. Jul. Caes.* 20. und *Terent. Phorm.* V, 1, 29.

rumpit vocem] = silentium rumpit, cf. III, 246. X, 64; oder von dem leidenschaftlichen Ausbruch der Rede wie XI, 377. IV, 553.

130. *timebat*] Man erwartet das Plq., aber die Dichter ver-meiden dieses Tempus, so weit es möglich ist, wegen der Schwer-fälligkeit der Form.

131. *conversa tulere*] = patiebantur. *Ovid. met.* XIII, 460: scilicet ulli servire Polyxena ferrem = müsste mich zum Sklaven-dienste verstehen. *Heroid.* V, 12: servo nubere nympha tuli. Die Construktion wechselt nach Analogie von ὑπομένειν, welches bald mit dem Inf. bald mit dem Participium verbunden würde, cf. *Plato de legg.* p. 869c: ἀλλ᾽ ὑπομείναντα τὰ πάντα πάσχειν πρίν τι δρᾶν τοιοῦτον, mit 770e: ὡς πάντα τὰ τοιαῦτ᾽ ἄρ᾽ ἔσθ᾽ ὑπομενετέον πάσχοντας πρὶν ἀλλάξασθαι πολιτείαν.

133. *salsae fruges*] Vgl. *Quint. Smyrn.* XII, 382: ἐμὲ δ᾽ οὐ λάθον, ἀλλ᾽ ἀλεγεινὰς σπονδάς τ᾽ οὐλοχύτας τε μάλ᾽ ἐσσυμένως ὑπαλύξας ἀθανάτων βουλῆισι παραὶ ποσὶ κάππεσον ἵππου. Zur

Sache vgl. *C. F. Hermann*, Gottesdienstl. Alterth. §. 28, 11. Ueber οὐλοχύται (οὐλόχυται?) = geschrotene Gerste, vgl. *Nägelsb.* zu *Ilias* I, 449. Vergil hat jedenfalls die römische mola salsa (*Prell. Röm. Myth.* p. 547) mit den οὐλοχύται oder οὐλαί der Griechen in seiner Vorstellung identificirt.

134. *vincula rupi*] Servius bemerkt: atqui solutae sunt hostiae. nam piaculum est in sacrificio aliquid esse religatum. sed consuetudo illa erat in ipso tempore sacrificiorum. ante enim hostiam ligari et Iuvenalis docet dicens (XII, 5): Sed procul extensum petulans quatit hostia funem. Sinon gibt also vor, dass er nach der Entscheidung des Kalchas von den Griechen in Haft gehalten worden ist.

136. *dum vela darent si forte dedissent*] Es ist die Frage, ob darent si forte oder si forte dedissent zu verbinden ist. Zunächst ist zu beachten, dass dedissent der Conjunctiv Futuri exacti bleibt, mag man es nun mit dum oder mit si verbinden: bis sie abgesegelt sein würden, oder = wenn sie etwa abgesegelt sein würden. Hierin können wir also kein Merkmal für die eine oder für die andere Erklärung finden.

Wenn man nun si forte dedissent verbindet, so ergibt sich der merkwürdige Gedanke, dass Sinon, falls etwa die Griechen schon abgesegelt sind, wartet, bis sie absegeln. Diese Verbindung erzeugt also einen Unsinn, wenn man nicht dare anders versteht als vela dare, z. B. ich hielt mich versteckt, bis sie absegeln würden, wenn sie vielleicht einen Andern geopfert haben würden, so dass also dedissent = morti dedissent wäre. Aber diese Erklärung würde auf der willkührlichen Ergänzung eines fremdartigen Objects beruhen, sie ist also unmöglich.

Im anderen Falle ergibt sich ein grammatisch und logisch vollkommen richtiger Sinn: Ich wartete, bis die Griechen, wenn sie wirklich den Muth hätten ohne die vorangegangene Opferung eines Menschen zu Schiffe zu gehen, wirklich abgesegelt sein würden. *Val. Fl.* VII, 272: spes et via sola salutis, quam dederit, si forte dabit würde in obliquer Rede ebenfalls heissen müssen: spem et viam solam salutis esse dicebat, quam dedisset, si forte daret.

Es ist nur grammatische Confusion, wenn man mit Festhaltung der alten Interpunktion gegen diese Erklärung einwendet: hac ratione minus elegantes effici numeros. Dagegen sagt Peerlkamp sehr richtig: Hoc pendet, credo, a mora, quam in pronuntiando post vela facimus. Fac breviorem: non offendent numeri! Es ist dies die heillose Verwirrung, welche glaubt, dass die Caesur nur trennt und nicht auch verbindet, wie dies neuerdings K. Lehrs sehr richtig bemerkt hat. Daher der Irrthum, als müsste die rhythmische Caesur auch eine grammatische Interpunktion oder Incision herbeiführen, während gerade dadurch der Vers in zwei zusammenhangslose Theile zerfallen würde. Diese Theorie veranlasste z. B. *Nauck* I, 205 zu der sonderbaren Verbindung: Sedes ubi fata quietas ostendunt, illic fas regna resurgere Troiae, oder I, 248: Teucrorum et genti nomen dedit, indem er Teucrorum von dem vorausgegangenen sedes trennt, oder I, 299: ne fati nescia Dido finibus arceret, volat ille etc.

Da an unserer Stelle die Caesur weiblich ist, so fällt der Wortaccent in vela mit dem rhythmischen Accent zusammen und die Cäsur verleiht dem Worte einen besonders scharfen Ton. Folglich muss nach dieser starken Hebung der Stimme der Accent der folgenden Worte sich senken und er hebt sich erst wieder in dem letzten Worte ($\unicode{x2033}\,\smile\,\|\,\smile\,\underline{}\,\_\,\_\,\underline{}\,\smile\,|\,\smile\,\unicode{x2033}\,\smile$). Der gehobene Ton erleichtert daher die Verbindung von vela und dedissent, während die Verbindung von darent si forte erleichtert wird durch die gleichmässige Senkung des Tones, welche in der Aussprache dieser Worte hervortritt.

138. *duplicis natos*] Die Lesart duplicis für dulcis gründet sich hauptsächlich auf die Autorität des cod. Pal., in welchem sich indessen duplicis in dulcis corrigirt findet. Dass indessen duplicis von einem verbessernden Grammatiker herrührt, zeigen die Worte des Servius: quidam sane non dulces, sed duplices legerunt, quia dulces leve esset et commune epitheton liberorum. Schon der Conjunktiv leve esset zeigt, dass hier Servius das Urtheil eines Grammatikers wiederholt. Was nun dieses Urtheil selbst betrifft, so muss ich gestehen, dass ich duplicis für geschmacklos halte. Denn es wird hierdurch die Wirkung des Plurals zerstört, welche hier um so bedeutender ist, wenn wir annehmen, dass Sinon nur einen Sohn zu Hause zurückgelassen hat. Ferner verlangen wir hier ein Urtheil des väterlichen Herzens, nicht des mathematischen Verstandes. Und das Epitheton dulcis ist so wenig trivial, als die Liebe des Vaters zu seinem Kinde. Wenn der Vater sein Kind durch ein besonderes Epitheton rühmen würde, so würde dies Anstoss erregen können wenn er aber nur sagt, dass ihm sein Kind lieb und theuer ist.

so empfinden wir bei dem Verluste desselben mit dem Vater Mitleid. Dieses ist aber gewiss nicht so stark, wenn der Vater uns nur vorrechnet, wie viel er Kinder gehabt hat. Ebenso wie hier wird das Gemüth angeregt durch das Epitheton dulcis IV, 53, wo Anna zu ihrer Schwester Dido spricht: nec dulcis natos Veneris nec praemia noris? Oder soll hier ebenfalls dies ein epitheton commune sein?

139. *quos fors et poenas reposcent*] Zunächst ist zu beachten der adverbiale Gebrauch von fors = forsitan (*Hand, Tursell.* II, 710), dann die Verbindung fors et = fortasse etiam = vielleicht sogar (*Hand, Tursell. ibid.* 711 sq.), qua poetarum formula oratio progreditur ad rem opinione conceptam, sed gravitate et magnitudine ampliorem. Ita fors etiam dixit *Val. Fl.* IV, 620: fors etiam optatam dabitur contingere pellem. Ebenso erklärt Servius, dann aber fährt er fort: alii iungunt forset, ut sit forsan (forsit?) Man war also der Ansicht, dass forset aus forsiet = forsit entstanden sei. Da sich indessen auch forsan et und forsitau et findet, cf. I, 203. II, 506. *Georg.* IV, 118, so ist an der Verbindung fors et = etiam nicht zu zweifeln, cf. XI, 49. Fors findet sich V, 232. VI, 535. XII, 183, forsit nur bei *Hor. Sat.* I, 6, 49.

Ferner ist zu beachten die Construktion reposcere aliquem aliquid, wofür Vergil auch rep. alqm. ad aliquid gebrauchte, aber mit einiger Verschiedenheit des Sinnes, cf. VIII, 495: regem ad supplicium praesenti Marte reposcunt = sie fordern mit Waffengewalt die Auslieferung des Mezentius zur Bestrafung. Die erstere Construktion dagegen bedeutet: sie verlangen von Jemand Busse zum Ersatz für einen anderen, oder sie verlangen von Jem. etwas zurück, wie VII, 606: Parthosque reposcere signa.

141. *quod te   oro*] = Darum bitte ich dich. Ebenso VI, 363: quod te   per genitorem oro   eripe me etc. In bedeutenden Fällen leitet quod die conclusio ein, wofür in der Prosa quare, quamobrem, quae cum ita sint etc. üblich ist. Vgl. *Seyffert*, Schol. Lat. I, 71: 73. Es ist also unmöglich quod te. oro hier zu erklären: illud autem te oro sc. miserere, eine solche Form wäre unlateinisch.

142. *per, siqua est   fides*] Aehnlich *Liv.* XXIII, 9, 2: per ego te fili quaecumque iura liberos iungunt parentibus precor. Modificationen *Aen.* VI, 459. X, 597. 903. XII, 56. Die Worte conscia veri sind gewiss von Sinon absichtlich gesprochen: die

Götter wissen, dass sein Bericht nicht wahr ist, dass also auch seine Appellation an die Gottheit nicht ernst gemeint ist. Die Troianer aber mussten bei diesen Worten an die allwissende, Recht und Unrecht unterscheidende Gottheit denken. In der griechischen Quelle des Vergil mochte diese ambiguitas noch schärfer hervortreten, in welcher wahrscheinlich wie bei Quintus Sinon unter der Eingebung der Juno sprach: Ἥρη γὰρ ἐνέπνευcεν μέγα κάρτος (XII, 373), ein Motiv, welches Vergil für seine Zeit nicht mehr verwerthen konnte.

144. *non digna*] = indigna, nicht etwa des Sinon unwürdiges, sondern absolut unwürdiges, was dem Menschen als Menschen nicht widerfahren sollte, so dass also derjenige, welchem es dennoch geschieht, Anspruch hat auf die Theilnahme und Hülfe seiner Mitmenschen.

145. *his lacrimis*] Kann ich mir nur als Dativus, nicht aber als Ablativus denken: Sinon verdankt in der That sein Leben nur seinen heuchlerischen Thränen.

et miserescimus ultro] Sie waren nicht zufrieden damit, dem Menschen das Leben zu schenken, was man doch höchstens von den Troianern dem Feinde gegenüber hätte erwarten dürfen, sondern sie fühlten sich sogar gerührt und empfanden Mitleid mit ihm = ultro progressi sunt, ut miserescerent. 'Denn in ultro liegt immer der Begriff, dass man eine Linie überschreitet, innerhalb deren zunächst erwartet wird, dass man sich halten würde. Daher ist es so häufig mit lacessere, adgredi, oppugnare, erumpere verbunden = aus der Defensive in die Offensive übergehen, z. B. *Hor. Sat.* II, 5, 90: difficilem et morosum offendet garrulus ultro = der Schwätzer wird sich beim Grämlichen und Mürrischen nicht bloss nicht angenehm machen, sondern noch obendrein ihm Anstross geben und ihn ärgern.' *Heraeus* zu *Tac. hist.* I, 7. Ganz falsch ist die Erklärung des ultro von Lindemann (zu *Plaut. Capt.* III, 4, 19): ultro aliquid facere dicitur, qui non exspectat, dum rogatur, sed ante facit nemine impellente. Damit fällt von selbst der Vorschlag Häckermanns nach miserescimus zu interpunigren und ultro zu dem folgenden zu ziehen. Dagegen bemerkt Servius sehr richtig: ultro autem non est sponte, nam iam rogaverat, sed insuper — et venit ab eo quod est ultra —, plus enim quam rogaverat (i. e. rogare debebat) praestiterunt. Vgl. *Quint.* XII, 421: τοὔνεκα προφρονέωc μιν ἄγον ποτὶ Τρώιον ἄcτυ ὀψέ περ οἰκτείραντες.

146. *ipse . . . Priamus*] Zur Wortstellung vgl. 1, 195. Priamus lässt dem Sinon die Fesseln abnehmen, wie wir dies auch auf der Ilischen Tafel nach dem Vorgange des Lesches sehen. Vgl. *Welcker*, Epischer Cyclus II, 244. 184.

Woher kommen nun diese Fesseln? Sind es etwa noch die Fesseln, mit welchen die Griechen den Sinon angeblich zum Opfer hatten festhalten wollen? Aber er sagt ja V. 134: vincula rupi. Wenn also Sinon wirklich gefesselt war, so dürfen wir diese Worte nicht in übertragener Bedeutung = entfliehen, sondern nur in ihrer eigentlichen und natürlichen Bedeutung erklären, dass er nämlich die Fesseln zerriss.

Nun sehen wir V. 57 wie Sinon von Hirten vor den König geschleppt wird mit auf den Rücken gebundenen Händen. Diese Situation passt vortrefflich zu 146: manicas atque arta vincla. Und damit kein Zweifel bleibt, dass wir hier an das Zurückbinden der Hände auf den Rücken zu denken haben, heisst es sofort nach der Lösung der Hände V. 153: sustulit exutas vinclis ad sidera palmas.

Nun aber hatte sich Sinon freiwillig von den Hirten festnehmen lassen (59), se ignotum venientibus ultro optulerat? Wozu also die Fesseln? Als ob die Troianischen Hirten einem Griechen hätten vertrauen können! Mussten sie nicht glauben, dass dieses Entgegenkommen nur Schein sei, um bei der ersten Gelegenheit ihnen wieder entwischen zu können? Um diesem Falle vorzubeugen, banden sie den Menschen, obwohl er sich leicht hatte fangen lassen. Und würde die Erbitterung der Troianer, womit sie jeden Griechen verfolgten, sich damit begnügt haben, den Gefangenen frei neben sich einhergehen zu lassen? Würden sie, selbst wenn er ihnen in Fesseln aufgestossen wäre, diese ununtersucht und ungeprüft gelassen haben? Gesetzt also, dass die Hirten den Sinon gefesselt gefunden hätten, was ganz unwahrscheinlich ist, so würden sie immerhin ihn von neuem gebunden haben, wenn diese That auch nur in der Prüfung der vorhandenen Fesseln bestand.

Aber woher wissen wir denn, dass die Hirten die Ergebung des Sinon selbst für eine freiwillige hielten? Etwa weil Aeneas V. 59 dieses erzählt? Kann aber denn die Erzählung des Aeneas nicht dem endlichen Verlauf der Begebenheit vorgreifen? Als er vor Dido erzählte, konnte er bereits die ganze List und den Trug des Sinon in seinem vollen Umfang überschen, warum sollte er nicht sofort bei der Einführung des Sinon andeuten, dass dessen Gefangennahme, wenn auch im Augenblicke der That die Troianer sie für eine unfreiwillige hielten, doch in Wirklichkeit eine freiwillige, d. h. List und Trug war? Und dass wir die Worte des Aeneas hier in diesem Sinne auffassen müssen, zeigt deutlich der Zwischensatz: hoc ipsum ut strueret Troiamque aperiret Achivis. Also das ultro se offerre gehört nicht in den Verlauf der erzählten Begebenheit, sondern enthält nur die schliessliche Wahrnehmung des Aeneas, das Endurtheil über diesen Vorfall.

149. *hacc edissere vera*] = *Hom. Il.* X, 384 etc.: ἀλλ' ἄγε μοι τόδε εἰπὲ καὶ ἀτρεκέως κατάλεξον. Vgl. *Liv.* XXXIV, 52, 3: postquam Romam ventum est, senatus extra urbem Quinctio ad res gestas edisserendas datus est. Dieses Verbum scheint dem staatsmännischen oder staatsrechtlichen Stil angehört zu haben, cf. *Liv.* XXVII, 7, 4. XXII, 54, 8 (edissertando).

150. *Quo*] Vgl. *Hor. ep.* I, 5, 10: quo mihi fortunam, si non conceditur uti?

151. *quae religio aut quae machina belli?*] Vgl. zu V. 46 und 17. Neben machina ist religio nicht etwa subjectiv die cura deorum vel rerum sacrarum, sondern objectiv und zwar neutraliter etwas, welches den Charakter der Heiligkeit hat, wie z. B. *Cic. Verr.* IV, §. 78: hanc tu tantam religionem non perhorrescis = ein so heiliges Götterbild? Also fragt hier Priamus: Was ist dieses Pferd für ein heiliger Gegenstand oder ist es etwa eine Kriegsmaschine? Vgl. *Nägelsbach*, Stilistik §. 65.

152. *dolis instructus*] Vgl. *Hom. Il.* IV, 339: καὶ ςύ, κακοῖςι δόλοιςι κεκαςμένε, κερδαλεόφρον etc. Ueber κερδαλεόφρων = astutus vgl. *Autenrieth* zu *Hom. Il.* I, 149.

153. *ad sidera*] 'Die sidera oder aeterni ignes — cf. III, 599 und IX, 429 — sind Sonne, Mond und Sterne. Der Sinn ist: So wahr ihr Gestirne des Himmels den Frevel gesehen habt, der gegen mich verübt werden sollte, so wahr ist es, dass ich befugt bin, mich von den Griechen völlig loszusagen.

Da aber die Gestirne des Himmels nicht Zeugen eines solchen Frevels gewesen sind, so behält Sinon das Recht, sich in Wirklichkeit von den Pflichten gegen die Griechen nicht loszusagen. So bewährt sich sofort bei diesen ersten Worten Sinon als dolis et arte Pelasga instructus'. Ladewig.

Mir scheint es als ob Sinon die sidera zu Zeugen anruft,

welche in Wahrheit am hellen Tage nicht vorhanden, also auch nicht Zeugen sein können, so wenig als die arae enses und villae, welche in Wirklichkeit auch nicht existirten. Also verpflichtet sich Sinon auch nicht den sidera etc. und verletzt ihr numen nicht, es bleibt seinerseits non violabile. Immerhin verdient hier Servius Beachtung: ad sidera = in altum, ad locum siderum, vel: quia semper sunt sidera, etsi die solis splendore vincuntur (Vulg. sidera, set solis).

Die Amphibolie geht durch die ganze Rede des Sinon hindurch. Wenn Sinon sagt fas mihi — resolvere, so kann er für sich darunter die Lösung des Versprechens verstehen, welches er den Griechen gegeben hat; sagt er fas odisse viros, so kann er darunter sich die Troianer denken; mit teneor patriae nec legibus ullis ist die Beziehung auf das neue Vaterland Troia nicht ausgeschlossen; ferner hat er mit omnia ferre sub auras si qua tegunt seine Aufgabe im Sinne, die im Ross verborgenen Helden an das Licht zu bringen; endlich deuten die Worte servataque serves Troia fidens und si vera feram, si magna rependam für den des Verlaufs kundigen Leser ganz offen den Doppelsinn an, dass Troia das gegebene Versprechen nur zu halten braucht, wenn es von ihm gerettet ist etc., was aber, wie der Leser weiss, weder jetzt noch fernerhin der Fall sein wird.

Diese Art der Amphibolie, welche durch die griechische Tragödie besonders ausgebildet worden war, hatte für die Alten einen eigenthümlichen Reiz, weil sie mehr als wir an Sophistik und Rhetorik Gefallen fanden.

154. *non violabile numen*] Denn da sie jetzt nicht am Himmel sind, so ist ihre Gottheit nicht zu verletzen. Die Troianer werden durch den scheinbaren Ernst der Rede getäuscht, welcher in et non violabile etc. besonders scharf hervortritt.

156. *villaeque deum*] Denn die villae sind der Gottheit geweiht, für welche das Opferthier bestimmt ist.

hostia yessi] i. e. nisi fuga ipse me in libertatem vindicassem. Was für Jemand bestimmt und sicher ist, kann gewissermassen schon als geschehen für ihn bezeichnet werden. In der Prosa ist dieselbe Darstellung möglich, daher Verbindungen wie z. B. *Sall. Iug.* 31, 1: multa me dehortantur a vobis, Quirites, ni studium reip. omnia superet. *Zumpt.* §. 519.

157. *sacrata iura*] Die Bande des Naturrechtes, welche uns sofort mit der Geburt die Verpflichtung auferlegen, für das

Wohl des Vaterlandes, nie zum Verderben desselben zu wirken, denn *patria communis est parens omnium nostrum*. *Cic. in Cat.* I, §. 17.

161. *rependam*] Wie gratiam magnam referre, für die Schonung und die Aufnahme, welche ihm Troia gewährt.

163. *impius*] Dieses Epitheton passt für Diomedes vorzüglich, weil er im Kampfe auch die Götter nicht schonte, cf. XI, 276 sq., im Gegensatze zu dem dictum des Achilles *Il.* I, 218: ὅς κε θεοῖς ἐπιπείθηται, μάλα τ' ἔκλυον αὐτοῦ.

Die Partikeln sed enim gehören zusammen und können von einander nicht getrennt werden (cf. zu I, 19). Folglich ist zu construiren: Sed enim, ex quo impius Tydides etc. —, ex illo fluere ac retro sublapsa referri spes Danaum. Gedanke: die Macht der Griechen beruhte auf der Hülfe der Pallas. Aber diese Hülfe war nicht dauernd. Denn seitdem Diomedes und Ulixes sich an dem Bilde der Pallas vergingen, seit diesem Augenblicke ging es rückwärts mit dem Glücke, d. h. schwand die Hülfe der Pallas.

Es wäre unerhört, wollte man sed mit dem Haupt- und enim mit dem Nebensatze verbinden = sed fluxit spes Danaum, Diomedes enim et Ulixes Minervam offenderant. Wenn z. B. *Sall. Cat.* 20, 10 sagt: Verum enim vero victoria in manu nobis est: viget aetas, animus valet, contra illis annis atque divitiis omnia consenuerunt, wer würde hier verbinden wollen: verum victoria in manu nobis est: viget enim aetas etc.!

164. *scelerumque inventor Ulixes*] Bei Homer erscheint Odysseus noch nicht als Ränkeschmied, sondern als kluger, umsichtiger, erfinderischer Held. Diese φρόνησις verwandelt sich bereits bei den Cyklikern mehr und mehr in astutia, wofür die Ermordung des Palamedes und die Führung des hölzernen Rosses als Hauptbelege galten. Bei den Tragikern aber wird der homerische Held immer mehr und mehr ein verschmitzter Wortheld und Ränkeschmied, der Typus eines athenischen Demagogen. Diese Auffassung war den Römern am bekanntesten durch die Dramen eines Livius Andronicus (Aiax mastigophorus und Teucer), Ennius (Aiax und Telamon), Pacuvius (Armorum iudicium und Teucer), Attius (Armorum iudicium und Eurysaces) und C. Julius Caesar Strabo (Tecmessa). Diese Dramen waren bei den Römern natürlich volksthümlicher und verbreiteter als die Homerischen Gedichte, welche nur einem ausgewählten Kreise

in Rom bekannt sein konnten. Vgl. *Schneidewin*, Einleitung zu Soph. Philoct. p. 26.

165. *Palladium*] Nach der Ilias des Lesches holten Diomedes und Odysseus das Bildniss der Pallas von der Burg Troia's allein durch eigene Kühnheit, nach Sophocles in den Λάκαιναι war Odysseus im Einverständniss mit der Helena und der Priesterin Theano. Sie drangen in die Burg ein durch einen Abzugsgraben: cτενὴν δ' ἔδυμεν ψαλίδα κοὐκ ἀβόρβορον. Und Servius bemerkt zu unserer Stelle: Diomedes et Ulixes ut alii dicunt cuniculis, ut alii cloacis ascenderunt. Vgl. *Welcker*, Gr. Trag. I, 149; Ep. Cycl. II, 241.

Nachdem Hector, Memnon, Alexandros und zuletzt Eurypylos, die Stützen der Troër, gefallen waren, knüpfte die Sage die Existenz der Stadt an das Götterbild der Athena Ilias, welches später die Städte Siris, Luceria, Lavinium und Rom zu besitzen glaubten, cf. *Strabo* VI, 1, 4 p. 264: καὶ γὰρ ἐν Ῥώμῃ καὶ ἐν Λαουινίῳ καὶ ἐν Λουχερίᾳ καὶ ἐν Cειρίτιδι Ἰλιὰς Ἀθηνᾶ καλεῖται ὡς ἐκεῖθεν κομιcθεῖcα. Auch die Athener und die Argiver behaupteten das in Troia vom Himmel gefallene Palladion (ξόανον) innerhalb ihrer Mauern zu besitzen, cf. *Paus.* I, 28, 9. II, 23, 5. Vgl. *Rubino* p. 82 sqq. —

Man beachte, wie künstlich Vergil, ohne sich der Figur des cυναθροιcμόc zu bedienen, den Sinon in seiner Darstellung die Frevel des Ulixes und Diomedes häufen lässt: nihil sancti, summa crudelitas, nulla religio!

169. *fluere ac retro sublapsa referri*] Gronov bemerkt zu *Liv.* XXVII, 17, 4: fluere dicuntur quae sublabuntur, non constant, et fluxa, quae facile dilabuntur, quae statum et firmitudinem non habent. Dieses Bild ist in Prosa und Poesie sehr häufig, cf. *Näg.*, Stil. §. 131, 4. *Ovid. met.* XV, 177 nihil est toto quod perstet in orbe, cuncta fluunt. *Verg..* XI, 828: simul his dictis linquebat habenas ad terram non sponte fluens = herabgleiten, für defluere = delabi.

In dem Ausdruck spes sublapsa retro refertur finden wir den Begriff des fluere in einem anderen Bilde wieder aufgenommen, ähnlich wie *Cic. Marc.* §. 23 verbindet: omnia quae dilapsa iam diffluxerunt (= in Verfall gerathen ist), severis legibus vincienda sunt. Mit dem Bilde in labi ist verwandt der Begriff volvi. Denn offenbar ist retro referri nur Umschreibung für retro revolvi. Das Bild, welches dem retro referri oder revolvi zu Grunde liegt, zeigt uns *Hor. Carm.* III, 10, 10: ne currente rota funis eat retro, *Ep.* I, 18, 110: neu fluitem dubiae spe pendulus horae.

Fast wörtlich stimmt überein *Georg.* I, 200: sic omnia fatis in peius ruere ac retro sublapsa referri, non aliter quam qui adverso vix flumine lembum remigiis subĕgit, si bracchia forte remisit, atque illum praeceps prono rapit alveus amni, wo mit ac retro subl. nicht das ruere **fortgeführt**, sondern nur bildlich **erklärt** wird, denn ruere et labi für labi et ruere (cf. *Liv. Praef.* §. 9) ist unmöglich, da die Stufenleiter labare, labi, ruere oder praeceps ire, praecipitem ferri ist. Peerlkamp's Aenderung in peius fluere ist deshalb nicht nöthig, aber auch unmöglich, da fluere den Zusatz in peius nicht verträgt, wohl aber ruere.

170. *fractae vires*] Nicht nur die Feinde, sondern in Folge des gebrochenen Muthes, der wankenden Zuversicht der Danaer, also **moralisch**.

Das Kolon aversa deae mens fasst die bisher ausgesprochenen Urtheile in **Eins** zusammen = denique (mit einem Wörte) aversa deae mens, so dass, weil in dem Allgemeinen das Besondere enthalten ist, das letzte Glied den Grund des Vorausgehenden zu enthalten scheint. Es ist dies das **resultative** oder **summative** Asyndeton, worüber *Nägelsbach*, Stil. §. 200, 2 zu vergleichen.

171. *ea signa*] = eius rei signa.

monstris] In der Prosa ist freilich monstrum nur im concreten Sinne üblich von der widernatürlichen Erscheinung selbst, dém Ungeheuer, dennoch greift Vergil nur auf die Grundbedeutung des Wortes zurück, wenn er es hier wie III, 58 gleich ostentum oder prodigium gebraucht, cf. *Fest.* p. 138 (*M.*): monstrum, ut Aelius Stilo interpretatur, a monendo dictum est, velut monestrum. Item Sinnius Capito, quod monstret futurum et moneat voluntatem deorum. Quod etiam prodigium, velut praedictum et quasi praedicium, quod praedicat eadem, et portentum, quod portendat et significet.

Tritonia] Substantivisch wie II, 226 Tritonis. Bei Homer heisst Pallas ebenso Τριτογένεια, *Hym.* 28, 4: Τριτογενής, wie *Hym.* 10, 1: Κυπρογενὴς Κυθέρεια. Die römische Auffassung leitete das Wort ab von dem See Triton oder Tritonis in Libyen, welcher mit dem Mittelmeer in Verbindung stand, cf. *Mela*, I, 7, 4. Die Griechen dagegen erkannten in dem Worte Triton vor-

wiegend einen Waldbach bei Alalkomenae in Boeotien. *Welcker*,
Prom. p. 282 und *Preller*, Gr. M. I, 148 versuchen die Erklärung: Tritogeneia deute auf einen Ursprung aus dem Wasser,
d. h. aus dem Okeanos, aus welchem nach Homer alle Dinge und
alle Götter entsprungen sind. Nach dieser Deutung würde indessen das Epitheton nichts Bestimmtes, Einzelnes unterscheiden
und könnte von jeder Gottheit gebraucht werden. Da es nun
Hymn. 28, 4 heisst: Τριτογενῆ, τὴν αὐτὸς ἐγείνατο μητίετα
Ζεὺς cεμνῆc ἐκ κεφαλῆc, so ist die Erklärung älterer Grammatiker, Tritogeneia bedeute 'Hauptgeborne', weil τριτώ im Kretischen = κεφαλή sei, nicht sofort abzuweisen.

172. *arsere*] Kaum hatte man das Bild in das Lager gebracht, als plötzlich etc. In diesem Falle ist in der Prosa das
Asyndeton nicht üblich, sondern der das neue Ereigniss verkün-
dende Satz wird immer mit cum und Indicativ oder durch et,
ac, atque eingeführt, cf. *Madvig*, Ep. crit. ad Orellium p. 75 sq.
Die Anknüpfung durch eine Copula ist im Griechischen vorherrschend, cf. *Thuc.* I, 50: ἤδη δὲ ἦν ὀψὲ καὶ ἐπεπαιώνιcτο αὐτοῖc ὡc ἐc ἐπίπλουν καὶ οἱ Κορίνθιοι ἐξαπίνηc πρύμναν ἐκρού-
οντο = *Apul. met.* I, 11: Commodum quieveram et repente im-
pulsu maiore quam ut latrones crederes ianuae reserantur.

173. *luminibus arrectis*] Da arrigere comas, pectora, squa-
mas, aures immer bedeutet in die Höhe richten, empor-
sträuben, bald als Aeusserung der Furcht oder des Schreckens,
bald des Zornes, so haben wir auch hier unter arrigere lumina
uns das Empor- oder Aufreissen der Augenlider zu denken.
Damit vgl. XII, 251: arrexêre animos Itali, und XI, 452: arrectae
stimulis haud mollibus irae.

174. *salsusque sudor*] = heisser Schweiss, im Gegensatz zu gelidus sudor, welcher nur Entsetzen, nicht zugleich Zorn
und Unwillen verräth. Folglich ist Peerlkamp's salsus umor hier
unmöglich. Und wenn es in der verwirrten Note des Servius
heisst: indicium commoti numinis fuisse dicitur, ne forte alter
in simulacro humor intelligeretur, so wird durch alter nur eine
andere Entstehung des sudor als die eben angedeutete (commo-
tione vel labore animi ortus) bezeichnet, nämlich umor adlapsus
extrinsecus, ut sudorem videretur imitari, cf. *Cic. de div.* II
§. 58. Es ist also nicht voreilig aus dieser Note zu schliessen,
als habe Servius salsus umor in seinem Exemplare vorgefunden.

175. *parmamque ferens*] Erscheint uns matt. Aus diesem

Grunde conicirte auch Peerlkamp: parmam quatiens. Warum
nicht lieber parmamque ciens? Indessen ist unser Gefühl in solchen Fällen sehr trügerisch, cf. *Cic. Lael.* §. 37: Etiamne si te
in Capitolium faces ferre vellet?, wo wir offenbar nach unserem
Gefühl iaculari etc. erwarten dürfen.

178. *omina ni repetant*] Der Ausdruck omina repetere deutet
auf eine römische Sitte, cf. *Liv.* XXII, 1: magistratus auspicium
a domo, publicis privatisque penatibus, votis rite in Capitolio nun-
cupatis, secum ferre. Wenn nun nach Abzug des Heeres die
Auspicien sich nicht als sicher (*Liv.* VIII, 30: in Samnium incertis itum auspiciis est   Papirius dictator a pullario monitus
cum ad auspicium repetendum Romam proficisceretur etc.) oder
zuverlässig erwiesen (*Liv.* X, 40: pullarius auspicium mentiri
ausus), so musste der Magistrat auf römisches Gebiet zurückkehren, um die Auspicien von Neuem anzustellen (auspicium repetere). Vgl. Hist. Quellenb. II, 1, 100.

Schwieriger ist die Erklärung des numen reducere. Ladewig
sagt: ‘Bezeichnen nun die Worte omina repetere die wiederholte
Anstellung der Auspicien, so wird durch numen reducere das Resultat jener Handlung, die Versöhnung der Gottheit, bezeichnet.
Ungewöhnlich ist davon allerdings der Ausdruck numen reducere,
allein da man die Auspicien vor dem Auszuge ins Feld anstellte,
um cum diis auszurücken, so kann von dem Heere, das nach
Hause zurückgekehrt, die erzürnte Gottheit versöhnt und für fer-
neren Beistand im Kriege gewonnen hat, bei dem neuen Aufbruch
gesagt werden: numen reducit’[1]). Es ist dabei zu beachten, dass
diese Erklärung die Umstellung von V. 179 nach 183 voraussetzt,
welche *Büchner*, Progr. des Gymn. zu Schwerin 1866 p. 12 sq.
vorgeschlagen hat. Ohne diese Umstellung wäre diese Erklärung
ganz unhaltbar, da Vergil numen avehere carinis = voluntatem
divinam avehere carinis nimmermehr gesagt haben kann. Es
muss also die Erklärung von Ladewig fallen, sobald die Umstellung von V. 179 als unnöthig erwiesen ist. Und dies scheint mir
möglich zu sein. Die Griechen erhalten von Calchas den Befehl:
1) Sich selbst in Argos zu sühnen; 2) das Palladium nach Argos

---

[1]) Aehnlich erklärt *Henry:* sail back hither with the same good-
will and approbation of the Goddess with which they have now sailed
for Greece — obtain her authority for coming back, even as they have
now departed and sailed away in obedience to her orders. Aber beide
Relativsätze enthalten eine willkührliche Annahme.

mitzunehmen und dort zu sühnen; 3) unterdessen das hölzerne Ross der verletzten Gottheit zu weihen; 4) schliesslich von Argos nach Troia zurückzukehren und das gesühnte Palladium mit sich zu führen. Die Sühnung soll also eine doppelte sein: sie geschieht durch eine Reinigung des Heeres und Versöhnung der Göttin in Argos und durch ein neues Weihegeschenk zu Ehren der Pallas. Nur muss man den Irrthum von sich fern halten, als ob numen reducere neben omina repetere bedeuten könne = numen Troianis restituere. Einen solchen Rath konnte Calchas nicht geben, weil dann jeder weitere Feldzug gegen Troia nutzlos gewesen wäre, da an den Besitz des Palladiums für die Troianer die Existenz und das Wohl ihrer Stadt geknüpft war.

Es darf nicht auffallen, wenn Calchas verlangt, die Griechen sollten von Argos bessere omina sich holen, die nur durch Sühnung der Gottheit erreicht werden können, und zugleich das Palladium von dort wieder mit sich führen, ohne dass vorher erwähnt wird, wie oder dass überhaupt das Palladium nach Argos gelangte. Denn dieser Gedanke wird eben V. 179 für sich selbstständig ausgesprochen und besonders betont: und sie sollen von dort das Palladium wieder (gesühnt) mitnehmen, welches sie jetzt über das Meer auf ihren Schiffen mit sich geführt haben = omina repetant Argis numenque navibus avectum reducant.

Endlich ist in repetere, folglich auch in reducere nicht nur ein terminus a quo (i. e. Argis), sondern auch ein terminus quo oder quem ad locum, i. e. ad Troiam, enthalten.

Dass numen in Verbindung mit den sinnlichen Ausdrücken navibus avehere und reducere nur etwas Sinnliches, d. h. das Götterbild der Pallas, also das Palladium bedeuten könne, davon haben wir bereits oben in der Note zu I, 447 gesprochen.

Diese Erklärung gibt dem omina rep. eine bestimmtere und lässt dem reducere und avehere seine natürliche Bedeutung, endlich macht sie eine Umstellung von V. 179, was doch immer nur ein gewaltsamer Ausweg wäre, ganz unmöglich.

179. *curvis carinis*] Nachahmung des Homerischen νηυcὶ κορωνίcιν.

180. *quod petiere Mycenas etc.*] Vgl. *Cic. de Fin.* I §. 23: quod vero securi percussit filium, privasse se etiam videtur multis voluptatibus. In diesem Falle erscheint der Haupt- oder Nachsatz logisch eigentlich als ein von einem ausgelassenen Satze regierter Nebensatz = hoc eius modi est ut privasse se etiam

videatur, oder = hoc eo consilio fecerunt, ut arma deosque parent comites. Ueber diese Ellipse vgl. *Nägelsbach*, Stilistik §. 184.
Natürlich kann hier von einer Ellipse nur insofern die Rede sein,
als man die lateinische Form mit unserer Auffassungsweise vergleicht. Die dei werden comites, wenn sie gesühnt sind und den
Griechen wieder ihre Gnade schenken sacris rite peractis. Der
Plural spricht im generellen Sinne von der Gottheit überhaupt,
während nach dem Zusammenhang es sich offenbar zunächst nur
um die Sühnung der Pallas Athene handelt.

182. *ita digerit omina*] = *Ovid. met.* XII, 21: atque novem
volucres in belli digerit annos (i. e. Calchas), i e. interpretando
vel augurando singulis annis singulas aves adsignat = ex avium
numero belli annos auguratur. Bei Vergil sehen wir indessen
aus der Erzählung nicht, dass einzelne oder besondere
omina auf besondere Ereignisse vertheilt oder diese nach jenen
gedeutet werden. Wir können also nicht erklären: er vertheilt
die Vorbedeutungen = er gibt an, in welcher Reihenfolge nach
der Bestimmung der omina Alles geschehen müsse. Es ist vielmehr wahrscheinlich, dass Vergil digerere (= ordnen) geradezu
gebraucht für auslegen, deuten. Es scheint mir nämlich, als
ob in ita digerit omina die Vorstellung von eo vertit omina
enthalten ist. Denn die omina waren an und für sich tristia,
Calchas aber versteht es, das Unglück, welches sie drohen, von
den Griechen ab- auf die Feinde zu wenden, natürlich durch die
Massregeln (ita), welche er die griechischen Führer ergreifen
lässt. Darum ruft V. 190 Sinon: di prius omen in ipsum con-
vertant, ähnlich wie bei *Silius* II, 54 die Soldaten des Hannibal:
effundunt gemitus atque omina tristia vertunt in stirpem Aeneadum. Das Verbum digerere oder disponere bezeichnet ferner die
List und Schlauheit des Calchas, mit welcher er seinen Plan
ausdenkt und zur Ausführung bringt. Und während vertere nur
von der precatio oder religio gebraucht wird (cf. aliquid in religionem vertere), so enthält digerere mehr als dies, nämlich eine
wohl durchdachte Massregel.

183. *moniti*] Natürlich von Calchas. Also ist das Folgende
ein Theil der soeben erwähnten Thätigkeit des Calchas (ita digerit omina). Sinon hatte zunächst nur den äusseren Plan der
Achäer mitgetheilt, dann hatte er hinzugesetzt, dass dieser auf
dem Rathe des Priesters beruht. Jetzt eröffnet er die Voraussetzungen, von welchen das Gelingen des Planes abhängig ist.

Damit ist er bei dem Punkte angelangt, welcher das Interesse der Troianer am meisten in Spannung hält.

185. *hanc tamen*] = et eam quidem inmensam etc. Dadurch unterscheidet sich hanc tamen wesentlich von hanc V. 183. Durch diese Verschiedenheit aber wird die Wiederholung derselben Form im Versanfang wenigstens erträglich.

186. *caeloque educere*] Ueber den Dativus vgl. zu I, 126 u. II, 460: turrim sub astra eductam.

188. *antiqua sub religione*] Der Bericht des Sinon hatte sehr viel Wahrscheinlichkeit. Denn das Pferd sollte offenbar ein Ersatz sein für das geraubte und verletzte Palladium. Wurde dieses nun von den Troianern in die Stadt gebracht und rite verehrt, so musste es dieser ebenso viel Schutz verleihen als das frühere Palladium. Es lag also im Interesse der Achäer, das Pferd so gewaltig gross zu bauen, dass es die Troianer nicht in ihre Stadt bringen könnten. Wenn vollends diese das donum Minervae verletzten, so wiesen sie dieses neue Palladium von sich ab und luden ein piaculum oder nefas triste auf sich, was nur den Griechen nützlich sein konnte, welche unterdessen glaubten die Gottheit versöhnen zu können. Nach diesem Zusammenhang erwartet man V. 189 nicht nam si vestra manus etc., sondern iam oder iam vero si vestra manus violasset (= Conj. Fut. exacti) dona Minervae etc. Denn Sinon berichtet die Nachtheile, welche die Achäer den Troern durch den gewaltigen Bau zuzufügen gedachten. Bezeichnen wir diesen Gedanken als das Allgemeine (= A), so sind die beiden besonderen Nachtheile, welche erwähnt werden (a + b), in A enthalten. Es findet also von a zu b (V. 189) eine Conitinuität des Zusammenhangs statt, und zwar haben wir einen Uebergang von einer species zur andern innerhalb des nämlichen genus, wobei die zweite species als besonders wichtig und bedeutend von der ersten unterschieden werden soll. Dieser Uebergang aber wird in der Prosa mit iam, iam vero, vero, iam porro, porro gegeben. Vgl. *M. Seyffert*, Scholae lat. I, §. 23. Dennoch wäre es ein grober Irrthum, wollte man an unserer Stelle iam für nam schreiben. Diese Partikel führt hier sehr passend die Figur der occupatio ein (cf. *Seyffert*, ibid. §. 22), welche die exceptionelle Bedeutung des ärgsten Nachtheils weit mehr in's Licht setzt, als die schlichte und einfache Partikel der steigernden Aufzählung (iam). Der Gedanke ist also: denn dasjenige, was ich jetzt erwähne, ist so schrecklich, dass ich mir

es nicht einmal auszusprechen getraue, wenn ihr nämlich gar das Pferd feindlich angreifen und verletzen würdet, dann wäre der Untergang Troia's unabwendbar. Am meisten Aehnlichkeit mit unserer Stelle hat *Cic. in Verr.* V §. 158: nam quid ego de P. Gavio Consano municipe dicam iudices? aut qua vi vocis, qua gravitate verborum, quo dolore animi dicam? Darauf folgt die Erzählung, welche Cicero unter den Verbrechen des Verres an dem Leben römischer Bürger ganz besonders auszeichnet.

189. *dona Minervae*] Der Plural soll die ausserordentliche Grösse des Geschenkes andeuten. Oder ist der Pluralis generell = dieses wie jedes andere Geschenk der Minerva?

190. *tum magnum exitium*] Die Trennung des Subjects von seinem Prädikate durch den Zwischensatz ersetzt die Figur der ἀποcιώπηcιc, oder reticentia, qua supprimimus ea, quae dicturi videmur, quod aut turpia aut invidiosa aut alioqui nobis gravia dictu sunt. Aquila §. 5. Die Redner gebrauchen diese Figur, um dadurch die Phantasie des Hörers anzuregen und zu spannen, dann aber pflegen sie doch in anderer Form den unterdrückten Gedanken vorzubringen, cf. *Dem. de cor.* §. 3: οὐ γάρ ἐcτιν ἴcον νῦν ἐμοὶ τῆc παρ' ὑμῶν εὐνοίαc διαμαρτεῖν καὶ τούτῳ μὴ ἑλεῖν τὴν γραφήν, ἀλλ' ἐμοὶ μέν — οὐ βούλομαι δυcχερὲc εἰπεῖν οὐδὲν ἀρχόμενοc τοῦ λόγου, οὗτοc δ' ἐκ περιουcίαc μου κατηγορεῖ.

Ueber die Sitte der römischen averruncatio vgl. Erkl. zu *Hor. Carm.* I, 21, 15. Auf derselben Anschauung beruht die römische Todesweihe, cf. *Liv.* VIII, 9.

193. *ultro Asiam … venturam*] Sollte nicht etwa die Quelle, welche Vergil hier benützte, auf den Feldzug der Perser gegen Griechenland haben hindeuten wollen? Dass und wie man die Troianische Sage mit den Verwicklungen Asiens und Griechenlands in früher Zeit in Verbindung brachte, zeigt *Herod.* I, 3—5. Die Troianer brachten das Pferd in die Stadt und Asien führte später wirklich einen Angriff auf Hellas aus. Wollte etwa der Dichter diesen Doppelsinn in die Worte des Sinon legen? Oder versteht der römische Dichter darunter die Feldzüge Roms in Griechenland, da ihm Rom das neu entstandene Troia ist? Vgl. I, 283 sq. VI, 839: eruet ille Argos Agamemnoniasque Mycenas, ipsumque Aeaciden, genus armipotentis Achilli, ultus avos Troiae, templa et temerata Minervae.

195—198: 'Egregium epiphonema sententia inclusum ad

miserationem adcommodata' Heyne. 'In his quoque sobrie-
tatem Vergilii admiror' Peerlkamp. Aeneas schliesst die Erzählung von der List und dem Betrug des Sinon ab durch eine
exclamatio oder deploratio, indem er beklagt, dass Troia, welches
dem Angriff der stärksten und tapfersten Helden glücklich widerstand, schliesslich der feigen List eines Sinon erlag (ab adiunctis
personae). Aehnlich ist diese Figur ausgeführt, wenn auch nicht
so kurz und schlagend, bei *Cic. Verr.* V, §. 97 pro di inmor-
tales! piraticus myoparo, cum imperii populi R. nomen ac fasces
essent Syracusis, usque ad forum Syracusanum et ad omnis cre-
pidines urbis accessit: quo neque Carthaginiensium gloriosissimae
classes, cum mari plurimum poterant, multis bellis saepe conatae
unquam adspirare potuerunt, neque populi R. invicta ante te
praetorem gloria illa navalis unquam tot Punicis Siciliensibusque
bellis penetrare potuit, qui locus eiusmodi est, ut ante Syracu-
sani in moenibus suis, in urbe, in foro hostem armatum ac vi-
ctorem quam in portu ullam hostium navem viderint! Hic te
praetore praedonum naviculae pervagatae sunt, quo Atheniensium
classis sola post hominum memoriam trecentis navibus vi ac multitudine invasit, quae in eo ipso portu loci ipsius natura victa atque
superata est.

Während so der Redner, durch Häufung der Gegensätze die
Indignation des Hörers bis zum höchsten Grade steigert, weiss
der Dichter durch kurze und bestimmte Vergleichungen Indignation gegen Sinon und zugleich Mitleid für Troia zu erwecken.
Die ruhige Appellation an das Mitleid ist hier um so passender,
da nun die Erzählung fortschreitet zum λόγος τραγικώτατος: der
Ueberwältigung Troias durch höhere und stärkere Mächte als dass
menschliche Kraft und menschliche Weisheit dagegen Widerstand
zu leisten vermochten. Schliesslich erwähnen wir noch das ge-
sunde und vernünftige Urtheil des *Cornificius* (IV, §. 22) über
die Figur der exclamatio: hac exornatione si (loco) utemur raro
et cum rei magnitudo postulare videbitur, ad quam vo-
lemus indignationem animum auditoris adducemus.

199—233: Schicksal des Laokoon, Entschluss der
Troianer.

I. Der Epilog des vorausgehenden Abschnittes räumt der List
des Sinon ihre volle Wichtigkeit ein: Troiani adhuc invicti dolis
lacrimisque coactis capti sunt. Der Trug des Sinon war also entscheidend. Aber auf diese Weise allein konnte und durfte Troia

nicht fallen[1]). Denn hätte nur Menschenlist die altberühmte
Götterstadt in Staub und Asche gestürzt, so wäre ihr Schicksal
allerdings beklagenswerth und die Kunde davon interessant
gewesen, aber tragisch und erschütternd wäre sie nicht.
Das Tragische nämlich fanden die Alten vorzugsweise in dem unglücklichen Kampf menschlicher Klugheit, Weisheit und Tapferkeit gegen die unsichtbar waltende Macht des Schicksals oder der
höheren, dem Menschenauge verborgenen Weltordnung. Es musste
also zu der Ueberlistung noch ein Ereigniss hinzukommen, welches seiner Natur und seiner Wirkung nach mächtiger (maius)
und erschütternder war (multo magis tremendum), eine Gewalt,
der die Troianer endlich erliegen mussten (miseris), wenn sie
auch mit allen Kräften dagegen kämpfen mochten. Würde diese
Scene nicht folgen und Troia dem Sinon sofort in die Hände
fallen, so würden wir die Troianer der Kurzsichtigkeit oder
der Ueberstürzung beschuldigen; nun aber, da sie der suprema necessitas erliegen, können wir ihnen unser Mitleid nicht
versagen.

Den tragischen Kampf menschlicher Weisheit gegen die Uebermacht des Schicksals stellt nun die Laokoon-Scene in scharfen
Umrissen dar. Die Erzählung selbst hat einen dunklen, räthsel-
haften Hintergrund. Denn plötzlich, ohne dass weiter eine Schuld
des Laokoon erwähnt wird, erscheinen die Schlangen und über-
wältigen den scharfblickenden und standhaften Mann mit seinen
beiden Söhnen, und Niemand weiss, welche Gottheit diese wunderbaren, schrecklichen Feinde gesandt hat. Dieses Dunkel zeigt
uns das Unergründliche der im Verborgenen wirkenden, höheren
Macht. Bei Quintus Smyrnaeus dagegen ist es Pallas Athene,
welche den Priester in Wahnsinn versetzt, ähnlich wie im Aias
des Sophocles, und schliesslich das Schlangenpaar über ihn sendet. Diese Erklärung kennt auch Vergil, aber ohne den dunklen
Schleier völlig zu lüften, deutet er diese Sage erst am Schluss
seiner Erzählung an V. 226. 227. Vgl. *Herder*, Krit. Wäld. I, 8.

II. Was nun die Quellen des Vergil betrifft, so lässt uns die
erhaltene Litteratur der Griechen darüber ganz im Unklaren.
Ueber die hieher gehörende Scene von des Arktinos Iliupersis
berichtet Proclos im Auszuge: καὶ τέλος νικᾷ ἡ τούτων γνώμη

---

[1]) Dagegen findet *Henry* II, 47 sq. in der Laokoon-Sage nur eine
allegorische Darstellung der Eroberung Troia's.

(i. e. τὸν ἵππον τῇ Ἀθηνᾷ ἀναθεῖναι). τραπέντες δὲ εἰς εὐφροcύνην εὐωχοῦνται ὡς ἀπηλλαγμένοι τοῦ πολέμου. ἐν αὐτῷ δὲ
τούτῳ δύο δράκοντες ἐπιφανέντες τόν τε Λαοκόωντα καὶ τὸν
ἕτερον τῶν παίδων διαφθείρουcιν. ἐπὶ δὲ τῷ τέρατι δυcφορήcαντες οἱ περὶ τὸν Αἰνείαν ὑπεξῆλθον εἰς τὴν Ἴδην.

Nach diesem Zusammenhang müssen wir offenbar annehmen,
dass Laokoon bereits nach dem Einzuge des Rosses erst in der
Nacht von den Schlangen überrascht wurde, als die Troer in
Freude und Wonne das Fest des Einzuges feierten. Wenn Proclos uns hier die Aufeinanderfolge der Ereignisse richtig angibt,
so war also in der ältesten Sage, so weit sie in der Litteratur
zur Darstellung kam, das Schicksal des Laokoon noch nicht mit
dem entscheidenden Entschluss der Troer in Verbindung gebracht, wie wir dies bei Vergil finden. Auch darf nicht übersehen werden, dass dieselbe Sage nur einén Sohn des Laokoon
umkommen, den andern aber sich retten lässt. Dass natürlich
Vergil nicht wie Arktinos seinen Helden heimlich aus der
Vaterstadt fliehen lassen konnte vor dem ·letzten Entscheidungskampfe, ist selbstverständlich, also ein Schluss auf Benützung
oder Nichtbenützung des Arktinos daraus wenigstens unmöglich.

Von der Kleinen Ilias gibt uns Proclos über Laokoon überhaupt keine Nachricht, soweit uns aber der Auszug erhalten ist,
stimmt er in der Reihenfolge der Hauptbegebenheiten genau mit
der Iliupersis überein. Auch die Tabula Iliaca bringt Laokoon
nicht zur Darstellung. Es bleibt uns also nur der Laokoon des
Sophocles übrig. Einen Theil von dem Inhalt dieser Tragödie
enthält *Hyginus* (135). Vgl. *Welcker*, Gr. Tr. p. 152. Das argumentum lautet: Laocoon, Acoetis filius, Anchisae frater, Apollinis sacerdos, contra voluntatem Apollinis uxorem cum duxisset
atque liberos procreasset, sorte ductus est ut sacrum faceret Neptuno ad litus. hac Apollo occasione data a Tenedo per fluctus
maris dracones misit duos, qui filios eius Antiphontem et Thymbraeum necarent. quibus Laocoon cum auxilium ferre vellet, ipsum quoque nexum necaverunt. quod Phryges iccirco factum putarunt, quod Laocoon hastam in equum Troianum miserit.

Diese Mittheilung lässt uns in derselben Ungewissheit wie
der Bericht des Proclos gerade in der Hauptsache, ob das
Wunder noch vor dem Einzug des Rosses oder nach demselben
stattfand.

Welche Quelle also Vergil benützt hat und wie er ihr nach-

dichtete, darüber eine Vermuthung aufzustellen, ist bei der Mangel-
haftigkeit dieser Nachrichten ganz unmöglich.

III. In früherer Zeit herrschte vielfach die Ansicht, dass
Vergil den Künstlern der Laokoongruppe, welche sich noch im
Vatican befindet, dem Agesandros Polydoros und Athenodoros von
Rhodos, nachgedichtet habe. Diese Annahme ist indessen von
Lessing (*Laokoon*, V. u. VI. Abschn. Ges. Werke VI, 41 sqq.)
gründlich widerlegt. Wir wissen nicht einmal, in welche Zeit
dieses Kunstwerk fällt, ja es ist noch fraglich, ob überhaupt das
Original und nicht vielmehr nur eine Copie desselben uns er-
halten ist. Vgl. *Brunn*, Gesch. der Griech. Künstler I, 475 sq.
O. Müller und *Wieseler*, Denkmäler I, 39. Taf. XLVII n. 214.

199. *hic*] = ἐν αὐτῷ δὲ τούτῳ. Damit wird der enge Zusammenhang dieses Ereignisses (aliud) mit dem vorausgehenden
sowohl temporal als causal angedeutet. Zur Uebergangsform vgl.
Wichert, Stillehre p. 414. — Ob Vergil sich bewusst war, dass
das Schicksal des Laokoon symbolisch die Eroberung Troia's
durch die Griechen darstelle, wie Henry annimmt, ist mehr als
zweifelhaft.

maius miseris etc.] Die Allitteration des Consonanten m
(primis litteris vel syllabis) war in der älteren Sprache, welche
Allitteration und Assonanz sehr liebte, ausserordentlich häufig.
Vgl. *Näke*, Rh. Mus. III, 341. Zunächst dem m kamen c, l, p,
's und v. An unserer Stelle dient das m mugiens dazu, den
dumpfen Schmerz des Aeneas bei der Darstellung dieses traurigen
Ereignisses zu kennzeichnen. Vgl. *Val. Fl.* VII, 484: an me
mox merita morituram patris ab ira dissimulas? Wollte man zu
aliud etwas ergänzen, so wäre am passendsten malum, cf. *Näke*,
l. l. p. 354.

200. *improvida pectora turbat*] *Cic. Tusc.* III, §. 30: id
quidem non dubium, quin omnia, quae mala putentur, sint im-
provisa graviora. *Cic. p. Lig.* §. 17: ac mihi quidem fatalis
quaedam calamitas incidisse videtur (Bürgerkrieg) et improvidas
hominum mentes occupavisse, ut nemo mirari debeat, humana
consilia divina necessitate esse superata. Aeneas erinnert also sofort an die ἀνάγκη δαιμονία, gegen welche der
Mensch rathlos ist, so dass er von ihr plötzlich überrascht sich
nicht zu helfen, das Richtige und Wahre nicht mehr zu erkennen
oder zu finden vermag. Vgl. incautum aliquem opprimere.

201. *ductus Neptuno sorte sacerdos*] Nach der Ueberliefe-

rung war Laokoon Priester des Apollo und nur in diesem Augenblicke fungirte er auch als Priester des Neptunus 'sollemnis ad aras' i. e. ne statum sacrificium intermitteretur, omnia sollemniter peragens. Der Plural arae nach Analogie von altaria, wobei indess der Einfluss des ingens (taurus) nicht zu verkennen ist, denn das grosse Opferthier erfordert einen grossen Opferaltar.

204. *inmensis orbibus angues*] Daher die wunderbare Grösse (Länge) der Schlangen, welche drei Personen doppelt (bis) umschlingen und doch noch hoch über das Haupt derselben emporragen. Vgl. *Lessing*, Werke VI, 48.

207. *sanguineae*] = φόνιαι. Bei *Hom. Il.* 2, 308 lesen wir: δράκων ἐπὶ νῶτα δαφοινός = dunkelroth, auch rothgelb, wie z. B. vom Löwen *Il.* 10, 23.

208. *sinuatque*] = und dabei heben sie den Rücken bogenförmig in Windungen. Neben pone legit kann dies recht gut bestehen, ohne dass wir ein ὕστερον πρότερον anzunehmen brauchen.

212. *diffugimus visu exsangues*] Sehr schön *Quint. Smyrn.* XII, 467: ἂν δὲ γυναῖκες οἴμωζον· καί πού τις ἑῶν ἐπελήσατο τέκνων αὐτὴ ἀλευομένη στυγερὸν μόρον· ἀμφὶ δὲ Τροίη (bei ihm dringen die Schlangen in die Stadt) ἔστεν᾽ ἐπεσσυμένων. ἔλειπτο δὲ μοῦνος ἄπωθε Λαοκόων ἅμα παισί· πέδησε γὰρ οὐλομένη Κὴρ καὶ θεός.

agmine certo] Vgl. zu I, 82 und V, 90.

219. *capite*] Der Singular, weil der Dat. und Abl. Plur. in der Sprache nicht üblich war.

220. *manibus tendit divellere nodos*] 'Nichts gibt mehr Ausdruck und Leben als die Bewegung der Hände; im Affekte besonders ist das sprechendste Gesicht ohne sie unbedeutend. Arme durch die Ringe der Schlangen fest an den Körper geschlossen würden Frost und Tod über die ganze Gruppe verbreitet haben.' *Lessing.*

221. *perfusus sanie vittas*] 'Bei dem Dichter ist ein Gewand kein Gewand, es verdeckt nichts, unsere Einbildungskraft sieht überall hindurch. Laokoon habe es bei Vergil oder habe es nicht, sein Leiden ist ihr an jedem Theile seines Körpers einmal so sichtbar wie das andere. Die Stirne ist mit der priesterlichen Binde umbunden, aber nicht umhüllt. Ja sie hindert nicht allein nicht diese Binde, sie verstärkt auch noch den Begriff, den wir uns von dem Unglück des Leidenden machen. Nichts hilft

ihm seine priesterliche Würde, selbst das Zeichen derselben, das
ihm überall Ansehen und Verehrung verschafft, wird von dem
giftigen Geifer durchnetzt und entheiligt.' *Lessing.* Vgl. II, 430:
nec te tua plurima, Panthu, labentem pietas nec Apollinis in-
fula texit.

222. *clamores horrendos*] Der Plural malt die Ausbrüche
des Schmerzes, wie sie immer und immer wieder von neuem erfolgen.

223. *qualis mugitus*] Gleichnisse mit qualis, qualis ubi, qualis
— cum finden sich noch eingeführt I, 430. 498. 592. II, 471.
IV, 70. 143. V, 213. 273. VI, 205. 270. IX, 680. X, 134. XI,
659. 67. X, 264. XII, 4. XI, 492. XII, 331. 451. III, 680. IX,
563. Ueber die Tempora vgl. Exc.

Mit dem Gleichnisse vgl. *Hom. Il.* 20, 403 sq. 21, 237. *Tac.
hist.* III, 56: accessit··dirum omen, profugus altaribus taurus dis-
iecto sacrificii apparatu, longe, nec ubi feriri hostias mos est,
confossus. Zu qualis mugitus ist est zu ergänzen = qualis mug.
est tauri, cum saucius aram fugit. Wollte man qualis mugitus
als Acc. plur von tollit abhängig machen, so müsste Laokoon zugleich ‾Subject sein. Dies ist aber Unsinn! Das Gleichniss ahmt
Dante nach, *Hölle* XII, 22—25.

224. *et excussit securim*] Die Vergleichung der eben citirten
Stelle des Tacitus lehrt, dass die Prosa die Unterordnung excussa
securi fugit verlangen würde. Vgl. die Bemerkung p. 65.

225. *delubra ad summa*] Wird erklärt durch die folgenden
Worte saevae Tritonidis arcem petunt.

226. *effugiunt*] Der Med. diffugiunt, was weder durch
Aen. X, 804: omnis campis diffugit arator, noch durch *Hor.
Carm.* IV, 7, 1: diffugere nives etc. geschützt werden kann. Denn
an beiden Stellen finden wir eine Zertheilung, ein Auseinander-
eilen von einem Orte weg, hier aber haben wir einen locus ad
quem, dem die beiden Schlangen vereint zueilen.

227. *sub pedibusque deae*] Es befand sich also ausser dem
Palladium noch ein Bildniss der Minerva auf der Burg. Vgl. II,
404 und 410.

clipeique sub orbe] So sehr sich die Schlangen ausdehnen,
ebenso sehr können sie sich zusammenringeln. Vgl. *Lessing,*
Werke VI, 49.

229. *cunctis insinuat pavor*] Das Verbum insinuare findet
sich auch in der Prosa ebenso häufig intransitiv als activ (se in-

sinuare), cf. *Weissenborn* zu *Liv.* 40, 37, 4: fraudis quoque humanae insinuaverat suspicio animis. Während sonst das Verbum das heimliche, künstliche Einschleichen bezeichnet, bedeutet es hier das unwillkührliche Erfassen des Gemüths, welchem man nicht wehren oder widerstehen kann.

scelus expendisse] = XI, 258: scelerum poenas expendimus omnes.

232. *ducendum*] Asyndeton conclusivum = ducamus ergo intra urbem. Vgl. *Nägelsbach*, Stilistik §. 200, 2.

234—249: Festlicher Einzug des geweihten Rosses.

Aus der Iliupersis wissen wir über die Art und Weise des Einzuges nichts, dagegen verdanken wir aus der Kleinen Ilias dem Proclos folgende Notiz: οἱ δὲ Τρῶες τῶν κακῶν ὑπολαβόντες ἀπηλλάχθαι τόν τε δούρειον ἵππον εἰς τὴν πόλιν εἰσδέχονται διελόντες μέρος τι τοῦ τείχους· καὶ εὐωχοῦνται ὡς νενικηκότες τοὺς Ἕλληνας. Wenn auch diese Nachricht ganz allgemein gehalten ist, so stimmt sie doch gerade in dem einen speciellen Punkte, welcher erwähnt wird, genau mit Vergil überein: dividimus muros· et moenia pandimus urbis = διελόντες μέρος τι τοῦ τείχους. Die Wahrscheinlichkeit, dass Lesches dem Vergil als Quelle diente, wird fast zur Gewissheit, wenn wir die Darstellung derselben Scene auf der Tabula Iliaca betrachten, welcher die Erzählung der Kleinen Ilias zu Grunde liegt. Hier sehen wir Priamos dem Zuge in triumphirender Haltung und mit königlicher Würde voranschreiten. Es folgt tanzenden Schrittes ein Mann, der unmittelbar an dem Ross den Strick fasst, und eine Gruppe von Menschen, welche offenbar beschäftigt ist Hymnen zu singen zu Ehren der Pallas. Vgl. *Welcker*, Epischer Cyclus II, 244. Diese Scene stimmt so genau mit der Darstellung Vergils überein, dass diese Uebereinstimmung kaum eine zufällige sein kann. Der Zweck des Vergil forderte Kürze, denn Aeneas kann unmöglich mit Wohlgefallen bei der Erzählung der Thorheit seiner Landsleute verweilen, welche seiner geliebten Vaterstadt den Untergang brachte. Auch ist es unmöglich für ihn, diese Begebenheit zu erwähnen, ohne dabei seinen eignen Empfindungen Ausdruck zu geben. Darum dürfen wir hier von Vergil weder eine ausführliche noch eine ruhig-objective Darstellung erwarten.

234. *dividimus muros*] Zwar nur einen Theil der Mauer, aber die bittere Erinnerung des Aeneas erkennt darin dieselbe

Wirkung, als wenn man die ganze Mauer der Stadt niedergeworfen hätte. Ebenso will Aeneas das beschliessende und han-
delnde Subject — Priamus mit den Geronten — absichtlich in
seinen Worten nur verborgen andeuten, denn die Pietät hindert
ihn, den Namen des Priamus in dieser Lage zu nennen. Hier
musste also Vergil von Lesches abweichen, wenn er ihn auch
sonst zum Vorbild hatte.

et moenia] Und durch Einreissen des Mauerwerkes (muros)
öffnen wir die Befestigung und die Umfriedung (moenia) der Stadt.
Vgl. *Döderlein*, Lat. Synonyme und Etym. V, 350. 352.

235. *accingunt omnes operi*] Vgl. zu I, 104, p. 102.

236. *subiciunt lapsus*] Das Subst. (Rolle) ist zu verbinden
mit dem Gen. rotarum = rollende Räder. Damit soll die Stärke
der Maschine und die Schwere des zu bewegenden Gegenstandes
angedeutet werden. Ist nun das Pferd fest befestigt an der Bedeckung der Rollen, so kann allerdings ein Seil um den Hals
des Pferdes gewunden und das Ganze auf diese Weise fortbewegt
werden.

237. *scandit muros*] Vgl. *Liv.* XXX, 30: quem modo castris
inter Anienem atque urbem vestram (Hannibal spricht vor Scipio)
positis signa inferentem ac prope scandentem videras moenia
Romana. Vgl. im deutschen: die Mauern ersteigen.

238. *feta armis*] Vgl. zu I, 51.

pueri innuptaeque puellae] Jünglinge und Jungfrauen stimmen zu Ehren der Pallas einen Paean oder Hymnos (sacra) an,
welchen wir uns aus Chor- oder Wechselliedern bestehend, mit
Mimen und Tanz vorgetragen, denken müssen. Und zwar wechseln die Chöre der Jünglinge und Jungfrauen mit einander ab,
jeder Chor hat einen ἔξαρχοϲ, der eine einen Jüngling, der andere ein Mädchen an der Spitze. Jeder Chorführer singt eine
Solopartie und am Schlusse fällt dann der Chor ein. Alle Strophen entsprachen sich genau auf eine antistrophische Weise.
Von solchen Chor- oder Cultusliedern finden wir bei Homer
mehrere Beispiele. Hierher gehört der Paean der Griechen bei
Chryses (*Il.* I, 472 sq.), welchen die Begleiter des Odysseus und
die Umgebung des Chryses — πανημέριοι sangen, d. h. den
ganzen Tag über sangen abwechselnd einzelne Chöre, wie im
Olymp (*Il.* IV, 601 sq.) die Musen πρόπαν ἦμαρ singen, aber
ἀμειβόμεναι ὀπὶ καλῇ. Vgl. die der Artemis heiligen Chöre der
Mädchen, in denen Polymele sich auszeichnete, *Il.* XVI, 183,

ferner den Chor der Troerinnen im Tempel der Athene (*Il.* VI, 296 sq.), den Hymenäos auf dem Schilde des Achilles (*Il.* XVIII, 491 sq., *ibid.* 569), vor Allem aber den Threnos, *Il.* XXIV, 720 —775, wo sich die strophische Gliederung, jede der ἔξαρχοι trägt 3 × 4 Verse vor, noch recht gut erkennen lässt. Vgl. *E. Leutsch*, Philol. Suppl. 1, 1, 68 sq.

239. *funemque*] Die Copula gehört logisch nicht zu funem, sondern zu gaudent. Da aber gaudent contingere funem einen einheitlichen Begriff bildet = laeti funem contingunt, so kann die Copula beliebig dem einen oder anderen Bestandtheil dieses Begriffes angeschlossen werden. Gerade mit dem leichten, enklitischen que erlauben sich die Dichter eine grosse Freiheit, cf. I, 165. 167. 14. 45 etc., natürlich musste die Stellung der Copula abhängig werden von der Stellung des betonten Wortes, cf. I, 91. 1, 2, wo litoraque Lavinia neben Italiam ebenso unmöglich wäre, wie V. 7 patresque Albani gegenüber von genus Latinum. Beispiele anzuführen, ist nicht nöthig, weil sie sich von selbst aufdrängen, aber die Bemerkung verdient hervorgehoben zu werden, dass auch dem Dichter die Wortstellung durchaus nicht eine gleichgültige Sache ist, dass der Dichter am wenigsten nach Willkühr verfahren darf, dass auch bei ihm die Betonung vom Gegensatz abhängt und die Wortfolge daran sich anschliesst.

241. *o patria o divom domus etc.*] Warum hier diese conmiseratio? Mit dem Rosse thut der Feind den ersten Schritt in die Stadt. Darum läst Vergil den bewegten Aeneas hier gewissermassen innehalten und seinem Herzen Luft machen, wie ja selbst das Ross an der Schwelle des Eingangs anstösst und stille hält, gerade als fühlte es Mitleid mit der Stadt.

Die Stadt Ilios oder Ilium wird divom domus genannt, weil sie von Götterhand erbaut und ihr das Palladium (ξόανον) vom Himmel zugefallen war, welches ihr eine ewige Dauer zu verheissen schien. Aber trotz dieser göttlichen Begnadigung musste die Stadt endlich doch dahinsinken. Vorbild für Verg. war *Enn. Andr.* 118: o páter, o patria, o Priami domus.

243. *substitit*] Zur Warnung der Troer. Denn das Anstossen mit dem Fusse an der Thür war ein malum omen. Vgl. *Ovid. met.* X, 452. Ter pedis offensi signo est revocata, ter omen funereus bubo letali carmine fecit. it tamen etc. *Tibull.* I, 3, 19: O quotiens ingressus iter mihi tristia dixi offensum in porta signa dedisse pedem! *Ovid. Trist.* I, 3, 55: ter limen tetigi,

ter sum revocatus. Warum bei Vergil quater, noch mehr
als ter?

244. *caecique furore*] Darin liegt eben das Tragische,
dass trotz aller äusseren Anzeichen und Warnungen, der Mensch
in seiner Kurzsichtigkeit dennoch das Verderben nicht herannahen
sieht. Die Alten erkannten darin eine Verblendung des Menschen, der nur seiner vorgefassten Meinung folgt (furor) und
darüber alle omina, alle Vernunft unbeachtet lässt. Vgl. *Ecl.* I,
16: saepe malum hoc nobis, si mens non laeva fuisset, de caelo
tactas memini praedicere quercus. Dies ist der Sinn des alten
Volksglaubens, den *Aesch. fr. Niobe* 163 (*Herm.*) ausspricht: θεὸc
μὲν αἰτίαν φύει βροτοῖc, ὅταν κακῶcαι δῶμα παμπήδην θέλῃ.
Vgl. *Liv.* V, 37, 1: adeo obcaecat animos fortuna, ubi vim suam
ingruentem refringi non volt. Und *Lycurgus* in *Leocr.* §. 92 deutet diesen Glauben also: οἱ γὰρ θεοὶ οὐδὲν πρότερον ποιοῦcιν
ἢ τῶν πονηρῶν ἀνθρώπων τὴν διάνοιαν παράγουcι·

> ὅταν γὰρ ὀργὴ δαιμόνων βλάπτῃ τινά,
> τοῦτ’ αὐτὸ πρῶτον, ἐξαφαιρεῖται φρενῶν
> τὸν νοῦν τὸν ἐcθλόν, εἰc δὲ τὴν χείρω τρέπει
> γνώμην, ἵν’ εἰδῇ μηδὲν ὧν ἁμαρτάνει.

Hier ist also die Bethörung eine Strafe der Sünde, θεοβλάβεια,
und es manifestirt sich in ihr die göttliche Gerechtigkeit. Auch
die Römer bekannten sich schliesslich zu dieser Auffassung, cf.
Cic. in Verr. I, 2, 6: multa enim et in deos et in homines impie
nefarieque conmisit, quorum scelerum poenis agitatur et a
mente consilioque deducitur. Vgl. *Nägelsbach*, Nachhom. Theol.
p. 329 sqq.

245. *sacrata arce*] Vgl. zu 225.

246. *fatis futuris*] Dativus: sie öffnet den Mund (wiederholt,
daher der Plural ora) für das bevorstehende Geschick = aperit
fata futura. Diese Sprechweise ist natürlich in der Prosa nicht
üblich, sie beruht auf der Kunst, welche *Hor. ars* 47 empfiehlt:
dixeris egregie, notum si callida verbum reddiderit iunctura
novum.

247. *non umquam credita Teucris*] Zur Form vgl. zu I,
136; ferner für das Passivum (poëtisch) *Ovid. met.* XV, 74: primus quoque talibus ora docta quidem solvit sed non et credita verbis. *Trist.* III, 10, 35: vix equidem credar, wie im
Griech. πιcτεύομαι. *Hor. Ep.* II, 1, 168: creditur, ex medio
quia res arcessit, habere sudoris minimum i. e. comoedia. *Tac.*

hist. II, 52: ne praevalidis iam Vitellii partibus cunctanter excepisse victoriam crederentur. Vgl. *Zumpt* §. 607. — Zur Sache
Tryphiod. 417: τὴν γὰρ Ἀπόλλων ἀμφότερον μάντιν τ' ἀγαθὴν
καὶ ἄπιστον ἔθηκεν, i. e. cui fidem nemo habeat. Ob credita
mit ora oder mit Cassandra zu verbinden ist? Vgl. *Henry*,
Philologus XI, 605 sq.

248. *festa velamus fronde*] Ueber die Art und Weise, wie
das Freudenfest gefeiert wurde, gibt V. 265 und VI, 513 Aufschluss. Sprüchwörtlich *Cic. p. Murena* §. 78: intus, intus, in-
quam, est equus Troianus, a quo numquam me consule dormi-
entes opprimemini. Vgl. *Hor. Carm.* IV, 6, 13—16.

250—267 Rückkehr der Flotte und Oeffnung des
Pferdes durch Sinon.

Die Darstellung dieser Scene stimmt, so viel wir davon wissen, sowohl mit Arktinos als mit Lesches überein. Merkwürdig
ist es nur, dass bei Vergil Sinon es ist, welcher von der Flotte
das Flammenzeichen erhält, während in den beiden kyklischen
Gedichten und nach der allgemeinen Tradition (cf. *Quint. Smyrn.*
XIII, 23) Sinon den Achäern das Fackelzeichen zum Landen gab.
Von Arktinos berichtet Proclos: καὶ Cίνων τοὺc πυρcοὺc ἀνίcχει
τοῖc Ἀχαιοῖc, und aus der Kleinen Ilias meldet *Tzetzes ad Lycophr.*
344 und *Eudocia* p. 31 τότε καὶ ἀπατηθέντων δόλοιc τοῦ Cί-
νωνοc καὶ ἑλκυcάντων τοῦτον περὶ τὴν πόλιν καὶ μέθῃ καὶ
χαρᾷ καὶ ὕπνῳ cυcχεθέντων αὐτὸc ὁ Cίνων. ὡc ἦν αὐτῷ cυν-
τεθειμένον, φρυκτὸν ὑποδείξαc τοῖc Ἕλληcιν, ὡc ὁ Λέcχηc φη-
cίν, ἡνίκα
     νὺξ μὲν ἔην μέccη, λαμπρὴ δ' ἐπέτελλε cελήνη.
Und während sonst Vergil fast wörtlich mit *Tzetzes Posthom.*
719 sq., der offenbar hier dem Lesches folgt, übereinstimmt,
fehlt allein der Gedanke, dass Sinon den Achäern ein Zeichen
gegeben. Tzetzes sagt:
     Ἀλλ' ὅτε. δὴ κατέμαρψεν ἐπ' ἄμβροτοc ὕπνοc ἅπανταc
     νὺξ δ' ἄρ' ἔην μέccη, λαμπρὴ δ' ἐπέτελλε cελήνη,
     καὶ τότε δὴ Δαναοῖcι Cίνων φλόγα δεῖξεν ἑταίροιc.

Da man nun nicht einsieht, warum Vergil von dieser Ueberlieferung sollte abgewichen sein, so liegt die Vermuthung nahe,
dass zwischen V. 253 und 254 in unserem Texte ein Vers ausgefallen ist, zumal da der Zusammenhang dieser beiden Verse
ziemlich schroff erscheint.

250. *vertitur caelum*] Denn nach der Alten Ansicht bewegte sich am Tage das Himmelsgewölbe (*Enn. Ann.* 218: vertitur interea caelum cum ingentibus signis) von Osten nach Westen und während der Nacht vom Westen nach Osten. Diesen Weg legt die Nacht, sobald sie sich aus dem Ocean erhoben hat (ruit Oceano, vgl. ὀρώρει δ' οὐρανόθεν νύξ), auf einem zwei- oder vierspännigen Wagen zurück, cf. V, 721: et nox atra polum bigis subvecta tenebat. *Ovid. met.* IV, 92: aquis nox surgit ab isdem. Dass übrigens Vergil den Anfang der Schilderung von Troia's Eroberung fast mit denselben Worten wie Lesches beginnt, ist gewiss nicht zufällig: er will damit dem kundigen Leser seine Hauptquelle zu erkennen geben, und nach seiner Art den überlieferten Vers durch eine Schilderung ausführen, daher der Zusatz V. 251.

251. *involvens umbra etc.*] Die breiten Vocale (a, o, u), der spondeische Bau des Verses mit dem monotonen dactylischen Ausgang (terrāmquĕ pŏlūmquĕ), die Gleichmässigkeit des in chiastischer Weise folgenden Verses, in welchem zuerst dumpf klingende Daktylen, dann ähnliche Spondeen folgen, dies alles soll die öde, stille, schauervolle Nacht dem Leser malerisch vergegenwärtigen. So wie hier der Dichter das Dunkel der Nacht hervorhebt, ebenso 360: nox atra cava circumvolat umbra, 397: multaque per caecam congressi proelia noctem conserimus, 420: obscura nocte per umbram, 621 dixerat et spissis noctis se condidit umbris. Mit diesen Stellen scheint in Widerspruch zu stehen 255: tacitae per amica silentia lunae, und 340: oblati per lunam. Indessen wäre es doch sehr übereilt, hierin ein Versehen des Dichters finden zu wollen. Die Nacht bleibt Nacht und dem Tage gegenüber dunkel und finster, wenn auch der Mond scheint, ja selbst wenn er hell scheint, ebenso wie der Mond vor dem Sonnenlichte erblasst, abgesehen davon, dass der Mond auf- und untergeht, also nicht die ganze Nacht hindurch scheint. Auch bei uns sagt das Volk unbedenklich, 'der Mond scheint hell, der Mond scheint nicht sehr hell, die Lampe brennt dunkel', ja ich glaube gehört zu haben, 'der Mond ist heute dunkel', ohne dass damit der Neumond bezeichnet war. Endlich bedenke'man doch, dass der Mondschein seine volle Wirkung erst im freien Felde erlangt, weniger innerhalb der dunklen Mauern einer Stadt. Hier wird man einen Bekannten, der uns zufällig aufstösst, mag auch der Mond noch so hell scheinen, doch nur mit einiger Mühe er-

kennen können. Dies ist das oblati per lunam. Andrerseits braucht der Mond nicht allzu hell zu scheinen und er ist doch im Freien dem Wanderer ein guter Führer in der Dunkelheit. Dies und nicht mehr besagt V. 255: per amica silentia lunae. Endlich wird man V. 621 ganz abzurechnen haben, da es einer Gottheit möglich ist, selbst mitten am Tage sich in eine dunkle, dichte Wolke zu verhüllen, warum nicht auch in einer mondhellen Nacht? Ich glaube also, wir haben keinen Grund, uns den einen oder andern dieser Verse als einen tibicen zu denken, es genügt vollkommen, Vergil zu verstehen, wenn wir einen Blick in die Natur werfen und den Sinn der Volkssprache nicht verachten.

Eine andere Frage ist, ob Vergil sich wirklich Vollmond gedacht hat. Vgl. *Schol. Eur. Hecub.* 892: Καλλισθένης ἐν δευτέρῳ τῶν Ἑλληνικῶν οὕτω γράφει· Ἑάλω δ᾽ ἡ Τροία Θαργηλιῶνος μηνὸς ὡς μέν τινες ἱστορικῶν ὀγδόῃ ἱσταμένου, ὡς δ᾽ ὁ τὴν μικρὰν Ἰλιάδα πεποιηκὼς ὀγδόῃ φθίνοντος. διορίζει γὰρ αὐτὸς τὴν ἅλωσιν φάσκων συμβῆναι τότε τὴν κατάληψιν ἡνίκα

νὺξ μὲν ἔην μέσση, λαμπρὴ δ᾽ ἐπέτελλε σελήνη.

μεσονύκτιος δὲ μόνον τῇ ὀγδόῃ φθίνοντος ἀνατέλλει.

Wie sich Lesches über diese gelehrte subtilitas gewundert haben würde, wenn er sie noch hätte lesen können, so würde es uns gewiss auch Vergil nicht danken, wenn wir ihm nachrechneten, in welchem Monat, an welchem Tag und in welcher Stunde er sich den Mond aufgegangen dachte.

254. *etiam Argiva phalanx*] Der Uebergang von den schlafenden Troern zu dem heranziehenden Heere (phalanx) der Griechen durch et iam erscheint etwas zu schroff. Vgl. die Einl. zu dies. Abschn.

255. *amica silentia*] Die Stille des schweigsamen, das Nahen des Feindes nicht verrathenden (tacitae)[1] Mondes war den Griechen günstig; den Weg fanden sie, weil er ihnen von langer Zeit her bekannt war (litora nota).

256. *flammas cum regia puppis extulerat … laxat*] In vier herrlichen Versen 250—54 erregt der Dichter im Leser selbst das Gefühl der arglosen Ruhe und Stille, womit entsetzlich contrastirend die herbe Wirklichkeit des Verderbens naht. Da hatte

---

1) *Henry:* the moon is called tacit, because she does not tell, does not blab, says nothing about what she sees. cf. *Tibull* I, 6, 6.

auf einmal, ehe man sich's versah, war es schon geschehen, das Admiralschiff der Griechen ein Feuersignal[1]) gegeben, und sofort (in Folge dessen) öffnet Sinon des Pferdes Bauch. So erklärt sich das Plusquampf. extulerat nach *Zumpt* §. 580. Vgl. *Liv.* XXVIII, 2, 1: tria milia ferme aberat, cum hauddum quisquam hostium senserat = und noch hatte es Niemand bemerkt, da hatte es noch Niemand etc. II, 14, 6: proelio inito adeo concitato impetu se intulerant Etrusci, ut funderent ipso incursu Aricinos = proelio inibatur (= vix initum erat), cum se intulerant etc. Die beiden Sätze Vergils: cum regia puppis extulerat fatisque deum defensus laxat claustra Sinon gehören also eng zusammen und sind sich formell coordinirt, aber unter sich verhalten sie sich zu einander wie Grund und Folge: Schon nahte die Flotte; als nun eben das Signal gegeben war, da öffnet Sinon etc. Vgl. *Liv.* XXXV, 10, 1: in exitu iam annus erat et ambitio exarserat. Vgl. damit *Aen.* II, 692. XI, 296. XII, 81. Zu I, 82 p. 98. Fatis iniquis ist = fatis urguentibus urbem Troianam, cf. zu II, 54.

261. *Thessandrus etc.*] Die Zahl der Helden im Ross wird sehr verschieden angegeben, cf. zu II, 15.

263. *Neoptolemus*] Der Name Pyrrhus, den Vergil abwechselnd damit gebraucht, kommt bei Homer noch nicht vor, wohl aber schon in den Kypria von Stasinos. Er wurde also erst von den Späteren dem ersteren Namen bedeutsam zur Seite gesetzt, ähnlich wie *Hom. Il.* VI, 402:

> τόν ῥ᾽ Ἕκτωρ καλέεσκε Σκαμάνδριον, αὐτὰρ οἱ ἄλλοι
> Ἀστυάνακτ᾽· οἶος γὰρ ἐρύετο Ἴλιον Ἕκτωρ.

primusque Machaon] Vergil lässt also Epeus, Menelaus und Machaon miteinander zuerst herabsteigen, während die Sage allgemein dem Epeios allein den Vortritt lässt. Bei *Quintus Smyrn.* XIII, 35 dagegen heisst es von Odysseus:

> ὃ δέ σφεας ὀτρύνεσκεν
> ἦκα καὶ ἀτρεμέως ἐκβήμεναι· οἱ δ᾽ ἐπίθοντο
> ἐσμόθον ὀτρύνοντι, καὶ ἐξ ἵπποιο χαμᾶζε
> ὥρμαινον προνέεσθαι· ὃ δ᾽ ἰδρείῃσιν ἔρυκε
> πάντας ἅμ᾽ ἐσσυμένους.

---

1) *Liv.* 29, 25: lumina in navibus singula rostratae, bina onerariae haberent, in praetoria nave insigne nocturnum trinm luminum fore.

Dass ausser den Genannten noch mehr Krieger im Leibe des Rosses waren, ist bereits oben zu V. 20 bemerkt. Danach könnte man primusque erklären = et inter primores.

268—297: Hektor verkündet dem Aeneas die Einnahme der Stadt durch die Griechen.

Von dieser Episode wissen wir nicht, ob schon einer der älteren Dichter sie behandelt hat; Arktinos und Lesches konnten sicher Hektor nicht mit Aeneas in diese Verbindung bringen, da sie diesen noch vor der Katastrophe aus Troia entweichen lassen. Dagegen konnte die Tragödie dem Verg. zum Vorbilde dienen, cf. *Enn. Alexander* 57—59 *(R.)*:

> O lúx Troiae, germáne Hector!
> ... quíd te ita contuó lacerato córpore,
> Miser, aút qui te sic tráctavere nóbis respectántibus?

Mochte nun Vergil sie von einem anderen überkommen oder selbst erfunden haben, das Motiv, welches er dabei hatte, war, den durch Tapferkeit und Patriotismus grössten Helden Troias mit Aeneas zusammenzuführen und ihm aus seinem Munde die Hoffnungslosigkeit eines weiteren Kampfes, zugleich aber auch die fröhliche Aussicht auf ein neues, besseres Geschick zu eröffnen. Wenn ein Hektor vom Kampfe abmahnt, so brauchte Aeneas sich nicht zu schämen, wenn er diesem Rathe folgte; stürzt er sich dennoch in den Kampf, so leuchtet seine Tapferkeit und Vaterlandsliebe nur um so herrlicher hervor.

268. *tempus erat*] Das enge Verhältniss der Sätze: temp. erat — ecce in somnis, welches ein Prosaist offenbar durch cum ausdrücken würde, macht den Punkt nach serpit bei Ribb. unmöglich. Vgl. III, 90: vix ea fatus eram, tremere omnia visa repente. XI, 550 und 608. XII, 113.

mortalibus aegris] Vgl. X, 274. XII, 850. *Georg.* I, 237. Erscheinen die Menschen im Gegensatz zu den bedürfniss- und kummerlosen (μάκαρες) Göttern als aegri oder miseri = δειλοί, ὀιζυροὶ βροτοί, so sind sie doch den Todten gegenüber glücklich zu preisen: οἱ γὰρ θανόντες χαρμάτων τητώμεθα *Eur. Orest.* 1084. Wenn aber das positive Unglück im Leben den Menschen allzu hart trifft, dann erscheinen ihm umgekehrt selbst die Todten als μακάριοι und die Lebenden als δειλοί. Vgl. zu *Aen.* I, 94. Denn sagt der sterbende Cyrus (*Xen. Cyr.* VIII, 7, 27): ἐν τῷ ἀσφαλεῖ ἤδη ἔσομαι ὡς μηδὲν ἂν ἔτι κακὸν παθεῖν. Es naht ihm weder Freude noch Leid. Aber der lebende Mensch ist

immer ἐν τῷ cφαλερῷ ὡc ἀεί τι κακὸν παθεῖν: er ist dem
Leide und dem Unglück immer ausgesetzt. Darum wird der
Sopor, der consanguineus Leti VI, 278, wiederholt ein Freund
der armen Menschen genannt. *Hom. Od.* XX, 85.

270. *in somnis*] Während der Zeit des festen Schlafes noch
vor Mitternacht sind Träume selten; die Traumbilder erscheinen
meistens vor der Morgendämmerung. Vgl. *Ameis* zu *Od.* IV, 841:
ὡc οἱ ἐναργὲc ὄνειρον ἐπέccυτο νυκτὸc ἀμολγῷ, cf. XX, 87.
Hor. Sat. I, 10, 33: Quirinus post mediam noctem visus, cum
somnia vera. *Plat. Crito* p. 44 a: τεκμαίρομαι δὲ ἔκ τινοc
ἐνυπνίου, ὃ ἑώρακα ὀλίγον πρότερον ταύτηc τῆc νυκτόc (noch
soeben in dieser Nacht). Wegen des Plurals vgl. *Plut. Pyrrh.*
11, 2: ἐκείνηc δὲ τῆc νυκτὸc ἔδοξε κατὰ τοὺc ὕπνουc ὑπὸ
Ἀλεξάνδρου καλεῖcθαι τοῦ μεγάλου. *Krüger*, Gr. Gr. §. 45; 3, 4.

maestissimus Hector] Durch den Superlativus bei Nom.
propr. wie pulcherrima Dido, maximus Atlas etc. wird die Ab-
solutheit des Adjectivbegriffes dem Namen zugeschrieben: das
Bild aller maestitia, pulchritudo, magnitudo. *Thiel.*

272. *raptatus bigis*] Wollte man verbinden: ut quondam
raptatus bigis, so müsste man nothwendig dazu aus dem Vorhergehenden ergänzen: largos effundere fletus. Dies ist aber sachlich unmöglich. Darum wird man am besten thun, wenn man
nach bigis ein Komma setzt: Er erschien mir im Traume als der
am Wagen des Achill Geschleifte, wie ehemals sowohl (que — que)
von Blut und Staub entstellt als auch etc. Aehnlich erklärt *Henry*,
Philol. XI, 608.

273. *tumentis*] Da Misshandlungen eines Leichnams keine
Anschwellung der Glieder desselben bewirken, so zeigt der Aus
druck tumentis, dass Vergil hier wie I, 483 der von Homer (*Il.*
XXII, 395 sqq.) abweichenden Sage folgte, dass Achilles den noch
lebenden Hektor um die Mauern Troia's schleifte. Ebenso *Soph.*
Aias 1030: ζωcτῆρι πρισθεὶc ἱππικῶν ἐξ ἀντύγων ἐγνάπτετ᾽ αἰ-
ὲν ἔcτ᾽ ἀπέψυξεν βίον. *Curtius* IV, 28. Vgl. *Henry*, II, 66 sq.
Philol. XI, 514. 609. Dazu *Enn. Andr.* 91:

> Vidi, videre quod sum passa aegerrume,
> Hectorem curru quadriiugo raptarier,
> Hectoris natum de muro iactarier.

274. *ei mihi qualis erat*] Servius: Ennii versus (*Ann.* I, 7).
Et totum iungendum, ne doloris distinctione frigescat, also nicht

ei mihi, qualis erat! oder gar ei mihi! qualis erat! Dass Vergil
das Somnium des Ennius auch noch weiter hier benützt hat,
wie Vahlen vermuthet, ist sehr wahrscheinlich. Cf. *Quaestt.
Enn.* p. XX.

275. *qui redit*] Ueber das Präsens zu I, 79. Die exuviae
Achilli erlangte Hector durch den Tod des Patroclus.

276. *iaculatus puppibus*] Ueber den Dativus zu I, 70. Zur
Sache *Hom. Il.* XV, 592 sqq. Das Feuer trifft zunächst die puppes,
weil beim Landen diese und nicht die prorae dem Ufer zuge-
kehrt wurden. Vorbild war *Hom. Il.* XXII, 374: Ἕκτωρ (ἢ) ὅτε
νῆας ἐνέπρησεν πυρὶ κηλέῳ.

278. *circum*] Vgl. zu I, 29. Zur Sache *Il.* XXII, 367 sqq.

279. *ultro*] = Ipse mihi videbar ultro flere et com-
pellare etc. Er träumte nicht nur von dem, was um ihn herum
geschah, sondern auch von seinem eigenen Thun.

281. *o lux Dardaniae*] = Schutz, Schirm, cf. *Hom. Il.*
XVIII, 102, wo Achilles klagt: οὐδέ τι Πατρόκλῳ γενόμην φάος,
οὐδ' ἑτάροισιν τοῖς ἄλλοις, οἳ δὴ πολέες δάμεν Ἕκτορι δίῳ.

283. *exspectate*] Ueber den Vocativ des Participiums vgl. zu
I, 664. *Krüger* §. 299, 2.

284. *ut te   aspicimus!*] Vgl. VIII, 154: ut te, fortissime
Teucrum, accipio adgnoscoque libens! = *Plaut. Stich.* 465: Epi-
gnome mi, ut ego nunc te conspicio lubens, ut prae laetitia la-
crumae prosiliunt mihi! Diese Vergleichung zeigt deutlich, dass
wir nicht ut te asp. = qualem te asp. verbinden dürfen, sondern ut defessi te aspicimus. Aus diesem exclamativen ut ging
auch utinam hervor. Den Uebergang dazu zeigt *Ennius Trag.*
317: ut tibi Titanis Trivia dederit stirpem liberum! 330: re-
gnumque nostrum ut sospitent superstitentque! Zu *Ecl.* 8, 41:
ut vidi, ut perii! ut me malus abstulit error! vgl. *Fritzsche* zu
Theocr. II, 82: χὼς ἴδον, ὡς ἐμάνην! ὥς μοι περὶ θυμὸς ἰάφθη
δειλαίας! *Hom. Il.* XIV, 294 liest jetzt Bekker: ὡς δὲ ἴδ', ὡς
μιν ἔρος πυκινὰς φρένας ἀμφεκάλυψεν, οἷον ὅτε etc. = so
wie damals als etc.

285. *serenos foedavit voltus?*] = verdüstert dein Gesicht? Den Todten verschwindet zwar mit den φρένες und mit
dem θυμὸς Bewusstsein, Sprache und alles menschliche Gefühl,
aber sie sind momentaner Wiederbelebung fähig. Wie das Leben
der Verwundeten mit dem Blute verströmt, so kehrt es mit dem
Opferblute in die ψυχή zurück. Ein solches Opfer findet hier

nicht statt. Daher glaubt Aeneas den Hektor leibhaftig zu sehen und weiss nicht, wo er herkommt (282). Da man nun aber den Verstorbenen sich vorstellte, wie der Traum den Abgeschiedenen zeigte (*Cic. Tusc.* I, §. 29), so schrieb man ihm auch wiederum Gefühl, ja ein übermenschliches Wissen zu, nach Art des die Zukunft enthüllenden Traumes, cf. Patroclos bei *Hom. Il.* XXIII, 80: καὶ δὲ coὶ αὐτῷ μοῖρα, θεοῖc ἐπιείκελ' Ἀχιλλεῦ, τείχει ὕπο Τρώων εὐηγενέων ἀπολέcθαι. Vgl. divi manes. Daher kommt es, dass man nach Homer überhaupt die Todten anruft um Segen und Hülfe für die Dinge der Oberwelt, cf. *Aen.* V, 80 sq. Daraus entwickelt sich der Glaube an die Laren und Penaten, cf. III, 148 sqq.

287. *nec me quaerentem vana moratur*] = Hector hält sich nicht bei meinen unnützen Fragen auf. Am nächsten kommt bei Verg. diesem Sprachgebrauch V, 381: nec plura moratus = und sich nicht mit mehr aufhaltend, plures moras morari, III, 610: haut multa moratus; bei Horaz und Livius dagegen finden wir nicht nur sachliche, sondern auch persönliche Objecte im Acc., mit denen einer sich nicht aufhält, cf. *Ep.* I, 15, 16. II, 1, 264. *Liv.* IV, 42, 8: C. Sempronium nihil moror. VIII, 35, 8, XLIII, 16, 16, wo man allerdings moror auch activ auffassen kann. So viel ist sicher, dass an unserer Stelle nicht Hector den Aeneas aufhält, sondern dass sich jener von diesem nicht aufhalten, nicht hindern lässt, ihm sofort das mitzutheilen, was er ihm sagen will. Nicht Aeneas hat ein negotium urguens, sondern Hector[1]).

289. *his flammis*] Die Eile hindert ihn zu sagen, dass überhaupt die Stadt brennt, er zeigt sofort auf die den Himmel röthende Flamme hin, und lässt den Zusammenhang aus den folgenden Worten erkennen: hostis habet muros.

290. *ruit alto a culmine*] Nachahmung von *Hom. Il.* XIII, 772: νῦν ὤλετο πᾶcα κατ' ἄκρηc Ἴλιοc αἰπεινή, ebenfalls Worte des Hector. Vgl. 603.

291. *sat patriae Priamoque datum etc.*] Sinn: Für Vaterland und König ist genug geschehen, denn diese sind ohnehin nicht mehr zu retten, aber für Troia's Hei-

----

1) *Henry:* hält meine sofortige Flucht nicht auf. Aber Aeneas zeigt ja bis jetzt noch nicht die Absicht zu fliehen. Also kann er nicht aufgehalten werden.

ligthümer kannst und sollst du noch sorgen. Der Satz
si Pergama etc. steht also zu dem sat patriae etc. in causaler,
folglich logisch subordinirter, das sacra suosque tibi etc.
dagegen in gegensätzlicher, also logisch coordinirter
Beziehung. Demnach ist der Punkt nach fuissent nicht richtig,
weil dadurch logisch Zusammengehöriges getrennt wird.

293. *sacra suosque penatis*] Während sacra im fallenden,
steht suosque und penatis im steigenden Rhythmus. Dadurch wird sacra als Träger des Gegensatzes zu dem Vorausgehenden um so schärfer hervorgehoben, aber auch zugleich eine
Ergänzung von sua aus suos unmöglich, cf. 320. Gedanke: Nur
die Opfer (Cultus) und zwar seine, d. h. die der Stadt eigenthümlichen Penaten giebt dir Troia in die Hand.

295. *pererrato denique ponto*] = quae, pontum cum perer-
raveris, tum denique statues, cf. *Georg.* IV, 367: inde ubi iam
validis amplexae stirpibus ulmos exierint (i. e. frondes), tum
stringe comas, tum bracchia tonde, tum denique dura exerce
imperia et ramos compesce fluentis. Man sieht hieraus, dass,
mögen nun andere Satzglieder ausgedrückt sein oder nicht, tum
denique das allerletzte, entscheidende wichtigste Moment einführt
oder abschliesst. Vgl. III, 439: Iunoni cane vota libens, sic denique victor Trinacria finis Italos mittere relicta, denn der
Imperat. ist = einem condicionalen Vordersatze. Ueber dieses
denique im Nachsatz = 'dann erst und nicht etwa früher', welches der Prosa so gut wie der Poesie angehört, handelt eingehend
Wichert, Stillehre §. 20. 233. 247.

296. *Vestamque — adytis penetralibus*] Die Bilder oder auch
die Symbole gewisser Gottheiten, welche mit dem Kultus der
Vesta eng verbunden waren, wurden zu Lavinium in einem
verborgenen Raume, einem Adyton, an der festesten Stelle des
Burghügels aufbewahrt. Ueber die Gestalt dieser Gottheiten, über
ihre Zahl und selbst über ihre Namen haben die Lavinaten jeder-
zeit das tiefste Geheimniss beobachtet. Man nannte diese Gottheiten nur die Penaten von Lavinium, welche nach der Sage
Aeneas von Troia dorthin gebracht haben soll. *Dion. Hal.* I, 57.
Auch im penetrale des Vestatempels zu Rom glaubte man diese
Troischen Heiligthümer zu besitzen, darunter das troische Palladium. Die Vesta und die Penaten wurden gemeinschaftlich
verehrt, von beiden glaubte man, dass ihre sacra von Troia nach
Lavinium und von da nach Rom verpflanzt seien. Zwischen den

Laren ferner und Penaten, wenn sie auch ursprünglich verschieden waren, wurde doch bald kein strenger Unterschied mehr gemacht. *Servius ad* II, 514 sagt: penates sunt omnes dei qui domi coluntur, und dies bestätigt *Isidor.* VIII, 11, 99: penates gentiles dicebant omnes deos quos domi colebant, et penates dicti, quod essent in penetralibus etc. Ihr Kreis ist also unbeschränkt: es sind Gottheiten, welche in einem Hause oder im Vestatempel, dem Herde des Staates, unter die Herdgottheiten aufgenommen sind.

Die Lares dagegen sind die Schutzgötter eines Geschlechtes oder die Schutzgeister der Ahnherren, also zunächst lares familiares, Wenn nun der Staat einem Geschlechte seinen Ursprung verdankt, so kommen die Laren desselben unter die penates publici. Die Laren bezeichnen also die Ahnherrn des Volkes oder seines Fürstengeschlechts. Vgl. *Aen.* V, 744: Pergameumque larem et canae penetralia Vestae farre pio et plena supplex veneratur acerra. Nach V, 726 muss dieser lar Perg. Iuppiter selbst sein, der Stammvater des Geschlechtes, cf. VII, 219. *Hom. Il.* XX, 215. Und IX, 258 ruft Ascanius: per magnos, Nise, penates Assaracique larem et canae penetralia Vestae obtestor etc., wo mit magnos penates nur die Gesammtheit aller Penaten bezeichnet und dann mit que epexegetisch die beiden Bestandtheile derselben genannt werden sollen, wie *Sil. Ital.* 1, 659:

> per vos culta diu Rutulae primordia gentis
> Laurentemque larem et genetricis pignora Troiae
> conservate pios etc.

Der Lar Assaraci wird Juppiter genannt, weil mit Assaracus der Zweig des Königshauses begann, dem Aeneas selbst angehörte und dem die Gunst des göttlichen Stammvaters blieb, cf. *Ilias* XX, 306:

> ἤδη γὰρ Πριάμου γενεὴν ἤχθηρε Κρονίων·
> νῦν δὲ δὴ Αἰνείαο βίη Τρώεσσι ἀνάξει
> καὶ παίδων παῖδες, τοί κεν μετόπισθε γένωνται.

Vgl. *Preller*, Röm. Myth. 532 sqq. *Rubino*, Vorgesch. 194 sqq.

effert] Natürlich nicht in Wirklichkeit: Aeneas glaubt dies Alles nur im Traume zu sehen, cf. *Val. Fl.* V, 242: dixit (Phrixus) et admota pariter fatalia visus tradere terga (Vliess) manu.

298—317: Aeneas überschaut die brennende Stadt und entschliesst sich zur verzweifelten Gegenwehr.

Auch diese Scene kann keine Nachahmung des Arktinos oder Lesches sein, da nach der Darstellung dieser Dichter Aeneas bereits die Stadt verlassen hatte. Nur der Umstand, dass das Haus des Deiphobus zuerst in Flammen aufgeht, stimmt mit der Kleinen Ilias überein. Vgl. *Welcker*, Epischer Cyclus II, 245.

Vergil hatte folgendes Motiv: der Traum allein kann einen Helden wie Aeneas nicht sofort bestimmen die Stadt zu verlassen. Umgekehrt war es auch unmöglich, den Rath des Hektor ganz zu ignoriren. Wenn nun Aeneas doch sich in den Kampf stürzen soll, so muss eine Situation geschaffen werden, welche die Leidenschaft des Aeneas aufs höchste steigert, so dass es natürlich erscheint, wenn er darüber die Worte des Hektor vergisst. Dies wird erreicht durch den Anblick der brennenden Stadt.

298. *diverso miscentur moenia luctu*] == XII, 620: ei mihi! quid tanto turbantur moenia luctu? quisve ruit tantus diversa clamor ab urbe? *Val. Fl.* III, 113: at magis interea diverso turbida motu urbs agitur.

301. *clarescunt*] == wird immer deutlicher, tritt immer mehr hervor, wird kenntlicher. Bald unterscheidet Aeneas unter dem sonitus bestimmter den Waffenlärm.

303. *ascensu supero*] Im römischen Hause führte sowohl vom Atrium als auch von dem Hinterhofe aus eine Treppe zu dem oberen Stockwerk empor. Vgl. *Marquardt*, V, 1, 244.

305. *incidit*] Ist nicht etwa Praesens, sondern Perfectum. Vgl. zu I, 148 und das Vorbild *Il.* V, 87—92. Wenn gleichwohl das Praesens aut — sternit folgt, so sind hier Grund und Folge miteinander durch Brachylogie verbunden == aut cum torrens montano flumine (i. e. aquis) intumuit, ille autem sternit agros, sternit sata laeta etc. Denn das Gleichniss beruht auf dem Erfahrungssatz: cum torrens intumuit, omnia sternit. Der Begriff von tumescere ist enthalten in rapidus.

307. *stupet inscius*] Ueber den demonstrativen Fortgang der Rede vgl. zu I, 3 p. 65. Das prädikative Adjectivum inscius erklärt man: causam tumultus nesciens. Indessen staunt der Landmann sicher nicht deshalb, weil ihm der Grund einer solchen Naturerscheinung nicht bekannt ist; er kennt vielmehr die Veranlassung solcher Ereignisse sehr gut, sonst müsste er nicht Hirt oder Landmann sein. Die Ueberraschung desselben hat

ihren Grund einerseits in dem Allgewaltigen, andrerseits in dem Plötzlichen, Unerwarteten des Ereignisses. Nur in dieser Beziehung erhält inscius einen vernünftigen Sinn, ohne dabei die gewöhnliche active Bedeutung zu verlieren. Wie suspicari im unschuldigen Sinne ahnen und suspicio Ahnung heissen kann, cf. *Nägelsb.* Stil. §. 9, 3, ebenso kann mit inscius der Ahnungslose bezeichnet werden, der frei ist von jeder suspicio.

308. *saxi de vertice*] Während rupes einen ganzen Berg oder Bergspitze im Gebirge, so bedeutet saxum ein Felsstück, also nur einen Theil der rupes. Vgl. *Fabri* zu *Liv.* XXI, 33, 4. Der Landmann steht verwundert auf einer hohen Bergspitze, wie Aeneas auf dem Dache seines Hauses. Zu vertice saxi vgl. 1, 225.

309. *manifesta fides*] i. e. des Traumes. Aeneas hatte der Traumerscheinung bis jetzt keinen Glauben beigemessen, die Erscheinung überraschte ihn deshalb, ohne dass er etwas von der Gefahr geahnt hätte; jetzt aber erkennt er, dass die Worte Hektors bittere Wahrheit enthielten.

310. *Deiphobi*] Nach dem Tode des Paris hatte dieser von Priamos wegen seiner Tapferkeit (*Il.* XIII) die Helena zur Gattin erhalten, cf. *Schol. Od.* VIII, 517. Daher stürmten Menelaos und Odysseus sofort vor das Haus des Deiphobus, wo sie den furchtbarsten Kampf endlich siegreich durch Athene bestanden. Vgl. *Welcker*, Ep. Cyclus II, 194. *Aen.* VI, 528. Als Menelaos den entblösten Busen der Helena erblickte, soll er sofort das Schwert weggeworfen haben, eine Scene, welche von den Künstlern glücklich nachgebildet worden ist. Diese Erzählung verdankt ihren Ursprung vielleicht dem Lesches, welcher es liebte, Komisches und Tragisches im Epos zu verbinden. Vgl. *Welcker*, ibid. 245.

312. *Ucalegon*] Unter den principes Troias wird er *Hom. Il.* III, 148 neben Antenor unter der Umgebung des Priamos genannt.

313. *clangor tubarum*] Dass es eine tuba im heroischen Zeitalter noch nicht gab, ist für Vergil ganz gleichgültig. Der Dichter muss eine gleichartige Situation der Vorzeit den Lesern seiner Zeit durch Begriffe seiner Zeit nahe zu bringen suchen.

314. *arma amens*] Die Alliteration ist herbeigeführt durch den Gleichklang der Endsilbe des einen und der Anfangssilbe des andern Wortes, so dass diese Silbe (ma) zugleich umgekehrt

wird (am'. Soll dadurch die Verwirrung des Aeneas auch äusserlich zur Darstellung kommen?

nec sat rationis in armis] Die Wendung in armis non est sat
rationis (= in armis capiendis) scheint mir gleichbedeutend zu
sein mit der gewöhnlichen Form: huius rei paene nulla est ratio,
d. h. die Waffen zu ergreifen hatte zwar kaum etwas Vernünftiges, es gab kaum eine Möglichkeit für die Waffen, von dem
Ergreifen der Waffen war freilich kaum ein Erfolg
abzusehen, aber Wuth und Verzweiflung entzünde-
ten in mir das Verlangen etc. Vgl. *Nägelsbach*, Stilist.
§. 63, 5.

315. *glomerare manum bello*] Dieser Dativus des Zweckes
für in oder ad bellum findet sich bei Vergil häufig und wird
von den späteren Prosaikern (cf. *Draeger*, Syntax des Tacitus
§. 52), wenn auch spärlich, nachgeahmt. Zu unterscheiden ist
davon der Dativ der Richtung bei Verben der Bewegung,
wie II, 85. 688. VIII, 566. IX, 433. XII, 488. *Ecl.* 2, 30. *Georg.*
IV 442.

317. *succurrit*] Dieser Gebrauch des Verbums succurrit =
παρίσταται ist ebenso der Prosa wie der Poesie eigen, cf. *Liv.*
II, 38, 5: quid deinde? illud non succurrit, vivere nos, quod
maturavimus proficisci? *Cic. fam.* XVI, 21, 6: deinde illud etiam
mihi succurrebat, grave esse me de iudicio patris indicare.
Ebenso wird subire gebraucht, · wie occurrit mihi etc. Die
Worte pulchrum mori erinnern an Tyrtaeus: τεθνάμεναι γὰρ
καλόν etc. bei *Lycurg. Leocr.* §. 107.

318—346: Begegnung des Aeneas mit Panthous,
Vorbereitung zum Kampf.

Aeneas brennt vor Verlangen, sich kämpfend unter die Griechen zu stürzen, da tritt ihm ein neues Hinderniss entgegen,
welches ihn von diesem Vorhaben zurückhalten sollte: der Apollopriester Panthous erscheint von der Burg nach dem Hause des
Anchises fliehend und berichtet, dass Burg und Stadt bereits ganz
in den Händen der Feinde, jeder Widerstand also hoffnungslos
sei. Aber die Tapferkeit des Aeneas lässt sich nicht zurückschrecken, er sammelt einige entschlossene Männer, darunter den
Apollopriester und Koröbos, um sich und eilt in den Kampf.

Welche Quelle Vergil für diese Episode benützt hat, können
wir nicht mehr entscheiden. Denn wenn wir auch K. O. Müller
(*Welcker* II, 188) zugestehen, dass das Schicksal des Panthous,

dessen Sohn Euphorbos Apollo in der Ilias beschützt (XV, 521) und gegen den ihm verhassten Patroklos gebraucht (XVI, 806), dem Vergil aus der Iliupersis des Arktinos bekannt gewesen sei, so konnte doch dieser Dichter Aeneas und Panthous unmöglich in die Verbindung bringen, in welcher wir sie bei Vergil finden, da bei jenem Aeneas die Stadt bereits verlassen hatte. Es ist also wahrscheinlich, dass Vergil hauptsächlich in denjenigen Scenen selbständig sein musste, in welchen er den Muth und die Tapferkeit des Aeneas während des Kampfes in der Stadt hervorheben wollte, wenn man nicht etwa die Vermuthung vorzieht, dass Vergil einfach die Thaten eines anderen Helden bei Arktinos oder Lesches auf Aeneas übertragen hat.

318. *ecce autem*] Diese Uebergangsform findet sich auch in der Prosa, z. B. ecce autem aliud *Cic. de Fin.* I, §. 60. *Liv.* VII, 35, 10. ecce aliud (alius, alia) *Cic. div.* II, §. 144. *Fin.* IV, §. 76. *Tusc.* I, §. 106. ecce tibi *Cic. Phil.* XI, §. 2. *Pis.* §. 48. *Cluent.* §. 45. *Sest.* §. 89. *Wichert*, Stillehre §. 277.

Panthus] *Hom. Il.* III, 146: οἱ δ' ἀμφὶ Πρίαμον καὶ Πάνθοον ἠδὲ Θυμοίτην etc., cf. *Ameis* und *Lucian. Gall.* 17: ὁ δ' Ἡρακλῆς πρότερον εἷλε Τροίαν. διηγεῖτο γάρ μοι ὁ Πάνθους ταῦτα κομιδῇ μειράκιον ὢν ἑωρακέναι λέγων τὸν Ἡρακλέα. Von der contrahirten Form Πάνθους ist V. 322. 429 der Voc. Panthu gebildet, wie bei *Stat. Theb.* III, 546: venerande Melampu, wo indessen gute Hdschr. die Form Melampo wie *Plaut. Poen.* I, 3, 34: Oedipo (?) bieten. Vgl. *Priscian.* VI, §. 88. *Neue*, Formenlehre I, 132.

319. *Panthus Othryades*] Die Wiederholung des Namens, um die besondere dignitas der Person zugleich mit den gehörigen Attributen hervorzuheben, cf. III, 80: rex Anius, rex idem hominum Phoebique sacerdos. *Ecl.* VI, 20: addit se sociam timidisque supervenit Aegle, Aegle, naiadum pulcherrima. Damit ist nicht zu verwechseln die rhetorische correctio, z. B. VI, 86: bella, horrida bella et Thybrim multo spumantem sanguine cerno, wo horrida bella zugleich eine Steigerung und Correctio von bella enthält; oder die rhetorische traductio, wie X, 821: at vero ut voltum videt morientis et ora, ora modis Anchisiades pallentia miris, ingemuit etc.

320. *sacra victosque deos*] Vgl. zu 293. Warum sind die Götter victi? Vergil denkt hier wohl nicht so sehr an den allgemeinen Glauben des Alterthums, dem sogar die Juden nicht

fremd waren, dass mit der Besiegung eines Volkes auch seine Götter als überwunden angesehen werden, als vielmehr an die specielle Sage, dass Phoebus Apollo für die Erhaltung Troias gegen die Griechen mit gekämpft hatte. *Quintus Smyrn.* XII, 157—214 erzählt von einer gewaltigen Götterschlacht an den Fluthen des Xanthos, nachdem der Bau des wunderbaren Rosses von Epeios vollendet war.

Der Plural hat hier eine generelle Bedeutung; doch ist nicht unmöglich hier entweder an mehrere simulacra oder an das simulacrum Apollinis neben anderen Opfergeräthen (sacra) zu denken.

321. *ad limina*] Der Grund, warum Panthous dem Hause des Anchises zueilt, ist V. 300 angegeben. Der Priester glaubt hier die Vorbereitungen zur Flucht treffen zu können, wird aber von Aeneas mit in den Kampf fortgerissen.

322. *quo res summa loco*] Gewöhnlich erklärt man: wie steht es um das Wohl, die Existenz der Stadt, und vergleicht z. B. *Plaut. Merc.* 986: nam si istuc ius sit, senecta aetate scortari patres, ubi loci siet res summa puplica? Und so findet sich für summa salus reip. bei Cicero häufig summa res publica, cf. *Halm* zu *Cat.* I, §. 14: ad illa venio quae non ad domesticam difficultatem ac turpitudinem, sed ad summam remp. atque ad omnium nostrum vitam salutemque pertinent. Dieselbe Bedeutung hat bei Livius summa reip. oder summa rerum, cf. *Fabri ad* XXI, 16, 2; 29, 4. XXX, 3, 1: summa rerum bellique. Aber etwas anderes ist summa resp., etwas anderes summa res, wofür man in jenem Sinne bis jetzt kein Beispiel hat finden können; denn IX, 199 gehört nicht hieher; und die Beziehung der res summa *Enn. Ann.* 102. 411 ist sehr unsicher. *Aen.* XI, 302 aber: summa de re statuisse heisst: in der wichtigsten Angelegenheit. Die Redensart de summis rebus desperare lässt sich nicht vergleichen. Dazu kommt, dass, wenn man summa res in diesem politischen Sinne auffasst, sich nicht nur mit der folgenden Frage keine enge Verbindung herstellen lässt, sondern auch die erste Frage des Aeneas zu allgemein und darum trivial erscheint. Man vergegenwärtige sich doch die Situation: der Priester eilt fliehend von der Burg herab und begegnet dem Aeneas vor der Schwelle seines Hauses. Wenn nun dieser fragt, wie es mit dem Wohl der Stadt steht, so ist diese Frage sehr müssig, denn dass die Lage keine günstige

war, wusste Aeneas und sah es jetzt wieder an der Flucht des Priesters.

Wenn wir dagegen summa res im localen Sinne erklären, so ist die Frage des Aeneas der Situation vollkommen entsprechend. Denn wenn Aeneas den Panthous eben von der Burg herabkommen sieht, welche Anrede könnte natürlicher sein als die Frage: Wie steht es oben auf der Burg? Wenn du bereits von der Burg fliehst, welchen anderen Zufluchtsort sollen wir ergreifen? Grammatisch ist gegen summa res in der Bedeutung: die Lage auf der Höhe, auf der Burg, ebenso wenig etwas einzuwenden als gegen *Cic. Verr.* IV, §. 119: quarta autem (urbi) est quae, quia postrema coaedificata est, Neapolis nominatur; quam ad summam theatrum maximum etc., i. e. an derem höchstgelegenem Theile etc. Und vielleicht dürfte auch *Enn. Ann.* 411 hieher zu ziehen sein, wo es heisst: noenum sperando cupide rem prodere summam, i. e. summam arcem perdere. Vgl. *Aen.* II, 166: summae arcis; VII, 171: urbe fuit summa Laurentis regia Pici.

Aber wollte man auch res summa in der angegebenen localen Bedeutung nicht gelten lassen und es durchaus mit summa rerum oder summa resp. erklären, so würde dadurch die soeben aufgestellte Erklärung doch noch nicht widerlegt. Denn in dem monarchisch-patriarchalischen Troia müssen wir doch die summa reip. auf der Burg in der Person des Priamus suchen, und denken wir bei resp. an die Oertlichkeit, so ist summa reip. wiederum die Burg, d. h. Pergamus. Vgl. *Enn. Trag.* 118: o pater, o patria, o Priami domus! Entscheidend aber scheint mir der Zusammenhang mit der sich eng anschliessenden Frage quam prendimus arcem?

Freilich begegnen wir auch hier sofort den verschiedensten Erklärungen. Früher umschrieb man die Frage also: qua via, qua ratione ad arcem pervenire possumus? Indessen ist, um von der Bedeutung des prendere zu schweigen, nicht abzusehen, wie diese Modalität in dem Fragepronomen enthalten sein soll. Dagegen erklärte Weickert: quae iam arx reliqua est, quam prendere possimus? i. e. arcem non amplius possumus capere, obtinere. Damit scheint er mir nahe das Richtige getroffen zu haben. Gleichwohl umschreibt die Stelle Ladewig also: Wie stehts um die Burg? Eigentlich: in welchem Zustande finden wir die Burg? Diese Erklärung verkennt, wie mir scheint, ebenso

die Bedeutung des prendere als auch des mod. Indic. der Frage.
Ferner kann quam nie diese prädikative Bedeutung erhalten,
wenn das Interrogativum nicht wenigstens durch ein Adverb von
seinem Substantivum getrennt ist, z. B. quam deinde arcem ha-
bituri sumus?

Was nun zunächst das Verbum prehendere betrifft, so bedeutet dieses offenbar: mit rascher Kühnheit einen Ort zu erreichen suchen, der zum Schutz oder als munimentum dienen
soll, dessen Erreichung indessen mit Schwierigkeiten verknüpft
ist, cf. VI, 62: iam tandem Italiae *fugientis* prendimus oras.
Caes. b. c. III, 112: hoc tum veritus Caesar hostibus in pugna
occupatis militibusque expositis Pharon prehendit atque ibi praesidium posuit. Ueber die Bedeutung des Indic. Praes. in einer
Frage nach dem, was nun sofort zu thun ist, gibt die Note zu
I, 48 genügende Auskunft. Endlich bleibt die Frage übrig, ob
arx hier im natürlichen Sinne = ἀκρόπολις, oder im figürlichen
= perfugium zu fassen ist. Da nun Aeneas sich offenbar darüber wundert, dass Panthous die Burg bereits verlassen hat, so
kann er mit der Frage: welche Burg sollen wir ergreifen, hier
gewiss nur an eine Burg wie die Akropolis denken. Servius bemerkt also ganz richtig: cum tu eam relinquas; non enim plures
erant arces. Da nun aber arcem die Burg selbst nicht mehr
bedeuten kann, sondern nur eine arx, welche ein Aequivalent für
die verlorne oder aufgegebene sein könnte, mehrere Burgen aber
in Troia nicht mehr vorhanden waren, so kommt es, dass für
den Römer neben der natürlichen zugleich die figürliche Bedeutung des Wortes arx durchklingen musste: welches Bollwerk
sollen wir besetzen, wenn ihr die Burg bereits aufgebt? Wir haben ja doch eine andere Burg nicht. Was
sollen wir also thun?

Die Ergänzung des Gedankens, wie dieselbe Servius gewiss
richtig aufstellt, ist aber nur dann einfach und natürlich, wenn
diese in der vorangehenden Frage bereits angedeutet ist. Dies
ist aber der Fall, wenn wir erklären: Wie steht es (mit der Vertheidigung) oben auf der Burg? Gewiss steht es schlimm, da
ihr flieht. Welche schützende Burg aber sollen wir ergreifen,
wenn ihr die Akropolis, das einzige Bollwerk Troias, aufgebt?
Vgl. *Enn. Andromacha* 114 (*Vahl.*): arce et urbe orba sum.
quo accedam? quo applicem? Vgl. dazu *Cic. Or.* §. 93. Hier

steht arx et urbs im eigentlichen Sinne und doch zugleich uneigentlich für patria.

324—335: Die letzte Frage des Aeneas erwartet keine bestimmte Antwort. Darum lässt Panthous in seiner Antwort sie
ganz unbeachtet. Auf die erste Frage antwortet er, aber die
leidenschaftliche Aufregung lässt ihm nicht Zeit, bei dem Einzelnen zu verweilen, da in seinen Augen bereits Alles verloren, die
ganze Stadt in den Händen der Feinde, die Existenz Troias vernichtet ist.

324. *summa dies*] Poetische Wendung für den üblichen Ausdruck supremus dies = der Tag der Bestattung, cf. *p.
Mur.* §. 75: quem cum supremo eius die Maximus laudaret. *p.
Mil.* §. 86: spoliatus illius supremi dici celebritate. Allerdings
sagte man auch supremus vitae dies von dem letzten Lebens-
tage, dem Sterbetage, cf. *Tusc.* I, §. 71: supremo vitae die
de hóc ipso multa disseruit (*Socr.*); aber für Troia war der Tag
des Sterbens und der Bestattung ein und derselbe, die Stadt
sinkt in Asche nieder. Vgl. *Aen.* V, 190: Hectorei socii, Troiae
quos sorte suprema delegi comites.

ineluctabile tempus] Vgl. VIII, 334: fortuna omnipotens et
ineluctabile fatum. Jeder Widerstand ist also unmöglich. Verschieden ist *Georg.* II, 491: inexorabile fatum.

325. *fuimus Trocs*] Henry vgl. Cicero, der den Tod der
Catilinarier mit dem Perf. vixerunt ankündigte und die Worte
der Charlotte Corday bei *Lamart. Hist. des Girondins* 44, 30:
c'est demain à huit hoeurs que l'on me jouge. Probablement
à midi j'aurai vécu, pour parler la language Romaine. Ebenso
Schiller, Maria Stuart IV, 11 p. 155. Jene hat gelebt, wenn ich
dies Blatt aus meinen Händen gebe. Ueber die entsprechende
lat. Form vgl. *Madvig*, Opusc. II, 83 sq. *Weidner*, Stilübungen
p. 160. *Madv.* Gram. §. 340.

326. *ferus Iuppiter*] = νηλεής, erbarmungslos. Nach
Homerischer Auffassung erscheint die Erbarmungslosigkeit des
Gottes und seiner Werkzeuge nur als vergeltende Gerechtigkeit.
Als *Il.* VI, 51 Menelaos den Adrestos am Leben-lassen will, tadelt
ihn deshalb Agamemnon: μηδ' ὄντινα γαστέρι μήτηρ κοῦρον
ἐόντα φέροι, μηδ' ὃς φύγοι· ἀλλ' ἅμα πάντες Ἰλίου ἐξαπολοίατ'
ἀκήδεστοι καὶ ἄφαντοι. Dazu bemerkt der Dichter: ὣς εἰπὼν
παρέπεισεν ἀδελφειοῦ φρένας ἥρως αἴσιμα παρειπών. Und *Il.*
XIII, 624 ruft Menelaos den Troern zu: οὐδέ τι θυμῷ Ζηνὸς

ἐριβρεμέτω χαλεπὴν ἐδδείσατε μῆνιν Ξεινίου· ὅcτε ποτ᾽ ὔμμι διαφθέρcει πόλιν αἰπήν. In diesem Bewusstsein glaubt Menelaos mit gutem Gewissen νηλεήc sein zu dürfen.

Und warum wird nun gerade Juppiter hier genannt? Offenbar als Ζεὺc νεμέτωρ (*Aesch. Sept.* 466), als der Gott, der das Straf-amt in höchster Instanz übt. Darum heisst es auch *Aesch. Agam.* 352 von den Troern: Διὸc πλαγὰν ἔχουcιν εἰπεῖν. Vgl. *Nägels-bach*, Nachhom. Theol. 345. Panthous erkennt in seinen Worten die Macht des Juppiter, ohne indessen, weil er zu den leidenden Troern gehört, sie als Gerechtigkeit und Vergeltung anzuerkennen. In den Worten omnia Argos transtulit dürfen wir gewiss das Homerische Bild von der Wage des Juppiter wiedererkennen, womit er das Geschick der Achäer und Troer bestimmt. Vgl. *Il.* VIII, 69—72. *Macrobius* III, 9 denkt an die altrömische Sitte der evocatio deorum. Dem widerspricht aber durchaus omnia, also nicht allein die numina deorum, ebenso aber auch der Ge-danke Iuppiter transtulit.

328. *astans*] Das Compositum adstare ist enge mit arduus zu verbinden. Es wird nämlich dieses Verbum gebraucht von dem freien, selbständigen, aufrechten Stehen gegenüber dem Liegen, cf. *Georg.* III, 545: attoniti sqamis adstantibus hydri. Daher IV, 702: Iris devolat et supra caput astitit, IX, 550: hinc acies atque hinc acies adstare Latinas.

329. *incendia miscet*] Wie proelia miscere X, 23, oder mur-mura miscere IV, 210.

330. *bipatentibus*] Von den Göttern heisst es X, 5: consi-dunt tectis bipatentibus, wozu Servius bemerkt: physice dixit: nam caelum patet ab ortu et occasu. Est autem sermo En-nianus (*Ann.* 62) tractus ab ostiis, quae ex utraque parte ape-riuntur. Einfacher ist es gewiss, an die beiden valvae zu denken, die θύραι δικλίδεc bei *Hom. Od.* XVII, 267.

333. *oppositi*] Vgl. *Wagner*, Quaestt. Verg. XXIX, 3. Da-neben ist zu beachten *Näg.*, Stil. §. 54, 5, welcher nachweist, dass die Sprache an der Stelle fehlender Subst. auf -tor und -trix 'sich der Participien bediente.

334. *vix primi — vigiles*] Die Ueberraschung war so schnell, dass an einen geordneten Widerstand von der Stadt aus nicht zu denken war; kaum dass unmittelbar am Eingange (primi) der Stadt die Wachposten (προφύλακεc) den Kampf der Verzweiflung (caeco Marte) wagen. Vgl. 266: caeduntur vigiles. Denn die

schwache Gegenwehr konnte von keinem anderen Erfolge sein, als dass die Posten nacheinander niedergehauen wurden, ehe sie von der Stadt aus Unterstützung erhielten. Primi vigiles sind also die Wachen, auf welche zuerst der Feind traf, cf. 494. XII, 577. *Liv.* 33, 10: impetus in eosdem factus et primis caesis ceteri in fugam dissipati sunt.

336. *et numine divom*] Die leidenschaftliche Wuth übermannt den Aeneas so mächtig, dass er einen δαίμων gewissermassen in sich fühlte: οὐκ ἄνευ θεῶν τινός *Aesch. Pers.* 163. Die Erklärung giebt Vergil selbst IX, 184: dine hunc ardorem mentibus addunt, Euryale, an sua cuique deus fit dira cupido? Vgl. *Nägelsbach*, Hom. Theol. 72. *Nitzsch*, Odyssee III. Bd. p. 391.

337. *tristis Erinys*] Die Ansicht Vergils von den Erinyen oder Furien weicht von der Homerischen (cf. *Näg.* p. 262 sq.) sehr ab. Bei ihm erscheinen die Furien (luctifica Allecto) aus dem Dunkel der Unterwelt (VII, 324) auf der Oberwelt mit Schlangen in den Haaren (VII, 329), und wen sie in Raserei versenken wollen, dem werfen sie eine Schlange in die Brust (VII, 346), so dass er von brennender Raserei fortgetrieben wird. Unter diesem Bilde denkt sich Vergil die tristis Erinys analog der στονόεσσα Ἐνυώ bei den griechischen Dichtern.

339. *maximus armis*] Wie I, 545: nec bello maior et armis. In diesem Epitheton haben wir eine Umschreibung des griechischen ἐρικυδής, vielleicht auch des βοὴν ἀγαθός zu suchen. — Die Namen der genannten Helden sind sonst nicht bekannt.

341. *lateri adglomerant nostro*] sc. latera. Der Gebrauch des intransitiven adglomerare ist nachzutragen zú der oben p. 102 angeführten Sammlung. Andere beziehen se bei addunt auch zu adglomerant. Vgl. I, 500: hinc atque hinc glomerantur oreades; XII, 457: densi cuneis se quisque coactis adglomerant.

242. *illis forte diebus*] Bei *Quintus* XIII, 168 wird Coroebus von Diomedes erlegt. Darauf heisst es 174: νήπιος (= infelix)· οὐδ' ἀπόνητο γάμων, ὧν οὕνεχ' ἵκανε χθιζὸς ὑπὸ Πριάμοιο πόλιν. Anders berichtet *Vergil* II, 425 über den Tod des Coroebus. Beide Nachrichten stehen in Widerspruch mit *Hom. Il.* XIII, 363 sqq., wo bereits im Kampf um die Schiffe Coroebus von der Hand des Idomeneus fällt: ὅς ῥα νέον πολέμοιο μετὰ κλέος εἰληλούθειν, ᾔτει δὲ Πριάμοιο θυγατρῶν εἶδος ἀρίστην, Κασσάνδρην ἀνέεδνον etc.

344. *gener*] Denn nach Homer wenigstens hatte ihm Priamos die Cassandra versprochen: τῷ δ' ὁ γέρων Πρίαμος ὑπό τ' ἔσχετο καὶ κατένευσεν δωσέμεναι. Cassandra war also sponsa und Coroebus war dadurch gener des Priamus in der förmlichsten Weise. — ferebat = wollte Hülfe leisten.

347—401 Ermunterung der Genossen und glücklicher Kampf des Aeneas

Ueber die Quellen wissen wir nichts. Es scheint als ob Vergil hier seiner eigenen Erfindung folgt. Warum lässt er nun seinen Helden, statt ihn sofort in den Kampf zu führen, erst eine Rede halten? Das Motiv erfahren wir V. 355: Aeneas will den Muth der Verzweiflung, von dem er sich selbst auf fast übernatürliche Weise fortgerissen fühlt, auf natürliche Weise auch seinen Genossen mittheilen. Es entspricht aber Vergil damit zugleich einer römischen Sitte und Gewohnheit, wie wir sie in den Historikern wiederfinden. Der Kampf beginnt und gelingt anfangs, nur damit das Ende um so tragischer wird. Endlich erhält dadurch die folgende Scene einen passenden Hintergrund.

347. *audere in proelia*] Auf den ersten Blick vermuthete ich ardere in proelia[1] und fand meine Vermuthung später durch dieselbe Conjectur von Gronov[2] bestätigt. Indessen glaube ich gleichwohl jetzt nicht mehr an die Nothwendigkeit einer Aenderung. Denn es handelt sich hier nicht mehr um Kampflust, weil Ziel und Zweck der Gegenwehr nicht mehr vorhanden war, sondern um den Todesmuth, der sein Leben rächen und nur für den theuersten Preis hingeben will. Diesen Begriff bezeichnet sonst die Sprache mit audere ultima, cf. *Liv.* III, 2, 11, oder audere extrema, cf. II, 349; er ist aber in dem absoluten audere ebenfalls enthalten. Denn wo das audere ohne alle Einschränkung gilt, ist das ultima audere nicht ausgeschlossen. Ferner ist audere ein Perfectbegriff, also = audentem esse, nur dass in audere zugleich der Begriff der Thätigkeit enthalten ist, welche auf etwas gerichtet sein kann. Diese Richtung des lebhaften Muthes auf etwas gibt uns hier Vergil mit in proelia = audenter ire oder paratos esse in proelia (subeunda):

---

1) Vgl. *Manil.* IV, 220: in bellum ardentes animos et Martia castra efficit.

2) Auch Ladewig hatte früher diese Conjectur gebilligt, hat sie jedoch jetzt aufgegeben.

mit dem äussersten Muthe (der Verzweiflung) bereit sein zum Kampfe. Es ist dies also mehr als ardere in proelia, welches nur das leidenschaftliche Verlangen nach dem Kampf, nicht aber zugleich den höchsten moralischen Muth ausdrücken würde. Die Leidenschaft, den Furor, entzündet erst Aeneas durch seine Rede. Grammatisch aber lässt sich ardere in proelia oder exarsit in iras (*Aen.* VII, 445) recht wohl mit audere in proelia vergleichen: wie dort die Leidenschaft in Kampf oder Wuth, so bricht hier der Muth aus in Kampf und Streit.

Da audere ohne Acc. oder Infin. in der Sprache bereits üblich war[1]), so besteht also die Neuerung Vergils nur in der Verbindung mit in proelia und in der Anwendung der absoluten Bedeutung des Verbums.

Mit der bewegenden Kraft, welche in audere in proelia hervortritt, lässt sich vergleichen *Georg.* III, 232: irasci in cornua discit, i. e. er fängt an den Zorn in die Hörner schiessen zu lassen.

Schliesslich verknüpfen wir damit eine kurze Besprechung von *Aen.* VI, 95: tu ne cede malis, set contra audentior ito, qua tua te Fortuna sinet, d. h. lass dich nicht durch Widerwärtigkeiten, welche dir Juno bereiten wird, von deinem Vorhaben abhalten, sondern im Gegentheil, je mehr dir Widerstand geleistet wird, um so kühner wandle auf der Bahn, die dich dein Geschick wird wandeln lassen. Denn wenn es Aeneas gelingt, eine Gefahr nach der andern zu überwinden, so muss sein Muth mit dem Gelingen steigen, er muss audentior, nicht blos audens werden.

348. *incipio super his*] Super ist Adverb = insuper, denn der Sinn ist: viros in proelia audentes insuper his verbis accendit. Weickert vergleicht die Homerischen Formeln: τοῖσι δὲ μύθων ἦρχε oder τοῖσι δ' ἦρχ' ἀγορεύειν, und diesen Dativus finden wir auch bei *Ovid. met.* IX, 280: cui sic incipit Alcmene. Aber bei Verg. scheint es mir doch natürlicher zu sein, his für den Abl. zu halten = his verbis, als Ersatz für das sonst bei incipio nie fehlende sic (*Sall. Jug.* 109, 4) oder in hunc modum (*Tac. ann.* XII, 10).

348—354. Gedanke: Männer, die ihr leider vergebens von der grössten Tapferkeit beseelt šeid, ist es euer fester Entschluss

---

1) *Sall. Hist.* IV, 61, 20. *Fabri* zu *Liv.* XXI, 40, 6. *Verg. Aen.* IX, 320. XII, 159. *Tac. hist.* IV, 49, 3.

mir in den Kampf der Verzweiflung zu folgen, — ihr wisset, wie es mit uns steht. Die Götter, unter deren Schutz Troia blühend und mächtig war, haben die Stadt verlassen, ihr kommt einer Stadt zu Hülfe, die bereits in Flammen steht. Bleibt uns also nichts mehr übrig, nun denn so wollen wir den Tod suchend uns mitten unter die Feinde stürzen. Denn wenn überhaupt noch Rettung möglich ist, so ist dies der einzige Weg. Gegen diese Gedankenfolge haben Peerlkamp und Ladewig die Einwendung erhoben, dass man schwerlich begreifen könne, wie diese Worte des Aeneas die V. 355 angegebene Wirkung: sic animis iuvenum furor additus hervorbringen konnten, da die ganze Rede der Schaar vielmehr den Muth benehmen musste. Ferner würde nur schlecht oder vielmehr gar nicht zu dem Gedankengange der letzte Satz der Rede passen: una salus victis nullam sperare salutem. Indess diese beiden Einwendungen sind nur Behauptungen, welche weder Ladewig noch Peerlkamp näher begründet haben. Der Letztere wünscht folgende Aufeinanderfolge der einzelnen Gedanken: Videtis in qua condicione versemur. Omnes nos nostri dei reliquere. Urbs iam incensa est. Huic igitur succurrere serum est, o iuvenes, et frustra in eo virtutem ostendetis. Mittamus igitur consilium arcis prendendae, ipsos hostes adoriamur. Si extrema mecum temptare cupitis, sequimini. Morituri irruamus in hostes, salus interdum venit ex desperatione.

Wir lassen nun diese Gedankenfolge Peerlkamp's bei Seite und prüfen zunächst den Gedankenfortschritt der gut beglaubigten Ueberlieferung. Zuvor aber müssen wir uns vergegenwärtigen, was denn Aeneas mit seiner Rede bezweckt? Will er den Muth der Schaar erwecken? Aber dieser ist ja bereits vorhanden. Oder will er ihren Muth steigern? Dies war ebenso wenig nöthig, denn der Muth der Schaar war bereits durch die Ereignisse aufs höchste gesteigert. Was will er denn nun? Offenbar weiter nichts, als seine Gefährten in dieselbe Stimmung versetzen, in welcher er selbst war, die uns Vergil vv. 336—338 lebhaft genug geschildert hat. Diese Stimmung heisst mit einem Worte furor. Wenn nun Aeneas sagt: Ist es euer fester Entschluss, mir in den Kampf der Verzweiflung zu folgen etc., so sehen wir hieraus, dass er alle diejenigen hinweggehen heisst, welche zu diesem Kampfe etwa nicht entschlossen sein sollten. Und um nun die Feigen noch mehr abzuschrecken, in den Muthigen aber die rasende Kampfbegier zu steigern, so führt er aus, wie der Kampf

für die Stadt völlig vergebens ist. Alle zeigen sich gleichwohl
zum Kampfe bereit. Da ruft er ihnen zu: Nun wohlan denn,
wenn ihr es so wollt, so wollen wir den Tod suchend uns mitten
unter die Feinde stürzen. Einen anderen Ausweg giebt es für
uns nicht. Ist gleichwohl noch Rettung möglich, so ist dies der
einzige Weg, auf dem wir zum Siege gelangen können. Der
Redner zeigt also ringsherum Hoffnungslosigkeit, weil er nicht
Muth erwecken will auf Grund einer Hoffnung, sondern Verzweiflung, welche nur entstehen kann durch das Bewusstsein, dass
alle Aussicht abgeschnitten ist. Um aber der Verzweiflung doch
noch ein Ziel zu geben, so zeigt er am Schluss der Rede, wenn
auch in weiter Ferne, noch einen Schimmer der Hoffnung. In
dieser Entwicklung sehe ich nichts Unlogisches oder vielmehr, da
von Logik hier gar nicht die Rede sein kann, nichts Unpsychologi-
sches. Ganz in derselben Weise beginnt und schliesst Hannibal seine
Rede an die Soldaten nach der Ankunft in Italien, cf. *Liv.* XXI,
43—44. Er schildert zuerst das Hoffnungslose ihrer Lage: hic
vincendum aut moriendum, ubi primum hosti occurristis. Im
Gegensatz dazu zeigt er die herrliche Aussicht im Falle des Sie-
ges. Dann erörtert er die Möglichkeit des Gelingens. Hierauf
weiss er die Leidenschaften aufs heftigste anzuregen. Zum Schluss
kommt er wieder auf den Gedanken: nihil usquam nobis relictum est nisi quod armis vindicarimus. Illis timidis et ignavis
esse licet, qui respectum habent, quod sua terra suus ager fugientes accipient, vobis necesse est fortibus viris esse et omnibus
inter victoriam mortemve certa desperatione abruptis aut vincere
aut, si fortuna dubitabit, in proelio potius quam in fuga mortem oppetere. Si hoc bene fixum omnibus, si[1] destinatum in
animo est, iterum dicam vicistis: nullum enim vitae con-
temptu[2] ad vincendum homini ab dis immortalibus
acrius telum est datum. Der Unterschied ist nur der, dass
Hannibal die Hoffnung auf Sieg stärker hervorkehrt, weil er noch
nicht in der Lage ist, wo Verzweiflung nöthig wäre, sondern nur
einem gewachsenen Gegner gegenüber steht, den zu besiegen
nur Muth und Tapferkeit erfordert. Passend vgl. Wagner, *Iustin.*

---

[1] Fehlt in den Hdschr. Nach dest. est ist wahrscheinlich ausgefallen aut vincere aut mori.

[2] So glaube ich ist die hdschr. Ueberlieferung: nullum con-
temptum zu emendiren. Das Wort telum fehlt in den Hdschr.

XX, 3, 4: Locrenses paucitatem suam circumspicientes omissa spe victoriae in destinatam mortem conspirant. tantusque ardor ex desperatione singulos cepit, ut victores se putarent, si non inulti morerentur. Sed dum mori honeste quaerunt, feliciter vicerunt: nec alia causa victoriae fuit, quam quod desperaverant[1]).

348. *fortissima frustra pectora*] Aehnlich V, 389: Entelle, heroum quondam fortissime frustra. An unserer Stelle müssen wir uns ein adhuc denken: Bis jetzt habt ihr Troia aufs tapferste vertheidigt, leider vergebens.

349. *cupido certa*] Dass certa cupido nicht getrennt werden darf, lehrt die lat. Formel: certum mihi est consilum aliquid facere. Vgl. *Liv.* II, 15, 5: quando id certum atque obstinatum est. XXIII, 29: obstinaverant animis vincere aut mori. Da nun diese Formel nothwendig entweder einen Acc. oder den Inf. nach sich haben muss, so kann sequi nur von certa cupido abhängen. Ist dies aber der Fall, so kann nur die Lesart audentem extrema richtig sein, und die Variante audendi muss falsch sein, wie dies schon Servius richtig erkannt hat.

350. *quae sit rebus fortuna videtis*] Als Nachsatz erwartet man einen Imperativ, etwa: quo in loco res nostrae sint, iuxta mecum considerate. Da aber die Lage allen offen und klar vor Augen ist, so sagt Aeneas sofort: spem quidem nullam esse videtis. Ein ähnliches Anakoluth findet sich IX, 194:

> Si tibi quae posco promittunt, — nam mihi facti
> fama sat est — tumulo videor reperire sub illo
> posse viam ad muros et moenia Pallantea.

351. *excessere omnes di*] Hier ist gewiss an die römische Sitte der Evocation zu denken[2]). *Plin. h. n.* XXVIII, 4: Verrius Flaccus auctores ponit, quibus credat, in oppugnationibus ante omnia solitum a romanis sacerdotibus evocari deum, cuius in tutela id oppidum esset, promittique illi eundem aut ampliorem apud Romanos cultum. et durat in pontificum disciplina id sa-

---

[1]) Die Hdsch. desperaverunt.

[2] Daneben ist zu beachten *Eurip. Troad.* 23, wo Poseidon spricht: ἐγὼ δέ, νικῶμαι γὰρ Ἀργείας θεᾶς Ἥρας Ἀθάνας θ᾽, αἳ συνεξεῖλον Φρύγας, λείπω τὸ κλεινὸν Ἴλιον βωμούς τ᾽ ἐμούς. ἐρημία γὰρ πόλιν ὅταν λάβῃ κακή, νοσεῖ τὰ τῶν θεῶν οὐδὲ τιμᾶσθαι θέλει.

crum constatque ideo occultatum, in cuius dei tutela Roma esset,
ne qui hostium simili modo agerent. Die Note des Servius zu
unserer Stelle geht ebenfalls auf die Autorität des Verrius Flaccus
zurück und lautet deshalb mit dem Berichte des Plinius über-
einstimmend.

Als die Römer Vei belagerten, evocirte Camillus die Schutzgöttin dieser Stadt, Juno, mit folgender Formel: te simul, Iuno
regina, quae nunc Veios colis, precor, ut nos victores in nostram
tuamque mox futuram urbem sequare, ubi te dignum amplitudine
tua templum accipiet. *Liv.* V, 21, 3. Vgl. *Macrob.* III, 9, 7. *Marquardt* IV, 21, 38. *Schwegler*, R. G. III, 214.

353. *moriamur*] Vgl. II, 670. Die Aufforderung ohne Conjunction an die Spitze gestellt müssen wir uns als Schlacht-
ruf denken.

354. *victis*] i. e. ab hoste oppressis. Zu in media arma
ruere vgl. *Liv.* IX, 4, 10: vel in medios me inmittere hostes
paratus sum — pro se ipsis ad mortem ruere.

355. *animis*] i. e. audentibus. Denn wenn man animis nicht
= audaciae, ferociae erklärt, so bedeutet furor additus nur: ihre
Raserei wurde gesteigert. Vgl. gradum, animos addere etc.
Dies ist aber hier offenbar nicht der Fall, vielmehr wird ihr kühner Muth durch die Worte des Aeneas zur Raserei entflammt,
also auf eine höhere Stufe der Leidenschaft gebracht.

lupi ceu raptores] Verkürzt aus *Hom. Il.* XVI, 352 sqq.
ὡς δὲ λύκοι   cίνται. Vgl. *Od.* VI, 133. *Aen.* IX, 59—64.

357. *caecos*] = blind gegen jede Gefahr. Ueber das Perf.
exegit vgl. zu I, 148.

358. *per tela per hostis*] Gelungene Nachbildung von *Hom.
Il.* X, 297:

βάν ῥ᾽ ἴμεν ὥc τε λέοντε δύω διὰ νύκτα μέλαιναν,
ἂμ φόνον ἂν νέκυαc, διά τ᾽ ἔντεα καὶ μέλαν αἷμα.

Der Sprachgebrauch war hier Vergil günstig, cf. *Liv.* X, 19, 22:
per vallum per fossas inruperunt, VIII, 30, 6: per arma per viros
late stragem dedere. IX, 39, 8: per arma per corpora evaserunt.
Näg., Stil. §. 173.

360. *nox atra*] Die Worte nox atra — umbra schildern das
Gefühl, das die Schaar todesmuthiger Troianer befällt, da sie
jetzt in der Nacht zu ihrem letzten Gange aufbrechen (vielmehr
sind sie schon im Kampfe). Ein nächtlicher Kampf hat immer

noch andere Schrecken als ein Kampf bei Tage. *Ladewig*. Vgl. zu 251. Ueber u m b r a c a v a vgl. zu I, 81.

361. *quis cladem ... fando explicet*] Vorbild war *Hom. Od.* III, 114:

ἄλλα τε πόλλ᾽ ἐπὶ τοῖς πάθομεν κακά· τίς κεν ἐκεῖνα
πάντα γε μυθήσαιτο καταθνητῶν ἀνθρώπων;

Die Verbindung lacrimis aequare ist ein dichterischer Versuch für das prosaische facta dictis exaequare *Sall. Cat.* 3, facta dictis aequare *Liv.* VI, 20, 8, haec aequare dicendo arduum immensum est *Plin. ep.* VIII, 4, 2.

363. *urbs antiqua ruit*] Vgl. zu II, 290.

364. *inertia corpora*] Vgl. XI, 732: quis metus, o numquam dolituri, o semper inertes Tyrrheni, quae tanta animis ignavia venit? IV, 158: spumantemque dari pecora inter inertia votis optat. IX, 55: Teucrum mirantur inertia corda. *Liv.* 40, 27, 12: pecorum modo fugiunt, im Gegensatz zu: ferarum ritu pugnare, wie Hasen davon laufen, wie Löwen fechten, Aus diesen Stellen geht hervor, dass iners vorzugsweise derjenige genannt wird, dem Muth und Kraft zum Handeln fehlen, sei es aus Feigheit oder Trägheit, sei es aus natürlicher Schwäche. Die Griechen schlachteten erbarmungslos Frauen, Kinder und Greise hin, aber auch viele Feiglinge, welche den Kampf nicht wagten: pecorum modo trucidantur.

Nun nannten die Römer lebendige oder todte Menschen, welche der Selbstbestimmung und der Freiheit beraubt sind, vorzugsweise corpora (libera oder captiva corpora), cf. *Fabri* zu *Liv.* XXII, 22, 7. Da ferner iners nicht nur k r a f t - u n d m u t h l o s sondern in Folge dessen auch b e w e g u n g s l o s bedeutet, cf. t e r r a i n e r s, opp. mare ventosum, oder *Ovid. met.* XV, 148: iuvat ire per alta astra, iuvat t e r r i s e t i n e r t i s e d e r e l i c t a nube vehi, so kann hier inertia auch proleptisch als Folge des sternuntur aufgefasst werden. Vgl. *Död.*, Syn. u. Etym. IV, 222.

365. *religiosa deorum limina*] *Macrob.* IV, 3, 13: sacer vero locus praecipue pathos movet, cf. *Georg.* IV, 521. Vgl. zu II, 221. Die l i m i n a erinnern zunächst an die V o r h a l l e n (πρόναοι) der Tempel, zum Unterschied von den a d y t a oder p e n e t r a l i a d e o r u m.

367. *in praecordia*] Sitz des Lebens und Bewusstseins, daher des Geistes und Muthes, cf. *Cic. Tusc.* I, §. 96: lusit vir egregius extremo spiritu, cum iam praecordiis conceptam mortem

contineret. *Hor. Epod.* 3, 5: quid hoc veneni saevit in praecordiis? Denn wo das Bewusstsein, da ist auch der Sitz der Leidenschaften.

Die beiden Parteien werden victi und victores genannt, wie bei Tac. die Othonianer und Vitellianer.

369. *crudelis luctus*] *Caesar* bei *Sall. Cat.* 51, 9: plerique eorum qui ante me sententias dixerunt, composite atque magnifice casum reip. miserati sunt. quae belli saevitia esset, quae victis acciderent, enumeravere: rapi virgines pueros, divelli liberos a parentum complexu, matres familiarum pati quae victoribus conlubuissent, fana atque domos spoliari, caedem incendia fieri, postremo armis cadaveribus, cruore atque luctu omnia compleri. Danach versuche man eine Schilderung von Troia's Untergang.

plurima mortis imago] Alle nur möglichen Todesarten, der Tod in allen seinen Gestalten war zu sehen. Vgl. zu I, 344.

371. *Androgeos*] Sonst nicht bekannt. — Ueber inscius vgl. zu 307.

373. *sera segnities*] Die segnities ist Sache des Willens oder des Charakters, Mangel an Energie, der segnis steht gegenüber dem promptus seu manu seu consilio. Diese Langsamkeit kommt immer zu spät. Vgl. *Tac. Agr.* 21: laudando promptos, castigando segniores. Wenn nun mit segnities verbunden ist moratur, so ist dies zu erklären nach der Note zu I, 342. Vgl. *Döderlein*, Syn. u. Etym. IV, 215 sq.

374. *rapiunt feruntque*] Wie φέρειν und ἄγειν schon bei *Hom. Il.* V, 484, so findet man auch im Lat. ferre und agere formelhaft verbunden, so dass ursprünglich agere gebraucht wurde von dem Fortschaffen des Lebendigen, ferre von dem des Unbelebten; aber schon bei Livius wird von dieser ursprünglichen Bedeutung ganz abgesehen und es ist die Formel nur ein starker Ausdruck von dem Plündern des Feindes überhaupt. Vgl. *Fabri* zu *Liv.* XXII, 3, 7. An unserer Stelle ist indessen nicht nothwendig nur einseitig an das Plündern zu denken, sondern rapere et ferre urbem incensam ist nur ein starker Ausdruck für urbem incendio delere, solo aequare. So erklärt bereits Servius.

376. *responsa*] Bene addidit fida, ut ostenderet symbolum, quo utebantur in bello.

377. *sensit delapsus*] Die Form: er war schon mitten unter die Feinde gerathen als er es merkte etc., dass er unter die

Feinde gerathen sei, wird durch Brachylogie entsprechend der Form: medios in hostes se inlatum sensit. Mit Recht erkennt man darin eine Nachahmung der griechischen Participialconstruktion bei den Verben der Wahrnehmung (ᾔσθετο ἐμπεσών); wir führten obige Bemerkung nur aus, um zu zeigen, in wiefern und in wieweit diese griechische Struktur dem römischen Sprachgenius sich anschmiegen konnte. Wichtig für unsere Erklärung ist *Georg.* II, 510: gaudent perfusi sanguine fratrum; *Aen.* X, 500: quo nunc Turnus ovat spolio gaudetque potitus; XII, 6: movet arma leo gaudetque comantis excutiens cervice toros. XII, 703: gaudetque nivali vertice se attollens pater Appenninus ad auras. An allen diesen Stellen sehen wir nicht sowohl ein Object, über welches Jemand sich freut, als vielmehr einen Zustand, in oder während dessen sich Jemand freut. Das lateinische Particip hat also überall seine natürliche Geltung. Wie endlich hierin der Sprachgebrauch der Poesie und Prosa sich berührt, erkennt man aus der Vergleichung von *Aen.* VII, 350: fallitque furentem vipeream inspirans animam, mit *Liv.* II, 19, 7: nec fefellit veniens Tusculanum ducem. Hier finden wir (ebenso wie *Liv.* 5, 47; 3, 8; 21, 57; 24, 19; 38, 7) neben dem Particip noch einen Accusativ; das Verbum fallere kann aber ebenso gut wie an den obigen Stellen gaudere auch absolut gebraucht und mit einem Particip verbunden werden, cf. *Liv.* 8, 20: ne alio itinere hostis (Nom.) falleret ad urbem incedens; 29, 35 ne falleret bis relata eadem res; 42, 64: ut prima luce adgressus falleret. Man kann hier wohl λανθάνειν mit dem Particip vergleichen, aber haben wir darum eine directe oder mechanische Nachahmung des Griechischen? Die Grundanschauung ist vielmehr nur dieselbe wie im Griechischen.

Wollte man dagegen V. 350 annehmen, wie es neuerdings geschehen ist, dass dort der Inf. sequi in homerischer Weise für den Imperativ stehe: si vobis audendi extrema cupido certa, sequi = sequimini, so mutheten wir dem Vergil, weil diese Form dem lat. Sprachbewusstsein nicht entspricht, nicht sowohl eine Sprachneuerung als vielmehr eine Sprachvermengung zu. *Val. Fl.* III, 412; tu socios adhibere sacris armentaque magnis bina deis scheint allerdings diesen Versuch gemacht zu haben, aber er unterstützt den Infinitiv wenigstens durch das imperativische tu, und aus den folgenden Worten: me iam coetus accedere vestros haut fas interea, lässt sich ein Begriff wie tibi fas est oder tu debes leicht ergänzen. Jedenfalls aber ist ein vereinzelter Versuch eines späteren Epikers nicht massgebend für die Erklärung des Vergilischen Sprachgebrauchs.

378. *retroque — repressit*] Vgl. zu 342. Indessen ist hier retro enger zu verbinden mit pedem als mit cum voce, wenn auch pedem cum voce dasselbe ist wie pedem vocemque. Es ist die Frage ob überhaupt vocem retro reprimere in der Natur begründet ist. Dies ist allerdings der Fall. Denn das Wort, welches er aussprechen will, nöthigt er gewissermassen in die Kehle zurück. Das Gewöhnliche wäre compressa oder inclusa voce oder compressis labris, cf. *Hor. Sat.* I, 4, 138. Es scheint als ob Vergil mit retro pedem repressit das Homerische παλίνορcοc ἀπέcτη habe ausdrücken wollen, wofür er 380 sachlich übersetzt: trepidusque repente refugit. Das Gleichniss heisst bei *Hom. Il.* III, 33:

> ὡc δ' ὅτε τίc τε δράκοντα ἰδὼν παλίνορcοc ἀπέcτη
> οὔρεοc ἐν βήccηc, ὑπό τε τρόμοc ἔλλαβε γυῖα,
> ἄψ τ' ἀνεχώρηcεν, ὠχρόc τέ μιν εἷλε παρειάc,
> ὣc αὖτιc καθ' ὅμιλον ἔδυ Τρώων ἀγερώχων
> δείcαc Ἀτρέοc υἱὸν Ἀλέξανδροc θεοειδήc.

Die Situation ist bei Vergil noch treffender als bei Homer, weil der Begriff der Feigheit, welchen Homer damit verknüpft, hier naturgemäss wegfällt.

380. *nitens*] Die Erklärung dazu gibt *Juvenalis* I, 43: palleat, ut nudis pressit qui calcibus anguem. Warum findet sich dieser Begriff noch nicht ausdrücklich bei Homer? — Das Perf. refugit ist nicht etwa gnomischer Aorist, wie τρόμοc ἔλλαβε bei Homer, sondern, wie schon die Verbindung mit que anzeigt, es soll die Gleichzeitigkeit von Ursache und Wirkung andeuten: kaum dass er auf die Natter tritt, zieht er auch schon wieder den Fuss zurück. Vgl. ut vidi ut perii!

383. *inruimus — armis*] Androgeos war hervor- und den scheinbaren Kameraden entgegengetreten. Da bemerkt er, dass es nicht Freunde, sondern Feinde sind, welchen er sich ausgesetzt. Sofort stürzt er ängstlich unter die ihm folgende Schaar der Griechen zurück. In demselben Augenblick stürzen die Troianer über die Griechen herein, der Masse der Gegner nicht achtend. Es muss also densis armis der Dativus sein, welcher zunächst zu inruimus und dann auch zu circumfundimur gehört = circumfusi inruimus densis hostium armis. Dass densis armis

der Dativus ist und metonymisch für densatis oder confertis hostibus steht, zeigt der Fortgang der Rede mit ignarosque loci.
Zu dieser Erklärung stimmt sehr gut die vortrefflich beglaubigte
Lesart: circumfundimus sc. nos wie *Liv.* 28, 26, 13: reducti
armati a portis inermi contioni se ab tergo circumfuderunt, wiewohl das Passivum mit medialer Bedeutung am gewöhnlichsten
ist, cf. II, 64.

Dieselbe Situation, folglich den ähnlichen Ausdruck finden
wir 409: consequimur cuncti et densis incurrimus armis, wo
vorausgeht: et sese medium iniecit periturus in agmen. Da sich
Coroebus mitten unter die Feinde stürzt, um den Tod zu suchen
und zu finden, und die Troianer ihm folgen, also sich ebenfalls
in die feindlichen Massen hineinstürzen, so kann hier kaum ein
Zweifel sein, dass wir auch hier in densis armis den Dativus zu
suchen haben, wie auch Kappes richtig erkannt hat. Denn wenn
der Muth und die Todesverachtung der Troianer geschildert werden soll, so muss Vergil erzählen, wie sie sich in die Massen
der Feinde stürzten, obwohl diese in fester Ordnung waren und
ihre Waffen drohend entgegenhielten, nicht wie die Troianer mit
dichten Waffen in den Feind einbrechen. Damit würde vielmehr
eine militärische Ueberlegenheit der Troianer angedeutet.

385. *primo labori*] Dem Anfange des Kampfes, der Unter-
nehmung, denn der labor, der Kampf des Aeneas und seiner
Schaar, bildet ein Ganzes, eine Einheit, enthält aber, mit sich
selbst verglichen, einzelne Theile, d. h. einzelne Momente. Vgl.
summus mons.

Vergleiche ich hier C mit A und B, so ist C = summus
mons, d. h. der höchste unter drei Bergen; vergleiche ich dagegen C mit sich selbst, d. h. die Einheit mit den Theilen, welche
jene bilden, so ist a auch = summus mons, d. h. der höchste
Theil des Berges, der Gipfel. So ist aditus pontis = der Anfang der Brücke, dennoch aber sagt *Liv.* II, 10, 5: vadit inde
in primum aditum pontis, weil Alles, was unter unsere sinnliche
Wahrnehmung fällt, mit sich selbst verglichen, d. h. in seinen
einzelnen Bestandtheilen betrachtet werden kann.

Von der sinnlichen Wahrnehmung findet aber auch eine
Uebertragung statt auf die Phantasie. Wir können also auch

etwas mit sich selbst vergleichen, was in unserer Vorstellung im Raume nicht existirt, wohl aber in der Zeit. Hieher gehört primo labori, womit wir uns eine temporale, nicht eine räumliche Vorstellung verbinden, obwohl der Kampf nur im Raume stattfinden kann. Vgl. 387: prima fortuna.

Die Anschauung, welche mit dem häufigen bildlichen Ausdruck adspirare verknüpft ist, gibt uns Verg. *Georg.* I, 40: da facilem cursum atque audacibus adnue coeptis.

386. *successu exultans animisque*] Diese Verbindung beruht auf der Erfahrung, dass der glückliche Erfolg Muth, oft auch Uebermuth zur nothwendigen Folge hat: es ist der Muth des Glückes, die Begeisterung des Glückes. Coroebus triumphirt in der Begeisterung, wozu ihn der glückliche Erfolg gestimmt hat.

389. *Danaumque insignia*] Wird erklärt 392 sq. 395. 412. Es sind also überhaupt die Waffen, insofern sie Griechen und Troianer unterschieden. Darum ist clypei insigne decorum nicht ein Theil des Schildes, sondern der ganze Schild mit dem insigne decorum, welches den Griechen verrieth. Da es sich aber hier gerade um das insigne handelt, so sagt er nicht clypeus insigni decorus, sondern clypei insigne decorum.

390. *quis in hoste requirat*] Dem Feinde gegenüber? Vgl. *Süpfle* zu *Cic. ad Q. fr.* I, 1, 6: quo me animo in servis esse censes? *Fabri* zu *Sall. Cat.* 9, 2. *Liv.* 26, 2, 14; 5, 36, 9; 28, 43, 8. Aber wie? Ist es wirklich gleichgültig, wie der Feind dem Feinde gegenüber verfährt? Unterscheidet die Welt wirklich nicht zwischen Hinterlist und Heldenmuth? Allerdings. Aber an das Urtheil der Welt denkt hier Coroebus mitten unter den Feinden nicht. Man erwartet den Begriff in tali tempore, oder in tot malis undique circumstantibus, oder in re trepida. Etwas Aehnliches muss in hoste bedeuten, etwa: in hoste ὤν = undique ab hoste circumventus. Wer in solcher Lage ist, fragt allerdings nicht darnach, ob der Weg, auf dem er sich heraushelfen kann, List oder Tapferkeit genannt wird, er denkt nur an die Abwehr der Gegenwehr. Die Mittel zur Abwehr aber sind arma, denn diese sind ursprünglich die Schutzwaffen wie tela die Angriffswaffen. Die Mittel zur Abwehr aber sollen die Feinde selbst ihnen bieten, arma dabunt ipsi. Die Brachylogie, welche Vergil hier anwendet, wäre also auf folgende Weise auszuführen: ab hoste circumventum quacumque ratione vitam ac salutem defendere oportet, quae dolus an virtus

appelletur nihil refert, arma tantum requiruntur. Ea autem quae
nunc in rem futura videntur, hostes ipsi dabunt. Auf diese Weise
finden die letzten Worte eine naturgemässe Verbindung, welche
ich bisher auch bei Henry vergebens suchte.

394. *hoc ipse Dymas*] Für hoc item Dymas oder et ipse
Dymas. Dass dafür Cicero, wenn er nicht item wählt, einfach
ipse gebraucht = s e l b s t   a u c h ,   i n g l e i c h e n , ist bekannt. Vgl.
Nägelsbach, Stilist. §. 91, 2. Aber überall, wo sich ipse in
dieser Bedeutung findet, muss ein Gegensatz kenntlich sein. Dies
ist hier nicht der Fall; denn es wird nur ausgesagt, dass Rhipeus und Dymas dasselbe gethan haben. Es muss also ipse im
Gegensatz stehen zu omnis iuventus. Dasselbe thaten nicht nur
die Krieger, sondern auch selbst ihre Führer. Ist dem aber so,
so gehört ipse nicht nur zu Dymas, sondern auch zu Rhipeus.
Dass ipse die Hauptperson bezeichnet gegenüber den Nebenpersonen oder den Untergebenen, dafür Beispiele anzuführen ist unnöthig; ich erinnere nur an Caesar, welcher mit ipse immer seine
Person den Legaten oder dem Heere gegenüberstellt; cf. V, 11:
Caesar legiones equitatumque revocari iubet, ipse ad naves re-
vertitur.

396. *haud numine nostro*] Die Lesart ist hdschr. sicher, nur
dass in zwei geringeren Hdschr. sich haud nomine nostro findet,
Es ist also zunächst eine Erklärung der Ueberlieferung zu versuchen. Servius bemerkt: aut diis contrariis (haud nostro =
non nobis utili) aut quia in scutis Graecorum Neptunus, in Troianorum fuerat Minerva depicta. Die letztere Erklärung lehnte
Heyne ab mit den Worten: nimis acute cum aliis apud Servium
Pomponius, und seitdem findet nur noch die erstere Erklärung
Berücksichtigung: indem die Gottheit nicht die unsrige, d. h. nicht
für uns, uns nicht günstig war = 402: invitis dis ἀέκητι θεῶν.

Gegen diese Erklärung erhob sich *Dietsch*, Theologumena
Vergiliana I, 9. Er zeigt, wie non noster = non favens
nobis unerhört ist, und dass Stellen, wie XII, 187. V, 832.
Georg. IV, 22. *Ovid. met.* IV, 373. *Hor. epod.* 9, 30 etc. nichts
mit unserer Stelle gemein haben. Und wenn an die Götter überhaupt zu denken wäre, so müsste es wenigstens heissen: haud
nostro numine divom. Endlich findet er, dass dadurch der Eindruck von 402 gestört würde, wo doch erst die Peripetie eintrete. *Häckermann* II, 28 findet, dass ja doch nach 396 noch

glückliche Kämpfe der Troianer erwähnt werden, dass also soweit
von ihnen nicht gesagt werden könne, sie hätten invitis dis gekämpft. Er versteht nun haud numine nostro von dem inneren
Widerstreben der Troer, mit den Danaern gemischt zu gehen:
praeter suam voluntatem i. e. invitos sese et suos incessisse Danais inmixtos. Dagegen wendet Ladewig sehr richtig ein, dass
numen nur dann von Menschen gesagt werden könne, wenn der
Redende sie den Göttern gleichstelle, also nur im Ausdruck der
tiefsten Ehrfurcht oder der heissesten Liebe, cf. I, 133. VI, 266.
Ovid. Trist. V, 3, 46. *Ars* I, 203. *Am.* II, 18, 17. Wir hatten
336 numine divom mit den Worten des Aeschylus: οὐκ ἄνευ
θεῶν τινός erklärt und darin die Hindeutung auf einen δαίμων
gefunden. Dieser δαίμων hatte sich den Troern bis jetzt, so
lange sie für sich kämpften mit ihren Waffen, als ein ἀγαθός
bewiesen: sie hatten Glück. Jetzt aber, fährt Aeneas fort, zogen
wir weiter mitten unter den Danaern, leider aber folgte uns nicht
mehr unser Daemon. Zwar (397) erlegten wir noch viele Danaer, bald aber (402) trat die Katastrophe ein, welche uns in
das Verderben stürzte.

Statt nun zu sagen: vadimus inmixti Danais, non item numen
nostrum, ordnet Vergil diesen letzteren Gedanken durch den Abl.
absol., dem Hauptbegriff unter = haut numine nostro sc. va-
dente oder secuto. Die Negation gehört also nicht zu nostro oder
zu numine, sondern zum Verbum, d. h. zum Particip. Und dass
haud im Gegensatz sehr häufig vorkommt, zeigt *Hand*, Tursell.
III, 33, cf. z. B. *Plaut. Capt.* I, 2, 79: profundum vendis tu
quidem, haud fundum mihi. Es fehlt also nur noch ein Beispiel
für den Abl. absol. im Gegensatz, welcher ausdrückt, dass etwas
ist und dabei etwas anderes nicht ist, d. h. ohne dass dabei etwas
anderes stattfindet. Mit haud ist mir dafür ein Beispiel nicht
gegenwärtig.

Da es sich hier doch nur um Wahrscheinlichkeiten handelt,
so will ich die Möglichkeit nicht unerwähnt lassen, den Abl. numine nostro zu verbinden mit inmixti: wir wurden unter die Danaer gebracht von einem numen, welches nicht mehr das unsrige,
der früher genannte ἀγαθὸς δαίμων war. Indessen der Entschluss
der Troer war ja ein selbständiger. Deswegen würde es vorzuziehen sein zu erklären: vadimus Danais inmixti haud numine
nostro, sed sponte nostrorum = haud sponte numinis nostri. Die

Bedeutung von numen nostrum würde dabei immer dieselbe bleiben, wie wir sie oben auseinandergesetzt haben.

399. *diffugiunt alii ad navis etc.*] Vgl. *Polyb. Iliad. epit.* XII, 758: incumbunt Troes, fugiunt in castra Pelasgi viribus exhaustis et vastis undique firmant obicibus muros. So natürlich dieser Gedanke ist, so ungeheuerlich erscheint es, dass Einzelne wieder in dem Leibe des Rosses ein Versteck suchen. Dieser Gedanke hat etwas Komisches, was sich, wie es scheint, wohl Lesches mitunter in seinem Epos erlaubte, aber für den Ernst des Vergil durchaus nicht passt. Das erkannte bereits Heyne mit richtigem Tacte. Peerlkamp glaubte der Ueberlieferung dadurch aufhelfen zu können, dass er schreibt: s c a n d a n t — c o n d a n - t u r , aber er übersah, dass er dann wegen des correspirenden a l i i — p a r s auch d i f f u g i a n t hätte schreiben müssen, eine Aenderung, welche den Gedanken offenbar noch mehr herabgedrückt hätte. Denn eine Wirkung der Waffenthaten der Troer soll ja doch beschrieben werden. Wie komisch aber wäre es, wenn diese statt in der Flucht der Danaer nur in dem Wunsche der Flucht bestände! Wenn irgendwo, so haben wir hier, glaube ich, eine Stelle, welche Vergil bei einer späteren Revision geändert haben würde.

402—437: Kampf um Cassandra, Untergang der Troer, Aeneas entkommt und gelangt zur Burg.

In der Sage war Cassandra für diese Episode die Hauptperson. Bei Vergil dagegen konnte sie das nicht werden. Denn wenn einmal der Dichter dem Aeneas und seiner Schaar eine ernste Absicht zuschrieb, so konnte er ihr Schicksal nicht plötzlich fallen lassen und zu einer anderen Scene übergehen. Die Anwesenheit des Coroebus wird also geschickt benützt, um das Schicksal der Cassandra mit dem dieses Helden und seiner Kameraden zu verflechten.

Cassandra's Gefangennahme bildete eine Episode in der Geschichte der Zerstörung Troia's, welche von Dichtern und Künstlern vielfach behandelt worden ist. Auf den Frevel des Oiliden spielt schon die Odyssee wiederholt an, cf. IV, 502. V, 108. I, 327. *Eustathius* zu III, 133. Die angebliche Schändung der Priesterin aber ist eine Dichtung der späteren Zeit. Vgl. *Welcker*, Gr. Trag. I, 164. Von der Iliupersis des Arktinos wissen wir durch Proclos Folgendes: Nachdem das Schicksal des Priamos und die Abführung der Helena erwähnt ist, heisst es weiter:

Κασσάνδραν δὲ Αἴας Ὀϊλέως πρὸς βίαν ἀποσπῶν συνεφέλκεται τὸ τῆς Ἀθηνᾶς ξόανον, ἐφ᾽ ᾧ παροξυνθέντες οἱ Ἕλληνες καταλεῦσαι βούλονται τὸν Αἴαντα· ὁ δὲ ἐπὶ τὸν τῆς Ἀθηνᾶς βωμὸν καταφεύγει καὶ διασώζεται ἐκ τοῦ ἐπικειμένου κινδύνου. Von dieser Erzählung finden wir bei Vergil nichts wieder als die gewaltsame Abführung der Priesterin, ohne dass auch nur des Götterbildes Erwähnung gethan würde.

Wie Lesches den Gegenstand behandelt hat, können wir aus Proclos nicht mehr erfahren; auf der Ilischen Tafel bildet Aias und Cassandra die letzte Gruppe der Darstellungen aus der Kleinen Ilias. Auch von der Bearbeitung des Sophocles und anderer Dramatiker ist uns keine bestimmte Nachricht überliefert. Um so wichtiger ist für uns das Gemälde einer Vase von Nola, jetzt im Museum zu Neapel. Vgl. *Müller* und *Wieseler*, Denkmäler der Alten Kunst I, 34, Tafel XLIII u. 202.

Wir sehen hier hinter Aias am Boden einen Todten liegen, in dem man den Coroebus hat erkennen wollen[1]). Aias selbst erscheint im Kampfe und will eben Cassandra mit sich fortreissen, während diese das Bild der Pallas mit dem linken Arme umfasst hält und den rechten Arm bittend gegen den Griechen ausstreckt. Hinter dem Bilde der Göttin sehen wir zwei Troerinnen, welche auf den Knieen liegend, in aufgelöster Trauer erscheinen (ὀδυρομέναις ἐοίκασιν). Das Gemälde des Polygnot in Delphi (cf. *Paus.* X, 26, 3) und in der Poikile zu Athen (I, 15, 3) gibt uns keinen genaueren Aufschluss.

Was den Tod des Coroebus anbetrifft, so erfahren wir von *Paus.* X, 27, 1: ἀφίκετο μὲν δὴ ἐπὶ τὸν Κασσάνδρας ὁ Κόροιβος γάμον, ἀπέθανε δέ, ὡς μὲν ὁ πλείων λόγος, ὑπὸ Νεοπτολέμου, Λέσχεως δὲ ὑπὸ Διομήδους ἐποίησεν. Und während nun mit Lesches auch Quintus Smyrnaeus übereinstimmt (XIII, 170), lässt Vergil den Coroebus von der Hand des Peneleus fallen (II, 425).

Aus dieser Erörterung geht hervor, dass Vergil zwar auch noch andere Quellen muss benützt haben, dass er aber dennoch in der Composition zur Selbständigkeit gezwungen war, weil es

---

[1]) Es ist diese Vermuthung freilich nicht wahrscheinlich, da die griechische Ueberlieferung den Tod des Coroebus entweder dem Neoptolemos oder dem Diomedes zuschrieb. War aber der Künstler an die Tradition gebunden?

nicht denkbar ist, wie andere griechische Autoren von der alten Ueberlieferung so sehr abgewichen sein sollten. Es ist nicht unwahrscheinlich, dass dem Vergil andere künstlerische Darstellungen zu Gebote standen, von denen wir jetzt nichts mehr wissen; wenigstens deutet 405 und 406 auf eine Darstellung der Malerei oder der Plastik.

402. *invitis divis*] Damit wird die Peripetie angekündigt und das Tragische des Schicksals der Troer hervorgehoben. Nicht des Feindes Hand ist es, was sie vernichtet, nicht Muthlosigkeit oder Feigheit gibt sie dem Unglück preis, nein durch ihre eigene Klugheit bethört, so wollte es das erbarmungslose Geschick, fallen sie durch die Hand ihrer eigenen Landsleute. In den Worten invitis dis sidere non licet wird die traurige Erfahrung der vorchristlichen Welt ausgesprochen: Wenn Gott den Menschen einmal verderben will, so rettet ihn nicht Klugheit, nicht Weisheit, nicht Tapferkeit, die Gottheit vernichtet den Menschen vielmehr mit des Menschen eigener Weisheit. Es fehlte eben noch das Bewusstsein von der Liebe der Gottheit zum Menschen und die Ueberzeugung von einer planmässig die Welt leitenden Vorsehung, es fehlte der Glaube an die Heiligkeit Gottes. Ja die alte Religion wendet sich überhaupt nicht an den einzelnen Menschen, sie gilt nur im Staate und für den Staat. Wenn nun dieser zu Grunde geht, so hat der Einzelne keine Hoffnung mehr auf göttliche Hülfe, seine Götter sind ihm verschwunden, er ist dem Allgemeinen Verderben preisgegeben. Das ist die Härte des antiken Lebens und der antiken Staatsreligion. Vgl. *Aen.* II, 428. 602. III, 2. *Göthe*, Benvenuto Cellini IV, 10: Denke nur Niemand einer Sache, die unter der Herrschaft eines bösen Geschicks liegt, auf irgend eine Weise zu Hülfe zu kommen: denn wenn er sie auch aus einem offenbaren Uebel gerettet hat, so wird sie doch in ein viel schlimmeres fallen.

404. *a templo adytisque Minervae*] Wenn Cassandra eben von dem Adyton des Pallas-Tempels fortgeschleppt wird, noch nicht fortgeschleppt ist, so müssen wir uns die Scene in den Tempel selbst verlegen. Diese Vorstellung wird dadurch nicht aufgehoben, dass es von Cassandra heisst, sie hebt ihren Blick zum Himmel empor. Denn das konnte sie auch mitten im Tempel, zumal da dieser von den Troern abgedeckt war. Vom Tempel und dem Adyton aus war die Aussicht auf die Strasse frei, wie bei allen Tempeln des hellenischen Alterthums. Mit dieser

Erklärung stimmt 425, wo es heisst, dass Coroebus am Altar der Pallas erlag. Warum wir hier an den πρόναος denken sollen, als ob Altäre nur im Vorhofe der Tempel vorhanden gewesen wären, sehe ich nicht ein. Zu dieser Annahme verführte allein, wie es scheint, die Autorität Heyne's. Vgl. *Häckermann*, Commentatio II, 30.

405. *tendens lumina*] Gewöhnlich ist oculos tollere, manus oder palmas tendere. Daher die folgende Epanaphora mit der Erklärung. Man streckte die flache Hand vom Gesicht abgewandt aus, um ein Unglück von sich abzuwehren, umgekehrt, um einen Segen sich zu erflehen. Vgl. die schöne Statue eines unbekannten Künstlers (Lysippus?): der betende Knabe. — Die lumina sind ardentia wegen der Entrüstung über den Frevel des Aias. Oder sollte Cassandra nicht zornig zum Himmel emporsehen, da sie die volle Härte des Geschickes längst vorausgesehen und nun auf das bitterste fühlt, da sie sieht, wie die gottlosen Danaer von der Gottheit begünstigt werden, während die frommen Troianer ohne Schuld von den Göttern verlassen werden? Der Zusatz: nam teneras arcebant vincula palmas dient offenbar zur commiseratio. Dies zeigt *Eurip. Androm.* 572: ἀλλ᾽ ἀντιάζω c᾽, ὦ γέρον, τῶν cῶν πάρος πίτνουcα γονάτων, χειρὶ δ᾽ οὐκ ἔξεcτί μοι τῆc cῆc λαβέcθαι φιλτάτηc γενειάδοc, ῥῦcαί με πρὸc θεῶν Demselben Zwecke dient das Epitheton teneras.

409. *densis armis*] Darüber zu 383.

410. *hic primum*] Da zuerst beginnt das Unglück. Die Troer hatten den Tempel besetzt, um von der Burg aus noch die letzte Gegenwehr zu versuchen. Denn der Tempel war auf der Akropolis, cf. 225.

413. *gemitu atque ira*] Vgl. VII, 15: gemitus iraeque leonum. IV, 667: lamentis gemituque et femineo ululatu tecta fremunt. XII, 928: consurgunt gemitu Rutuli totusque remugit mons circum. Wie also fletus den stillen Kummer bis zu dem lauten Weinen, so bedeutet gemitus jede Aeusserung des Schmerzes vom stillen Seufzer bis zum lauten Gebrüll oder Wuthgeheul. *Henry* und *Ladewig*. Vgl. inquit = sprach, rief, schrie.

414. *undique collecti*] Denn auf der Burg concentrirte sich der Angriff der Achäer.

416. Vorbild war *Hom. Il.* XVI, 765—770:
ὡc δ᾽ Εὖρόc τε Νότοc τ᾽ ἐριδαίνετον ἀλλήλοιιν
οὔρεοc ἐν βήccηc βαθέην πολεμιζέμεν ὕλην,

φηγόν τε μελίην τε τανύφλοιόν τε κράνειαν,
αἵτε πρὸς ἀλλήλας ἔβαλον τανυήκεας ὄζους
ἠχῇ θεσπεσίῃ, πάταγος δέ τε ἀγνυμενάων,
ὣς Τρῶες καὶ Ἀχαιοὶ ἐπ' ἀλλήλοισι θορόντες
δήουν etc.

Dazu *Il.* IX. 4—8, woraus Vergil den Vers entlehnt hat: ἄμυδις δέ τε κῦμα κελαινὸν κορθύεται. Vgl. *Soph. Antig.* 418 sqq. Es ist zu construiren: veluti cum turbo prorupit, adversi confligunt Zephyrusque Notusque et Eurus, stridunt tum (cf. zu I, 3) silvae etc. Zu turbo rumpitur vgl. 494: rumpunt aditus, i. e. per vim aditum sibi patefacere conantur, X, 372: ferro rumpenda per hostis est via, XI, 548: tantus se nubibus imber ruperat, *Georg.* III, 428: amnes rumpuntur fontibus, I, 446: ubi sub lucem densa inter nubila sese diversi rumpent radii. Zur Sache Seneca quaestt. nat. V, 13, 3: hic ventus circumactus et eundem ambiens locum ac se ipsa vertigine concitans turbo est. Warum vermeidet Vergil den einfachen Ausdruck: cum turbo exstitit? Bekannt war dem Verg. auch *Enn. Ann.* 423: concurrunt vel uti venti cum spiritus Austri Imbricitor Aquiloque suo cum flamine contra indu mari magno fluctus extollere certant, und *Lucr.* I, 273:

> interdum rapido percurrens turbine campos
> arboribus magnis sternit (venti vis) montisque supremos
> silvifragis vexat flabris: ita perfurit acri
> cum fremitu saevitque minaci murmure ventus.

417. *laetus eois equis*] *Hor. Carm.* IV, 4, 43: ut Italas seu flamma per taedas vel Eurus per Siculas equitavit undas. Neben der Menschengestalt war als altes Bild der Winde auch das der galoppirenden Rosse herkömmlich; nach *Hom. Il.* XVI, 150 zeugte Zephyros mit der Harpyie Podarge auf der Okeanoswiese die beiden windesschnellen Rosse des Achilles Xanthos und Balios, und nach *Il.* XX, 224 zeugte Boreas in der Gestalt eines Rosses mit dunkler Mähne mit den Stuten des Erichthonios zwölf Füllen, welche über die Kornfelder ohne ihre Halme zu knicken und über die Spitzen der schäumenden Meereswogen dahinliefen. *Preller*, Gr. Myth. I, 371.

419. *imo ciet aequora fundo*] Vgl. zu I, 107. *Soph. Antig.* 590: κυλίνδει βυσσόθεν κελαινὰν θῖνα καὶ δυσάνεμον, στόνῳ βρέμουσι δ' ἀντιπλῆγες ἀκταί. — Ueber Nereus vgl. *Preller*, Gr. M. I, 433 sq. Dass Poseidon dem Nereus mitunter den

Dreizack überliess, davon wissen wir nichts; und es ist dies auch nicht wahrscheinlich, da die τρίαινα die ganz eigenthümliche Waffe des Meergottes ist, wenn auch das Verhältniss des Gottes zu Nereus immer als ein freundliches geschildert wird, da er ja Amphitrite, die Tochter des Meergreises, zur Gemahlin hat. Da bei den Römern der Kultus des Neptunus nie recht volksthümlich wurde (*Preller*, R. M. 505), so darf es nicht verwundern, wenn man Nereus und Neptunus bald für ein und dieselbe Person ansah. Im Kultus selbst kommt bei den Römern Nereus nicht vor, also konnten die Dichter mit dem Namen willkührlicher umgehen. — Die Conjunction **atque** verbindet nicht etwa **saevit** und **Nereus**, sondern **saevit** und **ciet**, während das Subject mit seinem Epitheton beiden κῶλα angehört. Daher die bei Vergil auch sonst nicht seltene Erscheinung, dass das Epitheton von seinem nomen durch eine Conj. getrennt erscheint = **Verthei-lung des Subjects**. Vgl. II, 600.

Zu **spumeus** vgl. *Hom. Il.* I, 556: ἅλιος γέρων.

422. *Priami clipeos*] Ist Conjektur von Ribbeck für die hdschr. Lesart **primi clipeos**, wozu er die Erklärung gibt: adgnoscunt mentita arma clipeos et tela non Graecorum, sed Priami Troianorumque esse. Dazu bemerkt er in den *Prolegg.* 310: Priami scripsi, cum in P agnovissem haec .RI. MI ita ut ante M latere videretur A. Nam quod cum ceteris omnibus M praebet **primi** quid sibi vellet nemo interpretum dixit, ac nescio utrum illi intellegendi sint, quos primos agitaverant falsis armis Troiani (399), an Aiax et Atridae cum cetero exercitu (414 sq.).

Die Ansicht Ribbecks basirt auf dem Missverständniss des Verbums adgnoscere, denn die hdschr. Spur, welche er zu entdecken glaubte, ist so gering, dass sie eben nur für den Bedeutung hat, welcher sich bereits eine Ansicht über die Stelle gebildet hat. Es handelt sich also um die Worte Priami arma adgnoscunt. Dies kann nach dem festen und sicheren Sprachgebrauch nie etwas anderes heissen als: sie erkennen die Waffen des Priamus wieder, d. h. sie erkennen jetzt in den Händen der Troer die Waffen des Priamus. Diese aber haben nach 389 nicht mehr Waffen des Priamus, sondern griechische in Händen. Endlich ist der Ausdruck Priami arma für Troianorum arma durchaus ein moderner Begriff, welcher dem Homer und Vergil ganz fremd ist. Soviel gegen diese Conjectur. Denn eine andere Frage ist es, wie die hdschr. Ueberlieferung zu erklären ist. Zunächst soll

illi etiam, si quos . fudimus insidiis totaq. agitavimus urbe, unklar sein. Aber wie in aller Welt ist dies möglich? Wie kann
man an die 414 sq. genannten Helden denken, mit denen ja eben
noch die Troianer im Kampfe sind? Wie kann von diesen gesagt
werden, sie kommen plötzlich herbei (apparent), da sie ja doch
schon hier auf dem Kampfplatze waren und noch sind? Wie
könnte von diesen ausgesagt werden: quos fudimus, quos agitavimus, da von dem Augenblicke an, wo die Troianer mit ihnen
in Kampf gerathen sind, die Situation noch ganz dieselbe ist,
welche eben nur durch das Gleichniss ausgeführt worden ist? Wo
wäre von einer Flucht, von einer Verfolgung des Aiax die Rede
gewesen? Also diese können unter illi etiam nicht verstanden
werden. Folglich bleiben nur die 399 genannten übrig, folglich
ist eine Dunkelheit oder Unklarheit nicht vorhanden. Und warum
erkennen gerade diese zuerst und nicht die anderen 414 erwähnten Danaer die falsche Waffenrüstung der Troianer? Einfach weil
die letzteren noch gar nicht wussten, mit wem sie es zu thun
hatten, sie kämpften nur um Cassandra, welche man ihnen entrissen hatte; die ersteren aber erkannten in den als Griechen
verkleideten Troianern sofort ihre Verfolger wieder, sie wurden
aufmerksam, als sie sahen, dass dieselben scheinbaren Griechen
jetzt um die Befreiung der Cassandra kämpften, was doch wahre
Griechen nicht gethan haben würden, welche zuvor schon griechische Soldaten durch die Stadt gejagt hatten. Und wie konnte
Aeneas seine früheren Gegner wiedererkennen? Sehr einfach an
dem Rufe derselben, womit sie sich an ihre Kameraden wandten:
Seht das sind keine Griechen, das sind Troianer, denn diese haben
vorhin auch uns verfolgt! Das musste Aeneas hören, das musste
er erkennen, selbst wenn er in seiner verzweifelten Lage keine
Zeit hatte zu weiteren Wahrnehmungen. — mentita tela ist nach
Servius und Macrobius activ zu nehmen: sie erkennen die Waffen,
welche sie getäuscht hatten. Es erscheint dies poetischer als wenn
man mentita = simulata erklärt.

423. *ora sono discordia signant*] i. e. signis quibusdam cla-
moribusque Troianorum oris sono discordis discrimen suis signi-
ficabant, ut fortius atque atrocius ut adversus Troianos pugnam
capesserent. Die Situation ist folgende: die Troianer kämpfen
mit Aiax und seinem Gefolge um Cassandra, der Kampf war heftig, aber es war doch noch nicht ein Kampf wie zwischen Feind
und Feind, sondern nur ein Kampf um die Beute. Denn die

Troianer mussten dem Gefolge des Aiax als Griechen erscheinen.
Sie kämpften weil sie angegriffen und ihnen ihre Beute entrissen
wurde, aber sie waren dabei doch unsicher, ob sie wirklich den
Feind vor sich hätten, zumal da sie sahen, wie ihre Gegner von
den Troianern auf der Höhe des Tempels heftig beschossen wurden. Da kommen die vorher von den Troianern verfolgten Griechen herbei. Sie erkennen in den vermeintlichen Griechen ihre
Verfolger, sie rufen ihren Kameraden zu, fest und entschlossen
sie als Feinde anzugreifen, und machen dabei, weil die Ausrüstung Griechen und Troianer nicht mehr unterscheiden liess,
auf die Verschiedenheit der Sprache aufmerksam. Diese Verschiedenheit wird nicht etwa gefunden in einer ganz verschiedenen Sprache, sondern nur in der Verschiedenheit des Tones, des
Klanges der Stimme[1]), also ganz wie bei Homer, wo das Organ
der Troer auch rauher erscheint, als das der Griechen. So wie
dies geschehen, dringen jetzt alle Griechen miteinander auf die
Troianer ein: ilicet obruimur numero.

425. *ad aram*] Also wie auf der Vase zu Neapel neben dem
Götterbilde. Wenn auf der tabula Iliaca dies im πρόναος oder
im περίβολος des Tempels stattfindet, so ist dies für die Erklärung unserer Stelle durchaus nicht massgebend.

426. *iustissimus unus*] Vgl. zu I, 15. Alle folgenden Prädikate dienen nur zur Erregung des Mitleids. Ebenso dis aliter
visum = *Hom. Od.* I, 234: νῦν δ’ ἑτέρως ἐβόλοντο θεοί. Ueber
die tragische Bedeutung dieser Worte ist oben gehandelt.

431. *flamma extrema meorum*] Da ignis supremus und tori
supremi vom Scheiterhaufen, suprema officia, supremi tituli, supremi honores von der Bestattung gebraucht wurde, extrema
flamma an unserer Stelle gewiss für suprema flamma steht, so
hat Ladewig wohl Recht, wenn er erklärt: Es deuten diese Worte
auf den Brand Troias hin, insofern er den Leichen die Stelle des
Scheiterhaufens vertreten musste.

433. *nec ullas vitavisse vices*] Gegen die frühere Verbindung
vices Danaum bemerkt Peerlkamp sehr richtig: vices Danaum
sunt dubii pugnae casus, quos ipsi Danai in pugna subeunt. Daher die Redeweise doleo vicem tuam, vicem Aeneae, reddere alicui vices, exigere ab aliquo vices. Mit vices
kann also Danaum nicht verbunden werden. Was bedeutet

---

[1]) *Nep. Alc.* 1, 2: tanta erat commendatio oris atque orationis.

nun nec ullas vices? In ullas sind offenbar mit eingeschlossen belli vel Martis vices, um die es sich hier nur im Allgemeinen handelt; speciell sind darunter alle nur denkbaren Wechselfälle zu verstehen, unter denen sich der Kampf hin und her bewegt. Aeneas konnte fallen durch die Geschosse des Feindes oder auf sehr verschiedene andere Weise. Allen diesen möglichen Gefahren, sagt Aeneas, habe er sich ausgesetzt. Diese verschiedenen Möglichkeiten aber des Todes in dem durcheinander wogenden Kampfe einzeln aufzuzählen, hält er nicht für nöthig. Thiel hatte also insoweit Recht, als er in tela den Fernkampf und in nec ullas vices dazu den Gegensatz erkannte, nur durfte er in vices nicht im generellen Sinne den Nahkampf von Mann gegen Mann finden, sondern alle anderen Möglichkeiten des Todes ausser dem durch die Geschosse der Feinde. Vgl. 467: nec saxa nec ullum telorum interea cessat genus. Dass endlich in vices an und für sich das Verhältniss der Gegenseitigkeit liegt, ist klar; wenn aber Aeneas von sich sagt: nullas vices vitavi, so betont er eben nicht die Niederlagen, die er dem Feinde beigebracht, sondern nur seine Todesverachtung, die vor keiner Gefahr zurückschreckte und doch den Tod nicht fand. Schliesslich vgl. *Liv.* 27, 49: Hasdrubal pugnantes hortando pariterque obeundo pericula sustinuit, ille fessos abnuentesque taedio et labore nunc precando nunc castigando accendit, ille fugientes revocavit omissamque pugnam aliquot locis restituit, postremo cum haud dubie fortuna hostium esset, ne superstes tanto exercitui suum nomen seculo esset, concitato equo se in cohortem Romanam inmisit. ibi, ut patre Hamilcare et Hannibale fratre dignum erat, pugnans cecidit. Das letztere besonders ist es, was Aeneas sagen will, dass er mitten unter die Feinde sich gestürzt, um den Tod zu finden, dass er aber dennoch ihn nicht gefunden habe.

434. *Danaum et*] Es ist zu construiren: et, si fata fuissent, ut Danaum manu caderem, meruisse me, ut eorum manu caderem. Nach einer ganz natürlichen Brachylogie entsteht hieraus die kürzere Form: et, si fata fuissent, meruisse, Danaum ut caderem manu. Mit dieser Umschreibung ist zugleich angedeutet, warum Danaum an den Anfang und manu an das Ende der ganzen Gedankenreihe (Periode) gestellt ist. Aeneas will nicht leugnen, dass ihm vom Schicksal bestimmt sein mag, einmal zu fallen, vielleicht auch im Kampfe (manu) zu fallen; dass es ihm aber sicher nicht

bestimmt war, von der Hand der Danaer zu fallen, das lehrt ihm klar und deutlich die Erfahrung.

434. *meruisse*] i. e. tam fortiter dimicavi stragemque hostium, quod per me steterat, tantam edidi adeoque me medios in hostes inmisi, ut mea certe, quod vivo, culpa videri possit nulla. Weiter bemerkt Ladewig: der Zusatz Danaum zu manu war nothwendig, weil sich Aeneas wohl das Loos des Coroebus und Rhipeus, keineswegs aber das des Hypanis und Dymas (428—430) wünscht. Dies ist richtig, nur dass Aeneas hier von einem Wunsche überhaupt nicht spricht.

434. *divellimur inde*] Rufinianus §. 21: Ἐπάνοδος est, cum duobus brevius pluribusve propositis ad singularum enarrationem recurritur.

437. *ad sedes Priami*] Plur. = zu dem weiten, geräumigen Hause, Palast des Priamus, cf. 232. 760. VIII, 362. II, 465. 611. Vgl. *Spitta*, Quaestt. Verg. 27.

438—505: Kampf um den Palast des Priamus auf der Akropolis.

Wenn man bedenkt, dass der Tod des Priamus zu den hervorragendsten Episoden der Epen des Arktinos und Lesches gehörte, so erscheint gewiss die Annahme nicht als eine willkührliche, dass beide Dichter auch den Kampf um das Haus des Priamus ausführlich geschildert haben. Auch wissen wir sowohl aus Proclos wie aus Pausanias, dass in dieser Scene die Tapferkeit, sowie bald darauf die frevelhafte Grausamkeit des Neoptolemus mit den schärfsten Zügen geschildert gewesen sein muss. Nun wird sich weiter unten ergeben, dass Vergil in der Beschreibung von dem Ende des Priamus Arktinos und Lesches benützt und die Nachrichten beider miteinander zu vereinigen gesucht, im Ganzen sich aber mehr dem älteren Dichter angeschlossen hat. Da nun der Tod des Priamus und die Eroberung seines Palastes im innigsten Zusammenhang miteinander stehen, so dürfen wir annehmen, dass Vergil auch in der Beschreibung der letzteren Begebenheit vorzugsweise dem Arktinos, zum Theil wohl auch dem Lesches gefolgt ist.

Anders ist es mit der Theilnahme des Aeneas an diesem Kampfe. Denn da die älteren Dichter ihn entweder noch vor der Einnahme der Stadt oder doch sofort nach derselben und während des Brandes sich auf den Ida flüchten lassen, so konnten sie ihm irgend eine Rolle bei der Vertheidigung von Priamus'

Veste nicht zutheilen. Vergil aber fand es seinem Zwecke nicht entsprechend, den Aeneas abziehen zu lassen, so lange überhaupt noch Etwas zu retten oder zu vertheidigen war. Er musste ihn also an dem letzten und entscheidenden Kampfe Antheil nehmen lassen. Aber es ist ihm dieser Versuch, die Ueberlieferung mit der für seine Zwecke nöthigen Neudichtung zu verbinden und einheitlich zu gestalten, nicht sehr gut gelungen. Denn wenn wir die Episode lesen, so empfinden wir es sofort unangenehm, dass Aeneas keine Gelegenheit findet, seine Tapferkeit erglänzen zu lassen, wir erkennen augenblicklich, dass in der ganzen Schilderung nur die Tapferkeit des einen Neoptolemus wie ein Lichtpunkt hervorstrahlt. Und dies war nicht anders möglich. Denn die Macht der lebendigen Sage, auch wenn sie bereits durch die Litteratur fixirt ist, bleibt immer vorherrschend und es wird nie so recht gelingen, fremdartige Elemente mit ihr zu einer inneren Einheit zu verknüpfen. Wir haben eine ganz ähnliche Erscheinung in dem Oedipus Coloneus des Sophocles. Das nationale Streben veranlasste den Dichter, den attischen Theseus mit der Oedipodee in Verbindung zu bringen, aber die Rolle, welche er in dieser fremden Gesellschaft spielt, ist weder die eines Staatsmanns noch die eines Helden, wie ihn die Heroenzeit erforderte. Darum lässt uns auch die eigentliche Handlung des Stückes, so schöne Einzelheiten es hat, gegenüber dem Oedipus Rex vollständig kalt.

439. Ehe wir in die Lektüre dieser Scene eintreten, müssen wir uns von der Oertlichkeit eine Vorstellung zu machen suchen, wenn auch die Wirklichkeit nicht mehr in unserer Phantasie reproduzirt werden kann, so wenig als dies für Vergil möglich war. Hören wir zunächst *Welcker* (Ep. Cycl. II, 22): Auf einer mässigen Anhöhe am Fusse des Ida, wo bei dem Dörfchen Bunarbaschi die zwei Bäche fliessen, die sich sehr bald zum Simois vereinigen, entsprungen aus zwei Quellen, wie Homer sagt, vor dem Skäischen Thor, wo die Troerinnen wuschen, nämlich aus einer grossen Quelle die unmittelbar Bach ist und einer Menge kleinerer, die zum andern Bach zusammenfliessen, lag die Stadt Troia und auf einer durch eine ganz enge Einsenkung grösstentheils davon geschiedenen sie überragenden Höhe die Akropolis (τἀπὶ Τροίᾳ Πέργαμα, *Soph. Phil.* 608). Der Skamander macht die Akropolis und eine hinter ihr fortlaufende kleine Landspitze zur Halbinsel, und auf der Ostseite, wo er sich zwischen dem

Ida und diesem Felsberg durchdrängt, diente ein steiler Absatz, gegen 200 Fuss tief, der Veste statt der Mauer. Die spätere von den Aeolern gegründete Stadt Ilion lag näher der Küste und auf geringerer Höhe. Auf der Akropolis befand sich mehr nach der Stadtseite hin ein Tempel der Pallas, dann weiter ein Tempel des Apollo und schliesslich auf der Höhe der Palast des Priamus.

Das innere dieses weiten und geräumigen Hauses stellt sich Vergil, wie es scheint, ganz nach römischer Weise eingerichtet, vor. Wir finden das Vestibulum, das Atrium und von diesem aus sichtbar den Hofraum (486—88, welcher indessen wohnlich eingerichtet gewesen sein muss. Da die Griechen das Haus nur in der Fronte angreifen, so müssen wir annehmen, dass dasselbe nur von dieser Seite aus zugänglich war, also an dem Bergabhang gebaut war. V. 453 kann diese Annahme nicht hindern.

Die Fronte besteht aus einer Mauer von Säulen unterbrochen oder das Dach wird von Säulen getragen, die Zwischenräume der Säulen aber sind mit starken Mauern versehen (442). In der Mitte befindet sich der Eingang. Die Thüre befand sich nicht in gleicher Linie mit der Mauer, sondern, wie im römischen Hause, etwas einwärts, so dass von aussen zur Thür steinerne Stufen hinaufführen mussten. Hinter der Thür befindet sich der Hausflur, das eigentliche vestibulum (469 , und von da eröffnet sich in grösserer Breite (patescit das Atrium.

Das Dach, welches nach orientalischer Sitte sehr flach gewesen sein muss, ruhte auf vergoldetem Tragegebälke (448 und dieses wieder auf Säulen, welche wahrscheinlich um das Haus herumgingen und auch vom Atrium aus das Dach stützten.

Ueber dem Dache, also wahrscheinlich über den Mauerecken, und in der Mitte des Hauses oberhalb des Vestibulums waren Thürme aufgeführt (445. 460 Die Eckthürme waren, wie es scheint, nicht so gross als der Mittelthurm. welcher nicht nur zur Vertheidigung des Palastes, sondern auch zum Ueberblick über die ganze Stadt und natürlich auch über die ganze Troische Ebene diente (461'. Diese Bauart weicht von der griechisch-römischen Sitte ab, sie verleiht aber dem Hause des Priamus das Aussehen einer Festung.

So viel über das Aussehen des Palastes im Allgemeinen; die Einzelheiten lassen sich besser an den einzelnen Stellen verfolgen.

439. *ceu cetera nusquam bella forent*] Der Gedanke: als ob

die übrigen Kämpfe nirgendswo wären, erscheint uns nicht logisch, denn das Wort cetera involvirt bereits das Vorhandensein an einem anderen Orte. Es erscheint also die vom Dichter gewählte Form als ein Oxymoron. Indessen muss man sich erinnern, dass wir hier nur eine (negative) Umschreibung des gewöhnlichen Ausdrucks haben: ibi vero ingentem praeter ceteras pugnam videmus. Ebenso wenig logisch ist tota in urbe, wenn man nach der übrigen Darstellung des Dichters die Akropolis als einen Theil der Stadt ansieht. Aber in welcher Sprache herrschte je eine so hölzerne Logik, dass sie dem Volke und den Dichtern nicht solche kleine Unebenheiten gestattete? Wer würde z. B. Anstoss nehmen, wenn ein Bürger einer Stadt sagte: warum ist es in dieser Strasse so dunkel, während doch in der ganzen Stadt die Gaslaternen brennen. Hier haben wir sofort drei unrichtige Ausdrücke, — und doch sprechen wir so.

440. *indomitum*] = ἀδάμαστον, bei Homer Beiwort des Hades, aber in der Bedeutung inexorabilis.

ad tecta] Der Angriff ist nicht ein doppelter, so dass die Griechen theils gegen das Dach anstürmten, theils die Thüre zu erbrechen suchten, sondern ein einfacher, welcher nur die Erreichung der Mauerzinne bezweckt.

441. *acta testudine*] *Liv.* 34, 39, 6: sublatis deinde supra capita scutis continuatisque ita inter se, ut non modo ad caecos ictus sed ne ad inserendum quidem ex propinquo telum loci quicquam esset, testudine facta subibant. Genauer aber erfahren wir die Art und Weise und zugleich den Zweck dieses Angriffs *Liv.* 44, 9, 6: quadrato agmine facto, scutis super capita densatis, stantibus primis, secundis summissioribus, tertiis magis et quartis, postremis etiam genu nixis, fastigatam sicut tecta aedificiorum sunt testudinem faciebant. hinc L ferme pedum spatio distantes duo armati procurrebant comminatique inter se ab ima in summam testudinem per densata scuta cum evasissent, nunc velut propugnantes per oras extremae testudinis, nunc in media inter se concurrentes, haud secus quam stabili solo persultabant. Dies war in Rom ein ludicrum circense in der Regel von je 60 Jünglingen aufgeführt. Nun fährt Livius fort: Huic testudo similis humillimae parti muri (von Heracleum) admota (von Popilius) cum armati super stantes subissent, propugnatoribus muri fastigio altitudinis aequabantur, depulsisque eis in urbem duorum signorum milites transcenderunt. id tantum dissimile fuit, quod

et in fronte extremi et ex lateribus soli non habebant super capita elata scuta, ne nudarent corpora, sed praetenta pugnantium more. ita nec ipsos tela ex muro missa subeuntes laeserunt et testudini iniecta imbris in modum lubrico fastigio innoxia ad imum labebantur.

Einen ähnlichen Angriff machen hier die Griechen und zwar von der Stelle des Eingangs (limen) aus, wobei sie die Treppen benützen konnten und am Capitell die Leitern leichter anbringen konnten, da hier der Thurm eine freie Bewegung der Troianer auf dem Giebel verhinderte.

442. *postisque sub ipsos etc.*] Man könnte erklären: unmittelbar unterhalb der Thürpfosten, der Thüre suchen sie emporzuklimmen. Da aber vorhergeht, dass sie bereits Sturmleitern an der Mauer angebracht haben, so muss man gradus nothwendig von den Leitern verstehen, folglich aber sind die postes nicht die Thürpfosten, sondern die Säulen, auf welchen der Giebel ruht (wie *Hor.* III, 1, 45), es sei denn dass mit postes nur ganz allgemein die Stelle des Angriffs bezeichnet werden soll. Daran könnte der Plural parietibus uns verhindern, wenn es nothwendig wäre anzunehmen, dass parietes mehrere Theile der Mauer sind. In diesem Falle müsste der Angriff an mehreren Stellen versucht worden sein. Und dies stimmt auch mit der Vernunft und der Strategie, welche zwar den Sturm auf einen Punkt concentrirt, aber ihn nie an einem Punkte eröffnet, cf. *Liv.* 34, 38, 4: iussi clamore sublato subire undique omnes, ut qua primum occurrerent quave opem ferrent ad omnia simul paventes hostes ignorarent.

443. *ad tela*] Mit protecti zu verbinden, cf. *Georg.* II, 352: hoc effusos munimen ad imbris.

445. *tota domorum culmina*] = Ganze Giebelmassen des grossen Palastes (an verschiedenen Stellen).

447. *extrema in morte*] = am Rande des Verderbens. Vgl. 533.

450. *imas fores*] Sie besetzen im Innern des Hauses, im Vestibulum, die Thüre, damit sie nicht etwa von aussen durchbrochen würde, wie dies später wirklich geschieht. Dies konnte und musste geschehen, ehe noch ein Angriff gegen die Thüre gemacht wurde.

451. *instaurati animi*] Dem Aeneas und seinen Gefährten. Dies erkennt man an den Worten: regis succurrere tectis, welche

von den bisherigen Vertheidigern der Burg nicht gebraucht werden konnten. Die Infinitive enthalten die innere Folge des
instaurare.

453. Auf dem Wege vom Tempel der Pallas zum Palaste des
Priamos sieht Aeneas den Sturm der Griechen auf die Fronte
des Hauses. Er wendet sich deshalb abseits, um auf einem wenig
bekannten Fusssteig an die Rückseite des Hauses zu gelangen.
Dort war ein Eingang (limen) durch eine verborgene Pforte, von
wo man zunächst in den hinteren Hofraum gelangte. Hier befand sich, wie im römischen Hause (*Marquardt*, Privatalterth. I,
226) eine Treppe, welche in einen Corridor führte, von dem man
in alle Gemächer des Priamos und durch die Treppe im Vorder-
stock auch in das Atrium gelangen konnte. Aeneas dagegen
wendet sich zur Vorderseite des Daches, um hier den Kampf
gegen die Griechen zu eröffnen.

454. *postesque relicti a tergo*] Ob etwa dasselbe wie caecae
fores? Ich glaube es nicht, finde aber keine genügende Erklärung. Servius bemerkt: relictum spatium cum domus aedificaretur
ubi ostium (posticum?) fieret, aut relicti ab hostibus i. e. quos
hostes non obsederant.

455. *infelix*] Servius: non dum regna manebant, sed ad
praesens rettulit tempus infelix. Ob nicht Aeneas den grau-
samen Tod des Astyanax neben dem unglücklichen Ende des
Hector hier andeuten will? Der Tod des Astyanax bildete eine
tragische Episode in den alten Epen. Vgl. III, 304.

456. *incomitata*] Denn öffentlich erscheinen die Homerischen
Frauen nur in Begleitung von ἀμφίπολοι, cf. *Il.* III, 143. *Od.* I
331. VI, 84. Dazu *Liv.* XXII, 7 u. 55.

458. *evado*] Vgl. *Liv.* XXI, 62, 3: in foro boario bovem in
tertiam contignationem sua sponte escendisse atque inde tumultu habitatorum territum sese deiecisse. 34, 39, 9: Nabis
quanam ipse evaderet circumspectabat. Mit culmen wird das
ganze Giebeldach bezeichnet, aber insofern dieses schräg ist, heisst
es fastigium; der höchste Theil oder der Forst ist summum culmen oder summi culminis fastigium. *Liv.* 40, 2, 3: atrox tempestas fastigia aliquot templorum a culminibus abrupta foede dissi-
pavit, ist verdorben und entweder a columinibus oder a columnis
zu lesen.

459. *tela inrita*] Den Grund gibt uns *Livius* 34, 39, 2: nequaquam erat proelium par. missilibus enim hostes pugnabant, a

quibus se et magnitudine scuti perfacile Romanus tuebatur miles
et quod alii vani alii leves admodum ictus erant. nam propter
angustias loci confertamque turbam non modo ad
emittenda cum procursu, quo plurimum concitantur
tela, spatium habebant, sed ne ut de gradu quidem
libero ac stabili conarentur. itaque ex adverso missa tela
nulla in corporibus, rara in scutis haerebant.　Man erinnere sich,
wie oben von den Danaern gesagt war: protecti ad tela etc.

460. *in praecipiti stantem*] Der Thurm stand ganz nach vorn,
so dass er jählings herab auf die Griechen gestürzt werden konnte.
Der ganze Mittelbau, unter dem der Eingang sich befand, muss
vor der übrigen Mauer hervorstehend gedacht werden. — Der
Abl. summis tectis ist abhängig von der Präp. ex in eductam.

461. *unde omnis Troia videri*] Bei Homer wird dieser Thurm
nicht erwähnt, denn weder *Il.* XIII, 13 noch XXI, 526 ist von
einem Thurm auf der Veste des Priamus die Rede.　Unter omn-
nis Troia aber hat man sich nicht allein die Stadt, sondern
auch die Landschaft zu denken. Aehnlich *Il.* XIII, 14: ἔγθεν
γὰρ ἐφαίνετο πᾶca μὲν Ἴδη, φαίνετο δὲ Πριάμοιο πόλιc καὶ
νῆεc Ἀχαιῶν.

463. *ferro circum*] Sie greifen den Thurm ringsum (ausser
nach der Vorderseite zu) mit eisernen Hebeln an.　Für die Erklärung des Relativsatzes ist festzuhalten, dass man einen Thurm
nicht umstürzt dadurch, dass man die untere Stelle mit Brecheisen angreift, wo der Thurm mit der Mauer des Hauses verbunden ist, vielmehr muss der Thurm, wenn er von unten aus abgebrochen werden soll, zu gleicher Zeit oben angegriffen werden,
um ihn dadurch ins Schwanken zu bringen.　Da nun bei dem
Hause des Priamus von einer contignatio nichts erwähnt wird,
da ferner 460—465 im Haupt- und Nebensatz ausschliesslich von
dem Thurm die Rede ist, so können die tabulata nicht die Terrassen auf dem (flachen?) Dache des Palastes sein[1]), sondern
müssen für einen Theil des Thurmes angesehen werden.　Es ist
mir auch an und für sich unbegreiflich, wie man den Thurm
einfach über Terrassen oder ein flaches Dach hätte bauen können[2]).

---

[1]) Dies ist die Ansicht von *Henry*, Notes II p. 87.

[2]) summis tectis sub astra educta heisst: der Thurm war noch über
die Höhe des Palastes weit hinaus gebaut, aber nicht: er stand auf dem
Dache des Hauses.

Wir müssen also in den tabulata gewöhnliche Stockwerke sehen und zwar von hölzernen Balken, welche in der Mauer des Thurmes befestigt waren. Wer nun mit der Beschaffenheit des Baues vertraut war, konnte an solchen Stellen leicht Fugen (iuncturae) finden, in welchen man die Brecheisen anlegen konnte. Die tabulata, deren Zahl nicht bestimmt ist, heissen summa, weil sie noch über das fastigium summi culminis (des Hauses) emporragen. Die iuncturae heissen (crebro ictu) labantes, weil sie zuerst dem Eisen nachgeben; man kann in diesem Beiworte, wenn man will, auch eine Prolepsis finden.

Schliesslich ist wohl zu beachten, dass bei dem Dichter allerdings der ganze Thurm mit einem Schlage niederfällt, aber in der Wirklichkeit war dies nicht möglich. Kein vernünftiger Mensch wird die ruina eines Thurmes dadurch eröffnen wollen, dass er diesen gewissermassen in seinen Wurzeln abbricht, vielmehr wird man von oben aus abwärts ein Stockwerk nach dem andern zum Einsturz zu bringen suchen. Dies ist auch militärisch zweckmässiger, weil dadurch die gleiche Wirkung ·vervielfältigt wird. Aber dem Dichter ist es nur um den Effekt zu thun und darum drängt er die einzelnen Momente der Handlung in einen Augenblick zusammen.

464. *altis sedibus*] Der Sitz des Thurmes ist hoch nicht, weil er sich auf dem Palaste befindet, sondern weil er vom Erdboden bis zur Spitze des Palastes emporragt. Abgebrochen aber wird der Thurm nicht imis sedibus, sondern altis sedibus, d. h. oben, wo die fundamenta des Thurmes mit dem Giebel des Hauses verbunden sind.

465. *convellimus impulimusque*] = postquam impulimus, altis sedibus convellimus. Dadurch erklärt sich der Wechsel der Tempora. Denn der Thurm kann unten nicht eher abgebrochen werden, als bis er oben bereits zum Schwanken gebracht ist. Bei dem umgekehrten Verfahren musste der Thurm auf das Dach des Hauses und damit auf das Haupt der Troianer niederfallen.

465. *ea lapsa*] Das Pronomen ist nöthig, weil man sonst aus 460 unmöglich turris als Subject ergänzen könnte; wenigstens würde eine solche Ergänzung schwerfällig sein. Um so unwahrscheinlicher ist die merkwürdige Conjectur von Ribbeck: elapsa für ea lapsa, welche auch in den Hdschr. keine Stütze findet. Sie würde bedeuten, dass der Thurm plötzlich wie ein Thier den Händen der Troer entrann!

467. *incidit. ast alii etc.*] Die frappante Kürze des Gegensatzes malt das Vergebliche der äussersten Anstrengung gegen die Uebermacht der Danaer, zugleich aber auch die Todesverachtung, mit der sofort neue Schaaren an die Stelle der Erschlagenen treten. — Der unvollendete Vers 468 bereitet auf die bevorstehende Entscheidung durch Neoptolemus vor, der Erzähler bricht ab und hebt gewissermassen von neuem an.

469. *vestibulum etc.*] Die Ersteigung der Mauerzinnen war vereitelt, der Angriff war abgeschlagen, andere Krieger rücken vor und unter ihnen als πρόμαχος Neoptolemus. Ihm ist das bisherige Verfahren zu lang, er, der tapferste Held, sucht jetzt den Weg geradeaus durch die Thüre des Eingangs. Dadurch wird die ganze Gestalt des Kampfes verändert.

470. *luce coruscus aëna*] = *Val. Fl.* I, 486: horrentem iaculis et parmae luce coruscum. *Hom. Il.* XIII, 340: ὄσσε δ᾽ ἄμερδεν αὐτὴ χαλκείη κορύθων ἄπο λαμπομενάων θωρήκων τε νεοσμήκτων σακέων τε φαεινῶν ἐρχομένων ἄμυδις. Der Held im Kampfe heisst bei Homer wiederholt: φλογὶ εἴκελος ἀλκήν.

471. *in lucem*] Diese Worte unmittelbar mit convolvit, also in lucem convolvit zu verbinden, daran glaube ich muss uns die Zwischenstellung von nunc hindern, womit Vergil offenbar aus der strengen periodischen Form heraustreten will (= νῦν δέ). Demnach construire ich: qualis coluber est ubi in lucem prodiit: quem modo bruma frigida sub terra tegebat — also war auch Neopt. kurz vorher noch nicht auf dem Kampfplatz —, nunc autem positis exuviis novus ac iuventa nitidus sublato pectore lubrica terga convolvit arduus ad solem et trisulcis linguis ore micat. Aehnlich ist die Form *Aen.* V, 273—79. Das Tertium conparationis ist ganz verschieden bei *Hom. Il.* XXII, 93—96:

> ὡς δὲ δράκων ἐπιχειῇ ὀρέστερος ἄνδρα μένῃσιν,
> βεβρωκὼς κακὰ φάρμακ᾽· ἔδυ δέ τέ μιν χόλος αἰνός,
> σμερδαλέον δὲ δέδορκε ἑλισσόμενος περὶ χειῇ·
> ὡς Ἕκτωρ ἄσβεστον ἔχων μένος οὐκ ὑπεχώρειν.

Zur Sache ist nachzulesen Verg. *Georg.* III, 425—439, wo sich auch bereits die Ausdrücke für die einzelnen Bestandtheile des Bildes finden.

477. *armiger Automedon*] Er ist in dem jetzigen Augenblick armiger des Neopt., sonst sein Wagenlenker wie früher des Achilles. Vgl. *Il.* XVI, 148. XVII, 429. XIX, 392.

478. *flammas*] Den Zweck erfahren wir aus *Liv.* 34, 38, 4:

alii scalas alii ignem alii alia, quibus non oppugnarent modo sed etiam terrerent, portabant. Das oppugnare hat zur nächsten Aufgabe propugnatores depellere.

479. Zur Erklärung dieser schwierigen Stelle muss man sich vor allem die Construktion der römischen Thüre vergegenwärtigen. Die Thüre war in der Regel von Holz, eingeschlossen von zwei Thürpfeilern (postes), der Schwelle (limen), die ebenfalls von Holz war, und dem Sturze (limen superum), meistens zweiflügelig (fores). Sie hing nicht in Angeln, wie unsere Thüren, sondern drehte sich auf Zapfen (cardines), für welche in der Schwelle und dem Sturz Löcher (foramina) eingelassen waren. *Marquardt*, Röm. Alterth. V, 1, 232. Die Absicht des Pyrrhus zeigt uns *Apul. met.* I, 11, 44: fractis et evulsis funditus cardinibus ianuae prosternuntur. Deshalb zerhaut er zuerst die Schwelle und bricht die Thürpfosten von dem Zapfenstamm der Thür los. Denn das sehen wir aus *Apul.* 1, 11: grabatulo etiam pone cardines supposito et probe aggesto super eum me recipio, dass cardo auch in weiterer Ausdehnung von dem ganzen Thürstock gebraucht wurde, an dessen Ende die eigentlichen Zapfen sich befinden. Die Absicht des Pyrrhus geht also dahin, die cardines bloszulegen, sie durch Zerhauen der postes ihrer Stütze zu berauben. Dies geschieht, indem zunächst ein Pfosten (trabes) herausgebrochen wird. So wie dies geschehen, bricht er ein Stück aus den festen Eichenbohlen firma robora), d. h. aus der Thür selbst heraus und eröffnet dadurch den Blick in das Innere.

484. *penetralia*] Der focus mit den Penaten war in der älteren Zeit noch im Atrium, später in dem inneren Theile des Hauses; das lararium dagegen befand sich entweder am Eingange des Atrium oder auch in der Flur hinter der Hausthür, wenigstens blieb hier der Schutzgott des Hauses, Lar oder auch Tutela genannt. *Marquardt*, Röm. Alterth. V, 1, 244.

487—490. Zu dieser lebhaften Schilderung scheint Vergil Verse des Ennius benützt zu haben, in welchen dieser die Zerstörung von Alba Longa beschrieb. Wenigstens bemerkt Servius: de Albano excidio (ex I Ennii?) translatus est locus. Die poetische Schilderung des Ennius hallt noch wieder in der gehobenen Darstellung des *Livius* I, 29, wo wir sogar einen mit Vergil übereinstimmenden Ausdruck finden: nunc errabundi domos suas ultimum illud visuri pervagarentur. Wie Verg. gemitu und tumultu verbindet, so Liv. tumultus und tacita mae-

stitia; auch die voces miserabiles mulierum praecipue bei Liv.
deuten auf eine gemeinsame Quelle hin.

487. *cavae aedes*] Das Cavum aedium ist nur ein verschiedener Ausdruck für Atrium, cf. *Marq.* V, 1, 225. *Varro* V,
§. 161: Cavum aedium dictum, qui locus tectus intra parietes
relinquebatur patulus (d. h. nicht von den Wirthschaftsräumen
in Anspruch genommen wurde), qui esset ad communem omnium usum.

490. *postis*] Natürlich nicht der Hausthüre, sondern der
inneren offenen Thüren des Hauses, wenn man nicht lieber an
die Säulen denken will, von welchen das Atrium getragen wurde.
An dieser Erklärung darf uns nicht die Nachricht des Servius
hindern, dass hier Verg. den *Apoll. Rhod.* IV, 26 nachgeahmt
habe: κύσσε δ' ἑόν τε λέχος καὶ δικλίδας ἀμφοτέρωθεν σταθ-
μούς, καὶ τοίχων ἐπαφήσατο. Denn die Situation ist hier ganz
verschieden: Medea scheidet vom Vaterhaus, Hecuba aber
bleibt.

491. *claustra*] Jeder Flügel der Thüre wurde verschlossen
durch zwei Riegel, von denen der eine in die Schwelle, der andere in den Sturz eingeschoben wurde (pessuli), und hinter die
Thür wurde ein Querbalken (sera) gelegt, der in die postes zu
beiden Seiten der Thür eingelassen wurde. *Marquardt*, V, 1, 233.

493. *ianua et postes*] Diese Verbindung zeigt deutlich, dass
wir oben 480 nicht postes = die ganze Thür erklären dürfen.
Vergil `gebraucht in dieser Beschreibung nur nomina propria.
Die Thürpfosten werden schliesslich durch den Sturmbock von
dem Thürstamm getrennt und dadurch wird die ganze ‚Thüre
(ianua) niedergeworfen.

494. *fit via vi*] Allitteration und zugleich Assonanz, παρή-
χησις, wodurch die Schnelligkeit der Ausführung gezeichnet wird.

497. *exit*] Ist Perfectum. Diese contrahirte Perfectform war
in der Prosa weitaus vorherrschend, wurde aber durch die Abschreiber und die Herausgeber in alter und neuer Zeit vielfach
verkannt und geändert. Gleichwohl zeigen die inschriftlichen
Formen: redieit, venieit etc., dass die Formen iit und petiit sammt
den Compositis die ursprünglichen waren. Die Dichter gebrauchen sogar von diesen aufgelösten Formen die ultima auch vor
Vocalen lang, cf. *Ovid. met.* I, 114: subiĭt argentea proles, III,
546: interiit, at vos, VIII, 870: clususque abiit, illi sua reddita
forma est, und es findet sich kein sicheres Beispiel, dass ein

Dichter die ultima vor einem Vocal kurz gebraucht hätte, während doch diese Formen von Verben der 4. Conjugation wie ambiit, audiit, leniit, emuniit, quaesiit, acciit in diesem Falle nur kurz sind. Die contrahirte Form ist natürlich nur lang, cf. *Aen.* IX, 9: sedemque petit Euandri, IX, 418: dum trepidant, it hasta Tago per tempus utrumque. Ausserdem findet sich bei Vergil die contrahirte Form noch V, 274: aerea quem oblicum rota transit aut gravis ictu etc. X, 785: transit intextum tauris opus imaque sedit etc. Dagegen X, 817 schreibt jetzt Ribbeck transilit und *Georg.* II, 81: exilit. So oft also Vergil diese Form anwendet, erscheint sie vor einem mit einem Vocal anfangenden Worte. Wenn nun, wie an unserer Stelle und X, 785 der Vers mit einer zweisilbigen Verbalform (exit, transit) beginnt, so könnte man leicht in Versuchung kommen, die dreisilbige Form (exiit, transiit herzustellen. Da aber in dieser die Endsilbe entschieden lang ist, so würde dadurch nur ein Creticus (_ ◡ _), nicht ein Dactylus (_ ◡ ◡) geschaffen. Zuerst behandelte diese Frage eingehend *Lachmann* zu *Lucret.* III, 1042. — Für das Gleichniss vgl. Schiller, Braut. v. Mess. p. 394.

501. *centumque nurus*] Es waren 50 Töchter und 50 Schwiegertöchter. Vgl. *Hom. Il.* VI, 243:

αὐτὰρ ἐν αὐτῷ

πεντήκοντ' ἔνεcαν θάλαμοι ξεcτοῖο λίθοιο
πληcίοι ἀλλήλων δεδμημένοι ἔνθα δὲ παῖδεc
κοιμῶντο Πριάμοιο παρὰ μνηcτῆc ἀλόχοιcιν.
κουράων δ' ἑτέρωθεν ἐναντίοι ἔνδοθεν αὐλῆc
δώδεκ' ἔcαν τέγεοι θάλαμοι ξεcτοῖο λίθοιο.

502. *sanguine foedantem*] Priamus als König und pater familias erscheint als Priester. Mit dem Blute von Priestern oder Unschuldigen den Altar zu beflecken galt für den grössten Frevel. In diesem Sinne behandelten bereits die älteren Epen den Tod des Priamus. Wie aber kann hier Aeneas den Tod des Priamus berühren, da er diesen doch erst von 506 an ausführlich schildert? Zuerst erwähnt er ihn kurz, um den Gesammteindruck der Verheerung zu vervollständigen, dann aber erzählt er die Einzelheiten des Todes, um das Interesse des Hörers zu befriedigen, für welchen das Schicksal gerade des berühmten Königs von Merkwürdigkeit sein musste.

504. *postes auro spoliisque superbi*] Gold, d. h. Kostbarkeiten und Beutestücke, welche den Feinden (barbaris) abgenom-

men worden waren, dienten zum Schmuck der Tempel und zur
Ehre des Hauses, welchem der siegreiche Feldherr angehörte.
Diese Beutestücke wurden vorzugsweise im Vestibulum aufgehängt,
wo sie den Augen des vorübergehenden Volkes sichtbar waren;
indessen in einem reichen und altberühmten Hause war gewiss
auch das Atrium mit solchen Ehrenzeichen (decora) geschmückt.
Dass man unter p o s t e s hier geradezu das Vestibulum zu verstehen hat, zeigt *Liv.* 38, 43, 11: Ambraciam oppugnatam et
captam et signa inde ornamentaque ablata et cetera facta, quae
captis urbibus soleant, negaturum aut me pro M. Fulvio aut
ipsum M. Fulvium censetis, qui ob has res gestas triumphum a
vobis postulaturus sit, Ambraciam captam (Gemälde) signaque
quae ablata criminantur, et cetera spolia eius urbis ante currum
laturus et f i x u r u s i n p o s t i b u s s u i s?

505. *procubuere*] Mit Emphase an den Anfang des Verses
gestellt im schroffen Gegensatz zu tenent etc. Vgl. zu 467. Mit
dem ganzen Epiphonem ist zu vergleichen *Ennius Andr.* 81—88

> O pater o patria o Priami domus,
>
> Saeptum altisono cardine templum!
>
> Vidi ego te astante ope barbarica
>
> Tectis caelatis lacuatis,
>
> Auro ebore instructam regifice.
>
> Haec omnia vidi inflammari,
>
> Priamo vi vitam evitari,
>
> Iovis aram sanguine turpari.

506—558: T o d d e s P r i a m u s.

Unter den Hauptscenen, welche Arktinos bei der Erzählung
von der Zerstörung Troias behandelte, erwähnt Proclos in seinem
Auszuge: καὶ Νεοπτόλεμος μὲν ἀποκτείνει Πρίαμον ἐπὶ τὸν τοῦ
Διὸς Ἑρκείου βωμὸν καταφυγόντα· Μενέλαος δὲ ἀνευρὼν Ἑλένην ἐπὶ τὰς ναῦς κατάγει. Dieser Angabe folgten auch die Tragiker, wie Sophocles und Euripides, cf. *Welcker*, ep. Cyclus II, 245.
Anders behandelte diesen Gegenstand Lesches, wie uns *Paus.* X,
27 berichtet: Πρίαμον δὲ οὐκ ἀποθανεῖν ἔφη Λέσχεως ἐπὶ τῇ
ἐσχάρᾳ τοῦ Ἑρκείου, ἀλλ᾽ ἀποσπασθέντα ἀπὸ τοῦ βωμοῦ πάρεργον τῷ Νεοπτολέμῳ πρὸς ταῖς τῆς οἰκίας γενέσθαι θύραις.

Vergleichen wir mit diesen Angaben die Darstellung Vergils,
so müssen wir in dieser eine Ausgleichung, gewissermassen eine
Contamination der beiden Hauptquellen finden. Denn der Bericht
des Arktinos tritt deutlich hervor zuerst 501—502 und dann wie

der 550: altaria ad ipsa trementem traxit etc. Ja es spiegelt sich bei Vergil die ganze Νεοπτολέμειος τίσις wieder, wie sie uns *Paus.* IV, 17, 3 erklärt: Νεοπτολέμῳ γὰρ τῷ Ἀχιλλέως ἀποκτείναντι Πρίαμον ἐπὶ τῇ ἐσχάρᾳ τοῦ Ἑρκείου συνέπεσε καὶ αὐτὸν ἐν Δελφοῖς πρὸς τῷ βωμῷ τοῦ Ἀπόλλωνος ἀποσφαγῆναι καὶ ἀπὸ τούτου τὸ παθεῖν ὁποῖόν τις καὶ ἔδρασε Νεοπτολέμειον τίσιν ὀνομάζουσιν. Den Grund zu dieser Anschauung hat gewiss Arktinos gelegt und die Tragiker mochten endlich das Sprüchwort daraus bilden. Auf diese Vergeltung aber nimmt Vergil sehr starke Rücksicht, cf. 535—39. Wir müssen also hier den Einfluss der Quelle, d. h. des Arktinos, anerkennen. Wenn aber wiederum Vergil den greisen Priamus die Waffen ergreifen und den Speer auf Neoptolemus schleudern und ihn schliesslich jämmerlich hinmorden lässt, so muss man offenbar hier den Einfluss des Lesches wiederfinden, zumal da der Begriff des πάρεργον so genau ausgeführt wird. Nur bleibt es natürlich immer eine offene Frage, ob Vergil diese Contamination zuerst versucht oder ob er eine abgeleitete Quelle benützt hat, in welcher er diese Ausgleichung bereits vorfand.

Ueber die Theilnahme des Aeneas vgl. zum nächsten Abschnitt.

512. *aedibus in mediis*] Wenn der Altar des Zeus Herkeios, denn dieser ist hier offenbar in Uebereinstimmung mit den griechischen Dichtern gemeint, sich in der Mitte des ganzen Gebäudes befand, so dürfen wir ihn nicht mehr in dem Atrium suchen, ebenso wenig aber in dem Cavaedium oder Impluvium: denn jenes ist mit dem Atrium identisch und dieses befand sich immer im Atrium. Um solche Missverständnisse zu vermeiden, fügt Vergil hinzu, dass der Altar in der Mitte des Palastes und zwar unter völlig freiem Himmel (nudoque sub aetheris axe) sich befand. Das kann aber nur der Raum sein im Hofe zwischen den Nebengemächern des Atrium[1]) und des Peristylum oder der Säulenhalle (porticus, vgl. VII, 170), welche von Gemächern für die Familie des Priamus umgeben, den hinteren Theil des Palastes ausmachte (528). Eigenthümlich scheint dem Hause des Priamus gewesen zu sein, dass der Ausgang aus dem Atrium in den Hofraum sofort von einer

— —

[1]) Natürlich müssen wir uns in dem älteren römischen Hause das Tablinum wegdenken, welches in späterer Zeit gerade in der Mitte des Gebäudes sich befand.

Säulenhalle gebildet wurde. Indessen zwingt uns 528 durchaus nicht nothwendig zu dieser Annahme. Vgl. die Bemerkung zu 526.

513. *iuxtaque veterrima laurus*] Vgl. VII, 58: laurus erat tecti medio in penetralibus altis, sacra comam multosque metu servata per annos, quam pater inventam primas cum conderet arces ipse ferebatur Phoebo sacrasse Latinus. Auch hier ist nicht an das impluvium zu denken, sondern an den freien Hofraum, wo sich der Lorbeerbaum befand.

514. *incumbens arae*] Prosaisch würde es heissen: imminens arae = am Altar, indem sich zugleich der Baum über demselben verzweigt. Diese Vorstellung wird aber nicht durch incumbere oder imminere, sondern durch atque umbra complexa penates ausgedrückt. Der Altar besteht aus einem focus und, weil an diesem die Haus- und Familiengötter ursprünglich angebracht waren, so wird die ara oder der focus selbst mit dem Worte penates bezeichnet. Dass hier wirklich die Bilder der Penaten noch vorhanden waren, zeigt 517: divom amplexae simulacra.

518. *iuvenalibus armis*] An eine Unterscheidung von arma und iuvenalia ist hier nicht zu denken: es wird nur der Contrast bezeichnet, welchen das Aussehen des altersschwachen Mannes und der schweren Rüstung hervorbringen musste. Wollte man iuvenaliter schreiben, so würde damit gesagt, dass der Greis in seinem ardor zum iuvenis geworden war. Dies ist aber hier unpassend: Priamus legt die Jugendkraft erfordernden Waffen an, aber er selbst bleibt senex aevo tremens.

521. *non tali auxilio*] i. e. der Hülfe mit Waffen, welche nur iuvenes führen können. Dem entsprechend sind defensoribus istis = Helfer, welche solche Waffen führen. Das einzige auxilium ist jetzt die ara, die einzigen Erretter die dii penates. Menschliche Hülfe mit Waffengewalt kann uns jetzt nichts mehr nützen, selbst wenn Hector erschiene und uns diese Hülfe leisten würde. Wenn aber dem Troer ein Hector nicht mehr helfen kann, so ist alle menschliche Hülfe mit Waffengewalt für ihn verloren. Denn so lange Hektor stand, stand Ilium; nun aber Ilium dahin ist, kann auch Hektor nicht mehr im Kampfe sich halten. Der Dichter bereitet mit diesen Worten die Flucht des Aeneas vor und deutet damit zurück auf die eignen Worte Hectors 291 sq. *Henry* II, 95 hat zuerst richtig erkannt, dass die Erklärung der Worte defensoribus istis mit qualis tu es der Hecuba eine ganz

unpassende Schmähung des Priamus in den Mund legt, aber er geht zu weit, wenn er defensoribus istis geradezu mit istis telis umschreibt. Zwar kann defensor von einem sachlichen Gegenstande gebraucht werden, cf. *Caes. b. g.* IV, 17, aber man darf zu der übertragenen Bedeutung eines Wortes seine Zuflucht nur dann nehmen, wenn die natürliche durchaus nicht ausreicht. Dies ist aber hier der Fall.

526. Polites war dem Gemetzel entronnen. Dieses war aber offenbar im Vestibulum. Er floh also durch das Atrium in den Säulengang im Hofe[1]). Hier findet er keinen Ausweg, darum wendet er sich wieder dem Atrium zu, ohne es indessen zu erreichen (528). In diesem Augenblicke erscheint Pyrrhus und verfolgt ihn. Da er weder rückwärts noch vorwärts entfliehen kann, sinkt er im Hofe tödtlich getroffen vor dem Altar nieder unter den Augen der greisen Aeltern.

528. *vacua atria*] Wie kann das atrium leer genannt werden? Musste es nicht nothwendig ganz von Feinden besetzt sein, welche von dem vestibulum hereindrängten? Denn dass Neoptolemus allein in das Innere des Hauses vorgedrungen sein sollte, ist doch nicht wahrscheinlich. Man muss also hier wie VII, 379 vacua atria nicht von dem **leeren**, sondern von dem **weiten, geräumigen**, cf. 761. VI, 269, oder auch von dem **seiner Bewohner beraubten Atrium** verstehen, cf. *Ovid. met.* VII, 653: vacuos priscis cultoribus agros. In diesem Sinne kann auch II, 761 passend erklärt werden.

529. *infesto vulnere*] = infesto spiculo petit, wie *Livius* II, 20, 3, cf. X, 877 et infesta subit obvius hasta, oder infesto animo cum vulneraturus insequitur, cf. *Sall. Cat.* 15, 4. Nachgeahmt ist unsere Stelle von *Silius* I, 397: hunc miseratus adest infesto vulnere Ladmus. Cui saevum arridens: narrabis Hamilcaris umbris hanc inquit dextram etc.

530. *et premit hasta*] Vgl. XI, 545: tela undique saeva premebant et circumfuso volitabant milite Volsci, aber dennoch konnte kein Geschoss den Metabus, den Vater der Camilla, erreichen.

---

[1]) Unsere Erklärung beruht immer auf der Voraussetzung, dass Vergil seiner Beschreibung den Bau des römischen Hauses zu Grunde gelegt hat. Dies ist jedoch nicht sicher. Es bleibt immerhin möglich, dass er die Einrichtung des Hauses der Heroënzeit kannte und benützte und die einzelnen Theile nur mit römischen Benennungen bezeichnet. Vgl. *Guhl* und *Koner* I, 74.

Aehnlich ist die Situation XII, 754: at vividus Umber haeret
hians, iam iamque tenet similisque tenenti increpuit malis morsu-
que elusus inani est. Aehnlich findet sich premere von der Jagd,
cf. *Georg.* III, 413: montisque per altos ingentem clamore premes
ad retia cervom. Vgl. dagegen premere ohne Abl. = würgen
Acn. IX, 330. Mit einem Abl. z. B. formidine, crimine etc. wurde
premere in der übertragenen Bedeutung bedrängen, zusetzen
auch in Prosa sehr geläufig. Wir haben also hier eine Stufenleiter: Pyrrhus verfolgt den Polites mit dem Speer (vulnere =
hasta), schon hält er ihn fest mit der Hand, d. h. jeden Augenblick glaubt man, hat er ihn schon erreicht, und bedrängt ihn
mit der Waffe, so dass diese beinahe den Körper erreicht. Aber
Polites entkommt und wie er eben vor die Augen das Vaters tritt,
da fällt er von der vorher erhaltenen Wunde erschöpft — denn
er irrte bereits als saucius umher — todt zu Boden. Das Grau-
same der Handlung des Neoptolemus besteht also darin, dass er
den Gegner zu Tode hetzt vor den Augen des Vaters und der
Mutter, obwohl er ihn bereits tödtlich verwundet hatte.

533. *hic Priamus*] = tum vero Priamus, τότε δὴ ὁ Πρίαμος,
cf. 309. 105. 228. 624. Mit dieser Form wird angedeutet, dass
jetzt der höchste, der entscheidende Moment eintritt, wodurch die
bisherige Erzählung einen Umschwung erhält. Ueber tum vero
im Nachsatz nach einem causalen Vordersatz vgl. *Wichert*, Stillehre §. 18. Für diese Form hat Vergil sehr häufig hic, welches
sich zu tum verhält wie Praesens zum Aorist., cf. 199. 386. 410,
699: hic vero wie in der Prosa ibi vero = tum vero, 735 etc.

in media iam morte tenetur] Vgl. XI, 846 und II, 447: extrema iam in morte. Den Unterschied zeigt Peerlkamp: aliquis
est in media morte = in magno mortis periculo est, quando
tamen spes superest; in extrema morte qui dicitur esse, in
tanto periculo est, ut spes nulla supersit. Der Zusatz der Präp.
in ist durchaus nothwendig. nam qui morte tenetur, der ist bereits
in der Gewalt des Todes, ebenso wie wenn von Jemand gesagt
wird dicione, foedere, lege tenetur etc. Von wem aber ausgesagt
wird in media morte tenetur, der ist dem Tode nahe und hat
keine Möglichkeit, ihm irgendwie zu entrinnen. Die Verbindung
media morte tenetur wäre also unmöglich, ebenso wie in morte
tenetur.

535. *at tibi*] Das oppositionelle at wird mit Pronom. person.
verbunden, um im Verhältniss zu dem Vorausgehenden entweder

schlechtweg einen Gegensatz (der Person) aufzustellen oder in Verbindung mit certe und im innigen Anschluss an einen Bedingungssatz (si non — at certe) eine Herabstimmung des Urtheils anzudeuten. In unserem Falle ist folgende Auflösung nöthig: Si me letum nati coram cernere fecisti, at tibi pro scelere di grates dignas persolvant. Der Gedanke, zu welchem der Gegensatz erhoben wird, steht also an unserer Stelle statt im Vordersatze im relativen Nachsatze (qui me   fecisti). Muster für die regelmässige Form ist *Sall. Cat.* 40, 3: Postquam illos videt queri de avaritia magistratuum, at ego, inquit, vobis, si modo viri esse voltis, rationem ostendam, qua tanta ista mala effugiatis. *Liv.* X, 19, 7: Dicitur Appius in medio pugnae discrimine ita precatus esse: Bellona, si hodie nobis victoriam duis, ast ego templum tibi voveo. Es ist natürlich, dass ein causaler, temporaler oder condicionaler Vordersatz nicht immer vorhanden zu sein braucht und dass ein entsprechender Gedanke sich aus dem Zusammenhang der Rede ergibt. Diese Form ist stereotyp bei Wünschen, Gelübden und Verwünschungen, z. B. *Ter. Andr.* 665:

 Factum hoc est Dave? — Factumst — Hem quid ais scelus?
 At tibi di dignum factis exitium duint!

d. h. Postquam (a te) hoc factum est, at tibi etc. Vgl. *Ter. Eun.* 431. *Hec.* 134. *Plaut. Men.* 1021. *Hor. Epod.* 5, 1. *Lucian. Gall.* 1: ἀλλὰ cέ, κάκιcτε ἀλεκτρυών, ὁ Ζεὺc αὐτὸc ἐπιτρίψειε. *Hand, Turs.* I, 441 sq.

 536. *di, si qua est caelo pietas*] Wird der Vollzug einer Strafe den Göttern im Allgemeinen zugeschrieben, ·so dürfen wir nach dem Wechsel der monotheistischen und polytheistischen Ausdrucksweise der Alten immer annehmen, dass, wenn auch θεοί oder di die Gottheit überhaupt bezeichnet, der Grieche wenigstens immer nur an Zeus dachte. Denn der Ζεὺc νεμέτωρ ist der Gott, welcher das Gesetz der ewigen Vergeltung gewährleistet, der das Strafamt in höchster Instanz übt, cf. *Aesch. Suppl.* 388: Ζεὺc νέμων εἰκότωc ἄδικα μὲν κακοῖc, ὅcια δ' ἐννόμοιc. Was bedeutet also hier pietas? Dies zeigt uns *Aesch. Agam.* 1530: μίμνει δὲ μίμνοντοc ἐν χρόνῳ Διὸc παθεῖν τὸν ἔρξαντα. θέcμιον γάρ, wo ἐν χρόνῳ zu παθεῖν gehört. Die pietas ist also die göttliche Gerechtigkeit, das heilige Gesetz, welches Zeus verwaltet. Vgl. *Naevius bell. Pun.* I, 7, 14: senex fretus pietatei deum, wo der Zusammenhang erfordert pietas nicht mit iustitia erga deos, sondern mit iustitia deorum zu erklären. Ebenso sagt *Silius* VI, 410: si qua deis pietas, tales Karthago videre dent tibi

Sidonias matres. *Aen.* V, 687 Iuppiter omnipotens, siquid pietas antiqua labores respicit humanos, wo antiqua die Gerechtigkeit des Juppiter als ein θέςμιον, d. h. als eine uralte Satzung der göttlichen Weltordnung bezeichnet. Dies ist also pietas im objectiven Sinne, aber sie besteht auch im subjectiven Sinne als die entsprechende Gesinnung des Menschen gegen Gott, cf. *Cic. Top.* §. 90: omnis aequitas tripertita est: una ad superos deos, altera ad manes, tertia ad homines pertinet: prima pietas, secunda sanctitas, tertia iustitia aut aequitas (im engeren Sinne) nominatur. — Der Satz: si qua est caelo pietas deutet keinen religiösen Zweifel des Priamus an, so wenig als das Aeschyleische μίμνοντος Διός, sondern besagt nur: Es müsste keine Gerechtigkeit, keine Vergeltung im Himmel geben, wenn diese Frevelthat ungestraft bliebe. Nun aber gibt es einen Gott, ὅc πάντ' ἐφορᾷ. Also darf ich an die Erfüllung meines Fluches glauben. Und Gott hat den Greis wirklich gerächt durch Orestes, cf. *Aen.* III, 330 sqq., so dass sogar die τίcιc Νεοπτολέμειος sprüchwörtlich wurde, cf. *Nägelsbach*, Nachhom. Theol. p. 343 sq.

539. *fecisti*] Durch die erbarmungslose Verfolgung des Verwundeten. Die Berührung, ja schon der Anblick der Todten verunreinigte (foedare), cf. VI, 150. — Die Verbindung von facere mit Infin. nach Analogie von impellere mit Inf. (vgl. zu I, 18. 179) ist nur dichterisch, cf. *Lucr.* III, 101: verum habitum quendam vitalem corporis esse, harmoniam Grai quam dicunt, quod faciat nos vivere cum sensu. Damit ist nicht zu verwechseln *Aen.* VIII, 630.

540. *satum quo te mentiris*] In welchem Sinne Priamus diese Worte spricht, zeigt die Antwort des Neoptolemus 549: degeneremque Neopt. narrare memento.

541. *talis in hoste fuit*] Vgl. zu II, 390.

iura fidemque] = Das heilige Schutzrecht des ἱκέτηc. Denn die ἱκέται sind ἱεροί τε καὶ ἁγνοί (*Paus.* VII, 25, 2), d. h. sie stehen unter dem Schutze des Ζεὺc ἱκέcιοc oder αἰδοῖοc, sie sind also dei fidei commissi oder προcτάται θεοῦ. Dadurch wird der Hülflose ein Gegenstand der Ehrfurcht und des Mitleids = αἰδώc, der ἱκέτηc selbst wird αἰδοῖοc genannt. Durch dieses göttliche Gesetz erlangt der supplex einen Rechtsanspruch (iura) auf Schutz oder wenigstens Unverletzlichkeit (fides). Darum dürfen wir hier fides nicht subjectiv erklären von dem Vertrauen, mit welchem sich der supplex in den Schutz eines andern begibt, sondern objectiv von der Sicherheit, welche ihm durch göttliches Gesetz (Διὸς ἐφετμαί *Il.* 24, 586) garantirt ist. Wer dieses Recht des Schutzflehenden auf Schutz oder Unverletzlichkeit nicht achtet, begeht die gröbste Sünde, cf. *Hesiod.* ἔργα 327 ἶcov δ᾽ ὅc θ᾽ ἱκέτην ὅc τε ξεῖνον κακὸν ἔρξῃ, ὅc τε κασιγνήτοιο ἑοῦ ἀνὰ δέμνια βαίνῃ κρυπταδίης εὐνῆc ἀλόχου, παρακαίρια ῥέζων, ὅc τέ τευ ἀφραδίῃc ἀλιταίνεται ὀρφανὰ τέκνα, ὅc τε γονῆα γέροντα κακῷ ἐπὶ γήραος οὐδῷ νεικείῃ χαλεποῖcι καθαπτόμενοc ἐπέεccιν· τῷ δ᾽ ἦτοι Ζεὺc αὐτὸc ἀγαίεται, ἐc δὲ τελευτὴν ἔργων ἀντ᾽ ἀδίκων χαλεπὴν ἐπέθηκεν ἀμοιβήν. Vgl. *Nägelsbach*, Hom. Th. 296. Nachhom. Th. 253. 68 sqq.

542. *erubuit*] Das erubescere ist die Folge des pudor, der αἰδώc; ein bestimmter Begriff der griechischen Ethik, welchen unsere Sprache nicht völlig wiedergeben kann, es ist darin Ehrfurcht oder das heilige Gefühl frommer Scheu vereint mit Erbarmen. Vgl. *O. Müller*, Comm. zu Aesch. Eum. p. 140. Vgl. die herrliche Scene bei *Hom. Il.* XXIV, 468—676, wo wir den pudor des Achilles trefflich geschildert finden, cf. 480 sq. 516. 580. 583 etc.

543. *neque remisit*] Was dies zu bedeuten hat, zeigen die Worte des Hermes bei *Hom.* XXIV, 683—88.

544. *sine ictu*] Der ictus ist der treffende, auf den gezielten Gegenstand fallende Schlag, also = Kraft im passiven Sinne. *Liv.* 34, 39, 2: alii vani alii leves admodum ictus erant.

547. *referes ergo*] Ergo cum imperativo coniungitur aut ut per consequentiam aliquid fieri efferatur aut ut cum vehementia quadam vel indignatione iubeatur aliquis rei inchoatae quasi finem imponere. An der Stelle des Imperativ kann auch der Indic. fut. oder ein Conjunctiv stehen, cf. *Plaut. Mil.* 477: ergo si sapis, mussitabis. plus oportet scire servom quam loqui. Vgl. *Hand*, Tursell. II, 453.

550. *nunc morere*] Das Ende des Daktylus fällt hier mit dem Wortende zusammen, denn das lautlose Schluss-e muss hier verschwinden, um durch den ungewöhnlichen Ausgang mórer die Härte und die Grausamkeit des Neopt. hervorzuheben.

Die Grausamkeit steigert sich zur Gottlosigkeit, indem sie selbst den Altar der Götter nicht mehr achtet, und zur Rohheit und Unmenschlichkeit, indem sie alles sittliche Gefühl unterdrückt.

552. *coruscum*] Ist prädikativ und gehört deshalb nur zu ex-

tulit, nicht zu abdidit ensem. Die VV. 552—553 sollen den Abscheu des Lesers oder Hörers erwecken, aber nicht mehr zur Beurtheilung der Handlungsweise des Neoptolemus beitragen. Denn zu diesem Zwecke ist bereits V 551 der Culminationspunkt erreicht.

554. *haec finis Priami*] In hoc versu si mutes 'haec' et 'hic finis' dicas, durum atque absonum erit respuentque aures quod mutaveris. Valerius Probus bei *Gell.* XIII, 21, 12. — Schwierig ist es zu entscheiden, ob fatorum mit finis zu verbinden oder ob nach Priami zu interpungiren ist, und im letzteren Falle ob der Genetiv mit exitus oder mit sorte zu vereinigen ist. Nehmen wir haec finis Priami fatorum zusammen, so hat dies nur einen Sinn, wenn Aeneas so eben das ganze Lebensgeschick des Priamus erzählt hatte, wovon der Tod das Ende ist. Dies ist aber nicht der Fall. Denn nach 506: Forsitan et Priami fuerint quae fata requiras, ist es nur das schliessliche Schicksal des Priamus, sein Ende nach der Erstürmung des Palastes, welches Aeneas ausführlich zu erzählen verspricht und wirklich erzählt. Es erscheint also am angemessensten fatorum von finis zu trennen und zu verbinden: haec finis Priami = das war das Ende des Priamus. Es ist dies dasselbe Epiphonem, welches Tacitus so häufig anwendet, z. B. *hist.* I, 49: hunc exitum habuit Servius Galba, tribus et septuaginta annis quinque principes prospera fortuna emensus et alieno imperio felicior quam suo. II, 50: hunc vitae finem habuit XXXVII aetatis anno (Otho). Auch gebraucht Tac. die Worte f i n i s und e x i t u s so nebeneinander, cf. *Ann.* XV, 63: sit huius tam fortis exitus constantia penes utrosque par, claritudinis plus in tuo fine. Endlich ist es hier dem Schmerze des Erzählers entsprechend, wenn der Schluss des Gedankens in die Caesur fällt, wodurch eine kleine Pause veranlasst wird.

Die Erklärer verbinden darum jetzt alle ausser Wagner (Philol. Suppl. I, 3, 416) fatorum sorte hic exitus illum tulit. Dass die Anaphora dadurch gestört wird, ist von keiner Bedeutung; denn wie mit den Conjunktionen so erlauben sich auch in dieser Figur die Dichter eine grössere Freiheit der Wortstellung, indem sie einen betonten Begriff voranstellen, cf. III, 433. 714. Und die Verbindung von fatorum sors ist an und für sich leicht, cf. *Curt.* X, 1, 30: iam matura erant in perniciem innocentis mendacia et fatum, cuius inevitabilis sors est, adpetebat, *Lucan.* IX, 1046: o sors durissima fati! Es wäre also sors fati oder fatorum (?) = Die Bestimmung des Geschicks. Gegen diese Erklärung lässt sich indessen folgendes Bedenken nicht unterdrücken. In wiefern fällt denn auf fatorum ein besonderer Ton? Und abgesehen davon fordert nicht die Anaphora unwillkührlich die Verbindung des Gen. mit exitus? Endlich sehe ich keinen vernünftigen Gedanken in der Uebersetzung: Das ist das Ende des Priamus, dieser Ausgang hat ihn nach der Bestimmung des Geschicks hinweggerafft. Soll der zweite Satz des Epiphonems einen vernünftigen Sinn erhalten, so muss er in engere Beziehung gebracht werden zu videntem Troiam incensam et prolapsa Pergama, ein Attribut, welches nie coordinirt werden kann dem regnatorem Asiae. Wie aber diese engere Verbindung bei der Ueberlieferung hergestellt werden soll, mag man nun fatorum mit exitus oder mit sorte verbinden, sehe ich nicht ein[1]). So lange also die Ueberlieferung Niemand erklären kann, schlage ich vor zu lesen:

> haec finis Priami, fatorum hic exitus. illum
> sors tetulit Troiam incensam et prolapsa videntem
> Pergama, tot quondam populis terrisque superbum
> regnatorem Asiae.

Das Perfectum tetuli findet sich allerdings bei Vergil nicht weiter — und dies macht unsere Vermuthung unsicher —, aber in der älteren Sprache der Tragiker und Komiker ist es häufig und es hat sich erhalten bis herab auf Lucretius und Catullus, cf. *Neue*, Lat. Formenlehre II, 357. Die ungewöhnliche archaistische Form sors tetulit konnte leicht zu der Aenderung sorte tulit veranlassen. In der Bedeutung auferre oder rapere erscheint ferre häufig, cf. XII, 493. X, 665. V, 33; und gerade vom Tode lesen wir es *Ecl.* 9, 51. 5, 34: postquam te fata tulerunt, ipsa Pales agros atque ipse reliquit Apollo. Es lässt sich damit vergleichen das Homerische: τὸν Κῆρες ἔβαν θανάτοιο φέρουσαι εἰς Ἀίδαο δόμους oder θανάτοιο τέλοσδε, cf. *Nägelsb.* zu *Ilias* II, 302, oder *Il.* XIII, 602: τὸν δ' ἄγε μοῖρα κακὴ θανάτοιο τέλοσδε, wenn man nicht vielmehr in sors das αἴσιμον ἦμαρ erkennen will, cf. *Näg.*, Hom. Theol. p. 147 sq.

Wie nun an unserer Stelle sors tetulit mit videntem so sehen wir *Aen.* V, 219: illam fert impetus ipse volantem verbunden = ut volaret oder volare videretur. Dagegen für die Verbindung

---

[1]) Am nächsten kommt *Liv.* 26, 41, 9: ea fato quodam data nobis sors est, ut magnis bellis victi vicerimus.

exitus fert aliquem wird sich nicht leicht ein Beispiel finden;
die lat. Form ist vielmehr: hunc exitum fert aliquis, cf. *Caes.
b. g.* III, 8, 3: omnis fortunae eundem exitum se esse laturos.

Die ganze Stelle ist also in folgender Weise zu übersetzen:
**Dies ist das Ende des Priamus, das der Ausgang
seines Lebens. Das Todesgeschick raffte ihn hinweg,
so dass er noch den Brand Troias und den Untergang
der Burg sah, er, der einst der stolze Beherrscher so
vieler Länder und Völker gewesen.**

556. *tot populis terrisque superbum*] Wir haben hier den
Abl. von superbus abhängig, nicht etwa den Dativ zu regnatorem.
Denn es gibt keinen **regnator Asiae** für so viele Völker, höchstens einen rector oder regnator für dieselben, cf. VIII, 65: hic
mihi magna domus, celsis caput urbibus, exit. *Val. Fl.* I, 587:
tunc Aeolus illis rector erat. *Liv.* XXIII, 10, 2: et inter cetera
magnifica promissa pollicitus est (om. codd. est) brevi caput
Italiae omni Capuam fore. Ganz unmöglich aber ist es zu sagen:
Capua Italiae caput omnibus populis est, wenn man nicht Italiae
von populis abhängig machen will. Dagegen ist die Verbindung
von **superbus** mit Abl. bei Dichtern ganz gewöhnlich, cf. zu I,
22 und V, 268. 473. *Hor. Epod.* 4, 5. 15, 18. Es ist nicht
unmöglich, dass Vergil mit diesem Epitheton das Homerische εὐρὺ
κρείων, welches auch als Beiwort des Agamemnon vorkommt,
hat übersetzen wollen. Vgl. μεγάθυμος und μεγαλήτωρ und *Hor.
Carm.* I, 10, 13:

> quin et Atridas duce te superbos
> Ilio dives Priamus relicta
> Thessalosque ignis et iniqua Troiae
>   castra fefellit.

557. Warum konnte oder wollte Vergil nicht schreiben, was
man doch zunächst erwartet, tot quondam populis terrisque superbus regnator Asiac iacet ingens litore truncus etc.? Sind es nur
metrische oder auch ästhetische Gründe, welche ihn davon abhielten?

557. *ingens truncus*] Ist nicht Subject, sondern Praedikat.
Konnte Aeneas wirklich erzählen, dass der Leichnam des Priamus
für immer unbeerdigt liegen blieb? War es nicht Pflicht des
Aeneas, ihn nach dem Abzug der Griechen zu begraben? Wir
werden also das Praesens für ein historicum halten müssen =
iacebat, scil. dum Graeci in illis locis dominabantur. *Seneca
Troad.* 54: ille tot regum parens caret sepulchro Priamus et

flamma indiget ardente Troia[1]). *ibid.* 146: magnoque Iovi victima caesus Sigea premis litora truncus. *Eurip. Troad.* 1312: Πρίαμε Πρίαμε, cὺ μὲν ὀλόμενος ἄταφος ἄφιλος ἄτας ἐμᾶς ἄπιστος εἶ. Aber alle diese Stellen, in welchen Hecuba spricht, sagen weiter nichts, als dass Priamos im Augenblicke seines Todes und kurz nachher unbeerdigt blieb, bis die Griechen abzogen. Bei *Quintus Smyrn.* XIII, 246 sind die Verse ausgefallen, in welchen der Dichter von dem Schicksal des Leichnams sprach. Wenn also *Hor. Carm.* III, 3, 40 ein bustum Priami Paridisque nennt, so steht er damit nicht in Widerspruch mit Vergil und Euripides. Und aus litore bei Vergil oder Sigea litora bei Seneca dürfen wir noch nicht schliessen, dass der Leichnam an den Strand geworfen worden ist; denn nachdem die Stadt, welche nahe an der Meeresküste lag, zerstört war, war eben keine Stadt, sondern nur litora Sigea vorhanden. Die Leiche blieb also zunächst liegen, wo sie gefallen war. Später errichtete man ein bustum aus dem Schutt der verbrannten Stadt[2]). Wie Pacuvius dieselbe Sage behandelt hat, wissen wir nicht, cf. *O. Ribbeck*, Trag. p. 109, er wird aber im Wesentlichen Euripides gefolgt sein.

Warum aber sagt Vergil ingens truncus? Sollen wir das Epitheton etwa nicht im natürlichen Sinne auffassen? Vgl. *Ovid. Ep.* 16, 333: ibis Dardanias ingens regina per urbes. Oder soll es nur dem Zwecke der commiseratio dienen?

558. *et sine nomine corpus*] Denn mit dem Tode hört jede Unterscheidung auf, eine Leiche ist so gut, wie die andere. Ein Leichnam vollends ohne Haupt, ohne Grabhügel, ohne Inschrift ist dem Nichts gleich.

559—633: Aeneas' Rückkehr in das Haus des Anchises.

Aeneas war vom Dichter zu dem Palast des Priamos geführt worden, nicht damit er das Schicksal des Königshauses erzählen könne, sondern um Gelegenheit zu erhalten, im letzten entschei-

---

[1]) Auf dieselbe Quelle geht *Manil.* IV, 64 zurück: Inque rogo Croesum Priamumque in litore truncum, cui nec Troia rogus.

[2]) Oder wenn bustum bei Horaz die Brandstätte von Troia bezeichnet, so ist damit gesagt, dass man den Leichnam nicht mehr aufgefunden hat. Uebrigens erklärt die Stelle des Horaz sehr gut *Appian. b. c.* I. 24: οἱ δὲ τῇ ἀποικίᾳ τὴν πόλιν διέγραφον ἔνθα ποτὲ ἦν ἡ Καρχηδονίων, οὐδὲν φροντίσαντες, ὅτι Σκιπίων αὐτήν, ὅτε κατέσκαπτεν, ἐπηράσατο ἐς αἰεὶ μηλόβοτον εἶναι.

denden Augenblicke seine Vaterlandsliebe und Tapferkeit zu bewähren. Dies ist das einzige poetische Motiv, welches wir uns
denken können. Aber fast möchte es scheinen, als ob Vergil
dieses letztere Motiv entweder nicht gehabt oder doch schliesslich
vergessen hat. Denn welche Thaten lässt er den Aeneas verrichten? Er hilft den Thurm mit auf die Danaer herabstürzen
(464) — und seitdem erscheint er nur als ruhiger Zuschauer,
der einzige Held ist Neoptolemus. Ich kann mir diesen Mangel
der Vergilischen Dichtung nur dadurch erklären, dass die dichterischen Quellen, welche Vergil benützt hat, wohl von Neoptolemus, nichts aber von Aeneas erzählen konnten, da dieser bereits längst in das Idagebirge entflohen war. Vergil hatte nun
zwar einen ganz anderen Zweck, als die griechischen Epiker,
sein Hauptheld ist Aeneas, welcher Troia nicht feige verlassen,
sondern nur nach verzweifeltem Kampfe weichen durfte, aber da
er einmal seinen Gegenstand nicht mit freier und selbständiger
Schöpferkraft behandeln kann, weil es nicht mehr in seiner Macht
liegt, die festgeprägten Sagen willkührlich umzugestalten, so ge-
räth er wider seinen Willen zuweilen in eine knechtische Abhängigkeit von seinen Vorgängern, welche ihn das nächste Ziel
und den persöhnlichen Zweck aus dem Auge verlieren lässt.

Durch die Misshandlung des Priamus erwacht endlich Aeneas
wieder zur Thatkraft. Nach 353 sq. sollte man meinen, würde
er sich nun endlich mitten in die Feinde stürzen, um hier den
Tod zu finden und den Untergang seiner Vaterstadt nicht zu über-
leben. Dagegen wirkt in seinem Herzen freilich mächtig die
pietas (560—63), aber zur vollständigen Sinnesänderung kann sie
unmöglich ausreichen. Der Dichter braucht dazu ein stärkeres
Motiv, die Intervention der Venus, welche dem Aeneas dasjenige
mit aller Strenge gebietet, wozu bereits sein Herz sich neigt.
Dieser Zusammenhang ist aber in der Ueberlieferung unterbrochen
durch VV. 567—588. Man könnte diese Scene nicht gerade eine
Unterbrechung nennen, wenn 564—66 klarer ausgesprochen wäre,
was denn nun Aeneas eigentlich beabsichtigt. Will er sich in den
Kampf stürzen oder will er nach Hause zurückkehren? Bezweckt
er das Erstere und beginnt er mit einem Weiberkampf, dann hat
das Auftreten der Göttin immerhin noch ein Motiv; wendet er
aber seine Schritte nach Hause und stösst nebenbei auf Helena,
so ist das Eingreifen der Göttin nur schwach motivirt. Lassen
wir aber in diesem Falle vollends die Begegnung mit Helena weg,

so hat der Rath der Venus überhaupt keinen Sinn mehr: curren-
tem scilicet hortatur!

Dass nun diese Scene, obwohl sie in den besten Hdschr.
fehlt und von den älteren Grammatikern nicht anerkannt wird,
dennoch von Vergil ursprünglich herrührt, ist mir darum sehr
wahrscheinlich, weil in diesem Buche alle wesentlichen Episoden
behandelt werden, welche sich bei Arktinos und Lesches vorfan-
den. Von dem letzteren Dichter wissen wir nun freilich nicht,
in welchem Zusammenhang er das Zusammentreffen des Menelaos
mit Helena geschildert hat, dass er es aber nicht unterlassen hat,
ist sicher; von Arktinos aber berichtet uns Proclus, dass unmittelbar auf den Tod des Priamos diese Scene folgte: Μενέλαος δὲ
ἀνευρὼν Ἑλένην ἐπὶ τὰς ναῦς κατάγει Δηίφοβον φονεύσας.
Sollte es nun reiner Zufall sein, dass wir bei Vergil diese Scene
in derselben Ordnung wiederfinden? Und da ein Zusammentreffen
des Menelaos mit Helena in den Plan Vergils nicht passte, ist es
nicht ganz natürlich, wenn er daraus eine Begegnung des Aeneas
und der Helena erdichtet? Wenn ferner die Unterhaltung der
Venus mit Aeneas zugleich den Zweck hat, den höheren Grund
oder die tiefere Ursache der Vernichtung Troias zu offenbaren,
war es da nicht natürlich, wenn Vergil glaubte, die äussere Veranlassung, welche sich zunächst dem blöden Auge darbietet, zuvor in Contrast damit stellen zu müssen? Endlich zwingen uns
auch äussere Gründe, die Autorschaft Vergils für diese Verse festzuhalten. Denn ohne sie würde der grammatische Zusammenhang
von 566 und 589 ganz unterbrochen sein und VV. 594 sq. sowohl als 601 sq. wären ganz unmotivirt. Dazu kommt, dass der
ganze Stil mit dem Vergils übereinstimmt und die Partie in metrischer und grammatischer Hinsicht nicht mehr Besonderheiten
enthält, als jede andere von ähnlicher Ausdehnung, nur muss
man V. 579 als Interpolation ausscheiden[1]).

Wenn man aber auch dieser Annahme beitritt, so darf man
gleichwohl nicht verkennen, wie wir schon oben angedeutet haben,
dass durch Einlegung dieser Scene der Zusammenhang nur wenig
gewinnt, ja dass die Charakteristik des Aeneas dadurch eher beeinträchtigt als gefördert wird. Die alte Bemerkung: turpe viro

---

[1]) Es bleibt übrig 576. 585. 587, wo sich ungewöhnliche Phrasen
zeigen. Die Einwendungen von *Ribb. Proll.* 93 werden unten berück-
sichtigt.

forti est contra feminam irasci ist in der That nicht so futilis
als man gewöhnlich glaubt. Allerdings wenn dies für Varius und
Tucca der Grund gewesen sein soll, die Verse zu streichen, dann
ist das Urtheil richtig. Wie aber, wenn dies ein wesentlicher
Grund war für Vergil selbst? Wenn er es für ungeeignet hielt,
die unterbrochenen Thaten des Aeneas mit einem Weibergezänke
wieder zu beginnen? Und dies noch dazu, ohne dass der Zusammenhang des Ganzen etwas gewinnen konnte? Also darf es
nicht wunderbar erscheinen, wenn Vergil diese 22 Verse beim
ersten Entwurf des II. Buches schnell hinwarf, dann aber sie sofort wieder tilgte, weil sie ihm unter allen Umständen unpassend
dünkten. Varius und Tucca folgten natürlich dem Willen des
Dichters und ihnen schlossen sich die folgenden Recensionen an;
aber wie es in unserer Zeit mit unseren grossen Dichtern zu geschehen pflegt, so war es gewiss auch in Rom: das Publikum
wird durch emsige Litteratoren nicht allein mit der Speise ver-
sorgt, welche die Dichter selbst zubereitet haben, man spendet
ihm auch mit grosser Zuvorkommenheit die Brocken, welche die
Verfasser längst bei Seite geworfen. In die besseren Recensionen
des Vergilischen Textes fand dieses Flickwerk mit seiner noth-
dürftigen Blösse keine Aufnahme, als aber der echt wissenschaft-
liche Sinn allmählich mehr und mehr schwand, da ergriff man
begierig die Gelegenheit den überlieferten Text zu ergänzen.

Wenn Ribbeck mit Gruppe die ganze Scene 567—588 für
eine Interpolation ansehen, so dürfen wir dagegen, glaube ich,
mit grösserem Rechte den Grund geltend machen, welchen Ribbeck gegen die Autorschaft Vergils vorführt (*Prolegg.* 22), dass
es nämlich sonderbar erscheinen muss, dass die Interpolatoren
sich nur an der Ergänzung dieser einen Situation sollen versucht
und andere Gelegenheiten unbenützt gelassen haben. Denn wenn
wir auch die Interpolation einzelner Verse im Vergil anerkennen,
so ist doch eine so weitgreifende und umfangreiche Ergänzung
sonst unerhört. Wie viel oder wie wenig Vergil selbst in seinem
ersten Entwurf getilgt hat, wissen wir nicht; dass er aber geändert, also auch getilgt hat, ist nicht zu bezweifeln. Wenn an
dieser Stelle gerade uns eine Notiz des Varius und Tucca, freilich
sehr entstellt, erhalten ist, so ist dies erklärlich, weil Vergil sie
nicht mehr umgearbeitet hatte und deshalb seine Herausgeber eine
grössere Lücke statuiren und rechtfertigen mussten. Auf den
Widerspruch der Scene mit *Aen.* VI, 510 sqq., welches der Haupt-

grund der Athetese für Varius und Tucca gewesen sein soll, ist allerdings kein Gewicht zu legen. Denn die Freunde Vergils kannten, so gut wie wir, noch manche andere Widersprüche und liessen sie dennoch in ihrer Recension unbeachtet, weil sie den Nachlass des Dichters achteten und wussten, dass er solche Unebenheiten entweder in einer Epopöe für erlaubt hielt oder sie nicht mehr hat beseitigen können.

559. *At me*] Mit at findet der Uebergang zu einer neuen Situation statt = Et hoc quidem fatum Priamus explevit, at me circumstetit horror. Vgl. *Wagner*, Quaestt. Virg. p. 583. Am besten erkennt man diesen Gebrauch des at bei Tacitus, welcher damit sehr häufig in der Erzählung den Uebergang bildet von einem Schauplatz der Begebenheiten zum andern, von einer Person zur andern, cf. *Ann.* 1, 7: at Romae etc. 38: at in Chaucis. 46. 48. 70. 77. II, 55. 69. 75. 82. III, 8. 22. 44. 69. IV 13. 39 etc. Ueber tum primum = τότε δή vgl. zu I, 450.

560. *opstipui*] Kann neben saevos circumstetit horror als Lückenbüsser erscheinen. Denn jenes erscheint nicht als ein äusserer Eindruck und dieses als die Folge, sondern beide Ausdrücke scheinen denselben Begriff zu enthalten. Indessen ist doch der letztere Ausdruck stärker: der Schrecken machte mich sinnlos, schnell aber[1]) fasste ich mich wieder, und es trat lebhaft vor meine Seele etc. Ueber das Asyndeton vgl. I, 514 mit II, 378. 120. Eine ähnliche Verbindung zweier Begriffe des Fürchtens finden wir IX, 123: obstupuere animis Rutuli, conterritus ipse turbatis Messapus equis, wo Messapus sich zwar erschreckt zeigt, aber doch nicht so sehr alle Besinnung (Geistesgegenwart) verliert, wie die übrigen Rutuler. — Zu imago vgl. IX, 294: ante omnis (lacrimavit) pulcher Iulus, atque animum patriae strinxit pietatis imago, wovon soeben Euryalus ein rührendes Beispiel gegeben hatte. Vgl. damit III, 488: o mihi sola mei super Astyanactis imago.

562. *vitam exhalantem*] = animam exhalare. Die Grund-

---

anschauung dieses Ausdrucks zeigt *Georg.* II, 217: quae (i. e.
humus) tenuem exhalat nebulam fumosque volucris et bibit umorem, illa ferax oleost.

563. *direpta domus*] Aeneas stellt sich wirklich die Plünderung von Anchises Haus, wirklich die Gefangenschaft oder den
Tod seines Sohnes vor (ταῖς ἐννοίαις προλαμβάνειν τι). Was an
sich nur eine Möglichkeit war, tritt so lebhaft vor seine Seele,
dass er es wirklich mit seinen Augen zu sehen glaubte: Tod,
Hülflosigkeit, Plünderung, Misshandlung.

564. *copia*] Notandum est de exercitu numero cum dixisse
singulari, ut Sallustius: Com Sertorios neque rumperet an levi
copiam avibus, was Putsche emendirt: cum Sertorius neque erumperet tam levi copia navibus, cf. *Sall.* ed. *Dietsch*, frgm. Hist.
inc. 35. Es dürfte zu schreiben sein: Quom Sertorius neque
erumperet omni levi copia nec navibus etc. *Cat.* 61, 5: postremo
ex omni copia neque in proelio neque in fuga quisquam civis
ingenuus captus est. *Kritz* zu *Sall. Cat.* 56, 1 bemerkt: Copia
de militibus singulari numero dictum plerumque inconditam multitudinem (= Haufe) significat, ita ut non ad ordinem institutum, sed tantum modo ad numerum respiciatur, cf. *Cic. p. Mur.*
§. 78: neque usque eo L. Catilina remp. despexit atque con-
tempsit, ut ea copia, quam secum eduxit, se hanc civitatem op-
pressurum arbitraretur. *Caes. b. g.* I, 48, 5. *b. Alex.* 48, 4. *Tac. Ann.*
II, 52. IV, 4. Indessen ist dieser Gebrauch nur möglich in Verbindung mit einem Genetiv, Adjectiv oder Relativsatz, so
dass die Grundbedeutung von copia dabei immer noch hervortritt,
cf. *Attius Eurysaces* 371:

  Nihil est: si autem a te res tardat, socium in portu est copia,
  Quae subsistat, modo tute ipse tete offirma et compara.

565. *deseruere*] Asyndeton adversativum = aber es
hatten verlassen etc. Auch dieses Asyndeton sowohl innerhalb
einer Periode als auch zwischen zwei Perioden wird erreicht
durch schroffe Gegenüberstellung der Gegensätze, cf. *Cic. p. Rosc.*
Am. §. 67: nolite enim putare eos qui aliquid impie scelerate-
que commiserunt agitari et perterreri furiarum taedis ardentibus: sua quemque fraus et suus terror maxime vexat etc.
Nägelsbach, Stilist. §. 199, 2.

566. *aegra*] = aegri animis = verzwefelnd, cf. *Enn.*
Trag. 360 (*R*): Animus aeger semper errat neque pati neque
perpeti Potis est. *Eurip. Med.* 6:

οὐ γὰρ ἄν δέϲποιν' ἐμή
Μήδεια πύργουϲ γῆϲ ἔπλευϲ' 'Ιωλκίαϲ
ἔρωτι θυμὸν ἐκπλαγεῖϲ' 'Ιάϲονοϲ

übersetzt *Enn. Med.* 212: nam numquam era errans mea domo ecferret pedem | Medea animo aegra amore saevo saucia. Vergils Breviloquenz besagt also: ihre Körper waren erschöpft, ihr Geist entmuthigt.

567. *iamque adeo super unus eram*] Die Verbindung iamque adeo als Uebergangspartikel findet sich noch V, 268. 864. VIII, 585. XI, 487, cf. XI, 275. Die gewöhnliche Doctrin über diese Partikeln vertritt *Wagner*, Quaestt. Virg. p. 502: interdum adeo ita ponitur, ut non habeamus quod in vernaculo sermone ei respondeat, solaque-soni vocisque intentione a nobis exprimi possit, cf. VII, 427 haec adeo tibi me, placida cum nocte iaceres, ipsa palam fari omnipotens Saturnia iussit, VII, 629: quinque adeo. Temporalibus particulis nunc et iam iunctum intendit earum vim. Beispiele für nunc adeo finden sich XI, 314. IX, 156, wobei immer die vorausgegangene Rede kurz abgebrochen und zu dem wesentlichen Gedanken oder Vorhaben des Redners übergegangen wird.

Die Verbindung des adeo mit iam oder nunc ist ebenso zufällig als die mit jedem anderen Worte. Es schliesst sich adeo nicht so sehr an iam an, als vielmehr an den betonten Begriff des Satzes, z. B. an unus = unus adeo supereram = vollständig, durchaus, jedenfalls, allerwege, und entspricht im Griechischen bald dem περ, bald dem δή, cf. *Hom. Il.* VI, 325: νῦν δή πέρ μευ ἄκουϲον, ἐπεὶ πάροϲ οὔποτ' ἄκουϲαϲ = jetzt aber höre doch jedenfalls auf mich, nunc adeo me audi. Wie an unserer Stelle adeo zu unus, so gehört es V, 268 zu omnes, V, 864 zu scoꝑulos subibat, VIII, 585 zu exierat, XI, 487 zu thoraca indutus; am klarsten aber erkennt man dieses Verhältniss XI, 275: haec adeo ex illo mihi iam speranda fuerunt tempore, cum ferro caelestia corpora demens adpetii = Solches musste ich bereits erwarten, jedenfalls schon damals, als etc. Vgl. ὡϲ τὸ πάροϲ περ, ἢ τὸ πάροϲ περ, ὁππότ' ἐγώ περ. Wie περ die Bestimmtheit und τι die Unbestmtheit ausdrückt, so dass ὅπερ und ὅ τι oder οἵουϲ περ und ὁποίουϲ τινάϲ gerade Gegensätze sind, ähnlich steht iamque adeo unus supereram gegenüber dem iamque prope unus supereram[1]), oder adeo omnes dem fere (ferme) omnes[2]). So erklärt sich III, 203: tris adeo incertos caeca caligine soles erramus pelago, totidem sine sidere noctes, wo adeo nur bedeutet, dass incertos nicht in ungefährem, sondern im wahren und vollständigen Sinne des Wortes gilt[3]). Ebenso VII, 427: haec adeo tibi = gerade, ausdrücklich dir und keinem andern, wie *Ecl.* IV, 11: teque adeo decus hoc aevi, te consule inibit, oder *Ecl.* 9, 59. hinc adeo media est nobis via = hier haben wir ja gerade genau die Hälfte des Weges. — Die Tmesis in superesse findet sich ebenfalls VII, 559: ego, siqua super fortuna laborum est, ipsa regam. *Ecl.* 6, 6: namque super tibi erunt qui dicere laudes, Vare, tuas cupiant. Das Adverb super scheint sich auch in der Composition vollständig mit eigenem Accent erhalten zu haben. Vgl. *Lachmann* zu *Lucr.* VI, 514.

limina Vestae] Den Tempel der Vesta haben wir uns neben dem Palaste des Priamus zu denken. Eben wie Aeneas sorgfältig alle Orte ringsum durchspäht, bemerkt er im Verborgenen die Helena. Er selbst befindet sich nicht mehr auf der Höhe des Palastes, sondern ist bereits herabgestiegen, um einen verborgenen Weg zu dem Hause des Anchises zu finden, cf. 570.

568. *secreta in sede*] Nicht in dem Pronaos, sondern im adytum hinter der Thüre, welche in die cella führte. Der Brand in der Nähe vom Hause des Priamus lässt den Aeneas die Helena an verborgener Stätte auch in der Nacht erkennen.

572. *poenas Danaum*] Vgl. *Enn. Iphigen.* 195, wo Agam. spricht: Pro malefactis Helena redeat, virgo pereat innocens? Tua reconcilietur uxor, mea necetur filia? Lesches lässt auch den Menelaus der Helena zürnen, aber durch den Anblick ihrer

---

[1]) Vgl. *Pacuvius Trag.* 411: interea prope iam occidente sole inhorrescit mare, wo prope nicht zu iam, sondern zu occidente gehört. *Trag. inc.* p. 222 (*R.*): postquam pater | appropinquat iamque paene ut compraehendatur parat.

[2]) Vgl. *Enn. Ann.* 286: iamque fere pulvis ad caelum vasta videtur. *ib.* 580: iamque fere quattor. *Hect. Lustra* 201 (*V.*): castrisque castra inferre iam fere occupat.

[3]) Aquilius bei *Ribb. Com.* p. 27: Ut illum di perdant, primus qui horas repperit quique adeo primus statuit hic solarium. *Ibid.* p. 28: itaque adeo iam oppletum oppidumst solariis, wo adeo zu oppletum gehört. *Caecil. Com.* 34: iam me adeo manta, iam hoc vide, denn es soll das starke Verbum mantare im vollen Sinne des Wortes gelten.

Schönheit wird er sofort überwunden. Vgl. *Eur. Androm.* 627 (*Peleus* zu *Menelaus*):

> ἑλὼν δὲ Τροίαν, εῖμι γὰρ κἀνταῦθά coι,
> οὐκ ἔκτανες γυναῖκα χειρίαν λαβών·
> ἀλλ᾽ ὡc ἐceῖδεc μαcτόν, ἐκβαλὼν ξίφοc
> φίλημ᾽ ἐδέξω, προδότιν αἰκάλλων κύνα,
> ἥccων πεφυκὼc Κύπριδοc, ὦ κάκιcτε cύ.

Diese Sage scheint Veranlassung zu einem Sprüchwort gegeben zu haben, welches noch zu erkennen ist bei *Eur. Orest.* 1287: ἆρ᾽ εἰc τὸ κάλλοc ἐκκεκώφηται ξίφη; die ganze Scene hat vielleicht aus Lesches reproducirt *Quint. Smyrn.* 354—414, wo sich mehrere Ausdrücke finden, welche Vergil mit ihm gemeinsam hat.

Von Künstlern wurde diese Scene glücklich nachgebildet.

573. *praemetuens*] Vgl. *Phaedrus* 1, 16, 3: ovem rogabat cervus modium tritici, lupo sponsore. at illa praemetuens dolum etc.

communis erinys] Vergil gebraucht promisce neben furia auch erinys, cf. VII, 447. 570. Die gewöhnliche Form der Prosa zeigt *Liv.* XXX, 13, 12: illis nuptialibus facibus regiam conflagrasse suam, illam furiam pestemque omnibus delenimentis animum suum avertisse atque alienasse. Ueber die Erinyen vgl. *Nägelsbach*, Hom. Theol. p. 262 sqq.

574. *aris invisa sedebat*] *Henry:* Nicht = abdita, sondern odiosa, die verhasste, und daher nicht ohne Grund praemetuens, cf. 601: Tyndaridis facies invisa Lacaenae. Die Gründe von Henry sind alle nichtig, denn praemetuens ist bereits genügend motivirt und neben aris sedebat erwartet man den Begriff occulta oder in occulto, nicht aber einen Begriff, welcher 571 und 572 in lästiger Weise wiederholt. Aber freilich in der Bedeutung „ungesehen“ kommt invisus nirgends vor. Wir haben also in dieser zweifelhaften Partie einfach ein exemplum epicae loquacitatis zu notiren, aber sicher nicht ad imitandum!

576. *sceleratas sumere poenas*] Hätte Aeneas die Helena an den Stufen des Altars getödtet, so hätte er ein Verbrechen begangen. In der Leidenschaft und Aufregung (588: furiata mente) urtheilte er allerdings anders oder dachte an ein scelus der Helena gegenüber nicht, aber später, als er vor Dido ruhig und gelassen erzählte, konnte er nicht anders, als die Verletzung einer

supplex divae für ein scelus zu erklären. Nach *Ladewig*. Vgl.
zu I, 344. Sceleratus ist = sceleris alicuius vel hominum scele-
storum contagione pollutus, cf. II, 230. III, 60. VIII, 563.
Meyer.

577. *scilicet   aspiciet*] L o g i s c h ist die Frage, welche mit
scilicet eingeführt wird, bis comitata ministris d e r V o r d e r s a t z
zu den folgenden Fragen: occiderit ferro Priamus etc. Die ganze
Form entspricht einem Enthymem.   G r a m m a t i s c h erscheinen
aber alle diese Fragen für sich selbständig, wie es der I n d i g -
n a t i o n des Denkenden (oder Sprechenden) entspricht.

Wie verhalten sich nun zu einander die beiden Futura? Denn
in occiderit, arserit, sudarit haben wir ebenso den Indicativus
(fut. ex.) zu suchen, wie in videbit. Nehmen wir für beide Fragen als Basis die damalige Gegenwart an, so ist der Tod des
Priamus bereits vollendet, occidit Priamus, arsit Troia etc., dagegen die Heimkehr der Helena steht eben bevor, videbit oder
visura est. Aeneas sieht die Heimkehr der Helena als gewiss und
sicher bevorstehend an, daher das Futurum simplex. Damit
bringt er den Tod des Priamus in Relation: Helena wird heim-
kehren und Priamus ist dann todt, Troia ein Raub der Flammen etc. Wenn nun, der erste Satz in die zukünftige Zeit fällt,
so müssen auch die Verba der Sätze, welche dazu in Beziehung
gesetzt werden, in die Zukunft fallen. Nun aber enthalten diese
bereits vollendete Zustände, folglich müssen sie in der Zukunft
als vollendet erscheinen. Daher futurum exactum und zwar Indicativus desselben. Wegen des Modus ist zu vgl. *Cic. p. Sest.*
§. 30: hoc vero quid est? exterminabit cives Romanos edicto
consul a suis dis penatibus? expellet ex patria? deliget quem volet? damnabit atque eiciet nominatim? Vgl. *Aen.* VI, 375 und
zu I, 49. Futurum simplex und fut. exactum sind ebenso wie
oben mit einander verbunden IV, 590: pro Iuppiter i b i t hic,
ruft Dido indignirt aus, et nostris i n l u s e r i t advena regnis, denn
sie hat die contumelia bereits erfahren.

Bei Fragen, in welchen I n d i g n a t i o n mit V e r w u n d e r u n g
g e m i s c h t ist, in denen es sich nicht um ein Factum, sondern
nur um eine Möglichkeit handelt, an welche der Sprechende gar
nicht glauben kann, steht natürlich der C o n j u n c t i v u s, cf. *Mad-*
vig zu *Cic. Fin.* II, §. 76: eamne rationem igitur sequare, qua
tecum ipse et cum tuis utare, profiteri autem et in medium pro-

ferre (= proloqui) non audeas? Folglich ist es verkehrt, wenn man (ausser Halm natürlich) immer und immer wieder *Cic. p. Sest.* §. 32 für das hdschr. audeas glaubt audebas emendiren zu müssen. Es ist zu emendiren: etiamne edicere a u d e a s, ne m a e r u e r i n t homines meam suam reip. calamitatem, ne hunc suum dolorem veste s i g n i f i c a r i n t? Denn das Verbot lautet wörtlich: n e v e l i n t s i g n i f i c a s s e, cf. *Madvig*, Opusc. II, 124. *Mommsen ad Sc. de Bacchan.* p. 44.

579. Diesen Vers erklärte Wagner für unächt mit Gründen, welche mir bis jetzt nicht widerlegt zu sein scheinen: Num igitur p a r e n t e s Helenae superstites erant? Aut pater eius cum Iuppiter perhibeatur, quomodo illum rursus visura erat? Leda illa quidem mortua erat, cf. *Odyss.* XI, 298, Tyndarus vero, quod ex Homeri silentio conligitur, in vita tum non fuerat. Videtur corrigendum: d o m u m q u e p a t r i s. At cum v. 577 legatur p a t r i a s q u e Mycenas, quis ita Vergilium scripsisse putabit? Nam quod dicas poetam ab vulgari fabula recessisse, hoc profecto non potuit in re omnium notissima ac paene historiarum luce inlustrata. Quid? naturae aut menti consentaneum videtur, consalutari propinquos et consanguineos m i x t a t u r b a I l i a c a? At hunc versum expunge: iam versum 578 optimo ordine ac ratione excipiet versus 580. Nam perfecta est victricis quasi et triumphantis reginae species vel imago. Et cum omnia haec spectent ad Helenae in Làcedaemoniorum civitatem adventum, absurda profecto est c o n i u g i i notitia, quem ante reditum magis Troiae quam adventu Spartae visura erat. Ac ne Troiae quidem eum visura erat I l i a d u m t u r b a et P h r y g i i s c o m i t a t a m i n i s t r i s. Hic igitur versus et ineptus et confictus videtur ad similitudinem IX, 269 sq. Zur Vergleichung folgt hier wörtlich die Antikritik von Lädewig: Dieser Vers enthält einfach (?) eine Aufzählung der Freuden, welche dem lange Abwesenden (?) die Heimath bietet. Freilich konnte Helena nicht triumphirend nach Hause zurückkehren, freilich musste der Anblick ihres Vaters Tyndareus (ihre Mutter war schon todt) und ihrer Tochter Hermione sie mit Scham erfüllen; aber diese Worte spricht ihr Todfeind Aeneas, der richtig voraussieht, dass Helena bald nach ihrer Heimkehr ganz in ihre früheren Verhältnisse zurückkehren wird. Der Plur. p a t r e s n a t o s q u e ist gewählt, um das Glück der Helena, welches sie in der Heimath unverändert finden wird, dem traurigen Loose der

Troianer, die sämmtlich Familienverluste zu beklagen haben, ent-
gegenzustellen [1]).

582. *Dardanium litus*] = Die Ebene von Troia an der
Meeresküste, wo Griechen und Troianer ihre Schlachten schlugen.
— Zu sanguine sudarit vgl. *Enn. Hect. Lustra* 150: aes so-
nit, franguntur hastae, terra sudat sanguine, mit *Enn. Hecuba*
164: pergunt lavere sanguen sanguine.

583. *etsi nullum memorabile nomen*] Henry vergleicht das
Gebet des *Arruns* XI, 790 sqq., als er den Tod der Camilla vorbereitet: non exuvias pulsaeve tropaeum virginis aut spolia ulla
peto, mihi cetera laudem facta ferent: haec dira meo dum volnere pestis pulsa cadat, patrias remeabo inglorius urbes. Die
Situation ist indessen verschieden, weil dort Arruns einen hinter-
listigen Angriff auf eine Jungfrau im Kampfe beabsichtigt. Aehn-
licher ist IV, 94 die Aeusserung der Juno: magnum et memorabile nomen (codd. numen), una dolo divom si femina victa
duorum est. Dem Condicionalsatz entspricht hier: feminea
in poena.

585. *nefas*] = scelus von Personen, in welchen die Sünde
und der Frevel gewissermassen personificirt erscheint. Nefas
kommt so weiter nicht vor, häufig aber scelus, cf. Klotz zu
Terent. Andr. I, 5, 15 (250).

merentis] Ob Gen. Sing. oder Acc. Plur.? Aber man sagt
nicht sumere poenam alicuius = ab aliquo noch auch merentes poenas sumere = meritas. *Häckermann* II. 32 will deshalb zu merentis (Acc.) sumi ergänzen = et sumpsisse poenas
sumi merentes. Dies ist freilich eine merkwürdige Tautologie.
Wie ganz anders klingt II, 229 und X, 492! Man muss also in
dieser Partie, deren Ueberlieferung sehr zweifelhaft ist, lieber eine
Unebenheit des Ausdrucks statuiren, als eine kritisch unsichere
Stelle, wie VII, 307 (cf. *Ribbeck*) zur Vergleichung heranziehen.

587. *ultricis flammae*] Wie I, 215 implere so scheint hier
explere mit dem Genet. verbunden zu sein. Dies ist aber nur
Schein. Denn was soll animum ultrici flamma explere heissen?
Flamma ist = furor, kann also von jeder Leidenschaft, von Liebe
und Hass, gebraucht werden, cf. VII, 356. In animum ex-

---

[1]) Die eigenthümliche Verbindung der Substantiva kann auch nicht
durch Stellen, wie *Ecl.* 1, 81 oder *Georg.* I, 138 gerechtfertigt werden.
Vgl. *Haupt*, Observatt. p. 31 sq.

plere (cf. *Ter. Andr.* 195) ist animus das **Verlangen, Be-
gehren nach etwas**. Also ist ultricis flammae von animus
abhängig: das Verlangen der brennenden Rachgier stillen,
sättigen = saturare. Aber für eine solche Verbindung (= ardor
animi, conmotio animi) wird sich nicht leicht ein Beispiel finden
lassen. Also ist hier eine Incorrectheit des Ausdrucks zu notiren.
Man erwartet wenigstens: animique explesse invabit ultricis
flammas oder ultricem flammam et etc.

591. *alma parens*] Merkwürdig ist es, dass dieselbe Begegnung, welche hier zwischen Aeneas und Venus stattfindet, bei
Quint. Smyrn. XIII, 389 erwähnt wird, nur dass hier Venus
dem Menelaus in dem Augenblick erscheint, wo dieser das Schwert
gegen seine treulose Gattin erhebt: ἥ ῥά οἱ ἐκ χειρῶν[1]) ἔβαλε
ξίφος, ἔσχε δ' ἐρωήν.

confessa deam] In den vorgeschichtlichen Zeiten des Alterthums verkehrten die Götter noch ganz gewöhnlich mit dem Men-
schengeschlecht. Dies zeigen die Verbindungen mit sterblichen
Frauen oder Männern, dies erklärt die Anwesenheit der Götter
bei der Hochzeit des Peleus, cf. *Iliad.* XXIV, 62 und *Hesiod.*
frgm. 187: ξυναὶ γὰρ τότε δαῖτες ἔσαν, ξυνοὶ δὲ θόωκοι ἀθα-
νάτοισι θεοῖσι καταθνήτοις τ' ἀνθρώποις. Aber schon die Sage
von Zeus und Semele bekundet das Gefühl, dass das menschliche
Auge nicht im Stande ist, die Majestät des höchsten Gottes zu
schauen. Und wirklich kommt in der Troianischen Sage eine
Begegnung des Zeus mit Menschen nicht mehr vor, er bedient
sich immer der Iris, des Hermes, des Hypnos etc. zu diesem
Verkehr. Ein persönlicher Verkehr der übrigen Götter mit Menschen findet zwar bei Homer noch häufig genug statt, aber er
ist doch schon Ausnahme geworden und wird nur einzelnen be-
vorzugten Günstlingen zu Theil. Daher heisst es *Od.* XV, 164:
οὐ γάρ πω πάντεσσι θεοὶ φαίνονται ἐναργεῖς und III, 221:
οὐ γάρ πω ἴδον ὧδε θεοὺς ἀναφανδὰ φιλεῦντας, ὡς κείνῳ
(dem Odysseus) ἀναφανδὰ παρίστατο Παλλὰς Ἀθήνη. *Il.* XXIV,
463 sagt Hermes: ἀλλ' ἤτοι μὲν ἐγὼ πάλιν εἴσομαι οὐδ' Ἀχι-
λῆος ὀφθαλμοὺς εἴσειμι· νεμεσσητὸν δέ κεν εἴη ἀθάνατον θεὸν
ὧδε βροτοὺς ἀγαπαζέμεν ἄντην. Noch weniger erfahren wir
etwas davon, dass himmlische Götter sterblichen Menschen in
ihrer himmlischen Majestät erschienen, wie es hier Vergil von

---

[1]) *Verg.* 592: dextraque prehensum continuit.

Venus rühmt, wenn nicht etwa das Homerische Wort ἐναργής
dies ausdrücken soll. Vgl. *Nägelsbach*, Hom. Theol. 151 sq.
Ueber die dem homerischen Menschen bekannte Gestalt der Götter
ibid. 164 und *Nitzsch* zu *Od.* III, p. 128, über die ausserordentliche Grösse der Götter und die Vorstellung, dass Grösse und
Schönheit unzertrennlich sind, cf. *Nägelsb. ibid.* p. 16.

593. *roscoque ore*] Das Epitheton erscheint mir hier unpassend, wenn man es als o r n a n s und nicht vielmehr als p e r p e -
t u u m auffasst ohne besonderen Ton, d. h. ohne Einfluss auf die
Situation. Denn Venus erscheint hier als Göttin und Mutter,
nicht aber als Liebesgöttin, der Ernst der Situation schliesst jeden
Gedanken an Liebe und Verlangen aus. Vgl. *Jacob*, Quaestt. p. 18.

600. *tulerint — hauserit*] Ist dies das perf. Conjunctivi oder
fut. exactum? Vgl, zu I, 372 und *Gell. Noctt. Att.* XVIII, 2.

inimicus et ignis] Die Conj. et findet sich zwischen Adjectiv
und Subst. I, 333. II, 383. III, 430. IV, 704. V, 344. 667. 764.
VIII, 517. X, 448. XI, 367. *Ecl.* I, 35. 69. *Georg.* II, 404. III,
3. 350. Zwischen Gen. und Acc. etc. XI, 519. 569. *Georg.* I,
402. Zwischen Subst. und Adject. IV, 124. 165. V, 325. VI,
841. XII, 30. *Georg.* II, 194. Hinter dem einfachen Subst. IV,
418. 513. *Ecl.* 2, 10. 4, 54. 7, 60. *Georg.* I, 304. 426. Hinter
dem Verbum II, 73. III, 668. IV, 512. 515. *Ecl.* 3, 89. 8, 55.
Hinter dem Adverb: I, 262. VI, 449. VIII, 329. *Georg.* I, 248.
Hinter einem Adj. u n d Subst. XII, 381. *Haupt*, Observatt. p. 48.

601. Gewöhnlich vergleicht man *Hom. Il.* III, 164: οὔ τί μοι
αἰτίη ἐccί· θεοί νύ μοι αἴτιοί εἰcιν. Worte des Priamus an Helena. Wichtiger ist es, dass Agamemnon in derselben Situation
bei *Quint. Smyrn.* XIII, 409 zu Menelaos sagt:

> ἴcχεο νῦν, Μενελάε, χολούμενοc· οὐ γὰρ ἔοικε
> κουριδίην παράκοιτιν ἐναιρέμεν, ἧc πέρι πολλὰ
> ἄλγε' ἀνέτλημεν Πριάμῳ κακὰ μητιόωντεc·
> οὐ γάρ τοι Ἑλένη πέλει αἰτίη, ὡc cύγ' ἔολπαc,
> ἀλλὰ Πάρις, ξενίοιο Διὸc καὶ cεῖο τρᾶπέζηc
> λησάμενοc· τῷ καί μιν ἐν ἄλγεcι τίcατο δαίμων.

602. Die stärkere Interpunktion nach culpatusve Paris, welche
Ribbeck angenommen hat, empfahl zuerst Häckermann bei *Mützell*
X, 277. Er erklärt: Non Tyndaridis facies invisa Lacaenae tibi
culpata vel Paris culpatus est. Und womit belegt er diesen Gebrauch von c u l p a t u s? Mit *Macrob. Sat.* VII, 6, 12: quid aceto
frigidius, quod culpatum vinum est? Und was heisst dies? Offen-

bar: acetum culpatum (= vitiatum, corruptum) vinum est! Vgl.
I. v. Jan. Was hat also diese Stelle mit Vergil zu schaffen?
Man wird also nach Paris wieder ein einfaches Komma zu setzen
und zu erklären haben: Nicht hat dir Troia zerstört (d. h.
ist Schuld an der Zerstörung) die dir verhasste Schönheit
der Helena (d. h. die dir verhasste Helena durch ihre Schönheit) oder der oft von dir getadelte, beschuldigte Paris,
nein die Götter allein sind schuld etc.

Dass tibi wegen seiner Stellung neben non nur zu evertit,
nicht zu invisa bezogen werden kann, ist dem Kenner der lateinischen Sprache klar und deutlich; warum man aber bei invisa
hier an den Hass der Troer überhaupt und bei culpatus an den
Vorwurf denken soll, welchen, wie oben bei Quintus die Griechen dem Paris machten, sehe ich nicht ein, da Venus es doch
nur mit der Leidenschaft des Aeneas zu thun hat. Oder hat
nicht auch Hector dem Paris in Zeiten der Noth diesen Vorwurf
gemacht? Warum nicht auch Aeneas, welcher mit Antenor zur
Friedenspartei gehörte? Und hat er nicht soeben seinem Hass
gegen Helena lebhaften Ausdruck verliehen? Ist in dem Hass
gegen Helena nicht zugleich der gegen Paris mit enthalten? Nur
war dieser bereits todt, während Helena dem Aeneas lebendig
gegenüber steht. Er hatte also keinen Grund, den Paris zu
schmähen. Venus aber behandelt die Sache mehr objectiv, daher
muss sie auch des Verführers gedenken.

602. *divom — divom*] *Rufinianus* §. 11: Διακοπή sive δια-
cτολή est (latine dicitur separatio), cum inter duo eadem verba
diversum ponitur aliquid medium, ut *Georg.* IV, 358: duc, age,
duc ad nos, IV, 447: scis, Proteu, scis ipse. Die älteren
Rhetoren begriffen diese Figur mit unter der ἀναδίπλωcιc (=
ἐπανάληψιc) oder conduplicatio. Ihr Wesen beruht in der
iteratio ciusdem unius aut plurium verborum, ihr Zweck ist die
amplificatio oder commiseratio, cf. *Cornificius* IV, 28, 38. Beispiele: *Cic. p. Rosc. Am.* §. 125, *p. Mur.* §. 63. 83. *p. Mil.*
§. 67. An unserer Stelle ist mit dieser Figur ausgedrückt, dass
die Erbarmungslosigkeit der Götter allein und zwar nur diese die
Ursache von dem jämmerlichen Fall Troia's ist. — Zu a culmine vgl. II, 290. — Zur Sache vgl. *Quint. Smyrn.* XIII, 415:

θεοὶ δ' ἐρικυδέα Τροίην
κυανέοιc νεφέεccι καλυψάμενοι γοάαcκον,
νόcφιν ἐυπλοκάμου Τριτωνίδοc ἠδὲ καὶ Ἥρηc,

αἳ μέγα κυδιάασκον ἀνὰ φρένας, εὖτ' ἐσίδοντο
περθόμενον κλυτὸν ἄστυ θεηγενέος Πριάμοιο.

Vergil muss also eine mit Quintus gemeinschaftliche Quelle vor
Augen gehabt haben, wahrscheinlich Lesches, er weicht aber doch
wieder sehr ab, um die Tendenz seines Gedichtes scharf hervorzuheben: Troia's Untergang war durch menschliche Kraft und
Macht nicht aufzuhalten, es musste dahinsinken, damit Rom um
so reiner und herrlicher im Westen sich erheben konnte.

604. *aspice, namque*] Vgl. zu I, 65. Zur Sache vgl. *Hom.*
Il. V, 127 ἀχλὺν δ' αὖ τοι ἀπ' ὀφθαλμῶν ἕλον, ἣ πρὶν ἐπῆεν.
Aeneas erhält also durch Venus für einen Augenblick göttliche
Sinnesschärfe, wodurch die Götter den Menschen ebenso
überlegen sind, wie durch ausserordentliche Schnelligkeit
ihrer Bewegung. Vgl. *Nägelsbach*, Hom. Theol. p. 20 sq.

606. *tu nequa parentis etc.*] Asyndeton consecutivum:
Venus schärft den Blick des Aeneas und lässt ihn erkennen, dass
gegen den Willen der Götter menschliche Tapferkeit nichts mehr
vermag: Darum soll er vor einer Flucht sich nicht mehr scheuen,
welche ihm der göttliche Befehl auferlegt. Denn unter diesen
Umständen ist die Flucht keine schimpfliche Feigheit mehr, sondern nur ein vernünftiges Weichen vor der Nothwendigkeit.

609. *undantem pulvere fumum*] In der Schilderung von der
Eroberung und Zerstörung von Artaxata durch Corbulo hat *Tac.*
Ann. XIII, 41 offenbar den Vergil zum Vorbilde: adicitur mira-
culum velut numine oblatum. nam cuncta tectis tenus sole in-
lustria fuere, quod moenibus cingebatur repente ita atra nube
coopertum fulguribusque discretum est, ut quas infensantibus dis
exitio tradi crederetur.

610—611. Vgl. *Hom. Il.* XII, 27: αὐτὸς δ' ἐννοσίγαιος
ἔχων χείρεσσι τρίαιναν ἡγεῖτ', ἐκ δ' ἄρα πάντα θεμείλια κύμασι
πέμπεν.

613. *prima tenet*] = πρόμος oder πρόμαχος, wie I, 27, cf.
Lehrs de Aristarchi studiis p. 101 (= der vorderste). *Auten-*
rieth zu *Hom. Il.* p. 349. — furens deutet auf die Leidenschaft
der blinden Rachsucht der Göttin hin. Vgl. *Nägelsbach*,
Hom Theol. p. 34 sq.

614. *ferro accincta vocat*] Ehe Aeneas seinen Blick zurück
auf die Burg wendet (615), erhält er durch eine Pause Gelegenheit, die Verwüstung des Neptun und der Juno zu überschauen.
Der Eindruck ist zu gewaltig, als dass der Schauende mit dem

Auge sofort den Worten der Göttin folgen könnte. Daher der
Halbvers. Vgl. *Liv.* V, 42, 3: Romani ex arce plenam hostium
urbem cernentes vagosque per vias omnes cursus, cum alia atque
alia parte nova aliqua clades oreretur, non mentibus solum con-
sipere sed ne auribus quidem atque oculis satis constare poterant.

615. *arces Tritonia*] Denn sie erbaut und zerstört die Burgen, cf. *Ecl.* 2, 61: Pallas quas condidit arces ipsa colat. Vgl.
Catull. 66, 8.

616. *limbo effulgens*] Schon Servius kannte die beiden Lesarten nimbo und limbo. Die erstere ist jetzt von allen Kritikern
ausser Wagner aufgegeben. Er erklärt *Philol. Suppl.* I, 334:
Pallas effulget ex nocturna scilicet caligine, nimbo et Gorgone.
Wie aber sollte bei der caligo und dem nimbus (Gewittersturm
und Regen) ein fulgor denkbar sein? Vgl. IV, 120: his ego ni-
grantem commixta grandine nimbum desuper infundam. Ferner
kommt dieses Element wohl der Juno zu, nicht aber der Pallas,
cf. zu I, 77. 130.

Athene muss nothwendig hier mit den Attributen ausgezeich-
net werden, welche sie als furchtbare Kriegsgöttin und Städtever-
nichterin (ἐρυcίπτολιc, περcέπολιc) chrakterisiren. Das eine Attribut ist die Aegis. Aber diese führt auch Juppiter. Um also
die weibliche Gottheit kenntlich zu machen, erwähnt der Dichter
das der Pallas eigenthümliche, glänzende Gewand, den Peplos.
Die Göttin blitzt also hervor mit dem Peplos und der Aegis angethan = γοργῶπιc. Beide Attribute aber werden nur per
synecdochen, d. h. ex parte pro toto, angedeutet, also der Phantasie des Lesers zur Ausführung überlassen. Die Aegis wird bezeichnet nach dem schrecklichen, Alles versteinernden Gorgoneion,
der Peplos nach dem gestickten Saum (limbus = instita?) des
Frauenkleides, cf. IV, 137 tandem progreditur magna stipante
caterva Sidoniam picto chlamydem circumdata limbo. Vgl. *Henry*
II, 108 sq. *Preller*, Gr. Myth. I, 152 sq. Von antiken Denk-
mälern vgl. die Pallas-Statue in Dresden bei *O. Müller* u. *Wieseler*, Bd. I, Tafel X n. 36, ferner II. Bd., Tafel XIX und XX.
Ueberall sehen wir hier wie das Gorgoneion dazu dient, die Ge-
wandung zusammen zu halten. Vgl. *Ruhl* in der Ztschr. für Alter-
thumswissenschaft 1848 p. 105 sqq. Schliesslich kann ich das
Bedenken nicht unterdrücken, ob mit nimbus nicht die mit
Blitzen umleuchtete Donnerwolke gemeint sein könnte, welche den
funkelnden Sturmschild (Aegis) umgab. Vgl. *Preller*, Gr. Myth. I, 94.

O. Jahn in Gerhards Denkm. und Forsch. 1863, Lief. 59 u.
175, p. 69.

Ist dem so, so würde effulgens enger mit nimbo zu verbinden sein und auf diese Weise ein Epitheton ersetzen, welches
man ungern vermisst = cum nimbo fulgure fulgenti. Denn
dass saeva zu Gorgone gehört und nicht etwa als Nom. den
Charakter der Pallas im Allgemeinen bezeichnet, ist selbstverständlich. Vgl. *Hom. Il.* V, 741: ἐν δέ τε Γοργείη κεφαλὴ δει-
νοῖο πελώρου δεινή τε ϲμερδή τε. Διὸϲ τέραϲ αἰγιόχοιο.

617. *viresque secundas*] = Die Kraft des Erfolgs, welche
Glück und Sieg zu verleihen pflegt, cf. V, 491: clamore secundo,
338: plausuque volat fremituque secundo. VIII, 90: ergo iter in-
ceptum celerant rumore secundo. Vgl. *Liv.* VII, 33, 16: Sa-
mnites cum quaereretur, quaenam prima causa tam obstinatos mo-
visset in fugam, oculos sibi Romanorum ardere visos aiebant ve-
sanosque voltus et furentia ora; inde plus quam ex alia ulla re
terroris ortum. Daraus kann man entnehmen, was suscitare,
arma, animos viresque sufficere (= suscitare, addere) bedeutet.

Und warum greift selbst Zeus mit ein und erweist sich
thätig bei der Vernichtung Troias? Er thut dies, weil er in
höchster Instanz das göttliche Strafamt übt, die göttliche Gerechtigkeit vertritt (Ζεὺϲ νεμέτωρ): νέμει τοι δίκαν θεὸϲ ὅταν τύχῃ.
Und wie das Alterthum die Zerstörung Troia's erklärte, zeigt, abgesehen von Horaz, bereits *Herodot.* II, 120: τοῦ δαιμονίου
παραϲκευάζοντοϲ ὅκωϲ πανωλεθρίῃ ἀπολόμενοι (οἱ Τρῶεϲ) κα-
ταφανὲϲ τοῦτο τοῖϲι ἀνθρώποιϲι ποιήϲωϲι, ὡϲ τῶν μεγάλων
ἀδικημάτων μεγάλαι εἰϲὶ καὶ αἱ τιμωρίαι παρὰ τῶν θεῶν.

619. *eripe nate fugam*] Erklärt Jahn: cum ex universa urbis
ruina nihil aliud eripere possis, saltem eripe fugam, i. e. fugiendi
potestatem. Das Gewöhnliche wäre rapere fugam = matu-
rare fugam, cf. *Ovid. Fast.* III, 867. Das verbum simplex genügt aber hier nicht. Denn Aeneas war bereits auf der Flucht
und hatte sich nur durch die heftige Leidenschaft gegen Helena
an der Fortsetzung derselben hindern lassen; jetzt soll er die
Flucht vollenden. Das ist die Bedeutung des verbi compositi.
Deutlich sieht man dies aus *Curt.* V, 13, 15. Vorher heisst es
vom König Dareus: paulisper inhibuit cursum. Darauf:
Bessus vero et ceteri facinoris eius participes vehiculum Darei
adsecuti coeperunt hortari eum, conscenderet equum et se

hosti fuga eriperet. *Döderlein*, Reden u. Aufs. II, 312 und
zu *Hor. Sat.* II, 1, 86 erkennt in fugam eripere eine Brachylogie, wodurch das eigentliche Object des Verbums übergangen
und ein Nebenbegriff desselben Satzes, meist ein Abl. oder Dativ,
der das Mittel oder den Zweck der Handlung bezeichnet, zum
Object erhoben wird. So wurde aus eripe te fuga auf diese
Weise eripe fugam, so sei ferias mactare aus hostias mactare feriis (?) entstanden. So erkläre sich: foedus ferire, morbum excusare, pontem iungere. Aehnlich erklärt er Horazen's
ilia ducere *Ep.* I, 1, 9 = ex ilibus spiritum ducere, und lae-
dere collum *Carm.* III, 27, 60 = elidere spiritum e collo, und
mutat terra vices IV, 7, 2 = mutat se terra vicibus, und
Schiller: Sagt, wohin wendet Ihr die Flucht = wohin
wendet Ihr Euch zur Flucht. Alle diese Beispiele lassen
sich indessen einfacher aus dem Gebrauch des inneren Objects erklären, z. B. mutat terra vices für mutat terra muta-
tiones, morbum excusare = morbi excusationem excusare,
fugam eripere = fugae raptum eripere mediis ex hostibus. Vgl.
zu I, 524. Aber die fuga ist nicht nur eine augenblickliche
Nothwendigkeit, sie ist von vornherein die eigentliche und höchste
Aufgabe des Aeneas. Er war an diese bereits von Hector gemahnt worden 289—295, und wenn er trotzdem sich in den
Kampf stürzte, so hat er die ihm vorgeschriebene Aufgabe offenbar aus dem Auge verloren. Das Schicksal des Priamus erinnerte
ihn nur nebenbei an diese Bestimmung, er empfand nur Mitleid
mit dem Geschick der Seinigen, jetzt aber hält ihm Venus die
Flucht wieder als höchste und letzte Aufgabe vor. Dies ist der
labor, welchen Aeneas noch zu bestehen und zu vollenden hat.
Denn finem imponere labori kann unmöglich so viel bedeuten als pugna desistere: finis ist ja der Zweck, den Jemand
hat. Also finem imponere rei heisst: die Sache endlich vollenden,
welche in unserem Zwecke liegt, welche unsere Aufgabe enthält.
Der finis laboris muss also in die Zukunft fallen, nicht aber in
die Gegenwart. Und damit stimmt denn auch der Sprachgebrauch
überein, cf. *Liv.* XXXII, 35, 5: eam opinionem ipse (Philippus)
adfirmavit petendo, ut summotis aliis, ne tempus altercando tereretur et aliqui finis rei inponi posset, cum ipso imperatore Romano liceret sibi conloqui. Der nächste Zweck des Aeneas muss
freilich die Rückkehr in das väterliche Haus sein (620); dass aber
daran nothwendig die weitere Flucht sich knüpfen müsse, das

war für Venus und Aeneas selbstverständlich. Aeneas erkennt auch seine Aufgabe, cf. 635, er sieht deutlich, dass, wenn die Flucht nicht fortgesetzt würde, der Untergang der vereinigten Familienglieder nur um so jämmerlicher sein müsste, cf. 662 sq.

602. *dirae facies*] Vgl. VIII, 194: semihominis Caci facies dira. Die Furien als Rachegöttinnen heissen IV, 473: ultrices Dirae. Die Götter erscheinen hier dem Aeneas als dirae facies wegen der Verwüstung, welche sie anrichten. Vgl. *Hor. Carm.* I, 2, 1 iam satis terris nivis atque dirae Grandinis misit Pater. Ebenso *Georg.* I, 488: diri cometae, weil sie Krieg, Pest und Verheerung prophezeien.

625. *ex imo verti Neptunia Troia*] Troia hatten Phoebus, Apollon und Neptun dem Laomedon erbaut, cf. *Hom. Il.* VII, 453. Nach der Mythendeutung der Stoiker heisst dies: das Meer trat zurück und die Sonne trocknete den sumpfigen Boden aus, so dass Laomedon auf der Stelle eine Stadt erbauen konnte, wo früher nur Wasser oder Sumpf zu sehen war. Jetzt scheint das gewissermassen über dem Meer erbaute Troia wieder in den Abgrund zu versinken. Vergil war mit der stoischen Mythenauslegung gewiss recht gut bekannt.

626. Für das folgende Gleichniss fand Vergil den Vorwurf, nicht aber die Ausführung bei *Hom. Il.* XIII, 389: ἤριπε δ' ὡς ὅτε τις δρῦς ἤριπεν ἢ ἀχερωίς ἠὲ πίτυς βλωθρή, τήν τ' οὔρεϲι τέκτονες ἄνδρες ἐξέταμον πελέκεϲϲι νεήκεϲι νήιον εἶναι.

627. *instant eruere*] Vgl. zu I, 423.

628. *illa usque minatur*] i. e. zu fallen. Henry erklärt: droht mit gewaltsamer Verletzung denen, welche sie fällen wollen, flösst ihnen durch ihre Höhe und Grösse Furcht ein.

Der letzte Satz ist richtig, wenn dabei nicht an einen beabsichtigten Widerstand gedacht werden soll. Denn das Gleichniss malt nur den unaufhaltsamen und bereits widerstandlosen Fall Troia's. Aeneas denkt nicht mehr an die Menschen, sondern nur an die feindlichen Götter, welche Troia zerstören. Diesen gegenüber gibt es keine Vertheidigung als wieder durch Göttermacht. Aber keine Gottheit wagt den Fall der Stadt aufzuhalten.

631. *congemuit*] Nicht blos ächzte, sondern ächzte laut auf, gleichsam mit all' ihrer zu einer letzten Anstrengung gesammelten Kraft. *Henry.* Derselbe vgl. passend *Ovid. met.* VIII, 774:

labefactaque tandem
ictibus innumeris adductaque funibus arbor
conruit et multam prostravit pondere silvam.

632. *descendo*] Aeneas verlässt die höher gelegene Burg und unter der Leitung einer Gottheit — der Hörer und Leser weiss, dass es Venus war — findet er den Weg mitten durch Feind und Feuer hindurch. Der letztere Ausdruck ist aber noch zu allgemein, zu abstract, die Phantasie erhält dabei kein festes und sicheres Bild. Daher der Zusatz: dant tela locum (= deus ictus declinat) flammaeque recedunt. *Quint. Smyrn.* XIII, 328: τοῦ δ' ἐccυμένου ὑπὸ ποccὶ πάντῃ πῦρ ὑπόεικε· περιcχίζοντο δ' ἀυτμαὶ Ἡφαίcτου μαλεροῖο· καὶ ἔγχεα καὶ βέλε' ἀνδρῶν πῖπτον ἐτώcια πάντα κατὰ χθονόc.

634—678: **Anchises weigert sich das Vaterland, Aeneas den Vater zu verlassen.**

Die Weigerung des Anchises im Augenblick des bevorstehenden Todes die Vaterstadt zu verlassen, wird von dem Dichter benützt: 1) um die Aufmerksamkeit auf den ehrwürdigen Greis zu lenken, welcher lieber das Leben, als den vaterländischen Boden lassen will; 2) um den Charakter des Aeneas, d. h. seine pietas, welche nun zwischen der Liebe zum Vater und der zur Gattin und zum Sohne entscheiden soll, auf die härteste Probe zu stellen.

Ist es aber auch in der Natur begründet, dass ein neunzigjähriger Greis, welcher fast Alles, was ihm im Leben lieb und theuer war, unter dem Schwert des Feindes und in den Flammen umkommen sah, in äusserster Verzweiflung lieber umkommen, als sein Leben für eine kurze Frist durch die Flucht verlängern will? Das ist eben die heroische Vaterlandsliebe des Alterthums, wie wir sie an den Phokäern, Numantinern, Abydenern und auch wohl an den Römern bewundern, die moderne Welt kann dieses Gefühl nicht völlig mehr nachempfinden. Aber Anchises sieht doch wenigstens seinen Sohn und Enkel gerettet? Warum gibt er sich der Verzweiflung hin? Warum bringt er seine Lieben eben noch durch seine Weigerung in Gefahr? Sohn und Enkel sind ihm kein ausreichender Trost in dem allgemeinen Unglück. Darum will er lieber sterben und dadurch die Flucht derselben erleichtern. Dass aber seine Weigerung schliesslich verderblich werden konnte, daran glaubt er nicht in sich selbst, sondern vielmehr in Aeneas die Schuld zu finden. Aber alle diese Gründe waren dem Anchises geringfügig gegenüber einem religiösen Bedenken. Er hatte von den Göttern Versprechungen erhalten, welche die glänzende Zukunft seines Geschlechtes versicherten. Jetzt sieht der Greis, wie er glaubt, sich getäuscht. Er verzweifelt an der Liebe und Vorsehung Gottes. Dass Troia's Untergang ein Akt der Gerechtigkeit ist, kann er nicht begreifen, er sieht nur die Gräuel des Krieges, Noth, Elend, Verwüstung, die entsetzliche Erbarmungslosigkeit der Götter, denen er sein Leben lang gedient und geopfert: das Alles macht ihn an der Gottheit verzweifeln. Denn dass er in demselben Augenblick dennoch in der Rettung seiner Familie einen Akt der göttlichen Gnade erkennen sollte, daran verhindert ihn die Schwäche der menschlichen Leidenschaft. Wenn also Anchises sich weigert dem Aeneas zu folgen, weil er an der göttlichen Vorsehung verzweifelt, so kann dieser Entschluss nur geändert werden durch das Eingreifen der Gottheit selbst, d. h. durch göttliche Offenbarung.

Aeneas' Pflichtgefühl erleidet eine harte Prüfung. Soll er den Vater verlassen, um Sohn und Gattin zu retten? Oder soll er diese dem Verderben preisgeben, nur um den Vater nicht zu verlassen? Soll er das grässliche Schauspiel im Hause des Priamus sich wiederholen sehen? Der Gedanke der Rettung ohne den Vater findet in seiner kindlichen Seele keinen Raum, den Vater aber vor seinen Augen sterben zu sehen, ist ihm ein so schrecklicher Gedanke, dass er lieber sich wieder mitten unter die Feinde stürzen will, um hier den Tod des Kriegers zu finden.

Die ganze Scene ist also vom Dichter wohl motivirt, nur müssen wir uns, um sie richtig aufzufassen, auf den Boden der alten Religion versetzen. So gewährt sie zugleich ein schönes Bild des antiken Familienlebens, wobei der Dichter, welcher seiner empfindsamen Seele zufolge für das Edle und Grosse im Kleinleben am meisten Sinn hat, sichtbar mit Wohlgefallen verweilt.

634. *Atque*] Sinn: Nun aber, da ich glücklich nach Hause gekommen, trat eine neue Gefahr im Vater mir entgegen. Sollte man hier nicht einen Gegensatz erwarten, etwa sed ubi perventum est etc.? Kurz vorher hatte Aeneas von Gefahren gesprochen, welche er überwunden hat. Jetzt tritt eine neue Gefahr hinzu. Diese tritt zwar in Gegensatz zu dem Begriff des Ueberwindens, aber als Gefahr ist sie der Gefahr gleichartig. Daher die Ver-

bindung des Gleichartigen durch atque. Vgl. *F. Hand*, Tursell. I, 488.

635. *quem optabam primum*] Durch Hinzufügung von primum wird der Relativsatz ein Attributivsatz und dadurch logisch denkbar. In der Prosa müsste man gleichwohl schreiben: Atque ubi domum perveni, cum patrem omnium primum conservare et auferre cuperem, ille abnegat etc. Vgl. *Madvig* §. 358 n. 3 mit 366 n. 3 und *de Finib.* p. 324. Nicht Anchises, den der Sohn vor Allen retten wollte, weigert sich etc., sondern: wie der Sohn ankam und sofort den Vater retten will, da weigert sich dieser. Die Form a (b/A) wird zu a A(b)A durch Voranstellung des Subjects im Hauptsatze.

638. *integer aevi*] = IX, 255: integer aevi Ascanius. *Hor.* I, 22, 1: integer vitae scelerisque purus. *Sat.* II, 3, 65: integer est mentis, *ibid.* 220; integer est animi. — In vitam producere ist der Begriff βίος ἀβίωτος enthalten, den solidae vires stehen gegenüber vires effetae, cf. V, 396.

639. *suo robore*] d. h. während ich nur alieno robore nitor, also Euch zur Last fallen und ein Hinderniss werden müsste.

640. *agitate*] = ergreifet rüstig, muthig die Flucht. Der Schmerz, welchen der folgende Vers ausdrückt, hindert ihn auszusprechen, d. h. der Dichter deutet diesen Zustand an durch den plötzlichen Abbruch des Verses.

642. *has mihi servassent sedes*] Wenn der Glaube des Menschen sein Wohl oder seine Existenz an den Bestand eines äusseren Gutes geknüpft hat, so verliert er mit dem Verluste dieses Gutes zugleich sein eigenes Vertrauen. Gerade dies finden wir aber im Alterthum häufig. Und was noch wichtiger ist, auch der Glaube an die Existenz oder Gerechtigkeit Gottes wird abhängig gemacht von einem äusseren Kriterium. Nun hat Anchises bereits die Zerstörung Troia's durch Hercules erlebt, aber dennoch knüpfte er seine Hoffnungen an den Fortbestand der Stadt und des Reiches. Da nun der zweite Untergang, mächtiger als der erste, eintrat, so verliert er alle weitere Hoffnung und Zuversicht. Dass diese Hoffnungslosigkeit aber nichts ist, als Verzweiflung an der göttlichen Gnade, zeigt V. 647. Nach. *Hom. Hymn.* IV, 194 hatte er von Venus folgende Versicherung erhalten:

οὐ γάρ τοί τι δέος παθέειν κακὸν ἐξ ἐμέθεν γε,
οὐδ' ἄλλων μακάρων· ἐπεὴ φίλος ἐσσὶ θεοῖσι.

coì δ' ἔcται φίλοc υἱόc, ὃc ἐν Τρώεccιν ἀνάξει,
καὶ παῖδεc παίδεccι διαμπερὲc ἐκγεγάονται.

Zugleich aber mahnte ihn die Göttin 284:

φάcθαι τοι Νύμφηc καλυκώπιδοc ἔκγονον εἶναι,
αἳ τόδε ναιετάουcιν ὄροc καταειμένον ὕλῃ.
εἰ δέ κεν ἐξείπῃc καὶ ἐπεύξεαι ἄφρονι θυμῷ,
ἐν φελότητι μιγῆναι ἐυcτεφάνῳ Κυθερείῃ,
Ζεύc cε χολωcάμενοc βαλέει ψολόεντι κεραυνῷ.

Da nun diese Drohung in Erfüllung ging (649), so glaubt nun
Anchises, dass er sich für immer den Zorn der Gottheit zuge-
zogen habe und dass die Verheissung der Aphrodite nicht mehr
in Erfüllung gehen könne, da ja doch Troia vernichtet und verschwunden sei.

644. *sic o sic positum etc.*] Gedanke: Betrachtet mich so
wie ich hier bin bereits als Leiche und sagt mir nur das letzte
Lebewohl (extremum adfari). Die Worte sic positum erinnern
zwar an lecto conponere oder conlocare = προτίθεcθαι
(cf. *Marquardt* V, 1, 354), enthalten aber nicht den Befehl, ihn
auf das Paradebett zu legen, vielmehr glaubt Anchises in der
Lage, in welcher er sich befindet, gewissermassen bereits auf dem
Todtenbette sich zu befinden. Von dem Todten Abschied nehmen
heisst extremum adfari, cf. IX, 484, und bestand in dem Rufe:
vale vale vale! Sit tibi terra levis! Vgl. IV, 681. VI, 508.
XI, 97. IX, 487.

645. *ipse manu*] Ich werde schon allein im Kampfe den
Tod finden ohne eure Hülfe, cf. zu 434. Der Feind wird mir
den Gnadenstoss versetzen (miserebitur), denn das Leben ist mir
eine Last, der Tod die Befreiung vom Elend. Anchises will nur
den Feind herausfordern, um den Tod zu erlangen. Den Gedanken eines Selbstmordes scheint der Greis nicht zu fassen,
wenigstens nimmt Aeneas in seiner Antwort darauf keine Rücksicht, er denkt nur an den Tod von Feindeshand. Beachtenswerth ist daher die Interpunktion von Heyne, welche auch Servius gekannt haben muss: ipse manu inveniam mortem (miserebitur) hostis exuviasque petet. Aber der Wechsel des Subjects
wird dadurch zu lästig und neben petet wird der Zuhörer hostis
nie für den Gen., sondern immer für den Nom. halten. Der
Gedanke, welchen Anchises ausspricht, hallt durch das ganze Alterthum wider: τὸ γὰρ θανεῖν κακῶν μέγιcτον φάρμακον νομίζεται
Eur. Heracl. 596. Vgl. *Nägelsbach,* Nachhom. Theol. p. 392 sq.

646. *excuviasque petet*] Der Feind wird mich tödten, denn er wird mir ja doch die Waffen nehmen wollen, ich aber werde sie ihm nur um den Preis des Todes geben.

facilis iactura sepulchri] Zwar werde ich dadurch der regelmässigen und feierlichen Bestattung verlustig gehen, nicht aber der Bestattung überhaupt. Darum ist der Verlust leicht zu ertragen. Ein Grab findet Anchises so gut wie alle Troianer unter der Asche Troia's, nur ein regelmässiges sepulchrum kann er nicht erlangen, weil die Leiche nicht wird gefunden werden. Dieser Verlust ist aber leicht zu verschmerzen, wenn nur durch das Grab in Schutt und Asche die Seele zur Ruhe gelangt. Vgl. *Seneca de remed. fortuit.* V p. 449 (*II.*): 'Insepultus iacebis' At tu conbustus, at tu obrutus, at tu inclusus, at tu putridus etc. Der Gedanke: si nihil sentio, non pertinebit ad me iactura corporis insepulti, si sentio, omnis sepultura tormentum est, oder gar der Satz: non defunctorum causa sed vivorum inventa est sepultura, ut corpora et visu foeda et odore amoverentur, liegt natürlich dem Anchises noch ganz fern. Vgl. indessen Einleitung p. 38 n.

649. Die hier erwähnte Sage war dem Vergil sowohl aus dem Hymnus in Venerem, als auch aus dem Laokoon des Sophocles bekannt, cf. *Dion. Hal.* I, 48: Cοφοκλῆc μὲν ὁ τραγῳδοποιὸc ἐν Λαοκόωντι δράματι μελλούcηc ἁλίcκεcθαι τῆc πόλεωc πεποίηκε τὸν Αἰνείαν ἀναcκευαζόμενον εἰc τὴν Ἴδην, κελευcθέντα ὑπὸ τοῦ πατρὸc Ἀγχίcου κατὰ τὴν μνήμην ὦν Ἀφροδίτη ἐπέcκηψε καὶ ἀπὸ τῶν νεωcτὶ γενομένων περὶ τοὺc Λαοκωωντίδαc cημείων τὸν μέλλοντα ὄλεθρον τῆc πόλεωc cυντεκμηραμένου. ἔχει δ' ἐν αὐτῷ τὰ ἰαμβεῖα ἐν ἀγγέλου προcώπῳ λεγόμενα ὦδε·

> νῦν δ' ἐν πύλαιcιν Αἰνέαc ὁ τῆc θεοῦ
> πάρεcτ' ἐπ' ὤμων πατέρ' ἔχων κεραυνίου
> νώτου καταcτάζοντα βύccινον φάροc,
> κύκλῳ δὲ πᾶcαν οἰκετῶν παμπληθίαν·
> cυμπλάζεται δὲ πλῆθοc οὐχ ὅcον δοκεῖc,
> οἳ τῆcδ' ἐρῶcι τῆc ἀποικίαc Φρυγῶν.

Vgl. *Welcker*, Griech. Trag. I, 155 sq. Ep. Cycl. II, 183.

650. *fixusque*] = inmotus, unbeweglich, cf. IV, 15: si mihi non animo fixum inmotumque sederet. Vgl. zu I, 36. Verwandt sind die prosaischen Ausdrücke: stat alicui sententia, stat alicui aliquid facere, cf. *Fabri* zu *Liv.* XXI, 29, 5. Ueber perseverare

mit Acc. statt in aliqua re, cf. *ibid.* XXII, 38, 13. Vergil konnte
auch einfach sagen: haec perseverabat, hoc perstabat.

651. *effusi lacrimis*] Man sagte lacrimas effundere, cf.
271. III, 312. X, 465. Demnach erwartet man passiv: lacrimae
effunduntur. Und so kann man auch richtig schreiben. Aber
im Latein ist auch ein Subjectswechsel möglich: effunditur aliquis
lacrimis (Abl.). Aehnlich ist es, wenn Cicero p. Balbo §. 42 für
mutatur alicuius civitas sagt: mutatur aliquis civitate. Hieher
gehören die Verba inscribere, imprimere, inurere, praefigere,
welche trotz der Präpositionen in und prae nicht wie unser
eindrücken oder vorstecken, sondern wie beschreiben, be-
drücken, bestecken verwendet werden, cf. *Cic. Phil.* II, §. 58:
flagitiorum iste vestigiis totam Italiam impressit. Mehr Bsp. bei
Nägelsbach, Stil. §. 142. *Peerlkamp* vgl. *Val. Fl.* VII, 34: tali-
que effunditur ira, denn die Leidenschaft ist das Treibende, Bewegende, Bestimmende. Heraeus wollte auch *Tac. hist.* I, 69
effusi lacrimis für effusis lacrimis schreiben. Dem widerspricht
aber *Ann.* IV, 53: profusis lacrimis, IV, 68 effundere lacrimas;
ferner sagt *Tac.* nur effundi in lacrimas hist. II, 45. *Ann.* I,
11. III, 23. IV, 8. Vgl. *Wölfflin*, Philolog. XXVII, 137.

652. *omnisque domus*] = πᾶсα οἰκετῶν παμπληθία Soph.

653. *fato urguenti incumbere*] *Liv.* V, 36, 6: ibi iam urguentibus Romanam urbem fatis legati contra ius gentium arma capiunt. V, 22, 8: postremo iam fato quoque urguente operibus
tamen non vi expugnata est. V, 33, 1: adventante fatali urbi
clade. XXII, 43, 9: maioris partis sententia ad nobilitandas clade
Romana Cannas urguente fato profecti sunt. *Liv.* III, 16, 5: at
id (i. e. tribunicium malum) prope unum maxime inclinatis rebus
incubuit. Aeneas erkennt also, dass ein schlimmes Verhängniss,
der Tod, sie bedroht. Er bittet daher den Vater, dieses Verhängniss nicht zu beschleunigen, d. h. sich nicht auf dasselbe werfen, um es festzuhalten oder ihm entgegen zu kommen,
cf. *Aen.* I, 84. Aehnlich spricht Lentulus zu Aemilius Paulus
auf dem Schlachtfelde zu Cannae: cape hunc equum, dum et
virium aliquid tibi superest et comes ego te tollere possum ac
protegere, ne funestam hanc pugnam morte consulis feceris, etiam
sine hoc lacrimarum satis luctusque est. *Liv.* XXII, 49, 7. Ueber
ne vellet vgl. zu I, 733 und *Madvig*, Opusc. II, 124.

654. *inceptoque et sedibus in isdem*] Eine Präposition, welche
zu zwei Satzgliedern gehört, kann nur dann dem zweiten allein

beigefügt werden, wenn die beiden Satzglieder in die Arsis, die
Präposition selbst aber in die Thesis zu stehen kommt. Vgl. V,
512: illa notos atque alta volans in nubila fugit. VI, 416: in-
formi limo glaucaque exponit in ulva. VI, 692: quas ego te terras
et quanta per aequora vectum Accipio. VIII, 143.

655. *in arma feror*] Das persönliche Subject ist im deutschen
unmöglich. Wir müssen so übersetzen, dass wir ein sachliches
Subject gewinnen: es drängt und treibt mich wieder in
den Kampf. Vgl. *Nägelsbach*, Stilist. §. 143. Auch wenn in
beiden Sprachen die Subjecte gleichartig und zwar sachlich sind,
wird oft Sache mit Sache vertauscht, z. B. succedit fraudi
= der Verrath gelingt. *Sall. Jug.* 14, 9: hucine, Micipsa
pater, beneficia tua evasere = ist es mit deinen Wohl-
thaten dahin gekommen? *Nägelsbach*, Stilist. §. 142. — Der
Superlativ miserrimus ist absolut = hac summa miseria.

655. *dabatur*] Expolitio des prosaischen Begriffs: nam
quid facerem? Nam quid relinquebatur (ut facerem)?

658. *patrio excidit ore*] Vgl. *Nitzsch* zu *Hom. Od.* I, 64:
ποῖόν ϲε ἔποϲ φύγεν ἕρκοϲ ὀδόντων.

660. *sedet hoc animo*] Vgl. zu 650 und 750. Die Phrase
sedet hoc animo ist nur bei den Dichtern üblich, cf. IV. 15.
V, 418. VII, 368. 611. XI, 551. Prosaisch: sententia stat
alicui.

661. *patet isti ianua leto*] Servius: Apocope est pro istic;
pronomen enim esse non potest, quia non praecedit nomen. Dieser
Grund ist freilich nicht stichhaltig, aber dennoch scheint mir Servius richtig erkannt zu haben, dass hier isti = istim das Adverb sein muss, cf. *Ritschl*, Opusc. II, 453. Denn wenn man
mit Heyne das Pronomen erklären wollte: ad talem mortem ab
hoste accipiendam via patet, so würde man in die vorausgehenden
Worte einen Sinn legen, welcher nicht darin enthalten ist. Zu
patet ianua leto ist der terminus ab isto loco sehr passend: Willst
du die deinigen mit Troia dem Untergang weihen, so steht hier,
also in nächster Nähe, dem Tode, d. h. dem Feinde der Zugang
offen, und er wird sicher nicht auf sich warten lassen. Dazu
kommt, dass ohne Pronomen letum einen viel schärferen und
bitteren Ton erhält.

662. *de sanguine*] Noch vom Blute her, also noch blutbe-
spritzt. Wollte man an den Ort denken, wo er den Priamus erschlagen hat, so würde dadurch die Bitterkeit des Ausdrucks,

also die Poesie ganz verloren gehen. Das Adjectiv multo will nicht etwa andeuten, dass der greise Priamus viel Blut gehabt hat, sondern dass Pyrrhus noch über und über vom Blute des Priamus bespritzt ist. Dazu hatte der Greis Blut genug. Es malt also das Epitheton die Grausamkeit des Feindes, welcher sich an dem Blute des alten Mannes weidet. Alle Conjecturen erscheinen mir deshalb überflüssig.

664. *hoc erat quod*] Der Indicativ steht, weil zwischen hoc erat und quod eripis eine innere Beziehung wie zwischen Ursache und Wirkung nicht stattfindet: hoc erat ist das Prädikat zu quod eripis = haec est illa tutela etc. Daher ist es auch möglich zwei selbständige Fragen daraus zu bilden, wie IV, 675: hoc illud, germana, fuit? me fraude, petebas? hoc rogus iste mihi, hoc ignes araeque petebant? Vgl. *Sall. Jug.* 14: hucine tua beneficia evasere?

668. *arma, viri, ferte arma*] Das Asyndeton ersetzt den Ausruf: Nein, nein, das soll nicht geschehen etc.

669. *instaurata revisam proelia*] Vgl. zu I, 342.

670. *hodie*] Durch das eingesetzte hodie (heute noch) wird die Drohung zwar nicht auf den heutigen Tag beschränkt (cf. numquam), aber wohl geschärft. Vgl. *Klotz* zu *Terent. Andria* 196. *Ruhnken*, Dict. in Ter. p. 269 ed. Schopen.

674. *haerebat*] *Liv.* XXII, 8, 11: ad portas maior prope mulierum quam virorum multitudo stetit, circumfundebanturque obviis sciscitantes, neque avelli utique ab notis poterant. XXIII, 9, 9: iuvenem medium complectitur atque osculo haerens non ante precibus abstitit quam pericit etc.

676. *expertus*] Die Erfahrung muss dich aber belehrt haben, sagt Creusa, dass alle Vertheidigungskunst nichts gegen die Uebermacht der Griechen und gegen den Willen der Götter vermag.

678. *relinquor*] Es darf hier weder tuenda noch (nach 785) in servitutem abducenda ergänzt werden. Denn schon die Worte coniunx quondam tua dicta deuten darauf hin, dass hier relinquere = deserere ist, cf. IV, 466: semperque relinqui sola sibi videtur. Der Dativus ist hinzugesetzt, um die Grausamkeit in härterem Lichte erscheinen zu lassen: sie wird verlassen in einer Lage, in welcher sie ganz hülflos ist. Wem sie also preisgegeben wird sammt dem Vater und dem Sohne, ob dem Tode oder dem Feinde, ob einem milden oder harten Geschick, ob der Hülfe

einer Gottheit oder dem blinden Ungefähr, das Alles weiss sie nicht zu sagen, sie fühlt sich nur ohne Aeneas vollständig hülflos. Vgl. Philolog. XXVI, 741.

679—748: Die Flucht des Aeneas.

Der Zusammenhang dieser Scene ist bereits in der Einleitung zu der vorausgehenden besprochen: die göttliche Offenbarung veranlasst den Anchises zur vollständigen Sinnesänderung, er nimmt von nun an den regsten Antheil an den Bestrebungen des Aeneas, denn er zweifelt nicht mehr an der Wahrheit des göttlichen Wortes, welches seinem Sohne die Herrschaft über Troia verheissen hat, cf. 703. Die nun folgende Flucht des Aeneas mit dem Vater auf dem Rücken und dem Sohn an der Hand, ist ein beliebter Vorwurf der Künstler geworden. Vgl. *O. Müller* und *Wieseler*, Denkmäler I, Taf. XLIII n. 202. Benützte Vergil den Laokoon des Sophokles, so wird er sich hier in der Gestaltung der Sage am meisten an Livius Andronicus angeschlossen haben, welcher im 'Equus Troianus' jene Tragödie des Sophocles mit ausgebeutet hatte. Den Bericht des Logographen Hellanikos über die Zerstörung Troia's und die Flucht des Aeneas hat uns im Auszug erhalten *Dion. Hal.* I, 46—47.

679. *gemitu*] Vgl. zu 486.

680. *dictu mirabile*] Urtheil des Erzählers, cf. *Liv.* I, 39, I.

681. *manus inter maestorumque ora parentum*] Julus war in den Armen der Mutter (in complexu matris), als diese sich mit ihm dem Vater zu Füssen warf. Der Knabe befand sich also in der Mitte zwischen Vater und Mutter. Durch die Form der ex-politio ausgedrückt heisst dies inter manus et ora parentum.. Aber der Dichter will damit zugleich sagen, dass Aeneas nicht kalt daneben stand, sondern auch seinerseits abwechselnd mit der Mutter das Kind umarmte und küsste (ora), cf. *Ecl.* I, 51: hic inter flumina nota et fontis sacros frigus captabis opacum. IX, 592 illam corripiunt interque manus sub tecta reponunt. XI, 311: ante oculos interque manus sunt omnia vestras.

682. *levis*] Das Feuer ist von Natur leicht. Das Epitheton will wahrscheinlich sagen, dass das Feuer zuerst leicht über dem Hause schwebte, also an und für sich unschädlich war, cf. *Weissenb.* zu *Liv.* XXII, 9, 4. Allmählich berührt es das weiche Haar des zarten Knaben (mollis comas), bleibt aber doch unschädlich (tactu innoxia).

683. *apex*] Der apex ist ein spitz zulaufender Priesterhut,

welcher oben mit einem Streifen von Wolle umwunden ist. Aehnlich war die Gestalt der Flamme. Feuer bezeichnet Glanz und
Glück auch noch in den Traumdeutungen unserer Zeit[1]). Bei
Liv. I, 39 erklärt Tanaquil: viden tu puerum hunc, inquit, quem
tam humili cultu educamus? scire licet hunc lumen quondam rebus
nostris dubiis futurum praesidiumque regiae adflictae.

684. *pasci*] = sich nähren, crescere, cf. VII, 391: sacrum
tibi pascere crimen. *Servius.*

685. *trepidare etc.*] Das Wesen des Inf. historicus oder absolutus ist nicht eine continuirliche, stetig sich fortbewegende,
sondern immer von Neuem anhebende, sich immer frisch
wiederholende Handlung. Die Vorstellung von Zeit und
Dauer verschwindet dabei gänzlich, ein Begriff (Handlung) schlägt
den andern und beide können nebeneinander zu gleicher Zeit bestehen. Die römischen Dichter liebten diesen Inf.
der Schilderung von der ältesten Zeit an, cf. *Holtze*, Synt. Pl.
et Ter. II, 29 sq. *Klotz* zu *Ter. Andr.* p. 28. Erst mit V. 687
schreitet die Handlung weiter fort, darum folgt sofort der
Aorist (extulit).

686. *sanctos ignes*] Denn die Erscheinung ist ein Zeichen
der Gottgefälligkeit; sacros würde das einer Gottheit ge-
weihte Feuer bedeuten. Vgl. *Döderlein*, Syn. und Etym. III, 198.
V, 348.

688. *caelo palmas tetendit*] = dem Himmel zu- oder ent-
gegenstrecken, cf. zu I, 70.

689. *precibus*] Muss im deutschen Subject werden. Vgl. *Nägelsbach*, Stilist. §. 143.

690. *aspice nos hoc tantum*] = τοῦτό γε μόνον ἡμᾶc ἐπίβλεψον. Vgl. I, 526, *Georg.* IV, 2 und zu I, 524.

691. *da deinde augurium*] Das Adverbium steht an der Stelle
eines Adjectivs = ein weiteres Augurium. Zuerst versuchte man
die dem Griechischen nachgebildete Einschiebung der Adverbien,
z. B. omnem circa regionem, bald aber ging man über diese
Grenze hinaus und erlaubte sich die Adjectivirung der Adverbien
auch ohne Einschiebung (innerhalb eines Satzes, aber nicht am
Ende desselben) z. B. *Liv.* XXII, 7 1: postero ac deinceps aliquot
diebus. Vgl. *Nägelsbach*, Stilistik §. 75. — Im römischen Auguralrecht galt der Grundsatz: non unum augurium vidisse

---

[1]) *Schol. Gron. in Cic. Cat.* III, §. 19: quia quos aspicit felices facit.

sufficit, nisi confirmetur ex simili, und zwar augurium secundum maiore adverso tollitur, pari aut maiore secundo firmatur. Vom Blitz berichtet *Seneca nat. quaest.* II, 34, 1: summam esse vim fulminis indicant, quia quidquid alia portendunt, interventus fulminis tollit, quidquid ab hoc portenditur, fixum est nec alterius ostenti significatione mutatur. Man unterschied ferner ein bonum und malum fulmen: jenes augurium bestätigt die Erscheinung (firmat promissa), wenn es auf eine Bitte hin erfolgt; erfolgt es auf eine deprecatio, so benimmt es dem vorangegangenen schlimmen omen oder portentum die Kraft (remittit minas), cf. *Sen. ib.* II, 33.

692. *subitoque*] Vgl. p. 98.

693. *intonuit laevom*] Die Tusker unterschieden in ihrer Wissenschaft nicht zwischen fulmina und tonitrua oder fulgurationes. Daher ist intonuit laevom von Donner und Blitz zu verstehen. Nun gilt im Auguralrecht der Satz: laeva prospera existimantur, quoniam laeva parte mundi ortus est (*Plin. h. n.* II, 52, 55). d. h. der Augur nimmt seine Stellung von Norden mit dem Gesicht nach Süden gewendet, so dass er zur Linken die östliche Region des Himmels hat. Vgl. Erkl. zu *Liv.* I, 18. Vgl. *Aen.* IX, 631. Bei den Griechen war umgekehrt die dextera prospera und die laeva oder sinistra adversa, cf. VIII, 302. Die Römer betrachteten im gemeinen Leben die laeva oder sinistra ebenfalls als die schlimme Seite und benannten darnach sogar auspicium dextrum = günstig, und sinistrum = ungünstig, also im Gegensatz zu dem Sacralrecht, cf. *Seneca*, Nat. Quaest. II, 32, 3. Dagegen sagt Vergil der religiösen Sitte getreu *Georg.* IV, 7 siquem numina laeva sinunt auditque vocatus Apollo.

694. *stella*] Historische Notizen über ähnliche stellae und faces findet man bei *Seneca*, Nat. Qu. I, 1, 11—14. Vgl. *Aen.* V, 525. *Hom. Il.* IV, 75: οἷον δ᾽ ἀστέρ᾽ ἔηκε Κρόνου πάις ἀγκυλομήτεω, ἢ ναύτῃσι τέρας ἠὲ στρατῷ εὐρέι λαῶν, λαμπρόν· τοῦ δέ τε πολλοὶ ἀπὸ σπινθῆρες ἵενται. *Apoll. Rhod.* IV, 294: τοῖσιν δὲ θεὰ τέρας ἐγγυάλιξεν αἴσιον, ᾧ καὶ πάντες ἐπευφήμησαν ἰδόντες, στέλλεσθαι τήνδ᾽ οἶμον. ἐπιπρὸ γὰρ ὁλκὸς ἐτύχθη οὐρανίης ἀκτῖνος, ὅπῃ καὶ ἀμεύσιμον ἦεν (= qua via ferebat). Vgl. *Welcker*, Ep. Cycl. II, 183, 19.

700. *sidus adorat*] Wie bei Apollonius ἐπευφήμησαν, zugleich als Dank für die sichtbare Gnade des Juppiter. Denn das augurium war ein perpetuum, cf. *Seneca*, Nat. Qu. II, 47: per-

petua sunt, quorum significatio in totam pertinet vitam nec unam
rem denuntiat (z. B. augenblickliche Rettung), sed contextum
rerum per omnem deinceps aetatem futurarum conplectitur. haec
sunt fulmina, quae prima accepto patrimonio et novo hominis
aut urbis statu fiant. Anchises sieht durch das augurium die
glänzende Verheissung für die Zukunft seiner Nachkommen gesichert.

702. *servate nepotem*] Warum vor allen den Enkel? Soll er
der Stammvater der Aeneaden werden? Vgl. zu I, 646.

703. *vestrum hoc augurium*] War es nicht ein augurium des
Juppiter? Allerdings, aber Juppiter ist zugleich der Lar von
Pergamus (V, 744) oder der Lar des Assaracus (IX, 259), er gehört also zu den dii patrii und ist der grösste der Penaten.
Vgl. *Rubino*, Vorgeschichte Ital. p. 198. Wenn nun Troia noch
unter dem Schutze der dii patrii steht, also von ihnen noch nicht
verlassen ist, so kann es noch nicht untergegangen sein: es besteht noch fort in den Aeneaden, wenn auch an keinem bestimmten Orte, cf. IX, 247 di patrii, quorum semper sub numine
Troia est, non tamen omnino Teucros delere paratis, cum talis
animos iuvenum et tam certa tulistis pectora. III, 85: da pro-
priam, Thymbrace, domum, da moenia fessis et genus (Ehe)
et mansuram urbem, serva altera Troiae Pergama, reliquias Danaum atque immitis Achilli.

706. *aestus volvont*] Die Flammen waren schon lange sichtbar; nun aber wurde die Gluthitze bereits fühlbar. Es war also
die höchste Zeit zur Rettung und zur Flucht. Darin ist das Motiv
dieser Verse enthalten; denn Vergil macht solche Bemerkungen nicht
etwa blos aus dem Bestreben zu schildern und zu beschreiben.
Liv. 28, 23: correpti alii flamma alii ambusti adflatu vaporis.

707. *cervici imponere*] Imp. Pass. = impone te, lass dich
nehmen auf den Rücken. Ebenso III, 404: velare comas, denn
er soll als velatus sich unter den Schutz der Gottheit stellen,
cf. VII, 154 = XI, 101. *Ovid. Am.* I, 1, 29: cingere tempora
myrto. Dass velare nicht als Inf. act. für den Imper. erklärt
werden kann, zeigt III, 545: capita Phrygio velamur amictu. Denn
da der Inf. für den Imper. bei den lateinischen Dichtern noch
durch keine sichere Stelle nachgewiesen ist, so dürfen wir zu
einer solchen Annahme uns nicht bequemen, so lange eine andere Auffassung grammatisch zulässig und natürlich erscheint.
Deshalb müssen wir *Georg.* III, 331—335 die Infinitive von dem

vorausgehenden inbeto und *Aen.* VII, 126 von dem sofort folgenden memento abhängig machen.

710. *mihi*] Da mihi am Anfang in Gegensatz treten müsste zu ipse v. 708, dies aber logisch nicht möglich ist, so muss ich in dem Pronomen eine Prägnanz finden = mihi cum patre, mihi patrem ferenti. In der Prosa würde es etwa heissen: atque ita Iulus mihi sit comes, vestigia servet coniunx.

711. *longe*] = ex aliquo intervallo me subsequatur, cf. zu I, 13. Mit vestigia servare ist zu vergleichen vestigia alicuius premere. Dass Aeneas der Dienerschaft befahl einzeln die Stadt zu verlassen, ist natürlich und begreiflich, denn das Zusammengehen einer grösseren Schaar musste die Aufmerksamkeit der Feinde erregen, wiewohl auch dafür *Quint. Smyrn.* XIII, 333—350 ein Mittel weiss. Denn als die Griechen den Abzug des Aeneas bemerkten, verbietet ihnen Kalchas die Verfolgung, weil die Rettung dieses Mannes von den Göttern beschlossen und ihm eine grosse Zukunft bestimmt sei: τοὶ δ' ἐπίθοντο καὶ ὡς θεὸν εἰσοράασκον. Dass aber gerade Creusa nicht neben dem Gatten gehen, sondern weit hinter ihm nachfolgen soll, das ist offenbar unbegreiflich, gewiss nicht natürlich. Das Motiv Vergils ist aber dennoch leicht zu erkennen. Denn da Creusa die Bestimmung hatte, plötzlich aus dem Leben entrückt zu werden, so wollte der Dichter diese Situation bereits hier bei der Anordnung des Zuges vorbereiten. Da aber diese Ordnung in Bezug auf Creusa das natürliche Gefühl verletzt, so kann sie nicht als vernünftig und dichterisch, nicht als gelungen bezeichnet werden: in ein psychologisches Verhältniss drängt sich kalt und starr ein äusseres Motiv ein.

713. *est urbe egressis*] Die prosaische Wortfolge wäre: tumulus est urbe' egressis oder templum est in tumulo urbe egressis etc.

714. *desertae Cereris*] Dieser Ausdruck lässt vermuthen, dass der Kultus der Ceres in Phrygien früher heimisch war, allmählich aber durch die Aufnahme neuer Götter, vielleicht durch Einwanderung eines neuen Stammes in Verfall gerieth. Die Cypresse deutet hin auf die um ihre Tochter trauernde Ceres.

716. *hanc*] Vgl. I, 534: hic cursus fuit. Man erwartet: eo in unum (locum) conveniemus. Daraus bildet der Dichter zunächst: hunc in unum locum conveniemus; und da er zugleich

sedes für locus gebraucht, so entsteht: hanc in unam sedem veniemus.

719. *attrectare nefas*] *Macrob. Sat.* III, 1, 6: constat dis superis sacra facturum corporis ablutione purgari — Aeneas war caede hostium pollutus —: cum vero inferis litandum est, satis actum videtur si aspersio sola contingat, cf. IV, 634. VI, 229. *Arnobius* VII, 16: deorum templa cum adire disponunt, ab omni se labe puros lautos castissimosque praestant. Vgl. *Hartung*, Religion der Römer I, 191.

721. *latos umeros*] = εὐρέας ὤμους, cf. *Quint.* XIII, 318:
τὸν μὲν ἐπὶ πλατὺν ὦμον ἐφεccάμενος κρατερῇcι
χερcὶ πολυτλήτῳ ὑπὸ γήραϊ μοχθίζοντα
ἐξῆγεν πολέμοιο δυcηχέος.

722. *super*] = superne, cf. zu I, 61.

723. *succedoque oneri*] Eine ähnliche Sage berichten *Seneca de benef.* III, 37, 2 und *Lyc. adv. Leocr.* §. 95: λέγεται γοῦν ἐν Cικελίᾳ ἐκ τῆς Αἴτνης ῥύακα πυρὸς γενέcθαι· τοῦτον δὲ ῥεῖν φαcὶν ἐπὶ τὴν ἄλλην χώραν καὶ δὴ καὶ πρὸς πόλιν τινὰ τῶν ἐκεῖ κατοικουμένων. τοὺς μὲν οὖν ἄλλους ὁρμῆcαι πρὸς φυγὴν τὴν αὑτῶν cωτηρίαν ζητοῦντας, ἕνα δέ τινα τῶν νεωτέρων ὁρῶντα τὸν πατέρα πρεcβύτερον ὄντα καὶ οὐχὶ δυνάμενον ἀποχωρεῖν ἀλλ᾽ ἐγκαταλαμβανόμενον, ἀράμενον φέρειν. φορτίου δ᾽ οἶμαι προcγενομένου καὶ αὐτὸς ἐγκατελήφθη. ὅθεν δὴ καὶ ἄξιον θεωρῆcαι τὸ θεῖον, ὅτι τοῖc ἀνδράcι τοῖc ἀγαθοῖc εὐμενῶc ἔχει. λέγεται γὰρ κύκλῳ τὸν τόπον ἐκεῖνον περιρρεῦcαι τὸ πῦρ καὶ cωθῆναι τούτουc μόνουc, ἀφ᾽ ὧν καὶ τὸ χωρίον ἔτι καὶ νῦν προcαγορεύεcθαι τῶν εὐcεβῶν χῶρον· τοὺc δὲ ταχεῖαν τὴν ἀποχώρηcιν ποιηcαμένουc καὶ τοὺc ἑαυτῶν γονεῖc ἐγκαταλιπόνταc ἀπολέcθαι.

724. *non passibus aequis*] Anders *Quint.* XIII, 322: ὃc δ᾽ ὑπ᾽ ἀνάγκης ἐκρέματ᾽ ἐμπεφυὼc ἀταλὸc πάιc· ἀμφὶ δὲ δάκρυ χεύατό οἱ ἀπαλῇcι παρήιcιν. Vergils Versuch malt zwar die Natur sehr treffend, scheint mir aber doch hier nicht dem Ernst der Situation angemessen.

725. *ferimur*] Gefahr und Angst verhindert eine freie und bewusste Bewegung, sie fühlen sich fortgetrieben: habet intus aliquid sollicitudinis et concepti pavoris. *Seneca*, Ep. VI, 4, 12.

731. *evasisse viam*] Denn Aeneas glaubte, wenn er nur am Thor angelangt und ins Freie gekommen sein würde, schon den ganzen gefährlichen Weg zurückgelegt zu haben. Denn die Griechen

waren noch zu sehr in der Stadt selbst beschäftigt, so dass sie die Umgegend von Troia nicht gefährden konnten. Vgl. III, 282. VI, 425. Ganz anders ist der Sinn, wenn z. B. *Liv.* XXII, 6, 8 sagt: sex milia ferme primi agminis per adversos hostes eruptione impigre facta ex saltu evasere. Denn der saltus ist nicht zugleich wie via das Endziel der Bewegung.

735. *male numen amicum*] = ein böser Dämon, cf. zu 23 und 396. Vergil folgt hier ganz der Anschauung Homers. Jede Macht, die dem Menschen dunkel und unbegriffen sich kund gibt, wird auf ein göttliches Wirken und weil dieses eben nicht näher zu bestimmen ist, auf einen δαίμων zurückgeführt. Vgl. *Nitzsch* zu *Odyss.* III, p. 391 und *Nägelsbach*, Hom. Theol. 72. *Soph. Aias* 244: κακὰ δεννάζων ῥήμαθ' ἃ δαίμων κοὐδεὶς ἀνδρῶν ἐδίδαξεν.

736. *confusam*] Prolepsis, cf. *Soph. Antig.* 791: cù καὶ δικαίων ἀδίκους φρένας . παρασπᾷς ἐπὶ λώβᾳ, wo der Schol. richtig erklärt: cù καὶ δικαίους διαφθείρεις ὥστε τὰς φρένας αὐτῶν ἀδίκους γίνεσθαι. Indessen ist zu beachten, dass bei Vergil die Prolepsis in der Regel im Vorausgehenden wohl begründet ist, z. B. III, 508: sol ruit interea et montes umbrantur opaci, denn der Untergang der Sonne ist der Grund, weshalb die Berge beschattet werden und auch sofort beschattet sind. IV, 22: solus hic inflexit sensus animumque labantem impulit. Gründlich handelt über diesen Gegenstand *Jacob*, Quaestiones Epicae p. 140 sqq.

736. *avia*] Subst. von avium. Vgl. avius und devius, jenes liegt von der Hauptrasse ab, dieses führt von derselben ab; invius = unzugänglich, unpassirbar, ist das Gegentheil von pervius.

738. *fato mi erepta*] Coniectur von O. Ribbeck für die hdschr. Lesart: fatone erepta. Sie wird unterstützt durch die treffende Erklärung des Servius: Fato erepta Creusa substititne erravitne via? Non enim dubitat fato esse sublatam, cum audierit (777): non haec sine numine divom eveniunt. Servius nahm also zugleich, wie viele der neueren Erklärer, eine Versetzung der Fragepartikel an. Ist diese aber auch möglich? Dass derartige Versetzungen von ne vorkommen, darüber herrscht kein Zweifel[1]); nur dagegen ist ein Bedenken ausgesprochen

---

[1]) Vgl. II, 597. X, 673. *Hor. Sat.* I, 5, 65. I, 8, 2. I, 2, 63. *Reisig* p. 471.

worden, ob diese Partikel an den Hauptbegriff statt an den ihm
untergeordneten angehängt werden kann. Diese Frage ist indessen nicht richtig gestellt. Denn Creusa fato erepta ist zwar
der Hauptbegriff, grammatisch aber ist dieser dem substitit —
erravit — resedit untergeordnet, so wie jedes Particip dem verbum finitum subordinirt ist. Wörtlich also heisst die Stelle:
Blieb die vom Schicksal mir entrissene Creusa zurück oder irrte
sie vom Wege ab? Weil also fato erepta wie zu erravit, so auch
zu substitit gehört, konnte eben deshalb ne von substitit getrennt
und fato angehängt werden. Einfacher aber doch gleicher Art
ist VI, 532: pelagine venis erroribus actus an monitu divom?
Denn da pelagi zu erroribus gehört, so ist ne, welches im Gegensatz zu monitu offenbar an erroribus angehängt werden musste
(oder natürlich an das Verbum), an den davon abhängigen Genitiv
angereiht. Wenn nun aber Creusa fato erepta zu allen drei Verben gehört, so bleibt, mag nun das eine oder das andere wahr
sein, immer der Satz übrig: Creusam fato ereptam vel sublatam.
Und dies ist es, was Servius wollte. Erscheint demnach die Conjectur Ribbecks unnöthig, so wird sie vollends unmöglich, wenn
man bedenkt, dass Vergil die Dativform mi für mihi nirgends
gebraucht hat. Ueber den Gebrauch der älteren Dichter vgl.
Ritschl, Proleg. in *Plaut. Trin.* p. 291 u. 347, *Opusc.* II, 588 sqq.

Wenn aber der Dativ des persönlichen Pronomens fehlt,
dann wird man misero einfacher mit fato verbinden als auf
Aeneas beziehen. Denn in der letzteren Formel pflegt mihi nie
zu fehlen, cf. II, 70: quid iam misero mihi denique restat? Es
wäre also fatum miserum zu vergleichen mit X, 829: hoc tamen
infelix miseram solabere mortem.

Ist die Vulgata richtig und die Conjectur von Ribbeck zu
verwerfen, dann wird man auch nach resedit ein Fragezeichen
setzen dürfen, so dass die Fragen direct von Aeneas ausgesprochen
werden.

Mit seu = sive (oder ob) wird das letzte Glied enger verbunden mit erravitne via. Indessen erscheint wenigstens seu —
seu auch in der Doppelfrage I, 218: dubii, seu vivere credant
sive extrema pati. Vgl. *Wagner*, Quaest. Verg. p. 573.

incertum] = incertum est, also in der Zeit, wo Aeneas vor
Dido erzählte, war er über die Art und Weise des Verschwindens
der Creusa noch ungewiss, nur das eine stand ihm fest und sicher,

dass Creusa durch ein beklagenswerthes Geschick, d. h. gewaltsam ihm entrissen worden war.

741. *respexi animumve reflexi*] = sah oder bemerkte ihr Verschwinden. Es ist also animus hier ebenso wie in oculos reflectere (*Ovid. met.* V, 341) gewissermassen sinnliches Object, d. h. es bezeichnet nicht den Zustand der Seele, sondern die Seele als Theil des menschlichen Wesens.

744. *fefellit*] Sie blieb allen verborgen, d. h. sie wussten nicht, wie sie verschwunden war. Vgl. *Tac. Germ.* 16: hostis aperta populatur, abdita autem et defossa aut ignorantur aut eo ipso fallunt quod quaerenda sunt, d. h. der Feind merkt entweder überhaupt nicht, dass Güter vergraben sind, oder wenn er dies merkt, so weiss er doch nicht die Stelle, wo immer etwas vergraben ist: die Gegenstände bleiben dem Feinde unbemerkt oder entgehen ihm, weil er sie nicht finden kann.

745. *incusavi amens*] Denn nur in dieser Lage durfte Aeneas die Gottheit anklagen, ohne eine Sünde zu begehen. Der Unglückliche, welcher sich keiner Schuld bewusst ist und im Augenblick des Unglücks die göttliche Vorsehung (πρόνοια) nicht begreifen kann, wird irre an der Liebe und Gerechtigkeit der Götter. Das ist allgemein menschlich. Da aber die Menschen Werkzeuge des Götterwillens sind, so klagt Aeneas in seiner Verzweiflung auch diese an, denn er wusste damals nicht, ob Creusa von Menschenhand oder durch göttliches Eingreifen ihm entrückt worden war. Vgl. *Nägelsbach*, Nachhom. Theol. 41 sq. *Liv.* XXX, 20, 7 raro quemquam alium patriam exilii causa relinquentem tam maestum abisse ferunt quam Hannibalem hostium terra excedentem. respexisse saepe Italiae litora et deos hominesque accusantem in se quoque ac suum ipsius caput execratum, quod non cruentum ab Cannensi victoria militem Romam duxisset.

746. Dieser Vers erscheint mir ausserordentlich matt, der Gedanke unwahrhaftig oder doch gekünstelt. Denn mochte die Liebe des Aeneas zu seiner Gattin auch noch so innig und wahrhaftig sein, der Anblick der mit Gewalt an den Haaren vom Altar weggeschleppten Cassandra, der Anblick des am väterlichen Altar grausam und roh hingeschlachteten Priamus, der Anblick der Zerstörung der Stadt unter der Hand erbarmungsloser Gottheiten, das waren doch alles Ereignisse, welche Aeneas gewaltiger ergreifen mussten, als das räthselhafte Verschwinden seiner Gattin, deren Schicksal er nicht mit Augen sah. Es macht dieser

Vers den Eindruck, als wollte sich Aeneas der Dido gegenüber
mit aller Kunst für einen guten Gatten ausgeben. Dieses Motiv
passt aber nicht in den Ernst der Situation[1]). Also scheint mir
Vergil hier etwas aus der Rolle gefallen zu sein, indem er die
Saiten zu hoch spannte. Dagegen ist es psychologisch wohl erklärlich, wenn Aeneas Vater und Sohn und Heiligthümer verlässt
und unter den grössten Gefahren das Schicksal seiner Gattin zu
erforschen sucht. Gleichwohl wird man hier die Frage aufwerfen
müssen: Wenn dir Creusa wirklich das Theuerste im Leben war,
warum wolltest du sie nicht an deiner Seite hergehen lassen,
warum verbanntest du sie hinter deinen Rücken?

749—795: Schicksal der Creusa, Muth des Aeneas.

Wenn die Gattin des Aeneas nicht nach Italien gelangen
sollte, weil das Schicksal ihm hier Lavinia bestimmt hatte, so
konnte der Dichter Creusa entweder in die Gewalt der Feinde
fallen oder sie auf der Irrfahrt eines natürlichen Todes sterben
lassen. Das eine war aber nicht möglich, weil sonst die Tapferkeit oder die Pietät des Aeneas in Zweifel gezogen werden
müsste; der andere Fall wäre zwar prosaisch, aber doch wenigstens denkbar. Anchises erleidet auf der Fahrt nach Italien ein
ähnliches Geschick, aber es ist dies doch wenigstens begründet
in dem hohen Alter desselben. Wenn dagegen Creusa starb, so
musste ihr Tod motivirt erscheinen oder er war nur eine Folge
des allmächtigen Geschicks.

Der Dichter zog es deshalb vor, Creusa auf übernatürliche
Weise von der Erde entrücken zu lassen, eben als Aeneas mit
den Seinen die Flucht antrat. Hierin hatte ihm bereits die Sage
glücklich vorgearbeitet, cf. *Pausan.* X, 26: ἐπὶ δὲ τῇ Κρεούςῃ
λέγουcιν ὡc ἡ θεῶν μήτηρ καὶ ’Αφροδίτη δουλείαc ἀπὸ ‘Ελλή-
νων αὐτὴν ἐρρύcαντο· εἶναι γὰρ δὴ καὶ Αἰνείου τὴν Κρέουcαν
γυναῖκα. Λέcχεωc δὲ καὶ ἔπη τὰ Κύπρια διδόαcιν Εὐρυδίκην
γυναῖκα Αἰνείᾳ. Und dass Vergil an diese Sage mit Bewusstsein anknüpfte, zeigt V. 788: sed me magna deum genetrix his
detinet oris.

Wenn aber Vergil diese Sage benützte, so muss er doch ein
Motiv gehabt haben, welches mit dem Plane und der Entwicklung der Haupthandlung zusammenhängt. Zum Theil ist dieses

---

[1]) Ganz verschieden ist diese bei *Hom. Il.* VI, 447—465 in dem
Abschied Hektor's von Andromache.

Motiv schon oben ausgedrückt: Creusa musste entfernt werden
ehe Aeneas nach Italien gelangte. Eine wunderbare Entrückung
aus der Welt entspricht aber mehr dem Charakter des Epos als
ein natürlicher Tod.

Aber auch die Verbindung des Aeneas mit Dido wäre nicht
denkbar gewesen, wenn ihn Creusa bis nach Afrika begleitete.

Aber auch die Art und Weise, wie die Trennung des Aeneas
und der Creusa erfolgt, verdient Beachtung. Wenn diese vv.
777—779 erklärt:

> non haec sine numine divom
>
> eveniunt, nec te hinc comitem asportare Creusam
>
> fas aut ille sinit superi regnator Olympi,

so ist damit deutlich und bestimmt ausgedrückt, dass Aeneas ganz
im Dienste des von Zeus bestimmten Schicksals steht und dass
alles menschliche Gefühl zurücktreten muss vor dem starren Gesetz der Weltordnung. Wenn nun Aeneas diese Worte vor Dido
wiederholt, so gibt er ihr zugleich, ohne es zu wissen, eine
kräftige Mahnung, sich nicht leichtfertig dem Manne zu opfern,
welcher nicht dem Drange seines Herzens folgen darf, sondern
der Bestimmung des Geschicks rückhaltslos folgen muss. Es ist
also damit die Entwicklung der Handlung vorbereitet, wie sie im
IV. Buche folgt, cf. 340 sq.:

> me si fata meis paterentur ducere vitam
>
> auspiciis et sponte mea componere curas,
>
> urbem Troianam primum dulcisque meorum
>
> reliquias colerem. — Italiam non sponte sequor.

Da aber der Zweck des Dichters nicht ein Zurückschrecken der
Dido, sondern vielmehr die Liebe und Zuneigung derselben er-
strebt, so schildert er die Pietät des Aeneas gegen seine verlorne
Gattin mit den lebendigsten Farben: sein Held bewährt eine
so muthige und aufopfernde Liebe, welche an die
Möglichkeit einer Gefahr nicht einmal denken lässt.

749. Diesen Vers erklärte Peerlkamp für unächt und Ribbeck folgte ihm in dieser Annahme. Jener bemerkt: Aliud mihi
displicet. Iam repetit Aeneas urbem, deinde quid constituerit
narrat. Dies ist nicht richtig. Denn Aeneas erzählt nur seinen
Entschluss, der im Drange des Augenblicks sofort zur That wird.
Das Praesens steht also für das Futur, ähnlich wie I, 241, und
es wird in dieser Bedeutung gestützt durch cingor armis = ich
selbst strebe zurück in die Stadt und ergreife deshalb sofort die

Waffen. Viam a fano Cereris per urbem accurate exponit: principio, inde, procedo, reviso etc. Haec versum nostrum faciunt plane supervacuum? Wie so? Ist es denn nicht lateinisch, zuerst die propositio und dann im Einzelnen die Ausführung zu geben? Aeneas sagt: Ipse urbem repeto et armis cingor. Nam mihi stat omnis renovare casus et rursus caput obiectare periclis. Et principio quidem muros repeto etc. —. Et quid dicam de armis? Aeneas credo ensem non deposuerat. Ense cingimur, non clypeo. Warum sollte er nicht Schwert und Schild abgelegt haben, da die Waffen ihm ja doch nur hinderlich gewesen wären? Wenigstens erfahren wir 721—722 von einer Bewaffnung nichts. Und wenn auch Aeneas die eine oder andere Waffe nicht abgelegt hatte, so war er doch sicher nicht eben kampfbereit, cf. *Plaut. Amph.* 308: cingitur: certe expedit se. Ich sehe also keinen Grund, warum dieser Vers für unächt oder für überflüssig gehalten werden sollte.

753. *vestigia retro observata sequor*] IX, 392: simul et vestigia retro observata legit dumisque silentibus errat. Die Vergleichung beider Stellen zeigt, dass observata nicht mit per noctem zu verbinden ist, sondern dass retro observata zusammengehört: er folgt den Spuren, die rückwärts zu führen scheinen, alle Spuren aber bemerkt er nicht, denn er zieht einher in der Nacht und muss mühsam mit dem Auge die Spuren zu erkennen suchen.

755. *horror ubique animo*] etc. circumstetit, cf. II, 559. Die Ergänzung von est wäre zu prosaisch. Die Lesart animos ist veranlasst durch das folgende simul und das fehlende Verbum, obwohl der Plural von einer Person gebraucht = ira ferocia superbia hier ganz unzulässig ist.

756. *si forte pedem, si forte tulisset*] Forte verstärkt den Ausdruck der blos als Annahme gehegten Vorstellung: es wird nicht sein, aber doch forte! und die Wiederholung dient dem an die unsichere Vorstellung sich anschliessenden Wunsche. *Thiel.* Aehnlich *Forbiger*: iterato si forte nihil aliud indicari puto nisi ardentissimum desiderium rei per se admodum dubiae atque improbabilis. Uebersetze: ob sie vielleicht, ob sie doch vielleicht dahin zurückgekehrt sein möchte. Zu si forte vgl. *Hom. Il.* XIII, 806: πάντῃ δ' ἀμφὶ φάλαγγας ἐπειρᾶτο προποδίζων, εἴ πώς οἱ εἴξειαν ὑπασπίδια προβιβάντι. *Od.* X, 147:

ἀνήιον ἐς περιωπήν, εἴ πως ἔργα ἴδοιμι βροτῶν ἐνοπήν τε πυθοίμην.

761. *etiam*] = καὶ δή, cf. *Nägelsbach* zu *Hom. Il.* I, 161.

porticibus] Der Tempel der Juno auf der Burg hatte also wenigstens in der Fronte mehrere Säulenreihen. Er wird ferner asylum genannt, nicht als ob dieser Tempel eine besondere Zufluchtsstätte vor anderen gewesen wäre[1]), sondern weil er vor der Eroberung allen Schutzflehenden sicheren Schutz gewährte und nun im grellen Contrast dazu dient, die Beute und die Gefangenen aus Troia aufzunehmen. Bei Homer ist von einem Tempel der Juno in Troia nirgends die Rede, Vergil dagegen fingirt einen solchen, um auch den Cultus der Juno in Rom, wo sie auf dem Capitol als regina deum verehrt wurde, wie den der meisten übrigen Gottheiten bereits auf die mythische Metropole von Rom zurückzuführen. Die Plünderung der Tempel galt deshalb nicht als Tempelraub, weil die Götter bereits evocirt und ihre Bilder weggenommen waren, cf. *Paus.* VIII, 46, 2: φαίνεται δὲ οὐκ ἄρξας ὁ Αὔγουστος ἀναθήματα καὶ ἕδη θεῶν ἀπάγεσθαι παρὰ τῶν κρατηθέντων, καθεστηκότι δὲ ἐκ παλαιοῦ χρησάμενος. Ἰλίου τε γὰρ ἁλούσης καὶ νεμομένων τὰ λάφυρα Ἑλλήνων Σθενέλῳ τῷ Καπανέως τὸ ξόανον τοῦ Διὸς ἐδόθη τοῦ Ἑρκείου etc. Wenn aber dem Tempel sein Götterbild genommen ist, so gilt er als von der Gottheit verlassen; damit hört zugleich der heilige Charakter des Tempels auf. Vgl. *Paus.* IX, 33, 4 (Sulla raubte das Athenebild im Tempel zu Alalkomenä): τὸ δὲ ἱερὸν ἐν ταῖς Ἀλαλκομεναῖς ἠμελήθη τὸ ἀπὸ τοῦδε ἄτε ἠρημωμένον τῆς θεοῦ. Vgl. *Nägelsbach*, Nachhom. Theol. 208.

764. *incensis adytis*] Nachdem die Tempel ein Raub der Flammen wurden, war es gewissermassen ein Verdienst der Griechen, wenn sie die heiligen Geräthe der Götter raubten. Wenn indessen Vergil hier einer wahren Tradition folgt, so darf man daraus schliessen, dass der troisch-phrygische Götterkultus wesentlich von dem der Hellenen verschieden war. Nur so erklärt es sich, wenn diese in Troia die Tempel verbrennen und plündern, wie später die Perser dasselbe in Athen thaten.

mensae deorum] = Opfertische. Vgl. *Macrob. Sat.* III, 11, 5: In Papiriano iure evidenter relatum est arae vicem praestare posse mensam dicatam. Ut in templo, inquit, Iunonis

---

[1]) Vgl. *C. F. Hermann*, Gottesdienstl. Alterth. §. 10 p. 41.

Populoniae augusta mensa est. Namque in fanis alia vasorum
sunt et sacrae supellectilis alia ornamentorum. Quae vasorum
sunt instrumenti instar habentur, quibus sacrificia conficiuntur,
quarum rerum principem locum optinet mensa in qua epulae
libationesque et stipes reponuntur, ornamenta vero sunt clypei
coronae et huiuscemodi donaria. Vgl. *Dion. Hal.* II, 20. *Petron.*
135. *Hartung,* Rel. der Römer I, 145. *Servius* zu *Aen.* VIII, 279.

767. *stant circum*] Auch hier ist der Abbruch des Verses
dem Affekt angemessen, welchen ein solcher Anblick in der Seele
des Aeneas hervorrufen musste. Und war die Realität grässlich,
so war jetzt die Erinnerung für ihn nicht minder schmerzlich.

772. *ipsius Creusae*] Der leibhaftigen Creusa, ganz so
wie sie im Leben war, nur nota maior imago, weil alle Götter-
gestalten dem Menschen grösser und schöner erscheinen. Denn
zu dem Begriff der Schönheit rechnete schon Homer den der
Grösse. Creusa aber erscheint dem Aeneas verklärt, also göttlich.
Vgl. *Nägelsbach,* Hom. Theol. p. 16.

774 = III, 48. IV, 280. *Hom. Il.* 24, 59: ὀρθαὶ δὲ τρίχες
ἔσταν   θαλερὴ δέ οἱ ἔσχετο φωνή.

775. Diesen Vers, welcher III, 153 und VIII, 35 wiederkehrt,
hat Ribbeck ausgeschieden, cf. *Servius:* et hic versus dicitur in
plerisque non fuisse. Jedenfalls ist das ganz unvermittelte tum
hier auffallend und kaum erträglich.

776. *insano dolori*] Denn der ungemessene Schmerz des
Aeneas hat keinen Zweck und nach Creusa's Ansicht keinen
Grund. Vgl. 343: insano amore. Auf Sardinien gab es „Insani montes (*Liv.* XXX, 39, 2) oder τὰ μαινόμενα ὄρη (Ptolem.)
= das hohe Gebirge. *Döderlein* = unsinnig hohe Berge.

777. *non sine numine divom*] = nicht ohne i. e. gewiss
nach dem Willen der Götter, unter deren Schutz also sowohl
Creusa als auch Aeneas steht. Im folgenden Vers folgt nun der
Grund für diese Annahme. Darum ist nec = nec enim.

779. *fas aut superi regnator*] Die Bestimmung des Geschicks
und der Verwalter desselben, nämlich Juppiter. Durch den Zusatz von fas soll das Vertrauen des Aeneas und seine Zuversicht
gesteigert werden: sein Geschick hängt nicht ab von der Laune
des Zeus, sondern ist fest gegründet in der Weltordnung, welche
Zeus nicht verletzen kann. Aehnlich ist die Form III, 161:
nec haec tibi litora suasit Delius aut Cretae iussit considere
Apollo.

780—784. Die Prophezeiung der Creusa, welche dem Aeneas das Land der Verheissung bestimmt zu bezeichnen schien, hat bei den Erklärern deshalb Anstoss erregt, weil Aeneas im folgenden Buche sich nirgends derselben erinnert und überhaupt unklar über seine Zukunft erscheint, cf. III, 7: incerti quo fata ferant, ubi sistere detur. Er segelt nach Thracien[1]) und als er nach der Erscheinung des Polydorus dieses Land wieder verlassen muss, wendet er sich rathlos an den Apollo zu Delphi. Aber auch dieses Orakel deutet Anchises nicht richtig und so geht die Fahrt weiter nach Creta, bis endlich die Penaten den Aeneas belehren (III, 147 sq.), dass ihm Wohnsitze in Hesperien bestimmt seien. Und während sich hier Anchises eines Orakels der Cassandra erinnert (III, 183), erwähnt der Dichter kein Wort davon, dass auch dem Aeneas eine ähnliche Wahrsagung durch Creusa zu Theil geworden.

Conrads und Ribbeck ziehen nun daraus den Schluss, dass das II. und III. Buch vom Dichter ohne Zusammenhang und nach verschiedenen Quellen müsse abgefasst worden sein und zwar das II. Buch erst nach dem III.

Gleichwohl scheint mir diese Begründung nicht genügend. Denn so deutlich uns auch die Weissagung der Creusa erscheinen mag und so klar sie dem Aeneas zum Theil in dem Augenblick sein mochte, als er vor Dido erzählte, so war sie doch damals im Zustande der höchsten Aufregung für ihn zu kurz und zu plötzlich, um von ihm vollständig begriffen werden zu können. Vgl. Einl. p. 34. Die Namen Hesperia und Lydius Thybris konnten damals dem Aeneas nicht bekannt sein, wenigstens konnte er in dieser allgemeinen Bezeichnung des Abendlandes noch nicht Italien finden. Ja selbst der Name Italien (cf. III, 166. 185. 381. 396. 440. 458) konnte nur eine sehr allgemeine Vorstellung wecken, bis Aeneas genauer durch Helenus darüber belehrt wurde. Aber Klarheit und Sicherheit soll er auch dann noch nicht, sondern erst in Cumae erhalten, cf. III, 458. Dazu kommt, dass das Schicksal der Creusa ihm zu räthselhaft erschien, als dass er sofort ein Orakel hätte beachten sollen, welches sie ihm in wunderbarer Erscheinung plötzlich ertheilte. Wäre Creusa eine

---

[1]) Ueber die uralte Verbindung der Thraker und Teukrer vgl. *Herod.* VII, 20. V, 13. 122. VII, 43. *Xen. Hell.* III, 1, 15. 22. *Plin. h. n.* VII, 56, 206. *B. Giseke*, Thrakisch-Pelasgische Stämme p. 2 sq.

Priesterin wie Cassandra gewesen, dann würde Aeneas ihre Worte
aufmerksamer beachtet haben.   Nun aber kannte er weder ihr
Schicksal noch war ihm ihre Gabe der Weissagung bekannt, und
er selbst im Augenblick der höchsten Bestürzung war nicht in
der Lage, bereits an die ferne Zukunft zu denken, da ihn noch
die Schrecken der Gegenwart umgaben und die kaum noch vollendete Rettung des Vaters und des Sohnes seine volle Aufmerksamkeit erforderte.

781. *Hesperiam*] Die römischen Dichter gebrauchen Hesperien häufig als alterthümlichen Namen Italiens, aber eigentlich
umfasste es das gesammte Westland, von dem Iberien ebenso
als Italien einen Theil ausmacht.   Vgl. *Niebuhr*, Röm. Gesch. I,
24. *Strabo* XIV, 1, 39: ἐφ' ᾧ ὁ 'Ασκληπιὸς γεννηθῆναι λέγεται
ἔτι νῦν ἐν τοῖς 'Εσπερίταις Λίβυσιν.   II, 5, 20: ἀφ' 'Εσπερίδων
εἰς Αὐτόμαλα καὶ τὸ τῆς Κυρηναίας μεθόριον πρὸς τὴν ἄλλην
τὴν ταύτῃ Λιβύην.   Der Begriff von Hesperien war also - für
Aeneas ganz unbestimmt und nur der Zusatz: ubi Lydius arva etc.
machte eine genauere Bestimmung möglich.   Aber der Thybris
war dem Aeneas wiederum vollständig unbekannt.   Es ist gewiss
nicht zufällig, dass die Griechen, welche den Aeneas von Asien
auswandern lassen, ihm durchgehends Hesperien als Ziel seiner
Wanderung zuschreiben.   So nach der Tabula Iliaca, Stesichorus (?)
in seiner Iliupersis: Αἰνήας ἀπαίρων εἰς τὴν 'Εσπερίαν, so Aga-
thyllus bei *Dion. Hal.* I, 49: αὐτὸς δ' 'Εσπερίην ἔκυτο χθόνα,
γείνατο δ' υἷα 'Ρωμύλον, so *Enn. Ann.* 23: est locus Hesperiam
quam mortales perhibebant.   War der Kultus der Aphrodite am
ganzen Mittelmeer verbreitet, am meisten gewiss durch den Einfluss der Punier, so musste Aeneas, da man den Kult der Venus
nun einmal auf ihn als den Stifter zurückführen wollte, im ganzen
Abendland herumgeführt werden.   Darum gab man ihm Hesperien zum Lande der Verheissung.   Und weil nun die römische
Sage ihn in Italien landen und ein neues Troia begründen liess,
so erkannte man allmählich in Hesperien speciell Italien.   Und
dies wurde fortan Sprachgebrauch der römischen Dichter, vielleicht von Ennius an.   Dass aber Vergil hier die allgemeine Bedeutung des Wortes Hesperien nicht ausgeschlossen wissen wollte,
geht schon daraus hervor, dass Dido in V. 783 sich selbst bezeichnet finden konnte, wenn sie in ihrer Leidenschaft die nähere
Bestimmung von V. 782 übersah.

782. *Lydius Thybris*] Zu verbinden ist: ubi inter opima arva

virum (cf. X, 141. VIII, 62—64) leni fluit agmine Lydius Thybris, wobei Vergil offenbar *Enn. Ann.* 177 nachahmte: quod per amoenam urbem leni fluit agmine flumen. Wie der Tiberis hier **Lydius** heisst, so wird er XI, 316: **Tuscus amnis** genannt, cf. VIII, 478: haut procul hinc saxo incolitur fundata vetusto urbis Agyllinae (= Caere) sedes, ubi Lydia quondam gens, bello praeclara, iugis insedit Etruscis. IX, 10: extremas Corythi (= Cortona) penetravit ad urbes Lydorumque manum armat. Cf. X, 155. *Tac. Ann.* IV, 55: nam Tyrrhenum Lydumque Atye rege genitos ob multitudinem divisisse gentem: Lydum patriis in terris resedisse, Tyrrheno datum novas ut conderet sedes. et ducum e nominibus indita vocabula illis per Asiam his in Italia. Vgl. *Strabo* V, 2, 2, welcher mit Tacitus genau übereinstimmt. Dagegen *Niebuhr*, R. G 1, 111 sqq. *Schwegler*, R. G. I, 253 sqq.

786. *servitum ibo*] Diese Worte der Creusa erinnern noch deutlich an die Sage, welche *Pausan.* X, 26 erwähnt. Wie man sich die Fortexistenz der Creusa in Phrygien zu denken habe, ist mir nicht klar. Denn zur Begleiterin der Cybele oder Cybebe konnte Creusa nicht erhoben werden, da das Gofolge der Göttermutter, die Kureten Korybanten und Daktylen, nur als männlich gedacht werden. Vgl. *Preller*, Gr. M. I, 504 sq.

790. *haec ubi dicta dedit*] Zum Vorgänger hatte Vergil in dieser Uebergangsform den Lucilius bei Non. v. pausa p. 108 158) ed. *Roth:* haec ubi dicta dedit, pausam facit ore loquendi. Dieselbe Uebergangsform (haec ubi dicta dedit) findet sich öfters bei Livius, cf. *Fabri* zu XXII, 50, 10. Eine ähnliche Situation hatte Ennius dem Vergil zum Vorbild gegeben, die Traumerscheinung des Aeneas vor seiner Tochter Ilia, cf. *Frgm. Ann.* 36—52. Die letzten Verse 48—51 scheinen mir von Vergil direct benützt zu sein:

> Haec ecfatus pater, germana, repente recessit
> Nec sese dedit in conspectum corde cupitus,
> Quamquam multa manus ad caeli caerula templa
> Tendebam lacrumans et blanda voce vocabam.

791. *tenuisque*] *Apoll. Rhod.* IV, 877: αὐτὴ δὲ πνοιῇ ἰκέλη δέμας, ἠύτ' ὄνειρος, βῆ ῥ' ἴμεν ἐκ μεγάροιο θοῶς.

792—794: Diese Verse finden sich wörtlich wiederholt VI, 700—702, nur dass 702 dort nicht sicher bezeugt ist. Sie sind eine Uebersetzung oder Nachahmung von *Hom. Od.* XI, 206:

> τρὶς μὲν ἐφωρμήθην, ἑλέειν τέ με θυμὸς ἀνώγειν,
> τρὶς δέ μοι ἐκ χειρῶν cκιῇ εἴκελον ἢ καὶ ὀνείρῳ
> ἔπτατ᾽ · ἐμοὶ δ᾽ ἄχοc ὀξὺ γενέcκετο κηρόθι μᾶλλον.

Zu beachten ist, dass an dieser Stelle Odysseus erzählt, wie er den Schatten seiner Mutter habe fassen und zurückhalten wollen.

L. Müller, de re metrica p. 370 sq. erklärt die drei Verse im zweiten Buche für einen fremden Zusatz: nam quis negarit et insani esse hominis non modo semel sed ter conari eum amplecti a quo sit relictus nec omnino posse fieri, ut ille manibus comprehendat umbram quae in auras evanuerit. Ich sehe in der That nicht ein, was sich für ein triftiger Grund dagegen anführen liesse. Denn wollte man sagen, dass Aeneas bestürzt und versteinert über das Verschwinden der Creusa gewissermassen besinnungslos und mechanisch die Hände nach ihr ausstreckte, so ist doch die dreimalige Wiederholung zu viel und nach meinem Gefühl wenigstens eine Geschmacklosigkeit, welche wir Vergil nicht zutrauen dürfen. Nur muss V. 794 erhalten werden, welcher zu 791 sehr gut passt. Dies wollte wohl auch Müller, wenn er bemerkte: igitur non potest dubitari quin eximi oporteat libro secundo fraude grammaticorum e sexto illata ʽter conatus ibiʼ. Und wenn, wie Ribbeck meint, der V. 794 aus dem II. Buch in das VI. hineingetragen worden ist, so hat es sehr viel Wahrscheinlichkeit, dass aus dem VI. Buch das ʽter conatus etc.ʼ in das II. Buch aufgenommen worden ist zur Ergänzung des Verses: par levibus ventis etc. Endlich wird die Beobachtung Müllers noch dadurch unterstützt, dass im VI. Buch sowohl wie bei Homer die Situation genau mit seiner Forderung oder Voraussetzung übereinstimmt, während im II. Buch dies durchaus nicht der Fall ist. Denn die Mutter des Odysseus und der Vater des Aeneas waren noch nicht entwichen, als die Söhne ihre Arme nach ihnen ausstreckten. Nebensächlich mag es erscheinen, dass Vergil wahrscheinlicher auf den Vater des Aeneas anwandte statt auf die Gattin, was Homer von der Mutter des Odysseus gedichtet hatte.

796—804: Rückkehr des Aeneas und Fortsetzung der Flucht.

Zwei Momente sind es, welche in diesem kurzen Epiloge des Buches Beachtung verdienen, dass nämlich Aeneas bei seiner Wiederkehr eine grosse Anzahl flüchtiger Troianer vorfindet, und dass er bei Anbruch des Tages nicht in der Nähe der Stadt

verweilt, sondern tiefer in das Gebirg hineinzieht. War das
Letztere nöthig, um zunächst einen Abschluss und Ruhepunkt
zu finden, so dient die erstere Erzählung dazu, dem Dichter den
Uebergang zu bereiten zur Benützung der Quellen, welche Aeneas mit einer ansehnlichen Kriegsmacht theils vor theils während der Eroberung Troias abziehen und nachher wieder hervortreten lassen. Denn Vergil benützt von nun an dieses Motiv,
um den Aeneas nicht als armseligen Flüchtling, sondern als
mächtigen König [1]) in der Fremde erscheinen zu lassen, welcher
den Willen und die Kraft hat, das Land, welches ihm vom
Schicksal bestimmt ist, mit Waffengewalt zu erobern, wenn man
es ihm nicht gutwillig überlassen will, cf. *Liv.* I, 1, 8: postquam Latinus audierit multitudinem Troianos esse, ducem Aeneam filium Anchisae et Veneris, cremata patria domo profugos
sedem condendaeque urbis locum quaerere, et nobilitatem ad-
miratum gentis virique et animum vel bello vel paci paratum dextra data fidem futurae amicitiae sanxisse = *Aen.*
VII, 228 — 235. So ist hier im Keime die Möglichkeit gegeben
zu den späteren Kämpfen, also zur Composition der letzten sechs
Bücher.

796. *adfluxisse*] Vgl. *Liv.* XXI, 38: [L. Cincius auctor est
cum Gallis Liguribusque] octoginta milia peditum decem equitum adducta in Italiam: — magis adfluxisse veri simile est.

797. *matresque*] Diese waren nothwendig, wenn die Colonie
wirklich den alten Stamm der Troer erhalten und fortpflanzen
sollte. Vgl. 800: deducere. Merkwürdig ist es, dass wir
von den Frauen, welche an der Reise Theil nehmen, im I. und
IV. Buch nichts lesen, wohl aber im V. und IX. Im III. Buch
kann man die Colonisationspläne des Aeneas in Thrakien und
auf Kreta hieher beziehen.

798. *pubem*] Denn die iuventus war für Aeneas wichtig
sowohl zum Krieg als zur Colonisation, cf. VII, 219: Dardana
pubes.

799. *animis opibusque parati*] Mit all' dem Muth und den
Mitteln, welche ihnen noch zu Gebote standen, cf. *Caes. b. g.* VII,
76: omnes et animo et opibus in id bellum incumberent.

---

[1]) Aeneas wird rex genannt I, 544. VII, 220. VIII, 12. IX, 223.
Vor dem Tode des Anchises ist er nur der Vornehmste der proceres,
cf. III, 58 und 103.

801. *Lucifer*] Vgl. *Preller*, R. Myth. p. 290. Auf einer Kaisermünze von Trapezunt erscheint ein mit phrygischer Mütze bedeckter Gott (Helios?) zu Pferd, rechts und links von je einem phrygisch bekleideten Knaben mit niedergesenkter und erhobener Fackel, den Dämonen des auf- und niedergehenden Lichtes, Lucifer und Hesperus, begleitet. Vgl. *Gerhard*, Denkmäler 1854 p. 209. Bei den Römern erschien Hesperus meistens im Gefolge der Venus, Lucifer in der Umgebung des Juppiter.

Excurse.

I.

Zu Aen. I, 755—756.

Ueber die **Dauer** der Irrfahrten des Aeneas finden wir bei Vergil **keine bestimmte** Angabe. Gewiss ist nur, dass die Aeneaden nach der Zerstörung Troia's weit in das Gebirg hinein sich flüchteten (II, 804), hier die Vorkehrungen zu der bevorstehenden Seefahrt trafen (II, 800) und eine Flotte ausrüsteten (III, 6), endlich mit Beginn des nächsten Sommers (III, 8) absegelten und zuerst nach **Thracien**, von hier nach **Delos** und endlich nach **Creta** gelangten. Durch die Pest auch von dieser Insel wieder verscheucht, begaben sie sich wieder auf das Meer und landeten glücklich bei **Actium**.

Während sie hier Opfer und Spiele dem Juppiter zu Ehren veranstalten, heisst es (III, 284 sq.):

> Interea magnum sol circumvolvitur annum,
> Et glacialis hiemps aquilonibus asperat undas.

Dennoch geht die Fahrt sofort weiter (III, 289), bis sie endlich nach **Buthrotum** in Epirus gelangen. Wie lange der Aufenthalt hier bei **Helenus** dauert, finden wir nicht bestimmt angegeben, cf. III, 356. 473.

Dass indessen seit der Zerstörung Troia's eine geraume Zeit verstrichen ist, darf man schliessen aus den Worten der Andromache (III, 491):

> Et nunc aequali tecum pubesceret aevo.

Aus III, 513 — 517 hat man die Folgerung ziehen wollen[1]), dass die Flotte des Aeneas nicht nach dem 1. April von Buthrotum in See gehen konnte. Diese Annahme stützt sich aber auf eine so streng mathematische, minutiös-schwierige Berechnung[2]), dass wer überhaupt je eine

---

[1]) *Conrads*, Quaest. Virg. p. XV
[2]) Der *Orion* culminirte:

1850

den 22. März 5ʰ 22′ — den 1. April 4ʰ 45′ — den 11. April 4ʰ 9′.

40 v. Chr.

den 22. März 3ʰ 47′ — den 1. April 3ʰ — den 11. April 2ʰ 24′

Untergang:

den 22. März 9ʰ 43′ — den 1. April 8ʰ 56′ — den 11. April 8ʰ 20′

1184 v. Chr. Culm.

den 22. März 2ʰ 34′ — den 1. April 1ʰ 57′ — den 11. April 1ʰ 21′

Untergang:

den 22. März 8ʰ 30′ — den 1. April 7ʰ 53′ — den 11. April 7ʰ 17′

solche angestellt hat, sie kaum einem Dichter zumuthen wird, zumal
wenn dieser sonst kein absichtliches Bestreben zeigt, die Zeitdauer der
Seefahrten seines Helden genau zu bestimmen.

Wann daher Aeneas nach Drepanum gelangte, ist eben so wenig
bestimmt zu berechnen. Wichtig ist nur die Notiz, dass Anchises hier
starb.

Von Sicilien geht die Fahrt weiter nach Italien, der Sturm ver-
schlägt aber die Flotte nach Karthago. In welcher Jahreszeit, oder in
welchem Jahre dies geschah, finden wir wieder nicht bestimmt ausgesprochen. Nur am Ende des 1. Buches finden wir plötzlich die Bemerkung
der Dido:

nam te iam septima portat
omnibus errantem terris et fluctibus aestas.

Ist es schon an und für sich auffallend, dass Vergil hier plötzlich
mit einer fest bestimmten Zeitangabe hervortritt, während er sonst diese
absichtlich zu vermeiden scheint, so wird dieses Bedenken noch dadurch
verstärkt, dass diese Worte gerade der Dido in den Mund gelegt werden. Denn woher wusste die Königin, dass Aeneas bereits über sechs
Jahre, also jetzt im siebenten Jahr, in der Fremde herumirrte? Etwa von
Teucer? Aber von ihm konnte Dido wohl das Jahr der Zerstörung
Troia's wissen, nicht aber, dass Aeneas seitdem auf allen Meeren und in
allen Ländern (?) herumgeirrt ist. Oder von Aeneas selbst? Aber im
Epos kann die Königin noch so lange und vertraut sich mit Aeneas unter-
halten, sie kann und darf doch nur so viel wissen, als der Dichter selbst
ihr erzählen lässt, was hinter dem Vorhang geschieht, gehört nicht in
das Gedicht und der Verlauf der Handlung kann unmöglich auf solche
Geheimnisse begründet werden [1]).

Es ist also mehr als wahrscheinlich, dass die nun auch von Ribbeck
eingeklammerten Worte nicht in das Gedicht selbst gehören, nicht als
ob ein Interpolator sie hinzugefügt hätte [2]), um etwa den Halbvers auszufüllen, denn Vergil hat keinen einzigen Gesang mit einem Halbvers
geschlossen, sondern weil der Dichter, wie ich glaube, ehe er die Chronologie des ganzen Werkes geordnet hatte, sich eine vorläufige Notiz
machen wollte, welche zugleich zu einer vorläufigen Motivirung der
Aufforderung Dido's (erroresque tuos) dienen sollte. Dass verskundige
Dichter sich solche Notizen in metrischer Form machen, hat gewiss
nichts Auffallendes.

Wenn im Volksepos die Motivierung häufiger als man anzunehmen
geneigt ist nur der augenblicklichen Situation dient, ohne auf die frühere
oder spätere Erzählung Rücksicht zu nehmen [3]), warum sollten wir diese
Erscheinung nicht auch in der Aeneis des Vergil anerkennen, obwohl sie
mit der Volkspoesie oder dem Volksepos sonst nichts gemein hat? Denn
so lange der Dichter an den einzelnen Theilen arbeitete, ohne peinliche

---

[1]) Damit stimmt überein *O. Ribbeck*, Prolegg. p. 79.

[2]) Ansicht von *Ribbeck*, ibid. p. 79.

[3]) Vgl. die wichtigen Bemerkungen bei *Ameis*, Anhang zu Homers
Ilias I p. 24 sq.

Rücksicht auf die Einheit und Harmonie des Ganzen, konnte er sehr
leicht eine Erfindung anbringen, welche im Zusammenhang des Epos
überhaupt nicht, an der betreffenden Stelle selbst nur halb passte, in der
Voraussicht, bei der Redaction des Werkes leicht einen besseren Gedanken an die Stelle zu setzen[1]). Der frühzeitige Tod hinderte den Dichter
an dieser Redaction. Darum ist es kein Wunder, wenn ähliche Unehen-
heiten oder Widersprüche sich vorfinden. Ebenso ist es, wie ich glaube,
mit V, 626, wo Iris in Gestalt der Beroë klagt:

> Septima pos Troiae excidium iam vertitur aestas,

eine Stelle, welche man mit I, 755 unmöglich in Einklang bringen
kann[2]), da zwischen der Handlung des ersten und fünften Buches ein
volles Jahr liegt. Denn, heisst es V, 46,

> Annuus exactis completur mensibus orbis,
> Ex quo reliquias divinique ossa p a r e n t i s
> Condidimus terra maestasque sacravimus aras.

Eine Zeitangabe war hier nicht zu umgehen. Jede Zeitangabe muss
aber vereinbar sein mit der Chronologie des Werkes. Ueber diese war
aber der Dichter bei der Abfassung der einzelnen Bücher noch nicht entschieden. Also legte er für den Augenblick einen tibicen ein.

Dass Vergil bei der Ausarbeitung des Werkes, so wie es uns vorliegt, noch nicht über die Zeitdauer aller einzelnen Handlungen mit sich
einig war, dürfen wir mit Bestimmtheit aus dem Verlauf von lib. VII—
XII schliessen. Denn es dürfte dem unparteiischen Interpreten schwer
werden, die Dauer der in diesen Büchern enthaltenen Handlung genau zu
bestimmen[3]). Wenn wir aber sehen, dass Vergil diese Aufgabe, die
Zeitdauer sowohl der epischen Handlung, als auch der Episoden (lib. II
und III) zu bestimmen, einer späteren Revision oder Redaction aufbewahrt hat, so dürfen wir auf Widersprüche in dieser Beziehung offenbar
kein Gewicht legen. Noch viel weniger ist es gestattet, hieraus einen
Schluss zu ziehen auf die Reihenfolge der Abfassung einzelner Bücher.
Solche Vermuthungen sind auch deshalb sehr unsicher, weil wir nicht
wissen, wie oft und zu welcher Zeit Vergil jedes einzelne Buch durch-
gearbeitet hat. Denn dass wir nicht einen blossen Entwurf mehr besitzen — vom prosaischen ganz abgesehen[4]), — sondern bereits ein
ziemlich vollendetes Werk, welches nicht in einem Gusse entstehen
konnte und die Feile wiederholt erfahren musste[5]), das ist dem Grammatiker ebenso wie dem Metriker selbstverständlich.

Was die Dauer der im III. Buch erzählten Begebenheiten anbetrifft,
so ist es völlig unmöglich, aus den Worten des Dichters eine sichere
Berechnung aufzustellen. Wenn Heyne den Zeitraum derselben auf

<hr>

[1] Vgl. Einleitung p. 26 n. 4.

    Einen Versuch macht *Ribbeck*, Prolegg. p. 78 sq. Ueber die
Bedeutung von aestas vgl. zu I. 266.

[3]) Vgl. *Ladewig* zu X, 1.

[4] Vgl. Einleitung p. 30.

[5] Vgl. Einleitung p. 26 sq.

6¹/₂ Jahre, Conrads auf 1¹/₂ Jahre berechnet, so dass Aeneas nach
jenem im 7., nach diesem im 3. Jahre nach Karthago gekommen wäre,
so ist die letztere Ansicht zwar wahrscheinlicher, aber die erstere dennoch nicht unmöglich. Denn wie lange Aeneas in Thracien, wie lange
er sich auf Creta aufhielt, ist aus den unbestimmten Worten des Dichters
nicht zu entscheiden. Ist es ja doch fraglich, ob III, 284 eine wirkliche
und nicht vielmehr symbolische Zeitangabe enthält, welche auf den Sieg
des Octavianus bei Actium und das von ihm erhoffte goldene Zeitalter
hindeutet[1]).

Wir schliessen mit den Worten von O. Müller[2]), welche zwar nur
der Lectüre des Homer gelten, aber ebenso leicht auf Vergil sich anwenden lassen, ja fast eine prophetische Bedeutung haben: Die Hauptsache wird wohl die sein, dass verschiedene Erfindungen,
die der Dichter an verschiedenen Stellen braucht, nicht
haarscharf aneinander gepasst werden dürfen, wenn der
Dichter nicht selbst sie in **einer** Vorstellung verbindet.
Sonst möchte leicht bei strenger Consequenzenziehung
und mit einiger Dialektik das ganze Gerüste der Ilias
und jedes ähnlichen Epos, besonders in seinen auf die
Götter bezüglichen Theilen, über den Haufen zu werfen
sein.

II.

Die Gründung Karthago's.

Für das richtige Verständniss des ersten Buches der Aeneis und
zur vollen Würdigung der Gelehrsamkeit des Dichters ist es nicht ohne
Interesse, einen Blick zu werfen auf die phönizische Geschichte, deren
gründliche Erforschung, soweit es die spärlichen Nachrichten gestatten,
wir den Bemühungen von Movers verdanken.

Oft hört man dem Vergil es zum Vorwurf machen, dass er es gewagt hat, Aeneas und Elissa in Verbindung zu bringen, welche doch um
mehrere Jahrhunderte von einander getrennt sind. Man könnte den
Vergil vielleicht mit dem Vorgange des Naevius entschuldigen wollen.
Aber damit würde dem Dichter nur wenig gedient sein. Denn wenn er
seinem Vorgänger nicht mechanisch nachtreten wollte, so muss er für
seine Nachahmung ein bestimmtes poetisches Motiv und einen historisch-
mythologischen Grund haben, welcher das kühne Wagniss entschuldigt.

Dass er ein klares Motiv gehabt hat, ist im Commentar nachgewiesen worden. Es bleibt uns also nur übrig, auf die historischen Verhältnisse näher einzugehen, soweit es unsere Aufgabe erfordert.

Karthago verdankt seine Entstehung nicht der Elissa aus Tyrus.
Schon lange Zeit vor der Einwanderung derselben, welche in das Jahr

---

[1]) Vgl. *J. H. Voss* zu Ecl. 4.
[2]) Kleine Schriften I, 463.

813 oder 826 v. Chr. fällt [1]), war an der Stelle des späteren Karthago von Sidon aus eine phönizische Stadt erbaut, Kakabe. Die Anlage dieser älteren Colonie soll nach einigen Angaben 21, nach anderen 50 Jahre vor der Eroberung Troia's stattgefunden haben [2]).

Unter welchen Verhältnissen sich die neue Stadt unter dem Schutze von Sidon entwickelte und bis zu welcher Blüthe sie gelangte, darüber sind keine Nachrichten mehr vorhanden. Unbedeutend kann sie nicht gewesen sein, da sich Sidon immer mit Stolz die Metropole dieser Colonie nannte.

Der mächtige Aufschwung aber, welchen die Stadt später unter dem Namen Karthago nahm, wurde begründet durch die Einwanderung der Elissa an der Spitze der vornehmsten Adelsgeschlechter (principes) aus Tyrus.

Als bereits längst im Mutterlande der Glanz von Sidon dem neuen Gestirn von Tyrus gewichen war, indem die vornehmsten Sidonier, von den Philistäern hart bedrängt, nach der Inselstadt auswanderten [3]), herrschte hier 997—866 mit Ruhm und Glück Ithobaal, der Schwiegervater des Königs Ahab [4]). Ausser der königlichen Würde besass er zugleich das Priesterthum des Melkarth und der Astarte, welches von nun an in der Familie erblich blieb [5]).

Als nun Ithobaal's Sohn Balezor die Regierung seinem achtjährigen Sohne Mattan hinterliess (858), so ging das Oberpriesterthum des Melkarth an den zweiten Sohn Sicharbas' oder Sicharbal (= Sichaeus)

---

[1]) Am sichersten ist das Jahr 813 oder 814; dagegen beginnt mit 826 die Aera der Karthager oder das Stiftungsjahr. Die zweite Angabe stützt sich auf *Menander*, welcher die Flucht der Elissa in das siebente Jahr der Regierung des Pygmalion setzt (833—7, = 826), und *Iustin.* XVIII, 6, 9: condita est haec urbs LXXII annis ante quam Roma. Vgl. *Movers*, Phönizier II, 2, 3.

[2]) *Philistus* bei *Sync.* p. 324. *App. Lib.* 1: Καρχηδόνα τὴν ἐν Λιβύῃ Φοίνικες ὤκισαν ἔτεσι πεντήκοντα πρὸ ἁλώσεως Ἰλίου. *Gesen. Mon. Phoen. Taf.* 34. T. U. V. W. X. Uebersetzt lautet die Inschr.: Von den Sidoniern, Metropole von Kambe, Hippo, Citium, Tyrus. *Steph. Byz.* bemerkt zu Κακκάβη· τοῦτο δὲ κατὰ τὴν οἰκείαν αὐτῶν λέξιν ἵππου κεφαλὴ δηλοῦται. Ebenso deutet das Wort *Eustath.* zu *Dionys. Perieg.* p. 122 ed. *Bernh.*: ἐκαλεῖτο δὲ καὶ Καδμεία καὶ Κακκάβη, ὅπερ τῇ ἐγχωρίῳ διαλέκτῳ ἵππου δηλοῖ κεφαλήν. Vgl. *Alois Müller* „Vier Sidonische Münzen", in den Sitzungsb. der Akad. Wien, hist. phil. Kl. 35. Bd. p. 33—50. *Schröder*, Phönizische Sprache p. 105.

[3]) *Iustin.* XVIII, 3, 5: post multos deinde annos a rege Ascaloniorum expugnati, navibus appulsi Tyron urbem ante annum Troianae cladis condiderunt. *Ioseph. Archaeol.* VIII, 3, 1: καθ' ὃν δὲ ὁ ναὸς ἤρξατο οἰκοδομεῖσθαι χρόνον, κατ' ἐκεῖνον ἔτος ἤδη τῆς ἐν Τύρῳ βασιλείας ἐνδέκατον ἐνειστήκει Εἰράμῳ (Hiram reg. 980—947), ἀπὸ δὲ τῆς οἰκίσεως Τύρου εἰς τὴν οἰκοδομίαν τοῦ ναοῦ διαγεγόνει χρόνος ἐτῶν τεσσαράκοντα καὶ διακοσίων. Also 980—11 ist 969 und 969 + 240 = 1209.

[4]) I. Kön. 16, 31: Und Ahab nahm dazu Isebel, die Tochter Ethbaals, des Königs zu Sidon (i. e. Tyrus), zum Weibe, und ging hin und diente Baal und betete ihn an.

[5]) *Menander* bei Joseph. VIII, 13, 2. *Movers* in Ersch und Gruber Encycl. III‘ 24, 337. *Schlottmann*, Inschr. des Ezmunazar p. 36.

über, der aber ebenfalls noch jung und unmündig war. Das Hohe priesterthum (ἀρχιερεύς) gewährte in den phönizischen Städten die höchste Stellung nächst dem Königthum, das Recht den königlichen Purpur zu tragen und mitunter die Mitregentschaft oder Stellvertretung des Königs [1]).

Der König Mattan starb bereits im 32. Lebensjahr (833) und hinterliess zwei Kinder, Elissa und Pygmalion. Nach der letzten Verfügung des Vaters sollte der jüngere Sohn das Königthum erhalten, die Herrschaft aber mit seiner älteren Schwester theilen. Diese sollte zugleich als Em-Astarte (d. h. Mutter ist Astarte) Priesterin der Astarte werden und sich mit ihrem Oheim, dem Melkarthspriester Sicharbas, vermählen.

Hatte dieser nun bereits durch das Hohepriesteramt königliche Würde, so musste ihm die Verbindung mit der Astartepriesterin und Mitregentin einen so gewaltigen Einfluss verschaffen, dass er an der Spitze einer aristokratisch-priesterlichen Partei sowohl dem Königthum, als auch der Volksfreiheit leicht gefährlich werden konnte. Darum widersetzte sich dieser Verbindung nicht nur die Partei des jungen Königs Pygmalion, sondern auch das Volk [2]). Die Folge dieser Revolution war die Ermordung des Sicharbas, welche der Parteihass schon frühzeitig dem goldgierigen Pygmalion zuschrieb, obwohl dieser zur Zeit der Auswanderung der Elissa, welche doch einige Zeit nachher erfolgte, nur 16 Jahre alt war [3]). Es ist leicht erklärlich, dass dem König angerechnet wurde, was seine Partei verübt hatte.

Die Sage von dem Reichthum des Sicharbas war in den Verhältnissen von Tyrus wohl begründet [4]). Denn als Oberpriester des Melkarth hatte er nicht nur auf dem Festlande bedeutenden Grundbesitz (τέμενος) [5]), sondern bezog auch den Zehnten aller Einkünfte, welchen sogar die Colonien entrichteten [6]).

---

[1]) *Iustin.* XVIII, 4, 5: Elissa quoque Acerbae avunculo suo, sacerdoti Herculis (= Melkarth), qui honos secundus a rege erat, nubit. Die Aufeinanderfolge der Könige findet sich bei *Ioseph. contra Apion.* I, 18 (nach *Menander*).

[2]) *Iustin.* XVIII, 4, 4: sed populus Pygmalioni admodum puero regnum tradidit.

[3]) Denn als der Vater starb war Pygmalion neun Jahre alt, ἐν δὲ τῷ ἐπ’ αὐτοῦ ἑβδόμῳ ἔτει ἡ ἀδελφὴ αὐτοῦ φυγοῦσα ἐν τῇ Λιβύῃ πόλιν ᾠκοδόμησε Καρχηδόνα. *Menander* l. l.

[4]) Die gewöhnliche Sage enthält *Iustin.* XVIII, 4, 6.

[5]) In diesem Sinne wollte *Movers* bei *Vergil* I, 343 die Lesart ditissimus agri rechtfertigen. Die Sache selbst erklärt sich aus *Iust.* XVIII, 4, 6: huic magnae sed dissimulatae opes erant, aurumque metu regis non tectis sed terrae crediderat.

[6]) Vgl. *Iustin.* XVIII, 7, 7: a Tyro, quo decimam Herculi ferre ex praeda Siciliensi a Carthaginiensibus missus fuerat. *Polyb.* XXXI, 20: cυμβαίνει δὲ τὰ πλοῖα ταῦτα κατ’ ἐκλογὴν λαμβάνεcθαι ἐκ τῆc Καρχηδόνοc, ἐφ’ οἷc εἰc τὴν Τύρον ἐκπέμπουcιν οἱ Καρχηδόνιοι τὰc πατρίουc ἀπαρχὰc τοῖc θεοῖc. *Diod.* XX, 14: ἀποικιcθέντεc γὰρ ἐκ Τύρου εἰώθεcαν ἐν τοῖc ἔμπροcθεν χρόνοιc δεκάτην ἀποcτέλλειν τῷ θεῷ (Ἡρακλεῖ) πάντων τῶν εἰc πρόcοδον πιπτόντων. *Curt.* IV, 3, 21. Danach wird

Wenn nun die Volkspartei, welche hier mit der königlichen ver-
bündet war, den Hohepriester beschränken wollte, so ist es natürlich,
wenn die Sage jener die Absicht unterschob, als ob sie nach den Schätzen
des Sichaeus getrachtet habe. Goldgier aber wirft man leichter einer
einzelnen Person vor, als einer ganzen Partei. Der Vornehmste also
dieser Partei, und das war offenbar der König, wenn er auch noch
so jung war, musste allmählich den Vorwurf der Goldgier und des
Mordes tragen.

Wie in allen phönizischen Städten, so stand auch in Tyrus an der
Spitze des Senats (300) der kleine oder engere Rath, decem primi oder
principes, aus dem höchsten Erbadel des Landes [1]).

Da nun die Revolution nach dem Tode des Mattan von der Volkspartei gegen die höchste Aristokratie gerichtet war, weil diese ihre In-
teressen mit denen des Sicharbas verknüpft hatte, so zog der hohe Adel,
welcher im Kampfe wahrscheinlich unterlag, es vor, Tyrus gänzlich zu
verlassen und unter der Führung der königlichen Priesterin Elissa nach
der alten Colonie Kakabe auszuwandern (813 oder 826).

Die Auswanderung des Adels muss bedeutend gewesen sein, denn
sie war für Tyrus von wichtigen Folgen. Wie bei einer ähnlichen Veranlassung einst Sidon, so sank jetzt Tyrus von seiner Höhe plötzlich
herab [2]). Die Verfassung wurde demokratisch und aus der Hand des
Senats ging die Leitung der wichtigsten Angelegenheiten in die Volks-
versammlungen über. Was die Art und Weise der Auswanderung der
Aristokratie betrifft, so ist es merkwürdig, wie genau folgende Nachricht mit Vergil's dichterischer Darstellung [3]) übereinstimmt: Quando
Dido fugiens fratrem delapsa est ad terras Africanas, naves Tyrias, quae
paratae erant ad mercationem in eius regione, adsumpserat ad fugam,
consentientibus eius regionis principibus (*Augustin. Opp.* V, 555).
Aus diesen Worten darf man schliessen, dass nicht nur die Aristokratie
von Tyrus, sondern auch zum Theil des Festlandes der Elissa sich angeschlossen hat [4]). Die Nachrichten des Augustinus über phönizische Geschichte verdienen die sorgfältigste Beachtung, da dieser Kirchenvater,

---

man auch *Liv.* XXIII, 11, 12 und 12, 1 erklären müssen: Hannibal
schickte den Zehnten der bei Cannä erworbenen Kriegsbeute.

[1] Vgl. *Iustin.* XVIII, 4, 9. 6, 1. XXII, 2, 9. *Liv.* XXI, 2. XXX,
36. XLII, 24. *Serv.* zu *Aen.* I, 740. *Sil.* VI, 392. *Movers* bei Ersch
und Gruber p. 341.

[2]) *Iust.* XVIII, 3, 6: Persarum bellis diu varieque fatigati victores
quidem fuere, sed adtritis viribus a servis suis multitudine abundanti-
bus indigna supplicia perpessi sunt: qui conspiratione facta omnem
liberum populum cum dominis interficiunt atque ita potiti urbe lares
dominorum occupant, remp. invadunt etc. Diese Uebertreibung enthält
jedenfalls nur die Nachricht von einer Revolution, welche die Aristokratie vollständig vernichtete.

[3] *Aen.* I, 362 sq.

[4]) *Iust.* XVIII, 4, 9: fugam molitur adsumptis quibusdam principibus in societatem. § 15: iunguntur et senatorum in eam noctem prae-
parata agmina. 5, 1: primus illis adpulsus terrae Cyprus insula fuit,
ubi sacerdos Iovis cum coniuge et liberis deorum monitu comitem se
Elissae sociumque praebuit.

der phönizischen Sprache noch mächtig, zugleich ein starker Eiferer für
Erhaltung der nationalen Literatur in Afrika war[1]).

Von dieser zweiten Stiftung hat Karthago seinen Namen und seine
Macht. Denn an die Stelle des alten Namens trat jetzt Kart-chadasat,
d. h. neue Stadt, woraus die Griechen Καρχηδών und die Römer
Carthago bildeten. Und in demselben Grade wie Tyrus durch die Auswanderung der reichsten Aristokratie herab kam, erhob sich mit ausserordentlicher Schnelligkeit die Macht und der Glanz Karthagos[2]).

Vergil lässt Elissa sofort einen prächtigen Tempel der Tanit
(persisch: Tanis oder Tanais) oder (tyrisch) Astarte bauen. Diese
Nachricht ist nicht zufällig. Denn wenn die Königin wirklich zugleich
Oberpriesterin der Astarte war, so ist es natürlich, wenn ihre erste Sorge
auf die Gründung eines Tempels gerichtet war zu Ehren der Gottheit,
welcher sie ihr Ansehn und ihre Macht verdankte.

Merkwürdig ist es, dass alle Einzelheiten, welche wir bei Vergil
über karthagische Verhältnisse lesen, jetzt von der phönizischen Philologie als wohlbegründet bestätigt werden[3]). Es ist dies ein schlagender
Beweis von der ausgedehnten Gelehrsamkeit des Dichters.

Um so auffallender muss es erscheinen, dass auch Vergil, wie dies
allerdings in der griechisch-römischen Literatur so häufig geschieht,
Elissa mit Dido identificirt.

Dido gehörte im karthagischen Cult zu den chthonischen Gottheiten
und wird deshalb oft mit Persephone verwechselt. Als inferna Caelestis erscheint sie im schwesterlichen Gegensatz zu Tanit, der bona
Caelestis[4]). Diese Beziehung der lichten Himmels- oder Mondgötter zu
der unterweltlichen Gottheit gab die Veranlassung zu der Mythe der
beiden Schwestern Anna (i. e. bona) und Dido (i. e. πλάνητις). Schon
der Name Dido deutet darauf hin, dass diese Göttin vor Zeiten auf der
Oberwelt herumschweifte, bis sie endlich durch den Feuertod und die
Gnade der Anna (bei Vergil Juno) in der Unterwelt zur Ruhe gelangte[5]).

---

[1]) Vgl. *Schröder*. Phön. Spr. p. 37.

[2]) Vortrefflich schildert die günstigen Verhältnisse. unter denen
Carthago emporkam, *Justin.* XVIII, 5, 10 - 17.

[3]) Nur geht *Movers* oft zu weit, wenn er z. B. I, 742 errantem
lunam auf die irrende Göttin Dido. solisque labores auf Bel oder
Melkarth bezieht. *Vergil* schrieb doch nicht für Phönizier! Ebenso
wenig kann man aus I, 422 auf das Alter der Strassenbauten bei den
Phöniziern schliessen etc.

[4]) Daher vielleicht *Aen.* I, 734: et bona Iuno, cf. VI, 138: Iunoni infernae. Ueber die Religion der Phönizier vgl. die Fragm.
des *Sanchuniathon* bei *Euseb. Praep. evang.* I, 10. Vgl. § 14: Κρόνου
δὲ γίνονται παῖδες Περσεφόνη καὶ Ἀθηνᾶ, d. h. Dido und Anna oder
Astarte = Iuno virginalis. *Movers*, Phöniz. I, 552.

[5]) Da die Iuno bona et inferna ursprünglich ein und dieselbe Person
war, sowohl bei den Phöniziern wie bei den Griechen, so ist es nicht
auffallend, wenn Anna oft nur als ein anderer Name für Dido erscheint, cf. *Eustath. ad Dionys.* 195 p. 121. *Servius ad Aen.* IV, 681:
Varro ait non Didonem sed Annam amore Aeneae inpulsam se supra
rogum interemisse.

Wie nun **Kadmos** ursprünglich bei den Phöniziern eine dem griechischen **Hermes** entsprechende Gottheit allmählich als ein mythischer Wanderer und Colonieführer erscheint [1], so ist wahrscheinlich die frühe Gründung von Kakabe in phönizischen Mythen auf die wandernde Dido zurückgeführt worden, nachdem der Name des historischen Gründers der Stadt längst vergessen war [2]. Oder konnte nicht wirklich eine religiöse Verpflichtung, welche man der Göttin zu schulden glaubte, die Veranlassung der Auswanderung gewesen sein, ähnlich wie bei den italischen Völkern das ver sacrum?

Als nun Elissa die Neubegründerin der Stadt Karthago geworden war, so konnte, wenn auch nicht in der Geschichte, doch in der Sage ihr Name leicht mit dem der Dido zusammenfliessen. Wenn dieser Process einmal stattgefunden hatte, so hatte der lateinische Dichter gewissermassen ein Recht, die spätere Gründung der Elissa um mehrere Jahrhunderte zurückzudatiren und sie mit der ersten Ansiedlung der Sidonier zu verbinden.

Wenn Vergil diese Verschmelzung zweier historischer Ereignisse wagt, so dürfen wir bei seiner grossen Gelehrsamkeit annehmen, dass er sich des factischen Unterschiedes doch wohl bewusst war, welcher ursprünglich zwischen Elissa und Dido vorhanden war und in den historischen Quellen auch nie ganz verschwand. Diese Annahme erscheint mir wahrscheinlicher, als die Hypothese von Niebuhr [3], welcher meinte, dass Vergil, weil bei ihm Romulus als der Enkel des Aeneas erscheint, die Gründung Roms und Karthagos zeitlich einander nahe gerückt sich gedacht habe.

III.

Die Gleichnisse in der Aeneis.

Wie treffend Vergil den Gebrauch der Gleichnisse nach dem Vorgang Homers für sein Werk zu benützen verstand, ist bereits zu I, 148 bemerkt worden. Es bleibt uns hier nur noch übrig, die Construction oder den Bau der einzelnen Gleichnisse zu untersuchen. Das Muster eines vollständigen Gleichnisses ist I, 148—156:

> Ac veluti magno in populo cum saepe coorta est
> seditio, saevitque animis ignobile volgus,
> 150 iamque faces et saxa volant, furor arma ministrat;
> tum pietate gravem ac meritis si forte virum quem

---

[1] *Movers* bei Ersch und Gruber p. 394 sq. *Clemens Alex. Strom.* I, 31 § 105.

[2] *Appian. Lib.* I: Καρχηδόνα Φοίνικες ᾤκισαν ἔτεσι πεντήκοντα πρὸ ἁλώσεως Ἰλίου, οἰκισταὶ δ' αὐτῆς ἐγένοντο Ζῶρός τε (i. e. Tyrus) καὶ Καρχηδών, ὡς δὲ Ῥωμαῖοι καὶ αὐτοὶ Καρχηδόνιοι νομίζουσι, Διδὼ γυνὴ Τυρία.

[3] In den Vorträgen über Röm. Gesch. I, 19.

> conspexere, silent arrectisque auribus adstant;
>
> ille regit dictis animos, et pectora mulcet:
>
> sic cunctus pelagi cecidit fragor, aequora postquam
>
> 155   prospiciens genitor, caeloque invectus aperto,
>
> flecit equos curruque volans dat lora secundo.

Der zur Vergleichung angezogene Erfahrungssatz ist nach dem p. 112 sq. erörterten Sprachgebrauch mit **ac veluti** und dem Indic. Perfecti eingeführt, daran reihen sich einzelne Ausführungen zur Illustrirung des Gemäldes oder der Situation, welche lebendig und gegenwärtig im Indic. Praesentis sich darstellen; daran schliesst sich wieder ein Erfahrungssatz, welcher der Situation selbst entlehnt ist, und die Schilderung des Zustandes, welcher das Tertium comparationis enthält. Endlich folgt die Vergleichung selbst, mit **sic** eingeführt, und zugleich die Fortführung der Erzählung.

Die Einleitungsform **ac velut** oder **ac veluti** war sehr beliebt, cf. II, 626. IV, 402. 441. VI, 707. IX, 59. X, 405. 707. 803. XI, 809. XII, 365. 521. 684. 715. 908. Indessen war sie nicht die einzige Form, so wenig als **cum** oder **ubi** immer dieser Conjunction sich anschliesst.

Es ist auch hier sofort die Bemerkung zu machen, dass Vergil stereotype Formeln nicht liebt. Bald gebraucht er **ac veluti cum**, bald **ac velut ille**, bald **velut qui**, bald **ac velut** ohne **cum**, bald **cum** ohne **velut**, aber mit Voranstellung von **sic**, bald **veluti** ohne **ac** und ohne **cum**, bald **ille velut**, bald **veluti si quis**, bald **ac velut aut ubi**, bald **ac veluti seu**, bald **veluti si quando**, bald **ac velut ubi**, bald **uti cum** oder **ut cum**, bald **ut fera quae** oder **utque leo cum**, abgesehen von der Mannigfaltigkeit, welche durch die Wortstellung erreicht wird. Dazu kommt: **sicut ubi, cum primum, ubi, non aliter quam si, non magis quam si, non secus ac si, non secus ac** oder **non secus atque** .., **cum**; **ceu, ceu — qui, ceu — cum**; **quam multus, quam magnus, quam facile, quantus**; endlich die Adjectiva: **qualis, qualis ubi, qualis   cum**, oder **talis** und **similis**.

Nicht so mannigfaltig sind natürlich die Formen, womit die Vergleichung eingeführt wird, aber doch ist auch hier ein Streben nach Wechsel nicht zu verkennen zwischen **sic, haut aliter, haut secus, non aliter, talis, similis, haut alius** oder **non** und **haut** mit Adverbien. Endlich sucht Vergil eine Abwechslung auch dadurch zu erreichen, dass er durch innige Verbindung des Gleichnisses mit der Erzählung die Ausführung der Vergleichung sich überhaupt erspart.

Ebenso mannigfaltig wie die Einleitungsformen und Schlussformen ist der Wechsel der Tempora, soweit in diesem begrenzten Gebiet eine Mannigfaltigkeit möglich war.

1) Gleichnisse mit **veluti, velut** oder **ut, utque** eingeleitet.

Mit I, 148 ist zu vergleichen X, 707 — 718:

> Ac velut ille canum morsu de montibus altis
>
> actus aper, multos Vesulus quem pinifer annus
>
> defendit multosve palus Laurentia, silva

> pastus harundinea. pos quam inter retia ventumst,
> substitit infremuitque ferox et inhorruit armos.
> nec cuiquam irasci propiusque accedere virtus,
> sed iaculis tutisque procul clamoribus instant:
> haut aliter, iustae quibus est Mezentius irae,
> non ulli est animus stricto concurrere ferro.
>
> 716   missilibus longe et vasto clamore lacessunt.
> ille autem impavidus partis cunctatur in omnis.
> dentibus infrendens, et tergo decutit hastas.

Ich glaube. dass hier die Ordnung der Verse vollkommen richtig ist. Das Gleichniss endet eigentlich V. 715. Da aber der Vordersatz sehr weit ausgedehnt ist. so muss der Nachsatz, um einen ebenmässigen Abschluss zu finden, ebenfalls weiter ausgeführt werden. Dies geschieht dadurch, dass mit der Vergleichung die Weiterführung der Erzählung verbunden wird.

Grammatisch verdient dieses Gleichniss Beachtung wegen der Perfecta: substitit. infremuit. inhorruit. Ich sehe in diesem Tempus keinen Aoristus gnomicus (vgl. p. 273). denn die inchoativen Verba weisen darauf hin. dass wir uns die Handlung sofort vollendet denken sollen, sobald die des Nebensatzes (postquam ventum est) eingetreten ist. Fast ganz dieselbe Form finden wir XI. 809—815:

> Ac velut ille. priusquam tela inimica sequantur, '
> continuo in montis sese avius abdidit altos
> occiso pastore lupus magnove iuvenco.
> conscius audacis facti, caudamque remulcens
> subiecit pavitantem utero silvasque petivit:
> haut secus ex oculis se turbidus abstulit Arruns
> contentusque fuga mediis se inmiscuit armis.

Kürzer und einfacher ist II. 379—382:

> inprovisum aspris veluti qui sentibus anguem
> pressit humi nitens, trepidusque repente refugit
> attollentem iras et caerula colla tumentem:
> haut secus Androgeos visu tremefactus abibat.

Während hier im Relativsatz die Perfecta genau der Regel entsprechen, wiewohl pressit und refugit zeitlich nicht coordinirt sind — die Handlung folgt aber so schnell. dass wir zwischen Ursache und Wirkung uns keinen Zwischenraum denken sollen —. so ist das Imperf. abibat hier ganz singulär für das Perf. oder Praes. gebraucht.

Das Perf. im Nebensatz erscheint XII, 67—69 im Conjunctiv:

> Indum sanguineo veluti violaverit ostro
> siquis ebur. aut mixta rubent ubi lilia multa
> alba rosa: talis virgo dabat ore colores.

Der Conjunctiv im ersten Gleichniss ist nöthig, weil es nur ein exemplum fictum, also eine Annahme ist; die zweite Vergleichung dagegen enthält einen Erfahrungssatz. daher der Indicativ. Das Imperf. colores dabat bedeutet einen Zustand und kann deshalb mit dem obigen abibat nicht verglichen werden. Dieses Beispiel enthält übrigens kein Gleichniss mehr, sondern nur eine Vergleichung. Daher die Doppelform wie XII, 521 — 525:

> Ac velut inmissi diversis partibus ignes
> arentem in silvam et virgulta sonantia lauro,
> aut ubi decursu rapido de montibus altis
> dant sonitum spumosi amnes et in aequora currunt
> quisque suum populatus iter: non segnius ambo
> Aeneas Turnusque ruont per proelia.

Oder XII, 684—690:

> Ac veluti montis saxum de vertice praeceps
> cum ruit avolsum vento, seu turbidus imber
> proluit aut annis solvit sublapsa vetustas;
> fertur in abruptum magno mons Improbus actu
> exultatque solo, silvas armenta virosque
> involvens secum: disiecta per agmina Turnus
> sic urbis ruit ad muros etc.

Dieses Beispiel ist merkwürdig, weil die Vergleichungen auslaufen in ein Gleichniss. Denn ein solches ist immer anzunehmen, wenn der Dichter sich nicht mit der einfachen Vergleichung begnügt, sondern uns die Einzelheiten einer Situation schildert.

Im Nebensatz findet sich ferner noch das Perf. XII, 908—913:

> Ac velut in somnis, oculos ubi languida pressit
> nocte quies, nequiquam avidos extendere cursus
> velle videmur et in mediis conatibus aegri
> succidimus, non lingua valet non corpore notae
> sufficiunt vires, nec vox aut verba secuntur:
> sic Turno quacumque viam virtute petivit
> successum dea dira negat.

Ferner VII, 528—532:

> fluctus uti primo coepit cum albescere vento,
> paulatim sese tollit mare et altius undas
> erigit, inde imo consurgit ad aethera fundo.

X, 454 — 456:

> — utque leo, specula cum vidit ab alta
> stare procul campis meditantem in proelia taurum,
> advolat: haut alia est Turni venientis imago.

XI, 751—757:

> utque volans alte raptum cum fulva draconem
> fert aquila inplicuitque pedes atque unguibus haesit,
> saucius at serpens sinuosa volumina versat
> arrectisque horret squamis et sibilat ore,

> arduus insurgens. illa haut minus urget obunco
> luctantem rostro. simul aethera verberat alis:
> haut aliter praedam Tiburtum ex agmine Tarchon
> portat ovans.

Das Praesens fert neben implicuit und haesit ist nur der Form nach Praesens. der Bedeutung nach aber Perf., denn es ist = abstulit oder ablatum fert. Damit ist der Uebergang gewonnen zu derjenigen Classe von Gleichnissen. welche im Nebensatz das Praesens haben. Dieses Tempus ist entweder nach der Bedeutung des begrifflichen Inhalts Perf., oder es verräth eine Kürze des Ausdrucks (Breviloquenz), indem der Gedanke, welcher durch cum oder ubi und Perf. Indic. dargestellt sein sollte, in einem Particip oder Adjectiv enthalten ist. Zu der ersten Classe von Beispielen gehören II, 626—631

> Ac veluti summis antiquam in montibus ornum
> cum ferro accisam crebrisque bipennibus instant
> eruere agricolae certatim, illa usque minatur
> et tremefacta comam concusso vertice nutat,
> volneribus donec paulatim evicta supremum
> congemuit traxitque iugis avolsa ruinam.

denn instant ist = paulo ante coeperunt atque etiamnunc pergunt eruere. Ganz gleich ist IV, 441—447:

> Ac velut annoso validam cum robore quercum
> Alpini boreae nunc hinc nunc flatibus illinc
> eruere inter se certant, it stridor et altae
> consternunt terram concusso stipite frondes,
> ipsa haeret scopulis et quantum vertice ad auras
> aetherias, tantum radice in Tartara tendit:
> haut secus adsiduis hinc atque hinc vocibus heros
> tunditur et magno persentit pectore curas,
> mens inmota manet, lacrimae volvontur inanes.

Dieses Gleichniss ist zugleich ein schöner Beweis, wie Vergil nicht nur für die grossartige Natur der südlichen Abdachung der Alpen Sinn hatte, dafür liefern auch die Eclogen Beispiele, sondern wie er es auch verstand, die inneren Stimmungen des Herzens und Gemüths zu erfassen und in würdiger Weise zum Ausdruck zu bringen in einer Sprache, welche keineswegs eine innerliche und gefühlvolle genannt werden kann.

Weiter gehört hierher V, 439—442:

> Ille, velut celsam oppugnat qui molibus urbem
> aut montana sedet circum castella sub armis,
> nunc hos nunc illos aditus omnemque pererrat
> arte locum et variis adsultibus inritus urguet.

Wir haben hier eine Breviloquenz für: veluti qui, cum urbem oppugnare adortus ante moenia consedit, omnia pererrat oder perlustrat: sic ille etc.

Aehnlich ist X, 693—695:

Ille velut rupes, vastum quae prodit in aequor,
obvia ventorum furiis expostaque ponto,
vim cunctam atque minas perfert coelique marisque,
ipsa immota manens, prolem Dolichaonis Hebrum
sternit humi etc.

Es sind dies ebenfalls Mischungen der Vergleichung und des Gleichnisses,
wie wir sie schon oben betrachtet haben. Ohne diese Breviloquenz findet
sich das Praesens scheinbar für das Perfectum XII, 365—369:

Ac velut Edoni Boreae cum spiritus alto
insonat Aegaeo sequiturque ad litora fluctus,
qua venti incubuere, fugam dant nubila caelo:
sic Turno, quacumque viam secat, agmina cedunt
conversaeque ruunt acies.

Die Vergleichung von incubuere und secat (= iniit) lehrt recht
deutlich, dass der Unterschied von Praesens und Perfectum mehr in der
Art des Begriffs liegt, welchen das Verbum ausdrückt, als in der äusseren
Form der Tempora.

XII, 473—478:

nigra velut magnas domini cum divitis aedes
pervolat et pinnis alta atria lustrat hirundo,
pabula parva legens nidisque loquacibus escas,
et nunc porticibus vacuis nunc umida circum
stagna sonat: similis medios lutuma per hostis
fertur equis etc.

Zur zweiten Classe, in welcher der Nebensatz durch ein Participium Perf.
oder Adjectivum ersetzt ist, gehört II, 304—308:

In segetem veluti cum flamma furentibus austris
incidit, aut rapidus montano flumine torrens
sternit agros etc.

Hier haben wir eine Mischform. Denn incidit ist nicht Praesens, sondern
Perfectum; die zweite Vergleichung aber ist eine Breviloquenz für: aut
veluti torrens, cum montano flumine crevit, sternit agros etc.

Ferner IX, 59—66:

Ac veluti pleno lupus insidiatus ovili
quom fremit ad caulas, ventos perpessus et imbris,
nocte super media, tuti sub matribus agni
balatum exercent, ille asper et improbus ira
saevit in absentis, collecta fatigat edendi
ex longo rabies et siccae sanguine fauces
haut aliter Rutulo muros et castra tuenti
ignescunt irae etc.

Die Form des Gleichnisses würde, vollständig ausgeführt, folgende sein
ac veluti lupus, ubi ovili insidiatus procubuit oder progressus est, ad
caulas fremit etc.

Noch deutlicher und in die Augen fallender ist X, 405—410:

> Ac velut optato ventis aestate coortis
> dispersa inmittit silvis incendia pastor,
> correptis subito mediis extenditur una
> horrida per latos acies Volcania campos,
> ille sedens victor flammas despectat ovantes:
> non aliter socium virtus coit omnis in unum
> teque iuvat, Palla.

X, 803—810:

> Ac velut effusa siquando grandine nimbi
> praecipitant, omnis [campis diffugit arator
> omnis et agricola et] tuta latet arce viator,
> aut amnis ripis aut alti fornice saxi,
> dum pluvit in terris, ut possint sole reducto
> exercere diem: sic obrutus undique telis
> Aeneas nubem belli, dum detonet omnis,
> sustinet etc.

Die eingeschlossenen Worte wünschte ich allerdings weg. Denn abgesehen von dem Homoioteleuton bemerkt *O. Ribbeck Prol.* p. 84 richtig: nam latens vel tectus sive ripis sive saxo, non diffugiens campis recte comparatur cum Aenea parma nati adversus tela protecto. Aber freilich der Plural: ut possint exercere diem == ut suum quisque opus persequi possint lässt verschiedene Classen, wenigstens den arator und viator, voraussetzen. Ueberdies ist campis diffugit arator doch nicht so unpassend. Denn der Landmann gibt seine Aufgabe nicht auf und verlässt das Freie nicht vollständig: er sucht sich nur zu decken, so gut er im Freien es vermag; ebenso handelt der Krieger, nur in anderer Art er begibt sich aus einer ungedeckten Stellung in eine gedeckte.

IX. 551—554:

> ut fera, quae densa venantum saepta corona
> contra tela furit seseque haut nescia morti
> inicit et saltu supra venabula fertur:
> haut aliter iuvenis medios moriturus in hostis
> inruit et, qua tela videt densissima, tendit.

Diese Form ist entstanden durch Vergleichung: ut fera. Die Form des Gleichnisses wäre: ut fera, cum venantum corona saepta est, contra tela furit etc.[1])

Im Verlauf dieser Darstellung sind bereits einzelne Beispiele angeführt worden, denen die Vergleichung mit sic, haut aliter etc. am Schlusse fehlt. Es ist auch bereits erwähnt, dass diese Form ihren Grund hat in der Comparatio und in dem engeren Anschluss an das Vorausgehende. Die Entstehung dieser Form zeigt am deutlichsten VII, 586—590:

---

1) II, 496—499 ist exit neben evicit nicht Praesens, sondern Perfectum.

> Ille velut pelagi rupes immota resistit,
> ut pelagi rupes magno veniente fragore,
> quae sese multis circum latrantibus undis
> mole tenet, scopuli nequiquam et spumea circum
> saxa fremunt laterique inlisa refunditur alga.

Der Dichter beginnt mit einer einfachen Vergleichung, er wiederholt aber sofort durch die Figur der ἀναδίπλωσις den Vergleich, um durch genauere Ausführung ihn noch mehr der Situation anzupassen, zu deren Erläuterung er dienen soll. Wenn also bereits gesagt ist, womit die Standhaftigkeit des Latinus verglichen zu werden verdient, so kann am Ende des Gleichnisses dieselbe Vergleichung nicht wiederholt werden. Vgl. II, 304—308. II, 626—631. IV, 402—407. VII, 462—466. V, 439—442. X, 693—697. XII, 103—106. XII, 684—690. XII, 744—755. VI, 707—709. XII, 587—592. In allen diesen Fällen ist das Gleichniss in die innigste Verbindung mit der vorausgehenden, oder, was viel seltener ist, mit der nachfolgenden Erzählung gebracht. Es dient nur dazu, die Phantasie länger und lebendiger mit einer wichtigen Schilderung zu beschäftigen oder festzuhalten und dadurch den schliesslichen Effect zu steigern.

Verschieden von allen bisher angeführten Beispielen ist V, 588—592 und I, 397—399. Das erstere Beispiel ist weder ein Simile noch eine Comparatio, sondern vielmehr ein Exemplum, welches der Mythologie, oder wenn man will der Geschichte entlehnt ist.

> Ut quondam Creta fertur Labyrinthus in alta
> parietibus textum caecis iter ancipitemque
> mille viis habuisse dolum, qua signa sequendi
> frangeret indeprensus et inremeabilis error:
> haut alio Teucrum nati vestigia cursu
> impediunt etc.

Der Gebrauch der Exempla — Exemplum est rei gestae aut ut gestae commemoratio, *Quint.* V, 11, 6 — ist bei Vergil wie bei Homer sehr selten, cf. *Remacly*, Progr. v. Düren 1843 p. XXI sq.

Das zweite Beispiel, welches ein augurium enthält, gehört weder in das Gebiet der exempla, noch der comparatio.

2) Gleichnisse mit qualis, qualis ubi oder qualis cum eingeleitet.

Fast nicht geringer ist die Zahl der Vergleichungen, Gleichnisse und Beispiele, welche mit qualis eingeführt sind. Wenn die Vergleichungen der Natur oder Erfahrung entlehnt sind, so kann hier natürlich in der Regel nur das Praesens als Haupttempus erscheinen. Anders ist es mit qualis cum oder qualis ubi. Die Natur des Nebensatzes erfordert hier das Perfectum; wenn das Praesens erscheint, so hat es entweder Perfectbedeutung, oder es ist der Perfectbegriff in einem damit verbundenen Partic. Perf. enthalten. Wenn die Nebenumstände nicht durch eine besondere Conjunction oder Relativum eingeführt werden, so erscheint häufig ille oder ipse, cf. p. 64.

Die Grundform der Vergleichung bietet IV, 69 — 73:

> uritur infelix Dido totaque vagatur
> urbe furens qualis coniecta cerva sagitta,
> quam procul incautam nemora inter Cresia fixit
> pastor agens telis liquitque volatile ferrum
> nescius, illa fuga silvas saltusque peragrat
> Dictaeos, haeret lateri letalis harundo.

Auf diese Weise malt der Dichter den inneren Zustand der Dido durch ein unmittelbar in die Erzählung verwobenes Beispiel. Aehnlich ist IX, 67—71 und X, 264—266. Aber schon in diesen Beispielen ist die Anreihung der Vergleichung viel loser; noch mehr ist dies der Fall I, 430 —436. 592—594. II, 223—224, von allen Beispielen am schroffsten angefügt, VI, 270—272. IX, 679—682, eine doppelte Vergleichung findet sich X, 134—138.

Dem qualis folgt ein entsprechender Nachsatz mit talis I, 498 — 503. VI, 205—208. V, 273—280. XII, 451—456, mit haut illo segnior IV, 143—149, mit sic V. 213—218, mit haut secus XII, 4—9.

Ferner finden sich zwei Beispiele von exempla: I, 498—503 und XI, 659—663.

In der Form qualis ubi folgt das Perfectum XI, 492 — 497 und IX, 563—566, das Praes. neben dem Abl. abs. XII, 451—456; nach qualis cum finden wir das Perf. III, 679—681, das perfectische Praesens XII, 331—337.

Sehr zweifelhaft ist die Construction in dem wenig ausgearbeiteten Gleichniss II, 471—475. Am ähnlichsten ist IV, 143—149, wo qualis ubi ebenfalls zusammengehört, aber sofort das Praesens deserit folgt.

Den Gleichnissen, welche mit qualis eingeleitet werden, reiht sich IX, 710—716 an, wo der Anschluss durch das demonstrative talis erreicht wird:

> talis in Euboico Baiarum litore quondam
> saxea pila cadit, magnis quam molibus ante
> constructam ponto iaciunt, sic illa ruinam
> prona trahit etc.

In der einfachsten Form der Vergleichung erscheint IV, 254 avi similis, quae etc. und V, 254: anhelanti similis, quem etc.

3) Gleichnisse mit ceu, ceu — qui oder ceu — cum.

Die Vergleichungspartikel ceu, welche bei den späteren Epikern so häufig erscheint, gebraucht Vergil nur in sieben Beispielen: X, 722. VII, 378. IX, 792. II, 416. VII, 674. VII, 699. IX, 30. Vollständig ausgeführt ist IX, 722—729:

> inpastus stabula alta leo c e u saepe peragrans,
> suadet enim vesana fames, s i forte fugacem
> c o n s p e x i t capream aut surgentem in cornua cervom,
> gaudet hians immane comasque arrexit et haeret

> visceribus, super incumbens lavit inproba taeter
> ora cruor:
> sic ruit in densos alacer Mezentius hostis.

Dieses Gleichniss ist das einzige, welches durch einen unvollendeten Vers (ora cruor) unterbrochen ist[1]). Diese Erscheinung ist um so merkwürdiger, da der Dichter, wenn es ihm nur um einen vorläufigen Abschluss zu thun gewesen wäre, diesen so leicht erreichen konnte durch Auswerfung von super incumbens, so dass etwa V. 727 lautete:

> visceribus, (simul) ora cruor lavit inproba taeter.

Die Tempora von V. 726 folgen naturgemäss: das Hauptverbum ist gaudet. Dazu kommt als unmittelbare Folge, welche eben begonnen auch schon vollendet ist, comasque arrexit et haeret visceribus. Dagegen das Particip super incumbens wird man besser mit lavit verbinden, wozu schon das Asyndeton auffordert. Erst wirft sich der Löwe auf das Thier und tödtet es, dann sich über das getödtete Thier hinstreckend, verzehrt er das Fleisch.

Trotz des Nachsatzes sic ruit ist die Verbindung des Vordersatzes ceu etc. mit dem vorausgehenden Satze so innig, dass zu diesem sic ruit sogar als Hauptsatz gehört. Anders ist VII, 378—383:

> ceu quondam torto volitans sub verbere turbo,
> quem etc.
> > non cursu segnior illo
> per medias urbes agitur etc.

Aehnlich ist IX, 792 — 797

> > — ceu saevom turba leonem
> cum telis premit infensis, at territus ille etc.
> haut aliter retro dubius vestigia Turnus
> inproperata refert.

Wenn ein Nachsatz nicht folgt, so muss der vergleichende Vordersatz sehr eng mit der Erzählung verbunden sein, wie II, 416—419:

> adversi rupto ceu quondam turbine acti
> confligunt Zephyrusque Notusque etc.

Der Nebensatz ist hier ersetzt durch rupto turbine. Dagegen ist er vollständig ausgeführt VII, 674—677

> ceu duo nubigenae cum vertice montis ab alto
> descendunt centauri etc.

Oder VII, 699 — 702:

> ceu quondam nivei liquida inter flumina cycni,
> cum sese e pastu referunt etc.

Eine doppelte Vergleichung finden wir IX, 30—32:

---

[1]) Denn VII, 703 ist durch die gelungene Umstellung von O. Ribbeck beseitigt.

> ceu septem surgens sedatis omnibus altus
> per tacitum Ganges aut pingui flumine Nilus
> cum refluit campis et iam se condidit alveo.

Das Präsens refluit neben condidit enthält hier zugleich den Perfectbegriff substitit.

Vereinzelt ist das Gleichniss VIII, 22—25:

> sicut aquae tremulum labris ubi lumen aënis
> sole repercusso aut radiantis imagine lunae
> omnia pervolitat late loca iamque sub auras
> erigitur summique ferit lacuaria tecti.

In das Gebiet der Zeitschilderung, nicht des Gleichnisses, fällt VIII, 408—414, aber an Werth und Bedeutung kommt es doch einem Gleichniss nahe. Dies zeigt schon der Nachsatz: haut secus ignipotens etc.

4) Gleichnisse mit quam multus, quam magnus, quantus oder quam facile eingeleitet.

Hierher gehört V, 458—460:

> —: quam multa grandine nimbi
> culminibus crepitant, sic densis ictibus heros
> creber utraque manu pulsat versatque Dareta.

Aehnlich ist X, 763—768:

> —. quam magnus Orion,
> cum pedes incedit etc. —:
> talis se vastis infert Mezentius armis.

Eine einfache Vergleichung ohne Nachsatz findet sich XI, 721—724. Dasselbe Bild findet sich wieder bei *Horatius* I, 37, 17—20: accipiter velut mollis columbas aut leporem citus etc.

Eine doppelte Vergleichung findet sich VI, 309—312. VII, 718—721; eine dreifache XII, 701—703:

> quantus Athos aut quantus Eryx aut ipse coruscis
> cum fremit ilicibus quantus gaudetque nivali
> vertice se attollens pater Appenninus ad auras.

5) Vergleichungen mit non magis quam si, non secus ac si, mit non secus ac oder non (haut) secus atque eingeführt.

Eine wirkliche Vergleichung enthält XII, 855—860:

> illa volat celerique ad terram turbine fertur,
> non secus ac nervo per nubem inpulsa sagitta,
> armatam saevi Parthus quam felle veneni,
> Parthus sive Cydon, telum inmedicabile, torsit,
> stridens et celeris incognita transilit umbras:
> talis se sata Nocte tulit terrasque petivit.

Aehnlich ist das wenig ausgeführte Bild VIII, 391—392:

> non secus atque olim tonitru cum rupta corusco
> ignea rima micans percurrit lumine nimbos.

Ferner XI, 456—458:

> haut secus atque alto in luco cum forte catervae
> considere avium piscosove amne Padusae
> dant sonitum rauci per stagna loquacia cycni.

Ganz verschieden davon ist IV, 669—671

> Non aliter quam si inmissis ruat hostibus omnis
> Karthago aut antiqua Tyros, flammaeque furentes
> culmina perque hominum volvantur perque deorum.

Denn hier haben wir kein Gleichniss mehr, wie es die alten Rhetoren auffassten, cf. *Eust.* zu *Hom. Il.* II, 87 p. 176, 30: ἔςτιν οὖν παραβολὴ νόημα πιςτούμενον ἐκ τῶν καθεκάςτην γινομένων τὰ λεγόμενα, ἢ λόγος διδάςκων καὶ πιςτούμενος τὸ ὑποκείμενον ἐκ τῶν εἰωθότων ἀεὶ γίνεςθαι mit *Cic. de Inv.* 1, § 49, sondern ein exemplum fictum, welches seine Realität nur in der Vorstellung des Autors hat. Daher kann hier auch nur der Conjunctivus stehen.

Noch weiter entfernt sich VI, 470—471:

> Nec magis incepto voltum sermone movetur
> quam si dura silex aut stet Marpesia cautes.

Hier ist überhaupt kein Gleichniss mehr vorhanden, sondern, da Dido unmittelbar dura silex genannt wird, so haben wir nur eine Metapher. Vgl. *Aristot. Rhet.* III, 4: ἔςτι δὲ καὶ ἡ εἰκὼν μεταφορά. διαφέρει γὰρ μικρόν. ὅταν μὲν γὰρ εἴπῃ τὸν Ἀχιλλέα «ὡς δὲ λέων ἐπόρουςεν», εἰκών ἐςτιν, ὅταν δὲ «λέων ἐπόρουςε», μεταφορά. διὰ γὰρ τὸ ἄμφω ἀνδρείους εἶναι, προςηγόρευςε μετενέγκας λέοντα τὸν Ἀχιλλέα. χρήςιμον δὲ ἡ εἰκὼν καὶ ἐν λόγῳ, ὀλιγάκις δέ· ποιητικὸν γάρ. Und nach dem Vorbilde des Aristoteles lehrt *Quintil.* VIII, 6, 8—9: In totum autem metaphora brevior est similitudo, eoque distat, quod illa comparatur rei, quam volumus exprimere, haec pro ipsa re dicitur. Comparatio est cum dico fecisse quid hominem ut leonem, translatio cum dico de homine leonem esse.

6) Statistische Uebersicht.

Die Zahl der Gleichnisse ist im Verhältniss zu der bei Homer, besonders in der Ilias, sehr mässig. In der ersten Hälfte der Aeneis kommen 30, in der zweiten 47 Beispiele vor. Sie vertheilen sich nach den einzelnen Büchern in folgender Weise:

Buch	enthält		
I	5		Gleichnisse,
II	7		
III	1		
IV	6		
V	6		
VI	5		
- VII	7		
- VIII	2	(3 ?)	
IX	8		
X	9		
XI	7		
XII	14		

Es ergibt sich also das Resultat, dass die Zahl der Gleichnisse in der ersten Hälfte der Aeneis geringer ist, als in der zweiten, dass ferner der Dichter den Gebrauch dieser Figur sonst ziemlich gleichmässig auf die einzelnen Bücher vertheilt hat, nur dass das I. und VIII. Buch sehr auffallend vernachlässigt, dagegen das XII. Buch etwas überschwenglich damit ausgestattet ist.

IV.

Die Cäsur des heroischen Hexameters.

In der Ars poetica 263 bildet Horaz absichtlich folgenden mangelhaften Hexameter:

Non quivis videt immodulata poemata index,

$$\underline{} - - . \,\smile\smile, \, \underline{} \,\smile\smile - \smile, \,\smile\,\underline{}\,\smile\smile, \,\underline{}\,\asymp,$$

Worin besteht nun der Mangel dieses Verses? Hat er etwa keine Cäsur? Er hat eine solche allerdings:

1) nach der Arsis des zweiten Fusses = Trithemimeres,
2) nach dem ersten Theil der Thesis des vierten Fusses = κατὰ τέταρτον τροχαῖον.

Wir sehen also aus diesem Beispiele, dass durch diese beiden Cäsuren an und für sich der Hexameter noch nicht rhythmisch (= εὔρυθμος) wird, sondern eine unverhältnissmässige, ordnungslose Versreihe bleibt (ἄρρυθμος)[1]. Und dies hat seinen guten Grund. Denn der Hexameter ist eine rhythmische Reihe von zwei dactylischen Tripodieen[2]. Diese Zweitheilung muss hervortreten, weil eine dactylische Hexapodie als rhythmische Einheit im Alterthum unerhört war. Die höchste Ausdehnung, welche man überschauen und als Einheit begreifen konnte, war die Pentapodie[3].

Wenn nun aber der Hexameter aus zwei Tripodieen bestand, so musste eine Diäresis[4] beide Abschnitte von einander scheiden:

$$- \smile\smile - \smile\smile - - \,\|\, - \smile\smile - \smile\smile - \asymp$$

---

[1] Am besten definirt *Schaper* (Progr. v. Insterburg 1862) p. 8: Est igitur versus nihil aliud nisi verborum ad sententiam enuntiandam compositorum continuatio ordini metrico accommodata. Die metrische Reihe besteht aber aus Rhythmen, diese aber werden durch den Ictus getragen und finden ihren Abschluss in der clausula. Solche Verse, welche nur aus einer metrischen Reihe bestehen, haben keine Cäsur, solche aber, welche aus mehreren Reihen bestehen, brauchen zur Unterscheidung derselben nothwendig die Cäsur. Caesura est enim finis ordinis numerorum.

[2] *Westphal*, Metrik der Griechen II. 327 (ed. II): die am frühesten gebrauchte Reihe ist die Tripodie, aus welcher der dactylische Hexameter, das elegische Distichon und die prosodisch-anapästischen Lieder gebildet wurden.

[3] *Westphal* II, 327. Selbstverständlich ist hier nur die Rede von den dactylischen und anapästischen Reihen.

[4] Unter διαίρεcιc verstehe ich mit *Westphal* II, 133 das Ende eines rhythmischen Abschnittes, welches mit dem Wortende zusammenfällt.

Diese Form gelangte indessen weder bei den Griechen, noch bei den
Römern zur Geltung, weil die gleichmässige Wiederholung der gleichen
Abschnitte für die stichische Composition zu m o n o t o n gewesen wäre.
Man zog es daher vor, nicht die Versfüsse, sondern vielmehr nur die
Hebungen derselben gleichmäszig zu theilen:

$$1)\ \underline{\ }\ \cup\cup\ |\ \underline{\ }\ \cup\cup\ |\ \underline{\ }\ \|\ \widehat{\cup\cup}\ |\ \underline{\ }\ \_\ |\ \underline{\ }\ \cup\cup\ |\ \underline{\ }\ \smile$$
$$2)\ \underline{\ }\ \cup\cup\ |\ \underline{\ }\ \cup\cup\ |\ \underline{\ }\ \cup\ \|\ \cup\ |\ \underline{\ }\ \_\ |\ \underline{\ }\ \cup\cup\ |\ \underline{\ }\ \smile$$

Auf diese Weise erhielt man drei Arsen für den ersten Theil (Vordersatz) und ebenso drei Arsen für den zweiten Theil (Nachsatz) des Hexameters. Diese Abtheilung nannte man nicht mehr Diäresis, sondern
Cäsur (τομή), weil das Wortende nun nicht mehr mit dem Ende des
Rhythmus zusammenfiel, sondern diesen vielmehr zerschnitt und nach
beiden Seiten vertheilte. Die erstere Art der Cäsur nach der Arsis des
dritten Fusses heisst Penthemimeres (männliche Cäsur), die letztere κατὰ
τρίτον τροχαῖον (oder weibliche Cäsur).

Neben dieser Cäsur — denn die erwähnten zwei Fälle sind nur Arten
einer und derselben Sache — kam aber auch schon frühzeitig eine andere
Cäsur in Gebrauch, welche nach der ersten Arsis des vierten Fusses
eintrat:

$$\underline{\ }\ \cup\cup\ \underline{\ }\ \_\ \underline{\ }\ \cup\cup\ \underline{\ }\ \|\ \widehat{\cup\cup}\ \underline{\ }\ \cup\cup\ \underline{\ }\ \smile.$$

Da aber durch diese Cäsur (= Hephthemimeres) eine sehr ungleiche
Abtheilung erzielt worden wäre, so verband man diese fast regelmässig
entweder mit der Penthemimeres oder mit der Trithemimeres:

$$1)\ \underline{\ }\ \cup\cup\ \underline{\ }\ \cup\cup\ \underline{\ }\ \|\ \widehat{\cup\cup}\ |\ \underline{\ }\ \|\ \cup\cup\ \underline{\ }\ \cup\cup\ \underline{\ }\ \smile$$
$$2)\ \underline{\ }\ \widehat{\cup\cup}\ \underline{\ }\ \|\ \_\ |\ \underline{\ }\ \cup\cup\ |\ \underline{\ }\ \|\ \cup\cup\ \underline{\ }\ \cup\cup\ \underline{\ }\ \smile$$

Im ersteren Falle wird durch Anlehnung der ersten Cäsur an die erste
und der zweiten an die zweite Hälfte des Verses die Zweitheilung erhalten, im letzteren Falle dagegen entsteht eine Dreitheilung des Verses,
d. h. er besteht aus drei Dipodieen[1]). Indessen in der Zertheilung oder
Trennung kann das Wesen und die Bedeutung der Cäsur nicht liegen.
Denn die Einheit des Verses soll ja durch sie nicht aufgehoben werden.
Wäre das der Fall, so würden durch die Cäsur nur wieder zwei oder
drei kleinere Verse geschaffen werden, welche durch ihren geringen
Umfang monoton werden müssten. Eine wesentliche Aufgabe der Cäsur
ist es vielmehr, die gleichmässige Fortbewegung oder Continuität des
Versaccentes zu hindern und der ersten Bewegung eine zweite gegenüberzustellen. War der Rhythmus in dem oben angeführten Beispiele des
Horaz von Anfang bis zu Ende nur f a l l e n d, so ist es Aufgabe der regelmässigen Cäsur, dieser f a l l e n d e n (dactylischen) Bewegung eine s t e i -
g e n d e oder h e b e n d e (anapästische) gegenüberzustellen und durch
eine Pause beide einheitlich zu verbinden[2]). Wenn in der ersten Hälfte

---

[1]) *Schaper* p. 9 sagt vom Hexameter: numeri eius salva membro-
rum aequabilitate trifariam in partes digeri possunt. Die Dreitheilung
überhaupt bestreitet *Lehrs*, de Aristarch. p. 409 sq.

[2]) Damit soll natürlich nicht gesagt werden, dass die zweite Hälfte
des Hexameters aus Anapästen besteht. Vgl. *I. Bekker*, Hom. Bl. p. 142.

des Verses der Ictus gleichmässig fällt oder herabsteigt, so empfinden
wir sofort bei der Cäsur. wie diese jener Bewegung plötzlich ein kräf-
tiges Halt gebietet. wie sie den laufenden Rhythmus in der Mitte desselben unerwartet unterbricht. und nach einem neuen Anhub in der folgenden Thesis den Ictus für die übrige Hälfte des Verses wieder anapästisch
emporsteigen lässt [1]).

Wir können uns den Wechsel dieser rhythmischen Bewegung leicht
an folgendem Beispiel Goethe's vergegenwärtigen, da hier Wort und
Versaccent zusammenfällt:

Wenn Antigone kommt ǁ die schwesterlichste der Seelen

‒́ ‒ | ‒́ ⌣⌣ | ‒́ ǁ ‒ | ‒́ | ‒ ‒́ | ⌣⌣ ‒́ | ⌣.

Dieselbe Modulation finden wir auch in der Prosa in dem Verhältniss
des Vorder- und Nachsatzes. z. B. Wenden wir uns nun zu den Pflanzen. so wird unsere Behauptung noch auffallender bestätigt". In dieser
Periode fällt der Ton zuerst abwärts. dann folgt der leichte Uebergangs-
ton und im engen Anschluss daran hebt sich der Ton der Stimme wieder
aufwärts [2]).

Wenn also die Cäsur den Uebergang von einer Bewegung des Rhythmus zur andern zu vermitteln hat, so kann man offenbar nicht sagen, dass
sie die einzelnen Theile des Verses trennt und scheidet; es ist weit richtiger. wenn man sagt, dass sie zwei Rhythmen vermittelt und verbindet.
Die Cäsur ist also, wie Lehrs [3]) treffend bemerkt hat, wie ein Gelenk,
welches zwei Glieder ebenso scheidet als verbindet, wie ein Ring, der
zwei Glieder einer Kette trennt und verknüpft. Die Hebung vor der Cäsur
bleibt plötzlich still stehen und in demselben Augenblicke erfasst die
Stimme des Recitators eine Mora von der folgenden Thesis, mag diese
nun aus zwei kurzen Silben, oder aus einer langen bestehen; dadurch
wird der Anprall der Arsis gemildert. um endlich vermittels der zweiten
Mora zur nächsten Arsis wieder empor zu steigen. Die Arsis vor der
Cäsur darf also nicht scharf abgestossen, sondern muss vielmehr sanft
umgebogen werden. Dazu dient die folgende Thesis als Mittel, welche
nach links und nach rechts gleichmässig vertheilt zum Träger der Modulation wird [4] Denn wenn die Thesis auch aus einer langen Silbe besteht,
so ist sie doch keine untheilbare Einheit, weil sie zwei χρόνοι ausfüllt [5]).

—

[1] *Schaper* p. 10: Itaque in omnibus illis, qui dimidatorum numerorum specie contaminantur, versibus verba recitatione ita digerenda sunt,
ut vox post tertiam arsin subsistat, thesis tertii pedis cum sequentibus coniungatur.

[2] Aehnlich *Lehrs*, de Aristarch. p. 409.

[3] De Aristarch. p. 414. In der Begründung weiche ich von *Lehrs*
und *Prien* de Senarii Graeci caesuris, Königsb. 1859, ab, das Resultat aber ist dasselbe.

[4] Wenn man z. B. dem Dactylus den $^4/_8$ Tact unterlegen wollte,
so würde $^1/_8$ von der Thesis noch der Arsis zufallen zur Umbiegung
der Stimme.

[5] Z. B. arma virumque cano ǀ Troiae ist zu recitiren: ♪♪ |.

Troi-ae.

Damit stimmt überein, was Westphal[1] vom Hexameter sagt: „Die erste Tripodie gibt musikalisch keinen Abschluss, sie ist blos der Vordersatz eines musikalischen Ganzen, welches erst mit der zweiten Tripodie sein Ende findet. Der Ton auf der Schlusssilbe eines jeden Hexameters ist weiter nichts, als ein Ueberleitungston zum folgenden Verse, das Ende der eigentlichen Melodie tritt schon bei der letzten Arsis eines jeden Hexameters auf“. Natürlich wiederholt sich am Ende eines jeden Verses, was wir in der Mitte desselben innerhalb der Cäsur vorgehen sehen. Da der Rhythmus der zweiten Tripodie von Natur aufsteigend ist, so erhält er am Ende in der letzten Thesis, der syllaba anceps, dieselbe Milderung oder Abschwächung, welche in der Mitte erreicht wird durch den Anschluss der nächsten Mora von der folgenden Thesis. Die Verbindung des einen Verses mit dem andern ist aber naturgemäss nie so eng als die zweier Theile eines einheitlichen Ganzen, was der Hexameter doch immer ist oder sein soll. Daher hat die Thesis des sechsten Fusses nicht den Werth einer Mora, sondern enthält eine ganze und eine halbe Mora $(1\frac{1}{2})$. Sie kann aber ebensowenig aus zwei vollen Moren bestehen, weil sonst der Vers keinen Abschluss fände, sondern die Anakrusis zu einem neuen Rhythmus enthielte[2].

Dass die Zweitheilung des Hexameters nicht auf einem äusseren Schema beruht, sondern das innerste Wesen des Verses beherrscht, sieht man aus der merkwürdigen Erscheinung, dass der zweitheiligen Form in der Regel auch eine Zweitheilung des Gedankens entspricht[3]. Wenn Vergil I, 723 sagt:

Postquam prima quies epulis, mensacque remotae,
crateras magnos statuunt et vina coronant,

so sehen wir klar und deutlich den Gedanken beider Verse in je zwei Theile zerlegt, welche wir κῶλα oder membra oder Satzglieder nennen können:

$a =$ postquam prima quies epulis,
$b =$ postquam mensae remotae,
$c =$ crateras magnos statuunt,
$d =$ vina coronant.

---

[1] *Fleckeisen's* Jahrbücher 1860 p. 202.

[2] *Terent. Maur.* de Metris 1638 sq.:
Debita nam spatii recipit quasi Tempora versus,
Dum iungit imis consequens exordium.

[3] Dies ist der Grund, warum wir im Hexameter so gern synonyme Begriffe neben einander gestellt sehen. z. B. II. 1. 4. 5. 7. 9. 10—11. 12. 13. 16. 19—20. 23. 25. 28. 33. 36. 37. 38. 47. 51. 53. 54. 56 etc. Damit wird man auch manche, den Uebersetzer belästigende Tautologie entschuldigen dürfen. Denselben Grund hat die beliebte Kreuzstellung, welche Adjectiv und Substantiv dadurch trennt, dass beide Redetheile vertheilt werden an je eine Tripodie, z. B.
infaudum regina iubes renovare dolorem.
Am schärfsten ist diese Wortstellung im Distichon ausgebildet:
Fac meus in ventos , hic timor omnis eat.

Der Vers *A* besteht also aus $a + b$, und *B* aus $c + d$. Wer darauf achtet, wird dieses Verhältniss überall bestätigt finden, wo die Cäsur überhaupt eine Zweitheilung zulässt.

Daneben finden wir aber auch besonders in Versen, welche Unruhe, Aufregung, Lebhaftigkeit, Leidenschaft zur Darstellung bringen sollen, unverkennbar eine Dreitheilung sowohl der metrischen Form, als auch des grammatischen Gedankens. Dies ist, wie schon oben angedeutet worden ist, immer dann der Fall, wenn die Hephthemimeres der Penthemimeres entbehrt, aber zugleich von einer Trithemimeres unterstützt wird. Der vorherrschende Rhythmus ist dann der choriambische, z. B. *Hom. Il.* 1, 26:

$$\mu\acute{\eta}\ c\epsilon,\ \gamma\acute{\epsilon}\rho o\nu,\ \kappa o\acute{\iota}\lambda\eta c\iota\nu\ \dot{\epsilon}\gamma\grave{\omega}\ \pi\alpha\rho\grave{\alpha}\ \nu\eta\upsilon c\grave{\iota}\ \kappa\iota\chi\epsilon\acute{\iota}\omega\ =$$

$$'' \cup\cup \stackrel{.}{\_} \parallel \_ \mid \ '' \cup\cup \stackrel{.}{\_} \parallel \overline{\cup\cup} \mid \ '' \cup\cup \stackrel{.}{\_} \mid \cup$$

Diese Dreitheilung mit choriambischem Rhythmus ist bei Homer sehr selten, bei Vergil aber ziemlich häufig wahrzunehmen. Wenn Juno in voller Leidenschaft anfängt zu sprechen, so gibt ihr der Dichter (I, 37) diesen leidenschaftlichen Rhythmus:

haec secum: ‖ mene ¦ incepto ‖ desistere vict¦am?

Ebenso I, 25:

needum etiam causae irarum saevique dolores.

Vgl. I, 57 sceptra tenens mollitque animos et temperat iras. Ebenso I, 87. 97. 115. 202. 222 etc.

In diesen und ähnlichen Stellen ist zwar nicht immer eine Gliederung von drei Kola wahrzunehmen, aber es können doch leicht drei Hauptbegriffe unterschieden werden, welche durch je eine Arsis hervorgehoben sind.

Schwierig ist es zu entscheiden, ob der choriambische Rhythmus und damit die Dreigliederung des Verses auch dann zu statuiren ist, wenn neben der Cäsur nach der Arsis des zweiten und vierten Fusses sich noch eine Cäsur nach der Arsis des dritten Fusses in demselben Verse findet, z. B. I, 58. 79. 117. 241 etc. Hier wird eine Entscheidung nur getroffen werden können, wenn man Rücksicht nimmt auf die Interpunction, auf den Inhalt des Verses. Diejenigen, welche diese Rücksicht nicht anerkennen, müssen natürlich überall die Penthemimeres als Hauptcäsur gelten lassen, auch wenn sie mit der Interpunction in schroffen Widerspruch tritt.

Im Verlauf dieser Darstellung wird sich indessen ergeben, dass, wenn der Einfluss der Cäsur auf die Interpunction und umgekehrt auch bei Homer noch nicht anerkannt werden mag, dieser doch bei Vergil unverkennbar hervortritt[1]. Wenn also die Interpunction einer Dreitheilung des Verses günstig ist, so dürfen wir keinen Anstand nehmen, nicht so-

---

[1] *Lehrs* will für Homer sogar dann noch die Penthemimeres annehmen, wenn sie mit einem Wortende nicht verbunden ist; dass er also auf Interpunction nicht Rücksicht nimmt, ist selbstverständlich. Vgl. de Aristarch. p. 110.

wohl die Penthemimeres, als vielmehr die Hephthemimeres als Hauptcäsur anzusehen. Hierher rechne ich freilich Fälle, wie I, 117 nicht:

   torquet agens circum et rapidus vorat aequore vortex.

Denn wir werden weiter unten sehen, dass et sehr häufig vor der Cäsur
steht, weil diese ja nicht blos trennt, sondern eben so sehr verbindet.
Hier werden wir also eine Penthemimeres zu statuiren haben, zumal da
der Vers offenbar dem Inhalte nach zwei κῶλα enthält. Aber dieselbe
Cäsur würde z. B. I, 79:

   Concilias, tu das ‖ epulis accumbere divom

den Gedanken zerstören oder doch zerreissen und durch den Gleichklang
der Endsilben der beiden Verba dem Ohre sehr lästig werden, während
dieser üble Klang sofort schwindet, wenn man scandirt:

   concilias ‖ tu das epulis ‖ accumbere divom [1]).

Merkwürdig ist das Prooeminm der Aeneis. Die 11 Verse derselben bilden zwei Theile, wovon auf den ersten Theil 7 Verse kommen, auf den
zweiten nur vier. Da nun der erste Theil nur einen einleitenden Bericht
enthält, so finden wir in diesem nur die Penthemimeres oder die Hephthemimeres mit der Penthemimeres. Diese Cäsur entspricht dem eifrigen
Tone der Erzählung. Dagegen mit der Anrufung der Muse tritt der
Dichter hervor mit Begeisterung für sein Werk und mit Theilnahme für
seinen Helden. Darum tritt denn auch sofort der choriambische Rhythmus ein, anfangs noch mit der Penthemimeres (V. 8), dann aber ohne
diese nur mit der Hephthemimeres und Trithemimeres.

  Da die Penthemimeres und die τομὴ κατὰ τρίτον τροχαῖον das
mit einander gemein haben, dass sie den Hexameter in zwei ziemlich
gleiche Theile scheiden und dieselbe Rhythmenbewegung vermitteln, die
dactylische und anapästische, so muss es sehr auffallend erscheinen, dass
die Cäsur κατὰ τρίτον τροχαῖον für sich allein von den lateinischen
Dichtern nur äusserst selten zugelassen worden ist.

  Man hat früher angenommen, dass diese Cäsur einen dem lateinischen Ohr zu weichlich klingenden Rhythmus hervorbringe [2]). Warum
aber war derselbe Rhythmus dem griechischen Ohr nicht widerstrebend?
Dafür wird man kaum einen entscheidenden Grund anführen können.
Wenn die Römer etwas vermieden, was der griechischen Kunst geläufig
war, so müssen sie offenbar dazu veranlasst worden sein durch die
Eigenthümlichkeit ihrer Sprache.

  Die lateinische Betonung der Wörter ist von der griechischen darin
verschieden, dass sie die Betonung der drittletzten Silbe bei der Länge
der letzten zwar zulässt (milites), dafür aber die Betonung der letzten
Silbe ganz ausschliesst (γραφή) und die einer langen paenultima zum
Gesetz macht (amantis).

---

[1]) Die drei Begriffe, welche hervorgehoben werden, sind: conci-
liare, epulis dare accumbere und divom epulis accumbere.
 [2]) Vgl. *L. Müller*, de re metrica p. 183 sqq. Bei Vergil zählte derselbe p. 185 im Ganzen 58 Beispiele von Versen mit weiblicher Cäsur.

Die Folge davon war, dass bei trochäischem Ausgang eines Wortes der Accent auf der vorletzten Silbe stehen muss. Der rhythmische Accent fällt also am Schluss des Hexameters mit dem grammatischen Accent zusammen. Dasselbe Verhältniss findet sich meistens schon im fünften Fuss. oft auch in einem der vorausgehenden Füsse:

> arma virumque cano Troiae qui primus ab oris.

Hier fällt in arma. primus und oris der Wortaccent mit dem Versictus zusammen. Zu häufig darf diese Uebereinstimmung nicht stattfinden, wenn der Vers nicht monoton werden soll. Der Wechsel der beiden Accente schafft eine harmonische Disharmonie, indem das Widerspiel von Vers- und Wortaccent in der ersten Vershälfte in die zweite übergeht zur Lösung des Zwiespaltes in den letzten beiden Versfüssen. In diesem rhythmischen Durcheinanderklang ruht ein eigenthümlicher Reiz, welchen die moderne Metrik kaum lebhaft fühlen, sicher nicht nachbilden kann[1]).

Auf diese Erscheinung suchte in neuerer Zeit Th. Kock in einem ebenso scharfsinnigen als geschmackvollen Aufsatz den Grund der Seltenheit der Cäsur κατὰ τρίτον τροχαῖον im Lateinischen zurückzuführen. Er meint, dass, wenn man dem Verse diesen Einschnitt geben würde. so würde der Widerstreit zwischen Accent und Ictus bereits im dritten Fusse gehoben, da ja das trochäisch auslautende Wort den Accent auf der Pänultima haben müsse, z. B. infandum regina. Und wenn man auf den Trochäus ein mehr als zweisilbiges Wort folgen lasse, so sei von dem ganzen weiteren Verlauf des Verses der gesuchte Widerstreit ausgeschlossen, z. B.

> *Aen.* II, 9: praecipitat suadentque cadentia sidera somnos.
> I, 290: accipies secura; vocabitur hic quoque votis.
> (I, 513: opstipuit simul ipse, simul percussus Achates).

Nur in einem Falle könne die durch die Harmonie des Schlusses aufzulösende Disharmonie der ersten vier Füsse nach der Cäsur im dritten Trochäus noch fortgeführt werden, wenn nach derselben ein iambisches Wort eintrete. z. B. infandum regina iubes, cf. I. 513. Dann aber tritt zugleich die Hephthemimeres ein und die Cäsur κατὰ τρίτον τροχαῖον kann in diesem Falle nur eine Nebenfigur bilden[2]).

Die Uebereinstimmung von Accent und Ictus macht allerdings den Vers schleppend und monoton, z. B. *Hor. Ep.* I, 9, 4:

> dignum mente domoque legentis honesta Neronis.

Dasselbe ist aber auch bei der Penthemimeres möglich, z. B. *Lucr.*:

> quorum si quis vix vitarat funera leti.

Jedenfalls ist es, wie wir schon oben angedeutet haben. nicht richtig. wenn Kock die Auflösung jener Disharmonie auf den fünften und sechsten Versfuss beschränken will. z. B. *Hor. Ep.* I. 9, 1 sqq.:

Vgl. *Ritschl*, Opuscula II praef. p. XII, Prolegg. ad Plaut. Trinum. p. 207 sqq. *Th. Kock* in Fleckeisen's Jahrb. 97. Bd. p. 493 sq.

² Vgl. *L. Müller* p. 184 sqq.

> Septimius, Claudi, nimirum intellegit unus.
> scilicet ut tibi se laudare et tradere coner.
> munere cum fungi propioris censet amici.
> sed timui mea ne finxisse minora putarer,
> dissimulator opis propriae, mihi commodus uni etc.

Dieses zufällig gewählte Beispiel zeigt, dass Horaz meistens schon im vierten Fuss die Auflösung eintreten lässt und daneben auch öfters im ersten oder zweiten Fuss den Zusammenklang von Accent und Ictus gestattet.

Darum scheint es mir doch, als ob der von Kock angeführte Grund für die seltene Erscheinung der weiblichen Cäsur im dritten Fuss noch nicht ausreichend sein dürfte. Und doch ist dieser Fall so merkwürdig, weil eben was die lateinischen Dichter mieden, die späteren griechischen Dichter mit Vorliebe benützten[1]). Ich kann mir zunächst keinen anderen Grund denken, als dass die Griechen von dem dactylisch-anapästischen Rhythmus im Hexameter kein so lebendiges Bewusstsein hatten, als die Römer. Wenn diese aber jene rhythmische Bewegung einmal erkannt hatten, so mussten sie die weibliche Cäsur allerdings vermeiden, weil sie offenbar in der einzigen Mora, welche auf die Cäsur folgt, nicht Kraft genug hatte, um zu gleicher Zeit die Wendung des fallenden Rhythmus und die Anakruse für den steigenden Rhythmus zu vermitteln:

$$\acute{-}\ \smile\ \|\ \smile\ \acute{-}.$$

Auf diese Weise ist nur ein doppelter dactylischer Rhythmus möglich, welchen indessen die lateinischen Dichter zu vermeiden scheinen[2]). Sie zogen dafür den choriambischen Rhythmus zur Abwechslung vor, z. B.

$$\overset{''}{-}\ -\ \acute{-}\ \|\ -\ |\ \overset{''}{-}\ \smile\smile\ \acute{-}\ |\ \smile\smile\ |\ \overset{''}{-}\ \smile\smile\ \acute{-}\ |\ \smallfrown :$$
> infandum regina iubes renovare dolorem.

Wenn die Penthemimeres mit der Hephthemimeres verbunden erscheint, so ist die Frage, welcher von beiden Einschnitten für die Hauptcäsur zu gelten hat. Sollen wir lesen:

> Oscula libavit natae, ‖ dehinc talia fatur?

Oder:

> oscula libavit ‖ natae, dehinc talia fatur?

Für die erstere Methode entscheidet sich L. Müller, die letztere Unterscheidung dagegen hat neuerdings wieder H. Klapp in Schutz genommen[3]).

Da bestimmte Kriterien zur Entscheidung dieser Frage fehlen, so ist es nicht unwichtig zu bemerken, dass derselbe Versschluss sich I, 131 wiederholt, wo an eine Penthemimeres nicht zu denken ist:

> Eurum ad se Zephyrumque vocat, dehinc talia fatur.

---

[1]) Vgl. *Bekker*, hom. Blätter p. 142. *L. Müller* p. 184. Damit ist zu vgl. *Lehrs*, Aristarch. p. 415 sqq.

[2]) Natürlich ist hier ein grosser Unterschied zwischen Ennius und Vergil, vgl. *Bekker* p. 143.

[3]) Vgl. *L. Müller* p. 198. *Klapp*, Bemerkungen über die Hephthemimeres des lat. Hexameters, Posen 1868.

Aber auch die Interpunction muss für ein wesentliches Moment gelten, welcher schon die alten Metriker ihr volles Recht einräumten, wenn sie z. B. I, 2

Italiam fato profugus Laviniaque venit

nach profugus und nicht nach fato abtheilten [1]). Es ist meines Erachtens gefährlich, in diesen Dingen gegen die Ueberlieferung der alten Metriker ankämpfen zu wollen. welche noch eine lebendige Tradition unterstützte [2]).

Dass aber die Interpunction nicht so unwesentlich in dieser Frage ist, ergibt sich aus dem Umstande, dass z. B. im I. Buch der Aeneis die Interpunction fast immer mit der Cäsur zusammenfällt, wenn man nicht, wie in dem oben angeführten Falle, eine unnatürliche Scheidung statuirt. Mit der Penthemimeres allein stimmt die Interpunction in 114 Fällen überein: 1. 12. 18. 26. 39. 47. 51. 56. 76. 77. 84. 89. 94. 103. 104. 121. 137. 139. 140. 163. 164. 185. 190 (?). 192. 201. 204. 205. 208. 209. 223. 250. 253. 260. 261. 267. 268. 270. 273. 287. 289. 299. 300. 302. 303. 305. 307. 332. 338. 339. 341. 362. 365. 370. 375. 376. 378. 379. 388. 395. 407. 408. 410. 429. 432. 437. 454. 459. 467. 470. 486. 496. 503. 505. 511. 514. 517. 524. 536. 539. 555. 558. 559. 562. 565. 573. 576. 586. 595. 596. 600. 601. 605. 615. 617. 621. 634. 641. 645. 653. 662. 664. 671. 674. 676. 693. 712. 730. 735 (?). 740. 741. 749. 753. 755. Besonders wichtig ist es. dass auch die Parenthesen immer mit der Cäsur übereinstimmen, oder Stellen wie I, 595:

improvisus ait: coram quem quaeritis adsum.

Dagegen findet sich die Interpunction kurz vor der Penthemimeres (ohne Hepthemimeres) nur 81. 83. 169. 206. 329. 466. 477. Kurz vor der Hephthemimeres ohne Penthemimeres findet sich interpungirt: 115. 540 und 232, wo die Interpunction mit der caesura κατὰ τρίτον τροχαῖον zusammenfällt [3]).

Wenn die Hephthemimeres mit der Penthemimeres verbunden ist, so fällt 69 mal die Interpunction mit der ersteren Cäsur, nie mit der Penthemimeres zusammen: 5. 6. 22. 31. 106. 107. 110. 111. 120. 131. 145. 150. 153. 160. 178. 184. 189. 190 (?). (199). 214. 218. 225. 256. 276. 279. 281. (292). 294. 306. 321 (?). 327. 331. 343. 350. 363.

---

[1]) *Diomedes* lib. III p. 497 ed. Keil.

[2]) Allerdings ist die Autorität der lat. Metriker nicht zu vergleichen mit den griechischen Rhythmikern, cf. *L. Müller* p. 14 sqq. *Schaper* p. 3. *Westphal*, Vorrede zur II. Ausg. der Metrik p. VIII.

[3]) Sehr häufig findet man Interpunction nach dem ersten Dactylus, z. B. I, 3. 14. 46. 65. 86. 93. 105. 142 etc., nach dem ersten Spondeus 30. 113. 140 etc., nach dem ersten Trochäus 8. 664 sq. Perexiguus est numerus locutionum trisyllabarum, quae interpunctione a proximis versus partibus separatae, arctissimo synizesis vinculo cum altero hexametri pede coniunguntur. Bei *Vergil* 33, bei *Ovid* 39, bei *Lucan* 21. bei *Val. Fl.* 43 Beispiele, cf. *Aen.* 1, 753. III, 669. X, 241. III, 462. V, 548. VII, 429. XI, 590. *Schaper* p. 12 sqq.

364. 385. 415. 418. 419. 423. 434. 349. 441. 443. 499. 532. 544.
546. 589. 607. 610. 611. 614. 636. 640. 650. 654. 657. 659. 678.
701. 703. 723. 743. 747. 750. 752, cf. 709 (ohne Penthem.).

Mit der Hephthemimeres, wenn diese mit der Trithemimeres verbunden ist, stimmt die Interpunction überein: 8. 10. 16. 202. 237. 241. 282. 308. 416. 421. 427. 431. 440. 444. 507. 738.

Ferner stimmt die Interpunction mit der Trithemimeres überein, wobei diese meistens mit der Hephthemimeres verbunden ist: 11. 20. 37. 57. 58. 61. 62. 79. 97. 100. 122. 149. 198. 202. 237. 257. 258. 264. 283. 293. 319. 330. 333. 342. 346. 347. 351. 356. 359. 361. 387. 436. 447. 449. 456. 461. 463. 465. 493. 501. 504. 515. 518. 525. 541. 549. 581. 584. 585. 608. 612. 616. 631. 635. 638. 643. 644. 648. 652. 700. 702. 733. 746.

Wenn auf die Penthemimeres noch die Hephthemimeres folgt, so findet sich kurz vor beiden Einschnitten eine Interpunction nur: 17. 52. 82. 96. 116. 168. 171. 229. 283. 293. 301. 404. 717.

Dagegen fällt die Interpunction mit der bukolischen Cäsur wieder zusammen: 159. 181. 328. 348. 401. 405. 500. 592. 719.

Endlich findet sich dieselbe Uebereinstimmung bei der caesura κατὰ τρίτον τροχαῖον I, 290:

> accipies secura; vocabitur hic quoque votis.

Und dieselbe Cäsur wird man wegen der Anaphora auch I, 513 annehmen müssen:

> obstipuit simul ipse, simul percussus Achates.

Denn auch die Anaphora stimmt sonst mit der Interpunction und mit der Cäsur überein, wofür 106—110 einen merkwürdigen Beleg gibt, cf. 78. 120. 121. 204. 218. 220. 253. 341. 427. 423. 459—460. (498). 517. 539. 607. (631). 657. 664. (717). 743. 750. 752. Diese Beispiele liefern zugleich Belege für die Erscheinung, dass bei der anaphorischen Wiederholung desselben Wortes dieses an der zweiten Stelle nicht unter demselben rhythmischen Accent zu stehen pflegt, wie an der ersten Stelle, dass also mit der grammatischen Anaphora immer ein rhythmischer Chiasmus verbunden ist. Auch zeigen die angeführten Stellen, dass innerhalb dieser Anaphora dum an dritter Stelle falsch ist, wie *O. Ribbeck* I, 608 geschrieben hat:

> infreta dum fluvii current, dum montibus umbrae
> lustrabunt, convexa polus dum sidera pascet.

Denn dadurch würde die Anaphora aufgehoben, nicht aber wenn man mit der Vulgata schreibt:

> lustrabunt convexa, polus dum sidera pascet.

Wie wichtig die Anaphora ist, zeigt I, 17, wo wir vor hic in der Arsis sogar den Hiatus finden:

> post habita coluisse Samo: hic illius arma,
> hic currus fuit, hoc regnum dea gentibus esse etc.

Diese Stelle zeigt, dass wie die Prosaiker den rhetorischen Chiasmus mit der Anaphora zu vereinigen pflegten, so auch die Dichter eine Verbindung des rhythmischen Chiasmus und der Anaphora lieben, cf. I, 486. Oder aber sie verbanden die rhythmische Anaphora mit dem rhetorischen Chiasmus. wie z. B. I, 467. 468:

hac fugerent Grai, premeret Troiana iuventus;
hac Phryges, instaret curru cristatus Achilles.

Viel seltener findet sich das nämliche Wort wiederholt unter demselben rhythmischen Accent. Im ersten Buch ist dies nur der Fall: 231. 236. 298. 329. 331. 500. 546, cf. 315 u. 399. Da diese Anaphora Lebhaftigkeit und Leidenschaft ausdrückt, so darf es nicht Wunder nehmen, dass sie einmal (I, 329) in Collision mit der Cäsur tritt:

an Phoebi soror? an nympharum sanguinis una?

Damit möchte ich nicht diejenigen Fälle verbinden, wo die Conjunction oder das Pronomen hic in die Cäsur fällt, wie 414. 438. 477. 542. 662, cf. L. Müller p. 235.

Wir sehen also, dass die Interpunction nicht im Widerstreit mit der Cäsur sich befindet. Denn die wenigen Stellen, wo dies der Fall zu sein scheint, sind so verschwindend gering gegenüber der Masse von Stellen, wo eine Uebereinstimmung stattfindet, dass wir kein Bedenken tragen dürfen, für Vergil die Regel aufzustellen: die Entscheidung, an welcher Stelle eine Cäsur zu statuiren ist, hängt im Allgemeinen ab von der Bestimmung des Sinnesabschnittes.

Dieses Gesetz ist freilich nur dann durchzuführen, wenn wir da, wo wir die Cäsur nach der dritten und nach der vierten Arsis vorfinden, die letztere als die Hauptcäsur ansehen. Nimmt man diesen Grundsatz nicht an, dann freilich muss man auf eine Uebereinstimmung von Cäsur und Sinnesabschnitt gänzlich verzichten.

Für die Recitation ist dabei zu beachten, dass in den meisten Fällen weder nach der dritten, noch nach der vierten Arsis eine längere Pause eintreten darf, dass vielmehr der dritte und vierte Fuss zusammen den Uebergang zu vermitteln haben. Wenn z. B. Goethe sagt:

Und der Weiber, die über den Markt sich nach Hause begaben,

so ist weder nach der Präposition „über“, noch nach dem Substantiv „Markt“ unserer Sprache eine Pause angemessen, sondern die Worte „die über den Markt“ müssen zu einer Einheit in der Aussprache zusammenfliessen. Dagegen ist eine Pause nach der vierten Arsis, oder selbst nach der vierten Thesis nicht anstössig, wenn sie durch eine starke Interpunction unterstützt wird und der Rest des Verses seinen Sinnesabschnitt erst im folgenden Verse erhält, z. B. I, 500:

hinc atque hinc glomerantur oreades: illa pharetram
fert umero, gradiensque deas supereminet omnis.

Denn die natürliche Einheit dieser beiden Verse wird klar genug durch den grammatischen und rhythmischen Chiasmus zur Darstellung gebracht: 4 + 2 Arsen gegenüber von 2 + 4 Arsen, oreades $\times$ illa, glomerantur oreades ✕ deas supereminet omnis, wie multae oreades und deas omnis.

Diese engere Zusammengehörigkeit von zwei, selten drei Hexametern, welche allein durch den Sinn bedingt ist, wird man anerkennen dürfen, ohne dadurch sich zu der Theorie zu bekennen, welche auch in stichischen Hexametern künstliche Strophen zu entdecken weiss [1]). Und die Rücksicht auf dieses Verhältniss kann nicht ohne Einfluss bleiben auf die Feststellung der Cäsur.

Es bleibt uns noch übrig, von der Cäsur zu sprechen, welche sich zu ihrem sinnlichen Träger Conjunctionen oder Präpositionen erkoren hat, was unserer deutschen Auffassungsweise durchaus nicht zu entsprechen scheint, z. B. I, 28:

> et genus invisum et rapti Ganymedis honores.

Niemand wird hier lieber nach der Arsis des vierten Fusses, als nach der des dritten die Cäsur annehmen wollen, da ja sonst der Gedanke zerrissen würde. Lachmann hielt die Penthemimeres von et nur dann für zulässig, wenn ein kleineres, durch den Sinn mit dem vorhergehenden verbundenes Wort folge [2]). In der Mehrzahl der Fälle mag diese Beobachtung zutreffend sein, durchaus aber ist sie es nicht. Denn wir finden viele Beispiele, wo weder diese Bedingung erfüllt ist, noch eine andere Cäsur möglich ist, also dennoch die Penthemimeres von et, ac, aut etc. anerkannt werden muss. Woher also diese Erscheinung? B. Giseke nimmt an, dass die Römer in der Aussprache et nicht gerade eng mit dem folgenden Wort verbunden zu haben scheinen, ja dass es sogar wie in dem obigen Beispiel mit dem vorhergehenden zusammengezogen wurde. Diese Bemerkung ist nicht ohne Grund. Es liegt in der Natur der Sache, dass die Conjunction nur ein Ersatz ist für die Interpunction, welche zu dem Vorausgehenden ebenso gehört wie zu dem Nachfolgenden. Aber die Conjunction würde doch nicht gebraucht werden, wenn nicht ein neues Kolon folgte, welches sie mit dem vorausgehenden zu verbinden hat. Dazu kommt, dass wir die Cäsur ebenso bei der Präposition finden, wie bei der Conjunction. Die Präposition gehört aber doch sicher zu dem folgenden Nomen.

Nun aber ist schon oben ausgeführt worden, wie die folgende Thesis zum Theil noch zu der Cäsur gehört, dass diese das Glied (articulus) ist, welches eben so verbindet als trennt. Darin liegt der Grund von der Beobachtung Lachmann's und Giseke's.

Wenn also griechische und lateinische Dichter die Penthemimeres

---

[1]) In bestimmten isometrischen Gedichten, z. B. in den Gedichten des Horaz, im zweiten Hochzeitsliede des Catull, in den Gesangpartien einiger Theokritischer Gedichte ist die scheinbar stichische Composition in Wahrheit eine strophische. *Westphal*, Metrik p. XVIII. Wer indessen in der Ausg. von *O. Ribbeck* die Richtigkeit der strophischen Gliederung der Eclogae auch nicht durchgehends anerkennt, muss doch gestehen, dass diese Abtheilung für ·die Erfassung des Sinnes, also für den Schulunterricht, sehr förderlich ist.

[2]) *Lachmann* ad Propert. II, 1, 31. Vgl. ibid. *Hertzberg* und *B. Giseke*, homerische Forschungen p. 114 sq.

nach der Conjunction oder Präposition nicht verschmähen, so müssen wir hier nur eine Bestätigung finden für die Ansicht, welche der Cäsur jene Vermittlung zuschreibt.

Im ersten Buch der Aeneis findet sich die Penthemimeres nach der Arsis auf et: 438. 323. 542. 662; dagegen findet sich in derselben Weise die Penthemimeres mit der Cäsur nach der vierten Arsis, so aber, dass der Sinn durchaus die erstere als Hauptcäsur erfordert: 3. 28. 35. 41. 90. 144. 158. 194. 424. 462. 519. 520. 526. 666. 679. 704. 739. 117. 193. 244. 246. In derselben Weise findet sich die Penthemimeres nach der Arsis auf ac: 54. 82. 151. 171. 285. 301; auf an: 329; auf aut: 361. 400. 414; auf atq.: 475; auf huic: 477. Die Hephthemimeres nach der Arsis auf et: 276, 614; dagegen I, 58: ni faciat, maria ac terras caelumque profundum. ist die Cäsur nicht nach ac, sondern nach terras zu statuiren, weil caelumque profundum rhetorisch der sententia bimembris: maria ac terras genau entspricht.

Es darf nach den angeführten Beispielen nicht Wunder nehmen, dass ebenso die Trithemimeres sehr häufig erscheint nach der Arsis auf et oder ac, cf. 669. 671. 684. 690 etc. Ebenso die Exclamation des Vocativus 627, wie auch die Penthemimeres 96 und 229.

Endlich findet sich die Cäsur häufig nach que mit folgendem Vocal, z. B. 61:

hoc metuens molemque et montes insuper altos.

Vgl. 98. 101. 119. 149. 165. 566 etc. In diesem Falle dürfen wir eine Elision nicht annehmen, vielmehr ist que aus der Volkssprache herübergenommen, in welcher der Vocal vor einem folgenden Vocal längst verschwunden war. Dasselbe wird der Fall sein z. B. 604: usquam institia (e)st et mens sibi conscia recti.

I. Sachlicher Index.

II. Grammatischer Index.

Addenda vel Corrigenda.

Abgesehen von kleineren Versehen, wie wenn z. B. sich einmal Harno für Hanno oder Zeigen für Zeichen findet, finde ich noch Folgendes zu ergänzen oder zu verbessern:

S. 73, 3 ist zu lesen: Dass die Scipionen zwar nicht dem Plebeierstande, aber auch nicht dem altberühmten Adel angehörten.

— n. 1) Die Erklärung von Machanat bestätigt A. Judas, sur divers medaillons d'argent, in der Revue Numismatique, nouvelle série X, 386 sq., Paris 1865.

S. 90, 6: Der erwähnte Excurs wurde zurückgehalten, nachdem ich denselben Gegenstand, wenn auch nicht sehr übersichtlich, behandelt fand von Dr. Wilms im Duisburger Progr. 1867.

S. 134, 1 v. u. So volvere im Activum nur bei den älteren Dichtern (cf. Georg. I, 163) und zwar nur im Participium; dagegen schon Luc. Aetn. 469: minae provolvunt. Vgl. M. Haupt, Quaest. Catull. p. 33 sq. Charis. p. 233 P.

S. 232 zu V. 625: Quare agite]. Das prosaische quare kommt bei Vergil nur in dieser Formel vor, cf. VII, 130. VIII, 273. VII, 429. Georg. II, 35. Vgl. M. Haupt, Observ. crit. p. 12 sq.

S. 381, zu 442: Ueber postes in der angeführten Bedeutung vgl. Liv. 31, 30.

S. 410, 5: Die angeführte Vermuthung ist zu unsicher wegen der Unsicherheit der Perfectform von macreo, cf. Prisc. VIII § 60 (Hertz). Neue II, 395.